建筑与工程结构抗倒塌分析与设计

陈肇元　钱稼茹　主编

中国建筑工业出版社

图书在版编目(CIP)数据

建筑与工程结构抗倒塌分析与设计/陈肇元，钱稼茹主编.
北京：中国建筑工业出版社，2010.10
ISBN 978-7-112-12542-5

Ⅰ.①建… Ⅱ.①陈…②钱… Ⅲ.①建筑结构—结构
设计—文集 Ⅳ.①TU318-53

中国版本图书馆 CIP 数据核字(2010)第 196208 号

责任编辑：赵梦梅
责任设计：肖 剑
责任校对：张艳侠 王雪竹

建筑与工程结构抗倒塌分析与设计
陈肇元 钱稼茹 主编
*
中国建筑工业出版社出版、发行（北京西郊百万庄）
各地新华书店、建筑书店经销
北京天成排版公司制版
北京建筑工业印刷厂印刷
*
开本：787×1092毫米 1/16 印张：27 字数：674千字
2010年12月第一版 2011年5月第二次印刷
定价：**59.00**元
ISBN 978-7-112-12542-5
(19791)

本书学术委员会

前　言

房屋建筑与各类工程结构是人们从事生活和生产活动的基本场所和基础设施，其安全性，尤其是抗倒塌能力必须得到充分保障。极端自然灾害(强烈地震，风，雪，雨，泥石流等)、人为失误与事故(爆炸，火灾，撞击等)以及恐怖袭击和人为破坏等偶然事件，都有可能导致房屋建筑和各类工程结构破坏甚至倒塌，造成重大经济损失与人员伤亡。减少和避免极端自然灾害、人为失误和人为破坏引起的房屋建筑和各类工程结构倒塌，已成为我国工程结构安全和防灾减灾研究的一个至关重要方向。

近年来，各国在不断提高建筑结构和各类工程结构安全度水平的同时，更加重视抗倒塌能力研究。我国自新中国成立以来，经过近60年的科研和工程实践积累，在针对不同灾害的房屋建筑结构和各类工程结构安全与抗倒塌方面取得了一定的研究成果，积累了一定的抗倒塌设计经验，出版了多部包含房屋建筑结构和各类工程结构安全、保证抗倒塌能力内容的设计规范和规程。但在研究工作的深度和广度，尤其在抗倒塌理论、分析方法和技术措施等方面，与国际先进水平相比还有差距，研究成果未能及时交流，不利于我国房屋建筑结构和各类工程结构抗倒塌研究和技术水平的提高。为了推动我国工程结构领域的科研人员、工程技术人员、专家、学者开展结构抗倒塌研究，及时交流有关研究成果，全面提高我国房屋建筑和工程结构安全与抗倒塌能力，2009年10月，中国建筑学会抗震防灾分会经研究决定，成立“建筑结构抗倒塌专业委员会”。2010年6月5日～6日，由中国工程院土木水利与建筑工程学部、中国建筑学会抗震防灾分会主办，清华大学土木工程系承办，在北京召开了“第一届建筑结构抗倒塌学术研讨会”。经专家对本次会议投稿论文评审，选出49篇论文，集成本论文集，内容涉及建筑结构的抗连续倒塌、抗地震倒塌，以及抗爆炸、撞击和火灾倒塌，可供建筑结构和工程结构科研机构、高等院校、设计单位和管理部门的研究和技术人员参考，以促进我国房屋建筑和各类工程结构的安全与抗倒塌的研究，有效提高我国房屋建筑和各类工程结构的安全水准，减少灾害发生时人员伤亡和经济损失。

陈肇元

2010年8月

目　录

第一部分　抗连续倒塌

第二部分　抗地震倒塌

第三部分 抗爆炸、撞击和火灾倒塌

第一部分

抗连续倒塌

桁梁模型试验倒塌机制的数值仿真研究

王　磊[1]　陈以一[1,2]　赵宪忠[1,2]

（1. 同济大学　土木工程学院，上海　200092；

2. 土木工程防灾国家重点实验室，上海　200092）

摘　要： 对平面桁梁模型倒塌试验进行了数值仿真模拟。以有限元软件 ABAQUS 为模拟平台，以平面桁梁试验模型为对象，考虑了节点尺寸、不同约束、杆件间连接性质以及惯性力的影响，建立了整体数值模型。利用显式积分及结果传递技术，在解决了连续破坏过程中结构因构型改变而发生的结构状态的动力突变计算。结合试验现象及数据，从细观的力学层次（应变）上分析了模型试验的连续破坏招致的倒塌原因。研究表明精细的分析可以反映倒塌过程的动力特性。

关键词： 倒塌机制；数值仿真；桁梁结构；结果传递技术；显式积分

1　引言

结构的连续性倒塌源于结构的初始局部破坏，可能引起破坏范围的迅速扩散，直至造成结构的一部分乃至整体完全失去承载能力。深入了解和掌握这一破坏过程的机理，对防止这类破坏的发生具有重要意义。

结构倒塌的仿真分析能够全面跟踪结构倒塌的全过程，直观了解倒塌的宏观破坏现象，可以深入探求整个结构倒塌的内力重分布状态，并追溯到结构倒塌的源头-倒塌机制，有的放矢地提出相应的抑制对策，是目前结构倒塌重要的研究方向。近年来，许多研究者进行了结构倒塌的数值仿真分析。如文献［1］、［2］采用有限元程序 LS-DYNA 分别对纽约 WTC 大楼受飞机撞击后的倒塌及多层平面钢框架连续性倒塌进行仿真分析。文献［3］、［4］建立离散单元模型，对框架在地震作用下的倒塌全过程进行了数值模拟。文献［5］模拟一个实际钢筋混凝土建筑物遭受爆炸破坏的全过程，与宏观破坏现象吻合较好。文献［6］对一工程事故中某构件破坏过程进行数值仿真分析，通过参数选择来推断破坏原因。倒塌的仿真分析中许多理论问题仍然是在探索中，如：不连续位移场的描述，接触碰撞分析以及结构倒塌过程中大位移、大转动的描述[7]，阻尼的模拟等。

本文以作者进行的桁梁结构模型连续性倒塌试验为基础，利用有限元软件 ABAQUS 从细观的力学层次（应变）进行模拟仿真，探究其破坏机理。

2　平面桁梁模型试验简介

2.1　平面桁梁试验模型

本文模拟的试验模型为平面受力体系，上、下弦杆是连续杆件。试验模型的几何尺寸及应变片布置方式见图1。下弦杆两端约束了线性位移(U_x，U_y，U_z)；上弦节点约束了平面外线位移U_z。加载采用挂载方式，将砝码通过刚性吊杆连接在上弦节点上。所有的杆件均为铝管，直径10mm，厚度1mm。初始破坏引入装置能够模拟杆件的断裂破坏。试验模型的初始破坏引入装置、节点、约束、加载等构造细节详见文献［8］。

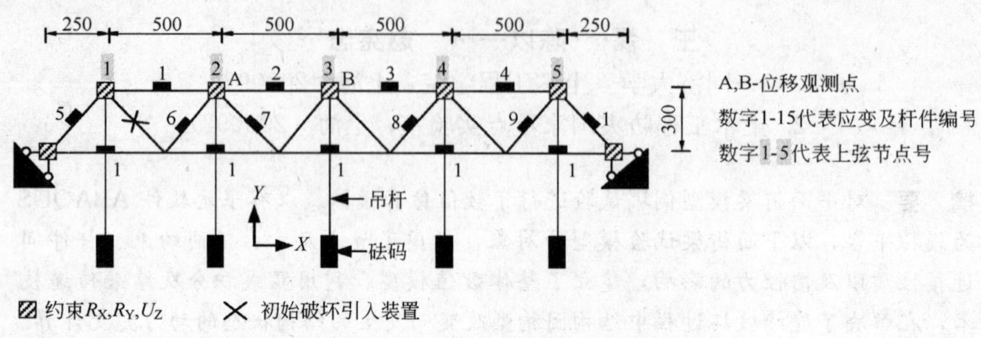

图1　桁梁实验模型示意

2.2　连续性倒塌试验

模型结构的所有上弦节点悬挂137.2N的砝码，在左侧第2根斜腹杆设置触发初始破坏引入装置(图1)。

试验中，首先触发初始破坏引入装置，重力作用下的内力重分布过程伴随着结构振动，短时振动后，跨中上弦节点的挂重砝码首先撞到地面，然后是与之相邻的右边砝码撞到地面，此时结构已发生了整体破坏如图2(*a*)所示，其中杆件2发生了明显的屈曲(图2(*b*))，杆件14、15连接处被拉断(图2(*c*))。

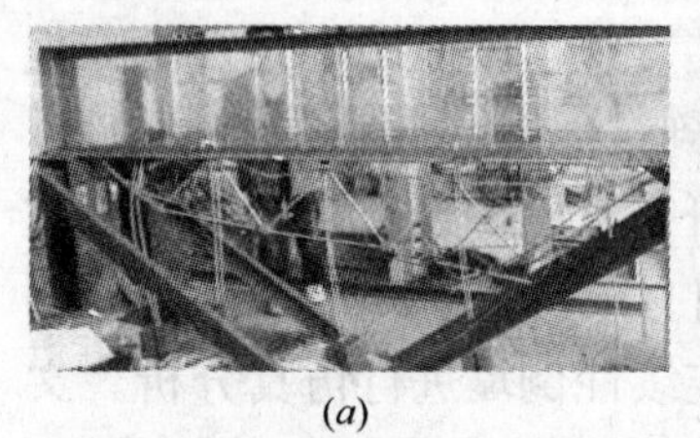

(*a*)

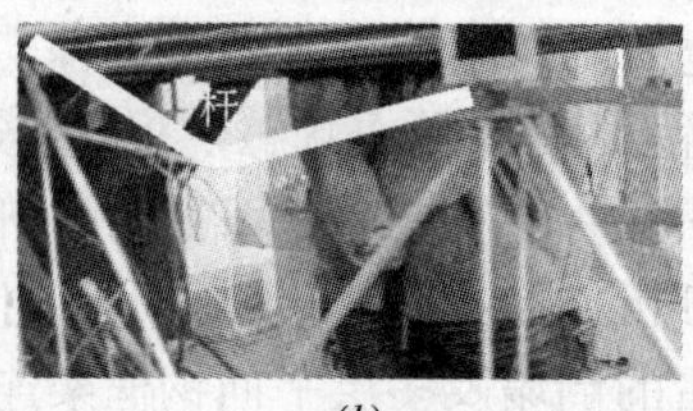

(*b*)

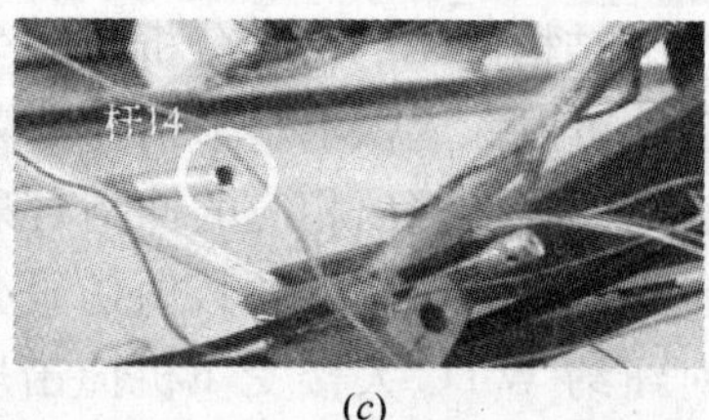

(*c*)

图2　实验破坏现象

(*a*)整体破坏；(*b*)上弦杆2失稳；(*c*)下弦杆14、15拉断

采用上海东昊测试技术有限公司的动态信号测试分析系统DH5922采集动态应变，开发了非接触式动位移测量技术[9]来获取动态位移。实验过程的详细描述参见文献［8］。

3　数值仿真技术

3.1　显式动力积分

初始局部破坏后，破坏位置杆件完全失去承载能力，剩余结构后续反应是一非线性动力过程，在数学上可表示为二阶微分方程：

$$M\ddot{u}(t)+C\dot{u}(t)+Ku(t)=P(t) \tag{1}$$

应用中心差分法对方程(1)进行显式积分[10]。应用显式算法，基于在增量步开始时刻t

的模型状态，通过时间增量 Δt 前推到当前时刻的模型状态。显式算法为有条件收敛，使得状态能够前推并仍能够保持对问题的精确描述的时间增量是非常短的。显式算法的优势是可以有效地避免隐式算法中刚度求逆导致病态矩阵的现象。

3.2 结果传递技术

倒塌破坏过程中，结构经过多次构型改变，伴随不同的状态。(1)结构的原始构型在重力荷载作用下保持平衡，此时的结构变形和内力最终状态为 φ_1；发生局部杆件破坏后，剩余结构应在状态 φ_1 下过渡到另一个平衡状态 φ_2。模拟这个过程需要两个分析步：①原始构型在重力荷载下的静力分析(ABAQUS/Standard 模块)；②局部杆件“断裂”破坏(失效)后的动力分析，其初始状态应该是分析步①的最终状态(ABAQUS/Explicit 模块)。(2)结构在初始破坏后的动力反应过程中，因结构后续破坏发生的其他某一部分的失效，也要继续“删除”相应杆件，每一次都必须将其分为两个分析步：获得结构构型再次改变前的状态(变形和应力)作为结构构型再次改变后的分析步的初始状态。类似的，直至结构撞击地面产生额外的冲击力或新加约束，都将采取同一方式模拟。对于将前一分析步的最终状态作为后一个分析步的初始状态，ABAQUS 提供了这样的模拟技术，通过命令 * import 来实现结果传递功能[11]。

4 平面桁梁模型试验的数值仿真

4.1 数值模型的建立

由于模型结构中的节点具有一定的尺寸，不能忽略，需将其模拟成与节点刚度相近的杆件。其简化的原则保证简化后节点尺寸与实际节点尺寸相近，同时尽可能地保证其刚度相近。如该模型中下弦节点简化示意见图 3。

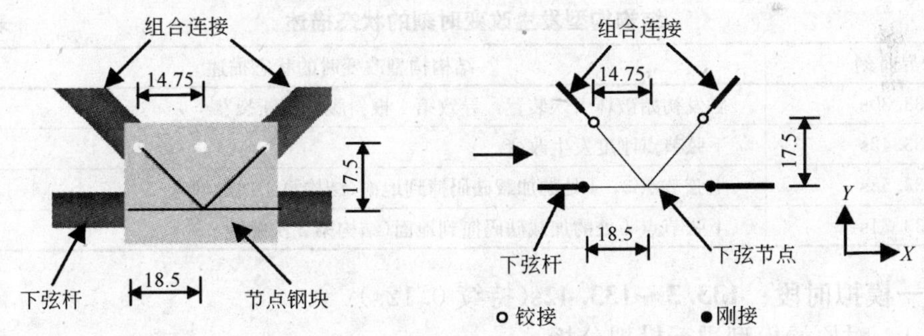

图 3 下弦节点简化示意

数值模型要反映三种材料：上/下弦节点和支座(钢块)，弦杆与腹杆连接处的组合连接节点部分(简称节点部分，包括钢块、螺栓、铝管杆件的带孔节段)以及杆件部分(铝管)。上/下弦节点钢块的材质为 Q235，采用理想弹塑性本构关系，弹性模量 $E_0=216000\text{MPa}$，屈服强度 $f_y=235\text{MPa}$。杆件部分采用分段直线近似铝管拉伸试验所获取的本构关系(图 4(*a*))，$E_0=60687\text{MPa}$，$f_y=109\text{MPa}$，极限拉伸应变 $\varepsilon_u=0.02$。根据组合连接的力-位移关系以及斜腹杆的本构关系可以推导出节点部分的力-位移关系[12]，参见图 4(*b*)，最后分析时取 $E_0=220\text{MPa}$，$f_y=17\text{MPa}$，$\varepsilon_u=4$(原因详见 4.3.3 节)。所有杆件材料的分布质量在计算均加以考虑。

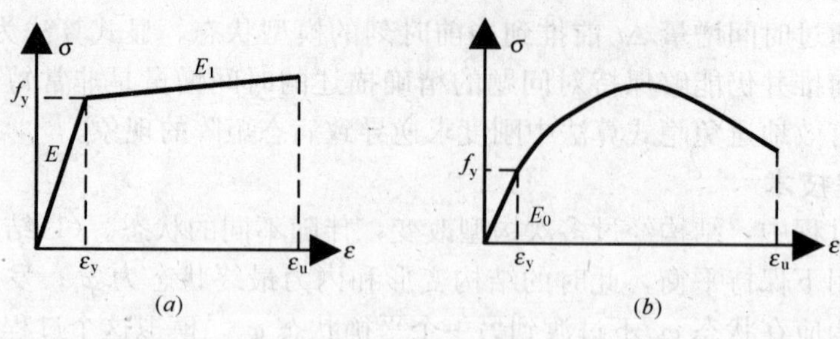

图 4　本构关系

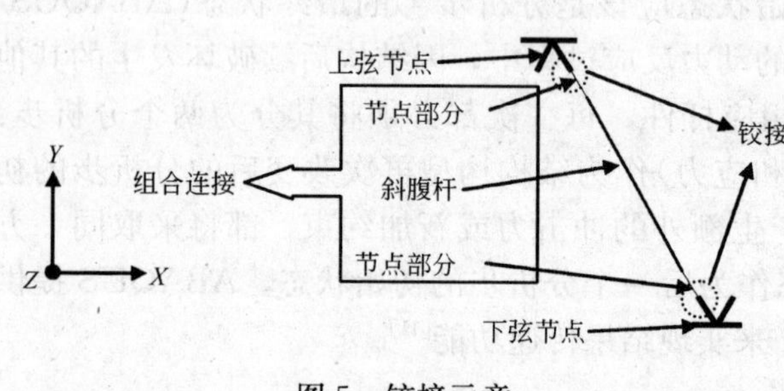

图 5　铰接示意

杆件单元均采用 B31 单元，划分 30 个网格。

数值模型中边界约束以及杆件间的铰接是根据试验模型的连接构造来耦合节点间相互制约的自由度实现的，如：上/下弦节点与组合连接见图 5，上弦节点与节点部分耦合的自由度为 U_x，U_y，U_z，R_x，R_y（R 为转动自由度）。

4.2　数值模拟过程

以试验过程和现象及试验数据为依据，进行了大量的数值模型计算，可以判断整个倒塌过程模型结构发生了表 1 所示 3 次重要的构型改变。本文以 3 个构型改变分界的 4 种状态作为分界时刻，分为 4 个模拟时段，下面对每个模拟时段进行模拟分析说明。

结构构型发生改变时刻的状态描述　　**表 1**

分界时刻	结构构型改变时的状态描述
133.30s	触发初始破坏引入装置，导致第 1 根斜腹杆“断裂”
133.42s	下弦节点刚度发生改变
133.58s	上弦节点 3，4 处的加载砝码撞到地面（结构第 1 次触地）
133.74s	上弦节点 1 处的加载砝码撞到地面（结构第 2 次触地）

4.3　第一模拟时段：133.3～133.42s（持续 0.12s）

4.3.1　对原始模型进行模拟分析

分析过程为：(1)荷载施加到原始结构中，通过 ABAQUS/Standard 模块静力计算得到整个结构的节点位移和杆件应力响应。(2)删除原始结构的初始破坏杆件转化为剩余结构，将原始结构的静力位移以及应力作为剩余结构的初始状态进行显式积分计算。

选取一些关键的应变测点数据及观察点竖向位移数据与计算进行比较（图 6），可知在初始破坏杆件失效后的 0.12s 内吻合得较好。但对于测点 14、15 的应变时程（图 6(*d*)，6(*e*)），0.12s 之后的数值模拟曲线与试验数据的差距逐渐加大，对应观测点 A、B 的竖向位移计算值分别在 0.22s，0.30s 之后趋于平稳，其位移值仅为 −100mm、−120mm，与试验的最终值 −180，−167mm 有很大的差距，说明 0.12s 之后数值模型与试验结构模型的力学性能产生了差距。

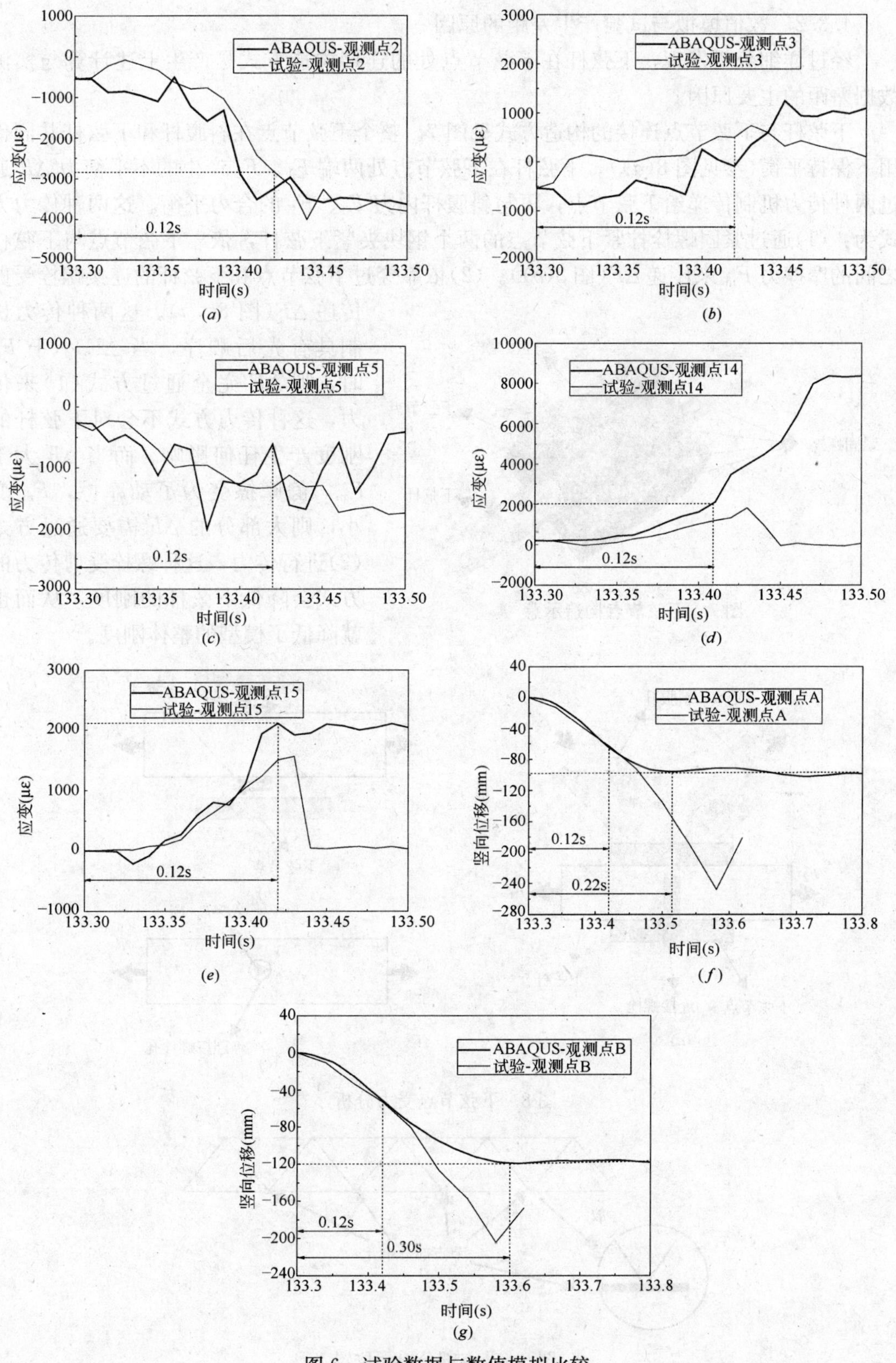

图 6 试验数据与数值模拟比较

4.3.2　数值模拟与试验产生差距的原因

经过详细分析发现，下弦杆在下弦节点处的连接构造方式是产生上述计算与实测数据差距的主要原因。

下弦杆与下弦节点连接的构造方式见图 7。整个下弦节点在斜腹杆和下弦杆共同作用下保持平衡(参见图 8(*a*))。下弦杆在下弦节点处两端 F_1、F_2 产生的不平衡力 ΔF 通过两种传力机制传递给下弦节点，再与斜腹杆内力 F_3、F_4 的合力平衡。这两种传力方式为：(1)通过紧固螺栓拧紧下弦节点的两个钢块夹紧下弦杆，依靠下弦节点与下弦杆之间的摩擦力 F_m 来传递 ΔF(图 8(*b*))。(2)依靠穿过下弦节点和下弦杆的连接螺栓受剪传递 ΔF(图 8(*c*))。这两种传力机制具有先后顺序，当 ΔF 小于 F_m 时，则 ΔF 完全通过方式(1)来传力，这种传力方式不会对下弦杆的刚度产生任何影响。而当 ΔF 大于 F_m，静摩擦变为了动摩擦，F_m 变小，则大部分的 ΔF 需要通过方式(2)进行传力，这种螺栓受剪传力的方式会降低下弦杆的刚度，从而也就降低了模型的整体刚度。

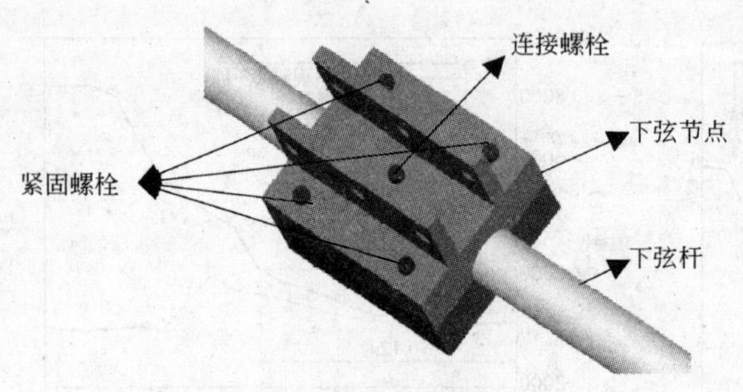

图 7　下弦节点构造示意

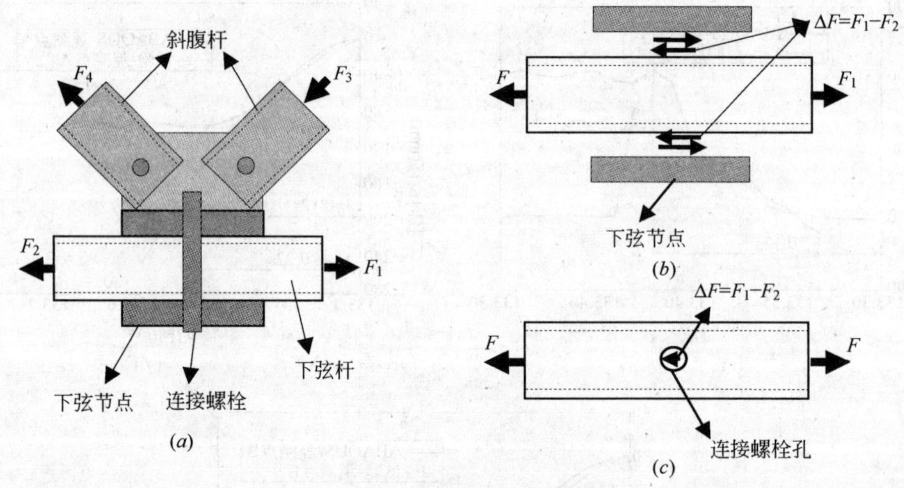

图 8　下弦节点受力分析

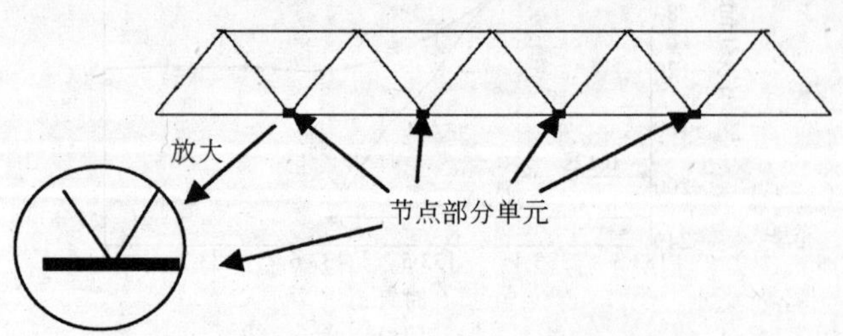

图 9　节点部分单元位置

4.3.3 修正后的模型Ⅰ

在组合连接的力-位移关系试验和分析[12]的基础上进行试算，对下弦节点部分单元(图 9)进行材料属性修正见表 2，得到模型Ⅰ。

节点部分单元修正前、后材料属性 **表 2**

节点部分单元	弹性模量 E_0/(MPa)	屈服强度 f_y/(MPa)	拉伸应变 ε_u
修正前	216000	235	0.02
修正后	400	17	1

4.4 第二模拟时段：133.42～133.58s(持续 0.16s)

4.4.1 对模型Ⅰ继续计算

通过 ABAQUS/Explicit 模块之间的数据传递功能，将 133.42s 的运算结果作为初始条件，对数值模型Ⅰ进行显式积分运算。计算表明：在 133.42s 时下弦杆的轴力为 3000N，而在 133.58s 时大约 100N，这说明下弦杆的刚度逐渐减弱，导致轴力减小。所模拟的测点 15 的应变逐渐下降，尤其到了 133.58s 附近，应变值降低到 100$\mu\varepsilon$，这与测点 15 的实测值非常相近，见图 10(a)。

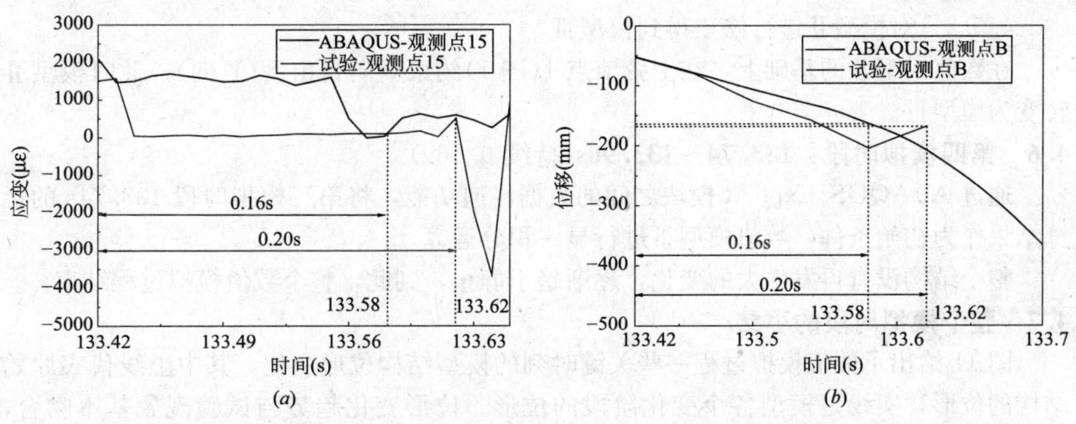

图 10 0.12s 后试验数据与修正模型数值模拟比较

从位移观测点 B 的竖向位移曲线(图 10(b))可知：在 133.58s，ABAQUS 模拟的竖向位移为－164mm，与最终的试验竖向位移值－167mm，非常接近。由于加载试块撞地对节点 3 所产生的冲击效应缺乏充分的理论和实测依据，模拟难以考虑。但是从图 10(a)测点 15 的时程曲线可以说明，加载砝码撞击地面随后带来了一次很大振动，可以判断此次振动使杆件 14、15 在连接螺栓处截面破断。

4.4.2 对数值模型Ⅰ进行修正得到模型Ⅱ

根据以上的分析，在数值模型Ⅰ的基础上，上弦节点 3、4(图 1)约束竖向自由度(Y 向)，同时删除杆件 14、15，此时模型Ⅰ转变为模型Ⅱ。

4.5 第三模拟时段：133.58～133.74s(持续 0.16s)

4.5.1 对模型Ⅱ继续计算

通过 ABAQUS/Explicit 模块之间的数据传递功能，将第二模拟时段 133.58s 的运算结果作为初始条件，对数值模型Ⅱ进行显式积分运算。这段时间由于上弦节点 3，4 的竖向自由度被约束，整个结构的右半部分没有太大的变化，左半部分的上弦节点 1 在荷载作用下继续向下运动，使上弦杆 1 产生了反拱现象如图 11 所示，与试验现象非常吻合。从试验现象可以判断，当上弦节点 1 达到与节点 3 相近的位移时，上弦节点 1 的加载砝码撞击地面。

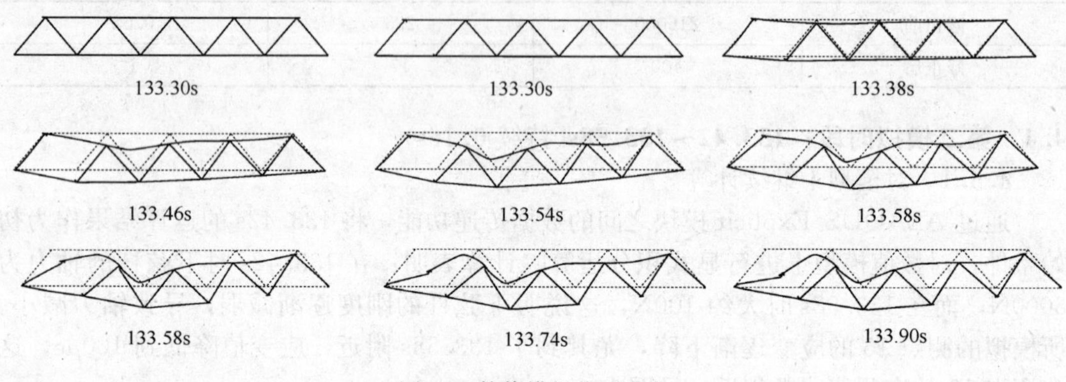

图 11　数值模拟位形变化

4.5.2　对模型Ⅱ进行修正得到模型Ⅲ

在数值模型Ⅱ的基础上，在上弦节点 1(图 1)约束竖向自由度(Y 向)，此时模型Ⅱ转变为模型Ⅲ。

4.6　第四模拟时段：133.74～133.90s(持续 0.16s)

通过 ABAQUS/Explicit 模块之间的数据传递功能，将第三模拟时段 133.74s 的运算结果作为初始条件，数值模型Ⅲ进行显式积分运算。

整个结构没有再发生大的变化，逐渐趋于静止，到此，整个数值模拟过程结束。

4.7　整个模拟时段的小结

图 11 给出了数值模拟过程一些关键时刻的模型结构位形变化，其中虚线代表原始结构的位形，实线是模型各个变化阶段的位形。位形变化趋势与试验现象基本吻合，数值模拟的过程可以反映整个试验的破坏过程。

5 结论

通过对桁梁模型试验倒塌的数值仿真，可以得到以下结论：

(1) 采用显示积分方法和结果转移技术，有可能将局部破坏导致连续性倒塌的动力过程进行较为真实的模拟。这种模拟不仅是宏观现象的相似，更是通过细观指标表达的结构力学状态的反映。这样数值模拟分析就能揭示实验过程所得不到的数据。进一步开发相关数值仿真模拟技术不仅非常重要，而且是可行的。

(2) 虽然对试验过程中主要现象，整个内力的变化趋势进行了较好的模拟，但由于不能对一些构造细节(下弦节点与下弦杆的连接构造)的力学性能进行精确的量化，以及撞击地面后冲击性能的量化等因素都对模拟结果产生一定偏差。

致谢

本文研究得到高等学校博士学科点专项科研基金(20060247034)资助。

参考文献

[1] 陆新征，江见鲸．世界贸易中心飞机撞击后倒塌过程的仿真分析 [J]．土木工程学报，2001，34(6)：8-10.

[2] 胡晓斌，钱稼茹．多层平面钢框架连续倒塌仿真分析 [J]．力学与实践，2008，30(4)：54-57.

[3] 王强，吕西林．框架结构在地震作用下倒塌的离散单元法仿真分析 [J]．地震工程与工程振动，2006，26(6)：77-82.

[4] 苗吉军，顾祥林，张伟平等．地震作用下砌体结构倒塌反应的数值模拟计算分析 [J]．土木工程学报，2005，38(9)：45-52.

[5] Luccioni B M，Ambrosini R D，Danesi R F. Analysis of building collapse under blast loads [J]. Engineering Structures，2004，26：63-71.

[6] Piskoty G，Kovacs G，Affolter Ch. Investigation into an accident caused by falling formwork using numerical dynamic simulation [J]. Engineering Failure Analysis，2005，12：942-949.

[7] 张雷明，刘西拉．钢筋混凝土结构倒塌分析的前沿研究 [J]．地震工程与工程振动，2003，23(3)：47-51.

[8] Wang L，Chen Y，Li L，Zhao X Z. A testing model study on dynamic process of truss structure introduced by local member failure [C]. 6th International Conference on Advances in steel Structures. 2009，Ⅱ：686-693.

[9] 李玲，涂熙，王磊，陈以一．桁梁局部破断试验中动位移的数字图像测量 [J]．结构工程师．2010，26(1)：113-117.

[10] R. 克拉夫，J. 彭津．结构动力学 [M]，(第 2 版)．北京：高等教育出版社，2006.

[11] ABAQUS，Inc. ABAQUS release 6.8 documentation [M].

[12] 王磊，陈以一，李玲，刘宏创．引入初始破坏的桁梁结构倒塌试验 [J]．同济大学学报(自然科学版)，(已录用).

钢筋混凝土框架结构连续倒塌的竖向非线性动力分析

吕大刚　李雁军　陈志恒

（哈尔滨工业大学　土木工程学院，哈尔滨　150090）

摘　要：结构的连续倒塌分析(Progressive Collapse Analysis，PCA)是结构抗连续倒塌能力定量评定和抗连续倒塌设计的基础，已成为当前土木工程界国内外的热点研究领域。结构的连续倒塌分析主要有线性静力、线性动力、非线性静力和非线性动力四种主要方法，其中，非线性动力分析是最重要的一种方法。与传统的在水平荷载作用下(如地震作用、风荷载)结构的非线性动力分析不同，结构的连续倒塌非线性动力分析主要是依据备用荷载路径原理，假想一个或多个主要承重构件突然失效(通过瞬间移除的方法)所引起的剩余损伤结构在竖向发生的振动所进行的动力分析。本文采用基于备用荷载路径原理的竖向非线性动力分析方法，对钢筋混凝土平面框架结构进行了连续倒塌分析，根据损伤结构的反应判断剩余结构能否抵抗连续倒塌。考虑两种构件移除情况：将同一轴线不同楼层的框架柱逐根移除，将同一轴线所有楼层的框架柱同时移除。分析结果表明：将同一轴线不同楼层的框架柱逐根移除后，结构仅在失效柱以上所有楼层的受损跨内发生破坏，并且失效柱以上同轴线的所有楼层的框架柱均失去承载功能，各层的运动状态也趋于一致，整个结构不发生连续倒塌；将同一轴线所有楼层的框架柱同时移除时，并不会导致结构的反应相对仅移除底层柱的反应会削弱很多的情况。本文还考虑了构件失效时长对结构连续倒塌的影响，分析表明：当考虑构件的失效时长时，剩余结构的反应量对构件的失效时长很敏感。本文的研究表明，竖向非线性动力分析方法是结构抗连续倒塌设计与抗连续倒塌能力分析的一种有效方法。

关键词：连续倒塌分析；竖向非线性动力分析；备用荷载路径；抗倒塌能力；构件移除；失效时长

1　引言

连续倒塌是结构的初始局部损伤失效引起整体结构与初始损伤不成比例的失效，造成部分或整体结构的倒塌。连续倒塌是非线性动力事件，这是其固有的属性，因为在这个过程中包含了建筑物构件的振动，产生了动态的惯性力，而且结构构件远远超出了弹性范围而发生倒塌失效。

从分析的角度看，连续倒塌的发生是当结构由于某些构件的失效，在几何形状上局部突然的变化引起的动态内部力超出了周围构件的承载能力，致使周围构件失效，导致了额外的动态内部力的传递，直到剩余结构重新稳定或倒塌，连续倒塌的发生是瞬间的。

减轻连续倒塌后果最好的方法是通过各种措施防止它的发生。然而，完全的防止也就是使其发生的概率为零，是不可能也是不可取的。通过关注结构的细节和材料的属性进行合理的结构设计能很大程度上降低连续倒塌发生的概率。连续倒塌分析主要用来评估初始损伤在整体结构的发展趋势，是结构抗连续倒塌能力定量评定和抗连续倒塌设计的基础。

房屋的所有者以及政府机构，越来越关注于建筑结构连续倒塌的可能性，以及设计能抵抗连续倒塌的新型结构。1968 年英国 Ronan Point 公寓垮塌以后，特别是 2001 年美国纽约世贸中心大楼遭到飞机撞击和随后的大火造成的彻底坍塌事件之后，有关结构连续倒塌的科技文献层出不穷，很多学者开展了避免结构连续倒塌的设计方法研究。1970 年，英国首先在建筑规范中提出了避免结构连续倒塌的要求；美国总务管理局(GSA)和国防部(DoD)推出了有关连续倒塌危险性的规范，给出了评价连续倒塌可能性的分析方法；ASCE 对连续倒塌的基本概念以及防止连续倒塌进行了系统的研究；20 世纪 80 年代以后，我国的各种建筑结构设计规范、标准和规程中也提出了防止结构连续倒塌，加强结构整体稳定性的总体要求。

本文采用基于备用荷载路径原理的竖向非线性动力分析方法，对钢筋混凝土平面框架结构进行了连续倒塌分析，根据损伤结构的反应判断剩余结构能否抵抗连续倒塌。

2 结构抗连续倒塌设计方法

1978 年，Ellingwood 根据概率风险分析的基本原理和各国设计规范的抗连续倒塌要求，将结构的抗连续倒塌设计方法归结为三类[1]：一、事件控制法；二、间接设计法；三、直接设计法。对于结构工程师而言，主要考虑间接设计法和直接设计法。间接设计法主要包括概念设计和拉结强度设计；而直接设计法则包括特殊局部抗力法(或关键构件法)和备用荷载路径。

间接设计法主要从结构的整体性、延性、冗余度和构造措施等结构设计概念，来改善结构的抗连续倒塌能力。各国规范和设计指南均强调了抗连续倒塌概念设计的重要性，概念设计主要包括以下几个方面[2]：合理的结构方案和结构布置，避免存在可能引发连续性倒塌的薄弱部位；加强构件间的连接构造，增强结构的整体性和连续性；增加结构的冗余度，使结构具有多个荷载传递路径及其传递能力；采用延性构造措施，使可能发生失效破坏部位具有足够的延性；考虑反向荷载作用；采用连续性配筋，使楼板和梁在达到承载力极限状态时能够发挥悬链线作用；墙和柱能承受一定的横向荷载。概念设计只能给出定性的指导建议，难以量化，实施过程很大程度上依赖于设计人员的经验。

拉结强度设计法通过对结构进行横向、竖向的拉结设计来实现有效的捆绑，为结构提供足够的备用荷载路径，以抗连续倒塌所需的最小强度、连续性和延性要求，使结构形成一个具有很好鲁棒性的整体。按照拉结的位置和作用可分为内部拉结、周边拉结、对墙/柱的拉结以及竖向拉结四种类型。拉结强度设计无需对整个结构进行受力分析，比较简便易行，但由于计算模型过于简化，其参数的经验性成分较多。

特殊局部抗力法中的关键构件是指失效后会引发的破坏超出局部破坏的允许值的

构件，关键构件设计法将偶然荷载直接作用到关键构件上对其进行设计，当遭遇到这样的荷载作用时，该构件就不会失效。关键构件法除荷载取法不同外，其设计方法与常规荷载设计方法相同，通过该方法设计对结构整体稳定性有重要影响的构件，能一定程度上减轻局部破坏发生的程度从而降低连续倒塌发生的可能。

备用荷载路径法通过“假想构件移除”的方法来研究或评价发生局部损伤结构的冗余性能及抵抗连续性倒塌的能力。通过有选择性的移除完整结构的一个或几个主要竖向承重构件(如框架柱或承重墙)，并对剩余结构进行分析和设计，使得剩余结构的冗余性足以提供足够的备用荷载路径来进行荷载重分布；分析中可以考虑塑性变形、悬链线以及薄膜效应类的大变形。在目前的抗连续倒塌分析中，备用荷载路径法是最准确可靠的方法，因为这种方法不依赖于具体的荷载形式，以结构发生局部破坏为起点进行分析，适合于任何偶然荷载作用下结构的破坏分析。本文即采用该方法对结构进行抗连续倒塌能力分析。

3 基于备用荷载路径的竖向非线性动力分析法

结构的连续倒塌破坏是一个非常复杂的非线性动力过程，目前主要有四种评定结构抗连续倒塌能力的分析方法：线性静力法、线性动力法、非线性静力法、非线性动力法，其中最基本最简单的就是线弹性静力分析方法，但它无法考虑动力效应和材料非线性；非线性静力分析方法，当在水平荷载作用的情况下也就是众所周知的 Pushover 分析，而在连续倒塌分析中称为竖向 Pushover 分析，或 Pushdown 分析，这种方法考虑了材料的非线性，但评定结果整体上偏于保守[3]；线弹性动力分析考虑了构件移除的实时性，但没有考虑材料及几何非线性，使得分析结构不能考虑大的变形以及非线性；而非线性动力分析作为抗倒塌能力分析的主要方法，不仅考虑了构件移除的实时性和材料的非线性，而且包含了大变形、能量的耗散以及裂缝断裂等非线性行为。基于备用荷载路径的竖向非线性动力分析是目前分析模拟结构连续倒塌全过程最有效的计算方法之一。

与外部动力荷载作用下的水平动力分析情形不同，用于抗连续倒塌分析的竖向非线性动力分析没有外部荷载的作用，内部动力荷载(也就是由于构件的突然移除产生的惯性力)是产生运动的诱因。如果结构在移除部分构件后，在内部动力荷载的作用下，能重新找到一个平衡稳定状态，那么结构就不会发生连续倒塌。否则，结构将会发生连续倒塌破坏。竖向非线性动力分析，需以正常使用荷载作用完毕后的状态为初始状态进行分析。

基于备用荷载路径的竖向非线性动力分析的分析步骤为[3]：

(1) 建立结构模型；

(2) 分析正常使用荷载作用下结构的内力分布；

(3) 进行稳定性分析；

(4) 确定加载时间步；

(5) 评估构件能力和力与位移关系；

(6) 进行非线性分析；

(7) 评定分析结果。

本文选用 OpenSees 作为分析平台，依据统一设施准则（UFC）“建筑物抗连续倒塌设计”[4]提供的非线性分析流程，对五层三跨现浇钢筋混凝土框架办公楼的一榀框架进行了竖向非线性动力分析，混凝土材料的本构关系采用不考虑抗拉强度的 Concrete01 模型，钢筋的本构模型采用考虑屈服强化的 Steel02 模型，框架梁和框架柱采用考虑轴力与弯矩相互作用的集中塑性纤维梁柱单元进行模拟。

4 钢筋混凝土框架结构连续倒塌的非线性动力分析

本文采用 PKPM 按照我国规范设计了一幢五层三跨钢筋混凝土框架结构办公楼[5]，位于东北某城市的中心地段；地表粗糙度类别是 C 类，土质中硬；抗震设防烈度为 8 度，按Ⅱ类场地土考虑。梁、柱混凝土强度等级采用 C35，纵向受力钢筋选用 HRB335，箍筋选用 HPB235。结构平面布置图如图 1 所示，取中间一榀框架为研究对象，其立面图及梁柱配筋如图 2 所示。

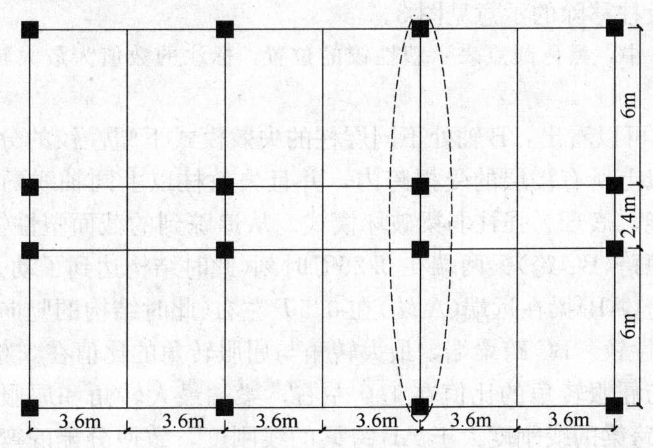

图 1　结构平面布置图

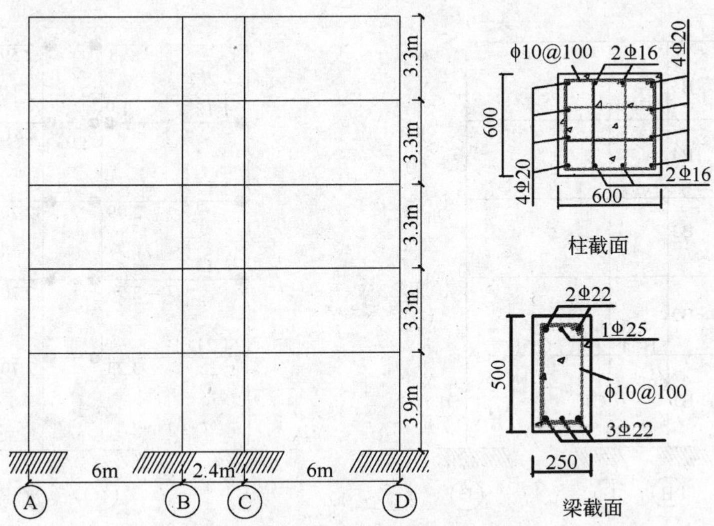

图 2　结构立面图及梁柱配筋图

进行非线性分析时施加的荷载组合，本文采用 GSA“新建联邦办公建筑和重大现代项目的连续倒塌分析与设计”指南[6]的规定，对于线弹性静力分析，荷载组合取为：$2(D+0.25L)$；对于线弹性动力分析和非线性动力分析，荷载组合取为：$D+0.25L$，其中，D 为恒荷载，L 为活荷载。

倒塌准则

结构的倒塌准则广义上可分为：截面层次、构件层次和结构层次。本文从构件截面破坏出现塑性铰，整个结构形成机构分析结构的连续倒塌。将梁柱截面边缘受力钢筋屈服定义为塑性铰产生的时刻，将核心混凝土受压边缘处混凝土应变达到极限压应变定义为塑性铰最大转角状态。

移除同一轴线不同楼层柱对倒塌模式的影响

为研究不同楼层构件失效对结构整体性的影响，我们将 B 轴处的柱逐层进行移除，以分析结构的倒塌失效模式。本节暂不考虑失效时长的影响，统一将构件在瞬间移除。模型的单元编号及柱移除的示意见图 3。

注：图 4～图 8 中，黑色圆点表示塑性铰的位置，标注的数值为最大转角与屈服转角的比值。

从图 4～图 8 可以看出，B 轴处不同层柱的失效模式下塑性铰的分布可见，结构的破坏集中失效柱以上所有楼层的受损跨内，并且失效柱以上同轴线的所有楼层的框架柱均失去承载功能，表现为强柱弱梁破坏模式。从追踪到的截面塑性铰发展顺序发现，失效构件以上的短跨(BC 跨)梁两端在 $0.25T$ 时刻(此时结构达到了动力平衡状态)均出现了塑性铰；长跨(AB)梁在远端(A 端)在 $0.5T$ 左右(此时结构的竖向位移首次达到最大值)也出现了塑性铰。BC 跨梁端，最大转角与屈服转角的比值在 3.0 左右；而 AB 跨梁端，最大转角与屈服转角的比值在 1.0 左右，梁端最大转角和屈服转角很接近。这主要是因为，BC 跨梁的线刚度大于 AB 跨梁的线刚度，致使分配的弯矩大，同时跨度的不同造成了转角的差异。

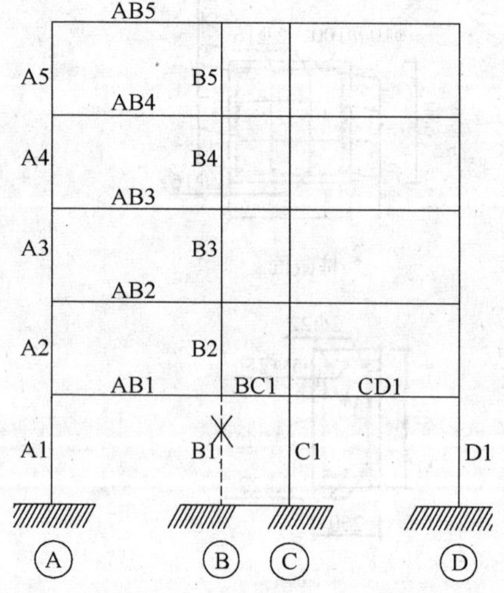

图 3 模型单元编号及移除柱示意图

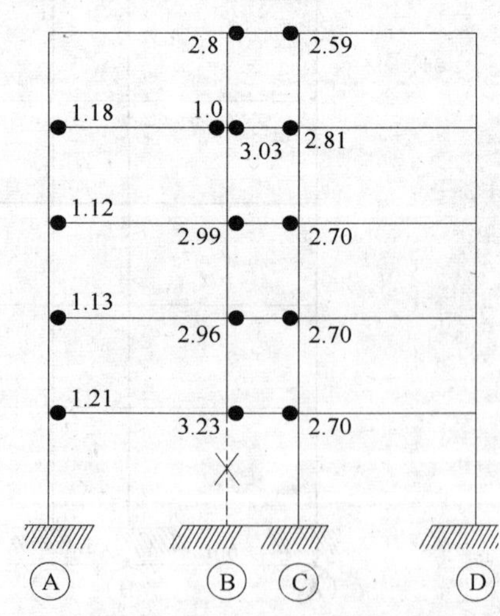

图 4 移除柱 B1 时塑性铰分布

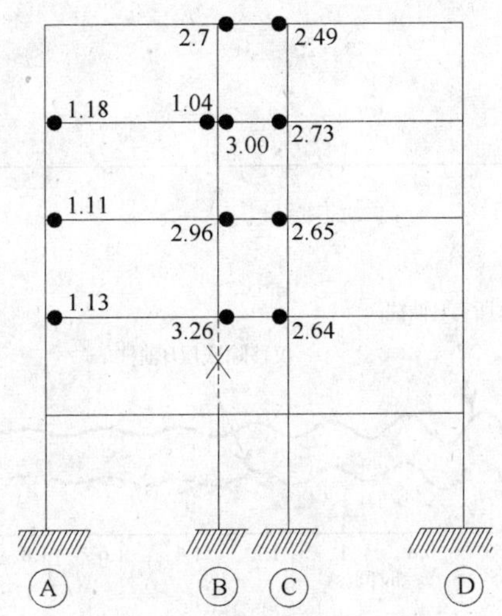

图 5　移除柱 B2 时塑性铰分布

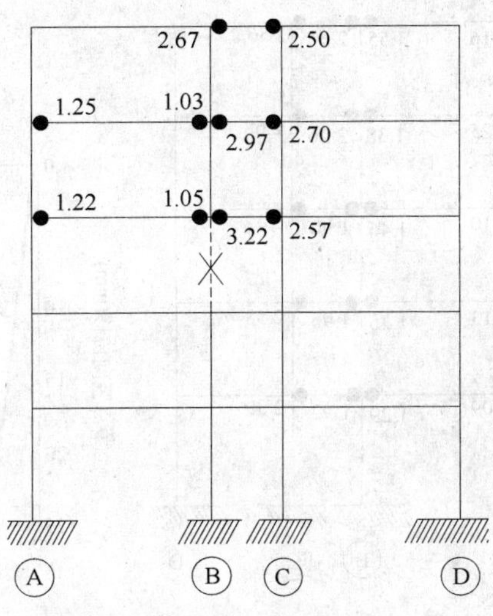

图 6　移除柱 B3 时塑性铰分布

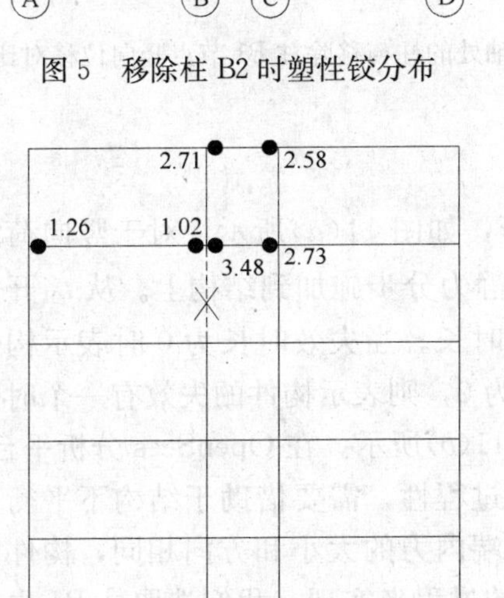

图 7　移除柱 B4 时塑性铰分布

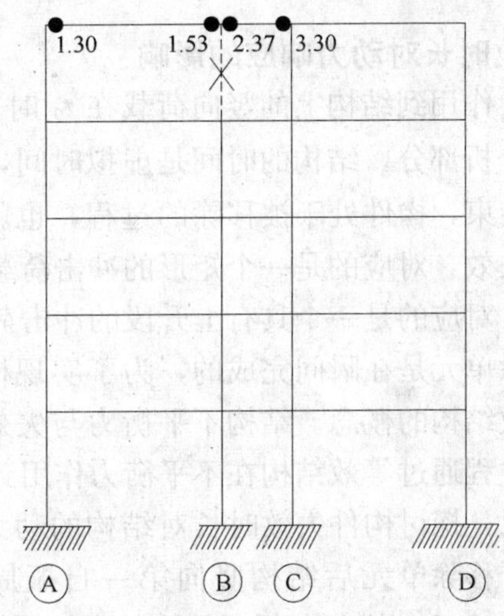

图 8　移除柱 B5 时塑性铰分布

移除同一轴线处所有柱对倒塌模式的影响

为了更好地验证移除某构件后，其上部剩余结构在受损跨范围内是分层独立承载的，我们将 B 轴线处的所有柱在重力荷载施加完毕后瞬间移除。

从图 4 与图 9 的对比可以看出，移除整条轴线处所有柱，并不会导致结构相对仅移除底层柱的情况削弱很多。AB 跨上梁的右端也都出现了塑性铰，但发展并不严重，最大转角在屈服转角的 1.6 倍以内，而且这些铰的出现大大减轻了塑性铰在 BC 梁左端的发展。从图 10 可以看出，移除所有 B 轴柱后，结构的竖向位移会有所减少，结构的竖向位移大致反映了结构的破坏严重性。因此，可以看出 B 轴其他剩余柱对结构的抗连续倒塌作用并不大，甚至会放大较短跨（BC 跨）的破坏情况。

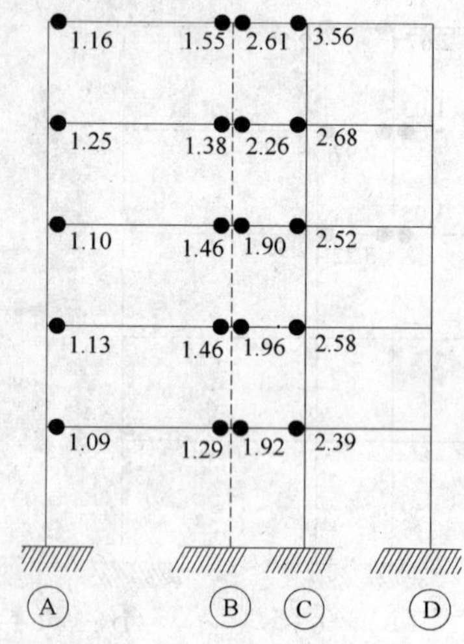

图 9　移除 B 轴线处所有柱时的塑性铰分布

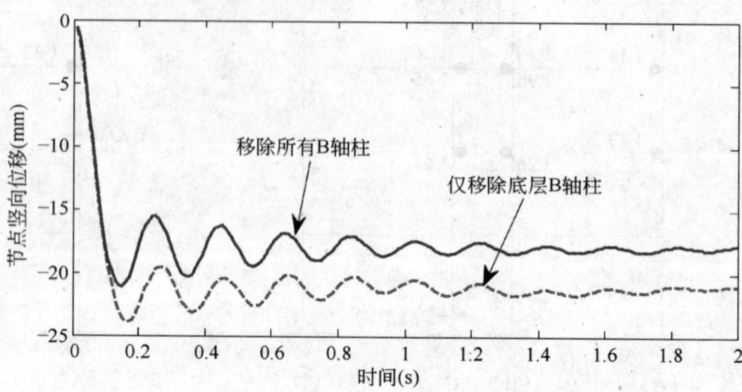

图 10　移除所有 B 轴处的柱与移除柱 B1 节点竖向位移对比图

失效时长对动力响应的影响

作用到结构上的竖向荷载在 t_0 时刻施加完毕，如图 11(*a*)所示，对于竖向荷载静力分析部分，结构的时间是虚拟时间，只表示将静力分步施加到结构上。从 t_0 开始到 t_1 结束，构件处于被移除的过程，也就是其失效时长。当失效时长为 0 时表示构件瞬间失效，对应的是一个矩形的冲击荷载；如果不为 0，则表示构件的失效有一个时间过程，对应的是一个具有上升段的冲击荷载，如图 11(*b*)所示。在 OpenSees 分析平台中，移除单元是在瞬间完成的，为了实现构件失效的过程性，需要借助于结构不平衡力与等效结构的概念。结构不平衡力与失效构件的杆端内力的大小和方向相同，构件的失效过程通过等效结构在不平衡力作用到剩余结构的过程来实现。我们选取柱 B1 失效的工况，探讨构件失效时长对结构的动力响应的影响。在分析中，失效时长分别选取相应于移除单元后结构竖向第一自振周期($T=0.218$s)的 0.1、0.2、0.3、0.4、0.5、1.0、1.5 倍进行分析。结构的自振周期见表 1。

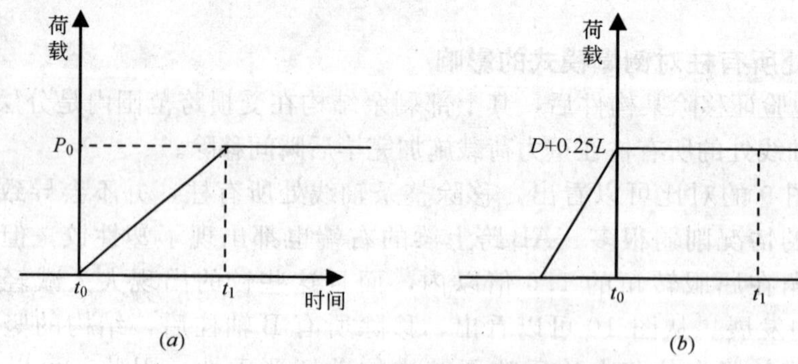

图 11　荷载施加示意图

(*a*)结构的竖向荷载；(*b*)结构上的不平衡荷载

结构的自振周期 **表 1**

振动方向	移除单元后			移除单元前		
	一阶	二阶	三阶	一阶	二阶	三阶
Y	0.218	0.057	0.056	0.059	0.055	0.053
X	1.097	0.309	0.149	0.945	0.265	0.124

分析表明，随着失效时长的增加，结构的反应越来越接近静力平衡位置。当失效时长小于 $0.2T$ 时，结构出现塑性铰的位置及数量跟构件瞬间失效的工况相同，只是各塑性铰发展的程度较轻而已；当失效时长大于 $0.4T$ 时，AB 跨不会出现塑性铰；当失效时长大于 $1.0T$ 时，BC 跨的第五层梁端也不会出现塑性铰。这基本上与节点竖向位移随失效时长的变化趋势相同，随着失效时长的增加，动力效应被逐渐削弱。当失效时长达到振动方向的自振周期时，结构的动力平衡位置跟静力平衡位置基本重合，前振动的幅值维持在一个相当小的水平，远远达不到 2 倍的静力平衡位移。

GSA 要求在进行竖向连续倒塌分析时，构件失效时长至少应该小于剩余结构的自振周期的 1/10。这里存在一个问题，由于该规定是针对竖向连续倒塌分析而提出，那么所谓的自振周期是侧向的自振周期还是竖向的自振周期？如果振动周期指的是结构实际振动方向的周期(此时以竖向振动为主)，那么从图 12 可以知道，失效时长为 $0.1T$ 的反应曲线跟瞬间失效的情况相当接近，如此再给出一个限值，实际上已经没有意义，倒不如直接要求构件瞬间失效。所以本文认为 GSA 中的自振周期是指结构整体的振动周期(此时水平方向的振动周期会起控制作用)。由图 12 可知，对于一根柱失效的情况，构件失效前后结构的整体振动周期改变并不大；而且 GSA 主要考虑的也是一

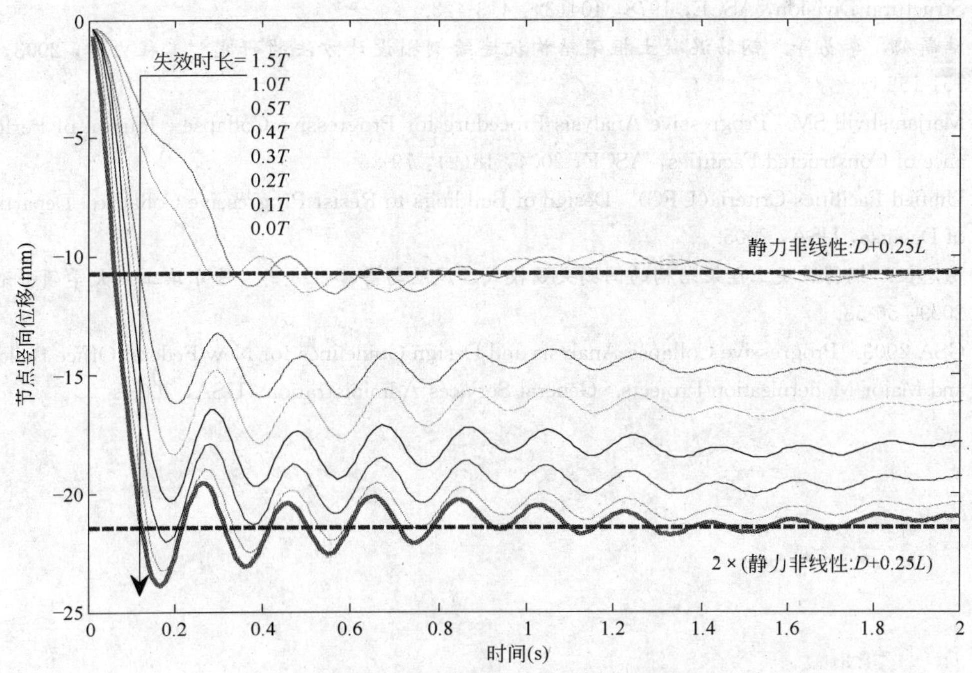

图 12 节点竖向位移随失效时长的变化

个柱子失效的情况，从这个意义上讲，可以近似采用失效前完整结构的自振周期。以本文算例结构为例，完整结构整体自振周期为 0.945s，当结构失效时长小于 0.0945s 时，结构的动力响应很明显，而且跟瞬间失效之间还有一定的差距，这就给设计和分析者提供了一个可选的范围，很好地反应了规范的指导性作用而不是强制性作用。基于此，可知 GSA 提供的构件失效时长至少应该小于剩余结构的自振周期的 1/10，剩余结构的自振周期指的是构件失效后的剩余结构整体的主周期，但可用完整结构的周期来近似。

5 结论

通过基于备用荷载路径原理的竖向非线性动力分析方法，直观地再现了某些构件失效后的剩余结构的响应情况，分析结果表明：将同一轴线不同楼层的框架柱逐根移除后，结构仅在失效柱以上所有楼层的受损跨内发生破坏，并且失效柱以上同轴线的所有楼层的框架柱均失去承载功能，各层的运动状态也趋于一致，整个结构不发生连续倒塌；将同一轴线所有楼层的框架柱同时移除时，并不会导致结构的反应相对仅移除底层柱的反应会削弱很多的情况；当考虑构件失效时长，剩余结构的反应量对构件的失效时长很敏感，随着失效时长的增加，结构的反应越来越接近静力平衡位置。本文的研究表明：竖向非线性动力分析方法是结构抗连续倒塌设计与抗连续倒塌能力分析的一种有效方法。

参考文献

[1] Ellingwood BR，Leyendecker EV. Approaches for design against progressive collapse. Journal of Structural Division，ASCE，1978，104(3)：413-423.

[2] 陆新征，李易等. 钢筋混凝土框架结构抗连续倒塌设计方法的研究. 工程力学，2008，25：151-152.

[3] Marjanishvili SM. Progressive Analysis Procedure for Progressive Collapse. Journal of Performance of Constructed Facilities，ASCE，2004，18(2)：79-85.

[4] Unified Facilities Criteria(UFC). Design of Buildings to Resist Progressive Collapse. Department of Defense，USA，2005.

[5] 陈志恒. 钢筋混凝土框架结构的倒塌失效模式、风险与鲁棒性分析. 哈尔滨工业大学硕士论文. 2009：56-58.

[6] GSA 2003. Progressive Collapse Analysis and Design Guidelines for New Federal Office Buildings and Major Modernization Projects. General Services Administration，USA，2003.

单向张弦梁结构连续倒塌模拟分析*

胡帅领　张微敬　张毅刚

(北京工业大学　城市与工程安全减灾省部共建教育部重点实验室，北京　100124)

摘　要：采用LS-DYNA有限元软件，对不同跨度、不同撑杆数的单向张弦梁结构进行局部破坏时的连续倒塌过程模拟分析。为了解空间作用的影响，分析了单榀张弦梁和多榀张弦梁结构移除撑杆、索及柱的倒塌过程。模拟结果表明：按单榀张弦梁分析更易出现倒塌，屋面檩条能够很大程度的提高单向张弦梁的抗连续倒塌能力，屋面檩条与上弦梁的连接为固结时比铰接能更好地提高张弦梁结构的抗连续倒塌能力；撑杆数目增加有利于结构的抗连续倒塌；索的失效会导致单向张弦梁结构发生连续倒塌，边榀索和角柱的失效比中间跨构件的失效更易引发结构连续倒塌。

关键词：张弦梁结构；连续倒塌分析；LS-DYNA；轴力放大系数

1　引言

连续倒塌(Progressive Collapse)是指结构在非常规荷载作用下发生局部破坏而形成初始损伤，然后结构发生内力重分布引起其他部分破坏，进而形成连锁反应，最终导致结构部分或全部倒塌[1]。造成连续倒塌的起因可能是爆炸、撞击、火灾、飓风、地震、施工失误、基础沉降、异常降雪等偶然因素。连续倒塌往往导致惨重的人员伤亡和财产损失，进行连续倒塌分析以研究结构的倒塌机制以及抗倒塌设计已愈来愈引起人们的重视。世界上一些主要国家如：英国、加拿大、美国、日本、俄罗斯等都制定了本国的抗连续倒塌设计规范或设计指南，但目前连续倒塌的研究主要集中在框架等结构形式，在大跨空间结构连续倒塌方面的研究还处在起步阶段[2]。

近年来，国内外涌现出一大批形式新颖、技术先进的体育场馆、会展中心、航空港等大空间公共建筑。除了传统的网架、网壳与悬索结构以外，具有杂交结构特征的预应力空间结构已广受建筑师与结构工程师的关注，并较多应用于一些大跨度公共建筑，取得了很好的效果。张弦结构作为一种新型的预应力空间结构，以其形式轻盈优美、受力合理、用钢量省的特点，得到越来越多的应用。但由于这类建筑存在明显的关键构件，关键构件的破坏可能会引起结构的连续倒塌，因此对张弦结构进行连续倒塌的研究，是十分必要的。

本文通过对张弦梁结构连续倒塌的研究，得出该类结构的连续倒塌机理，提出防止张弦结构连续倒塌的措施，为施工和设计提供相关的借鉴和依据。

*基金项目：国家自然科学基金重大研究计划重点项目(90715034)

2 连续倒塌分析及模拟方法

结构连续倒塌分析方法分为两类[3]：(1)针对意外荷载进行分析。该方法对完整的结构进行特定荷载作用(如地震、火灾等)下的连续倒塌分析，确定出结构初始破坏出现的位置及出现时间，理清结构破坏、倒塌的顺序及塑性发展规律。(2)针对局部破坏进行分析。该方法即为改变传力路径法(Alternate Path Method，简称为AP法)，假定结构有初始破坏，移除结构中某个或某几个构件，然后分析初始破坏的蔓延情况以及结构在常规荷载或者其他意外荷载作用下的抗连续倒塌能力，并确定其倒塌规律。

本文采用AP法对单向张弦梁结构进行连续倒塌分析。采用AP法对结构进行连续倒塌分析时，移除杆件是一个关键环节。如果杆件的失效时间很长，则不会对结构带来直接的动力效应，可通过静力分析的方式对结构进行连续倒塌分析。一般而言，杆件的失效时间非常短暂，本文在分析中认为待移除杆件的刚度在瞬间降为零并被移除。

要确定结构的连续倒塌机理，必须对其全程进行仿真模拟。倒塌仿真方法主要分为四类：1)修正有限元法；2)离散单元法或散体单元法；3)在已有的有限元软件如ANSYS，MARC等基础上进行二次开发；4)采用显式动力有限元分析软件对连续倒塌过程进行仿真，如LS-DYNA等。其中，显式动力有限元软件计算速度快，目前被广泛使用。本文采用LS-DYNA进行张弦梁结构局部破坏时的倒塌模拟分析，移除构件通过重启动功能实现[4]。

3 结构建模

3.1 计算模型

分别建立了单榀张弦梁及多榀张弦梁计算模型，如图1所示。上弦梁采用矩形钢管，撑杆及屋面檩条采用圆钢管，下弦拉索采用高强度低松弛冷拔镀锌钢丝。钢材弹性模量为2.06×10^5MPa，密度为7.85×10^3kg/m^3，屈服强度为345MPa。

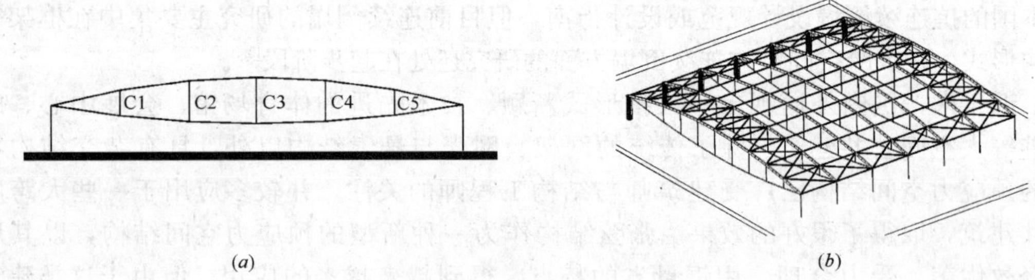

图1 张弦梁结构示意图
(a)单榀张弦梁；(b)多榀张弦梁

为便于表述，对张弦梁结构的撑杆进行编号。单榀张弦梁结构从左向右编号为C1，C2……Cn；多榀张弦梁结构编号规则为第几榀第几个撑杆。例如，从左数第4榀，从上往下数第5根撑杆，可简称为第4榀撑杆C5或者称为中间榀撑杆C5；而从左数第1榀，从上往下数第3根撑杆，可简称为第1榀撑杆C3或者称为边榀撑杆C3。参考实际工程及文献[5-7]，分别建立了42m、50m、60m跨的张弦梁结构模型。屋面恒载取1.0kN/m²，活载取0.5 kN/m²。为便于建模，每个多榀张弦梁模型为7榀，相邻榀的间距均为8m，撑杆的长细比为120～130。各模型在恒载和活载作用下，上弦梁的应力控制在100MPa以下，索的拉应力控制在300～400MPa以内。多榀张弦梁结构模型参数如表1所示，单榀张弦梁与多榀张弦梁参数基本一致，仅跨度为42m和50m时拉索截面分别为60×ϕ7和80×ϕ7。

多榀张弦梁结构模型参数　　表1

跨度	上弦梁截面尺寸(mm)	拉索	矢高	垂度	屋面檩条	撑杆数目
42m	400×200×14	70×ϕ7	3.0m	2.0m	ϕ200×6	5、7
50m	430×230×15	85×ϕ7	3.3m	2.3m	ϕ250×10	5、7、9
60m	530×270×15	130×ϕ7	3.6m	2.6 m	ϕ250×10	7、9、11

3.2　有限元建模

在ANSYS/LS-DYNA分析中，上弦梁及撑杆采用BEAM161单元(Hughes-Liu积分梁单元)；下弦拉索采用LINK167单元，通过设置偏置量对其进行施加初应力；撑杆与上弦梁交界处进行耦合处理，以模拟铰接。为真实模拟结构连续倒塌的全过程，建模时采用SOLID164单元模拟地面，并将其材料属性设置为刚体。为方便起见，所有的接触均设为自动单面接触(ASSC)。

本文采用塑性随动模型Plastic Kinematic作为梁单元的材料特性，该模型可通过输入失效应变ε_f考虑失效，当满足$\varepsilon > \varepsilon_f$，单元失效并自动从计算模型中删除。失效应变与单元尺寸及应变率等因素有关，本文取0.01。

索单元材料采用Cable模型，该模型具有只拉不压的单元特性，同时可设置预张力以便在结构内形成预应力，用于线性或非线性的弹性本构，其主要参数有密度、模量(或刚度)、非线性弹性材料的本构曲线、预张力等，通过对索单元施加偏置量模拟张弦结构钢索超张拉。

4　模拟分析结果

作为张弦梁结构的关键构件，撑杆、索、柱的失效往往会导致结构的连续倒塌。目前在张弦梁结构计算中，常采用对单榀张弦结构进行分析的方法。为了解空间作用对结构倒塌的影响，下面分别对单榀和多榀单向张弦梁结构进行移除撑杆、索、柱的连续倒塌分析。

4.1　移除撑杆

考虑结构局部构件失效的概率问题，本文中对移除撑杆的分析采用两种工况：1)移除1根撑杆；2)同时移除2根撑杆。如果工况1)不能引起结构倒塌，则对结构进行工况2)的分析；如果工况1)能够引起结构倒塌，则不再对工况2)进行分析。

(1) 单榀张弦梁

42m跨、50m跨：撑杆数目为5时，倒塌规律相同，即移除C1或C2，结构发生倒塌，移除C3不会倒塌；撑杆数目为7时，移除任意一根撑杆，结构均不会发生倒塌；42m 跨同时移除两根撑杆(C1、C2 或 C2、C3 或 C3、C4)，50m 跨同时移除 C2、C3 或 C3、C4 时，结构发生倒塌。60m 跨 7 撑杆、9 撑杆时，移除 C2 结构发生倒塌，11 撑杆时移除任意一根或两根撑杆结构不会倒塌。

下面以 42m 跨 5 撑杆单榀张弦梁结构为例介绍移除撑杆的倒塌分析结果。撑杆 C1、C2、C3 的截面尺寸依次为 60ϕ5，89ϕ5，102ϕ5，撑杆 C4、C5 的截面尺寸分别与 C2、C1 相同。结构连续倒塌全过程如图 2 所示：移除撑杆 C1 后，撑杆 C2 发生屈曲(图 2(*a*))，导致左半部分上弦梁屋面失稳，继而引起撑杆 C3 的屈曲(图 2(*b*))；撑杆 C3 屈曲后，整个屋面全部失稳，结构完全倒塌(图 2(*c*))。

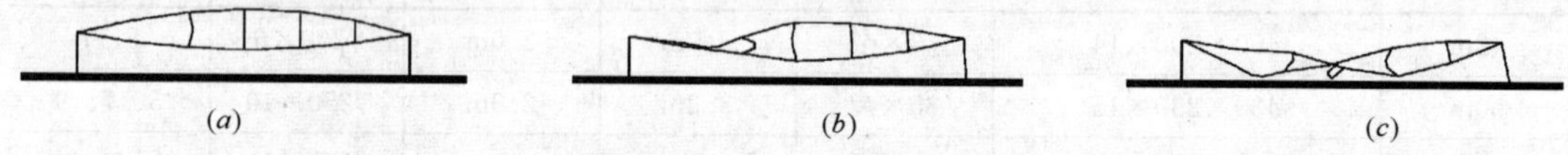

图 2　移除撑杆 C1 后连续倒塌全过程

(*a*)移除撑杆 C1 引起撑杆 C2 屈曲；(*b*)左边失稳扩大，撑杆 C3 屈曲；(*c*)结构完全倒塌

在其他条件不变的情况下，将 42m 跨 5 撑杆单榀张弦梁撑杆 C2 的截面尺寸由 ϕ89×5 增大到 ϕ95×5，移除撑杆 C1 后未发生连续倒塌。C2 截面尺寸增大后，撑杆 C2、C3 的轴力变化如图 3 所示。

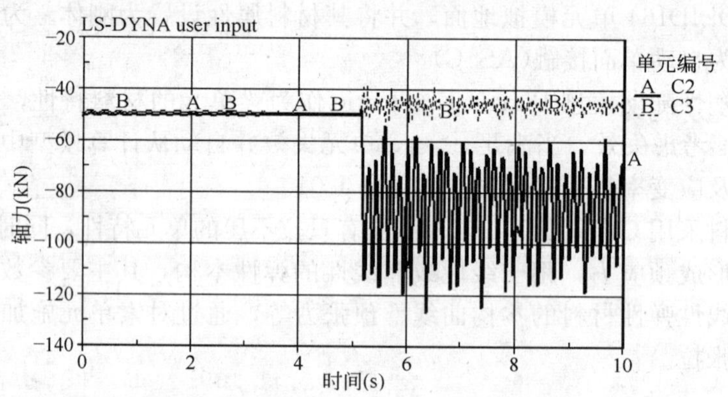

图 3　撑杆 C2 和 C3 的轴力变化图

由图 3 可以看出，在 5s 左右移除撑杆 C1 后，其相邻撑杆 C2 的轴力发生突变，并产生剧烈振荡。将振荡过程中轴力的最大值与原轴力值的比值定义为轴力放大系数，则移除撑杆 C1 后，撑杆 C2 的轴力放大系数为 2.5，其他撑杆的放大系数为 1.1 左右。

对 42m 跨、50m 跨及 60m 跨单榀张弦梁进行移除撑杆的连续倒塌分析表明，移除一根撑杆后，其直接相邻的撑杆的轴力放大系数为 2.0～2.5，非相邻撑杆的轴力放大系数为 1.0～1.2；移除两根撑杆后，其直接相邻的撑杆的轴力放大系数为 3.0～4.1，非相邻撑杆的轴力放大系数为 1.0～1.5。

(2) 多榀张弦梁

42m 跨、50m 跨及 60m 跨多榀张弦梁结构移除任意一根撑杆后，均未发生连续倒塌，表明空间作用能显著提高单向张弦梁的抗连续倒塌能力。当屋面檩条为固结时，移除两根中间榀撑杆 C1、C2 或 C2、C3 时，结构未发生连续倒塌；当屋面檩条为铰结时，42m 跨 5 撑杆移除两根中间榀撑杆 C1、C2 或 C2、C3 时，结构发生连续倒塌；42m 跨及 50m 跨 7 撑杆时，移除中间榀撑杆 C2、C3 结构发生连续倒塌；50m 跨 9 撑杆时，移除中间榀任意两根撑杆，结构不会发生连续倒塌。

以 42m 跨(5、7 撑杆)单向张弦梁结构为例，移除任意一根撑杆后，其他撑杆的轴力放大系数如表 2 所示。

移除一根撑杆后撑杆轴力放大系数　　表 2

跨度(m)	撑杆数	C1	C2	C3	C4	C5	C6	C7
42	5	—	2.072	0.977	1.008	1.031		
		1.961	—	2.064	0.960	1.007		
		0.984	2.012	—	2.007	0.984		
	7	—	2.112	1.016	1.034	1.042	1.027	1.055
		2.026	—	2.046	0.998	1.095	1.021	1.043
		1.016	1.976	—	1.979	1.052	1.006	1.016
		1.014	0.988	1.999	—	2.012	0.999	1.011

注：—表示移除的撑杆。

屋面檩条为固接时，移除两根撑杆使单向张弦梁结构出现了较为强烈的振动，但并未发生连续倒塌。以 50m 跨 9 撑杆单向张弦梁结构为例，移除任意两根撑杆后，其他撑杆的轴力放大系数如表 3 所示。

移除两根撑杆后撑杆轴力放大系数　　表 3

移除	C1	C2	C3	C4	C5	C6	C7	C8	C9
C1、C2	—	—	3.004	1.010	0.998	1.004	1.013	1.048	1.077
C2、C3	3.088	—	—	2.983	0.976	1.019	1.022	1.012	1.027
C3、C4	1.024	2.893	—	—	3.017	0.998	1.006	1.000	1.066
C4、C5	0.999	0.974	3.057	—	—	3.023	0.979	0.988	1.047

当屋面檩条由固结变为铰接时，移除两根撑杆就有可能引发结构的连续倒塌。图 4 所示为 50m 跨 7 撑杆单向张弦梁结构的倒塌过程：移除中间榀撑杆 C2、C3 后，撑杆 C1 首先屈曲，紧接着 C4、C5 屈曲，中间榀张弦梁失稳，同时中间榀的上弦梁出现断裂；局部失稳加速，相邻榀撑杆出现大量屈曲，导致屋盖整体失稳，结构发生连续倒塌。

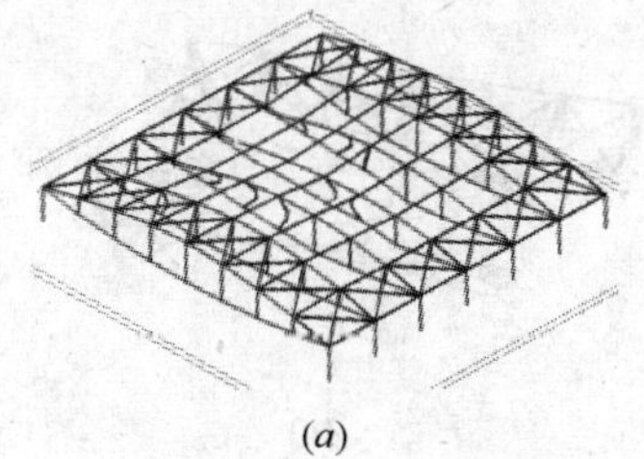
(*a*)

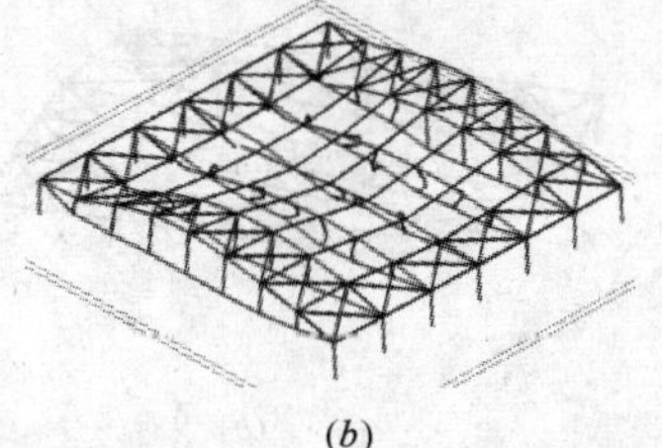
(*b*)

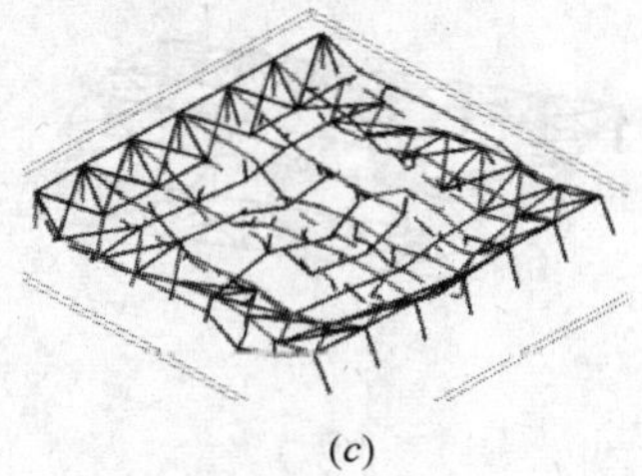
(*c*)

图 4　移除撑杆 C2、C3 后连续倒塌全过程

(*a*)相邻撑杆屈曲，3～5 榀形成局部失稳；(*b*)局部失稳发展为屋盖整体失稳；(*c*)结构完全倒塌

对 42m 跨、50m 跨多榀张弦梁进行移除撑杆的连续倒塌分析表明，移除一根撑杆后，其直接相邻撑杆的轴力放大系数为 1.9～2.1，小于单榀张弦梁分析结果，非相邻撑杆的轴力放大系数为 1.0～1.2，与单榀张弦梁分析结果相同；移除两根撑杆后，其直接相邻的撑杆的轴力放大系数为 2.9～3.1，非相邻撑杆的轴力放大系数为 0.9～1.2，均小于单榀张弦梁分析结果。

4.2 移除索

用 AP 法对一段索进行移除，一方面模拟索的失效，另一方面还可模拟索与上弦梁端部连接节点的失效。

（1）单榀张弦梁

对 42m 跨(包括 5 撑杆和 7 撑杆)，50m 跨(包括 5 撑杆、7 撑杆和 9 撑杆)，60m 跨(包括 7 撑杆、9 撑杆和 11 撑杆)的单榀张弦梁进行移除索的连续倒塌分析表明，当单榀张弦梁的任一段索失效后，结构均发生了连续倒塌。以 50m 跨 5 撑杆单榀张弦梁为例，移除边索后的倒塌过程如图 5 所示，拉索失效后，上弦梁自身的刚度不足以支撑自重而整体失稳，结构发生倒塌。

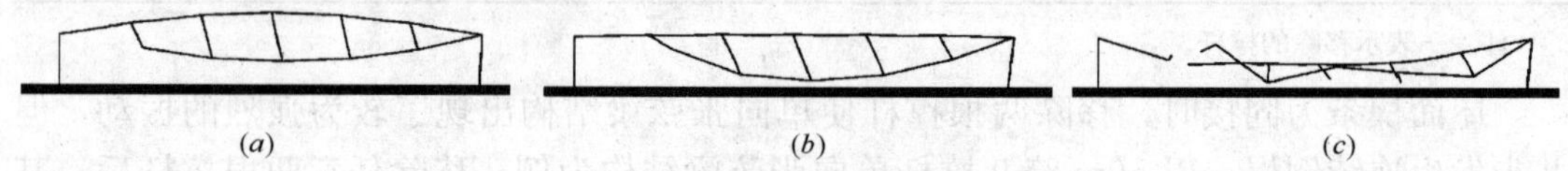

图 5 移除边索后连续倒塌全过程

(*a*)上弦梁右端向右移动；(*b*)上弦梁整体失稳；(*c*)上弦梁继续下落，并出现断裂，结构倒塌

（2）多榀张弦梁

50m 跨 5 撑杆、7 撑杆和 9 撑杆多榀张弦梁移除索的连续倒塌分析表明：边榀一段索失效后，结构发生连续倒塌；中间榀一段索失效后，5 撑杆、7 撑杆的结构发生连续倒塌；撑杆数为 9 时，移除中间榀一段索后结构仅出现较为剧烈的振动，并未倒塌。

以移除 50m 跨 5 撑杆边榀一段索及中间榀的一段索为例，其连续倒塌过程分别如图 6 及图 7 所示。

由图 6 可知，移除边榀的一段索后，相邻的第 2～4 榀张弦梁的撑杆依次屈曲，引起第 1 榀和第 2 榀张弦梁的上弦梁局部失稳，随着撑杆屈曲的不断发展，局部失稳从第 1、2 榀向 3、4 榀发展；撑杆屈曲和局部失稳相互影响，最终导致整个屋面完全失稳，屋盖倒塌。

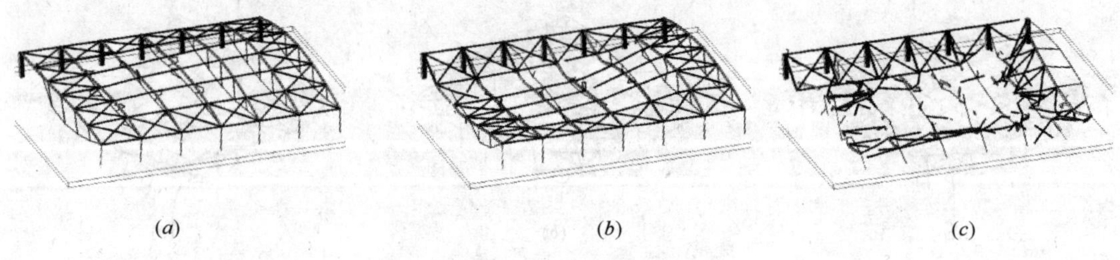

图 6 移除边榀索后连续倒塌全过程

(*a*)2～4 榀撑杆依次屈曲，出现局部失稳；(*b*)局部失稳发展为整体失稳；(*c*)结构整体倒塌

由图 7 可知，移除中间榀一段索后，结构出现剧烈振荡，相邻两榀即第 3 榀和第 5 榀在靠近右侧铰接柱的边撑杆首先屈曲，紧接着撑杆屈曲向内扩展，同时靠近底部固结柱一侧的边撑杆也出现屈曲；第 3 榀和第 5 榀的撑杆随后几乎全部屈曲，中间三榀失稳；局部失稳迅速发展，致使第 2 榀、第 5 榀的撑杆连续屈曲，以及屋面檩条破坏。此时结构已经分为三部分：边部各两榀，中间三榀。三部分失去承载能力，最终倒塌。

其他条件不变，若加强靠近支座的 2 根撑杆(每榀 4 根撑杆)，则移除边索及中间榀索后，上述结构均不再倒塌。

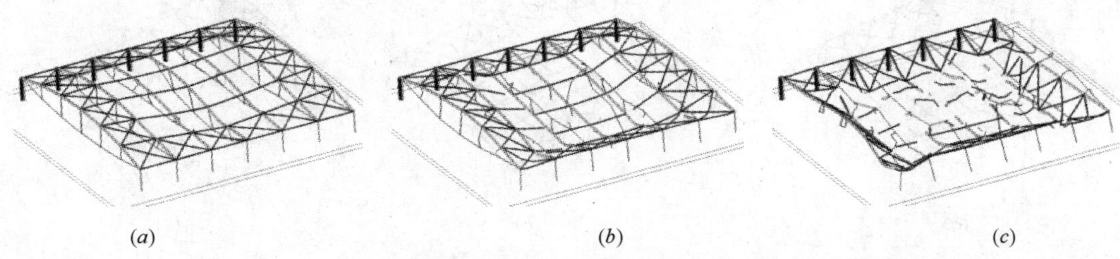

(*a*)　　(*b*)　　(*c*)

图 7　移除中间榀索后连续倒塌全过程

(*a*)3、5 榀撑杆屈曲，出现局部失稳；(*b*)局部失稳发展为整体失稳；檩条破坏；(*c*)结构整体倒塌

4.3　移除柱

用 AP 法对柱进行移除，一方面模拟柱的失效，另一方面还可模拟张弦梁与柱端连接节点的失效。分别对 60m 跨 7 撑杆、9 撑杆、11 撑杆多榀张弦梁结构进行移除柱的连续倒塌分析。

移除 60m 跨 7 撑杆、9 撑杆、11 撑杆角柱后，均发生了连续倒塌。移除 60m 跨 7 撑杆角柱的连续倒塌过程如图 8 所示。移除角柱后，原来由该角柱承担的荷载通过屋面檩条传递给第 2 榀张弦梁，导致该榀张弦梁的撑杆从靠近所移除柱的一侧依次屈曲，第 2 榀张弦梁很快失稳，并带动第 3 榀张弦梁的撑杆屈曲；随后 1～3 榀张弦梁倒塌，带动 4～7 榀张弦梁依次出现撑杆屈曲、失稳、倒塌，最终结构完全倒塌。

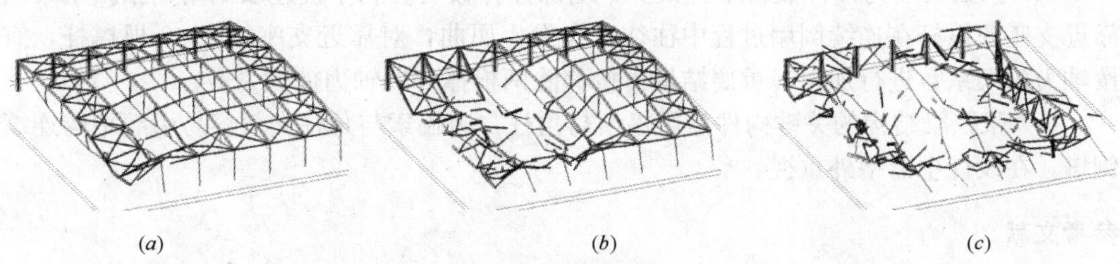

(*a*)　　(*b*)　　(*c*)

图 8　移除角柱后连续倒塌全过程

(*a*)1、2 榀失稳，第 3 榀撑杆屈曲；(*b*)1～4 榀撑杆依次屈曲，依次倒塌；(*c*)结构完全倒塌

移除 60m 跨 7 撑杆、9 撑杆中间榀柱后，结构发生连续倒塌；移除 60m 跨 11 撑杆中间榀柱后，结构仅出现较为剧烈的振动，并未倒塌。移除 7 撑杆中间榀柱的连续倒塌过程如图 9 所示。在移除中间榀的一个柱后，中间榀张弦梁成了完全意义上的“自平衡”，其所承担的荷载通过屋面檩条传递到第 3 榀和第 5 榀张弦梁的上弦，

导致这两榀张弦梁的撑杆从与所移除柱端同侧开始逐个屈曲，其结果为第 3～5 榀张弦梁开始失稳；失稳的过程中，失效柱上方的最外侧屋面檩条出现拉断现象；屋面檩条失效后第 3～5 榀张弦梁的失稳加速发展，导致其他榀张弦梁的撑杆迅速屈曲和整个结构失稳，最终结构发生倒塌破坏。

其他条件不变，若加强靠近支座的 2 根撑杆(每榀 4 根撑杆)，则移除 60m 跨 7 撑杆和 9 撑杆多榀张弦梁结构中间榀柱后，结构不发生倒塌，但移除角柱，结构仍会倒塌。

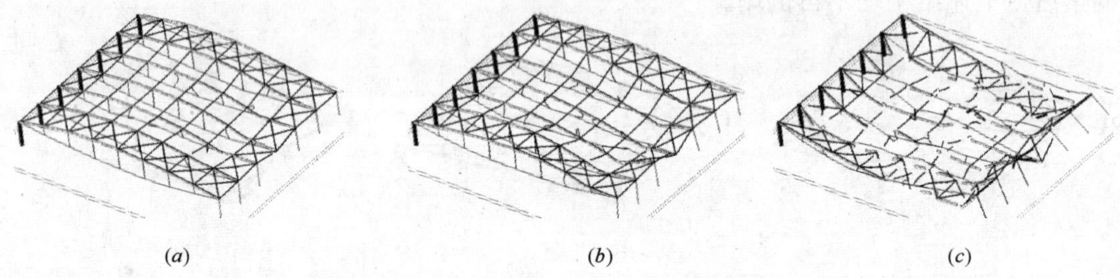

(*a*)　　(*b*)　　(*c*)

图 9　移除中间榀柱后连续倒塌全过程

(*a*)3～5 榀出现撑杆屈曲及局部失稳；(*b*)局部失稳发展为整体失稳；(*c*)结构完全倒塌

5　结论

采用 LS-DYNA 有限元软件，模拟分析了单榀张弦梁和多榀张弦梁结构移除撑杆、索及柱的倒塌过程，得到如下结论：

(1) 张弦梁结构连续倒塌分析时，应建立多榀张弦梁整体结构模型，考虑空间作用进行分析。

(2) 张弦梁结构的屋面檩条与上弦梁宜采用固结连接，以提高其抗连续倒塌能力。

(3) 张弦梁结构移除一根撑杆后，其直接相邻撑杆的轴力放大系数可取 2.1，非相邻撑杆轴力放大系数可取 1.2；移除两根撑杆后，其直接相邻撑杆的轴力放大系数可取 3.1，非相邻撑杆轴力放大系数可取 1.2。

(4) 张弦梁结构撑杆数目不宜太少，增加撑杆数目有利于抗连续倒塌；张弦梁结构靠近支座的撑杆在连续倒塌过程中往往首先发生屈曲，对靠近支座的 2～3 根撑杆，宜按轴力放大系数进行加强，重要结构可按移除两根撑杆取轴力放大系数。

(5) 张弦梁结构的关键构件是边榀索与角柱，边榀索与角柱失效容易引起结构连续倒塌，在设计中需格外重视。

参考文献

[1]　胡晓斌，钱稼茹. 多层钢框架连续倒塌动力效应分析述. 地震工程与工程振动 2008，28(2)：8-14.

[2]　张微敬，胡帅领，张毅刚. 大跨空间结构抗连续倒塌研究综述. 第九届全国现代结构工程学术研讨会论文集. 2009，334-338.

[3]　B. R. Ellingwood. Building Design for Abnormal Loads and Progressive Collapse. Computer-Aided Civil and Infrastructure Engineering，2005，20(3)：194-205.

[4]　J. O. Hallquist. LS-DYNA Theory Manual. Livermore Software Technology Corporation,

March 2006.

[5] 姜正荣，王仕统. 一维张弦梁结构的稳定分析. 空间结构. 2007，13(3)：26-28.

[6] 姜正荣，魏德敏，王仕统. 单双向张弦梁结构的稳定性分析. 第九届全国现代结构工程学术研讨会. 济南. 2009.4：269-275.

[7] 姜正荣，王仕统，魏德敏. 一维张弦梁结构预应力的取值方法. 建筑科学. 2007，23(7)：39-42.

斜拉结构各种连续倒塌分析技术的对比

韩运龙　冯　健　蔡建国　王蜂岚

（东南大学混凝土及预应力混凝土结构教育部重点实验室，南京　210096
江苏省预应力工程技术研究中心，南京　210096）

摘　要： 自美国“9·11”恐怖袭击事件发生以后，结构的连续性倒塌分析再次成为国内外的研究热点，但现阶段连续倒塌分析主要集中于框架结构，对斜拉结构等含有索的结构体系的研究较少。变换荷载路径法(AP法)作为目前使用最为广泛的结构连续性倒塌分析方法，其在框架结构中的运用已经得到了很好的证明。但是AP法在非框架结构，尤其是斜拉结构中的运用还需要进一步的探索。根据是否考虑结构的动力特性及材料的非线性因素，AP法主要分为线性静力计算、线性动力计算、非线性静力计算和非线性动力计算，共四种计算方法。在框架结构中，几何非线性因素不作特别的强调，但在斜拉结构中需和材料非线性因素同时考虑。本文利用上述四种方法对一斜拉结构进行连续倒塌分析，并对比分析结果。

关键词： 连续倒塌；初始状态；斜拉桥；预应力拉索

1　引言

结构的连续性倒塌是指正常使用情况下，意外事件造成结构局部发生初始破坏，继而引起周围杆件的连锁破坏，最终形成与初始局部破坏不成比例的结构大范围倒塌或是整体倒塌[1]。连续性倒塌一旦发生，便会造成严重的生命和财产损失，成为严重威胁公共安全的重要问题。随着近年来此类事故的不断发生及恐怖活动的日益猖獗，结构的连续性倒塌已逐步成为全世界范围内的研究热点，并在一些领域取得了较为丰富的研究成果。

我国在结构连续性倒塌方面的研究起步较晚，“9·11”事件发生之后国内学者才对其进行了广泛的研究。以刘西拉为首的一批学者对结构在意外事件中的易损性及构件重要性的评估方法进行了研究[2-7]。清华大学的钱稼茹、胡晓斌对钢结构框架在连续性倒塌过程中的动力效应进行了相关研究，总结了荷载动力放大系数的影响因素[8,9]。叶列平、陆新征等人结合清华大学土木工程系开发的适用于钢筋混凝土杆系结构的纤维模型THUFIBER软件对混凝土结构的连续性倒塌进行了相关研究[10,11]。湖南大学的易伟建、何庆锋对钢筋混凝土框架结构进行了连续性倒塌试验，并通过有限元数值模拟验证试验的准确性[12]。目前，我国的建筑结构设计规范中，并没有明确的关于结构抗连续性倒塌的相关条文，仅在概念上提出“结构应具有整体稳定性，结构的局部破坏不应导致大范围倒塌”。

现阶段连续倒塌分析主要集中于框架结构，对斜拉结构等含有索的结构体系的研究较少。变换荷载路径法(AP法)作为目前使用最为广泛的结构连续性倒塌分析方法，其在框架结构中的运用已经得到了很好的证明。但是AP法在非框架结构，尤其是斜拉结构中的运用还需要进一步的探索。本文以斜拉桥为研究对象，结合PTI规范提出的斜拉桥断索的分析方法[13]，对AP法进行一定的改进，提出适合于斜拉结构的分析方法。在此基础上采用SAP2000对断索后的结构进行连续性倒塌分析，比较各种方法的优劣势，评估该结构在断索之后的抗连续性倒塌能力。

2 连续性倒塌分析方法

变换荷载路径法(AP法)是目前使用最为广泛的结构连续性倒塌分析方法。根据是否考虑结构的动力特性及材料的非线性因素，AP法主要分为线性静力计算、线性动力计算、非线性静力计算和非线性动力计算，共四种计算方法[14-17]。

线性静力计算

该方法是最为简单和快捷的分析方法。主要步骤是在未施加荷载的结构上静力移除失效构件，对剩余结构施加考虑了动力效应的荷载组合(即用动力放大系数对荷载进行放大)，进行线弹性静力分析，从而评估结构抗连续性倒塌的性能。

(1) 线性动力计算

该方法即所谓的等效荷载瞬时卸载法[18]，可近似模拟构件的实际失效过程，使结构产生较真实的线弹性运动，结果的准确性取决于结构振动后的初始稳定状态与构件失效前结构在静力荷载下初始状态的吻合程度。该方法的缺点在于无法考虑结构构件的非线性，研究对象局限于小塑性变形。

(2) 非线性静力计算

最常用的非线性静力计算方法即抗震分析中的PUSH-OVER法，该方法通过逐步加大荷载来得到结构的控制荷载或是控制位移，从而评价结构抵抗水平荷载的能力。对于结构抗连续性倒塌设计而言，就是采用竖向的PUSH-OVER法进行分析，并采用动力放大系数考虑结构的动力效应。

(3) 非线性动力计算

该方法是目前公认的最为准确的反映结构抗连续性倒塌性能的计算方法，同时也是最为复杂的计算方法。它兼顾了结构的动力特性及材料的非线性特性，提供了更接近实际情况的计算结果。

按照美国连续性倒塌设计规范GSA和UFC的相关规定，连续性倒塌分析方法中的静力计算一般需考虑动力放大系数。但此规范主要适用于框架结构，而且众多学者对动力放大系数的取值也有不同的看法。对此PTI规范提出了斜拉桥断索的分析方法，不对荷载进行放大，而是采用施加等效力的方法。图1给出了静力与动力分析方法中等效力的方向。

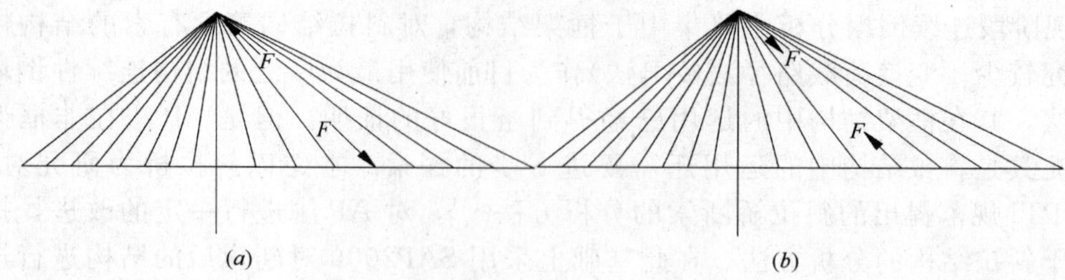

图 1　不同分析方法中等效力方向

(a)静力等效力方向；(b)动力等效力方向

3　模型设计

3.1　模型介绍

本文采用的分析模型为一斜拉桥结构，如图 2 所示，由 45m 高的独立桥塔和两侧各 60m 的边跨组成。沿桥塔两侧对称布置共 14 根预应力钢拉索，桥面梁布置在距桥塔底部 15m 的高度，两端设置为滑动支座，桥塔下部为固定支座。结构构件的材料及截面属性定义为：(1)拉索：弹性模量 $E=180$GPa，泊松比 $\mu=0.3$，其屈服强度为 1320MPa，直径$D=56.5$mm；(2)桥面梁：弹性模量 $E=200$GPa，泊松比 $\mu=0.3$，屈服强度为 215MPa，箱型截面尺寸 750mm×450mm×90mm×90mm；(3)桥塔：弹性模量 $E=30$GPa，泊松比 $\mu=0.17$，抗压强度为 35MPa，矩形截面尺寸 5000mm×1400mm。恒载及活载为均布荷载，分别取 80kN/m 和 40kN/m。该结构拉索初始预应力的确定原则为：在 $1.0D+1.0LS$ 荷载组合作用下受力，桥面梁各节点的竖向位移接近于零，其中 D 为恒荷载，LS 为拉索预应力。现对拉索、桥面梁以及节点进行编号，从左至右拉索分别为索 1 至索 14，桥面梁分别为梁 1 到梁 16，桥面节点分别为节点 1 至节点 17。

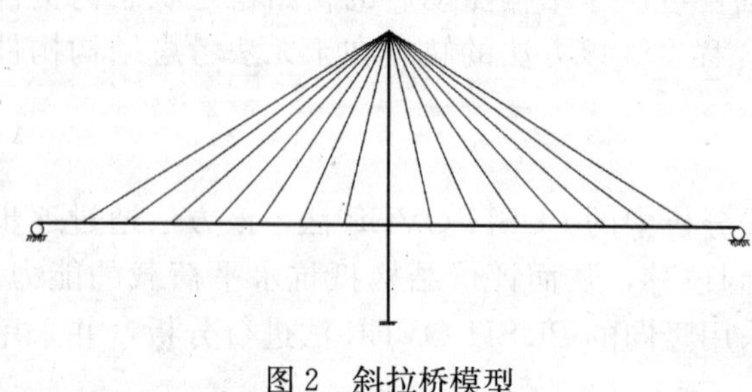

图 2　斜拉桥模型

3.2　材料非线性的实现

非线性分析方法中需设置塑性铰以实现考虑材料非线性的目的，在该模型中需要对拉索及桥面梁设置塑性铰。现将塑性铰的设置作如下说明：拉索的受力特点决定了可在其中部设置一轴力铰，根据拉索的材料及截面属性，可知其达到屈服时的轴力为 3312kN，弹性拉伸率为 0.7%，可将其断裂拉伸率设置为弹性拉伸率的三倍，即图 3(a)中所示 Disp/SF 在 C 点的数值，SF 即为弹性拉伸率；因为桥面梁受轴压力与弯矩的共同作用，故采用 P-M3 铰在梁两端进行设置，该铰的弯矩-转角曲线如图 3(b)所示。

3.3　分析方法的改进

第二节中介绍了规范给出的四种常用连续性倒塌分析方法，本文以 PTI 规范提出的斜拉桥断索的分析方法为基础，结合 GSA 和 UFC 规范对现有的分析方法进行改进。

线性静力方法的改进较为简单，只需将等效力反向施加于断索处相应节点上，进

Point	Force/SF	Disp/SF
E-	0.	0.
D-	0.	0.
C-	0.	0.
B-	0.	0.
A	0.	0.
B	1.	0.
C	1.	3.
D	1.	3.
E	1.	3.

Symmetric

(*a*)

Point	Moment/Yield Mom	Rotation/SF
A	0.	0.
B	1.	0.
C	1.	6.
D	0.2	6.
E	0.2	8.

Note: Yield moment is defined by interaction curve

Copy Curve Data　Paste Curve Data

(*b*)

图 3　塑性铰属性设置

(*a*)轴力铰力-位移曲线设置；(*b*)P-M3 铰弯矩-转角曲线设置

行线性静力分析。其荷载组合方式为 $1.0D+0.75L+1.0LS+1.0CL$，其中 D 为恒荷载，L 为活荷载，LS 为拉索预应力，CL 为失效拉索的等效索力，该荷载组合同样适用于其他三种方法，等效力施加方向如图 1 所示。

现有的结构抗连续性倒塌设计规范中，仅强调了构件失效时间的取值范围，均忽视了结构初始状态对计算结果的影响。对于大部分框架结构而言，初始状态下结构的变形或位移是可以被忽略的[19]，但在预应力结构的分析中这样的假定未必正确。以下研究结构在非线性静力、线性动力及非线性动力分析中考虑初始状态与否对分析结果的影响，并给出各方法的实现过程。

3.3.1　非线性静力方法

假定拉索中索 3 和索 4 同时失效，对结构进行考虑初始状态和不考虑初始状态的两种非线性静力方法分析。不考虑初始状态的方法实现较为简单，即结构在上述荷载组合作用下进行 nolinear-static 分析。考虑初始状态的方法采用静力分析中的 nolinear staged construction，即分阶段施工功能，第一阶段为完整结构下的受力过程，第二阶段撤去失效拉索，施加反向等效力进行分析。从图 4 中塑性铰产生情况看，不考虑初始状态方法的索力结果偏小，未产生轴力铰。其原因在于此方法中预应力拉索的索力是随着荷载步的增加逐步施加到拉索上，与实际结构的受力情况不符。考虑初始状态的方法能较好的模拟拉索预应力一次性施加的过程，得到的结果较为准确。

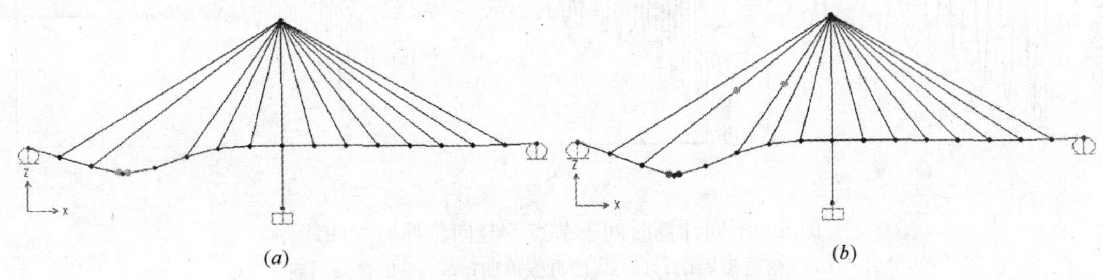

图 4　不同分析方法中塑性铰分布图

(*a*)不考虑初始状态；(*b*)考虑初始状态

3.3.2　线性动力方法

假定拉索中索 4 失效，对结构进行考虑初始状态和不考虑初始状态的两种线性动力方法分析。不考虑初始状态的方法只需在动力分析开始时迅速撤去等效力，考虑初始状态的方法较为复杂，两种方法中等效力的卸载曲线如图 5 所示。根据考虑初始状态时等效力卸载时程分析曲线，结构的动力响应分为两个阶段。$0 \ll t \ll t_o$ 时为第一阶段，结构在原有静力荷载和等效力的作用下发生强迫振动，直至达到构件失效前整体结构在静力荷载下的初始状态。$t_o \ll t \ll t_o + t_p$ 时为第二阶段，即原有方法中构件的失效阶段。在本文分析中构件失效时间 t_p 取 10ms，t_o 的取值需通过具体计算确定。

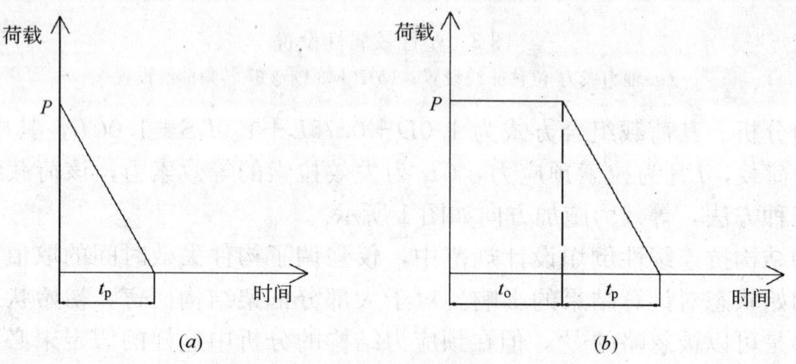

图 5　等效力卸载时程曲线

(a)不考虑初始状态；(b)考虑初始状态

关于线性动力分析中初始状态的实现，需要确定等效力作用下振动至稳定态的持续时间 t_o，因为初始持荷时间 t_o 是决定荷载突然施加所产生的动力效应是否能够完全衰减、结构的初始状态是否能够准确模拟的关键因素。为确定初始持荷时间，以断索后结构的自振周期为参数，分别取 5 倍、10 倍、15 倍自振周期为计算时间，以索 4 撤去后节点 5 为研究对象，对比竖向时程分析曲线可知，计算时间为 10 倍自振周期时，结构振动趋于稳定。对于本模型，取 10 倍自振周期即可满足精度要求。

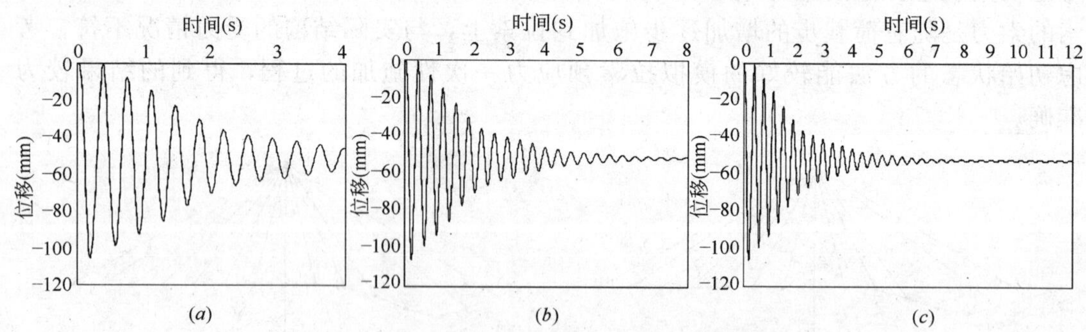

图 6　不同计算时间下节点 5 竖向位移时程曲线

(a)5 倍自振周期；(b)10 倍自振周期；(c)15 倍自振周期

据以上分析，t_o 取 10 倍结构自振周期即 8s，t_p 为 10ms 进行动力分析。如图 7 所示为撤去索 4 后考虑初始状态和不考虑初始状态时节点 5 竖向时程分析曲线，不考虑初始状态时节点 5 最大竖向位移达到了－257.2mm。考虑初始状态时，节点 5 初始振动位移为－52.3mm，整体结构静力计算中节点 5 竖向位移为－56.2mm，两者吻合的较好。在此基础上拉索失效后结构再次振动引起的最大位移为－210.5mm。可见不考虑初始状态的方法所得节点位移偏大，进而会导致其他结果数据的偏差。

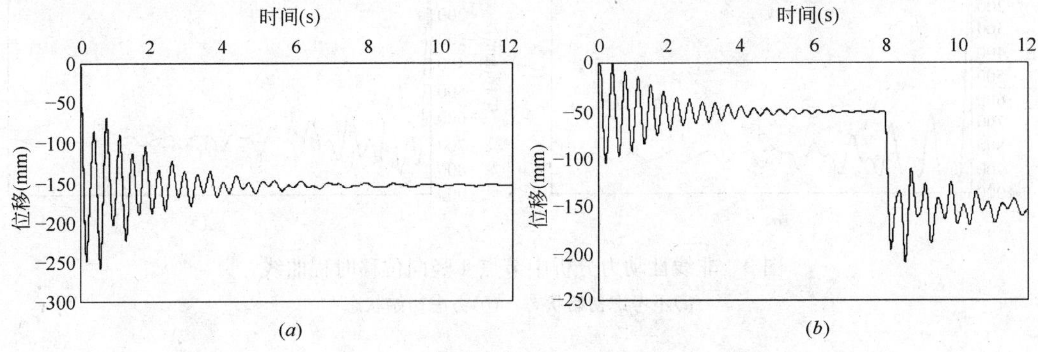

图 7　线性动力分析中节点 5 竖向位移时程曲线

(*a*)不考虑初始状态；(*b*)考虑初始状态

3.3.3　非线性动力方法

不考虑初始状态的非线性动力方法的实现参考图 5(*a*)中的等效力卸载曲线，即结构在完成变形之前撤去等效索力。考虑初始状态的分析方法操作步骤如下：首先设置非线性静力分析工况，通过计算得到结构在构件未失效前的初始状态；其次设置非线性动力工况，承接非线性静力计算结果进行以非线性动力分析，具体设置如图 8 所示。

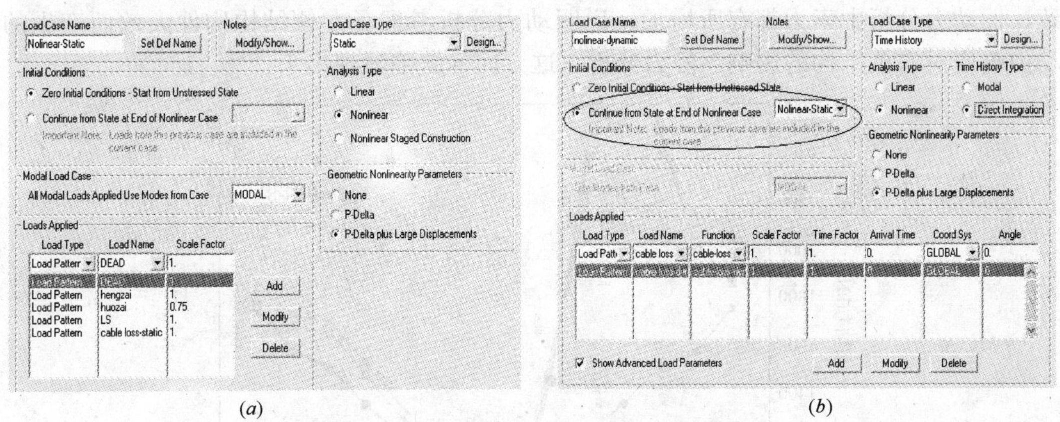

图 8　考虑初始状态的非线性动力方法设置

(*a*)非线性静力分析工况；(*b*)非线性动力分析工况

假定拉索中索 3 和索 4 同时失效，采用以上介绍的两种方法对结构进行非线性动力分析。图 9 为节点 4 的竖向位移时程曲线，从数据上可以看出，不考虑初始状态时节点位移最大达到了－978.2mm，而考虑初始状态时节点位移以－65.1mm(非线性静力结果)为起点，最大位移为－811.7mm，可见前者所得位移结果偏大，而以非线性静力结果作为初始态的分析方法能较好的模拟构件的破坏过程，所得数据结果更具有参考性。

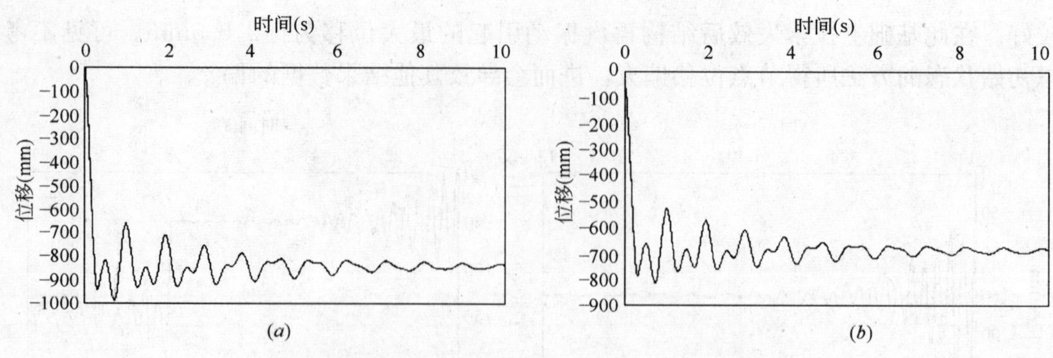

图 9　非线性动力分析中节点 4 竖向位移时程曲线
(a)不考虑初始状态；(b)考虑初始状态

4　连续倒塌分析

4.1　断索 4 计算及数据分析

假设结构左侧 4 号拉索在受力过程中突然失效，采用四种改进后的方法模拟这一破坏过程，得到索力、节点位移及桥面梁应力比的数据。如图 10 所示为索力的变化情况(以下图形中四种方法分别简称为 L-S、N-S、L-D 及 N-D)。可以看出，线性静力和非线性静力两种分析方法所得索力差异较小，原因在于索 4 的失效并没有使其他构件产生塑性铰，铰的设置没有发挥作用。索 8 至索 14 的轴力在静力与动力的分析中有了一定的差别，可以看出在静力分析中斜拉桥右侧的索力与索 4 未失效前的索力基本一致，而动力分析中索力都有所增加，说明动力分析考虑了左侧结构构件失效而产生的动力响应对右侧结构的影响，静力分析在这方面的缺陷显现出来。

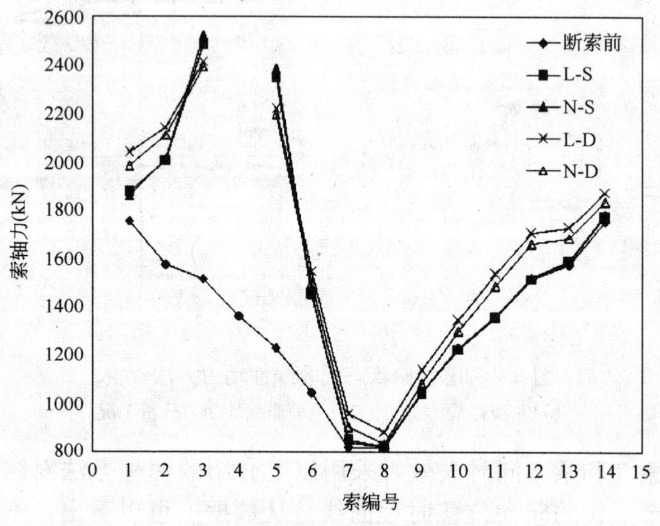

图 10　单索失效后索力比较

从图 11 中同样可以看出，线性静力和非线性静力两种分析方法中节点位移差别较小，原因在于单索的失效未能使构件进入塑性阶段，导致设置塑性铰无法发挥作用；而动力分析的两种方法差别也很小，原因相同。动力分析所得位移左侧小于静力分析所得数据，说明静力法采用反向施加等效力所得节点位移较为保守，右侧位移则是动力分析方法的结果大于静力分析方法，可归结于结构突然失效引起的结构震荡，从节点位移的角度验证了以上拉索索力的比较所得的结论。

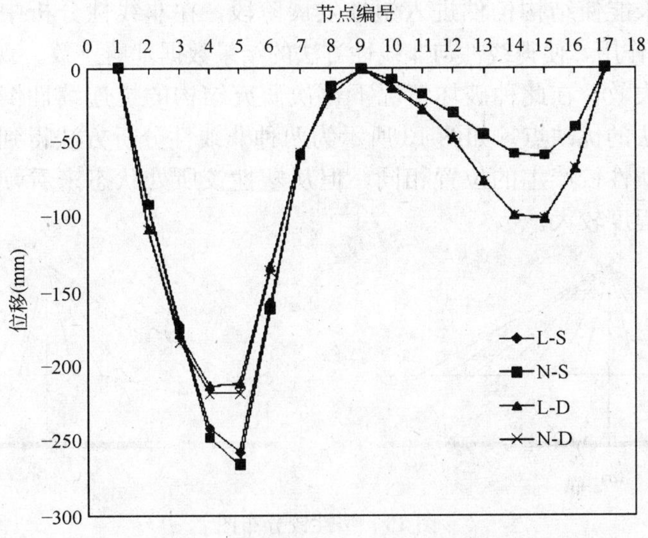

图 11　单索失效后节点位移比较

观察应力比曲线发现，线性静力分析方法中桥面梁 4 和 5 应力比超标，即应力比大于 0.95。非线性静力分析方法中应力比未超标，但桥面梁 4 和 5 的应力比都超过了 0.9。动力分析方法中应力比都不超过 0.8，说明采用静力分析得到的应力比进行结构连续性倒塌分析较为保守。

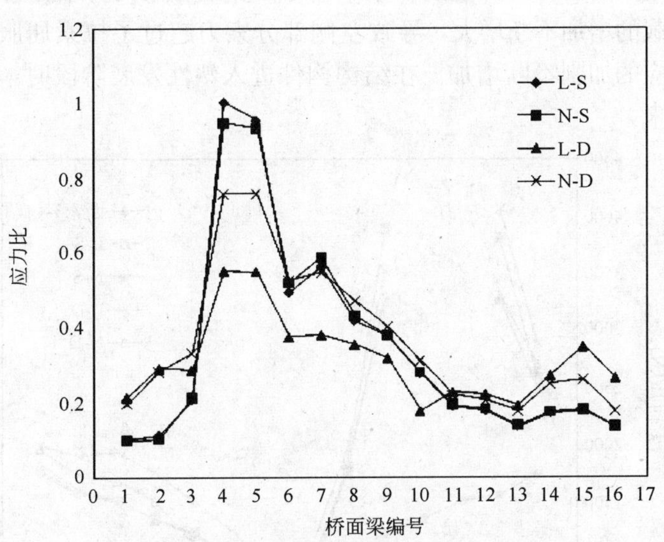

图 12　单索失效后桥面梁应力比比较

图 12 中应力比的计算依据欧洲钢结构规范 Eurocode 3-2005，具体稳定公式如下：

$$\frac{N_{\mathrm{Ed}}}{N_{\mathrm{Rd}}}+\frac{M_{\mathrm{y,Ed}}}{M_{\mathrm{y,Rd}}}+\frac{M_{\mathrm{z,Ed}}}{M_{\mathrm{z,Rd}}}\leqslant 1 \tag{1}$$

式中 N_{Ed}，$M_{y,Ed}$，$M_{z,Ed}$——构件轴力及双向弯矩；

N_{Rd}，$M_{y,Rd}$，$M_{z,Rd}$——考虑稳定因素折减后的构件抵抗力。

4.2 断索 3-4 计算及数据分析

索 4 的失效未能使结构构件进入塑性发展阶段，在非线性分析中设置的轴力铰和 P-M3 铰无法发挥作用，使得线性与非线性方法的结果数据基本一致。现假定左侧索 3 和索 4 两构件连续失效，在此种破坏情况下再次研究结构的抗连续性倒塌能力，进一步分析各改进后方法的优缺点。如图 13 所示为两种非线性分析方法得到的塑性铰分布情况。两种方法中塑性铰产生的位置相同，但从塑性铰所处状态来看，非线性静力方法中构件塑性开展程度较大。

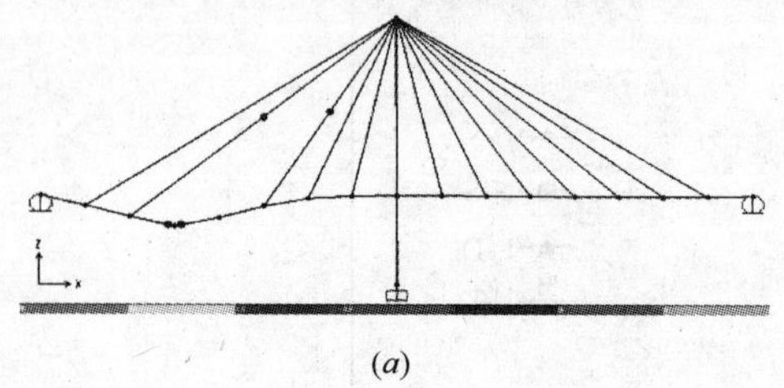

(*a*)

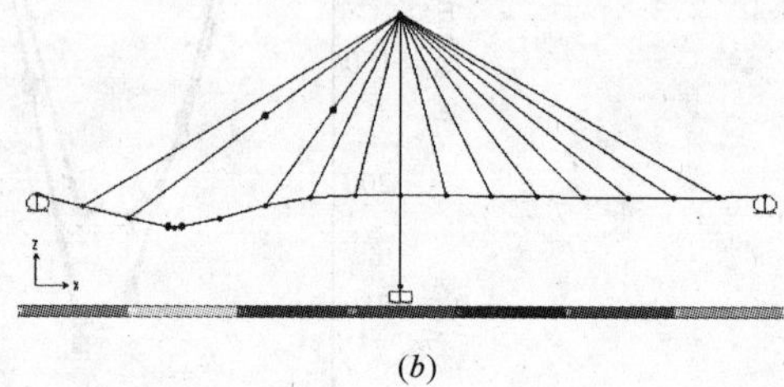

(*b*)

图 13　塑性铰分布图

(*a*)非线性静力；(*b*)非线性动力

如图 14 所示为断索后索力的变化情况。线性分析中索 2 和索 5 的轴力都超过了 3312kN，即超出了拉索屈服时的轴力。非线性分析中索力最大值为 3312kN，说明结构产生塑性铰后非线性发挥了作用。通过比较线性动力方法与非线性动力方法所得索力结果，发现前者的索力略大于后者，产生这一结果的原因是线性动力分析不考虑材料非线性的影响，索力随荷载的增加不断增大，导致左侧部分索力超过了拉索屈服轴力，右侧的索力也随着动力响应的加剧不断增加。在结构构件进入塑性发展阶段时，线性动力分析方法的缺陷显现出来。

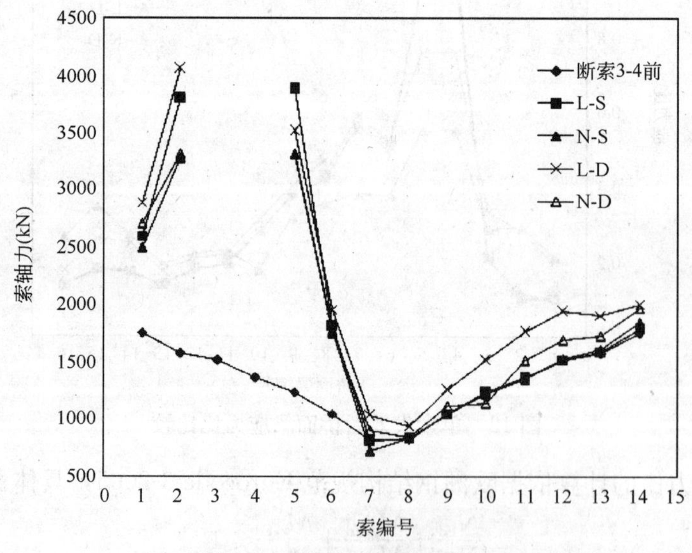

图 14　双索失效后索力比较

如图 15 所示为节点位移比较图，非线性静力分析方法的位移最大，且在模型计算中等效力施加到 69.34%时，程序自动终止，说明结构不适合继续加荷，此时节点 4 的竖向位移达到了－1064mm，而线性静力分析方法中的节点位移相对于非线性静力方法较小，原因在于非线性静力方法中的塑性铰使得结构位移迅速下降。线性动力方法所得位移结果略小于非线性动力方法所得，塑性铰在其中发挥着作用。静力位移均大于动力所得位移，再次验证了静力方法的保守性。

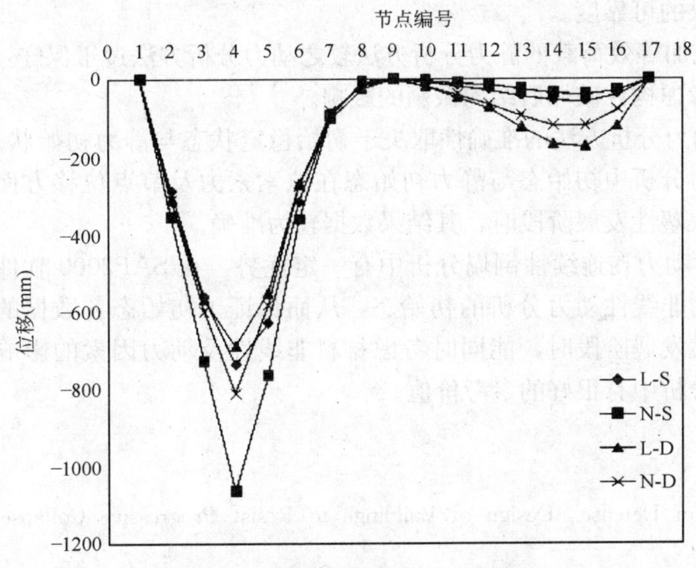

图 15　双索失效后节点位移比较

通过钢构件的截面验算，得到桥面梁单元的应力比分布曲线，如图 16 所示。此时四种方法中构件 3 到构件 7 的应力比都已超限，可由此判断斜拉桥左侧结构近乎倒塌。以非线性动力分析方法的结果数据为标准，对其他三种方法所得应力比进行分析，线

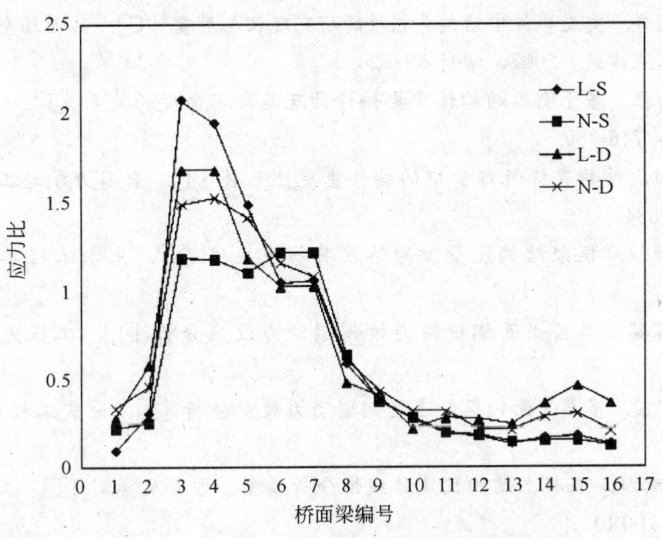

图 16　双索失效后桥面梁应力比比较

性方法的应力比最大，非线性静力的结果偏小，主要是由于等效力未完全施加，线性动力的结果也偏大，说明塑性铰的设置对构件的合理受力起到积极作用。

5 结论

(1) 通过对现有连续性倒塌分析方法的改进，提出了适用于预应力结构的考虑初始状态的分析方法。该方法可有效的模拟构件失效前整体结构在静力荷载下的初始状态，提高了计算结果的可靠度。

(2) 反向施加等效荷载的静力分析方法较之动力分析方法过于保守，所得节点位移偏大，且无法考虑构件破坏后结构振荡的影响。

(3) 线性动力分析方法的准确性取决于初始稳定状态与静力初始状态的吻合程度。该模型线性动力分析中初始态与静力初始态在拉索索力及节点位移方面符合较好，在结构构件未进入塑性发展阶段时，其结果数据较为准确。

(4) 非线性动力在连续性倒塌分析中有一定优势，在 SAP2000 软件中可以将非线性静力结果作为非线性动力分析的初始态，从而保证了初始态各数据的准确性。在结构构件进入塑性发展阶段时，能同时考虑材料非线性及动力因素的影响，其分析结果在连续性倒塌分析中有很好的参考价值。

参考文献

[1] Department of Defense. Design of Buildings to Resist Progressive Collapse UFC 4-023-03 [S]. 2005.

[2] Astaneh-Asl A. Progressive Collapse Prevention in New and Existing Buildings [C]. In：Ninth Arab structural engineering conference，November 29-December 1，Abu Dhabi，UAE，2003：1001-8.

[3] 邱德锋，周艳，刘西拉. 突发事故中结构易损性的研究 [J]. 四川建筑科学研究，2005，31(2)：55-59.

[4] 刘西拉，徐俊祥. 突发事件中结构易损性的研究现状与展望 [C]. 第七届全国现代结构工程学术研讨会. 工业建筑，2007，增刊：18-24.

[5] 柳承茂，刘西拉. 基于刚度的构件重要性评估及其与冗余度的关系 [J]. 上海交通大学学报，2005，39(5)：746-750.

[6] 高杨，刘西拉. 结构鲁棒性评价中的构件重要性系数 [J]. 岩石力学与工程学报，2008，27(12)：2575-2584.

[7] 张雷明，刘西拉. 框架结构能量流网络及其初步应用 [J]. 土木工程学报，2007，40(3)：45-49.

[8] 胡晓斌，钱稼茹. 单层平面钢框架连续倒塌动力效应分析 [J]. 工程力学，2008，25(6)：28-43.

[9] 胡晓斌，钱稼茹. 多层平面钢框架连续倒塌动力效应分析 [J]. 地震工程与工程振动，2008，28(2)：8-14.

[10] 叶列平，陆新征. 混凝土结构抗震非线性分析模型、方法及算例 [J]. 工程力学，2006，23(增刊 2)：131-140.

[11] 梁益，陆新征，叶列平. 3 层 RC 框架的抗连续倒塌设计 [J]. 解放军理工大学学报(自然科学

版)，2007，8(6)，659-664.

[12] 易伟建，何庆锋. 钢筋混凝土框架结构抗倒塌性能的试验研究 [J]. 建筑结构学报，2007，28(5)：4-9.

[13] Post-Tensioning Institute. Recommendations for Stay Cable Design，Testing and Installation [S]. 2002.

[14] 王蜂岚. 索拱结构屋盖体系的连续性倒塌分析 [D]：[硕士学位论文]. 南京，东南大学土木工程学院，2009.

[15] 张志忠. 结构抗连续性倒塌设计理论与方法研究 [D]：[硕士学位论文]. 深圳，深圳大学土木工程系，2007.

[16] Shalva Marjanishvili，Elizabeth Agnew. Comparison of Various Procedures for Progressive Collapse Analysis [J]. Journal of Performance of Constructed Facilities，2006，20(4)：365-374.

[17] S M Marjanishvili. Progressive Analysis Procedure for Progressive Collapse [J]. Journal of Performance of Constructed Facilities，2004，18(2)：79-85.

[18] Nanci Buscemi，Shalva Marjanishvili. SDOF Model for Progressive Collapse Analysis [C]. Proceedings of the 2005 Structures Congress and the 2005 Forensic Engineering Symposium，New York.

[19] Kaewkulchai G. Dynamic behavior of planar frames during progressive collapse [C]. Proceedings of the16th ASCE Engineering Mechanics Conference，Seattle：Washington University，2003.

大跨空间结构重要构件评估实用方法

王蜂岚　冯　健　蔡建国　韩运龙

（东南大学混凝土及预应力混凝土结构教育部重点实验室，南京　210096

江苏省预应力工程技术研究中心，南京　210096）

摘　要：为了利用改变路径法(AP法)进行大跨空间结构的连续倒塌分析，给出了AP法中移除构件判断的实用方法。该方法的主要思想是首先通过一定的概念判断，初步确定结构重要构件的选择范围。然后对初选的重要构件依据简化的敏感性计算方法考虑包括杆件的移除、杆件截面的削弱、拉索预应力的降低等因素对荷载作用下结构响应的影响，求解其重要性系数，确定结构的重要构件。文章最后利用本文方法对网架结构以及索拱结构两个算例进行了分析，计算结果表明：本文所给出的方法能够有效地作为大跨空间结构的重要构件的评估方法。该方法解决了现行抗连续性倒塌设计规范中没有明确规定非框架结构移除构件的缺陷，使AP法得到更广泛的应用。

关键词：敏感性分析；杆件重要性；概念分析；变换荷载路径法

1　引言

自美国“9·11”恐怖袭击事件发生以后，结构的连续性倒塌分析再次成为国内外的研究热点。美国规范ASCE 7-05将连续倒塌定义为：初始的局部破坏在构件之间发生连锁反应，最终导致整体结构的倒塌或是发生与初始局部破坏不成比例的结构大范围倒塌[1]。变换荷载路径法(AP法)在其设计过程中不涉及意外事件的种类及其对结构的影响，整个计算过程可较好的模拟结构连续性倒塌的过程并评估结构的抗连续性倒塌性能，因而是目前使用最为广泛的一种连续性倒塌设计方法[2,3]。

变换荷载路径法首先应确定结构的移除构件和它的几何位置。现有的抗连续性倒塌设计规范中仅规定了框架结构的移除构件选择方法。而对于非框架结构，设计者只能凭借自己的工程经验或是大范围的选择移除构件来进行AP法分析，这样做往往费时又费力，有时还可能忽略了部分重要构件。而随着大跨空间结构的广泛应用，找寻一种简便、快捷、可靠的结构移除构件判断方法对大跨空间结构连续倒塌分析是非常重要的。目前，国内外关于结构冗余特性、延性以及易损性(鲁棒性的对立面)的研究理论和方法有很多，其中不乏可用作结构重要构件判断的方法。英国Bristol大学Blockley等人从结构系统中构件组合方式入手提出的结构易损性评价理论[4-9]，柳承茂等提出的基于刚度的重要构件评估方法[10,11]，以及其他学者提出的基于能量[12,13]、强度[14]、敏感性[15,16]、经验和理论分析[17]的重要构件的判断方法。通过对上述方法进行分析比较，可知具有广泛适用性和工程实用性的结构重要构件判断方法必须具备以下三个条件：该方法必须考虑结构所承受的常规荷载，能够反映构件在特定荷载作用下的重要性系数；该方法以敏感性分析作为其重要构件的计算方法；该方法必须具备一定的概念判断过程，通过对结构体系的理论研究及现有工程实践经验的分析，给出结构重要构件的初选范围，并在此基础上进行敏感性计算[18]。

本文给出了可用于大跨空间结构重要构件判断的实用方法——基于概念判断的敏感性分析方法。由于空间结构的杆件众多，先通过概念判断初选结构的重要构件，然后对这些构件进行敏感性分析。而一般的敏感性分析方法较为复杂，本文采用结构响应函数的割线斜率来表示结构对构件损伤的敏感性系数，在结构计算方法上采用最为简便的静力计算，不考虑材料的非线性特性和结构的动力效应。文章最后利用本文所提方法对网架结构和索拱结构算例进行了重要构件评估。

2 概念判断

大跨空间结构可以分为如下几个类型：钢筋混凝土薄壳结构；平板网架结构；网壳结构；悬索结构；膜结构和索膜结构；混合结构[19]。钢筋混凝土薄壳结构在20世纪五六十年代在我国有所发展，但目前应用较少，故其连续性倒塌的研究意义不大。

平板网架结构、网壳结构和一些特殊形式的网架结构均可归结为空间网格结构。该类结构由许多形状和尺寸都标准化的杆件与节点体系组成，它们按照一定的规律相互连接形成空间网格状结构。由于众多杆件在空间汇交于一个节点，形成高次超静定结构，故在一定程度上可认为网格结构的冗余度较高，具有一定的鲁棒性。其重要构件的初选范围可集中在容易发生屈曲失稳的受压杆件和多根重要杆件汇聚处的关键节点上。同时，当空间网格结构直接支承在柱子上时，支承柱的完整性也是空间网格结构倒塌设计中需特别注意的。

悬索结构和索—膜结构均可归为张力结构。作为柔性结构体系，张力结构几乎没有自然刚度，其几何形状和结构刚度都是依靠拉索或膜结构中的预应力来实现的。因此，对于此类结构，任意一根构件，尤其是施加预应力的构件均可能是整体结构的关键构件。同时张力结构中构件之间的相互影响很大，任意一根拉索的失效都有可能导致其余拉索的连锁失效，故此类结构中任意构件均可作为重要构件进行AP法分析。

混合结构通常是柔性索和刚性构件的联合应用，即所谓的半刚性结构，主要包括索拱结构和斜拉结构。柔性索的介入可以改变刚性结构的受力分布，使其成为结构效率极高的自平衡体系，同时可大大减轻结构自重，整体结构无需依靠增大刚性构件的截面尺寸来提高承载能力，降低结构挠度。但当柔性索失效时，其对结构的副作用也是巨大的。首先拉索中蕴藏的巨大应变能在断索的一瞬间释放出来，必将对结构本身造成巨大的动力冲击作用。例如1992年韩国首尔市的一座在建的混凝土斜拉桥连续性倒塌事故中，拉索的断裂起了很重要的作用[20]。其次自平衡体系的破坏也将对周边支承构件造成巨大影响。因此混合结构的初选重要构件应包括柔性拉索、结构主要传来路径的关键受力构件以及下部的独立支承柱。

本文仅简单分析了空间网格结构、张力结构及混合结构的重要构件初选范围，在实践工程中还需设计者结合具体的工程实例进行详细分析。

2.1 结构对称性的应用

对称性作为一种经典的建筑表现形式，已经深入结构设计的各个层次。对于大跨空间结构而言，对称性的运用更是明显。例如：两向正交正放网架中，单片平面桁架就是一个基本的对称单元。整个网架结构就是通过在两个方向上对基本单元进行复制而成的。又如辐射式空间索拱结构可看作某一榀索拱结构绕中心轴旋转而成。为了简化整体结构重要构件的判断过程，可取结构的基本对称单元进行重要构件的初选，然后再在整体结构中进一步确定重要构件的几何位置。需要注意的是，本文所指的基本对称单元应是整体空间结构在某一平面上的投影，对其施加相应的边界条件后应能进行荷载下的简化敏感性计算。例如三角锥网架中的三角锥就不能作为一个基本对称单元，而应该是某一方向上的一列三角锥。

2.2 安全区域的考虑

出于安全考虑，无论是高层建筑还是大型公共场馆均设有一定的安全逃生通道，有的建筑为了满足消防避难的要求，甚至单独设有避难层。显然，在意外事件下，安全逃生区域周围的构件应具备更高的抗倒塌性能，才能保证人们的生命安全。文献［17］中指出，在“9·11”恐怖袭击事件中，尽管后被飞机撞击的南楼比北楼先倒塌，但其遇难人数仅为北楼的一半。究其原因就是南楼的部分逃生楼梯没有因为飞机撞击而失去作用，而北楼则完全失效。在无法使用电梯的情况下，逃生楼梯的失效意味着撞击楼层以上的人们将无法疏散获救。因此，在进行结构重要构件的选择过程中，有必要考虑安全区域周围的主要承重构件，初步确定可能发生二次破坏的杆件。

3 敏感性分析

在上述概念判断的基础上，本文采用常规荷载作用下结构的响应(应力、应变、承载能力、位移等)作为研究对象，以构件的损伤作为分析参数对初选的重要构件进行敏感性分析。

3.1 计算方法

假定结构的损伤参数为 β_i，包括杆件的移除、节点的损伤、杆件截面的削弱、拉索预应力的降低等一系列相对于结构正常设计使用状态的物理参数，对于不同的结构体系可采用不同形式的 β_i 进行分析。例如：空间网格结构中杆件数目众多，可采用杆件的完全移除作为一种损伤参数。在采用巨型箱梁作为上弦拱的索拱结构中，为保持上弦拱的连续性，可将杆件之间部分节点的损伤(刚接变铰接)或部分杆件截面的削弱作为损伤参数。

S_{ij} 是 i 单元对应于第 j 个损伤参数的敏感性指标，针对不同的损伤参数，S_{ij} 有两种表达方式，如下所示：

$$S_{ij}=(\gamma-\gamma')/\Delta\beta_i \tag{1}$$

$$S_{ij}=(\gamma-\gamma')/\gamma \tag{2}$$

其中，γ——正常情况下单元 i 的响应；

γ'——结构受损后单元 i 的响应。

若 $\Delta\beta_i$ 可用具体数值表示，如采用杆件截面的削弱作为敏感性参数时，应采用(1)式计算敏感性指标 S_{ij}。当 $\Delta\beta_i$ 无法用具体数值表示时，如采用杆件的移除作为敏感性参数，则应采用式(2)计算敏感性指标 S_{ij}。

由敏感性指标 S_{ij} 可推导出构件 j 的重要性系数 α^j，对于不同的敏感性分析方法，α^j 的表达式也不相同。当以单个杆件的响应作为敏感性分析的研究对象时，采用式(3)计算 α^j 的大小。即：取剩余杆件的平均敏感性指标作为受损构件 j 的重要性系数。

$$\alpha^j = \sum_{i=1,i\neq j}^{n} |S_{ij}| / (n-1) \tag{3}$$

其中，n——杆件数目；

S_{ij}——杆件 i 对杆件 j 受损的敏感性指标。

当以整体结构的响应(如承载能力、自振周期等)作为敏感性分析的研究对象时，构件 i 的重要性指标就是整体结构对该构件受损的敏感性指标。即：

$$\alpha^i = |S_i| \tag{4}$$

其中，i——结构中任意一根杆件；

S_i——整体结构对杆件 i 受损的敏感性指标。

上述四个公式两两组合即得四种杆件重要性指标的计算方法，设计者可结合结构的实际情况及所采用有限元软件的计算特点进行选择。

值得注意的是，通过敏感性分析还可研究结构在局部杆件受损后的内力重分布情况，此时需采用单根杆件的响应作为敏感性研究对象。例如：假定杆件 j 为整体结构中的受损构件，以应力比来表示杆件的响应 γ，计算剩余杆件的敏感性指标 S_{ij}。则 S_{ij} 为负的杆件其承受的荷载较原先有所增加，通过研究其在整体结构中的位置，可找出内力重分布的大致方向。

3.2 计算过程

首先，在敏感性计算之前要确定结构的控制荷载工况。在大型空间结构中，对结构设计起控制作用的荷载工况一般为竖向荷载(永久荷载和雪荷载)。与高层建筑相反，除了某些特殊情况外，地震作用很少在大型空间结构设计中成为决定因素。文献［14］中提到，1995 年的日本阪神地震中，大型空间结构除了其支承结构(指下部混凝土结构)外并未发生破坏。非但如此，由于大型空间结构的巨大空间体量(特别在高度方面)，除其支承结构外，亦很少受到火灾作用的影响。因此，在对大型空间结构进行敏感性计算时，可只考虑单个竖向荷载及其组合下结构的敏感性。

其次，在计算模型的采用上，对于那些能够进行对称性分析的结构体系，宜首先在基本对称单元上进行敏感性分析，确定其重要构件，然后再在整体结构中进一步确定该重要构件的几何位置。例如，图 1 所示的单向索拱结构，共有三榀基本对称单元。先取一榀进行敏感性分析，假定中间撑杆是一个重要构件，

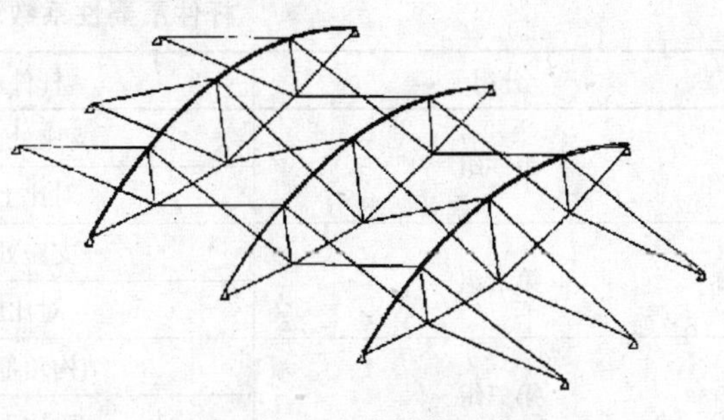

图 1　单向索拱结构示意图

则可在整体结构中分别假定边上一榀和中间一榀索拱的中间撑杆失效，计算其相应的重要性系数，从而确定重要构件的最终几何位置。运用结构的对称性，在规模较大的空间结构中能够明显减小计算工作量。

4 算例分析

4.1 网架结构

某小型正放四角锥钢结构网架，支座形式为四点支承铰支座，所有杆件均采用圆管截面，上弦杆截面尺寸 $\phi68\times6$，下弦杆截面尺寸为 $\phi63.5\times4.5$，腹杆截面尺寸为 $\phi50\times2.5$(如图 2 所示)。承受向下的均布恒载及活载作用。

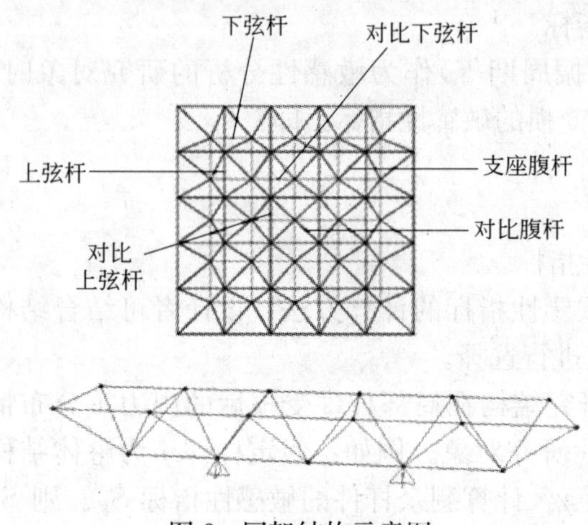

图 2 网架结构示意图

根据前文关于空间网格结构的重要构件初选分析可知：首先，支座处的四角锥单元为整个结构的主要受力单元，因此该单元中的上弦杆和腹杆是结构的重要构件；其次，对于单榀桁架结构而言，下弦杆是将五个四角锥连接在一起的关键构件。对于结构外围四个角上的四角锥单元而言，仅由两根下弦杆将其同整体结构相联系，冗余度不足。因此此处的下弦杆为局部结构的重要构件。最后，由结构的对称性可知，在敏感性分析中上述三类情况中每类情况可任取一根杆件进行分析。

下面采用对比计算的方法来验证概念判断的准确性。根据结构的受力特征可知，支座附近的四角锥单元受力较大，因此取图 2 所示的三组构件进行敏感性分析。以杆件移除作为敏感性分析参数 β_i，以构件的应力比作为结构响应 γ，利用公式(2)和(3)进行构件重要性指标的计算。具体计算结果如表 1 所示。由表 1 计算结果可以看出：每组杆件中，概念判断的杆件其重要性系数均大于对比杆件，尤其是腹杆和下弦杆的对比相当明显，这证明概念判断的结果是正确的；支座处腹杆的重要性系数是三组杆件中最大的，由此可推断支座处腹杆是维持整个结构正常工作的关键构件。

杆件重要性系数计算结果汇总 **表 1**

分组	杆件名称	重要性系数
第一组	支座处上弦杆	**0.191488**
	对比上弦杆	0.179391
第二组	支座处腹杆	**0.460557**
	对比腹杆	0.004538
第三组	结构角部下弦杆	**0.059015**
	对比下弦杆	0.000605

第一组中上弦杆的重要性系数相差不大，为进一步确定整个结构中上弦杆的重要性系数分布情况，可对角部处上弦杆进行敏感性分析。计算得到角部处上弦杆的重要性系数为0.039779。由此可知，上弦杆的重要性系数以支座处最大，中部次之，结构外围最小。从杆件的重要性系数上看，网架外围构件对整体结构的影响较小。

支座处腹杆是整体结构的关键构件，可对其失效后杆件内力重分布进行研究。依据敏感性指标的大小，对剩余199根杆件进行分组。其中，杆件内力增大即敏感性指标为负的构件取数值较大的前三组，杆件内力减小的构件其数量相对较少，故只取数值最大的一组。具体分布情况如图3所示，敏感性指标大小为：粗实线＞0＞粗虚线＞细实线＞细虚线。

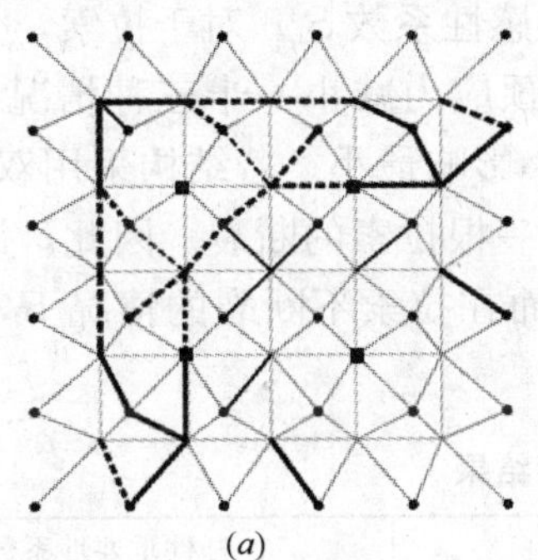
(a)

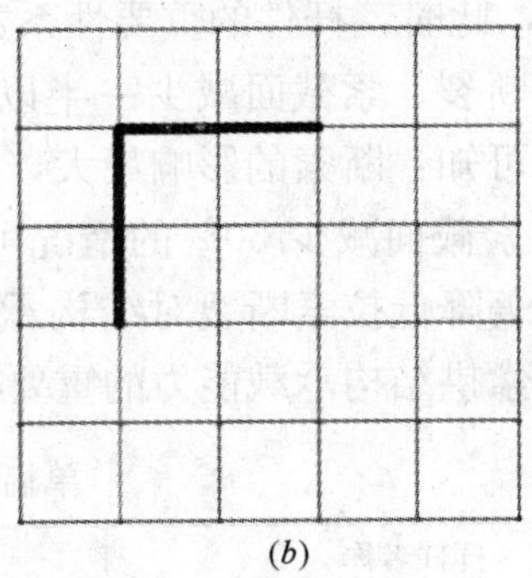
(b)

图3 支座腹杆失效后杆件的敏感性指标分布图
(a)腹杆与下弦杆敏感性指标分布图；(b)上弦杆敏感性指标分布图

由图3可知，支座处腹杆失效后，其所在四角锥单元的上弦杆内力明显减小，腹杆内力也有所下降，可认为该四角锥单元已经失效。该支座单元相邻的三个四角锥单元中腹杆内力显著增大，对角线处的四角锥单元内力则没有明显的变化。这说明，荷载主要往相邻两个支座传递。

4.2 索拱结构

如图4所示为由横向6榀索拱结构及纵向8根次梁相互连接而成的屋盖体系。其中横向索拱的上弦为H250×200×8×12的H型钢，撑杆为ϕ89×5的圆钢管，拉索截面为ϕ5×109。假定拉索中预应力大小为300kN。

该屋盖体系为一典型的单向索拱结构，主要由上弦拱、撑杆、拉索和纵向连接构件所组成。纵向连接构件为平面索拱提供侧向支承，维持其平面外的稳定性。屋面荷载主要由各榀平面索拱单向传递，整体结构为平面传力体系，其空间作用的大小主要取决于纵向联系的刚度。因此，在纵向连接构件正常工作的情况下，可取单榀索拱结构进行敏感性分析，将连接构件简化为相应的侧向支承。本算例的索拱采用单截面上弦拱，没有任何冗余度可言，任

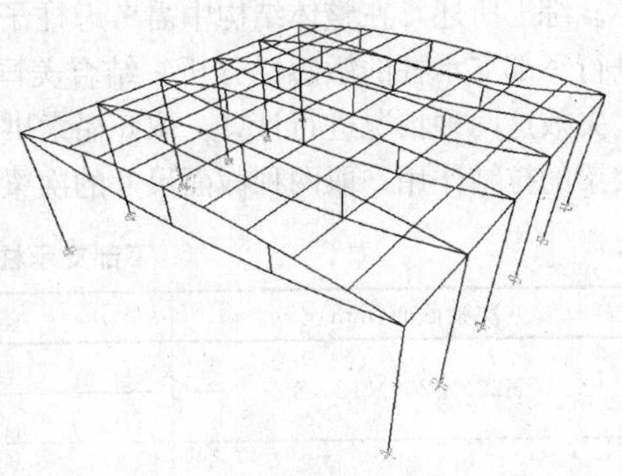

图4 索拱结构示意图

意位置拱段的受损缺失都会导致单榀索拱结构由于主要传力路径的破坏而丧失承载能力。上弦拱的受损可等效为整体索拱结构的失效，因此上弦拱可以直接作为重要构件利用 AP 法进行连续倒塌分析。

索拱结构的形状比是影响结构性能的主要因素，增大形状比能够显著提高结构的整体刚度，有效控制结构的变形，提高结构的极限承载能力，撑杆长度则是影响形状比的一个重要因素。本算例中的索拱有三根撑杆，显然正中间撑杆的长度最长，对形状比的影响也最大。所以跨中撑杆作为初选重要构件。从前文分析可知，拉索也应为结构的初选重要构件。

对单榀索拱进行敏感性分析时，以满跨荷载作用下上弦拱的跨中最大位移作为结构响应 γ，此时，杆件的重要性系数即整体结构的敏感性系数 S_i。对于拉索，分别考虑整根拉索断裂、索截面减少一半以及拉索中施加的预应力减小一半三种情况。由表 2 分析结果可知：断索的影响最大，拉索中预应力大小影响最小。若结构采用双索体系，则表 2 中索截面减少 50％的情况可近似认为是其中一根拉索的断裂。因此，设置双索体系能显著降低拉索断裂对结构承载能力的破坏。而在拉索不断裂的情况下，中间撑杆是影响索拱结构承载能力的重要构件。

单榀索拱结构敏感性分析结果 **表 2**

杆件名称	受损情况	杆件重要性系数
拉索	断索	137.4
	索截面减少 50％	2.62
	预应力下降 50％	1.17
中间撑杆	移除	3.42

索拱结构与下部支承通常采用铰接的支座形式。若将索拱比做一根鱼腹梁，则本节中的屋盖体系可看作单层排架结构。同刚架结构相比，一旦排架柱遭到破坏或是铰接节点失效，则排架梁将无法维持其原有的几何位置，受损端将瞬时发生坠落。而刚架结构的横梁由于刚性节点的作用，可延缓下坠过程，提供逃生时间。多榀排架之间通常设有联系梁，排架柱失效时，联系梁在一定程度上能够延缓其下坠速度，但同时也将更多荷载传递到其余排架结构中，极有可能造成其他排架结构由于承载能力超限而发生连续破坏。综上所述，在整体结构中需考虑柱子失效对结构连续性倒塌的影响。在整体结构中进行下部支承柱的敏感性分析。结合美国规范对框架结构的规定，分别取中柱失效和边柱失效这两种情况进行计算。取 6 榀索拱结构的跨中最大位移作为结构响应。考虑到纵向次梁的拉结作用，取两种截面尺寸的次梁进行分析，对比其刚度对结构性能的影响。

下部支承柱的敏感性分析结果 **表 3**

次梁截面(mm)	受损情况	杆件重要性系数
H200×200×12×8	中柱失效	0.500
	边柱失效	**0.896**
H150×150×8×6	中柱失效	0.705
	边柱失效	**1.276**

对比重要性系数可知，边柱失效对整体结构的影响比中柱要大。这是因为中柱失效后，在两侧次梁的拉结作用下，失效索拱仍能承担小部分荷载，剩余荷载则往两边均匀分配，不会出现局部荷载突增的情况。而边柱失效后，仅一侧的次梁对失效索拱起拉结作用，荷载的重分配过程被局限在一定范围内，导致局部结构因荷载过大而破坏。增大次梁截面可降低杆件的重要性系数，提高结构的整体性。

5 结语

本文提出了基于概念判断的敏感性分析方法用于大跨空间结构重要构件的评估。该方法的主要思想是首先通过一定的概念判断，初步确定结构重要构件的选择范围。随后，依据简化的敏感性计算方法求解其重要性系数，确定结构的重要构件。概念判断主要从结构的类型入手，结合现有的理论分析及工程经验判断各类型结构中的重要构件。同时根据设计上的特殊要求，将结构安全区域中的重要构件作为局部结构的重要构件。在敏感性计算过程中，考虑结构的对称性因素，简化计算过程。两个算例的计算结果证明了本文所用方法适合作为大跨空间结构的重要构件评估方法。该方法解决了现行抗连续性倒塌设计规范中非框架结构没有明确移除构件规定的缺陷，使 AP 法得到更广泛的运用。

参考文献

[1] ASCE 7-05. Minimum design loads for buildings and other structures [S]. 2005.

[2] Department of Defense. Design of Buildings to Resist Progressive Collapse UFC 4-023-03 [S]. 2005.

[3] General Services Administration. Progressive collapse analysis and design guidelines for New Federal Office buildings and major modernization projects [S]. 2003.

[4] Wu X, Blockley D I, Woodman N J. Vulnerability of structural systems Part 1: Rings and clusters [J]. Civil engineering, 1993, 10: 301-317.

[5] Wu X, Blockley D I, Woodman N J. Vulnerability of structural systems Part 2: Failure scenarios [J]. Civil engineering, 1993, 10: 319-333.

[6] Agarwal J, Blockley D. Vulnerability of 3-dimensional trusses [J]. Structural Safety, 2001, 23, 203-220.

[7] Pinto J T, Blockley D I , Woodman N J. The risk of vulnerable failure [J]. Structural Safety, 2002, 24: 107-122.

[8] Agarwal J, Blockley D. Vulnerability of structural systems [J]. Structural Safety, 2003, 25: 263-286.

[9] England J, Agarwal J, Blockley D. The vulnerability of structures to unforeseen events [J]. Computers and Structures, 2008, 86: 1042-4051.

[10] 柳承茂，刘西拉. 基于刚度的构件重要性评估及其与冗余度的关系 [J]. 上海交通大学学报，2005，39(5)：746-750.

[11] 高杨，刘西拉. 结构鲁棒性评价中的构件重要性系数 [J]. 岩石力学与工程学报，2008，27(12)：2575-2584.

[12] 张雷明，刘西拉. 框架结构能量流网络及其初步应用 [J]. 土木工程学报，2007，40(3)：45-49.

[13] Beeby A W. Safety of structures, and a new approach to robustness [J]. The Structural Engineer, 1999, 77(4): 16-21.

[14] 胡晓斌，钱稼茹. 结构连续倒塌分析改变路径法研究 [J]. 四川建筑科学研究，2008，34(4)：8-139.

[15] 日本钢结构协会. 高冗余度钢结构倒塌控制设计指南 [M]. 陈以一等译. 上海：同济大学出版社，2007.

[16] Pandey P C, Barai S V. Structural sensitivity as a measure of redundancy [J]. Journal of structural engineering, 1997, 123(3): 360-364.

[17] 李航. 钢结构高塔的连续性倒塌设计 [D]. 上海：同济大学，2008.

[18] 王蜂岚. 索拱结构屋盖体系的连续性倒塌分析 [D]. 南京：东南大学，2009.

[19] 沈世钊. 大跨空间结构的发展——回顾与展望 [J]. 土木工程学报，1998，31(3)：5-14.

[20] Choia H H, Lee S Y. Reliability-based failure cause assessment of collapsed bridge during construction [J]. Reliability Engineering and System Safety, 2006, 91: 674-688.

结构连续性倒塌研究的备用荷载路径方法

闫　伸　赵宪忠　陈以一
（同济大学，上海　200092）

摘　要：结构体系在偶然事故作用下因发生局部破坏而导致连续性倒塌的现象，得到越来越多的关注。本文就连续性倒塌研究的基本方法—备用荷载路径方法进行了归纳和总结，并对其中分析方法和初始破坏施加方法的选择等核心问题作出评述。

关键词：连续性倒塌；备用荷载路径方法；初始破坏；分析方法；评定准则

1　引言

随着建筑结构设计和优化方法的日益发展，结构内在冗余度呈减小的趋势。与之对应的是，建筑结构承受恐怖袭击等偶然事故作用的概率在不断增加。因而，结构体系的连续性倒塌研究成为目前结构工程研究的一个热点[1,2]。研究人员对于结构抵抗连续性倒塌的设计和研究存在一个共识，即加强局部构件或连接对减小结构遭受突发事件的影响是有益的，但一般情况下要求结构在突发事件下不发生局部破坏是不可取的，结构抵抗连续性倒塌的能力应更多地体现在结构的整体性上[3]。以这种基本思想为背景，备用荷载路径方法成为连续性倒塌的基础研究方法。

备用荷载路径方法是采用某种措施去除拟定失效构件，分析结构在原有荷载作用下发生内力重分布，并向新的稳定平衡状态逐步趋近或发生连续性倒塌破坏的方法。失效构件的去除既可以是概念上的“删除”，也可以采用数值模拟或试验中的爆破炸断。因而，该方法的应用范围涵盖了理论分析、数值模拟和试验研究。

在应用备用荷载路径方法时存在四个基本问题：(1)待去除构件或单元的选择；(2)分析方法的选择；(3)初始破坏的施加方法；(4)合理破坏准则的确定。这四个方面相互关联，构成了备用荷载路径方法的整个分析流程。

2　待去除构件的选择方法

现实中，几乎所有结构构件都有可能受到偶然荷载的作用，并且不同构件初始破坏之间存在一定程度的耦合。但穷尽所有可能的初始破坏情况显然不是一个现实的选择方法。因此，现有连续性倒塌规程对于典型结构的待去除构件都有明确的选择流程，且通常只考虑去除单根构件或单元。例如，美国DoD(Department of Defense)规程[4]规定的待去除外部承重柱包括：各层的长边中柱、短边中柱、角柱以及平面几何构形突变处的外柱；内部承重柱包括：公众开放区域的长边和短边中柱以及角柱。DoD规程对于待去除承重墙的选择方法与承重柱基本相同。美国GSA(General Service Administration)规程[5]中规定：对于典型结构，在结构底层外部，可分别去除结构短边中柱(墙)，长边中柱(墙)，和角柱(墙)。在结构底层内部，如果未采用足够的安全措施，应考虑去除一根内部柱(墙)。不同规范的待去除构件选择方法虽有不同，但并无好坏对错的分别。相比较而言，DoD 规程由于主要应用于军事相关建筑，结构重要性系数高，因而较 GSA 规程更为严格。

目前规范方法的使用范围仅局限于典型框架和剪力墙结构，对于大跨空间结构和不规则结构，则需要根据工程经验或简单力学分析进行初步选择。初步选择的原则是选择那些在荷载主要传递路径上的构件。例如 E. M. Smith[6]分析了一个满足 ANSI 规范的双层空间网架结构的抗连续性倒塌性能，分析结果与工程经验相一致：当去除沿柱网轴线的受压弦杆和斜腹杆等荷载主要传递路径上的构件，尤其是接近跨中位置的这类构件时，结构发生连续性倒塌的可能性要远大于去除其他构件。因而，可以将去除这些构件作为研究的起点。

最近，一些研究人员提出了待去除构件的量化选择方法。江晓峰[7]提出敏感性系数和关键性系数等概念，某根构件的重要性由去除该构件后其余构件的最大应力比来标定，并编制了相应的线性静力分析程序。胡晓斌等[8]也提出了类似的方法，区别在于采用平均应力比作为去除指标。

待去除构件的选择并不局限于单根构件，例如 M. Sasani[9]在进行一幢 6 层混凝土框架结构的连续性倒塌试验时，用爆破方法同时去除了底层相邻的两根外部承重柱。不过鉴于备用荷载路径方法的主要目的是研究剩余结构发生内力重分布的能力，因而目前通用的方法仍是限定去除单根构件。

3 分析方法的选择

在选择分析方法时首先要明确结构的连续性倒塌过程本质上是一个非线性的动力过程。一方面，倒塌过程中会发生材料的屈服、构件的断裂和构件间的接触碰撞等强几何构形改变。另一方面，触发倒塌的初始破坏往往发生在几毫秒之内，并伴有高速的局部应变率，接下来的结构应变速率与强震中大致相同[10]。诚然，如果能够妥善考虑所有的非线性和动力效应，非线性动力数值计算可以真实的反映结构的连续性倒塌行为。但由于计算条件和计算量的限制，并不是所有的分析都有必要采用复杂耗时的非线性动力分析。因此，非线性及动力效应可以根据实际需求有选择的考虑，形成了目前常用的线弹性静力分析、非线性静力分析和非线性动力分析等不同方法及规范流程。

3.1 非线性效应的考虑

采用线弹性分析方法的最大优点是简单化分析模型带来的计算效率的提高。但是，由于忽略非线性效应求得的计算结果与实际倒塌情形经常有较大差别，因而线弹性分析一般只适用于塑性行为不是很显著的简单结构，结构在发生连续性倒塌时的行为是可以估计的。同时，较非线性分析方法而言，线弹性分析方法通常得到更为保守的结果[11]。

然而，在分析中引入非线性并不意味着需要考虑所有的非线性效应，通常在分析和计算过程中都进行适当的忽略和简化。在材料与构件的失效断裂方面，通常不考虑反映材料晶格运动的分子动力学，而采用连续体力学等宏观本构关系表示方法，如最常用的弹塑性折线模型，适用于延性金属的基于微孔隙扩展的 Gurson 模型[12,13]和可以应用于钢材及混凝土结构的基于断裂力学的 Lemaitre 模型[14]。对于构件间的接触与碰撞问题，倘若构件间的碰撞不影响主体结构的受力过程、或者关注的焦点不在于碎片的堆积分布，适当的简化或者忽略其影响也是可以的，例如 Kaewkulchai[15]提出了简化的碰撞冲击算法。目前，框架结构分析中最常用的非线性处理方法是在构件端部插入塑性铰，并在塑性铰发展到一定程度时认为构件整体失效，直接去除构件而不考虑失效后与其余构件的碰撞问题。此时，构件的非线性行为由塑性铰的本构关系决定。然而，若要更准确的把握构件端部的断裂行为，需要进行更小尺度的分析和对应试验。这部分内容不在本文研究范围内。

需要特殊注意的是非线性的静力分析。该分析方法是竖向进行的推覆分析，会导致去除柱正上方的梁具有较大的弯曲刚度和强度，甚至超过柱的轴向刚度与强度。这种“强梁弱柱”的结构形式在正常的建筑设计中是不合适的，因而需要在分析中有适当的估计。文献［16］就建议不要单独使用非线性静力分析方法，而是将其作为其他分析方法(如非线性动力分析方法)的补充，用来确定首次屈服荷载和极限承载能力等，并由其他分析方法对其结果进行校核。

3.2 动力效应的考虑

在使用静力方法进行连续性倒塌分析时，为了避免采用复杂的方法考虑荷载的动力重分布和惯性力，各种规范都采用被称为动力放大系数的常数，其数值取为 2.0。该数值的取值依据基于能量平衡，如图 1[10] 所示。结构初始位于一个静力和能量平衡的状态。当突然去除构件之后，其上的外荷载随着变形做功，体系失去位能而吸收弹性或非弹性的变形能。当两者相等时，结构达到最大变形(此时动能为 0)。因而对于线弹性静力分析方法，需要施加 2 倍静力荷载来考虑动力效应；而对于非线性静力分析，取值为 2.0 则显得过于保守。因此，关于非线性静力分析中动力放大系数的取值有很多研究[16-18]，且得到不同的结论。例如，S. M. Marjanishvili 通过对比线性静力分析与线性动力分析得到的位移，认为动力放大系数取 2.0 是较为合理的；而 P. Ruth 建议对典型结构动力放大系数降为 1.5，非典型结构或重要性建筑依旧取值为 2.0。对此本文建议，因为静力分析方法忽略了动应变效应和后续动力破坏之间的叠加等不利因素，因而可以按规范取值为 2.0，使分析结果更为安全。

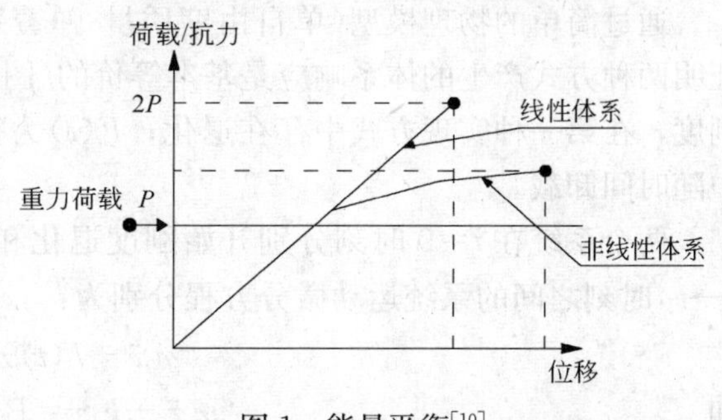

图 1　能量平衡[10]

因为破坏行为是在某一小范围内发生的，因此使用振型叠加法或 Ritz 向量法进行动力分析时必须给予充分的注意，振动的所有高阶振型都必须被考虑进去。因此，更适合采用直接分步积分方法，因为这种算法考虑了与有限单元网格和分析时间相关的全部振动模态。现在通用的时程分析程序即采用这种方法。

4 初始破坏施加方法的选择

不同于其他动力分析，连续性倒塌分析中触发结构整体响应的不是施加的“外荷载”，而是由系统局部刚度突变产生所谓“内荷载”：结构开始处于静力平衡状态(承受常规荷载)，突然失效的单元产生“内荷载”，进而引发整体结构的连续性倒塌。这种通过局部刚度退化的初始破坏施加方法，称为“刚度退化方法”，该方法最能体现结构破坏的真实触发状态。同时，还有竖向推覆分析中常用的“直接加载方法”和弹性动力分析中的“初始状态方法”，这两种方法较实际情况都存在一定程度的简化[10,19]。去除构件或施加荷载可以是突然的，也可以是准静力的，取决于所采用的分析方法。

4.1 刚度退化方法

刚度退化方法是最常用的一种方法，有两种实现方式。一种是在处于静力平衡状态的体系上直接去除构件(图 2(*a*))，这是完全意义上的刚度退化，但数值模拟采用这种方式时会导致系统刚度矩阵的突变，处理起来比较困难；另一种方式是在已去除构件的剩余结构上先施加常规荷载和被去除构件在常规荷载下的反力，用体系初应力矩阵的刚度代替去除构件的刚度来模拟静力平衡状态，然后移除这个反力(图 2(*b*))。

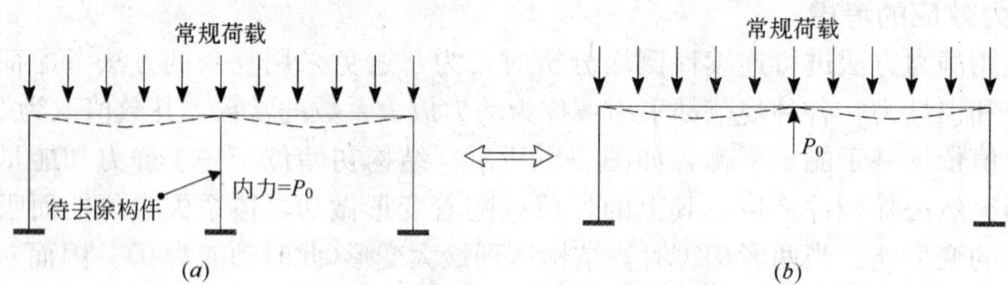

图 2 刚度退化方法的初始状态

(*a*)第一种方式：去除构件；(*b*)第二种方式：移除反力

通过简单的物理模型(单自由度质量-弹簧系统)对这两种实现方式进行简化分析，证明两种方式产生的体系响应是基本等价的(图 3)。其中，P 为常规荷载；$k(t)$为系统刚度，在第一种实现方式中存在退化；$F(t)$为待移除构件的内力，在第二种实现方式中随时间卸载。

两个系统在 $t=0$ 时刻分别开始刚度退化和荷载减小，在 $t=t_1$ 时刻完成退化。在 $0\rightarrow t_1$ 时刻之间的系统运动微分方程分别为：

$$m\ddot{x}+k(t)x=P$$

和

$$m\ddot{x}+k_{\mathrm{d}}x=P+F(t)$$

初始条件为：当 $t=0$ 时，$\dfrac{P}{k_{\mathrm{u}}}=\dfrac{P+F_0}{k_{\mathrm{d}}}=x_0$，此时两个系统完全相同；而当 $t=t_1$ 时，两个系统又都成为相同的剩余结构。因此，两种表达方式是否相同取决于 $0\rightarrow t_1$ 之间的响应。

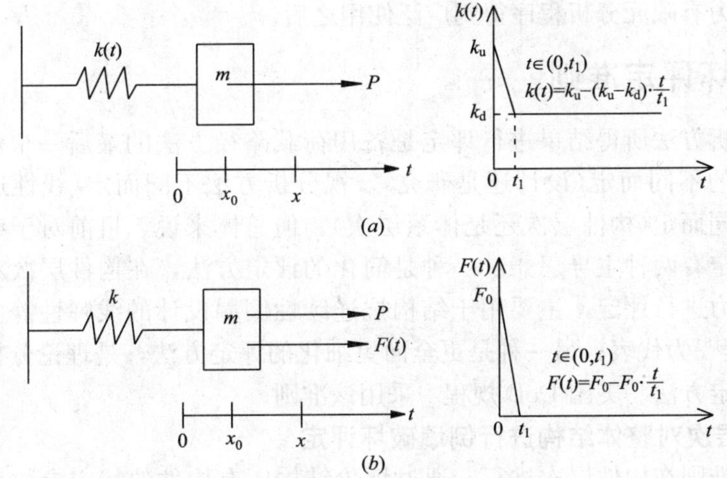

图 3　刚度退化方法的单自由度质量-弹簧系统
(a)第一种实现方式；(b)第二种实现方式

将 $k_u=k_d\dfrac{P}{P+F_0}$ 和 $P=x_0k_d-F_0$ 代入并整理得到两个系统的运动微分方程为：

$$m\frac{d^2(x-x_0)}{dt^2}+k_d(x-x_0)=-F_0\left(1-\frac{x}{x_0}+\frac{t}{t_1}\cdot\frac{x}{x_0}\right)$$

和

$$m\frac{d^2(x-x_0)}{dt^2}+k_d(x-x_0)=-F_0\ \frac{t}{t_1}$$

可见，两种不同的刚度退化方式都是在剩余结构上、以剩余结构的静力平衡位置为参考位置、施加了以待去除构件内力为外力的受迫振动。引起振动的外力加载时间及峰值是相同的，只是外力增长方式存在细微的差别。因而，目前进行的连续性倒塌数值模拟多采用第二种刚度退化实现方式。该方法操作比较简单，可通过先后进行静力和动力两个分析步实现分析模式的转换。

4.2　直接加载方法

直接加载方法是在剩余结构上直接施加常规荷载，以判断单根构件初始破坏的影响或确定框架结构连续性倒塌时塑性铰位置的方法。该方法通常应用于框架结构的竖向推覆分析中，施加准静力荷载。

直接加载方法的优点是操作比较简便，往往只需要一个分析步即可完成。缺点是该方法更多的是考察初始破坏后剩余结构的冗余度，而对倒塌过程中结构的响应关注较少，因而多用于结构抗连续性倒塌设计中。

4.3　初始状态法

初始状态方法是一种确定剩余结构振动特性的方法。该方法先进行静力分析计算初始结构的变形，然后从整体结构中去除构件并以此时的变形为初始状态(图 4)进行振动特性分析。该方法应用较少，尤其

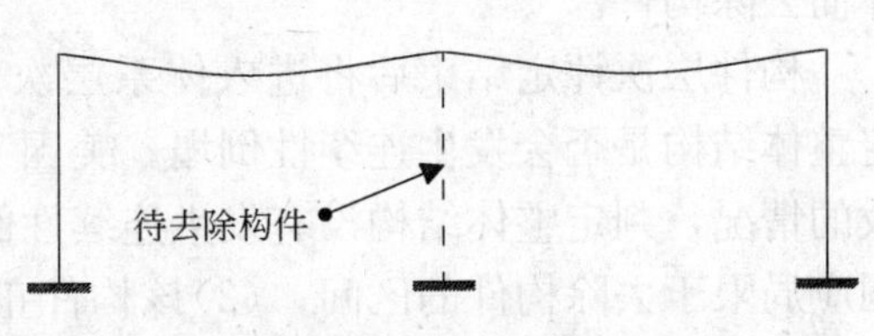

图 4　初始状态方法的初始状态

是在非线性动力有限元分析程序得到广泛使用之后。

5 倒塌破坏评定准则

对前述分析方法所得结果进行评定是备用荷载路径方法的最后一个流程。评定准则需视分析目的不同而定(设计还是研究)，视分析方法不同而定(线性还是非线性)，视评定层次不同而定(构件层次还是体系层次)。但总体来说，目前对于结构抗连续性倒塌能力的评定有两种主导思想：一种是简化的评定方法，在构件层次对结构抵抗连续性倒塌的能力进行评定，主要用于结构抗连续性倒塌设计的线弹性静力分析中，以美国 GSA 规程[5]为代表；另一种是更全面更细化的评定方法，是理论分析和数值模拟研究的主要评定方法。美国 DoD 规程[4]采用该准则。

5.1 在构件层次对整体结构进行倒塌破坏评定

这种评定准则在构件层次进行，通过评价结构所有构件的特定参数来评定整体结构抵抗连续性倒塌的能力。尽管不同规程或评价方法采用不同的评价参数，但由于基于线弹性的结构抗倒塌设计并不以获得塑性铰位置和结构动力响应为主要研究目的，因而通常这类评价参数本质上是需求能力比(demand capacity ratio)。需求能力比 DCR 为结构构件内力与构件极限强度之比。评定方法认为，当 DCR 达到或超过准则规定限值后将严重影响整体结构对荷载的重分布，结构发生连续性倒塌。不同规程或评价方法对 DCR 的限值规定不同，例如 GSA 规程[5]对典型结构限值取 2.0，对非典型结构限值取 1.5；而江晓峰[7]关于大跨结构的安全评价方法中，DCR 限值取 1.5。DCR 限值取值大于 1 的主要原因是因为线弹性分析忽略了局部塑性变形和阻尼等的有利耗能影响。目前尚未有 DCR 限值的量化统一结论，建议按规范取值。

对于非线性分析，也可以在构件层次对整体结构进行倒塌破坏评定，评定指标需采用变形限值，即构件延性和支座转动角度等。但对非线性分析通常采用在体系层次进行的评定方法。

5.2 在体系层次对整体结构进行倒塌破坏评定

在体系层次进行的倒塌评定方法是一种更系统化的评定方法，规定了构件层次和结构体系层次的评定准则。在构件层次通常同时进行强度和变形的校核，并根据校核结果对模型进行(自动的或人工的)修正。非线性分析时，由于有限元软件能自动考虑塑性变形等非线性因素，因而在分析过程中不需要人工干预。但对于线弹性分析，则需要对模型进行多次的人工修正和重启动分析。例如 DoD 规程[4]规定，对构件抗弯强度等具有延性破坏特征的参数，当达到极限承载能力时可以在破坏处插入塑性铰和反向弯矩；而对构件抗剪强度等具有脆性特征的参数，当超过承载能力时即认为直接破坏而去除构件。

构件层次评定结束后将进入体系层次的评定流程，目前规范常用失效范围方法判定整体结构是否会发生连续性倒塌。美国 DoD 规程[4]规定：对于外部承重结构初始失效的情况，判定整体结构没有发生连续性倒塌有三个必要条件：(1)发生局部倒塌的范围应局限于去除构件的区间；(2)该构件正上方的一层楼层的倒塌面积小于 $70m^2$ 或小于整层楼层面积的 15%；(3)该构件下方的所有楼层都没有发生倒塌。否则，则认为整体结构发生了连续性倒塌。对于内部承重结构初始失效的判定准则与外部承重结构失效时基本相同，除了第二点失效构件正上方楼层的倒塌面积限值放宽到 140m^2 和该层楼层面积的 30%。

特别的，对于框架结构等杆系结构，机构准则是分析中较为常用的评定准则。该准则认为当结构成为整体瞬变体系时发生破坏。应用时，可以根据整体结构出现塑性铰的位置和数量通过几何构造分析判定结构是否成为瞬变体系[20]，也可以通过模态分析并结合构件的破坏状态进行判定[8]。

6 结论

备用荷载路径方法是目前建筑结构连续性倒塌的基础研究方法。本文对应用该方法时的关键问题进行了综述，并指出了其中的注意事项，供研究和设计人员参考。同时，目前针对备用荷载路径方法的研究还存在一些不足，这里提出几点作为今后开展研究工作的建议：

（1）现阶段采用的规范标准全部来自于国外，缺乏一套适合我国国情的建筑结构备用荷载路径分析方法及流程；

（2）现有规范规程的主要适用目标为多高层的框架结构，而对网架网壳结构、大跨桁梁结构等空间结构尚无明确的待移除构件选取方法和评价准则；

（3）量化的待去除构件选择方法还不够完善，没有统一的执行标准；

（4）进行静力分析时，动力放大系数取值尚存在争议。需要更加系统详细的参数分析确定不同结构形式的动力放大系数，偏于安全且不过分保守；

（5）DCR 限值和实效范围限值的取值概念尚很模糊，缺乏统一的量化规定。

参考文献

[1] B. R. Ellingwood. Mitigating risk from abnormal loads and progressive collapse [J]. Journal of Performance of Constructed Facilities，2006，20(4)：315-323.

[2] D. O. Dusenberry. Review of existing guidelines and provisions related to progressive collapse [R]. Washington：National Workshop on Prevention of Progressive Collapse in Rosemont，I11，2002.

[3] 江晓峰，陈以一. 建筑结构连续性倒塌及其控制设计的研究现状 [J]. 土木工程学报，2008，41(6)：1-8.

[4] UFC 4-023-03，Design of structures to resist progressive collapse [S]. Washington D C：Department of Defense，USA，2005.

[5] GSA，Progressive collapse analysis and design guidelines for new federal office buildings and major modernization project [S]. Washington D C：the U. S. General Services Administration，2003.

[6] E. Murtha-Smith. Alternate path analysis of space trusses for progressive collapse [J]. Journal of Structural Engineering，1988，114(9)：1978-1999.

[7] 江晓峰. 大跨桁梁结构体系的连续性倒塌机理与抗倒塌设计研究 [D]. 上海：同济大学，2008.

[8] 胡晓斌，钱稼茹. 结构连续倒塌分析改变路径法研究 [J]. 四川建筑科学研究，2008，34(4)：8-13.

[9] M. Sasani，S. Sagiroglu. Progressive collapse resistance of Hotel San Diego [J] Journal of Structural Engineering-Asce，2008，134(3)：478-488.
[10] G. Powell. Progressive collapse：Case studies using nonlinear analysis [C]. Structures 2005，ASCE. New York：2005.
[11] J. Kim，T. Kim. Assessment of progressive collapse-resisting capacity of steel moment frames [J]. Journal of Constructional Steel Research，2009，65(1)：169-179.
[12] L. Gurson. Continuum theory of ductile rupture by void nucleation and growth：Part 1-Yield criteria and flow rules for porous ductile media [J]. Journal of Engineering Materials and Technology-Transactions of the ASME，1977，99(1)：2-15.
[13] V. Tvergaard，A. Needleman. Analysis of the cup-cone fracture in a round tensile bar [J]. Acta Metallurgica，1983，32(1)：157-169.
[14] J. Lemaitre，J. -L. Chaboche. Mechanics of Solid Materials [M]. Cambridge：Cambridge University Press，1990.
[15] G. Kaewkulchai，E. B. Williamson. Modeling the impact of failed members for progressive collapse analysis of frame structures [J]. Journal of Performance of Constructed Facilities，2006，20(4)：375-383.
[16] S. M. Marjanishvili. Progressive analysis procedure for progressive collapse [J]. Journal of Performance of Constructed Facilities，2004，18(2)：79-85.
[17] 胡晓斌，钱稼茹. 单层平面钢框架连续倒塌动力效应分析 [J]. 工程力学，2008，25(6)：38-43.
[18] P. Ruth，K. A. Marchand. Static equivalency in progressive collapse alternate path analysis：Reducing conservatism while retaining structural integrity [J]. Journal of Performance of Constructed Facilities，2006，20(4)：349-364.
[19] N. Buscemi，S. Marjanishvili. SDOF model for progressive collapse analysis [C]. Structures 2005，ASCE. New York：2005.
[20] 倪强，唐家祥. 基于震害的钢筋混凝土框架结构倒塌机理的集成多媒体仿真研究 [J]. 建筑结构学报，2000，21(2)：52-58.

钢结构厂房抗倒塌能力的研究

李　波[1,2]　郭彦林[2]　胡少兵[1]　李晔东[1]

（1. 中国恩菲工程技术有限公司，北京　100038；2. 清华大学，北京　100084）

摘　要：有色冶金工业厂房钢结构体系复杂，具有明显的不规则性，对结构的抗倒塌能力相当不利。介绍了各国规范关于结构抗连续性倒塌的设计规定及方法。采用基于线弹性静力分析的拆除构件法，对典型的有色冶金钢结构厂房的抗倒塌能力进行了研究。结果表明，采取有效措施可增强结构的整体性和承载力储备，增加结构的冗余度和坚固性，显著提高钢结构厂房在事故中的抗倒塌能力。

关键词：连续性倒塌；有色冶金工业厂房；拆除构件法

1　引言

连续性倒塌[1]，是指结构由于意外事件（如爆炸、撞击、火灾等）造成结构的局部破坏，并引发连锁反应引起其他部分破坏，导致结构部分或全部倒塌。连续倒塌往往导致惨重的人员伤亡和财产损失，进行连续倒塌分析及抗倒塌设计越来越引起人们的重视。从 20 世纪 60 年代以来，随着几次大的倒塌事件的发生，如 1968 年英国 Ronan Point 公寓发生连续性倒塌，1995 年美国 Alfred P Murrah 联邦政府办公楼倒塌，2001 年美国世贸双塔倒塌等多起重大事故，国外对结构连续性倒塌已进行了 30 多年的研究。我国在这方面的研究还较少，处于起步阶段。本文对国外规范中的设计方法进行了简单的总结，并采用其中的拆除构件法对某有色冶金工业钢结构厂房进行连续性倒塌分析。

2　各国规范关于防连续倒塌的规定

2.1　中国规范关于防连续倒塌的规定

我国规范中关于防连续倒塌只有《建筑结构可靠度设计统一标准》GB 50068—2001[2]和《混凝土结构设计规范》GB 50010—2002[3]有简单的规定。《建筑结构可靠度设计统一标准》GB 50068—2001 3.0.3 条规定："建筑结构设计时，应根据结构在施工和使用中的环境条件和影响，区分下列三种设计状况：1）持久状况：在结构使用过程中一定出现，其持续期很长的状况。持续期一般与设计使用年限为同一数量级；2）短暂状况：在结构施工和使用过程中出现概率较大，而与设计使用年限相比，持续期很短的状况，如施工和维修等；3）偶然状况：在结构使用过程中出现概率很小，且持续期很短的状况，如火灾、爆炸、撞击等。对于不同的设计状况，可采用相应的结构体系、可靠度水准和基本变量等"。3.0.6 条规定："对偶然状况，建筑结构可采用下列原则之一按承载能力极限状态进行设计：1）按作用效应的偶然组合进行设计或采取防护措施，使主要承重结构不致因出现设计规定的偶然事件而丧失承载能力；2)允许主要承重结构因出现设计规定的偶然事件而局部破坏，但其剩余部分具有在一段时间内不发生连续倒塌的可靠度”。《混凝土结构设计规范》GB 50010—2002 3.1.6 条规定：“结构应具有整体稳定性，结构的局部破坏不应导致大范围倒塌”。可见我国规范仅对抗连续倒塌作了简单的说明，并没有提出设计的具体方法和准则，缺乏可操作性。

2.2 国外规范关于防连续倒塌的规定

自从 1968 年英国 Ronan Point 公寓发生连续倒塌事件以来，许多国家相继颁布了相应的设计规范和指南。英国 1976 年的建筑规程(Building Regulations)规定：结构在意外情况下不应发生与初始破坏不相称的大范围坍塌。提出了三种设计方法[4]：

(1) 拉结强度设计：对结构构件和连接提供水平和竖向拉结，以提高结构的整体性和冗余度，提供结构的备用荷载传递路径。

(2) 构件的跨越能力设计：当某支承构件失效，结构应设计成有较好的跨越能力，能够把破坏限制在局部。可通过拆除一些不能被拉结的构件后对剩余结构进行分析。

(3) 关键构件设计：对于关键构件要求针对意外荷载进行设计，应能承受 $34kN/m^2$ 的均布压力。

2003 年，美国公共事务管理局 GSA(General Service Administration)编制的《联邦政府办公楼以及大型现代建筑连续倒塌分析和设计指南》[5]，提供了判断建筑是否需要进行抗连续倒塌分析的流程。若需要进行抗连续倒塌分析，则建议采用拆除构件法进行分析。

GSA 建议采用线弹性静力分析方法对规则体系进行分析，对不规则体系采用非线性方法分析，通过分析结构某根竖向支承构件失效时，假定通过瞬时“去掉”底层结构单元来模拟偶然荷载对建筑物的直接影响，评估结构防止连续性倒塌的能力。GSA 提出了指标 DCR(Demand Capacity Ratio)作为破坏准则。

偶然荷载作用下，失效单元可能发生的部位是：

(1) 建筑物外围短边靠中央的一根柱失效；

(2) 建筑物外围长边靠中央的一根柱失效；

(3) 建筑物外围转角处的一根柱失效；

(4) 建筑物内部的一根柱失效。

另外，指南还建议了一些设计措施来提高建筑抵抗连续倒塌的能力，包括提高结构冗余度、延性和连续性等。

美国国防部制定的国防设施标准[6]将建筑分为四个等级：非常低、低、中和高。对应不同的安全等级采用不同的设计方法：对于低保护等级的建筑，应保证结构水平和竖向的拉结强度及抗连续倒塌能力的构造措施；对于中、高保护等级的建筑，则需采用拆除构件法进行分析。该标准指定了失效单元可能发生的部位，以便采用拆除构件法来评估某个主要竖向或水平构件失效后结构的反应。对拉结强度法和拆除构件法的设计流程进行了详细规定，并制定了评估建筑物抗连续倒塌能力的标准。

ASCE[7]要求，应当通过构件之间的连续性、冗余度和延性来保证结构的整体性。并在条文说明中讨论了几种设计方法：直接设计法和间接设计法。直接设计法包括拆除构件法和局部加强设计法。间接设计法则通过保证结构的最小强度、连续性和延性来增强结构的抗连续倒塌能力。

Eurocode 1[8]规定，结构必须具有足够的承载力以抵御可预测或不可预测的意外荷载。规范中的抗连续倒塌设计分为两个方面，一个方面降低意外事件的发生概率，减轻意外事件对结构的破坏作用，另一方面增加结构的承载力，提高结构整体性、冗余度和延性，从而使结构具有在局部单元失效后抵抗连续倒塌的能力。Eurocode 1 将建筑分为 4 个安全等级，根据相应的等级分别采用拉结强度法、拆除构件法和关键构件法进行设计。该规范对冲击和爆炸对结构的作用效应给出详细的规定，并提出一些相应的设计措施，还给出了针对极重要的建筑进行连续倒塌风险评估的具体方法和操作步骤。

2.3 国外抗连续倒塌分析方法简介

现有国外抗连续倒塌分析方法主要分为四种：概念设计法、拉结强度设计法、拆除构件设计法和局部加强设计法。

1）概念设计主要从结构体系的整体性、延性、构造措施等方面进行设计，在一定程度上可提高结构抗连续倒塌能力。其缺点是难以量化，设计的好坏主要依靠设计人员的水平和经验。

2）拉结强度设计法，是使结构构件间的连接强度满足一定的要求，以保证结构的整体性和备用荷载传递路径，从而提高结构抗连续倒塌的能力。拉结强度设计法的基本原则是某根柱失效后，其支撑的梁具有足够的承载能力避免发生连续破坏。该方法简单易行，能一定程度上保证结构在连续性和整体性上的基本要求，但对于复杂不规则结构则难以采用。

3）拆除构件设计法，是根据一定规则假定某个主要承载构件失效，并将其从结构中拆除，分析剩余结构是否会发生超过规定程度的倒塌。当拆除构件后，相邻构件不满足要求时，则认为该相邻构件失效，将其也拆除，并按上述同样方法继续进行剩余结构的分析。如果不满足抗连续倒塌的要求，则应增强拆除后的剩余结构来避免连续倒塌，以增强其安全储备。拆除构件设计法能较真实地模拟结构的倒塌过程，较准确地检验结构抗连续倒塌的能力，是一种精确分析的方法。

4）局部加强设计法，对于破坏后容易引发连续倒塌的重要构件，则认为其是关键构件并进行局部加强设计。

3 算例

某厂房采用钢框架结构，高度 23.5m，平面尺寸见图 1。位于地震 6 度区，基本风压 0.65kN/m^2，柱截面为 HM600×300b，梁截面为 HM390×300，由于厂房楼层中布置较多的料仓，楼层荷载较大。

采用拆除构件法进行分析，分别拆除长边中柱及短边中柱进行计算，并用有限元软件 ANSYS 中杀死单元的功能来模拟构件失效，以钢材的极限拉应变 0.2 作为判别构件失效的依据，结果见图 2 和图 3。计算结果表明长边及短边中柱在拆除后结构都发生倒塌，发生倒塌破坏的主要原因是冗余承载力不足，且结构上部荷载较大，其他构件难以承担原本由所拆除柱所承担的荷载，结构抵抗连续倒塌的能力较弱。为了加强冗余度，在结构中所拆除柱附近设置支撑，再用拆除构件法进行计算，由图 4 可见拆除后结构虽然侧移变大，但未发生整体倒塌，表明在合适的部位加支撑后提高了结构的冗余度，保证了多荷载传递路径，从而显著改善结构的抗连续倒塌能力。

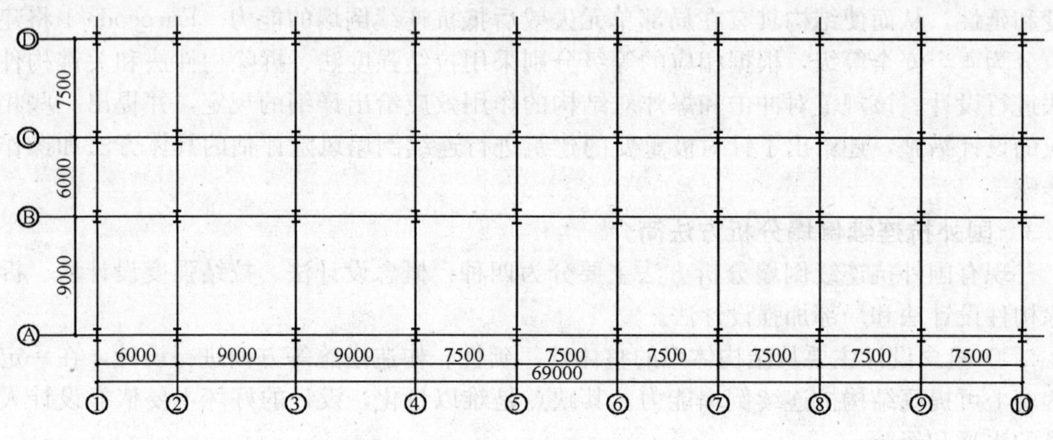

图 1　平面图

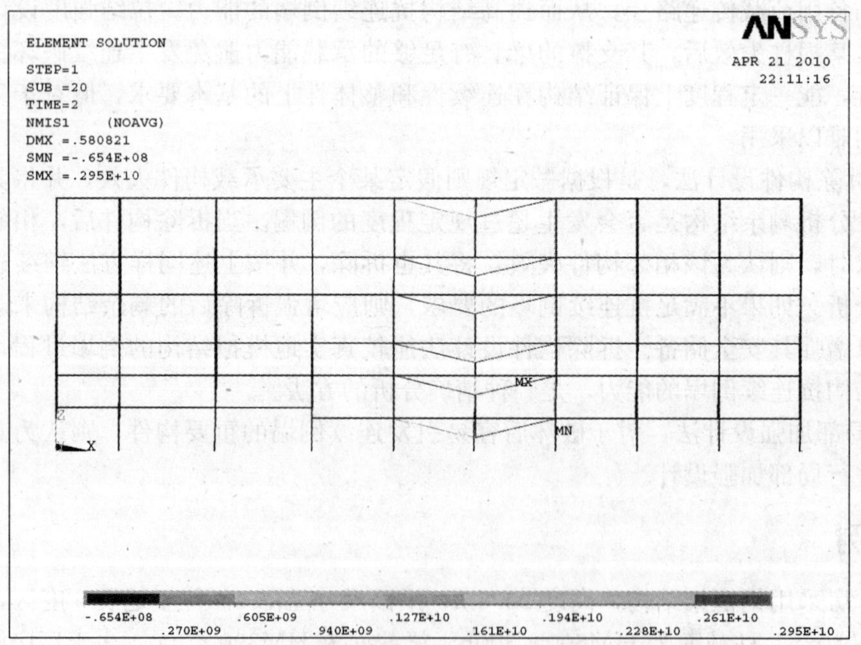

图 2　长边中柱拆除后结构发生倒塌破坏

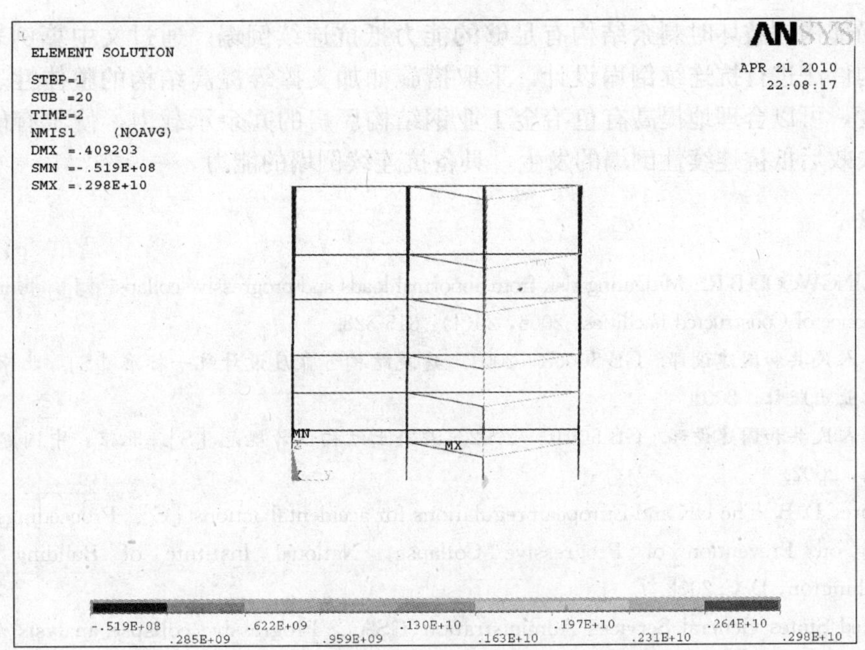

图 3　短边中柱拆除后结构发生倒塌破坏

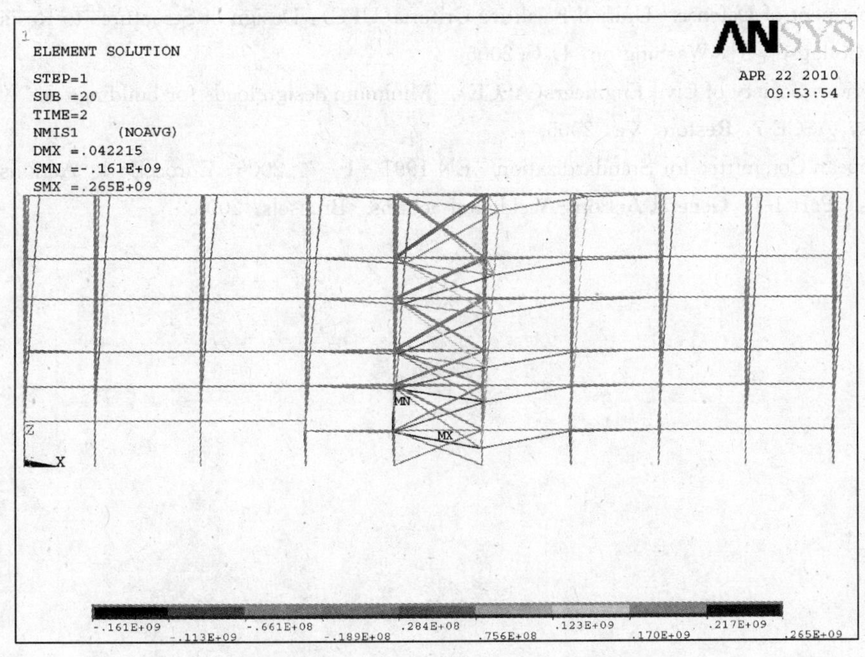

图 4　加强后的结构长边中柱拆除后未发生倒塌破坏

4　结论

由国外规范中关于改善结构抗连续倒塌能力的规定和方法可见，通过提高结构的冗余承载力和增加备用荷载传递路径的能力，可提高结构抗连续倒塌的能力，使结构在发生局部构件破坏时剩余结构有足够的能力抵抗连续倒塌。通过文中算例表明，采用拆除构件法进行抗连续倒塌设计，采取措施如加支撑等提高结构的整体性、连续性和冗余度，可以合理地提高有色冶金工业钢结构厂房的冗余承载力，使其有能力在局部单元失效后抵抗连续性倒塌的发生，具备抗连续倒塌的能力。

参考文献

[1] ELLINGWOOD B R. Mitigating risk from abnormal loads and progressive collapse [J]. Journal of Performance of Constructed Facilities, 2006, 20(4): 315-323.

[2] 中华人民共和国建设部. GB 50068—2001. 建筑结构可靠度设计统一标准 [S]. 北京：中国建筑工业出版社，2001.

[3] 中华人民共和国建设部. GB 50010—2002. 混凝土结构设计规范 [S]. 北京：中国建筑工业出版社，2002.

[4] Moore, D. B. The UK and European regulations for accidental actions [C]. Proceedings of Workshop on Prevention of Progressive Collapse, National Institute of Building Sciences, Washington, D. C. 2002.

[5] United States General Services Administration(GSA). Progressive collapse analysis and design guidelines for new federal office buildings and major modernization projects [S], Washington, D. C. 2003.

[6] Department of Defense. Unified Facilities Criteria(UFC): Design of Structures to Resist Progressive Collapse [S], Washington, D. C. 2005.

[7] American Society of Civil Engineers(ASCE). Minimum design loads for buildings and other structures, ASCE-7, Reston, Va, 2005.

[8] European Committee for Standardization. EN 1991—1—7: 2006, Eurocode 1: Actions on structures. Part 1-7: General Actions-Accidental actions. Brussels; 2006.

模板工程防倒塌设计与管理现状

赵挺生[1]　方东平[2]　唐菁菁[1]　丁丽萍[1]
（1. 华中科技大学土木工程与力学学院；2. 清华大学建设管理系）

摘　要：模板工程是我国工程建设坍塌事故高发的重要分项工程，是现浇混凝土工程施工过程中人员暴露强度大，通常导致群死群伤严重后果的高风险工程。为控制模板工程倒塌风险，本文回顾了我国模板工程管理法规和技术标准发展历程，介绍了国内外模板工程研究现状和建筑防倒塌设计方法，分析了我国模板工程技术设计为基础、构造措施和安全管理监督为保障的防倒塌控制模式。

关键词：模板工程；结构分析；连续倒塌；设计；管理

1　目的意义

模板工程是指支承所浇筑混凝土的整个系统，包括与混凝土表面直接接触的模板面板和支撑杆件，以及相关的连接件和剪刀撑等。它是现浇混凝土工程施工过程的主要承载结构和施工作业平台，因此其安全性直接关系施工过程安全。由于模板工程的寿命短则几天，长不过数月，因此，人们将之归结为临时施工设施，不单独进行设计，而是包含于承包商的工程施工组织设计文件。近年来，随着施工工艺的变革(高流动性混凝土所带来的施工周期大幅降低)、工程结构向着大跨度、高净空方向发展，导致模板工程坍塌事故时有发生，不仅造成重大经济损失，而且造成严重的人员伤害。如，2005 年 9 月 5 日，北京市西城区西西工程 4 号地项目工地，施工人员在浇注混凝土时模板支撑系统坍塌，造成 8 人死亡，21 人受伤；2003 年 10 月 7 日，广东省江门市新会区益华广场中庭，施工过程中坍塌，造成 16 人死亡，5 人重伤。

虽然模板工程自身寿命短，但它是工程建设中重复安装拆除分项工程。模板工程作为施工承载结构和施工作业平台，其人员暴露强度大，一旦发生事故，必然造成严重的群死群伤事故。因此，强化模板工程施工防倒塌设计就成为工程建设安全生产的一项重要工作。

2　模板工程安全生产法规与技术标准现状

国家的相关法规也给出了严格的规定，如中华人民共和国第八届全国人民代表大会常务委员会第二十八次会议于 1997 年 11 月 1 日通过，1998 年 3 月 1 日起施行的《中华人民共和国建筑法》第三十八条规定“建筑施工企业在编制施工组织设计时，应当根据建筑工程的特点制定相应的安全技术措施；对专业性较强的工程项目，应当编制专项安全施工组织设计，并采取安全技术措施。”建质［2003］82 号《建筑工程预防坍塌事故若干规定》第七条进一步规定“施工单位应编制深基坑(槽)、高切坡、桩基和超高、超重、大跨度模板支撑系统等专项施工方案，并组织专家审查。”2004年2月1日实施的《建设工程安全生产管理条例》第二十六条 施工单位应当在施工组织设计中编制安全技术措施和施工现场临时用电方案，对下列达到一定规模的危险性较大的分部分项工程编制专项施工方案，并附具安全验算结果，经施工单位技术负责人、总监理工程师签字后实施，由专职安全生产管理人员进行现场监督：

(1) 基坑支护与降水工程；

(2) 土方开挖工程；

(3) 模板工程；

(4) 起重吊装工程；

(5) 脚手架工程；

(6) 拆除、爆破工程；

(7) 国务院建设行政主管部门或者其他有关部门规定的其他危险性较大的工程。

对前款所列工程中涉及深基坑、地下暗挖工程、高大模板工程的专项施工方案，施工单位还应当组织专家进行论证、审查。

建设部2004年12月颁布《危险性较大工程安全专项施工方案编制及专家论证审查办法》(建质[2004]213号)，并于2009年进一步就模板工程等专项方案设计内容，管理程序进行更为详尽规定(建质[2009]87号《危险性较大的分部分项工程安全管理办法》的通知)。由此形成了系统的有关模板工程等的安全监督管理法规。

模板工程技术标准，我国在《混凝土结构工程施工及验收规范》GB 50204—92，给出了与新浇筑的混凝土紧密接触的模板、方木、檩条和支柱等杆件验算荷载与截面设计验算模式，《建筑施工扣件式钢管脚手架安全技术规范》JGJ 130—2001，吸收继承了《混凝土结构工程施工及验收规范》GB 50204—92有关模板工程设计验算内容。《建筑施工模板安全技术规范》JGJ 162—2008，在继承前述规范的基础上，对模板支撑体系的构造进行了全面系统的规范，初步形成了结构构件技术(主体倾覆验算与构件截面设计相结合)设计与构造保障相结合的模板工程技术规范。

然而，模板工程作为临时承载结构所具有时变特性，其所包含的科学技术特性仍未形成系统的技术标准，特别是多层模板配置情况下，施工时变结构分析方法，也就未能转化为混凝土建筑工程施工安全生产的支撑技术。即使混凝土建筑工程处在施工安全生产法规的严格管理环境中，也无法避免混凝土建筑施工中由模板工程的坍塌所造成的安全事故。如2010年1月3日昆明新机场在建桥梁，在浇注混凝土时发生垮塌事故，12日安徽芜湖和贵州省黔南州福泉相继发生混凝土施工过程中模板脚手架倒塌事故，事故共造成20余人死亡，数十人受伤。

3 模板工程技术研究现状

现浇混凝土建筑施工期间，承担施工荷载的临时承载结构是以模板钢管支架和先前浇注具有一定强度的混凝土结构组成的结构，因其材料性能、几何形态等都随时间变化，所以称为施工时变结构。早在1952年，瑞典学者K. Nielsen就提出楼板与支撑相互作用问题，通过假定楼板为弹性板、模板支撑为弹性结构、基础刚性条件，分析获得了不考虑混凝土的收缩徐变、忽略体系扭转的现浇混凝土施工时变结构中楼板承担的最大内力。此后，Grundy和Kabaila(1963年)提出施工时变结构的简化分析方法，由于该法不需要专用计算工具就能获得施工中荷载分配系数和施工过程中楼板及支撑承担的最大内力，美国混凝土协会(ACI 347—88)推荐在混凝土工程中使用这个方法。从1983年起，刘西拉和W. F. Chen等相继提出施工期混凝土建筑结构分析的精化方法、改进精化方法、改进方法、修正简化方法及改进简化方法等，对现浇混凝土施工时变结构荷载分配规律进行了更为细致的研究。方东平等在现场实测的基础上，建立了考虑养护期结构荷载重分配的结构分析模型。此外，Mannel Aguinaga-Zapata，刘西拉和W. F. Chen等，对混凝土材料收缩、徐变以及温度变化等参量对施工荷载在施工时变结构中分布的影响进行了研究。沈蒲生、林南薰等就高层建筑结构分析中如何考虑施工过程混凝土的收缩徐变效应进行了研究。Stephen L.，Kajewski就预应力混凝土结构施工短暂状况进行了分析。王光远(2000年)院士提出时变结构力学学科发展问题，曹志远对建立支撑与混凝土结构组合的超级有限元时变结构力学进行了研究。赵挺生等，从2002年开始，通过现场实测和理论研究，就现浇混凝土施工时变结构的弹性基础、模板支撑薄弱层以及梁板柱结构，提出现浇混凝土施工时变结构分析的弹性支撑连续梁模型和梁板柱混凝土结构施工时变结构简化分析方法。此外，人们基于上述施工时变结构分析模型，采用建筑结构可靠度分析理论，分析施工期混凝土建筑结构的失效概率，研究了施工期混凝土建筑结构安全指标的计算方法。基本形成了现浇混凝土建筑施工期间以模板工程等为主要临时承载结构的施工时变结构分析的系统理论和方法。

4 建筑防倒塌设计方法与模板工程防倒塌设计

4.1 建筑防倒塌设计方法

工程防倒塌，主要是防连续倒塌。所谓连续倒塌，指从起初的事件引发局部损伤的扩展，发展到从构件到构件，最终导致结构整体倒塌或导致(与初始事件)不成比例的结构的大部分倒塌。简单地讲，导致与初始原因不成比例的倒塌。防连续倒塌设计研究因1968年5月16日伦敦Ronan Point公寓楼，因18层一住户厨房煤气泄漏引发爆炸，导致该公寓楼自上而下整个角区的坍塌(如图1所示)而开始。

图1 Ronan Point公寓楼连续坍塌

从风险角度，连续倒塌是造成潜在损伤的非正常荷载或灾害作用的结果，如燃气爆炸，恐怖袭击，以及控制性构件的拆除等。连续倒塌的发生概率$P(c)$与灾害事件发生率λ_H、灾害事件作用下造成的局部损伤$P(LD/H)$以及局部损伤造成连续倒塌的

概率 $P(C/LD)$成正比，即：

$$P(C)=\lambda_{\mathrm{H}} \cdot P(LD|H) \cdot P(C|LD) \quad (1)$$

从式(1)可以看出，控制连续倒塌的措施包括控制灾害事件发生概率、强化局部结构抵抗损伤的能力以及改变荷载传递路线三种情形。

在控制灾害事件发生概率方面，通用作法如限制易燃易爆物料使用(建筑内使用)、采取隔离防护措施(建筑防爆隔离栏或墩)。

在结构局部抗力强化方面，主要对暴露与灾害荷载的构件进行抗力强化，使其能抵抗足够大的灾害荷载。

在改变荷载传力路线方面，主要设计结构超静定化，使某一构件失效后，结构具有重新调整分布荷载的能力，如设计多跨框架取代单跨框架，多跨连续梁，纵横向受力结构，这样即使结构产生了局部损伤或失效，也会因剩余结构的横跨损伤的桥作用而防治结构连续倒塌。

针对灾害性荷载采取常规荷载设计与反向荷载设计相结合方法，避免常规设计荷载反向下结构抗力的大幅降低。

对于重要建筑，结构局部抗力强化、改变荷载传递路线以及反向荷载设计，均需要通过计算分析实现。

对于普通建筑可以直接采取构造设计实现，如，增加结构整体性的水平和竖向联系。

4.2 模板工程防倒塌设计

模板工程垮塌事故主要表现为坍塌和倾覆两种失效方式。坍塌由起初的局部构件失效，导致相连构件依次失效(连续倒塌)。倾覆主要是风以及施工活动诱导水平荷载作用下，导致最外侧压杆的首先失稳，继而引发相连杆件依次失效(连续倒塌)。如2007年9月26日上午，越南在建现浇混凝土桥—芹苴大桥模板支架突然发生倒塌，首先坍塌的是第13号桥段，接着，第14号、15号桥段也随之连锁坍塌，造成60余人死亡，150余人受伤。

现浇混凝土建筑工程施工中临时承载结构是由多层模板支撑体和先前较好的楼板组成的时变结构来承担新浇注混凝土的自重荷载和施工荷载的。其失效包括有起初的模板支撑杆件失效或混凝土楼板失效导致连续倒塌。如，1981年3月27日美国Harbour Cay五层板柱建筑在浇注顶层混凝土过程中发生倒塌事故，分析表明其起因为混凝土楼板与柱界面的抗冲切失效引发的连续垮塌。鉴于现浇混凝土工程施工过程承担荷载的结构——材料性能、结构形态及其空间位置均随时间变化的施工时变结构——的分析方法的不完善，国内外研究人员进行了系统研究，初步建立了现浇混凝土结构施工时变结构分析方法(见本文3模板工程技术研究现状)，并按照相应材料的结构设计规范对施工时变结构构件进行设计。由于模板工程施工操作为手工，目测控制施工偏差，导致模板工程特有的参数离散性大的特性，为此，以技术设计为基础，以构造措施为保障的模板工程安全施工就成为当前重要的防倒塌措施。

1) 施工时变结构分析方法

施工时变结构分析方法，可以分为有限元分析方法和简化分析方法。由于施工时变结构的形态、其承受的外荷载、材料强度均呈现满速时变的特性，故可以针对结构形态、荷载变化较大的状态进行分析。可以采用空间杆系有限元、平面杆系有限元进行力学分析，也可以采用简化分析方法。Grundy 和 Kabaila(1963 年)提出的简化分析方法针对板柱建筑，假定为(1)模板支撑杆为刚性二力杆，上下层间模板支撑杆平面位置相同；(2)以模板支撑杆件连接的楼板刚度相等，因而，当由外荷载作用与施工时变结构时，每层楼板的增量荷载相等；(3)基础刚性。这样就可以手算分析现浇混凝土建筑施工过程中楼板、模板支撑杆件承担的最大施工荷载效应。工程实测表明，简化分析结果与实测值基本一致，与精确分析相比小 10%左右。针对我国梁板柱建筑体系，作者进行了实测研究，结果表明，简化分析方法适用于梁板柱体系。在对梁板柱体系进行施工时变结构分析时，可以将楼板和梁分别应用简化方法分析，梁模拟为与梁高相等厚度的板分析，将梁板共用模板支撑的内力进行叠加获得梁板交接面处支撑内力。对于混凝土结构所具有的收缩、徐变效应，以及温度对施工时变结构的影响，理论分析表明模板支撑系统内力减量，即建筑立柱内力增量在 10%以内。而简化分析方法本身计算结果偏小 10%，混凝土收缩、徐变、温度影响导致模板支撑内力减小 10%，这样也使通常不考虑混凝土收缩、徐变以及温度影响的施工时变结构分析结果具有较高的精度。

2）模板工程构造措施

模板工程构造措施，以使模板工程形成空间结构为目标进行设置。最初以立杆计算长度控制的纵横向连系杆为主，并对扫地杆(立杆下端的纵向和横向连系杆)和立杆顶部的纵横向连系杆作出必须设置的要求。模板工程中的杆件截面尺寸小，杆件间的连接采用机械连接方式。模板工程事故和室内试验均表明：模板支撑体系失效模式呈现大波失效，即半波长度为两个步长或以上。这样就使纵横向连系杆的设置效率降低，模板支撑体系的承载内力大幅低于杆件强度。为发挥杆件承载能力，模板工程技术标准进一步规定纵横向连系杆应与侧向永久结构拉结，并设立模板支撑周边的垂直剪刀撑体系。由于杆件间机械连接的特性，在发生一个失效后，杆件依次失效导致模板工程连续倒塌成为模板工程的主要失效模式。之后模板工程技术标准进一步明确构造约束，要求模板支撑内每隔 3 至 5 根立杆设置垂直支撑，模板支撑立杆的下端、上端必须设置水平剪刀撑，模板高支撑，中间增设水平剪刀撑。在模板工程防倾覆控制上，除纵横向连系杆与永久结构拉结外，在《模板工程安全技术规范》中进一步提出以自重荷载的 2%作为施工活动诱导水平荷载，作用于模板支撑顶部进行倾覆稳定验算的规定。

3）模板工程防倒塌控制模式

尽管我国在模板工程技术设计和构造措施上有了较为详细的规定，然而，模板工程施工质量的任何偏差，都会使之成为空中楼阁，所以强化模板工程防倒塌的管理与监督，就十分重要。为此，建设工程安全生产管理的相关法规，规定了模板工程技术设计、构造措施以及模板工程安全专项设计文件的编制、审查、论证、到监理、安全生产监督站监督管理的严格程序。形成了我国特有的技术设计为基础，构造措施和安全管理监督为保障的模板工程防倒塌控制模式。

5 结束语

模板工程是当前我国建设领域坍塌事故高发的分项工程。其事故的发生重要原因之一是模板工程防倒塌的系统性分析与设计理论和方法欠完善。为了解模板工程设计、管理现状，文章分析了我国模板工程安全生产法规与技术标准，回顾了国内外有关现浇混凝土建筑施工时变结构分析的方法，介绍了国外建筑防倒塌设计方法，总结了我国模板工程防倒塌设计方法、管理与监督模式。

混凝土框架结构的抗连续性倒塌设计方法*

叶列平　陆新征　李　易　梁　益　马一飞

（清华大学　土木工程安全与耐久教育部重点实验室，土木工程系，北京　100084）

摘　要：介绍了各国规范关于结构抗连续性倒塌的设计目标和有关设计规定。结合按我国规范设计的钢筋混凝土框架结构的实际情况和抗连续倒塌设计目标，在大量分析研究的基础上，提出了对我国框架结构抗连续性倒塌的概念设计方法、拉结强度设计方法和拆除构件设计法，并给出了有关配筋构造措施。

关键词：框架结构；抗连续性倒塌；拉结强度；拆除构件；配筋构造

1 引言

结构是由若干结构构件连接形成、并能够长期安全可靠地承受其上各种荷载和作用的合理的整体承力骨架系统。各种荷载和作用，不仅包括结构正常使用状态下结构自重等永久荷载，人群和物品等可变荷载，以及自然环境对结构的作用，如风荷载、地震作用、化学腐蚀等，还应包括发生意外事件的偶然荷载与作用，如爆炸、冲击、火灾和超设防烈度的特大地震。

根据荷载与作用随时间的变异性，我国建筑结构设计标准将荷载与作用分为：永久荷载与作用、可变荷载与作用、偶然荷载与作用。其中，永久荷载与作用和可变荷载与作用的量值、作用位置和作用特性都是可以估计的，且估计值具有一定保证率，据此按现行结构设计方法，通常可以保证所设计的结构具有足够的安全度，也即产生破坏的失效概率足够小。然而，偶然荷载与作用属于极小概率事件，其量值、作用位置和作用特性都无法估计，并且具有量值很大、作用时间很短的特点，这就给结构设计带来很大的困难。鉴于偶然荷载与作用的不可估计性和其作用特征的复杂性，以及结构设计经济性的考虑，通常一般结构设计时对偶然荷载与作用都不进行计算设计。但一旦出现偶然荷载与作用，则往往因其量值过大而导致直接遭受偶然荷载与作用部位的结构构件破坏。因此，针对偶然荷载与作用，结构应能满足以下要求：容许结构局部发生严重破坏和失效，未破坏的剩余结构能有效承受因局部破坏后发生的荷载和内力重分布，不至于短时间内造成结构的破坏范围迅速扩散而导致大范围、甚至整个结构的坍塌。如果结构因局部破坏引发连锁反应，导致破坏向结构的其他部分扩散，最终使整个结构丧失承载力，造成结构的大范围坍塌，这种破坏现象称为连续性倒塌。

自从 1968 年英国 Ronan Point 公寓发生连续性倒塌事件以来，国外对结构连续倒塌问题已经进行了三十余年的研究，其间经历了 1995 年美国 Alfred P Murrah 联邦政

*基金项目：国家十一五科技支撑计划项目（2006BAJ03A02-01）

府办公楼倒塌、2001 年世贸双塔倒塌等多起重大事故。在我国，结构发生倒塌的事故也常有发生，如 1990 年发生在辽宁盘锦的由于燃气爆炸导致主体结构倒塌的事故[1]。

工程经验及研究表明，通过加强结构的整体性、连续性和增加结构冗余度，可以有效地改善结构抗连续倒塌能力，英美等国的混凝土结构设计规范中均有这方面的详细规定[2,3]。美国已编制了针对防结构连续倒塌的设计规程和指南[4,5]，提出了一些具体措施和设计方法。本文基于国外有关设计规范和标准中关于混凝土结构防连续性倒塌有关规定的分析研究，提出了我国混凝土结构防连续性倒塌的设计建议。

2　中国规范关于防连续倒塌的规定

我国《混凝土结构设计规范》GB 50010—2002[6] 3.1.6 条规定："结构应具有整体稳定性，结构的局部破坏不应导致大范围倒塌"。该条文的说明进一步指出："当结构发生局部破坏时，如不引发大范围倒塌，即认为结构具有整体稳定性"。结构的延性、荷载传力途径的多重性以及结构体系的超静定性，均能加强结构的整体稳定性。设置竖直方向和水平方向通长的钢筋系杆将整个结构联系成一个整体，是提高结构整体稳定性的方法之一。另一方面，按特定的局部破坏状态和荷载组合进行设计，也是保证结构整体稳定性的措施之一。当偶然事件产生特大的荷载时，要求按荷载效应的偶然组合进行设计(规范 3.2.3 条)以保持结构的完整无缺，往往经济上代价太高，有时甚至是不现实。此时，可采用"允许局部爆炸或撞击引起结构发生局部破坏，但整个结构不发生连续倒塌的原则进行设计。"

该规定仅给出了结构防连续性倒塌的设计目标和有关概念设计原则，尽管对设计人员有一定指导作用，但因未给出具体的定量设计方法，实际操作性差。

3　国外规范和规程关于结构整体性的规定和建议

3.1　美国

美国国家标准学会(ANSI)对结构的整体性的定义是[7]：结构作为整体抵抗局部破坏而不发生大范围坍塌的能力。这实际上描述了结构作为整体抵抗连续倒塌能力的重要特征，也即结构抗连续倒塌设计的着眼点不是某一具体构件，而是结构整体，因此需考虑结构构件之间的相互关系。

美国 ACI 318—02 规范[3]也没有提供抗连续倒塌设计方法，但给出了保证结构整体性和延性所应采取的措施。ACI 318—02 规范 7.13 节指出："工程经验表明适当改进配筋构造可显著增强结构的整体牢固性"。因此 ACI 318—02 规范要求，构件配筋和构件连接构造应有效保证结构构件之间的拉结连接，改善结构的整体性，具体包括：钢筋在支座处应连续贯通；钢筋搭接的位置和要求；钢筋端部弯钩的要求等。对预制装配结构，ACI 318—02 规范 16.5 节指出："应采用纵向、横向和竖向拉结，禁止使用仅依靠自重的摩擦连接"。

1968 年英国 Ronan Point 公寓垮塌事件后，ASCE 标准 7 的前身 1972 版 ANSI 标准[7,8] A58.1 中的 1.3.1 条首次引入了关于防止由于严重超载导致局部破坏引发的结构连续倒塌的规定。1982 版的 ANSI 标准 A58.1 第 1.3 节定性的描述了结构整体性，要求对结构进行合理设计，使其在局部范围内主要承重构件失效后仍能保证荷载的有效传递，并推荐“直接设计法”和“间接设计法”。直接设计法包括多荷载传递路径设计和局部加强设计；间接设计法主要是通过结构构件的最小承载力要求、连续性要求和延性的规定，来间接增强结构抗连续倒塌的能力。该标准还给出了诸如结构的合理布置、设置内承重墙、楼板的多荷载传递方向、楼板和梁的悬链线作用、墙的横向承载能力等建议。2005 版 ASCE 标准 7 则包含了更多的关于防连续倒塌研究的最新进展和增强结构整体性的具体规定[9]，主要是要求结构构件必须具备足够的连续性、冗余承载力和耗能能力(延性)，能够将初始局部破坏区域的荷载有效传递到能够承担这些冗余荷载的周边结构上，从而提高整体结构系统的稳定性。具体实施方法包括直接设计法和间接设计法。

直接设计法包括：(1)拆除构件法，结构在一根结构构件破坏后，具有跨越局部破坏位置继续承受荷载的能力。(2)局部抗力法，要求结构或部分结构具有足够抵御一定意外荷载或袭击的能力。

间接设计法通过保证结构的最小强度、连续性和延性来增强结构的抗连续倒塌能力。包括：(1)合理的结构布置，避免结构的薄弱部位；(2)加强连接构造，保证结构的整体性和连续性；(3)提高结构的冗余度，保证多荷载传递路径；(4)采用延性材料和延性构造措施，实现延性破坏；(5)考虑反向荷载作用；(6)利用楼板和梁的悬链线作用；(7)使墙能承受横向荷载；(8)抗连续倒塌结构分区。

2001 年，美国联邦安全委员会(Interagency Security Committee)[7,8]提供了应用于结构设计的“工程实用指南”，主要关注结构抗爆能力和其他特殊结构的安全措施。该文件将结构防连续倒塌设计的目的描述为：“当发生局部破坏时，结构破坏或倒塌的范围不应与初始破坏的原因不成比例。”具体设计可通过在建筑每层周边拆除一个柱来进行，即无论因何种原因导致柱发生破坏时，应保证结构仍具有足够的荷载传递能力。该文件建议结构构件在反向受力时应具有相应的延性和承载力，这对于预应力混凝土、预制混凝土结构和砌体结构尤其重要。在进行结构连续性倒塌分析时，有效活荷载可取规范设计活荷载的 25%，同时容许考虑因冲击产生的材料应变硬化对材料强度的提高。该文件还给出了通过结构构造措施改善结构连续性、延性和冗余度的指导性建议。

2003 年，美国公共事务管理局(General Service Administration)编制的《联邦政府办公楼以及大型现代建筑连续倒塌分析和设计指南》[5]，提供了对既有或新建政府办公大楼进行连续倒塌风险评估的参考流程，并建议了有关设计措施以改善新建大楼抗连续倒塌的能力。首先，考虑建筑的用途、使用年限、结构材料、结构构造等多方面的因素，提供了一个判断建筑是否需要进行抗连续倒塌分析的流程。然后，建议了对结构抗倒塌性能有改善作用的构造措施。对于需要进行连续性倒塌风险评估的结构，建议采用拆除构件法进行分析，分析方法包括线弹性分析和非线性分析，其中线弹性分析作为一种简化的分析方法，只能应用于 10 层和 10 层以下的规则建筑。对于 10 层以上的建筑和不规则的建筑，则必须采用非线性方法。指南采用屈强比(DCR)作为线弹性分析的破坏准则，而非线性分析方法则是以塑性铰转动和位移的延性比作为破坏准则[10]。为便于判定，指南给出了一般结构的最大延性比和转角限制。

美国国防设施标准《建筑抗连续性倒塌设计》[4]，建议的结构抗连续倒塌的主要目标为：在不过多增加建造费用和改变结构形式的基础上，减少国防设施由于不可预测事件造成的潜在连续倒塌风险。3层及3层以上的建筑均需要进行防连续性倒塌设计，但提供的设计方法只在于控制结构的整体坍塌，而不能保证结构不发生局部破坏。根据建筑的资产价值和使用情况，分为四个等级：非常低、低、中和高。前两个等级可归类为普通建筑，后两者则为特殊建筑。对于普通建筑只需采用提高抗连续倒塌能力的构造措施和拉结强度设计，而对于特殊建筑则需采用拆除构件法(Alternate load path method)进行分析，并酌情考虑动力效应和非线性。该文件认为，大多数建筑均属于普通建筑范畴，而对混凝土结构和钢结构进行拉结设计也十分简单，造价也不会过多增加。该文件对拉结强度法和拆除构件法的设计流程进行了详细规定，还包括一些具体的设计要求，如：构件节点连接应具有足够的承载能力，保证与该节点连接的较弱构件的承载力能够得到发挥；连接构造应与抗震要求一致，并要求能够承受反向荷载的作用；破坏范围应控制在拆除构件的相邻楼层，破坏范围应控制在$70m^2$或15%的楼面面积等。

3.2 加拿大

加拿大国家建筑规范[8]对结构整体性的定义是："结构具有容纳局部破坏的能力而不发生大范围坍塌"。要求结构应具有足够的整体性，以承受在其生命期内预期可能发生的各种作用，建议设计人员针对具有约10^{-4}/年重现概率的严重意外事故给予必要的考虑，并采取相应的措施。加拿大规范也提供了一些设计方法，包括局部承载力、最小拉结强度、备用荷载路径等要求。

3.3 欧洲

欧洲Eurocode-1"结构上的作用"规定[11]，结构必须具有足够的承载力以抵御可预测或不可预测的意外荷载。造成这些意外荷载的原因包括设计和建造过程中的人为失误，在设计考虑范围之外的意外事件引起的荷载作用，如煤气爆炸、炸弹袭击、车辆撞击、火灾等。结构由此导致的破坏范围不应与初始破坏不相称。

该规范将结构抗连续倒塌设计分为两个方面：一是采用消除和减轻灾害的设计方法，以此来降低结构发生局部破坏的可能；另一则是提高结构整体性、冗余度和延性的设计方法，使结构能将破坏控制在局部范围内而不发生整体倒塌。根据建筑重要性分为四个等级：对于较低等级的建筑物，无需特别进行抗连续倒塌设计，只需满足一般的整体性要求；对于次重要等级的建筑，应采用水平向的拉结强度法进行设计；对于重要等级的建筑，需要同时采用水平向和竖向的拉结强度法以及拆除构件设计法和关键构件设计法进行设计；对于极为重要的建筑，则应精确分析并给出倒塌风险水平，采用的方法应考虑动力效应、非线性以及结构和荷载之间的相互作用。

该规范对冲击和爆炸对结构的作用效应进行了详尽的规定，并建议了一些相应的设计措施，如防撞柱的设置、压力消散构件的布置等。以常见的燃气爆炸为例，爆炸造成的等效静压力P_d可通过压力消散构件可承受的最大静压力、压力消散构件的面积和房间的体积共同确定，关键构件在该等效静压力下不应失去承载力。另外该规范还给出了连续倒塌风险评估的具体方法和操作步骤。

3.4 英国

1968 年 Ronan Point 公寓倒塌事件发生后，英国建筑规范开始考虑针对意外荷载和连续倒塌的设计。1976 年的建筑规定指出，建筑结构在意外事件下发生倒塌的范围不应与初始破坏不相称，该要求只针对于 5 层及 5 层以上的建筑。1996 年，英国建筑荷载规范 BS 6399 中关于连续性倒塌的设计方法包括 3 个层次[12]：

(1) 拉结(Tying)：对结构构件和连接提供水平和竖向拉结，是保证结构连续性的最基本构造。这些拉结可使结构水平构件在失去竖向支承构件后发挥悬链线作用，提供结构的备用荷载传递路径。

(2) 跨越(Bridging)：在竖向承重构件失效后，结构应能跨越局部破坏范围，并保持良好的整体承载力和稳定性。这通常通过有选择性的拆除一些不能被拉结的构件，并对剩余结构进行分析。构件拆除后所导致的破坏范围不应超过相应楼层面积的 15%或 $70m^2$。

(3) 关键构件(Key element)：对于关键构件要求针对意外荷载进行设计，应能承受 $34kN/m^2$ 的均布压力。

30 余年的工程经验表明，上述 3 方面的规定十分有效，建筑造价增加适中。

英国混凝土结构规范 BS 8100[13]通过提高结构的鲁棒性(Robustness)来改善结构抵御连续倒塌的能力。规范对鲁棒性的定义是，应合理的设计和布置结构使其在意外荷载下不过于脆弱，即单个构件或者局部范围的破坏不应导致主体结构的坍塌。BS 8100 的第 3.1.4 节指出，设计中需要着重检查结构整体性，结构布置不应有明显的弱点，并且具有足够的荷载传递路径。结构的每层均须能够承受相当于该楼层自重 1.5%的假定水平荷载。与 BS 6399 类似，BS 8100 给出了结构的拉结能力、跨越能力和关键构件设计，并作了具体规定。

4 结构防连续倒塌的设计思想

根据各国规范建筑结构防连续倒塌的规定和原则，结构抗连续性倒塌设计的设计思想可以分为三类：

第一类：对于可能直接遭受意外荷载作用的结构构件，应具有一定承载力。对于可能直接遭受意外荷载作用的结构构件，如易遭受车辆撞击和人为破坏的结构外围柱、危险源周边的结构构件、备用荷载传递路径上的构件等，应作为整体结构系统中的关键构件，使其具有足够的安全储备。这种方法称为局部加强法。但这种方法的问题在于，意外事件作用很难定量，也很难给出相应的发生概率。即使针对某几种可能发生的意外事件进行设计，也不能保证这些关键构件在其他的突发事件情况下不会破坏。此外，这些关键构件一旦被恐怖分子利用，将成为重点袭击的目标，反而会造成更严重的后果。因此，要求所设计的结构绝对不发生局部破坏不是一种可行的设计方法，最好能采取措施降低意外事件发生的概率。

第二类：使结构具有足够的备用荷载传递路径。主要关注意外事件发生后的整体结构的后果严重程度，即在结构已发生局部破坏情况下，结构系统具有足够的备用荷载传递路径，有效传递局部构件失效而造成的荷载和内力重分布，不发生大范围坍塌。这种方法不针对具体的意外事件，因而适用于任何情况。当结构中的某一构件失效时，不可避免会造成局部范围的坍塌，只要坍塌范围在可接受的程度内，就可以认为结构设计是满足要求的。但如何定义这个可接受的程度，是一个十分复杂的问题。

第三类：使结构分区隔离，将局部破坏限制在分区范围内。这种措施只适用于限制平面大而层数少的结构发生的水平向连续倒塌，比如多跨桥梁、厂房和机场候机楼等。而对于一般多层或者高层建筑，发生连续倒塌时，水平向连续倒塌和竖向连续倒塌并存且以竖向连续倒塌为主，一旦初始破坏发生，结构分区并不能有效控制连续倒塌的范围。故而分区隔离方法在建筑结构中很少采用。

备用荷载传递路径通常可通过以下措施实现：

(1) 规定构件连接和拉结力的最低要求，保证整体结构的连续性，一旦失去原有支撑时，仍可维持一定的承载能力；

(2) 规定可接受的局部破坏范围，并使结构体系能形成跨越局部破坏范围的受力骨架。

这种方法需解决的问题有，需要给出备用荷载传递路径上的荷载取值和荷载组合，还要规定备用荷载传递路径上结构的极限状态。

5　混凝土框架结构防连续性倒塌的设计方法

5.1　一般规定

根据对国外钢筋混凝土结构抗连续倒塌设计方法的研究分析，并结合我国规范设计的结构的实际情况和上述抗连续倒塌设计目标，本文作者在大量分析研究的基础上，提出了适合我国混凝土框架结构抗连续倒塌设计方法[14,19]，主要包括：概念设计、拉结强度设计和拆除构件设计，各种方法主要根据表1建筑物的重要性选择，其中拉结强度设计和拆除构件设计借助现有的结构分析手段可以实现。对于特别复杂或者有特殊要求的结构，则在表1设计的基础上，还应采用非线性动力分析方法对结构抗连续倒塌进行验算。

结构抗连续倒塌设计方法的要求　　**表1**

建筑的重要性	设计要求		
	概念设计	拉结设计	拆除构件设计
普通结构	是		
重要结构	是	是	
非常重要结构	是	是	是

拉结强度设计和拆除构件设计时，荷载组合设计值可按下式确定：

$$S=A(S_{Gk}+\sum\psi_{qi}S_{qik})+\psi_{cw}S_{qwk} \tag{1}$$

式中，S_{Gk}为永久荷载标准值；S_{qik}为竖向可变荷载(包括楼面、屋面活荷载和雪荷载)标准值；ψ_{qi}为可变荷载的准永久值系数；ψ_{cw}为风荷载组合值系数，取0.2；S_{qwk}为风荷载标准值；A为动力放大系数。

从结构初始局部破坏发生，到剩余结构达到一个新平衡状态是一个动力过程。如果按静力法计算剩余结构的内力，需乘以动力放大系数来考虑拆除构件后的动力效应。本文建议动力放大系数A的取值为：当构件直接与被拆除构件相连或位于被拆除构件正上方时，取 2.0；其他情况取 1.0。

由于连续倒塌属于结构破坏的极端情况，其安全度可适当降低。抗连续倒塌的目标是剩余结构的水平构件不发生断裂破坏落下，因此跨越被拆除构件的水平构件容许最大限度发挥其受弯承载能力和变形能力，故其正截面受弯承载力计算时，钢筋抗拉强度可采用极限强度 f_u，即可取 $1.25f_{yk}$，f_{yk}为钢筋抗拉强度标准值。其他构件及其他受力情况的承载力计算，材料强度可采用标准值，斜截面等考虑到破坏的脆性特征，故不建议提高材料强度。

5.2 概念设计

概念设计主要从结构体系的备用路径、整体性、延性、连接构造和关键构件的判别等方面进行结构方案和结构布置设计，避免存在易导致结构连续倒塌的薄弱环节，具体内容如下：

(1) 增加结构的冗余度，使结构体系具有足够的备用荷载传递路径

具有足够的备用荷载传递路径是结构不发生连续倒塌的基本要求。采用合理的结构方案和结构布置，增加结构的冗余度，形成具有多个和多向荷载传递路径传力的结构体系，可避免存在引发连续性倒塌的薄弱部位。通常可通过拆除构件法判定结构是否具有备用荷载传递路径，即在结构方案确定后，拆除某一构件，检查剩余结构是否具有备用荷载传递路径，并根据经验估计备用荷载传递路径是否具有相应的承载能力。

(2) 设置整体型加强构件或设置结构缝

局部构件破坏后，控制由此引起的破坏范围，是结构防连续倒塌的目标。为此，可设置整体型加强构件或设置结构缝，对整个结构进行分区。一旦发生局部构件破坏，可将破坏范围控制在一个分区内，阻止连续性倒塌的蔓延。整体型加强构件是结构中的关键构件，其安全储备应高于一般构件。

(3) 加强结构构件的连接构造，保证结构的整体性

保证结构构件的有效连接能增强结构的整体性，并增加结构的冗余度，对于提高结构的抗连续倒塌能力至关重要。对于框架结构，当某根柱发生破坏失去承载力，其直接支承的梁应能跨越两个开间而不塌落，这就要求跨越柱上梁中的钢筋贯通并具有足够的抗拉强度，通过贯通钢筋的悬链线传递机制，将梁上荷载传递至相邻的柱。拉结构造是最简便的保证结构整体性的措施。对于混凝土框架结构，一般要求在外围周边构件中的纵向受力钢筋应拉通布置(纵向、横向、竖向)，结构的内部拉结应沿互相垂直的两个方向分布在各个楼层，并与外部拉结有效连接。

(4) 加强结构延性构造措施，保证剩余结构的延性

结构在局部破坏发生后，剩余结构中部分构件会进入塑性。因此，应选择延性较好的材料，采用延性构造措施，提高结构的塑性变形能力，增强剩余结构的内力重分布能力，可避免发生连续性倒塌。可根据拆除构件后的结构失效模式概念判别来确认需加强延性的部位。

(5) 对可能出现的意外荷载和作用有所估计

如果能够对可能出现的意外荷载和作用有所估计，则会使得结构抗连续倒塌设计更有目的性，即可有针对性地对可能遭遇意外荷载直接作用的结构构件进行局部加强。

如对居民楼应着重考虑燃气爆炸对结构可能产生的破坏作用，对易爆危险品、化工反应装置厂房等，也应考虑可能发生的爆炸对结构产生的破坏作用，同时采取措施降低意外事件的发生概率。由于意外荷载的作用方向可能与正常使用荷载相反，因此对可能直接遭遇意外荷载作用的部位，需要考虑结构可能承受反向荷载作用的情况。对于主要承受结构重力荷载的墙和柱，应考虑能承受一定的横向荷载，竖向构件应有足够钢筋可靠锚固于水平构件。

概念设计的缺点是难以量化，依赖于设计人员水平和经验。尽管如此，对于一般结构，通过以上概念设计的指导，可有效增强结构的整体性，在一定程度上可提高结构抗连续倒塌能力。

5.3 拉结强度设计

拉结强度设计是对结构构件间的连接强度进行验算，使其满足一定的要求，以保证结构的整体性和备用荷载传递路径的承载能力。拉结强度法基本原则是，在一根竖向构件失效后，跨越该竖向构件的框架梁具有足够的极限承载能力避免发生连续破坏，如图 1 所示。

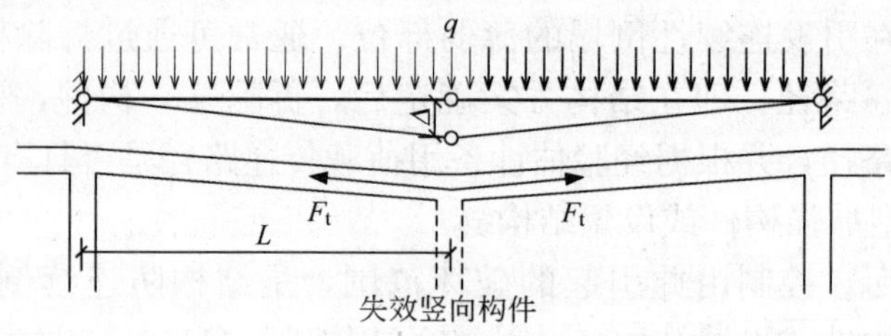

图 1　柱子失效后梁的跨越能力

竖向构件失效后，跨越该竖向构件的框架梁的极限承载力可按两种机制确定。在小变形阶段，框架梁的极限承载力以梁端塑性铰的受弯承载力提供，称为“梁机制”。在大变形阶段，梁端塑性铰承载力丧失，框架梁的极限承载力以梁内连续纵筋轴向极限拉力的竖向分力提供，称为“悬链线机制”。为保证梁内连续纵筋能可靠地发挥其极限拉力，纵筋需在梁端支座有足够的锚固，即要求发挥“悬链线机制”的梁内纵筋在梁端支座处是连续的。一般情况下，“梁机制”和“悬链线机制”不同时出现，因此框架梁的跨越能力可取“梁机制”和“悬链线机制”两者中的较大值。

根据框架梁的位置，框架结构中有三种主要的抗连续倒塌子结构单元，如图 2 所示。对于图 2(a)所示的内部结构单元，跨越被拆除竖向构件的框架梁两端有可靠锚固，此时“悬链线机制”提供的承载力一般高于“梁机制”的承载力，故可仅按“悬链线机制”计算内部结构单元的跨越能力；对于图 2(c)所示的角部结构单元，框架梁的跨越能力仅能依靠“梁机制”提供，故仅按“梁机制”计算；对于图 2(b)所示的周边结构单元，可通过三个框架梁的“梁机制”或边框架梁的“悬链线机制”两者中的较大值计算其跨越能力。

拉结强度设计无需对整个结构进行受力分析，比较简便易行，但由于计算模型过于简化，也不考虑风荷载，有关计算参数的经验性成分较多。对于复杂结构，其可靠性和经济性也存在问题。基于本文作者根据我国规范设计的混凝土结构抗连续倒塌分

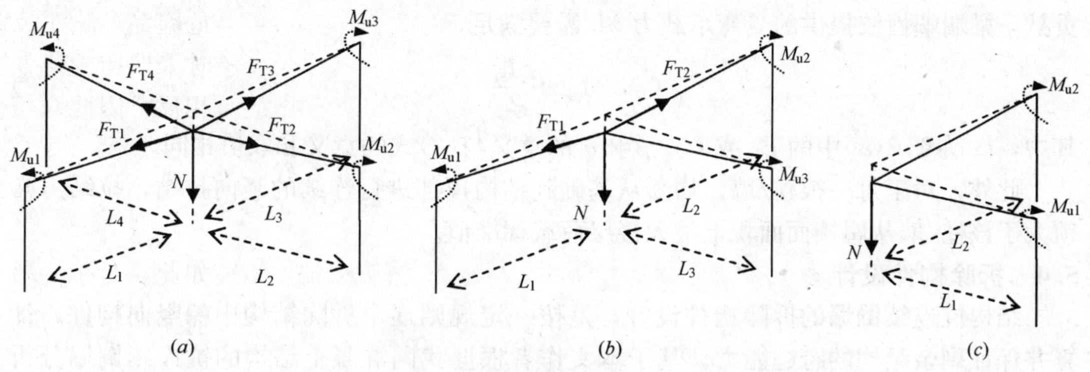

图 2 不同位置处框架梁的跨越能力受力图

(a)内部拉结单元；(b)边缘拉结单元；(c)角部拉结单元

析研究[15,16]，建议的混凝土框架结构拉结强度设计法简单介绍如下。

混凝土框架结构拉结强度设计法的基本原则和基本假定如下：

(1) 柱失效后，柱支撑的梁在维持其极限承载力的条件下，能够承受直接传递到梁上的本层荷载，具备足够的跨越能力。

(2) 梁的跨越能力可以分别通过塑性铰机制(即梁端和跨中形成的塑性铰)和连续贯通钢筋的悬链线机制(即连续贯通钢筋的抗拉强度)实现，分别如图 3(a)和图 3(b)所示。

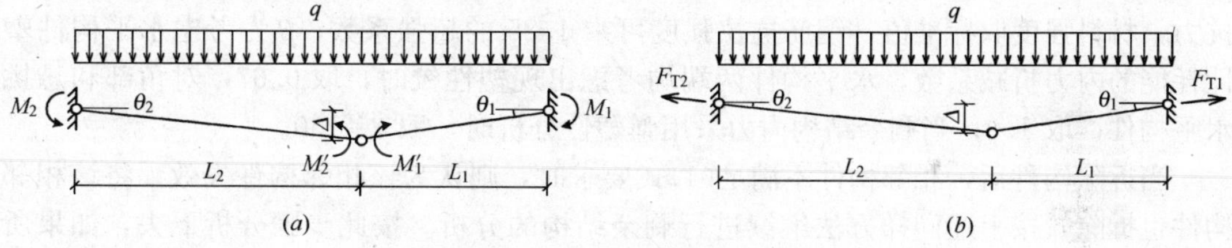

图 3 拉结强度的计算简图

(a)梁机制；(b)悬链线机制

(3) 对于梁机制，出于计算简便的目的，偏于安全的仅考虑梁端塑性铰负弯矩的抗弯能力，不考虑跨中的正弯矩贡献。

(4) 如果梁沿一个方向纵筋贯通，则可考虑其悬链线机制，否则不予考虑。

(5) 对图 2(a)中的内部拉结单元和图 2(b)中的边缘拉结单元，分别验算梁机制和悬链线机制的承载力并取大值；对图 2(c)中的角部拉结单元，仅验算梁机制的承载力。

(6) 梁端塑性铰应具有足够的变形能力，梁应具有足够的受剪承载力。

两种承载力机制的计算方法如下：

(1) 按悬链线机制计算时，梁提供的拉结强度 F_T 需满足，

$$F_T > \beta q L_i L_j / \Delta \tag{2}$$

其中，β 为考虑非线性影响的内力折减系数，取 0.67；q 为根据公式(1)算得作用于梁上的均布荷载；L_i 和 L_j 是跨越方向被拆除柱两侧梁的跨度；Δ 是结点容许极限位移，取短梁跨度的 1/5。

(2) 按梁机制计算时，仅考虑梁端塑性铰负弯矩的抗弯能力，不考虑跨中的正弯矩

贡献，梁端塑性铰提供的受弯承载力 M_i 需要满足，

$$M_i > \frac{\beta q L_i^2}{2} \tag{3}$$

其中，L_i 为图 3(a)中的 L_1 或 L_2；β 和 q 的意义与(2)式的意义和取值相同。

此外，对于每一根柱/墙，均须从基础到结构顶部进行连续的竖向拉结，拉结力必须大于该柱/墙从属楼面面积上最大楼层荷载标准值。

5.4 拆除构件设计

结构抗连续倒塌的拆除构件设计，是按一定规则逐个拆除结构中的竖向构件，计算并保证剩余结构的跨越能力。基于本文作者根据我国混凝土结构的抗连续倒塌分析研究[14,16]，建议的拆除构件设计方法介绍如下：

(1) 对结构的边柱、角柱及底层内柱，从顶层到底层逐个拆除，分析得到拆除后剩余结构的内力，并验算剩余结构各结构构件的是否失效。

(2) 剩余结构的内力可采用弹性静力分析，并考虑拆除竖向构件产生的动力效应，乘以动力放大系数 A。当所验算的剩余结构构件直接与被拆除竖向构件相连或位于被拆除竖向构件正上方时，(1) 式中的动力放大系数 A 取 2.0，其他位置动力放大系数 A 取 1.0。

(3) 剩余结构构件的抗力应满足下式，

$$R \geqslant \beta S \tag{4}$$

式中，S 为按(1)式荷载组合分析得到的剩余结构构件内力；R 为剩余结构构件的抗力，材料强度取标准值，钢筋抗拉强度可乘 1.25 的超强系数；β 为考虑水平构件塑性耗能的内力折减系数，水平构件两端均考虑出现塑性铰时，取 0.67，对角部和悬挑水平构件，取 1.0；当剩余结构内力采用弹塑性分析时，取 $\beta=1.0$。

当拆除构件后，相邻构件不满足(4)式要求时，则认为该相邻构件失效，将该相邻构件也拆除，按上述同样方法继续进行剩余结构的分析。按此步骤分析下去，如果所有失效面积不超过 70m^2 或楼面总面积的 15%，则认为满足抗连续倒塌的要求，否则首先被拆除的构件应被视为“关键构件”，应增强其安全储备。英国规范[13]及欧洲规范[11]规定，关键构件在原有荷载组合的基础上各个方向还应能承受额外的 34kN/m^2 的均布荷载，该值是通过参考 Ronan Point 公寓承重墙的失效荷载得到的。对于有特殊要求的结构，可根据意外荷载的概率分析，确定合适的意外荷载值。

5.5 配筋构造要求

参照国外有关抗连续倒塌的配筋构造要求，建议：

(1) 各楼板支撑梁至少应有一根底部连续贯通的(或采用可靠连接)纵筋，并在非连续支座处可靠锚固，箍筋应对连续贯通纵筋有良好约束。当不满足以下第(3)项的箍筋构造要求时，至少 1/4 跨中正弯矩纵筋、且不少于 2 根纵筋应连续或在支座可靠连接。连续贯通纵筋的锚固构造应符合抗震结构的要求。

(2) 结构周边梁连续纵筋不少于 1/6 的支座负弯矩受力纵筋，也不少于 1/4 的跨中正弯矩受力纵筋，且不少于 2 根。

(3) 连续纵筋应尽量置于箍筋角部，箍筋弯钩不应小于 135°。

(4) 楼板内钢筋宜适当贯通，增强楼面结构的拉结强度。

6 结语

结构设计规范仅是对结构设计方法和结构构造在一般正常使用情况下的设计规定，且大多是关于结构构件的具体设计规定。符合规范规定的设计并不能代替优秀的结构设计，只能保证设计的结构满足正常情况下所预期的安全度要求。对于结构可能遭遇意外荷载和作用下的结构连续性倒塌情况下，其结构安全要求和设计性能目标很难在规范中明确表述，这首先涉及结构体系和结构方案的合理性，在此基础上，关键构件及其安全储备、结构构件的连续性、结构分区、构件连接构造、细部配筋构造、对结构冗余度的理解和把握、结构构件的延性等，需要综合考虑和利用结构知识和结构设计原理，是工程结构设计人员综合能力和水平的体现。设计人员应在充分理解结构传力机制、结构体系受力的层次性、连接构造细节与受力机理、结构体系的冗余度以及备用安全储备等结构设计原理的基础上，对潜在意外事件和灾害的估计及其可能造成损失有必要的评估，并借助先进的结构分析手段和方法，结合工程经验和规范规定，才能作出经济、合理、安全的优秀结构设计。除非特殊的工程要求，一般情况下不需采用十分复杂的结构分析方法进行专门的结构抗连续性倒塌分析。因此，对于一般的结构设计，可以说结构抗连续性倒塌设计是结构设计的一门艺术。本文介绍的结构抗连续性倒塌的措施和方法，供设计人员在工程结构设计中借鉴，其实际效果需要设计人员根据具体工程情况灵活运用，关键是要能够把握整个结构体系的安全性。同时，也要从各种工程结构事故中汲取教训，不断丰富抗连续倒塌的结构设计经验。

参考文献

[1] 陈肇元. 室内燃气爆炸危害与房屋结构设计对策，清华大学抗震抗爆工程研究室科学研究报告[R]，1991 年 9 月.

[2] BS 8110—1：1997. Structural use of concrete：Part 1：Code of practice for design and construction [S].

[3] American Concrete Institute. Building code requirements for structural concrete(ACI 318m—02) and commentary(ACI 318mr—02) [S]. Farmington Hills，Mich. 2002.

[4] Department of Defense. Unified Facilities Criteria(UFC)：Design of Structures to Resist Progressive Collapse [S]，Washington，D. C. 2005.

[5] United States General Services Administration(GSA). Progressive collapse analysis and design guidelines for new federal office buildings and major modernization projects [S]，Washington，D. C. 2003.

[6] 中华人民共和国建设部. GB 50010—2002. 混凝土结构设计规范 [S]. 北京：中国建筑工业出版社，2002.

[7] Osama A. Mohamed. Progressive Collapse of Structures：Annotated Bibliography and Comparison of Codes and Standards. Journal of Performance of Constructed Facilities，2006，20(4)：418-425.

[8] Bruce R. Ellingwood. Building Design for Abnormal Loads and Progressive Collapse [J]，Computer-Aided Civil and Infrastructure Engineering，2005，20(3)：194-205.

[9] American Society of Civil Engineers(ASCE). Minimum design loads for buildings and other structures，ASCE-7，Reston，Va，2005.

[10] S. M. Marjanishvili. Progressive Analysis Procedure for Progressive Collapse [J]. Journal of Performance of Constructed Facilities，2004，18(2)：79-85.

[11] European Committee for Standardization. EN 1991—1—7：2006，Eurocode 1：Actions on structures. Part 1-7：General Actions-Accidental actions. Brussels；2006.

[12] Moore，D. B. The UK and European regulations for accidental actions [C]. Proceedings of Workshop on Prevention of Progressive Collapse，National Institute of Building Sciences，Washington，D. C. 2002.

[13] British Standard Institute，BS 8110：Structural use of concrete：Part 1：Code of practice for design and construction，London，1985.

[14] 陆新征，李易，叶列平，马一飞，梁益，钢筋混凝土框架结构抗连续倒塌设计方法的研究 [J]，工程力学，2008，25(Sup. 2)：150-157.

[15] 李易，陆新征，叶列平，马一飞，梁益，结构抗连续倒塌的拉接强度设计方法 [C]，第十届全国混凝土结构基本理论及工程应用学术会议，2008. 8. 1-4，大连：391-396.

[16] 梁益，陆新征，李易，叶列平，江见鲸，3层RC框架的抗连续倒塌设计，解放军理工大学学报(自然科学版) [J]，2007，8(6)：659-664.

[17] 梁益，陆新征，缪志伟，叶列平，结构的连续倒塌：规范介绍与比较 [C]，第六届全国工程结构安全防护学术会议论文集，洛阳，2007. 8，195-200.

[18] Lu XZ，Li Y，Ye LP，Ma YF，Liang Y，Study on the design methods to resist progressive collapse for building structures [C]，Proceedings of 10th International Symposium on Structural Engineering for Young Experts，Oct. 2008，Changsha：478-483.

[19] 陆新征，张炎圣，江见鲸，基于纤维模型的钢筋混凝土框架结构爆破倒塌破坏模拟 [J]，爆破，24(2)，2007，1-6.

砌体结构抗连续倒塌设计

林 峰 赵 川

（同济大学建筑工程系，上海 200092）

摘 要：采用美国规范《建筑抗连续倒塌设计》（UFC 4-023-03）提供的方法，对按我国规范设计的某四层砌体结构的教学楼进行抗连续倒塌设计。结果表明，由于圈梁和构造柱的设置，结构可以满足拉结力法验算要求。而替代荷载路径法的验算没有通过。对于不满足的情况，采用增大结构底层墙厚的方法使得验算得以通过。最后，分析层数、墙间距等参数对结构抗连续倒塌性能的影响。分析表明，砌体结构表现出较明显的“局部破坏难以在水平方向传递”的特点。

关键词：砌体结构；连续性倒塌；拉结法；替代荷载路径法

1 引言

20 世纪后半叶以来，世界各地发生了多例由偶然作用引起的建筑物连续倒塌事件。结构抗连续倒塌性能受到公众的广泛关注和研究者的重视。部分国家颁布了相关的设计指南[1,2]。我国目前的结构设计规范对此仅有概念性的规定[3]，相关的结构防倒塌设计规程正在制定中。

目前，结构抗连续倒塌设计与研究方兴未艾。从设计方法来看，大体有拉结力法(tie forces method)、替代荷载路径法(alternative path method，简称 AP 法或移柱法)以及局部抵抗法(enhanced local resistance)[1]。一般而言，对于低保护等级的建筑，结构满足拉结力法即可。如果拉结力法不满足或建筑保护等级较高，则需采用 AP 法进一步验算。如果 AP 法也难以满足要求，则可考虑局部抵抗法。结构形式方面，目前对混凝土和钢结构研究相对较多，而砌体结构较少。在我国，曹兔荣等[4]提出工程中的砌体结构防止倒塌需采取一些措施，深入的设计研究亟待进行。

作为初步验证性的工作，本文选取一典型的砌体结构，采用拉结力法和 AP 法进行了结构抗连续倒塌设计计算。工作遵循“常规设计→抗连续倒塌设计→验算不通过则重新设计”的三阶段流程。最后，研究层数、横墙间距等参数对结构抗连续倒塌性能的影响。

2 结构抗连续倒塌设计

2.1 常规设计

原型砌体结构为一栋四层教学楼，层高均 3.6m，底层建筑平面图见图 1，各层均同。墙厚度均为 240mm，窗下墙高度为 1000mm。板均现浇，厚度为 120mm。外纵墙与横墙交接处设混凝土构造柱(240mm×240mm)，各层楼面及屋面高度处设置完整的闭合圈梁(240mm×240mm)。

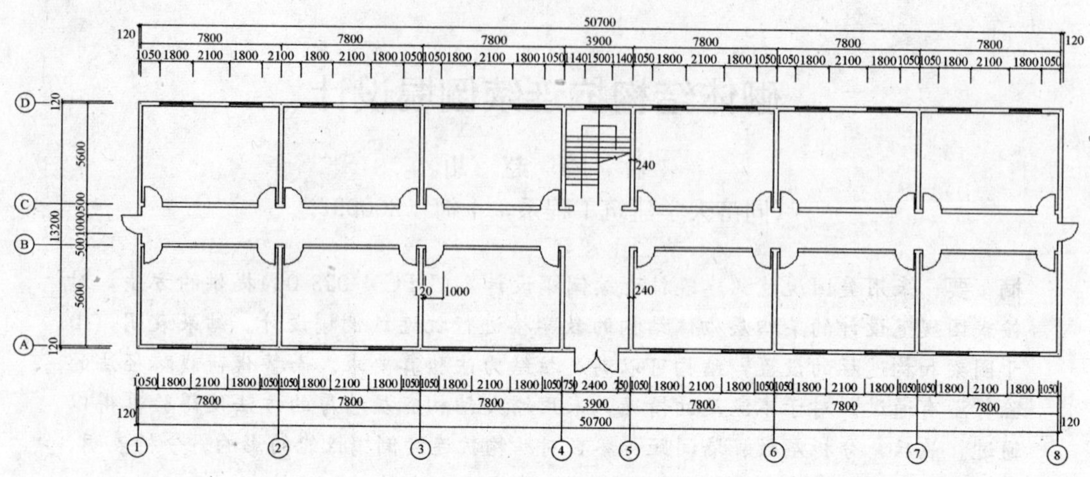

图 1　底层建筑平面图

楼面恒载为 3.5kN/m²，活载 2.0kN/m²；屋面恒载 3.8kN/m²，活载 0.5kN/m²(均为标准值)。地上部分采用 MU10 砖和 M10 混合砂浆，C30 混凝土。梁柱纵向钢筋采用 HRB335，箍筋及板钢筋 HPB235。7 度抗震设防(基本地震加速度 0.1*g*)，设计地震分组为第一组、Ⅳ类场地。地面粗糙度为 B，基本风压取 0.55kN/m²。

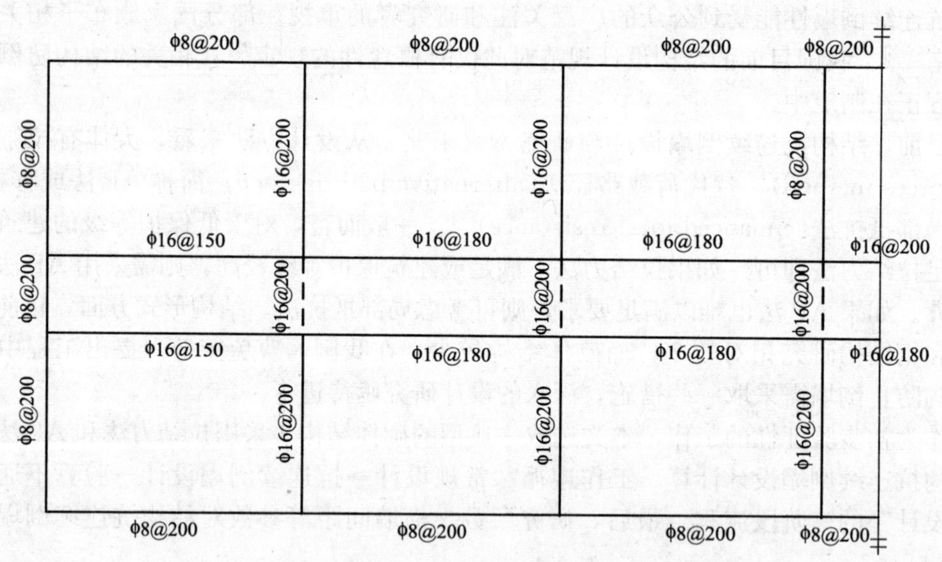

图 2　一到三层的楼板支座配筋示意图

根据上述设计参数，采用弹性算法得到板配筋。其中一到三层的楼板短向跨中 Φ14@80，长向 Φ14@180。一到三层的楼板支座配筋示意图见图 2。屋面板配筋从略。圈梁配筋 4Φ10，构造柱 4Φ12。

2.2　抗连续倒塌设计

假设建筑为中等或高等保护等级的建筑，故需进行拉结力法和 AP 法设计验算。

(1) 拉结力法验算

拉结力法是检验结构的楼面/屋面是否具有足够的水平抗拉能力，以及结构是否有足够的竖向抗拉能力。前者还包括内部拉结、周边拉结以及边柱/角柱/墙体的拉结等3个部分。这些拉结能力可由一般结构构件、或者由为其他目的而配置的钢筋来提供。需要说明的是，拉结力是独立于其他荷载而单独考虑的。也就是说，在没有其他荷载作用下的结构构件或节点的拉结力需满足规定的设计要求。文献[1]中的拉结力法按照荷载抗力系数设计法(LRFD)进行计算，如式(1)所示。

$$设计拉结力=\phi R_n \geqslant 所需拉结力 \tag{1}$$

其中，ϕ 为强度折减系数，按材料专业规范取值。R_n 为名义拉结强度。所需拉结力计算详见文献[1]。

按照上述要求，本例的拉结力验算结果见表1。可见，本算例中按我国现行规范进行常规设计的砌体结构，由于按规定布置了圈梁和构造柱，可以满足拉结力法的要求。

拉结力验算结果 **表1**

约束类型	需要的约束力(kN)	要求的钢筋面积(mm^2)	提供的钢筋面积(mm^2)	是否满足要求
内部约束	两者中的大值：$\frac{(D+L)}{7.5}\frac{l_r}{5}F_t$或$1.0F_t$	212.2	314	是
周边约束	$1.0F_t$即36kN	120	314	是
外部柱/墙水平约束	两者中的小值：$2.0F_t$或者$(h/2.5)F_t$	172.8	314	是
竖向约束	两者中的大值：$\frac{34A(h_a/t)^2}{8\times10^6}$或100kN	333.3	452	是

注：F_t指“基本强度”，其值见文献[1]。l_r为最大墙间距(m)，D和L为恒载和活载(kN/m^2)。h是层净高(m)，A为墙水平截面积(mm^2)。h_a为两个侧向约束间(此处为楼板等)的净距(m)。t为墙厚(m)。

(2) AP法

AP法验算涉及材料强度提高系数取值、荷载组合、构件破坏准则、移除承重墙位置、结构破坏范围限值等内容[1]，简介如下。

对于砌体结构，不考虑材料的强度提高系数，即该系数取1.0。采用静力计算方法，为考虑动力效应，在与被移除柱直接相邻的开间以及上部所有楼层相应位置的开间施加竖向荷载组合如式(2)所示。

$$Load=2(1.2D+0.5L) \tag{2}$$

在其余位置施加的荷载组合为：

$$Load=1.2D+0.5L \tag{3}$$

其中，D和L见表1注。

采用强度指标作为构件失效准则。静力非线性分析时，以构件是否达到其极限承载能力作为构件破坏的判断指标。对于砌体结构中承受竖向均布荷载的混凝土板，当出现塑性铰线并最终形成机构时，认为板达到了承载能力极限状态而破坏。对于砌体墙体，为简化计，认为其轴心受压，采用墙体抗力和荷载效应的比值来判断，当此比值小于1则认为墙体被压坏。失效后的构件从模型中去除，并将其上承担的荷载施加到直接位于失效构件正下方的结构部分上。对于墙体失效，计算中认为其倒塌后均匀散落在本层楼面上，转化为楼面上竖向均布荷载。对于由失效的板/墙构件引起的新施加荷载，考虑其坠落冲击作用，将其恒载和活载均乘以动力放大系数2.0。计算中不考虑圈梁在结构受力计算中的作用。

结构需要有能力跨越在概念上已经从结构中移除的、特定的竖向承重构件，其平面位置至少应包括长边中部、短边中部和角部的竖向承重构件等，对于底层结构还应移除内部承重墙。底层移除位置如图3示。其余楼层不需移除内部两墙体，其周边墙体移除位置同底层。因而共计有14个位置需要验算。

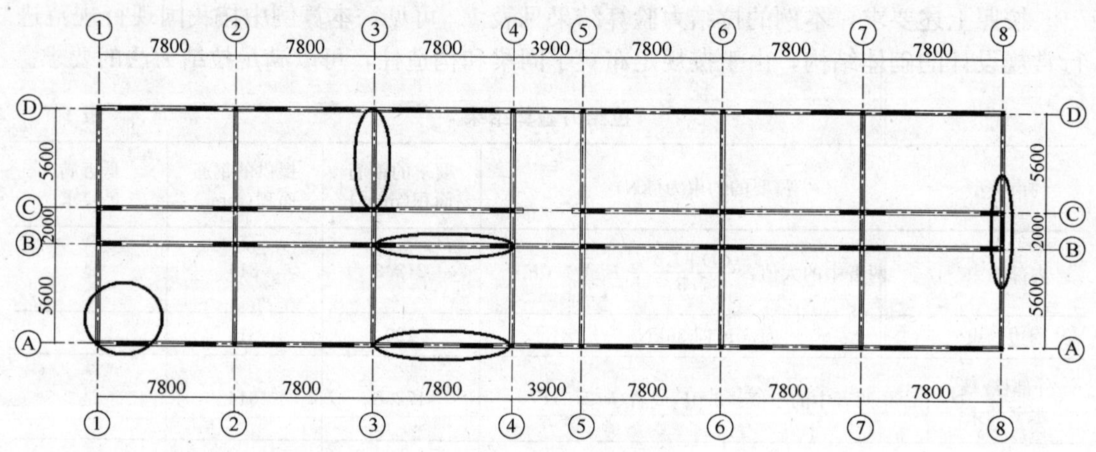

图3 底层移除位置示意图

验算时，需要考虑构件失效顺序和结构破坏限值。如果施加在板上的荷载小于板所能承受的极限均布荷载，则结构按照实际受力将施加荷载传递到周边承重墙上。若所施加的荷载等于或大于板所能承受的极限均布荷载，则认为板发生塑性破坏，将此极限均布荷载作用在板上并进一步传递到周边承重墙体上。然后考察墙体是否发生破坏。对于结构破坏范围的限值，移除外部承重墙时上部结构的破坏范围不应大于楼层总面积的15%或70m²两者中的较小值，移除内承重墙时上部结构的破坏范围不应大于楼层总面积的30%或140m²两者中的较小值。本算例中每个楼层的总面积为669.24m²，故移除外部和内部承重墙结构的破坏范围的限值分别为70m²和140m²。

以移除长边中部墙体为例说明验算流程。移除承重墙体的长度为7.8m，移除墙体后的该楼板支撑条件近似认为三边固定一边自由。如矩形板两边尺寸为l_x（自由边）和l_y，则单位板宽内极限抵抗弯矩m_u可由式(4)计算得到[5]。

$$m_u = 0.9A_s f_y\left(d - 0.59A_s\frac{f_y}{f_c'}\right) \tag{4}$$

其中A_s为单位宽度受拉钢筋面积，f_y为钢筋的屈服强度，d为受拉钢筋形心到混凝土最外缘受压纤维的距离，f_c'为混凝土圆柱体抗压强度，需换算。

计算出各层楼板和屋面板的跨中弯矩m_{ux}（纵向）和m_{uy}（横向）以及支座弯矩m'_{ux}（纵

向)和 m'_{uy}(横向)后，由式(5)得到板所能承受的极限均布荷载 w_u。

$$w_u=\frac{12}{l_x^2[3(l_y/l_x)-0.5]}\left[2\frac{l_y}{l_x}(m'_{ux}+m_{ux})+m'_{uy}+m_{uy}\right] \tag{5}$$

据此得到该位置一至三层楼板所能承受的极限均布荷载为 14.4kN/m²，屋面板则为 12.0kN/m。而按照文献［1］，所施加的荷载值分别为 24.4kN/m 和 16.8kN/m。可见该位置板均已发生塑性破坏。将 14.4kN/m(一至三层楼板)和 12.0kN/m(屋面)荷载输入到移除长边中部墙体后的结构模型中，计算得到各墙体抗力与荷载效应的比值，其中底层墙体如图 4 示。由于各层墙体的抗力与荷载效应比值均没有超过构件破坏标准，故墙体未破坏。各层的破坏面积均为一个标准间的面积 43.7m²，小于结构发生连续性倒塌的破坏限值 70m²。所以结构没有发生连续性倒塌，此位置验算完毕。

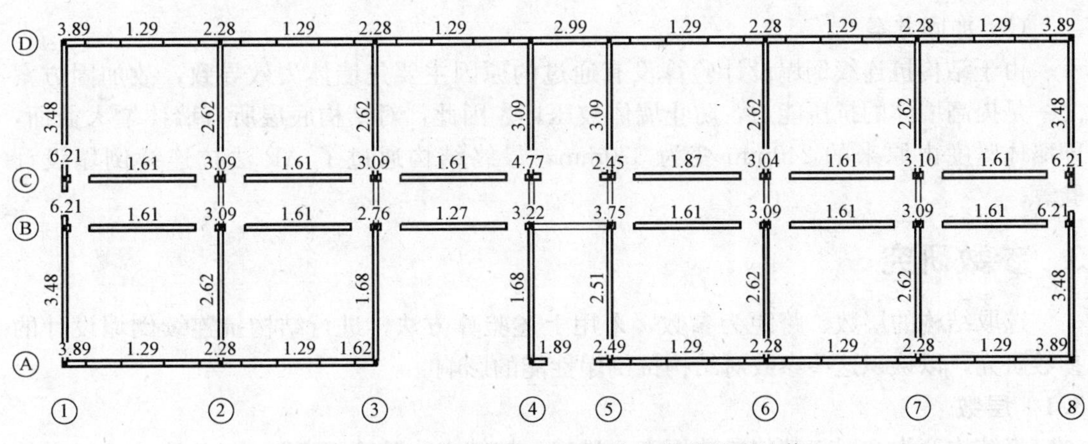

图 4　底层墙体增加厚度后抗力与荷载效应比值

14 个位置处的验算结果如表 2 所示，结构没有通过 AP 法验算。由表中可见，移除短边中部承重墙时，由于墙体被压坏继而发生了连续倒塌。总体上看，局部破坏在结构竖直方向较易形成，但难以沿水平方向传递。

AP 法连续倒塌验算结果　　**表 2**

楼层	拆除位置	楼板或屋面板规范施加荷载 (kN/m²)	楼板或屋面板可承受荷载 (kN/m²)	剩余结构模型采用的荷载 (kN/m²)	楼层破坏面积 (m²)	是否连续性倒塌
	长边中部承重墙	24.4	14.4	14.4	43.7	不倒塌
	短边中部承重墙	19.9/22.5	26.6/133	19.9/22.5	103.0	倒塌
一层	角部承重墙	23.9	26.6	23.9	43.7	不倒塌
	内部纵向承重墙	21.6	19.1	19.1	103.0	不倒塌
	内部横向承重墙	20	19.1	19.1	87.4	不倒塌
	长边中部承重墙	24.4	14.4	14.4	43.7	不倒塌
二层	短边中部承重墙	19.9/22.5	26.6/133	19.9/22.5	0	不倒塌
	角部承重墙	23.9	26.6	23.9	43.7	不倒塌

续表

楼层	拆除位置	楼板或屋面板规范施加荷载（kN/m²）	楼板或屋面板可承受荷载（kN/m²）	剩余结构模型采用的荷载（kN/m²）	楼层破坏面积（m²）	是否连续性倒塌
三层	长边中部承重墙	24.4	14.4	14.4	43.7	不倒塌
	短边中部承重墙	19.9/22.5	26.6/133	19.9/22.5	0	不倒塌
	角部承重墙	23.9	26.6	23.9	43.7	不倒塌
四层	长边中部承重墙	16.8	12	12	43.7	不倒塌
	短边中部承重墙	16.8	21.1	16.8	0	不倒塌
	角部承重墙	16.8	21.1	16.8	0	不倒塌

注：若移除某墙体产生两种不同支撑形式的板，则不同板的计算结果以“/”区分。

（3）加固方案

由于结构抗连续倒塌设计验算没有通过的原因主要是墙体失效导致，故加固方案之一是提高墙体的抗压能力，防止墙体被压坏。因此，对结构底层所有墙体增大截面，即墙体厚度由原来的 240mm 变为 370mm，最终结构通过了 AP 法抗连续倒塌设计验算。

3 参数研究

选取结构的层数、跨距为参数，采用上述验算方法，进行结构抗连续倒塌设计的参数研究，以认识这些参数对结构抗倒塌性能的影响。

3.1 层数

将结构变为 2 层，其他参数不变。显然，拉结力法验算仍通过，AP 法验算结果如表 3 所示。可以看出，结构满足抗连续倒塌要求，降低层数可明显提高结构的抗倒塌能力。目前，一些地方规定小学教学楼的层数不宜超过三层[6]，大使馆建筑（对抗连续倒塌有较高要求）也常常有层数限制，这些规定保证了结构具有较好的抗连续性倒塌性能。

AP 法验算结构连续倒塌结果 **表 3**

楼层	拆除位置	楼板或屋面板规范施加荷载（kN/m²）	楼板或屋面板可承受荷载（kN/m²）	剩余结构模型采用的荷载（kN/m²）	楼层破坏面积（m²）	是否连续倒塌
一层	长边中部承重墙	24.4	14.4	14.4	43.7	不倒塌
	短边中部承重墙	19.9/22.5	26.6/133	19.9/22.5	0	不倒塌
	角部承重墙	23.9	26.6	23.9	43.7	不倒塌
	内部纵向承重墙	21.6	19.1	19.1	59.3	不倒塌
	内部横向承重墙	20	19.1	19.1	87.4	不倒塌
二层	长边中部承重墙	16.8	12	12	43.7	不倒塌
	短边中部承重墙	16.8	21.1	16.8	0	不倒塌
	角部承重墙	16.8	21.1	16.8	0	不倒塌

3.2 墙间距

在原型结构的每个房间中间增加一道横墙，从而将横墙间距减少一半。AP 法仍需移除 14 个位置处的墙体，移除的墙体长度不变，位置同图 4。拉结力法和 AP 法验算均通过。采用 AP 法进行结构抗连续倒塌验算时，结构的局部倒塌仅局限在移除墙长度内的横墙之间，没有越过移除墙范围之外而进一步蔓延，具体过程从略。分析认为，增加结构的横墙后，结构的竖向承力构件增加，墙上的荷载效应相应减小，最终板的失效没有引起墙体连锁失效。结构呈现出“局部破坏难以在水平方向传递”的特点。

4 结语

参照文献［1］，对砌体结构抗连续倒塌设计进行了初步研究。研究表明，如砌体结构层层设置圈梁并合理设置构造柱，则一般可以满足相应的拉结力要求，但 AP 法验算则不一定通过。由于砌体结构墙体的“分隔”作用，移除墙体后的局部失效易于在竖向发生，而难以在水平方向蔓延。此外，文中采用了简化的墙体失效模型，合理的墙体失效模型还有待进一步研究。

参考文献

［1］ UFC 4-023-03，Design of Structures to Resist Progressive Collapse. Unified facilities criteria，25 January 2005.

［2］ GSA 2003，Progressive collapse analysis and design guidelines for new federal office buildings and major modernization project. U. S. General Services Administration，June 2003.

［3］ GB 50068—2001，建筑结构可靠度设计统一标准. 北京：建筑工业出版社.

［4］ 曹免荣，严林木，张锦屏. 防止砌体房屋连续倒塌几点措施. 低温建筑技术. 2001，(2)：37.

［5］ R. 派克 W. L. 根勃尔 著，黄国桢，成源华 译. 钢筋混凝土板. 上海：同济大学出版社，1992.

［6］ 陕西省建设厅. 陕西省房屋建筑震后重建抗震设防暂行规定. 2008.

新广州站索拱结构屋盖体系连续倒塌分析

蔡建国　冯　健　王蜂岚　韩运龙

（东南大学　混凝土及预应力混凝土结构教育部重点实验室，南京　210096
江苏省预应力工程技术研究中心，南京　210096）

摘　要：以新广州站索拱结构屋盖体系为对象，对大跨度空间结构的连续倒塌分析方法进行了研究。利用基于概念判断的敏感性分析方法分析了单榀索拱结构的重要构件。对整个结构的重要构件及其几何位置分布、整体结构中空间作用的分布情况进行了讨论。采用变换荷载路径法（AP 法）对该屋盖结构的抗连续倒塌性能进行了评估，并对比了 AP 法中线性动力计算和静力计算的结果。分析结果表明：静力计算结果偏于保守；而对于含有预应力拉索的结构体系，应考虑构件意外失效前整体结构的初始状态。新广州站屋盖结构体系具有较好的抗连续倒塌性能，该工程采用的新型空间式索拱结构及巨型桁架是提高该结构体系抗连续倒塌能力的有效措施。索拱中采用的双索设置增加了正常使用情况下换索的可行性。

关键词：连续倒塌；索拱结构；变换荷载路径法；敏感性分析；杆件重要性

1　引言

结构的连续性倒塌是指在正常使用情况下，意外事件造成结构局部发生初始破坏，继而引起周围杆件的连锁破坏，最终形成与初始局部破坏不成比例的结构大范围倒塌或是整体倒塌。近年来，随着恐怖活动的日益猖獗，结构的连续性倒塌已成为世界范围内的一个热点问题，并在框架结构领域中取得丰富的研究成果，并编制了相关地分析与设计规范[1-5]。

随着我国建筑水平的不断进步，现代大型体育场馆、展览馆等公共建筑屋盖大多采用大跨度空间结构。现阶段，大跨度空间结构在正常使用状态下的设计分析方法已基本成熟，但在意外事件下结构抗倒塌性能的研究仍处于起步阶段。国内外有关空间结构在各种因素作用下（例如雪荷载、地基沉降等）的倒塌事故也经常见诸报道[6-8]。

而空间结构的连续性倒塌研究多集中在网架结构上，这主要是因为其具有广泛的适用性，无论是大型展馆还是小型加油站都可采用网架结构。相应的网架结构的倒塌事故数量也最多，尤其在我国 2008 年初的大雪灾害中，不少网架结构由于积雪过多而发生倒塌。文献［9］针对不同类型的偶然事件，给出了网架结构的拉结强度法、拆除构件法、关键杆件法以及一些概念设计措施。文献［10］根据变换荷载路径法对一大跨体育场的连续性倒塌事故进行了分析。文献［11，12］分别对网架结构以及双层网格结构的连续倒塌研究情况进行了回顾和总结。对于本文所要研究的索拱结构屋盖体系，目前尚无相关的连续性倒塌研究成果。

变换荷载路径法（AP 法）在其设计过程中不涉及意外事件的种类及其对结构的影响，能较好地评估结构的抗连续性倒塌性能，因而是目前使用较为广泛的一种连续性倒塌设计方法。但以往该方法的研究主要集中于框架等结构形式，其移除构件的选择等相应的规范要求也仅针对框架结构，对于大型空间结构而言，还需进一步的研究。本文利用基于概念判断的敏感性分析方法分析了单榀索拱结构的重要构件。然后对整个结构的重要构件及其几何位置分布、整体结构中空间作用的分布情况进行了讨论。最后采用 AP 法对该屋盖结构的抗连续倒塌性能进行了评估。

2 单榀索拱结构分析

工程概况

新广州站主站房长 468.8m、宽 222.0m。屋盖采用大跨度预应力空间结构形式，如图 1 所示，根据结构体系的不同，屋盖大致上可划分为三个区域，即中央采光带单层索拉网壳结构，两端入口处三向张弦梁结构以及中央采光带两侧由索拱、联系桁架、檩条、撑杆和钢管混凝土柱共同组成的空间结构，其主要受力构件为 52 榀索拱[13,14]。

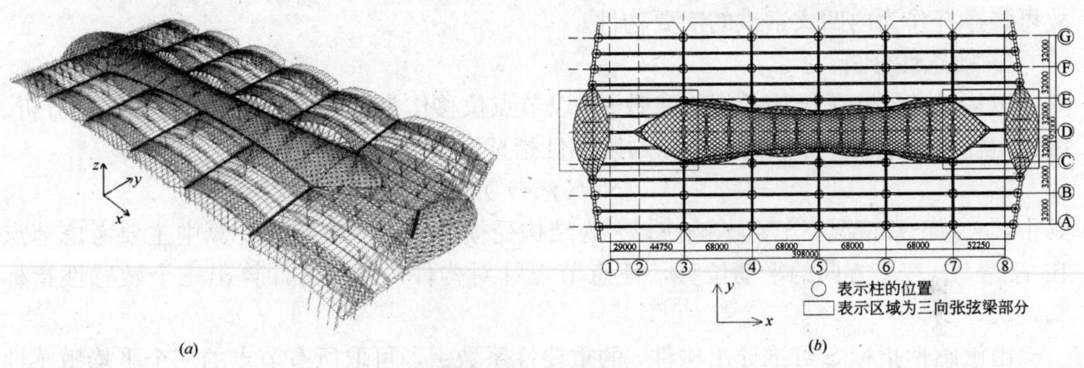

图 1 新火车站主站房示意图

(a)轴测图；(b)平面图

利用基于概念判断的敏感性分析方法来选择变换荷载路径法中移除构件[13]。该方法首先基于概念判断确定初选结构中的重要构件，然后对这些构件进行敏感性分析，确定结构的重要构件类型及其在整体结构中的几何位置分布。

a）概念判断

新广州站主站房主要采用两种索拱结构，即内凹式索拱结构（图 2(a)）以及张弦梁结构（外凸式索拱结构，图 2(b)）。相对其他索拱结构而言，索拱结构的一个明显的特点是采用双拱及双索体系，相当于是 2 榀平面索拱通过上弦连杆与拉索撑杆连接在一起的空间索拱。

根据文献［13］有关索拱结构重要构件的分析，初步选定的重要构件为：与拉索、撑杆相交处的上弦拱杆件是影响拉索及撑杆性能的重要构件；同时两处撑杆跨中拱段也是整个结构传力途径的关键部分，是结构的重要构件；双索之间的连杆是维持两榀平面索拱共同作用的关键构件（上弦拱轴线之间距离为 2000mm，而下部拉索轴线距离为

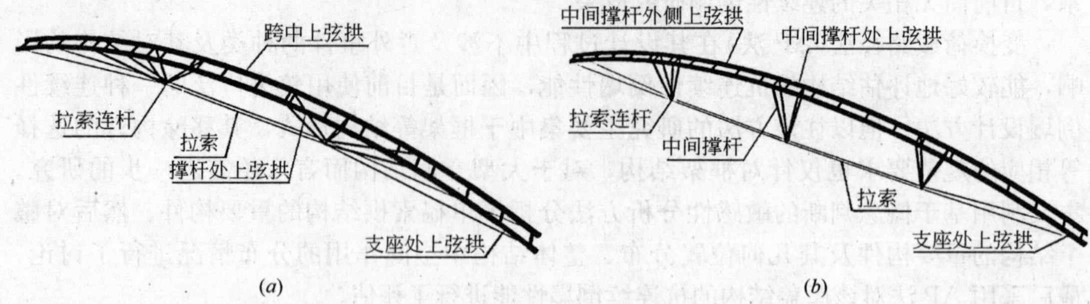

图 2　索拱结构示意图

(*a*)内凹式索拱结构；(*b*)外凸式索拱结构(张弦梁结构)

500mm)；张弦梁结构的中间撑杆是其重要构件；拉索。索拱结构中，柔性索的介入可以改变刚性结构的受力分布，使其成为结构效率较高的自平衡体系，同时可有效减轻结构自重，整体结构无需依靠增大刚性构件的截面尺寸来提高承载能力，降低结构挠度。但当柔性索失效时，其对结构的副作用也是巨大的。文献［15］的相关研究成果表明，内凹式索拱中一侧撑杆的数目只要大于等于 2 即可维持结构的正常设计性能，故可将撑杆作为内凹式索拱的次要构件。

b) 敏感性分析

以构件移除作为结构的损伤参数 β，以节点位移作为结构响应 γ，进行敏感性分析。结构中任意节点对应于构件 i 移除的敏感性指标，可表达为：

$$S=(\gamma-\gamma')/\gamma \tag{1}$$

其中，γ 为正常情况下节点的响应；γ' 为结构受损后节点的响应。计算中主要考虑节点在 x、y、z 三个方向的平动位移，任意节点针对构件 i 移除可计算出三个敏感性指标 S_x，S_y，S_z。

由敏感性指标 S 可推导出构件 i 的重要性系数 α_i，可取所有节点的三个平均敏感性指标的平均值作为受损构件 i 的重要性系数：

$$\alpha_i = \sum_1^n (|S_x| + |S_y| + |S_z|)/3n \tag{2}$$

其中，n 为节点数目。利用有限元软件 SAP2000 计算，各个初选重要构件的敏感性分析结果见表 1。表 1 中移除构件如图 2 所示。

单榀索拱重要构件分析结果　　表 1

结构类型	移除构件	杆件重要性系数
张弦梁结构	支座处上弦拱	124.48
	中间撑杆处上弦拱	199.69
	中间撑杆外侧上弦拱	**372.44**
	中间撑杆	1.49
	整根单索断裂	1.10
	拉索连杆	22.6

续表

结构类型	移除构件	杆件重要性系数
内凹式索拱结构	支座处上弦拱	24.08
	撑杆处上弦拱	54.36
	跨中上弦拱	**106.56**
	整根单索断裂	0.42
	拉索连杆	**106.57**

由表1可得出：内凹式索拱结构的三大组成部分中，上弦拱对结构的刚度和承载能力所起的作用最大，且越接近拱顶，拱段的构件重要性系数越高；而张弦梁结构最重要的上弦拱段出现在中间撑杆的外侧，不是完全的拱顶处。对于内凹式索拱而言，拉索之间的连杆是维持结构的刚度和承载能力的重要构件，其重要程度稍高于上弦拱的拱顶杆件。张弦梁结构则不存在这一现象，其原因是张弦梁结构和内凹式索拱结构撑杆数目不同。张弦梁结构中设置了3处撑杆，由3点控制2根拉索的稳定性，因此有效地降低了拉索连杆对结构的重要程度；由于跨中撑杆的设置，加强了拱顶处结构的刚度及连续性，因此最重要的拱段出现在中间撑杆的外侧。

由表1还可知，在正常使用情况下，更换单根拉索对索拱结构性能的影响为各种情况中最小，这说明双索体系的设置，显著降低了拉索断裂对结构性能的影响。这为正常使用阶段拉索的更换提供了理论上的可行性。

采用变换荷载路径法进行连续性倒塌分析时，对于张弦梁结构可取中间撑杆外的上弦拱作为移除构件，对于内凹式索拱则可取拉索之间的连杆及拱顶处的杆件作为移除构件。

3 整体结构分析

3.1 概念分析

沿结构 x 向，该屋盖体系可看作是6个单向索拱结构通过5榀联系桁架及相应支承柱所组成的大跨度预应力空间结构。中间4跨的内凹式索拱直接支承在联系桁架上，桁架下部间隔布置有钢管混凝土柱(沿结构 y 向，每2榀索拱有1根钢管混凝土柱)。两侧索拱的一端支承在联系桁架上，另一端支承在钢管混凝土柱上。结构的主要传力途径为：索拱→联系桁架→钢管混凝土柱。

屋盖体系中的索拱结构体系与常规单向体系的主要区别在于联系桁架是部分索拱的弹性支承，下部没有对应的刚性支承柱，结构的空间作用较常规单向体系要大。且外侧两列索拱之间的檩条和撑杆数目较多(图1)，屋盖的局部平面刚度较大，加大了结构的局部空间作用。

3.2 敏感性分析

利用1.3节给出的敏感性分析确定失效索拱、失效柱及失效桁架在整体结构中的几何位置分布，并研究整体结构中空间作用的分布情况，根据研究结果确定是否可在平面结构上进行连续性倒塌分析，即按结构 x 向或者 y 向一列索拱结构单独进行计算。

根据结构对称性，可取中央采光带一侧 26 榀索拱组成的屋盖分析，图 1 中 A—C 轴所包含的索拱结构。图 3 为索拱结构构件的编号示意图，HJ 为联系桁架的编号，SG 为索拱编号。失效柱的几何位置可参照美国 UFC 4-023-03 规范中框架结构失效柱的布置要求，结构外围取 x 向中柱(z_1)、角柱(z_2)及 y 向中柱(z_3)；结构内部，结合该工程的实际情况，取桁架 HJ1 及桁架 HJ3 的中柱作为失效柱。

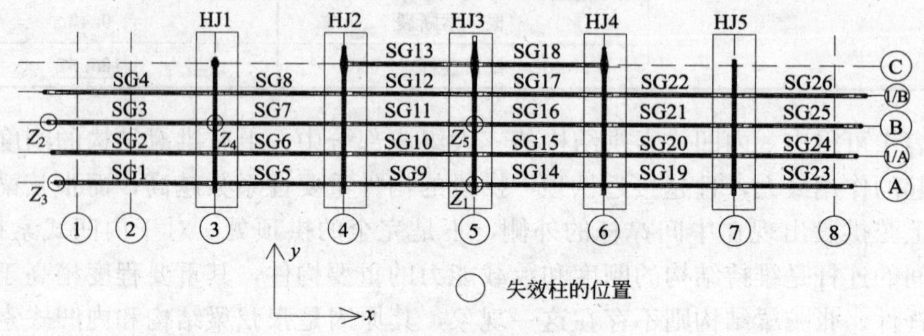

图 3　索拱结构构件编号

以拉索索力作为结构的响应 γ，进行敏感性分析，失效柱的重要性系数可表示为：

$$\alpha = \sum_{1}^{m} |S| / m \tag{3}$$

其中：m 为拉索的数目。计算结果见表 2。

失效柱的构件重要性系数计算结果　　表 2

失效柱的几何位置	杆件重要系数	失效柱的几何位置	杆件重要系数
x 向中柱 z_1	**0.0272**	桁架 HJ1 中柱 z_4	0.0055
y 向中柱 z_2	0.0068	桁架 HJ3 中柱 z_5	0.0024
角柱 z_3	**0.0455**		

由表 2 可得出：角柱的重要性系数最大，是整体结构中最为关键的支承柱。原因是结构边缘与其他部分的联系最弱，无法充分利用周围构件的拉结作用，不利于构件失效后的内力重分布；结构中间支承柱的重要性系数明显偏低，这说明联系桁架刚度大，具有较好的"搭桥跨越"能力，整体结构的连续性好。

为研究整体结构的空间作用分布情况，将屋盖结构中央采光带一侧的 26 榀索拱沿着 x 向和 y 向进行区域划分。沿 x 向从左往右划分为 6 个区域，即 5 个联系桁架将屋面划分为 6 个区域，编号分别为：x_1、x_2、x_3、x_4、x_5 和 x_6。沿 y 向从下至上可以划分 5 个区域，即轴线 A、1/A、B、1/B、C 所对应的区域编号分别为 y_1，y_2，y_3，y_4 和 y_5。

取每个区域中拉索敏感性系数的平均值作为该区域的敏感性指标，以失效构件所在区域的敏感性指标为标准值对剩余区域的敏感性指标进行规格化处理，绘制敏感性指标的变化曲线图从而进行空间作用分析。例如，角柱失效情况下，即 SG1 处的支承柱失效，x 向区域 x_1 的敏感性指标 $S_{x_1}=(S_{SG1}+S_{SG2}+S_{SG3}+S_{SG4})/4$，取 S_{x_1} 作为标准值对剩余区域的敏感性指标进行规格化，图 4 为区域敏感性指标变化曲线。

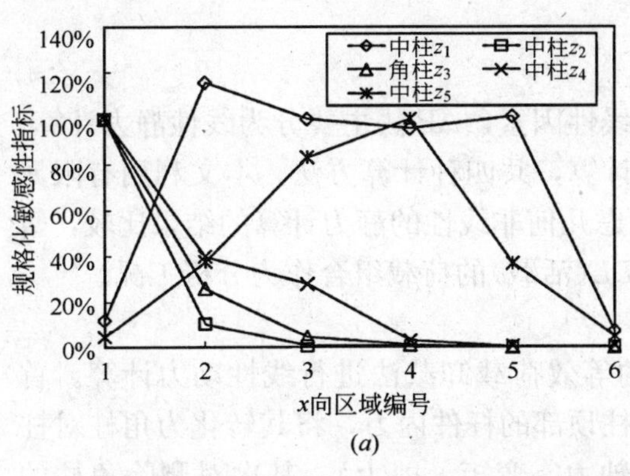

(a)

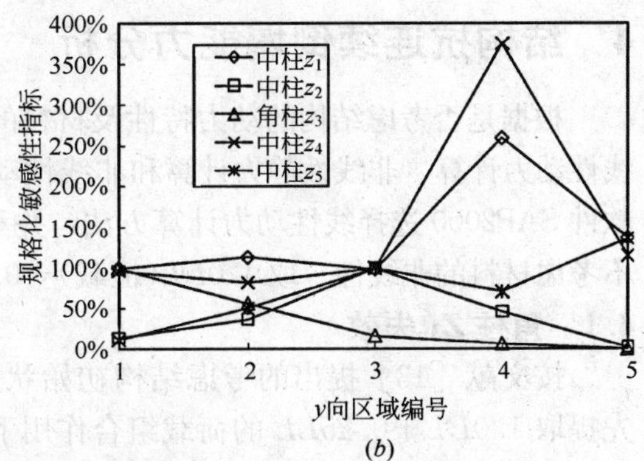

(b)

图 4　区域敏感性指标变化趋势

(a)x 向区域敏感性指标变化趋势；(b)y 向区域敏感性指标变化趋势

由区域敏感性指标变化趋势图可知，整体结构的空间作用沿 x 向分布较弱，失效构件的影响仅局限在失效区域附近。而沿 y 向空间作用较明显，尤其在靠近中央采光带单层网壳附近，空间作用复杂，纵向曲线的斜率出现突变。

对受损索拱的几何位置进行敏感性分析时，取 SG1（角部）、SG9（x 向中部）、SG4 和 SG12（中央采光带附近）作为受损索拱。考虑到整体结构中撑杆与檩条的拉结作用，假定单榀空间索拱中的两榀平面索拱同时出现构件失效的情况，加强构件的损伤情况。同样，对联系桁架中失效构件的几何位置进行分析时，取 HJ1 中支承 SG1、SG4 的桁架腹杆及 HJ3 中支承 SG9、SG12 的桁架腹杆作为失效杆件。具体计算结果见表 3。

受损构件的敏感性分析结果　　　**表 3**

受损/失效构件	杆件重要性系数	受损/失效构件	杆件重要性系数
SG1 撑杆外上弦拱拱顶	0.00746	SG1 支座桁架腹杆	0.00108
SG4 撑杆上弦拱拱顶	0.00389	SG4 支座桁架腹杆	0.00027
SG9 两侧拉索连杆	**0.03572**	中间桁架 SG9 处支座腹杆	0.00033
SG12 上弦拱拱顶	0.00855	中间桁架 SG12 处支座腹杆	0.00045

由表 3 可知：桁架腹杆的杆件重要性系数较小，说明整体结构的连续性好，檩条和撑杆对索拱的拉结作用大，且桁架自身的刚度及冗余度也很大，故桁架局部失效对整体结构性能的影响不大；对比索拱的重要性系数可知，内凹式索拱对结构的重要性大于端部的张弦梁结构，并且内凹式索拱中拉索连杆的失效对整体结构性能的影响很大。

根据上述分析，可以得到如下结论：采用变换荷载路径法 AP 法进行结构连续性倒塌分析时，取 x 向中柱 z_1、角柱 z_3、x 向中部内凹式索拱 SG9 作为失效构件进行计算；尽管结构的空间作用沿 x 向分布较弱，但沿 y 向的空间作用分布情况与中央单层网壳的边界条件有关，故不能简单的取局部模型进行计算，仍需在整体模型中进行 AP 法计算。

4 结构抗连续倒塌能力分析

根据是否考虑结构的动力特性及材料的非线性因素，AP 法主要分为线性静力计算、线性动力计算、非线性静力计算和非线性动力计算，共四种计算方法。本文利用有限元软件 SAP2000 选择线性动力计算方法，并和考虑几何非线性的静力计算的结果比较，暂不考虑材料的非线性。取 1.0DL(恒载)+0.25LL(活载)的荷载组合作为分析工况。

4.1 角柱 Z_3 失效

按文献［13］提出的考虑结构初始状态的等效荷载卸载法进行线性动力计算。首先提取 1.0DL+0.25LL 的荷载组合作用下角柱顶部的杆件内力，将其转化为角柱对柱顶节点的支承力，并定义为动力荷载 P(包括轴力、弯矩、剪力)。其次对删除角柱的结构进行模态分析，提取其自振周期和前 2 阶模态频率，用于计算结构的初始持荷时间、构件的移除时间以及结构的阻尼比。定义如图 5 所示的时程分析曲线，前 t_0 秒内荷载 P 维持不变，从而保证时程分析过程中，整体结构有足够时间将荷载 DL、LL、P 作用下产生的强迫振动衰减完全，角柱失效时整体结构处于稳定的初始状态。荷载 P 的衰减时间，即角柱的失效时间取为 t_ps。根据计算，本文取 t_0 为 20s，t_p 为 0.5s。在有限元模型中建立线性时程分析工况，计算时间取 40s，进行线性动力计算。

静力计算时，取动力荷载放大系数 2.0，对角柱失效下的结构进行静力计算，其动力放大荷载的分布范围为：SG1 至 SG2 的区域以及 SG1 外部悬挑雨棚区域。静力计算角柱柱顶节点的竖向位移为 398.7mm，而线性动力计算的结果为 258.5mm，相差 54%，静力计算的结果偏小。

如图 6 所示，角柱失效后整体结构的变形主要集中在 SG1 外侧的悬挑雨棚处，雨棚前端向下倾倒，变形最大处的竖向位移接近 1m，另一端则向上拱起。同时在变形放大图中可清楚地看到 SG1 出现侧翻和扭转的现象，在水平平面内，整个索拱以桁架为固定端，上弦拱向外扭转，下拉索则向内侧翻，撑杆节点的最大水平位移为 200mm 左右。在竖直平面内，索拱前端发生较大竖向位移，最大值为－300mm 左右，接近桁架处则微微向上拱起。对于整体变形情况，角柱失效的变形影响范围局限在 SG1 本身及其外侧的悬挑雨篷。

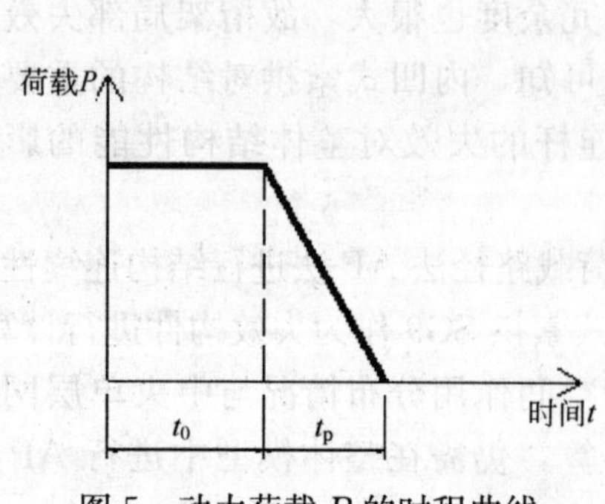

图 5 动力荷载 P 的时程曲线

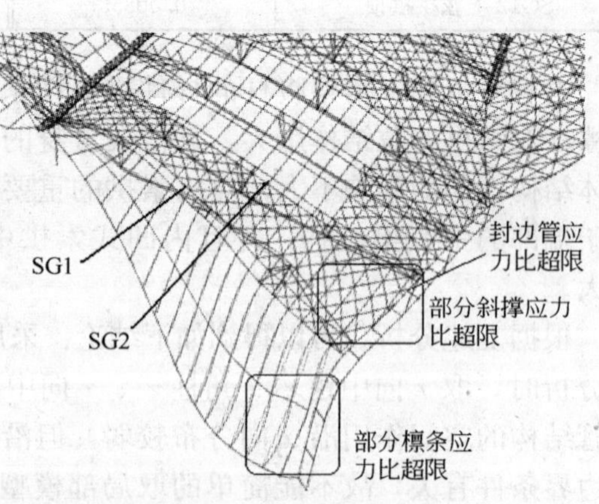

图 6 角柱失效后结构的局部变形放大图

利用 SAP2000 有限元软件中的设计功能，结合《钢结构设计规范》，(GB 50017—2003)对杆件进行强度破坏判断。根据设计结果，悬挑雨棚前端部分檩条由于轴向拉力过大而应力比超标；SG1 中部分上弦拱之间的拉杆在弯矩和拉力的共同作用下而应力比超标；在 SG1 与 SG2 之间，结构前端的部分斜撑由于拉力过大而应力比超标；SG2 支承点附件的封边管由于拉力过大而失效。对于整体强度破坏，角柱失效的强度影响范围局限在失效角柱附近，主要是悬挑雨棚、SG1 及 SG1 同 SG2 之间的一些拉结杆件。

综合构件变形及强度的破坏情况可知，该索拱结构屋盖体系符合单向索拱结构的平面传力特征，巨型连续桁架“隔断”了结构破坏沿结构 x 向的传播，而沿结构的 y 向，相邻的主要水平受力构件 SG2 无论是变形还是应力比均没有大的影响。所以角柱失效的影响局限在其所支承的 SG1 受力范围内，结构不会发生连续性倒塌。

4.2 索拱 SG9 失效

假定 SG9 中两侧撑杆之间的连杆在意外事件下同时失效，对结构进行时程分析。由于拉杆在荷载作用下主要承受轴向拉力，故忽略弯矩及剪力的影响，在动力荷载 P 中仅考虑连杆对节点的拉力。计算结果显示连杆失效对结构所造成的影响较小[13]。对整体结构进行不考虑初始状态的静力计算。由局部结构的变形放大图(图 7)可知，连杆失效使得 SG9 中的两根拉索无法共同工作，发生侧向变形失稳。同时应力比设计结果表明，SG9 中拉索的索力接近设计状态的极限索力，中间撑杆发生强度破坏而失效。即连杆失效造成 SG9 承载能力下降，其所承担的屋盖竖向位移加大。

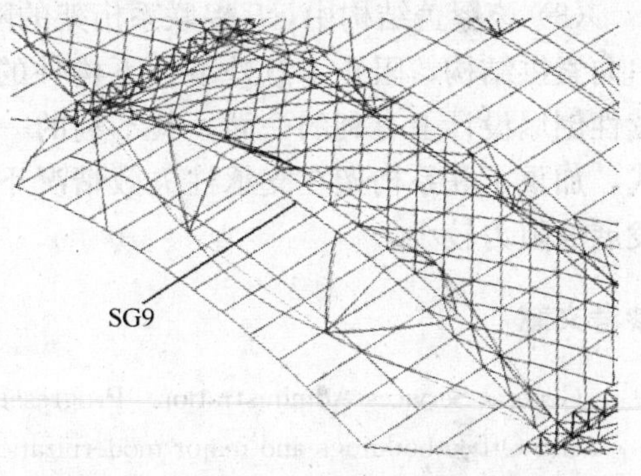

图 7　静力计算下结构局部变形放大图

造成两种计算方法结果差异较大的根本原因是构件失效前索拱结构初始状态的不同。在动力计算中，连杆失效之前，在外荷载的作用下两根拉索中已经具备了一定的应变能，其平面外的稳定性显著大于拉索应变能为零的情况。故此时，连杆失效的影响较小。而在静力计算中，由于不考虑结构的初始状态，拉索中的应变能为零。因此在没有侧向约束的情况下，拉索在荷载较小时就会发生大的侧向变形，从而造成索拱结构承载能力的下降。所以对于含有预应力拉索的结构体系而言，考虑构件意外失效前整体结构的初始状态是非常有必要的。采用考虑初始状态的等效荷载卸载法可以方便地解决这一问题。

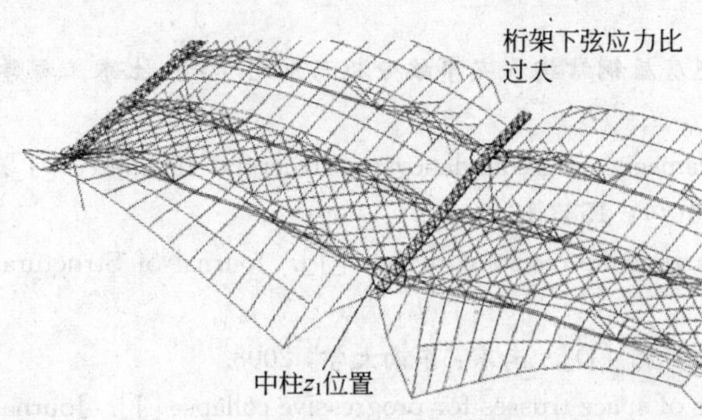

图 8　中柱 z_1 失效后结构的局部变形放大图

4.3 中柱 Z_1 失效

假定结构外侧 x 向中柱 z_1 在意外事件下突然失效，对结构进行线性动力计算，图 8 为整体结构的变形图。由

图 8 可知，x 向中柱 z_1 的失效对其间接支承的两榀内凹式索拱及索拱受力范围内的局部结构影响较大。失效柱两侧的悬挑雨棚中部分杆件由于变形及应力比超限而失效。索拱中失效柱一侧的拉索索力显著增大，超过其设计阶段的安全索力(安全系数为 2.5)，但没有达到其破断力。联系桁架中仅支承在内柱上的局部下弦杆应力比过大，接近破坏强度。这主要是桁架悬挑长度增大所造成的。由此可知，x 向中柱 z_1 失效情况下，整体结构不会发生连续性倒塌。

5 结论

(1) 采用基于概念判断的敏感性分析方法讨论了新广州站内凹式索拱结构的重要构件。值得注意的是，对于这种由两榀平面索拱组成的内凹式空间索拱结构而言，拉索之间的连杆是维持结构性能的重要构件。

(2) 对新广州站主站房索拱结构屋盖体系进行了结构抗连续性倒塌性能的评估。评估结果表明，该屋盖体系的抗连续性倒塌能力较强，在意外事件下不易发生整体破坏，角柱失效会导致结构的局部破坏。

(3) 该屋盖结构中，5 榀联系桁架的刚度较大，近似将整体屋盖分割为 6 个独立的单向索拱结构，阻止了意外事件下构件的连锁破坏沿结构横向的发展。这是其在抗连续性倒塌设计上有利的一面。其不利的一面在于索拱下部的支承柱采用间隔布置的方式，加重了联系桁架在支承柱失效情况下的负担，使得杆件的连锁破坏在结构纵向上发展的阻力较小。

参考文献

[1] General Services Administration. Progressive collapse analysis and design guidelines for New Federal Office buildings and major modernization projects [S]. 2003.

[2] Department of Defense. Design of Buildings to Resist Progressive Collapse UFC 4-023-03 [S]. 2005.

[3] Japanese Society of Steel Construction Council on Tall Buildings and Urban Habitat. Guidelines for Collapse Control Design，Ⅰ Design [S]. 2005.

[4] Japanese Society of Steel Construction Council on Tall Buildings and Urban Habitat. Guidelines for Collapse Control Design，Ⅱ Research [S]. 2005.

[5] National Institute of Standards and Technology. Best practices for reducing the potential for progressive collapse in building [S]. 2007.

[6] 王元清，胡宗文，石永久等. 门式刚架轻型房屋钢结构雪灾事故分析与反思 [J]. 土木工程学报，2009，42(3)：65-70.

[7] Frangopol D M，Curley J P. Effects of damage and redundancy on structural reliability [J]. Journal of Structural Engineering，1987，113(7)：1533-1549.

[8] Bertero R D，Bertero V. Redundancy in earthquake-resistant design [J]. Journal of Structural Engineering，1999，125(1)：81-88.

[9] 沈俊峰. 基于抗连续性倒塌的网架设计方法研究 [D]. 南京：东南大学，2008.

[10] Murtha-Smith E A. Alternate path analysis of space trusses for progressive collapse [J]. Journal of Structural Engineering，1988，114(9)：1978-1999.

[11] Blandford G E. Review of progressive failure analysis for truss structures [J]. Journal of Structural Engineering, 1997, 123(2): 122-129.

[12] Malla R B, Serrette R L. Double-layer grids: review of dynamic analysis methods and special topics [J]. Journal of Structural Engineering, 1996, 122(8): 882-892.

[13] 王蜂岚. 索拱结构屋盖体系的连续倒塌分析 [D]. 南京：东南大学，2009.

[14] 陈强，沈婷，盛平，等. 新广州站索拱结构性能研究 [J]. 铁道工程学报，2008，6(117)：71-75.

[15] 赵健. 内凹式索拱结构平面内极限承载力理论分析及试验研究 [D]. 南京：东南大学，2008.

新加坡植物园展览温室拱壳杂交钢结构的防连续倒塌分析

石永久[1]　高　阳[1]　王元清[1]　张昭一[2]　李国星[3]

（1. 土木工程安全与耐久教育部重点实验室，清华大学土木工程系，北京　100084；2. 中国建筑科学研究院深圳分院，深圳　518057；3. 珠海晶艺玻璃工程有限公司，珠海　519070）

摘　要： 新加坡植物园展览温室采用拱壳杂交钢结构体系，根据国外相关标准规范，需要对结构进行防连续倒塌计算以检验结构的抗连续倒塌能力。本文采用常用的改变传力路径方法，合理地选取了结构的初始破坏状态以及计算工况，对结构进行了静力分析、特征值屈曲分析及非线性弹塑性全过程分析。结果表明，与完善结构相比，局部失效结构的内力及变形有较大提高，屈曲模态发生明显变化，但该结构在设定的初始破坏情况下不会发生连续倒塌，仍具有一定的整体性和延性，由此可见其具有良好的抗连续倒塌能力。事实上，意外荷载造成的破坏是瞬间的，其本质是一个动力过程。文中仅进行了静力方面的计算，关于动力响应的机理及分析方法仍需要进一步的研究。

关键词： 拱壳杂交结构；连续倒塌；改变传力路径法；线弹性静力分析；非线性静力分析

1　引言

结构的连续倒塌是指由意外荷载造成的局部破坏引发连锁反应导致破坏向周围发展，最终形成大范围的倒塌甚至整体倒塌。一般来说，如果结构的最终破坏状态与初始破坏不成比例，即可称之为连续倒塌[1]。引起意外荷载的因素包括自然灾害和人为失误两类，通常包括爆炸、撞击、火灾、大风、地震、施工误差、基础沉降、异常降雪等[2]。

目前，一般采用改变传力路径法（Alternate Path，简称 AP 法）进行连续倒塌风险分析，这种方法与引起连续倒塌的原因无关，适用于各种非常规荷载作用下的倒塌评估分析，因而比较多地应用于连续倒塌分析和设计规程中。改变传力路径法首先移除一根或几根主要的竖向受力构件以模拟结构的初始局部失效，然后对剩余结构进行力学分析[3]。这种方法类似于文献［1］中的拆除构件法。根据是否考虑非线性和动力效应，改变传力路径法可采用线弹性静力分析、非线性静力分析、线弹性动力分析及非线性动力分析。

新加坡植物园展览温室采用拱壳杂交钢结构体系[4]，根据相关规范，需要对其进行防恐分析计算，即防连续倒塌验算。本文运用 ANSYS 有限元软件采用改变传力路径法对结构进行了线弹性静力分析、特征值屈曲分析以及弹塑性全过程分析，评估了结构的抗连续倒塌能力。

2 结构计算模型

结构新加坡植物园共有 Cool Dry 与 Cool Moist 两个展览温室，采用拱壳杂交钢结构体系，主要由壳体、拱、拱间拉索、吊臂等构件组成[4]。设定的不利情况为恒载作用下变形最大拱两端支座处及变形最大处受到意外破坏，杆件完全断开。

对于壳体而言，Gioncu 通过对两起空间网格结构的工程事故调查显示，传统的认为具有高度静定冗余度的结构不会发生连续倒塌的观念是错误的。双层网架结构的一些关键受压构件一旦发生局部失效，可能引发“多米诺骨牌效应”，致使与该构件平行布置、承担相同方向荷载的构件依次屈曲，最终导致整个网架连续倒塌[5]。

因此，在本结构中，考虑初始破坏状态时，对于拱截面考虑拱变形最大处与拱脚处断开，同时还考虑了该拱变形最大处下方的 3 根壳体杆件发生局部失效的情况。计算发现，Cool Dry 在恒载作用下变形最大的拱为平面图中自左向右第 8 榀拱，Cool Moist 在恒载作用下变形最大的拱为平面图中自右向左第 4 榀拱。考虑如上破坏情况的局部失效结构计算模型如图 1 所示。采用 ANSYS 有限元软件进行计算。

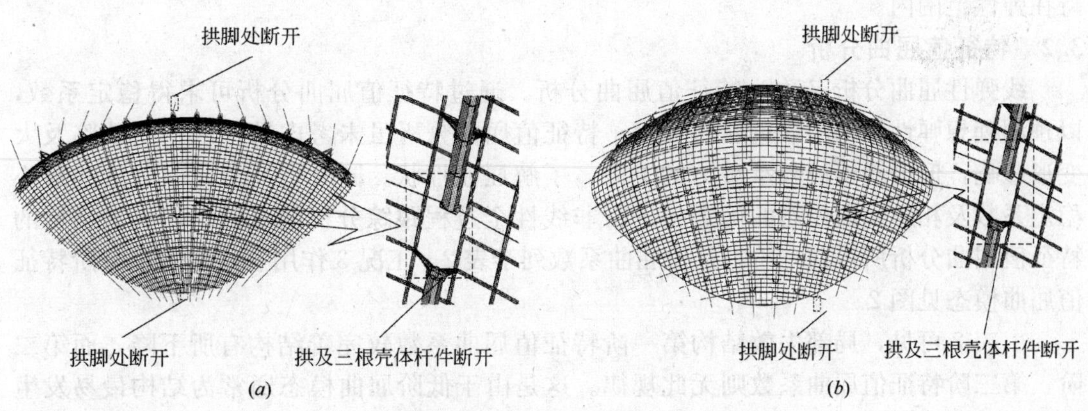

图 1 结构局部失效计算模型

(*a*)Cool Dry；(*b*)Cool Moist

结构主要采用 S355 钢材和钢索两种材料。S355 相当于国内的 Q345 钢材，其弹性模量为 205GPa，泊松比为 0.3。钢索的弹性模量为 140GPa，泊松比为 0.3。在进行弹塑性分析时，钢材的屈服强度为 345MPa，屈服后弹性模量设为一个较小的数，本文中取 5MPa。

根据国外相关规范[6]，本工程连续倒塌的计算工况取为：$1.05DL+0.35LL$，$1.05(1.0DL+1/3LL+1/3WL)$。其中，DL 为恒荷载，LL 为活荷载，WL 为风荷载，根据风洞试验结果，共分为 W_{X+}、W_{X-}、W_{Y+}、W_{Y-} 四类。按照上述顺序依次为工况 1～工况 5。内部风压范围为－0.23kPa～＋0.15kPa，外部风压范围为－1.30kPa～＋0.50kPa。

3 线弹性分析

3.1 静力分析

将完善结构与局部失效结构(表中分别用①、②表示，下同)静力分析结果示于表1。变形为结构的最大变形，单位为 mm；应力为结构的最大应力，单位为 MPa。

局部失效结构与完善结构静力响应对比 表1

结构		工况1		工况2		工况3		工况4		工况5	
		变形	应力	变形	应力	变形	应力	变形	应力	变形	应力
Cool	①	148.5	325	130.3	323	140.1	330	143.4	327	139.4	284
Dry	②	280.5	519	280.3	510	280.1	523	291.3	519	282.6	426
Cool	①	41.4	166	54.3	150	57.4	168	46.0	186	37.7	151
Moist	②	78.6	178	100.6	163	96.3	179	83.1	198	72.2	162

从表1结果可以看出，在设定的破坏状态下，Cool Dry 结构的部分杆件应力超标，即超过屈服强度 345MPa，而最大变形为完善结构的2倍左右；Cool Moist 结构的应力均在弹性范围内，但最大变形也接近完善结构的2倍。这说明去除假定的杆件后，Cool Dry 结构有杆件进入塑性阶段，而 Cool Moist 会发生内力转移，所有构件仍能保持在弹性范围内。

3.2 特征值屈曲分析

线弹性屈曲分析又称为特征值屈曲分析。通过特征值屈曲分析可求得稳定系数，以预测理想弹性结构的理论屈曲强度。特征值屈曲分析虽未考虑结构的初始缺陷及大变形影响，但可获得极限承载力的上限，了解屈曲性状。同时特征值屈曲分析的最小稳定系数及相应屈曲模态的确定是进行非线性全过程跟踪分析的基础。现将该结构的特征值屈曲分析所得前三阶特征值屈曲系数列于表2。工况3作用下结构的第一阶特征值屈曲模态见图2。

由表2可见，局部失效结构第一阶特征值屈曲系数较完善结构有所下降，而第二阶、第三阶特征值屈曲系数则无此规律。这是由于低阶屈曲模态通常为结构最易发生的屈曲模态，更能反映结构的稳定性质。且由图2可以看出，第一阶屈曲模态亦有所变化，屈曲部位发生转移。完善的 Cool Moist 结构易发生局部屈曲，但局部失效结构将在破坏处发生屈曲。

局部失效结构与完善结构特征值屈曲分析结果对比 表2

结构		工况1		工况2		工况3		工况4		工况5	
		1	2	1	2	1	2	1	2	1	2
Cool Dry	①	3.072	3.127	3.432	3.533	3.360	3.393	3.273	3.280	3.393	3.425
	②	2.518	2.642	2.714	2.855	2.682	2.814	2.648	2.792	2.722	2.884
Gool Moist	①	4.044	4.397	4.542	4.974	3.953	4.363	3.715	3.967	4.513	4.910
	②	3.410	4.401	3.881	4.993	3.302	4.364	3.060	3.963	3.799	4.909

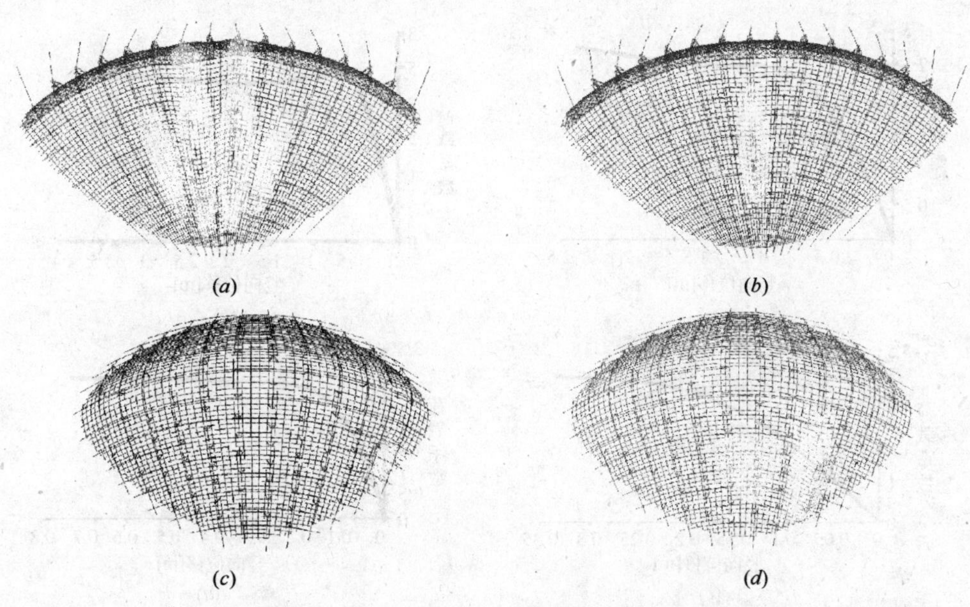

图 2　工况 3 作用下结构第一阶特征值屈曲模态比较

(a)Cool Dry ①；(b)Cool Dry ②；(c)Cool Moist ①；(d)Cool Moist ②

3.3　结果讨论

线弹性静力分析最简单，计算速度快，操作简单易行。一般需要在构件或连接屈服的位置人工设置塑性铰，对修改后的结构重新进行分析，直到剩余的结构不再出现屈服为止，因此需要进行多次弹性分析才能完成连续倒塌分析[3]。然而现有的工程计算中[7,8]，仍多数采用去除某根杆件后研究结构的内力分布，看是否会对结构的其他主要部位造成一定影响。以上的分析结果表明，在初始的破坏状态以及计算工况下，结构的变形和内力有一定的提高，结构的第一阶特征值屈曲模态发生了变化，但据此仍不足以判断结构是否具有足够的抗连续倒塌能力。

4　非线性静力分析

基于简单弹性分析的抗倒塌设计是使抗倒塌设计从宏观定性的目标向定量化的多重目标过度。通过非线性性能目标的深入分析和论证，可以把握结构的整体性能，以检验结构是否可以抵抗发生的突然破坏[8]。极限承载力分析使用的有限元法，考虑结构的几何非线性、材料非线性及初始缺陷，使用弧长法得到结构丧失承载力时的荷载。一般认为此法计算出的承载能力是较准确的。

根据网壳技术规程[9]，初始几何缺陷采用结构的第一阶特征值屈曲模态，位移最大值采用结构纵向跨度的 1/300。纵向跨度 Cool Dry 为 90m，Cool Moist 为 84m。计算工况为工况 1，即 $1.0DL+1.0LL$。

现在将计算结果示于图 3、图 4。图 3 为结构的荷载位移曲线，横坐标为结构变形最大节点的竖向位移，纵坐标为荷载系数，图 4 为极值点时结构的变形云图。

由以上的计算结果可得出以下结论：

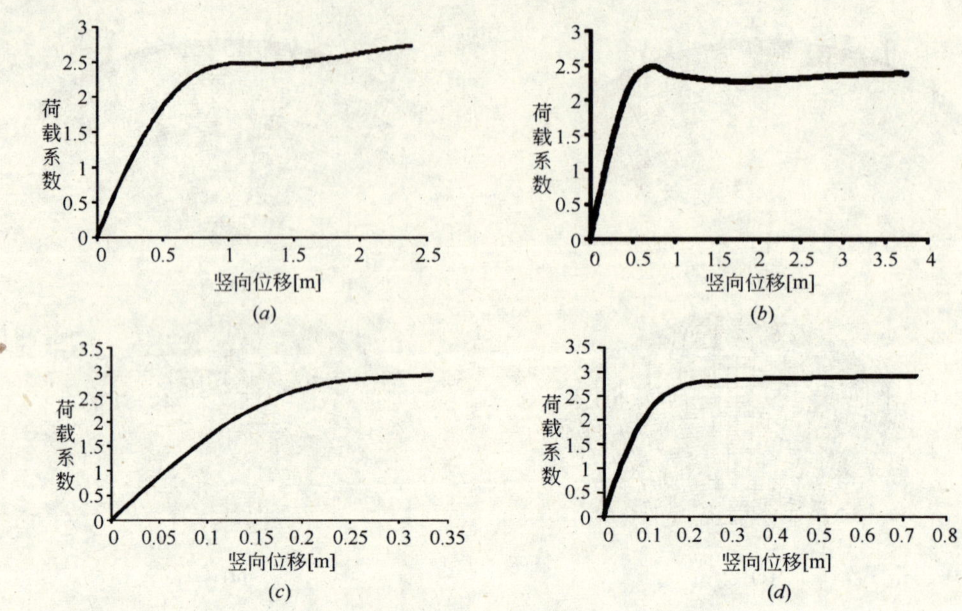

图 3　结构荷载位移曲线

(*a*)Cool Dry ①；(*b*)Cool Dry ②；(*c*)Cool Moist ①；(*d*)Cool Moist ②

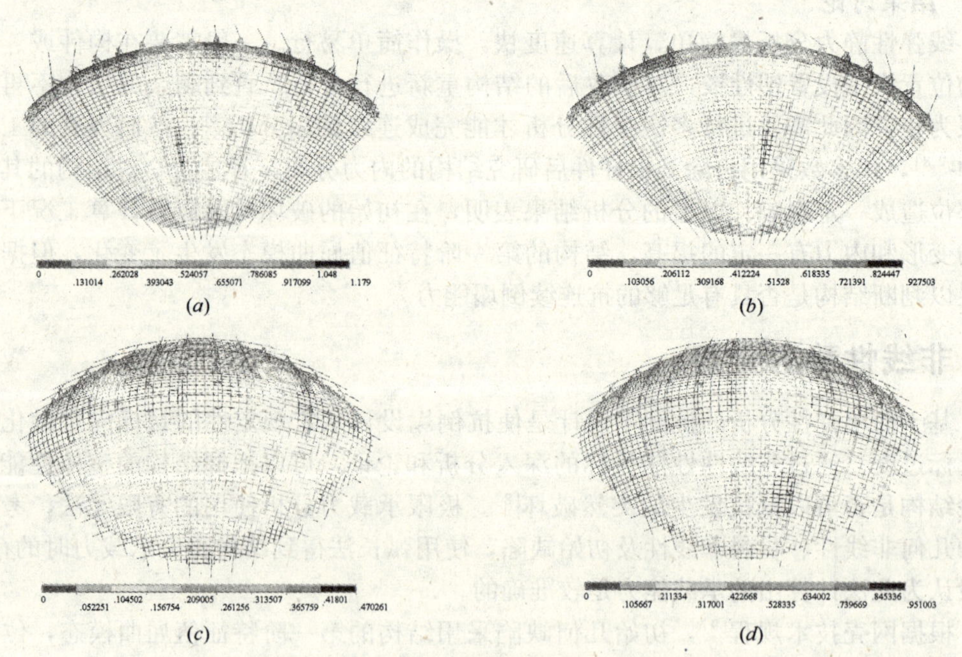

图 4　极值点结构变形云图

(*a*)Cool Dry ①；(*b*)Cool Dry ②；(*c*)Cool Moist ①；(*d*)Cool Moist ②

(1) 与完善结构相比，局部失效结构的极限承载力系数略有降低：Cool Dry 由 2.4969 降为 2.4898；Cool Moist 由 2.9654 降为 2.9030。

(2) 由图 4 可以看出，在达到极值点时，最大变形不在结构的初始破坏位置，这说明初始破坏并未蔓延至结构的其他部位。但结构的最大变形位置较完整结构更接近初始破坏位置。

(3) 在设定的初始破坏状态下，初始破坏不会蔓延至结构的其他部位，结构在 2.5 倍左右的标准荷载作用下仍能继续承载。可见结构具有相当强的抗连续倒塌能力。

5 结语

5.1 结论

本文运用 ANSY 有限元软件对结构进行了防连续倒塌分析，可以得出以下结论：

(1) 国内外规范尚无对于大跨度空间结构防连续倒塌验算的规定，因而只能参考相关工程经验选取合理的破坏状态及计算方法进行计算。

(2) 结构在设定的初始破坏状态下，最大变形达到完整结构的 2 倍左右，结构有可能进入塑性发展阶段。结构的第一阶特征值屈曲系数有所下降，屈曲模态与完整结构有所不同。结构的整体稳定系数略有降低，但初始破坏不会继续扩展，可见结构有一定的防连续倒塌能力。

(3) 本文的方法可为类似特殊结构的防连续倒塌验算提供参考。

(4) 意外荷载造成的破坏是瞬间的，其本质是一个动力过程，但由于动力响应的复杂性，文中仅进行了静力方面的计算，关于动力响应的机理及分析方法仍需要进一步的研究。

5.2 展望

目前，大跨度空间结构的防连续倒塌的计算仍存在很多困难。在规范方面，仅有日本钢结构协会《高冗余度钢结构倒塌控制设计指南》对大跨钢结构的冗余特性进行了简单考察；在设计方法方面，一般比较注重概念设计，即通过加强结构的整体性和延性以提高结构的冗余度和坚固性，从而提高结构抵抗连续倒塌的能力。

随着大跨空间结构的快速发展，空间结构的形式越来越多样化，不同结构类型的连续倒塌激力及抗连续倒塌设计方法亟待进一步研究，有关规范也急需更加完善。

参考文献

[1] 梁益，陆新征，缪志伟，叶列平. 结构的连续倒塌：规范介绍和比较［C］. 第六届全国工程结构安全防护学术会议论文集，洛阳，2007：195-200.

[2] 张微敬，胡帅领，张毅刚. 大跨空间结构抗连续倒塌研究综述［J］. 工业建筑(增刊)，2009，07：334-338.

[3] 胡晓斌，钱稼茹. 结构连续倒塌分析与设计方法综述［J］. 建筑结构(增刊)，2006，36：79-83.

[4] 王元清，石永久，高阳，李国星，汪在福，张昭一，刘健. 新加坡植物园展览温室结构设计与相关技术研究［J］. 工业建筑(增刊)，2009，07：91-102.

[5] Gioncu V. Progressive collapse in space structures［C］. //IASS-APCS，Beijing，2006.

[6] BS6399，Load for buildings［S］.

[7] 傅学怡，杨想兵，高颖，廖新军．济南奥体中心体育场结构设计 [J]．空间结构，2009，15(1)：11-19，10．
[8] 甘明，陈继英，张胜，张晨军．合肥体育场屋盖中梭形柱设计与倒塌分析 [J]．建筑结构，2006，36(6)：52-54．
[9] JGJ 61—2003 网壳结构技术规程 [S]．

莫斯科中国贸易中心工程防止结构连续倒塌设计

朱炳寅　任庆英　胡　北　胡纯炀

（中国建筑设计研究院　北京　100044）

摘　要：建筑抗倒塌问题近年来在欧美国家得到广泛关注。结合莫斯科中国贸易中心工程的防止结构连续倒塌设计，比较了国外一些相关设计规范和标准之间的相互关系，提出满足俄罗斯规范要求的防止连续倒塌设计计算方法，并将其与正常情况下的结构计算进行比较，找出其中带规律性的问题。

关键词：结构的整体坚固性；构件的需供比；转变途径法；局部抗力增强法

1　工程概况

莫斯科中国贸易中心工程，位于俄罗斯联邦莫斯科市（抗震设防烈度与我国 6 度相当），横跨威廉匹克大街，紧邻规划四环路和城市轻轨及地铁 6 号线的 BOTANICHESKY SAD 站，是集办公、商业、公寓及中国园林为一体的综合建筑群，总建筑面积 20 万 m^2。按功能和区域将总平面地块划分为三个地块，其中 2 号地块地下 2 层、地上 40 层，建筑高度 180m，钢筋混凝土框架-核心筒结构（结构平面示意见图 1）；3 号地块地下 2 层，地上 22 层，建筑高度 87m，钢筋混凝土框架-剪力墙结构。工程按俄罗斯规范要求需采取防止连续倒塌措施。

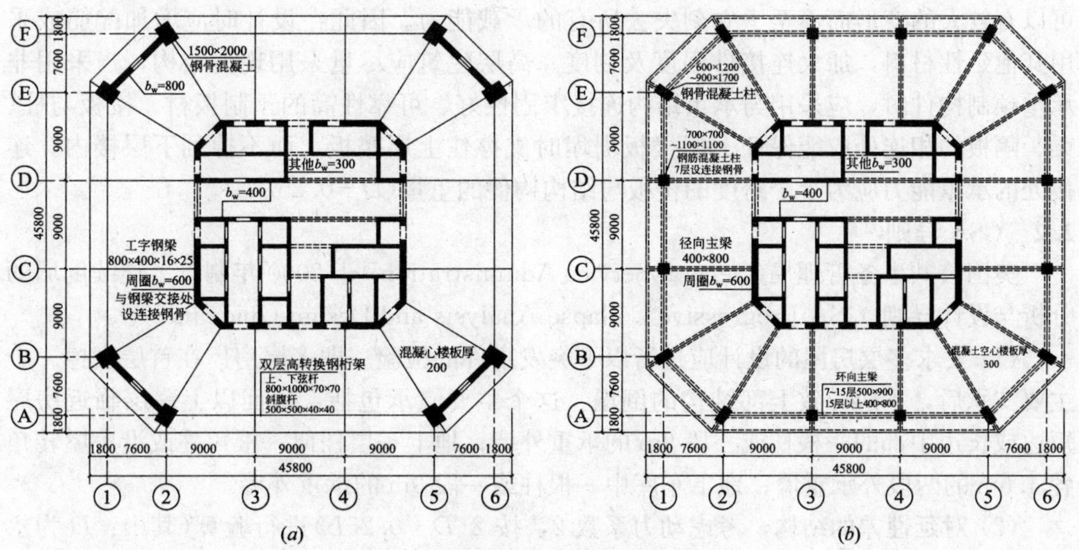

图 1　2 号地塔楼结构布置平面图

(*a*)转换层顶平面；(*b*)转换层以上平面

2 国外防止连续倒塌设计的要求

"9·11"以来，紧急情况(如：地震、风灾、爆炸、撞击和高温等)下结构的防止连续倒塌设计正受到更多的关注，有关国家相继制定有相关的法律法规。

2.1 俄罗斯防止连续倒塌措施的相关规定[1]

(1) 高度超过75m的高层建筑，均应进行结构的防止连续倒塌验算。验算的目的是为了防止高层建筑在自然紧急状态(源自气候条件或地质变化等)或人为紧急状态(建筑内部或外部由于火灾或其他灾难性情况发生)下，一旦部分承重结构受到破坏后，破坏会逐步扩大，使建筑发生连续倒塌。

(2) 建筑物防止连续倒塌的整体坚固性(Robustness)，应根据结构计算确定。

(3) 当发生局部破坏时，建筑的整体坚固性计算应考虑相应的荷载组合(含永久荷载和活荷载等)要求。局部破坏应满足下列要求：破坏发生在墙肢上，且从两组墙的交接点到最近的洞口或下一个交接点的距离小于10m；局部破坏发生在柱上或与同层墙体相连的柱上；局部破坏发生在同一层楼板上；以上局部破坏的受荷面积均不应超过$80m^2$。对建筑抗连续倒塌整体坚固性的评估，应根据上述局部破坏的最大效应确定。

(4) 对于紧急状态，需根据规范要求验算承载能力极限状态，不要求验算裂缝、变形等正常使用极限状态。抗力计算须采用荷载标准值。

(5) 效应计算应使用空间计算模型，将所有结构构件考虑在内，模拟建筑投入使用后局部承重构件发生损害时荷载的重分布及破坏情况。

(6) 防止建筑发生累计损害的主要措施有：结构应有较多的冗余度，以保障柱、横梁、隔板、节点的承重能力；连续加强配筋；提高结构构件和节点的延性。在允许范围内提高结构的延性可有效阻止结构破坏的继续扩大，即当某些承重构件发生破坏时，可以有较大的变形而不至于立刻失去所有的承载能力。因此在设计时应增加配筋或采用其他延性材料，加大连接件强度及韧度。高层建筑应尽量采用现浇结构，当采用非承重预制构件时，应采用与承重结构连接牢固性好、可靠性高的预制板材。楼板与柱、梁、隔板的相连处应能保证上层楼板坍塌时支撑住上层楼板，而不掉到下层楼内。连接处的承重能力应为半个跨度的楼板与结构构件的重量($D+0.25L$)。

2.2 GSA导则[2]

美国公共事务管理局(General Service Adminstration)于2000年制订了连续倒塌的分析与设计导则(GSA Progressive Collapse Analysis and Design Guidelines)。

(1) 要求多层房屋的设计应进行以下突发事件的检验。即多层房屋在首层去掉一个主要支承后，不应导致上部结构的倒塌。这个主要支承包括：地面以上一层临近房屋短边或长边中部的一根柱或一段9m的承重外墙；地上一层任何一根角柱或沿房屋转角各4.5m的两段外承重墙；地下车库中一根柱或一段9m的承重外墙。

(2) 对延性差的结构，考虑动力系数2，按$2(D+0.25L)$进行验算(其中：D为永久荷载标准值，L为活荷载标准值)。

(3) 强调结构设计应使结构具有更好的坚固性，以减少连续倒塌的可能性。结构应具有多赘余度和多传力途径(包括竖向荷载及承载力);构件应具有良好的延性,保证变形远远超过弹性极限时还能有一定的承载能力;要考虑相邻构件的破坏,应有足够的反向受力承载力;构件应具有足够受剪承载力,保证不产生剪切破坏。

2.3 NYC 规定[2]

美国 NYC 建筑法规第 18 章提出两种防止连续倒塌的途径。

(1) 转变途径法(Alternate Path Method)。即当结构失去某一关键构件时,通过转变受力途径仍能承受相应的荷载组合(即能确保结构的稳定,而不发生连续倒塌)。这里的关键构件指:一个单独楼板或两个相邻墙段形成的墙角,一根梁及其从属范围的楼板,一根柱或其他影响结构稳定的结构构件。计算要考虑的荷载组合为 $1.0D+0.25L$ 和 $1.0D+0.25L+0.2W$,其中:W 为风荷载标准值。

(2) 局部抗力增强法(Specific Local Resistance Method)。即对结构设计中不能破坏的结构构件,控制构件的需供比 DCR(Demand-Capacity Ratio)$\leqslant 2$,并采用增加构件承载力的方法,确保在紧急情况下构件具有较大的强度储备,以保证结构的稳定。

$$\mathrm{DCR}=\frac{Q_{\mathrm{UD}}}{Q_{\mathrm{CE}}}\leqslant 2 \tag{1}$$

式中:Q_{UD}为在紧急情况下按弹性静力分析求得的构件或节点承受的内力;Q_{CE}为构件或节点预期的极限承载能力,计算 Q_{CE}时,考虑瞬时作用对材料强度的提高系数(钢材取 1.05,钢筋混凝土取 1.25)。

此时荷载组合取 $2(D+0.5L+0.2W)$。构件的荷载总值($2(D+0.5L)$)不应小于 $36\mathrm{kN/m^2}$。

2.4 DOD 导则[2]

美国国防部(DOD)于 2001 年发表了防连续倒塌暂行设计导则。

(1) 要求进行去掉一个主要承重构件或一个主要抗力构件的结构反应分析。对于一般住宅类建筑,去掉的限于房屋周边的主要承重构件;考虑有可能在房屋内部发生爆炸时,要去掉的构件包括外部及内部的主要承重构件。

(2) 对于框架结构,去掉任一层的一根柱,则与该柱相接的所有填充墙和梁均被去掉;去掉任一层的一根梁,则被去掉梁上部的填充墙均被去掉。对于无梁楼盖体系,去掉整跨楼盖也就是去掉四根柱所包围的楼盖。

(3) 对于承重墙结构,去掉长度为两倍墙高(墙高定义为水平方向支承之间的竖向距离)的一段墙,且该墙长度不应小于伸缩缝或控制缝之间的距离。在转角处沿两个方向的长度均应满足以上要求。若墙有与其相连的竖向承重构件,则去掉的长度可取竖向承重构件之间的实际距离。当采用无梁楼盖时,去掉楼盖的面积,其宽度为被去掉墙的长度,其长度为从去掉墙段到相邻内承重墙的距离。

(4) 对支撑-框架结构,去掉一根柱或一根梁类似框架结构。沿柱列设置赘余的支撑,当在某跨失去一根柱或梁将不会导致房屋其余部分建筑的倒塌。

(5) 对框架-剪力墙结构,参照以上体系,适当地去掉墙、柱、梁或板进行分析。

3 防止连续倒塌的分析方法[3]

DOD导则规定，防止连续倒塌设计计算可采用二维或三维静力、线弹性或非线性结构分析。

采用线弹性方法时，如构件的受弯承载力超限，则认为该处出铰，放松其转动自由度，出铰处弯矩保持不变，修正结构刚度重新进行计算分析；如构件的受剪承载力超限，即认为该构件失效，失效构件在新的模型中去掉。当某一失效构件去掉后，与该构件有关的静荷载或活荷载必须重新分配给同一层的其他构件，其他荷载如冲击力等还应分配到下一层构件中。

非线性分析只需要一次完成，当超过构件的受剪承载力或超过了构件的变形极限时，认为构件失效，在继续分析之前将失效构件从模型中去掉。

4 莫斯科中国贸易中心防连续倒塌设计

4.1 工程防止连续倒塌的基本要求

参考上述文献，对工程设计提出以下要求：1)采用抗连续倒塌性能比较好的钢筋混凝土框架-剪力墙(或框架-核心筒)结构体系；2)采取周边支承的钢筋混凝土现浇楼板、楼板钢筋采用焊接及其他有效锚固、加强梁柱节点连接等措施，当发生紧急情况时，具有很好的悬挂作用，抗连续倒塌性能好；3)对不利于抗连续倒塌的转换桁架及其支承柱采用坚固性较强的钢结构和钢骨混凝土结构，对角柱采取加强措施，确保当发生紧急情况时，具有很好的抗连续倒塌作用；4)采用ETABS程序进行满足俄罗斯规范要求的防连续倒塌计算；5)控制构件的需供比DCR≤2；6)结构构件的配筋(或钢构件的截面)，取正常情况下($1.2D+1.4L+0.2W$或$1.35D+0.98W$)与紧急情况下防连续倒塌计算的较大值；7)工程设计不考虑由于气候条件或地质变化而引起的自然紧急状态。

4.2 防倒塌计算方法

1. 对于角柱、2号地6层以下钢转换桁架及支承转换桁架的8根大柱等结构设计中不可局部破坏的重要部位和构件，采用局部抗力增强法进行防倒塌计算。要点如下：1)特殊情况下的荷载组合，取$2(D+0.5L+0.2W)$；2)构件的竖向总荷载不小于36kN/m^2；3)材料强度仍采用设计强度；4)考虑梁柱节点影响，可取支座边缘截面进行结构的强度计算；5)核心柱或SRC柱的型钢，按承受框架角柱(或底层大柱)的全部重力荷载($1.0D$)计算(考虑材料强度的提高系数，钢筋、钢板及混凝土均取1.1)。

2. 对于采用局部抗力增强法进行设计以外的其他所有区域和构件，采用转变途径法进行防倒塌计算。要点如下：1)荷载组合按($D+0.5L+0.2W$)考虑，不考虑地震作用；2)采用荷载效应的标准组合(含永久荷载和活荷载，不考虑超载系数)；3)抗力计算中，材料强度取用标准值；4)结构计算采用空间计算模型的线弹性分析方法；5)考虑结构及构件的塑性内力重分布；6)只进行结构或构件的承载力计算，不考虑挠度及裂缝问题；7)破坏位置取可能破坏的平面中的最下面楼层(即竖向荷载最大的楼层)；8)考虑梁柱节点影响，取支座边缘截面进行结构的强度计算；9)防倒塌计算中需要考虑的结构局部构件破坏情况见表 1。

结构局部构件破坏的情况 **表 1**

<table>
<tr><th>序号</th><th>破坏构件</th><th colspan="3">局部破坏情况</th><th>局部破坏面积</th></tr>
<tr><td rowspan="2">1</td><td rowspan="2">同一楼层两片相交的剪力墙</td><td>有洞口</td><td>从墙交接处到离最近的洞口边</td><td rowspan="2">且墙长≤10m</td><td rowspan="5">$<80\mathrm{m}^2$</td></tr>
<tr><td>无洞口</td><td>从墙交接处至下一墙肢相交处</td></tr>
<tr><td>2</td><td>柱</td><td colspan="3">柱子破坏，与之相连的梁失效，失去相应的支承作用</td></tr>
<tr><td>3</td><td>梁</td><td colspan="3">梁破坏，失去相应的支承作用</td></tr>
<tr><td>4</td><td>楼板</td><td colspan="3">楼板的破坏，考虑楼板的悬挂作用</td></tr>
</table>

4.3 转变途径法的应用实例

以 2 号地塔楼为例(见图 1)，说明考虑防倒塌设计的结构构件的设计计算要点。

1. 楼板失效

楼板失效时，考虑楼板的悬挂作用，楼板的通常配筋应满足：

$$A_{sb} \geqslant 0.5P/f_y \tag{2}$$

式中 P 为阴影区楼板总荷载，按$(D+0.5L)$计算；f_y为钢筋强度设计值。

2. 周边框架柱(柱 B)失效

在正常情况下，楼板为周边支承的双向板。在紧急情况下，由于柱 B 的失效，导致相应梁支承的缺失，楼板的传力途径发生改变，楼板变成由墙 A、梁 A 三边支承，在阴影范围内(影响面积≤80m²)楼板变为短边支承的单向板(图 2)。防倒塌计算应重点考察结构的整体稳定、墙 A、柱 A、梁 A 的承载能力，及楼板的悬挂作用等。

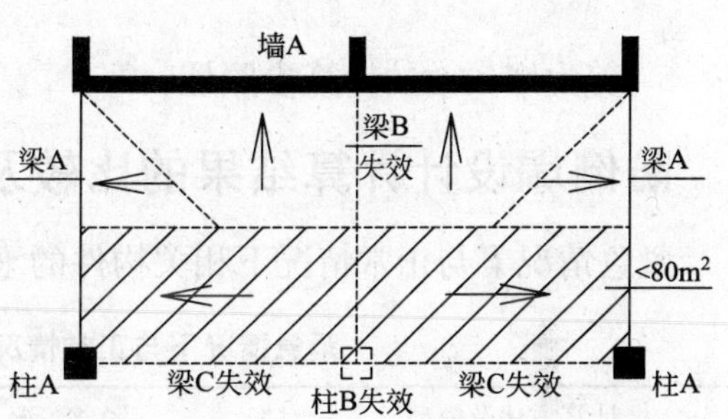

图 2 边柱(柱 B)失效后的楼板传力途径

(1) 考虑柱 B 失效时，框架梁 A 的梁端(与柱 A 相交处)允许出现塑性铰但不能失效(不发生剪切破坏)，梁端截面及箍筋配置应满足抗剪承载力要求，同时梁端截面满足锚固长度的全部纵筋应满足下式要求：

$$V \leqslant 0.75 f_y A_s \tag{3}$$

式中 V 为考虑柱 B 失效由相应荷载$(D+0.5L+0.2W)$产生的梁端剪力。

(2) 框架梁 A 的跨中设计弯矩，均不得小于按简支情况(按紧急情况计算)计算弯矩的 80%。

(3) 钢筋混凝土剪力墙、框架柱、框架梁、楼板等的配筋，取正常情况下与紧急情况下防连续倒塌计算的较大值。

(4) 考虑楼板的悬挂作用同上。

3. 中梁(梁 B)失效

在紧急情况下，由于梁 B 的失效，导致相应楼板支承的缺失，楼板的传力途径发生改变，楼板变为由墙 A、梁 A 和梁 C 支承的大双向板(图 3)。防倒塌计算应重点考察结构的整体稳定、墙 A、柱 A、柱 B、梁 A、梁 C 的承载力，及楼板的悬挂作用等。相关计算要求同上。

4. 边梁(梁 C)失效

在紧急情况下，由于梁 C 的失效，导致相应楼板支承的缺失，楼板的传力途径发生改变，楼板变为由墙 A、梁 B 和梁 C 支承的三边支承板(图 4)。防倒塌计算应重点考察结构的整体稳定、墙 A、柱 A、柱 B、梁 A、梁 B，及楼板的悬挂作用等。相关计算要求同上。

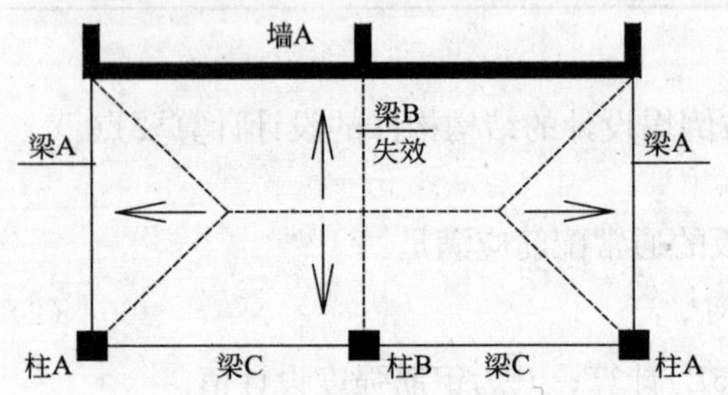

图 3　中梁(梁 B)失效后的楼板传力途径

图 4　边梁(梁 C)失效后的楼板传力途径

5. 剪力墙失效的计算参照柱。

5　防倒塌设计计算结果的比较及结论

紧急情况下与正常情况下相关构件的承载力需求比较见表 2。

紧急情况下与正常情况下相关构件的配筋比较　　**表 2**

计算方法及模型		紧急情况下与正常设计情况下相关构件的配筋或截面比较	
转变途径法	边柱(柱 B)失效	梁 A	配筋基本不增加
		柱 A	柱稳定有保障，配筋没有增加
		楼板	不起控制作用
	中梁(梁 B)失效	梁 A、梁 C	配筋没有增加
		柱 A、柱 B	柱稳定有保障，配筋没有增加
		楼板	不起控制作用
	边梁(梁 C)失效	梁 A、梁 B	配筋没有增加
		柱 A、柱 B	柱稳定有保障，配筋没有增加
		楼板	不起控制作用
	剪力墙局部失效	剪力墙	由于剪力墙分布较均匀，局部破坏对其影响不大
局部抗力增强法		转换层以上的角柱	配筋约增加 30%(设置型钢后可相应减小)
		桁架上弦	边弦杆增加 27%，中弦杆增加 31%
		桁架下弦	边弦杆增加 62%，中弦杆增加 27%
		转换层以下的角柱	增加不明显

6 结论

(1) 对一般结构构件采用转变途径法进行防止结构连续倒塌设计是可行的，就该工程而言，考虑各种局部破坏情况时，基本不增加费用(增加的仅是构造设计费用)；对结构设计中不能破坏的特殊结构构件(如部分角柱、框支柱、框支梁等)，可采用局部抗力增强法，其结构的单位费用相对增加较多，但此类构件数量较少，总费用增加不大；工程初步统计结果表明，防止结构连续倒塌设计增加的费用不超过结构费用的5%。

(2) 对于不同的结构形式，防止结构连续倒塌设计所增加的费用各不相同，采用受力简单明确的结构体系，能极大增强结构的防止连续倒塌能力，减少结构费用。合理确定柱间距(不能太大，但太小时也易造成多根柱同时失效)，剪力墙应尽量设置翼墙，避免采用孤独墙肢，同时还应避免出现大跨、框支等结构形式。

(3) 防止结构连续倒塌设计费用增加的幅度还与原结构的设计标准有关，原结构的设计标准越高(如为强震区建筑时)，则增加费用越低或基本不增加。

(4) 对重要的高层建筑，建议应考虑结构的防止连续倒塌设计。

(5) 防止结构连续倒塌设计还需在工程实践中不断补充完善。

致谢：参加本工程结构设计的还有任庆英、陈富生、施泓、王树乐、宋力、周岩、彭翼、席志刚等同志，在此深表感谢!

参考文献

[1] 俄罗斯防止连续倒塌措施(MTCH-19-05，附件 6.1).

[2] 胡庆昌等. 建筑结构抗震减震与连续倒塌控制. 北京：中国建筑工业出版社，2007.

[3] 徐培福等. 复杂高层建筑结构设计. 北京：中国建筑工业出版社，2005.

大跨空间结构连续倒塌分析与控制设计研究进展

李　娜　李爱群

（东南大学土木工程学院，南京　210096

东南大学混凝土及预应力混凝土结构教育部重点实验室，南京　210096）

摘　要： 大跨空间结构在广度空间上具有优越的三维受力特性且结构形式灵活多样，因此被广泛应用于各种大型公共建筑领域。虽然空间结构具有较高的冗余特性，但由意外荷载作用造成的局部破坏，也会引发连续倒塌的发生，造成不可估量的灾难性后果，严重威胁公共安全。本文将从典型的大跨空间结构连续倒塌事故着手分析连续倒塌产生的原因，并结合国内外现有的研究成果，对空间结构连续倒塌风险评估、仿真模拟技术、机理分析与控制设计的基本思想、主要设计方法作评述和总结，并进一步提出尚需解决的问题。

关键词： 空间结构；连续倒塌；机理分析；控制设计

1　引言

结构的连续倒塌是指由于意外荷载造成结构的局部破坏，并引发连锁反应导致破坏向结构的其他部分扩散，最终使结构主体丧失承载力，造成结构的大范围坍塌[1]。1968 年英国伦敦发生的 Ronan Point 公寓楼角部结构连续倒塌事故使结构的连续倒塌研究首次得到关注。1995 年美国俄克拉何马州联邦大楼与 2001 年美国世贸中心双塔楼遭到恐怖袭击后发生倒塌，造成惨重的人员伤亡和财产损失，使结构的连续倒塌研究在工程界引起空前的重视，研究者们提出了一些关于高层建筑结构的连续倒塌分析方法和倒塌控制设计建议[1-4]。

随着科学技术的不断进步，建筑结构不仅追求高度空间的延伸，在广度空间上也在不断拓展，2008 年奥运会系列场馆的建设即显示了社会发展对大跨空间结构的需求。大跨空间结构是一类具有三维空间形体的结构体系，相对高层建筑的平面受力体系而言，空间结构在荷载作用下具有更为典型的三维受力特性，并且重量轻、结构形式灵活多样，因此被广泛应用于各种大型体育场馆、会展中心、航站楼以及各类工业厂房等公共建筑领域[5]。大跨空间结构虽然具有较高的冗余特性，但也会发生连续倒塌的安全事故，造成不可估量的灾难性后果[6]。2004 年 5 月 23 日，法国巴黎戴高乐机场候机厅发生屋顶坍塌事故(图 1)，造成 4 人死亡，3 人受伤；2006 年 1 月 2 日德国巴特赖兴哈尔溜冰馆倒塌，造成 15 人死亡，34 人受伤；2006 年 1 月 28 日波兰卡托维茨国际博览会展厅坍塌，造成 166 人死亡，140 多人受伤；2006 年 2 月 23 日俄罗斯莫斯科鲍曼市场屋顶坍塌，造成 57 人死亡，33 人受伤；2009 年 6 月 2 日，马来西亚某体育场屋盖突然坍塌(图 2)，整座体育场屋盖超过一半成为废墟，造成巨大的经济损失。因此，大跨空间结构的连续倒塌分析与控制设计研究日益得到关注。

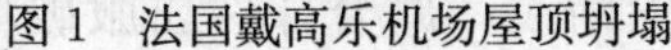

图 1　法国戴高乐机场屋顶坍塌

图 2　马来西亚某体育场屋盖坍塌

目前，大跨空间结构的连续倒塌研究尚处于起步阶段，且多集中于网架与网壳等空间网格结构体系。本文将从若干例空间结构连续倒塌事故着手分析连续倒塌产生的原因，总体评述国内外近几年来大跨空间结构的连续倒塌研究成果，探究提高空间结构抗倒塌能力的途径和手段。

2　大跨空间结构连续倒塌事故原因分析

对于大跨空间结构的连续倒塌研究始于美国哈特福德城体育馆网架的倒塌事故[7]。该体育馆屋盖采用四柱支承的正放四角锥网架，1987 年 1 月 18 日网架屋盖在湿雪持续压力下突然坍塌(图 3)。陈骥[8]分析认为，支撑体系的压杆构件由 4 个等肢角钢组成，设计者只考虑其发生弯曲失稳，未顾及脆弱的抗扭刚度和支撑杆的单面偏心连接，忽略了其发生弯扭失稳的可能性。当其中的一个支撑意外地因雪压失效后，引发了支撑体系的连锁反应，导致屋盖的其余部分相继倒塌。

图 3　美国哈特福德城体育馆网架倒塌

在法国巴黎戴高乐机场候机厅屋顶坍塌事故后，调查委员会认为该结构的初始强度储备较低，直接导致结构失效的因素包括[9]：构件由于钢筋不足或放置错误而开裂，造成结构在恒载及外部作用(温度等)下的柔性更加严重；结构坚固性和冗余度不足，发生局部破坏时无法传递分散荷载；撑杆与混凝土壳体连接处的局部冲剪应力过高；纵向支承梁及其与柱子拉结的水平系杆薄弱。

Caglayan 与 Yuksel[10]在调查土耳其东部的一个小型网架倒塌事故后分析认为，在排除网架构件自身材质缺陷因素后，网架的连续倒塌与网架设计的安全余量不够有密切的关系，并且对于雪载在持续冻融施压下的荷载量估计不足。在 2006 年，德国巴特赖兴哈尔溜冰馆、波兰卡托维茨国际博览会展厅以及莫斯科鲍曼市场屋顶相继坍塌事故都与暴雪袭击有关，屋盖结构实际承受的积雪荷载已大大超过设计荷载。此外，尹德钰与赵红华[11]提到了台风灾害与火灾对于网架结构的严重影响，对造成的网架失效事故进行了相应分析。

2008年5月12日汶川地震造成大量房屋倒塌和人员伤亡，经由刘伟鹏与邓开国[12]初步调查，空间结构的抗震性能良好，如四川省体育馆的悬索结构，成都双流机场航站楼的网壳结构等，主体结构均完好无损，九州体育馆还作为灾民的临时安置点。但也发现个别工程震害比较严重：江油某厂房屋盖采用跨度为28m的三边支承网架结构，地震导致支座螺栓剪断，部分高强螺栓断裂，部分杆件屈服破坏，最终造成抗震缝一侧屋盖整体坍塌(图4)。

图4　江油某厂房屋盖坍塌

综上分析，空间结构的失效原因可分为两类：第一类是由于大跨空间结构体系的复杂性，其设计技术与施工水平尚未完全成熟，由设计或施工的失误造成结构部分关键构件的失效，阻断传力路径导致连续倒塌；第二类是由于地震、雪灾、火灾等自然灾害与偶然荷载作用，空间结构进入非弹性大变形，关键节点区域遭破坏或关键构件失稳，传力路径失效从而引起连续倒塌。

3　大跨空间结构连续倒塌机理分析

大跨空间结构连续倒塌的机理分析是指针对不同的失效原因进行大跨空间结构的连续倒塌风险评估与连续倒塌全过程仿真模拟，从而探究结构构件失效、局部破坏以及整体倒塌之间的关系，研究强地震动场和偶然事件作用下破坏能量在结构系统中的传递、分布、耗散与构件损伤、结构的整体响应之间的内在联系与分配规律。大跨空间结构体系庞大，其连续倒塌是一个非常复杂的非线性动力过程，因此首先需要实现连续倒塌风险评估与全过程仿真模拟技术，为研究倒塌机理搭建技术平台。

3.1　连续倒塌风险评估技术

合理地考虑动力效应及非线性是进行连续倒塌评估的关键和难点所在[13]。按照是否考虑非线性和动力效应，分析方法可分为以下四类[2]：线弹性静力分析、非线性静力分析、线弹性动力分析和非线性动力分析。Morris[14]和Blandford[15]将阶跃失稳、材料弹塑性等因素加入到计算模型中，通过非线性动力分析模拟空间结构的受力性能和失效模式。

结合分析方法与结构初始态特点，可以采用意外荷载分析法与改变传力路径法进行连续倒塌风险评估[16]。意外荷载分析法是指对完整的结构进行特定荷载作用下的连续倒塌分析。范峰等[17,18]研究了冲击荷载作用下K8型单层网壳结构的动力响应规律与破坏倒塌模式；陈适才等[19]利用火场模拟软件研究了火灾作用下网架结构的抗倒塌分析方法；文献［20-22］集中进行了强地震动场作用下单层网壳结构的全过程动力分析并考虑了材料损伤模型。改变传力路径法是指移除结构中某个或某几个构件，然后分析初始破坏所引起的结构反应，适用于各种非常规荷载作用下的倒塌评估分析。高峰等[23]通过冗余度计算方法和考虑双重非线性的全过程分析方法，应用有限元软件对K6型单层网壳进行了极限承载力灵敏度分析，得出了该类型单层网壳的极限承载力对于杆件失效的灵敏度值；Murtha-Smith[24]根据改变传力路径法分析了双层网架结构的连续倒塌机理。

3.2 连续倒塌仿真模拟技术

从本质上说，结构倒塌是一个从连续体向非连续体转变的复杂数值过程，要求数值模型既能较好的考虑发生倒塌前结构的弹塑性变形、损伤和耗能行为，又能把握在部分构件破坏后，结构碎片的刚体位移以及破损结构之间的相互接触和碰撞行为，因而对数值模型和分析技术提出了很高的要求[25]。仿真过程涉及三个难点：不连续位移场的描述，接触——碰撞分析以及结构倒塌过程中的大位移、大转动问题[26]。胡晓斌与钱稼茹[13]指出一般有四类连续倒塌仿真方法：第一类为修正有限元法；第二类为离散单元法，此方法不要求满足连续性条件，但在准确计算复杂三维结构进入倒塌阶段前的受力行为存在一定困难；第三类是在非线性功能强大的通用有限元软件的基础上进行二次开发使其更加适于倒塌过程仿真；第四类是直接采用显式动力有限元分析软件对结构连续倒塌过程进行仿真。

文献［21-22］基于通用有限元软件ABAQUS并自主开发了用户材料子程序，便于在分析中考虑材料损伤累积以及断裂效应的影响。陆新征等[25]在MSC.MARC基础上开发单元生死控制子程序，综合有限元法、单元生死控制和接触非线性的数值模型，较好地模拟了结构倒塌早期阶段的受力行为。LS-DYNA采用有条件稳定的显式差分算法，能够模拟纤维断裂、机构运动等复杂的力学过程。范峰等[17,18]在进行冲击荷载响应分析时运用了LS-DYNA有限元软件进行仿真分析，江晓峰与陈以一[27]运用LS-DYNA有限元软件进行大跨桁架体系的连续性倒塌分析，并开发了提高单元计算精度的子程序。

此外，新近发展起来的向量有限元法(或称有限质点法)以向量力学和数值计算为基础，将结构离散为质点群，采用牛顿第二定律描述质点运动，其特点是既能精确求解单元内部的应力、应变，又能模拟系统运动的大变形和大位移。Wang[28,29]等运用此方法模拟了地震作用下结构的连续倒塌过程，并分析了空间网格结构的非线性动力行为。

3.3 连续倒塌机理

(1) 连续倒塌评判准则

在连续倒塌研究中，倒塌的评判准则是进行倒塌机理分析的前提。比较常用的评判准则为强度和变形准则，范峰等[30]在对网壳结构的动力响应进行全过程跟踪时，综合构件屈服比率、屈服应变比、屈服位移比等指标对网壳动力强度破坏进行判定；沈世钊与支旭东[20]将位移响应作为球面网壳结构失效的主要依据，将进入塑性杆件比例指标作为参考指标；文献［21-22］分别提出柱面与球面单层网壳的损伤因子，将网壳动力强度失效判别与损伤因子建立关联。位移反映了结构的变形情况，但它不能区别结构在反复荷载作用下损伤累积的过程，而塑性杆件数反映了结构进入塑性的程度，但不能区别出结构的变形情况。为综合反映最大变形和应力反复变化的影响，继而出现了能量准则，杜文风等[31,32]通过分析单层网壳结构的耗能机理，综合变形和塑性累积耗能的双控准则，建立了动力破坏指数并给出了单层网壳结构动力破坏级别分界值；Sheidaii 等[33]提出了一种基于结点动能的判定准则用于双层网架的跃越失稳分析。

（2）连续倒塌失效模式

不同结构体系的整体抵抗连续性倒塌能力各异，应分别考察各类结构体系发生连续性倒塌的机理和能力特征[34]。

平面桁架体系具有低冗余度的特点，江晓峰与陈以一[27]进行了平面桁架结构倒塌过程的内力重分布机理研究，表明在考虑杆件节点具有抵抗弯矩的实际能力的条件下，局部构件的初始破坏将首先导致局部区域出现塑性铰，进入局部内力重分布机制，随着整体结构发生更大的内力需求和变形，进入整体内力重分布过程。

双层网架结构虽然冗余度较高，通常认为其不会发生连续倒塌的观念是错误的[35]，因为构件受拉和受压性能差异较大。Gioncu[35]分析认为当受拉构件失效时，轴力不变，甚至由于硬化效应提高了抗拉强度，但当受压构件达到临界荷载失稳时，相邻构件若可以承担附加荷载，则只是局部影响，否则压杆失稳会引发“多米诺效应”，致使与该构件平行布置、承担相同方向荷载的构件依次失效，最终导致整个网架的连续倒塌。Murtha-Smith[24]通过改变传力路径法分析表明当结构在承受全部工作荷载时，某些关键构件对发生连续倒塌更为不利。Sheidaii 等[33]认为压杆的跃越失稳会迅速影响相邻构件，所造成的动力效应进一步推进了内力重分布，然而动力效应也会改变材料性能，增大屈服强度，从而对重分布效应有所补偿。

单层网壳与网架结构失效模式又有所不同，它的内力重分布能力较弱，在几何缺陷或意外荷载作用下，会导致动力阶跃失稳且释放大量动能，若网壳结构可以吸收此部分能量，则失稳可以控制，否则将导致连续倒塌[33]。沈世钊与支旭东[20]研究了单层球面网壳结构在地震等动力荷载作用下的两种可能的失效机理：由几何非线性起主要作用导致的动力失稳和由于塑性变形过度发展导致的强度破坏，提出了统一的基于响应分析的关于网壳结构失效机理的理论框架和具体的动力失稳和强度破坏判别准则。

在张弦结构体系研究中，刘国光[36]利用 ANSYS 有限元分析软件模拟张弦梁结构的动力失效全过程，指出预应力索为结构的损伤敏感构件，会引起结构的静、动力性能的显著改变；孔丹丹等[37]认为张弦结构空间几何形态是影响结构刚度和塑性发展过程的关键因素。当然，由于索杆张力体系的复杂性与拉索性能的敏感性，目前其动力分析与连续倒塌机理的研究开展得较少。

4 大跨空间结构连续倒塌控制设计

4.1 连续倒塌控制设计思想

为了充分保证生命安全和减少经济损失，对结构在强地震动场和偶然事件作用下可能出现的连续倒塌应该进行控制设计。叶列平等[38]从系统科学的角度出发，讨论了提高建筑物抗倒塌能力的设计思想，将建筑结构系统的安全储备分为基本安全储备、整体安全储备与意外安全储备三个层次，认为结构的整体抗倒塌能力取决于整体安全储备和意外安全储备，而意外安全储备主要来自结构的鲁棒性、整体稳定性和整体牢固性，其中整体牢固性是保证结构系统具有整体性的前提，它要求构件之间应具有恰当而可靠的连接；鲁棒性要求结构系统不因局部受损而发生与原因不相称的破坏；稳定性要求结构系统的破坏进程是渐进式有序的多阶段过程，各个阶段能够有效地控制损伤扩散的次序与程度。

国外的研究学者已逐步将结构抗连续倒塌的设计思想写入各类标准规范[1]：在英国建筑规程(British Standard)、欧洲规范(Eurocode 1)、加拿大建筑规程(NBCC)中都有关如何改善结构抗连续倒塌能力的规定；美国公共事务管理局编制的《联邦政府办公楼以及大型现代建筑连续倒塌分析和设计指南》(GSA 2003)和国防部编制的《建筑抗连续倒塌设计》(DoD 2005)较为详细地阐述了结构抗连续倒塌的设计方法及流程。这些规范规程主要将多层、高层和高耸结构抗倒塌设计写入相关条文，只有在日本钢结构协会《高冗余度钢结构倒塌控制设计指南》中对大跨空间结构的冗余特性进行了考察。我国目前各类结构设计规范基本上只针对结构构件层面进行基本安全储备的设计，对于重大建筑结构考虑满足整体安全储备的设计，但对于大跨空间结构的意外安全储备的设计尚未涉及。

4.2 连续倒塌控制设计方法

Leyendechker 与 Ellingwood[39]将结构抗连续倒塌的设计方法归为：事件控制法、间接设计法和直接设计法。这三类设计方法现今也体现在各国标准规范的抗连续倒塌设计方法及流程中[1]。

(1) 事件控制法即从根本上消除引起连续倒塌的原因。通过前文分析可以了解引起大跨空间结构失效的原因可分为两类：第一类是由设计或施工失误造成的，可通过完善规范设计要求与加强施工监管等尽量予以避免；第二类是由于自然灾害与偶然荷载作用引起的，只能通过结构的针对性设计与加强措施进行预防。

(2) 间接设计法是从概念设计的角度提高空间结构的延性、整体性、连续性等抗连续倒塌的能力特性。刘伟鹏与邓开国[12]通过网架结构震害调查建议要加强支座等关键节点的连接构造。徐庆阳与李爱群[40]针对网架结构特点，提出采用黏滞流体阻尼器作为冗余构件和黏弹性阻尼器替换原构件两种方法对网架结构进行消能减振设计，使网架结构大部分构件在强地震作用下仍处于弹性状态，避免构件发生阶跃失稳造成整体结构的破坏。文献［41-44］则针对网壳结构分别采用 TMD、耗能构件和耗能支座对不同模型进行了消能减震设计，有效地增强了结构的自我调节功能，协调减轻了结构的动力反应。

(3) 直接设计法主要包括改变传力路径法与关键构件法。针对双层网架结构，Murtha-Smith[24]从实际工程分析中提出：对关键受压构件进行较保守的设计是一种防止连续倒塌的有效措施；对邻近的受压构件及应力较低的斜腹杆进行加强也可以改善抗倒塌能力。对于单层网壳结构，可以通过增大部分构件截面，形成较大区域的多重传力路径，将节点的阶跃失稳限于局部区域以防止连续倒塌的发生[35]。但从整体来看，目前的直接设计方法较为适于平面传力体系，对于三维受力的大跨空间结构，因其传力路径较为复杂，宜在充分研究其动力特性的基础上，有针对性地开展连续倒塌设计方法研究。

5 结语

在大跨空间结构设计研究和工程实践过程中，连续倒塌是一个独特的研究领域。本文将现有的研究成果及尚需解决的问题归纳如下：

(1) 相比于一般多高层建筑，空间结构体系的受力特性更为复杂，影响因素更为多元化，不同的结构体系由局部破坏引起的连锁性反应差异较大，因此研究的难度也更大，需要继续探索适于不同结构体系的连续倒塌的精确数值模拟方法和简化高效的分析方法。

(2) 鉴于大跨空间结构安全问题的重要性，除了加强结构构件层面的基本安全储备设计外，须重视结构整体安全储备与意外安全储备的设计理念。

(3) 以空间结构体系的力学特点为立足点，从事件控制、间接设计与直接设计三方面有针对性地研究抗连续倒塌设计方法，以保证结构有足够的连续性、冗余度和耗能性能，为工程实践提供直接有效的设计方案和实现技术。

参考文献

[1] 梁益，陆新征，缪志伟，叶列平. 结构的连续倒塌：规范介绍和比较. 第六届全国工程结构安全防护学术会议论文集，洛阳，2007：195-200.

[2] Marjanishvili S M，P E，Asce M. Progressive analysis procedure for progressive collapse. Journal of Performance of Constructed Facilities，2004，18(2)：79-85.

[3] Steven W，Joseph L. Methodologies for progressive collapse analysis. Proceedings of 2009 Structures Congress：Don't Mess with Structural Engineers. Austin，ASCE，2009：1126-1135.

[4] 胡庆昌，孙金墀，郑琪. 建筑结构抗震减震与连续倒塌控制. 北京：中国建筑工业出版社，2007.

[5] 董石麟，罗尧治，赵阳等. 新型空间结构分析、设计与施工. 北京：人民交通出版社，2006.

[6] Malla R B，Serrette R L. Double-layer grids：review of dynamic analysis methods and special topics. Journal of Structural Engineering，1996，122(8)：882-892.

[7] Blandford G E. Progressive failure analysis of inelastic space truss structures. Computers & Structures，1996，58(5)：981-990.

[8] 陈骥. 美国哈特福德城体育馆网架结构失稳事故分析. 钢结构，1997，12(38)：20-25(42).

[9] Wood J G M.（赵阳译）. 巴黎机场候机厅坍塌事故：应吸取的教训. 空间结构，2005，11(2)：63-64.

[10] Caglayan O，Yuksel E. Experimental and finite element investigations on the collapse of a mero space truss roof structure-a case study. Engineering Failure Analysis，2008，15：458-470.

[11] 尹德钰，赵红华. 网架质量事故实例及原因分析. 建筑结构学报，1998，19(1)：15-23.

[12] 刘伟鹏，邓开国. 空间结构"5·12"汶川地震震害初步调查. 四川建筑，2009，29(4)：112-113.

[13] 胡晓斌，钱稼茹. 结构连续倒塌分析与设计方法综述. 建筑结构，2006，36(S1)：79-83.

[14] Morris N F. Effect of member snap on space truss collapse. Journal of Engineering Mechanics，1993，119(4)：870-886.

[15] Blandford G E. Review of progressive failure analyses for truss structures. Journal of Structural Engineering，1997，123(2)：122-129.

[16] Ellingwood B R. Building design for abnormal loads and progressive collapse. Computer-Aided Civil and Infrastructure Engineering，2005，20(3)：194-205.

[17] 范峰，王多智，支旭东，沈世钊. K8 型单层球面网壳抗冲击荷载性能研究. 工程力学，2009，26(6)：75-81.

[18] Fan Feng，Wang Duozhi，Zhi Xudong，Shen Shizhao. Failure modes of reticulated domes subjected to impact and the judgment. Thin-Walled Structures，2010，(48)：143-149.

[19] 陈适才，任爱珠，唐方勤，史健勇. 火灾下大空间网架结构的抗倒塌分析方法. 钢结构，2007，22(98)：85-88.

[20] 沈世钊，支旭东. 球面网壳结构在强震下的失效机理. 土木工程学报，2005，38(1)：11-20.

[21] 支旭东，范峰，沈世钊. 强震下单层柱面网壳损伤及失效机理研究. 土木工程学报，2007，40(8)：29-34.

[22] 史义博，支旭东，范峰，沈世钊. 单层球面网壳在强震作用下的损伤模型. 哈尔滨工业大学学报，2008，40(12)：1874-1877.

[23] 高峰，杨大彬，靳卫恒. K6 型单层网壳极限承载力对杆件失效的灵敏度分析. 建筑与结构设计，2009，(8)：16-19.

[24] Murtha-Smith E. Alternate path analysis of space trusses for progressive collapse. Journal of Structural Engineering，1988，114(9)：1978-1999.

[25] 陆新征，叶列平，缪志伟. 建筑抗震弹塑性分析——原理、模型与在 ABAQUS，MSC. MARC 和 SAP2000 上的实践. 北京：中国建筑工业出版社，2009.

[26] 张雷明，刘西拉. 钢筋混凝土结构倒塌分析的前沿研究. 地震工程与工程振动，2003，23(3)：47-52.

[27] 江晓峰，陈以一. 大跨桁架体系的连续性倒塌分析与机理研究. 工程力学，2010，27(1)：76-83.

[28] Wang C Y，Wang R Z，Tsai K C. Numerical simulation of the progressive failure and collapse of structure under seismic and impact loading. 4th International Conference on Earthquake Engineering，Taipei，NCREE，2006：84-94.

[29] Wang C Y，Wang R Z，Chuang C C，Wu T Y. Nonlinear dynamic analysis of reticulated space truss structure. Journal of mechanics，2006，22(3)：235-248.

[30] 范峰，钱宏亮，邢佶慧，支旭东，沈世钊. 强震作用下球面网壳动力强度破坏研究. 哈尔滨工业大学学报，2004，36(6)：722-725.

[31] 杜文风，高博青，董石麟. 单层网壳结构的动力破坏指数研究. 西安建筑科技大学学报(自然科学版)，2009，41(2)：154-160(206).

[32] 杜文风，高博青，董石麟. 单层网壳动力失效的形式与特征研究. 工程力学，2009，26(7)：39-46(65).

[33] Sheidaii M R，Parke G A R，Abedi K，Behravesh. Dynamic snap-through buckling of truss-type structures. International Journal of Space Structures，2001，16(2)：85-93.

[34] 江晓峰，陈以一. 建筑结构连续性倒塌及其控制设计的研究现状. 土木工程学报，2008，41(6)：1-8.

[35] Gioncu V. Progressive collapse of space structures. New Olympics New Shell and Spatial Structures，IASS-APCS 2006 Symposium，Beijing，China，2006.

[36] 刘国光. 考虑损伤累积的张弦梁动力失效全过程分析. 杭州：浙江大学硕士学位论文，2008.

[37] 孔丹丹，丁浩民，何志军. 张弦空间结构的弹塑性极限承载力分析. 土木工程学报，2008，41(8)：8-14.

[38] 叶列平，曲哲，陆新征，冯鹏. 提高建筑结构抗地震倒塌能力的设计思想与方法. 建筑结构学报，2008，29(4)：42-50.

[39] Leyendechker E V, Ellingwood B. Design methods for reducing the risk of progressive collapse in buildings. Washington D C: National Bureau of Standards, 1977.

[40] 徐庆阳，李爱群. 大跨空间网架结构采用消能减震技术的研究. 工业建筑，2007，37(7)：85-88.

[41] 叶继红，陈月明，沈世钊. TMD减震系统在网壳结构中的应用. 哈尔滨建筑大学学报，2000，33(5)：10-14.

[42] 范峰，沈世钊. 网壳结构的粘弹阻尼器减振分析. 地震工程与工程振动，2003，23(3)：156-159.

[43] 张毅刚，梁海彤. 替换可控杆件的双层柱面网壳半主动控制策略. 北京工业大学学报，2003，29(3)：320-324.

[44] 周晓峰，陈福江，董石麟. 黏弹性阻尼材料支座在网壳结构减震控制中性能研究. 空间结构，2000，6(4)：21-28.

国外RC框架抗连续倒塌设计方法的检验与分析*

梁 益 陆新征 李 易 叶列平

（清华大学 土木工程安全与耐久教育部重点实验室，土木工程系，北京 100084）

摘 要： 建筑结构在意外事件时的连续倒塌已成为严重威胁公共安全的重要问题。国外自1968年英国Ronan Point公寓倒塌事件发生以来，已经对连续倒塌问题进行了40余年的研究，并编制了相关设计规范，而我国规范目前尚未规定详细的连续倒塌设计方法。参考美国国防部编制的《结构抗连续倒塌设计》(DoD 2005)提供的设计流程，对按照我国现行规范设计的八层钢筋混凝土框架进行了连续倒塌仿真分析，研究了其抗连续倒塌能力。并应用拉结强度法和拆除构件法，对该框架进行了抗连续倒塌设计，建立了将国外规范中的抗连续倒塌设计方法应用于我国框架结构的设计实例，并指出了其中存在的一些问题。

关键词： 连续倒塌；混凝土框架；拉结强度法；拆除构件法

1 引言

建筑结构的连续倒塌是由于意外事件(如煤气爆炸、炸弹袭击、车辆撞击、火灾等)造成结构的局部破坏，并引发连锁反应导致破坏向结构的其他部分扩散，最终造成结构的大范围坍塌。一般来说，如果结构的最终破坏的规模与初始破坏的不成比例，即可称之为连续倒塌[1]。连续倒塌一旦发生，一般造成很严重的生命财产损失。近年来由于各种意外事件造成的建筑结构连续性倒塌事故，使得该问题日益受到公众的关注和研究者的重视[2]。

由于多层或高层建筑结构一般同时存在水平和竖向连续倒塌，而竖向连续倒塌难以通过分区隔离的方法加以避免，故目前比较行之有效的建筑连续倒塌措施主要是提高结构的整体性。我国现行《混凝土结构设计规范》(GB 50010—2002)[3](简称混凝土规范)仅对抗连续倒塌作了简单的说明，没有提出设计的具体方法和准则，缺乏可操作性。目前，国外的一些主要规范中均有关于如何改善结构抗连续倒塌能力的规定[2]，如英国的British Standard[4]、欧洲的Eurocode 1[5]等。美国公共事务管理局编制的《联邦政府办公楼以及大型现代建筑连续倒塌分析和设计指南》(GSA 2003)[6]和美国国防部编制的《建筑抗连续倒塌设计》(DoD 2005)[7]则较为详细地阐述了结构抗连续倒塌的设计方法及流程。

文中简单地总结了这些国外规范中的设计方法，并对其中可以进行定量设计的拉结强度法和拆除构件法进行了算例检验。首先，参考DoD 2005规范提供的设计流程，

* 基金项目：国家十一五科技支撑计划项目(2006BAJ03A02-01)

基于清华大学开发的框架结构纤维模型分析程序 THUFIBER，对按照我国现行混凝土规范设计的八层钢筋混凝土框架进行了连续倒塌仿真分析，研究了其抗连续倒塌能力。在此基础上，根据现有规范中的拉结强度法和拆除构件法，对该框架进行了抗连续倒塌设计，建立了将国外规范中的抗连续倒塌设计方法应用于我国框架结构的设计实例，发现按我国现行规范设计的框架结构抗连续倒塌能力可能不满足要求，直接套用国外拉接设计法不能明显改善我国框架结构的抗连续倒塌能力，而采用基于非线性动力分析的拆除构件法可以有效地保证结构的抗连续倒塌能力。

2 国外抗连续倒塌规范设计方法简介

现有国外规范中提高结构抗连续倒塌能力的方法主要可以归纳为四种：概念设计法、拉结强度设计法、拆除构件设计法和局部加强设计法。

概念设计法主要从结构的整体性、延性、冗余度和构造措施等结构概念设计，来改善结构的抗连续倒塌能力。概念设计是最简单易行的方法，但是该方法难以量化，依赖于设计人员的水平和经验。

拉结强度设计法对结构构件之间的连接强度进行验算，使其满足一定的强度要求，以保证结构的整体性和备用荷载传递路径及其传递能力。拉结强度设计无需对整个结构进行受力分析，比较简便易行，但过于简化，经验成分较多。对于复杂结构，其可靠性可能存在问题。

拆除构件设计法将结构中的部分构件拆除，通过整体受力分析来预测结构是否会发生连续倒塌。如果结构可能发生连续倒塌，则通过增强拆除后的剩余结构来避免连续倒塌，这种方法的实质是增强结构的冗余度，提供有效的备用传力路径，因此又可称为“替代路径设计法”。拆除构件设计需要多次的整体结构分析以检验结构防倒塌能力，有时根据需要还要考虑几何和材料的非线性，其设计过程较为复杂和耗时，但是其精度较高。

局部加强设计法，对于破坏后容易引发连续倒塌的主要承重构件，如果难以通过改善结构布置或拆除构件设计增强其防连续倒塌能力，则将其视为关键构件进行局部加强设计。

以上四种方法中，概念设计法是定性设计方法，而拉结强度设计法和拆除构件设计法是具有系统流程的定量设计方法，也是应用得最为广泛的设计方法。局部加强设计法往往作为前三个方法的补充设计方法。故本文针对国外规范中建议的拉结强度设计法和拆除构件设计法进行研究。

目前各国规范所采用的设计方法和设计理念基本相同，只是设计的参数和流程上略有一些差别。这些规范中以 DoD 2005 规范[7]的规定最为详细和完备。故文中主要参考 DoD 2005 规范[7]的抗连续倒塌设计方法，研究按我国规范设计的钢筋混凝土框架结构的抗连续倒塌能力及其存在的问题。

3 THUFIBER 程序简介

要进行结构抗连续倒塌能力分析，首先要对结构的倒塌破坏过程进行准确的仿真模拟。清华大学在通用有限元软件MSC. MARC的基础上，利用其二次开发功能，开发了适用于钢筋混凝土杆系结构的THUFIBER程序[8]。在THUFIBER程序中，每根钢筋混凝土杆件的截面被划分成若干个混凝土纤维和钢筋纤维。用户可以分别定义每个纤维的位置、截面积和本构关系。程序自动根据平截面假定得到每个纤维的应变，并迭代计算确保截面受力平衡。由于采用了合适的材料本构模型，并可考虑杆件的剪切破坏[8]，再利用MSC. MARC 2005的非线性分析能力，故在结构抗震和抗倒塌分析方面有着成功的应用[8-10]。图1所示为采用该程序对湖南大学混凝土框架倒塌试验[11]的模拟，结果显示该程序在模拟混凝土框架结构倒塌方面具有很高的精确性。

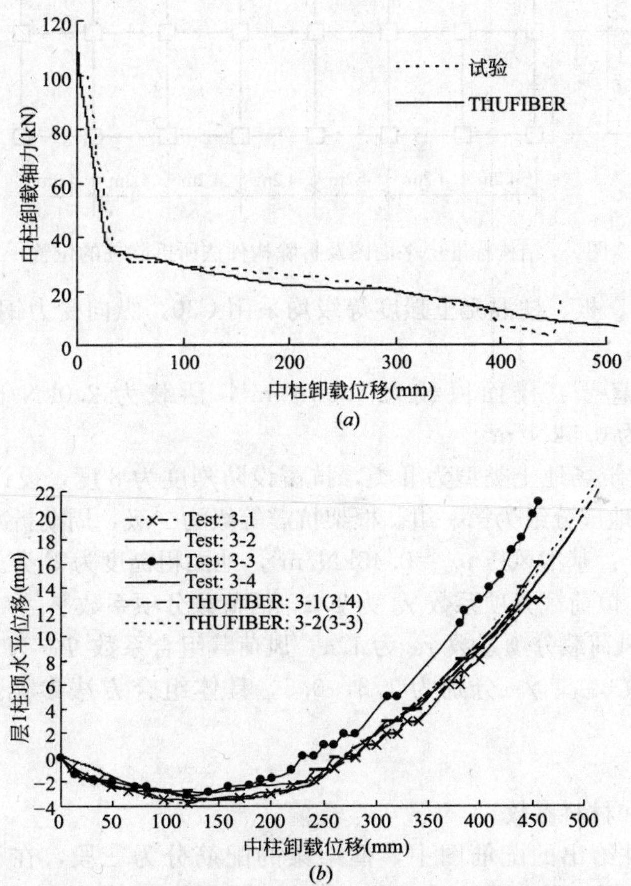

图1 THUFIBER程序对RC框架倒塌试验的模拟

(*a*)卸载位移和轴力的关系；(*b*)卸载位移和层1柱顶水平位移的关系

4 结构模型设计

首先基于我国现行规范采用PKPM设计软件建立一个八层框架结构模型，并计算得到配筋结果。在此基础上采用THUFIBER程序建立有限元模型，以进行连续倒塌仿真分析。

4.1 设计参数

总信息：首层层高4.2m，其余层高3.6m，柱网尺寸见图2。框架梁、柱和楼板均为现浇，柱截面尺寸550mm×550mm，纵梁截面尺寸300mm×550mm，横梁截面尺寸300mm×500mm，楼板厚度120。房屋内外隔墙均为轻质墙。柱脚假设理想固接于地面。

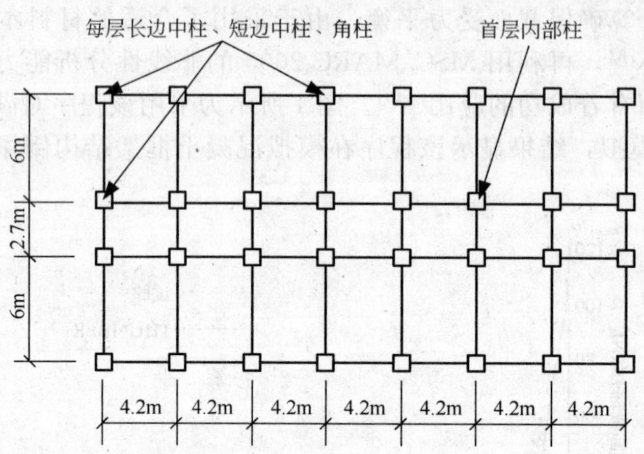

图2　结构标准层平面图及拆除构件法所拆除柱的位置

材料信息：梁、板、柱混凝土强度等级均采用C30，纵向受力钢筋选用HRB335，箍筋选用HPB235。

恒/活荷载信息[12]：楼面恒载为5.0kN/m^2，活载为2.0kN/m^2，屋面恒载为7.5kN/m^2，活载为0.5kN/m^2。

地震信息：建筑场地土类型为Ⅱ类，抗震设防烈度为8度，设计基本地震加速度值为0.20g，设计地震分组为第一组。框架抗震等级为二级，周期折减系数取0.75。

风荷载信息[12]：基本风压w_0＝0.45kN/m^2，地面粗糙度为C类。

荷载组合[12]：恒荷载分项系数γ_G为1.2，活荷载分项系数γ_L为1.4，活荷载组合系数Ψ_L为0.7，风荷载分项系数γ_W为1.4，风荷载组合系数Ψ_W为0.6，水平和竖向地震荷载分项系数γ_{EH}，γ_{EV}分别为1.3，0.5。具体组合方法参见PKPM相关资料说明。

4.2 有限元模型

4.2.1　配筋和材料参数

在PKPM软件给出的配筋图中，框架梁的配筋分为三段，在THUFIBER模型中，相应的将每根框架梁分为三个部分，按照PKPM的配筋结果分别赋予材料属性，以模拟不同配筋的梁段。对于PKPM配筋量为零处(如梁跨中顶部)，按照构造要求配置2Φ14。

由于连续倒塌为小概率事件，可适当降低构件材料强度的保证率，故在连续倒塌仿真分析时材料强度均采用标准值。

4.2.2　荷载组合

按照DoD 2005的规定，在进行拆除构件法的非线性动力分析时，应对整个结构施加如下荷载组合[7]：

$$(0.9 \text{ or } 1.2)D+(0.5L \text{ or } 0.2S)+0.2W \tag{1}$$

式中：D 为恒荷载/kN/m²；L 为活荷载/kN/m²；S 为雪荷载/kN/m²；W 为风荷载/kN/m²。

根据上述规定，对于本结构进行连续倒塌分析时荷载组合取为：

$$1.2D+0.5L+0.2W \tag{2}$$

对于风荷载的施加，DoD 2005 规范中要求考虑八个风向并分别进行拆除构件分析[7]，由于本结构高度不大，风荷载较小，同时考虑结构的对称性，分析中将只考虑一个风向，即沿结构的横向方向。当进行拆除构件分析时，拆除的长边中柱均位于结构的背风面。

4.2.3　楼板等效方案

考虑到在倒塌分析时楼板计算比较困难，DoD 2005 规范附录算例采取了将楼板荷载和钢筋折算到梁内的方法[7]。本文也遵照这一原则，楼板的重量按照双向板传力的方法传递至相应的框架梁，通过弯矩等效的方法折算成均布于该梁上的荷载[13]。

5　原始结构拆除构件分析

将按照我国混凝土规范设计的框架有限元模型作为原始结构，对该结构模型按 DoD 2005 规定依次拆除有关构件后分别进行非线性动力时程分析，根据计算结果评估该结构模型的抗连续倒塌能力。

5.1　柱的拆除位置

参考 DoD 2005 建议的拆除构件法[7]，倒塌分析采用从整体结构中瞬间移除一个竖向承载构件，对剩余结构进行弹塑性动力分析的方式来评估整体结构在该初始局部破坏发生后的抗连续倒塌能力。DoD 2005 对拆除构件的部位做了规定，分别考察不同部位的初始局部破坏所引起的连续倒塌后果。对于框架结构，处于结构外围的每层长边中柱、短边中柱及角柱均须逐一拆除进行倒塌分析。此外，对于结构的地下停车场和首层，即难以进行安全控制的区域，还应拆除该层内部柱进行分析。鉴于本框架结构形式较为简单规整，对于不同部位的柱，代表性的选择一根柱进行拆除构件分析。参考 DoD 2005 附录 C 中的算例[7]，每层柱的拆除位置如图 2 所示。

5.2　破坏准则

同时采用强度准则和变形准则进行构件失效判断。在本文分析中，以钢筋屈服后伸长率超过 10%认为钢筋发生断裂[8]，并认为构件破坏失效。另外，按照 DoD 2005 附录 B 的说明[7]，当框架梁在失去其支承柱后，若支承点处的挠度超过梁跨度的 10%，亦作为构件的失效判别准则。

5.3　破坏范围限制

DoD 2005 规定[7]，对于外围柱的拆除，直接位于拆除构件上部的楼板的坍塌面积不得大于 70m² 和 15%楼面总面积的较小值；对于内部柱的拆除，直接位于拆除构件上部的楼板的坍塌面积不得大于 140m² 和 30%楼面总面积的较小值；拆除构件以下的楼板以及与该拆除构件无直接连接的结构不得出现坍塌。DoD 2005[7] 认为不能同时满足上述条件就认为结构产生与初始破坏不成比例的连续性倒塌，本文也以此作为连续倒塌的判据。

5.4 分析步骤

参考 DoD 2005 中的规定[7]，按照以下步骤进行非线性动力分析：1）拆除构件前，结构在竖向荷载作用下达到静力平衡状态；2）迅速拆除构件（即在有限元模型中瞬间“杀死”相应单元）；3）进行动力分析直至结构破坏或达到一个稳定状态（文中八层框架分析的结束时间为第 3s 末）。

5.5 破坏状况

对于按我国现行规范设计的原始结构，分别按 5.1 节所述拆除框架柱，并按 5.4 节的步骤进行分析，可得到各种拆除工况的分析结果如表 1 所示，表中满足破坏范围限制要求的称为“不倒塌”，反之称为“倒塌”。部分柱拆除后结构典型倒塌或变形模式见图 3。

原始结构和拉结设计后结构的倒塌模拟分析结果 表 1

楼层	设计方法	角柱	长边中柱	短边中柱	内柱
1	常规设计	未倒塌	未倒塌	未倒塌	未倒塌
	拉结设计	未倒塌	未倒塌	未倒塌	未倒塌
2	常规设计	未倒塌	未倒塌	未倒塌	—
	拉结设计	未倒塌	未倒塌	未倒塌	—
3～4	常规设计	倒塌	未倒塌	未倒塌	—
	拉结设计	倒塌	未倒塌	未倒塌	—
5～8	常规设计	倒塌	倒塌	未倒塌	—
	拉结设计	倒塌	倒塌	未倒塌	—

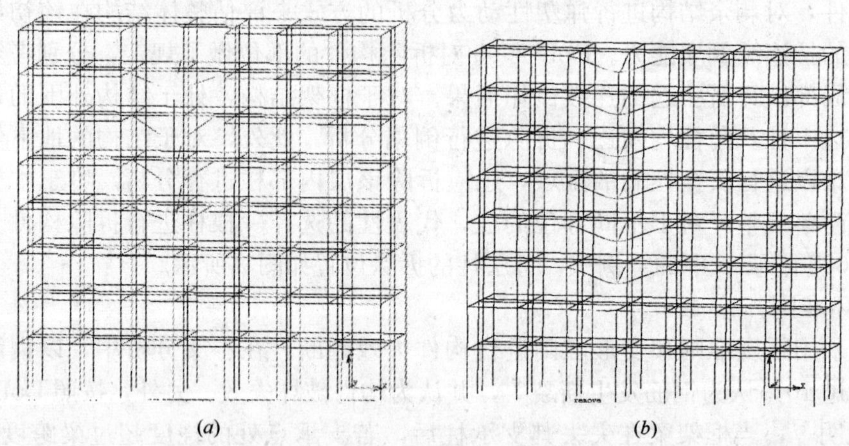

图 3 结构在柱构件拆除后的典型倒塌和变形模式

(*a*)层 5 长边中柱拆除后结构发生倒塌破坏；(*b*)层 3 长边中柱拆除后结构未发生倒塌破坏

从表 1 可以看出，层 3 以上角柱和层 5 以上长边中柱在拆除后结构发生倒塌，发生倒塌破坏的主要原因是冗余承载力不足，以及部分内力反向作用，如拆除角柱时跨中正弯矩变为负弯矩。其他相同位置处较低楼层的柱拆除后未发生倒塌，这是因为其上部结构超静定次数较大，更多的框架梁分担并承受原本由被拆除柱所承受的荷载，抵抗连续倒塌的能力增强。与此类似，底层内部柱上方的结构也具有较高的超静定次数，拆除后也未发生倒塌。可见冗余度的增大可以改善结构的整体牢固性。

在算例中，各层短边中柱拆除后，均未发生倒塌。这是由于短边中柱的柱距较小，梁的刚度较大，地震作用效应也比较大，故配筋较多，所以相对不易发生倒塌破坏。因此，从本算例分析结果来看，按我国规范设计的钢筋混凝土框架结构具有一定的抗连续倒塌能力，其力学机理和实际利用需要进一步的研究。

6 采用拉结强度法进行设计

拉结强度法是一种简单的增强结构整体牢固性的措施，一些国外规范均有较为详细的规定。拉结强度法通过规定构件的最小配筋率，保证构件在发生倒塌破坏时能提供一定的拉力，从而提高结构的整体牢固性。本节将主要参照 DoD 2005 规范[7]中提供的拉结强度法设计流程，在前述按我国规范设计的原始结构基础上进行拉结加强，然后再采用第 4 节拆除构件法进行分析，并与原始结构的拆除构件法分析结果进行比较。

6.1 设计方法

在 DoD 2005 规范[7]中，拉结分为内部拉结、周边拉结、对墙/柱的拉结以及竖向拉结，对于钢筋混凝土结构，各种类型的拉结设计要求均有详细规定。

6.1.1 内部拉结

结构的内部拉结应沿互相垂直的两个方向分布在各个楼层，拉结强度应取下列两者的较大值：$1.0F_t$；$\frac{1.0D+1.0L}{7.5}\frac{I_r}{5}F_t$。其中：$D$ 和 L 的取值同(1)式；I_r 表示该拉结方向柱距的最大值/m；F_t 为基本拉结强度/kN，取$(20+4n_o)$和 60 的较小值；n_o 表示建筑的层数。

6.1.2 周边拉结

在结构的每一层均须提供沿结构周边的有效拉结，拉结强度必须大于 $1.0F_t$。

6.1.3 对墙/柱的拉结

对于结构的外围柱或墙必须进行水平拉结使其嵌入结构整体，对于结构的角柱则须在两个方向均进行拉结，拉结强度取下列两者的较大值：$2.0F_t$ 和 $\frac{I_s}{2.5}F_t$ 的较小值；该墙/柱承受的荷载标准值的 3%。其中，I_s 表示层高/m，其他符号含义与前述相同。

6.1.4 竖向拉结

每一根柱/墙均必须从基础到结构顶部进行连续的拉结，拉结强度必须大于该柱/墙承受的最大楼层荷载标准值，并且柱的钢筋连接不应设置在与楼层交界处以及楼层柱的中点处。

在本文算例中，对于不满足拉结要求的部位，按照拉结要求重新配筋。由于本框架地震设防烈度较高，经计算分析，框架柱以及框架梁端区域的原有配筋均满足拉结要求，但框架梁跨中顶部的配筋不满足拉结要求。

6.2 破坏状况比较

按前述同样方法对拉结加强后的结构进行拆除构件分析，并将分析结果与拉结加强前原始结构的分析结果进行对比，如表 1 所示。由表可见对于本结构而言，采取拉结法并未显著改善结构的抗连续倒塌能力。原因可能是拉结强度法应用于我国结构设计的适用性问题，因为从 DoD 2005 附录 B[7]对拉结强度法的说明可以看到，该方法源于英国规范，其中的设计要求与结构的恒活载取值、跨度等因素有关，适用于英国的典型结构以及与之类似的美国的建筑结构，应用于我国的结构设计时需要进行改进。另外，在 Abruzzo 等人的研究中，也发现类似问题[14]，即按拉结法设计的结构，其抗连续倒塌仍然存在不足。

7 采用拆除构件法进行设计

7.1 设计方法

在拉结加强后结构的基础上，采用拆除构件法进行设计，使其满足抗连续倒塌的要求。对于本文简单规整的框架结构形式，设计过程比较简单，基本设计流程如下：

(1) 首先设计结构层 8：1)首先拆除短边中柱，逐步增加该柱直接支承的梁的配筋，使该柱拆除后，上部结构不发生坍塌，再根据结构对称性，将该柱直接支承的梁的配筋结果应用于其他相似位置的梁；2)然后拆除长边中柱，逐步增加该柱直接支承的梁的配筋，使该柱拆除后，上部结构不发生坍塌，再根据结构对称性，将该柱直接支承的梁的配筋结果应用于其他相似位置的梁；3)最后拆除角柱，逐步增加该柱直接支承的梁的配筋，使该柱拆除后，上部结构不发生坍塌，再根据结构对称性，将该柱直接支承的梁的配筋结果应用于其他相似位置的梁。

(2) 按照层 8 中的方法依次设计结构层 7 到层 2。

(3) 设计结构首层，设计方法参照层 8，另外还需对内部柱的拆除进行设计。

7.2 结果比较

图 4 列出了采用拆除构件法重新设计后的结构在分别拆除相应典型柱后的倒塌验算结果，其中图 4 中的(*b*)，(*d*)分别列出了拆除柱相应支撑点的挠度时程曲线，对比 4.2 节给出的破坏准则，可以判定柱的拆除未引起结构的连续倒塌。这说明在相应柱拆除后，经过拆除构件法重新设计的结构发挥了整体作用，剩余结构承担了拆除柱原来承受的荷载，起到了抵抗连续倒塌的作用。经过验算证明其他层均可满足倒塌验算，限于篇幅，相关图表未一一列出。

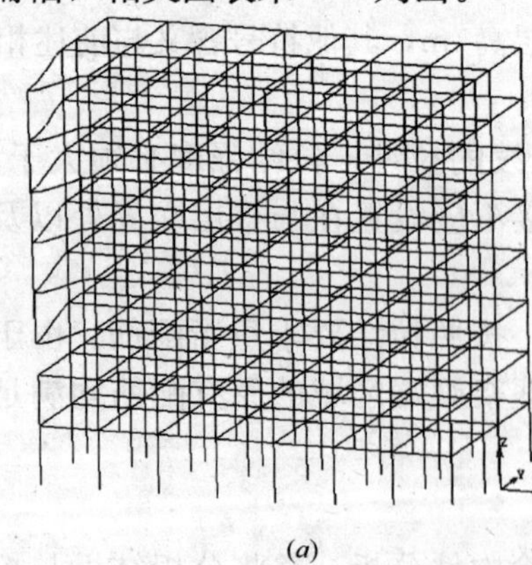

(*a*)

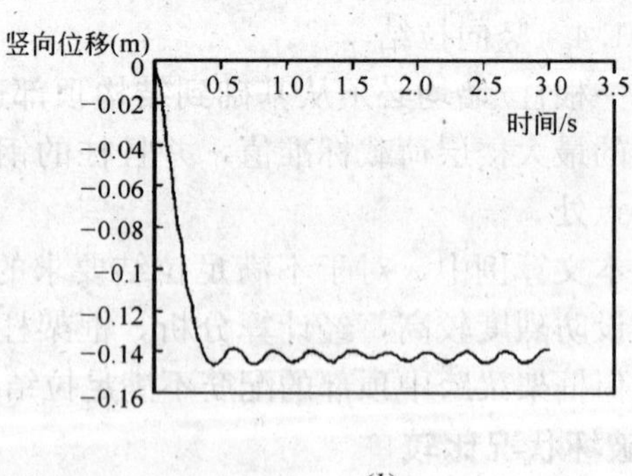

(*b*)

图 4 拆除构件法设计后八层框架的倒塌验算(一)

(*a*)层 3 角柱拆除后，其支承的上部结构未发生倒塌；

(*b*)层 3 角柱拆除后，柱顶相应支承点的挠度时程曲线(破坏挠度限值为 0.6m)

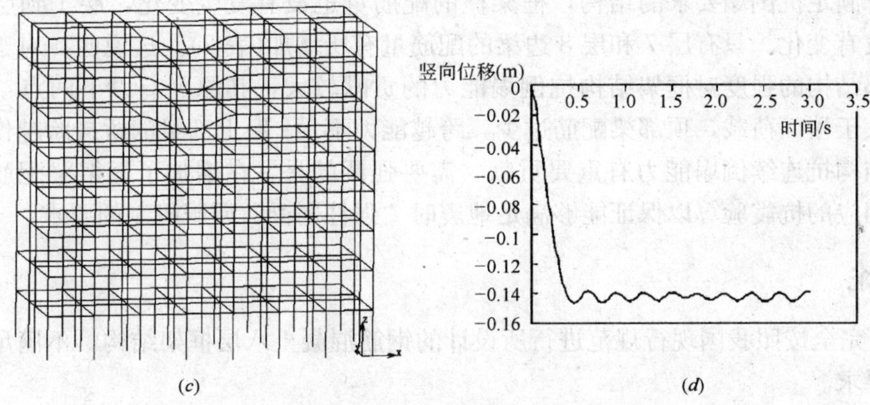

图4 拆除构件法设计后八层框架的倒塌验算(二)

(*c*)层6长边中柱拆除后，其支承的上部结构未发生倒塌；

(*d*)层6长边中柱拆除后，柱顶相应支承点的挠度时程曲线(破坏挠度限值为0.84m)

8 几种设计方法配筋情况比较

表2为原始结构、拉结加强结构和满足抗倒塌要求结构的主梁纵筋用钢量比较。从理论上讲，在下部支承结构发生破坏后，上部结构应具有足够的跨越能力以避免连续性倒塌。

框架梁主纵筋用量比较(t) **表2**

楼层	原始结构	拉结设计	拆除构件设计
1	5.43	5.57(2.5%)	5.57(2.5%)
2	5.36	5.50(2.6%)	5.50(2.6%)
3	4.87	5.00(2.8%)	5.00(2.8%)
4	4.26	4.39(3.2%)	4.39(3.2%)
5	3.64	3.78(3.8%)	3.78(3.8%)
6	2.91	3.04(4.8%)	3.04(4.8%)
7	2.33	2.48(6.4%)	2.75(17.8%)
8	2.00	2.24(12.1%)	2.64(31.9%)
总计	30.8	32.00(4.0%)	32.67(6.1%)

注：表中括号内的数字表示在原始结构基础上配筋量增加百分比。

对比原始结构配筋可以发现，拉结加强结构框架柱的配筋量没有发生变化，框架梁的配筋略有增加，且各层配筋增加比例差不多，只是层8梁的配筋有一定量的增加。拉结加强结构的配筋和满足抗倒塌要求结构比，钢筋增加的位置相同，都是层7和层8的钢筋量增加较多，这说明拉结强度法有一定的合理性。但是拉结加强结构的钢筋增加量少于满足抗倒塌要求的结构，如6.2节所述，造成这种结果的原因可能是拉结强度法应用于我国结构设计的适用性问题，也有可能是其本身存在不足。

对于满足抗倒塌要求的结构，框架柱的配筋量也没有发生变化，层 1 到层 6 的梁配筋均没有变化。只有层 7 和层 8 边梁的配筋量有所增加(表 2)。这说明，对于结构来说，顶部结构的强度对框架结构抗倒塌能力的贡献较大，其原因有以下两点：1)屋面荷载远大于楼面荷载，顶部梁配筋过少，跨越能力不足；2)上部梁的桥接跨越作用对改善整体结构抗连续倒塌能力有重要贡献。需要强调的是，在增加了框架梁配筋后，仍要进行相应的抗震验算以保证能够满足地震时“强柱弱梁”屈服机制的要求。

9 结论

(1) 完全按照我国现行规范进行所设计的钢筋混凝土八层框架结构，不满足抗连续倒塌的要求。

(2) 相同位置的柱(比如角柱、长边中柱)发生破坏时，所在楼层越高越容易发生倒塌，楼层越低结构表现出的抗倒塌能力越好。

(3) 在按照我国现行规范设计的基础上，参照美国国防部 DoD 2005 对结构进行拉结加强设计后，没有明显改善结构的抗连续倒塌能力。

(4) 对于文中按照八度抗震设防烈度设计的八层框架结构，按结构满足抗连续倒塌要求进行设计后发现，柱的钢筋配筋量没有变化，只有顶部的层 7 和层 8 楼层框架梁的配筋量显著增加，框架梁主筋总用量比原始结构增加 6.1%，工程造价上是可行的。

(5) 提高结构抗连续倒塌的能力的实质在于提高结构的冗余承载力，增加备用荷载传递路径的能力，使结构在发生局部构件破坏时剩余结构有足够的能力抵抗连续倒塌。通过文中算例说明，通过基于拆除构件法的非线性动力分析进行抗连续倒塌设计，可以合理地提高结构的冗余承载力，使结构具备抗连续倒塌的能力。但该方法需要借助复杂的非线性动力分析，有关简化实用的方法有待进一步研究。

参考文献

[1] ELLINGWOOD B R. Mitigating risk from abnormal loads and progressive collapse [J]. Journal of Performance of Constructed Facilities，2006，20(4)：315-323.

[2] 叶列平，陆新征，李易，梁益，马一飞. 混凝土框架结构的抗连续性倒塌设计方法研究 [J]. 建筑结构.

[3] GB 50010—2002混凝土结构设计规范 [S]. 北京：中国建筑工业出版社，2002.

[4] BS 8110-1 Structural Use of Concrete：Part 1：Code of Practice for Design and Construction [S]. 1997.

[5] EN 1991-1-7. Eurocode 1-Actions on Structures，Part 1-7：General Actions-Accidental Actions [S]. 2006.

[6] GSA 2003 Progressive Collapse Analysis and design guidelines for New Federal Office Buildings and Major Modernization Project [S]. 2003.

[7] DoD 2005(UFC 4-023-03)Design of Structures to Resist Progressive Collapse [S]. 2005.

[8] 陆新征，张炎圣，江见鲸. 基于纤维模型的钢筋混凝土框架结构爆破倒塌破坏模拟 [J]. 爆破，2007，24(2)：1-6.

[9] 陆新征，缪志伟，江见鲸，等. 静力和动力荷载作用下混凝土高层结构的倒塌模拟 [J]. 山西地

震，2006，126(2)：7-11.

[10] 陆新征. 倒塌分析中框架及土体模型研究 [J]. 计算机辅助工程，2006，15(Sup)：417-420.

[11] 易伟建，何庆峰，肖岩. 钢筋混凝土框架结构抗倒塌性能的试验研究 [J]. 建筑结构学报，2007，28(5)：104-109.

[12] GB 50009—2001建筑结构荷载规范 [S]. 北京：中国建筑工业出版社，2001.

[13] 叶列平，赵作周. 混凝土结构(下册) [M]. 北京：清华大学出版社，2005.

[14] ABRUZZO J，MATTA A，PANARIELLO G. Study of mitigation strategies for progressive collapse of a reinforced concrete commercial building [J]. Journal of Performance of Constructed Facilities，2006，20(4)：384-390.

第二部分

抗地震倒塌

框架结构抗地震倒塌能力的研究
——汶川地震极震区几个框架结构震害案例的分析*

叶列平[1]　陆新征[1]　赵世春[2]　李　易[1]

（1. 清华大学　土木工程安全与耐久教育部重点实验室，土木工程系，北京　100084；
2. 西南交通大学土木工程系，四川成都　610031）

摘　要： 介绍了汶川地震中极震区几组相同场地条件情况下倒塌与未倒塌框架结构的震害案例，并分别采用弹塑性时程分析方法、推覆分析方法和基于IDA结构倒塌储备系数分析方法，对其中两个典型框架结构的抗地震倒塌能力进行了分析研究。在此基础上，结合国外关于结构抗地震倒塌计算方法及其相关研究，分析了影响结构抗倒塌能力的主要影响因素和评价指标。研究结果表明，保证结构的整体承载力储备和变形能力，增加结构的冗余度和整体性，采取有效措施使结构形成合理的屈服机制，充分利用填充墙使框架结构形成双重抗震防线，可显著提高框架结构的抗倒塌能力。最后提出了结构抗地震倒塌需进一步研究的问题。

关键词： 汶川地震；框架结构；倒塌；弹塑性分析；结构倒塌储备系数；冗余度；整体性

1　引言

2008年5月12日发生在我国四川汶川的8.0级特大地震，造成数百万栋房屋建筑倒塌破坏。根据作者的初步震害调查分析[1]，倒塌比例较高的建筑类型主要有砖混结构、底框砖混结构和框架结构。砖混结构的倒塌大多是由于未按《建筑抗震设计规范》GB 50011—2001[2]要求设置圈梁和构造柱；底框砖混结构是由于结构体系先天存在刚度薄弱层；框架结构大多是按《建筑抗震设计规范》GB 50011—2001要求进行抗震设计，其倒塌原因主要是遭遇超设防烈度大震的地震，但与此同时在极震区，也有很多框架结构未倒塌，因此对框架结构的抗地震倒塌能力值得深入研究。本文以汶川地震中极震区几组倒塌与未倒塌框架结构震害案例的对比分析，对影响框架结构抗倒塌能力的因素进行了初步研究，提出了建筑结构抗震地震倒塌能力的评价方法和有关指标，并提出增强结构抗地震倒塌能力的主要措施。

2　汶川地震极震区的几个框架结构震害案例

2.1　漩口中学

漩口中学位于5.12汶川大地震震中的映秀镇，烈度达11度，共有8栋建筑，包括

* 基金项目：国家十一五科技支撑计划课题(2009BAJ28B01)和中国工程院重大咨询项目(编号：2010-ZD-4)

有：教学区楼群、办公楼、4 栋教工宿舍、1 栋学生宿舍和 1 个食堂(图 1)。其中，教学区楼群又由 7 栋独立的框架结构组成，包括教学楼 A、B、C 及角部教学楼 E、F，阶梯教室 D 和中央楼梯间 G。另外，食堂 K、办公楼 H 和教工宿舍 P 也是框架结构，共有 10 个独立框架结构。教工宿舍(L、M、N)和学生宿舍 J 为砖混结构。

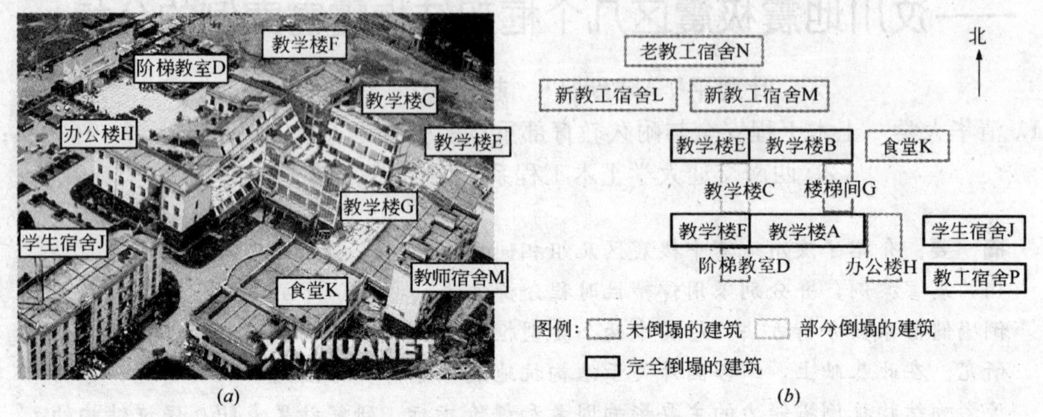

(*a*) (*b*)

图 1 漩口中学总体震害情况

(*a*)5 月 16 日航拍照片(新华网陈树根摄)；(*b*)平面图及总体震害情况

教学楼 A、B、C、E、F 与中央楼梯间 G 形成“回”字形布置，为中空活动内庭，如图 1(*b*)所示，主体结构均为 2 跨 5 层框架结构，其中一跨为教室、另一跨为走廊，教学楼 A 和角部教学楼 F 的建筑平面如图 2 所示。教学楼 A、B、C 向回字形外侧(跨度大的教室一侧)倒塌(图 3*a*～3*d*)；教学楼 F 未倒塌(图 3*e*)，但震后爆破拆除倒塌；E 倒塌状况与 C 类似(图 3*f*)。阶梯教室 D、办公楼 H、中央楼梯间 G 和食堂未倒塌(图 3*g*～3*k*)，但损坏较重。教工宿舍 P 底层倒塌(图 3*l*)，震后也爆破拆除倒塌。教工宿舍 L，M，N 为砖混结构，未倒塌，但破坏严重(图 3*m*)。学生宿舍 J 也为砖混结构，底层倒塌，中部 1 个开间的隔墙倒塌(图 3*n*)。

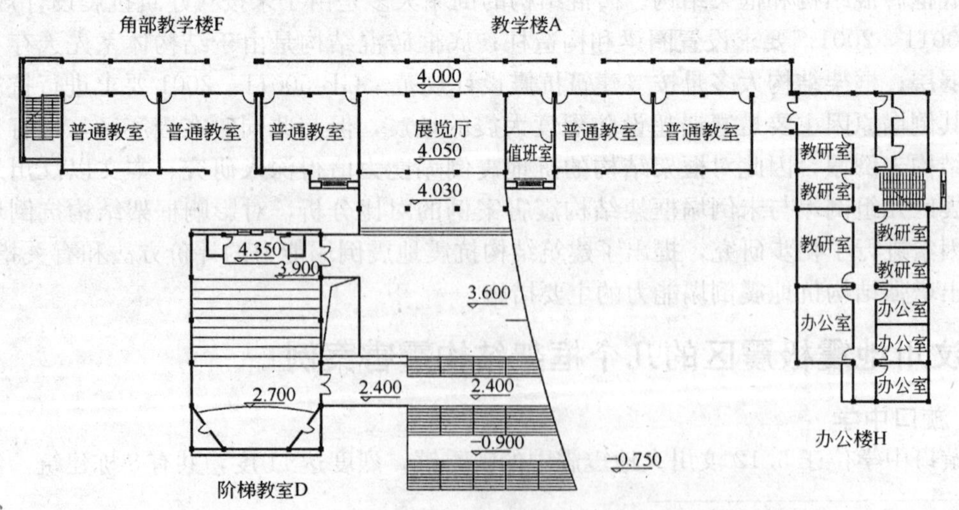

图 2 教学楼 A、F 和办公楼 H 及阶梯教室 D 的建筑平面

图 3 漩口中学各建筑的震害(一)

(*a*)教学楼 A 南面；(*b*)教学楼 A 北面；(*c*)教学楼 B；(*d*)教学楼 C；
(*e*)地震后角部教学楼 F(李心民摄)；(*f*)角部教学楼 E；(*g*)阶梯教室 D；(*h*)中央楼梯间 G

(i)　　(j)　　(k)　　(l)　　(m)　　(n)

图 3　漩口中学各建筑的震害(二)

(i)食堂 K 南面；(j)食堂 K 一层；(k)办公楼 H；(l)教工宿舍 P；(m)教工宿舍 M，L；(n)学生宿舍 J

除旧教工宿舍 N 外，其余建筑 2006 年建成，为同一设计院按《建筑抗震设计规范》GB 50011—2001 设计，同一施工单位建造，且处于同一场地，因此对建筑抗倒塌研究有很大的价值。

由于漩口中学位于“5・12”汶川特大地震震中极震区，实际地震烈度达 11 度，超过当地抗震设防烈度 7 度(1 组)有 3 度之多，也超过了 7 度大震水平近 2 度，因此结构发生严重破坏和倒塌可以认为符合规范设防目标，况且据现场调查，教学楼倒塌也并非发生在“5・12”的 8 级主震时，而是在其后余震中倒塌或爆破拆除倒塌，人员伤亡很少。

由图 1 可见，南北朝向的建筑(如教学楼 A、B、教工宿舍 P)震害比东西朝向的建筑(如教学楼 C、中央楼梯间 G 和教师办公室 H)更为严重，这与地震动的方向性有一定关系。

倒塌的教学楼与未倒塌的几栋框架结构相比差别在于：①中央楼梯间 G 平面结构布置为纵向 5 跨(南北向)、横向 1 跨(东西向)，无填充墙，自重轻，且有楼梯作为结构斜撑，抗侧刚度大、承载力高，地震时基本无活荷载；②阶梯教室 D 仅两层，首层平面结构布置为纵向 5 跨(南北向)、横向 3 跨(东西向)，高度远小于教学楼；③食堂 K 也仅两层，平面结构布置为纵向 6 跨(东西向)、横向 4 跨(南北向)，高度远小于教学楼，且地震时活荷载小；④教师办公楼 H 为内廊式布局(图 2)，平面结构布置为横向 3 跨(东西向)，纵向 5 跨 8 开间(南北向)，填充墙多，地震时活荷载小于教学楼，且地基有沉降变形，可能起到减震作用；⑤教工宿舍 L、M、N，横向可能为 3 跨，且开间小，填充墙多。

2.2 映秀镇两栋框架结构

图 4 为映秀镇某 3 层框架结构，南北向 4 跨，东西向 6 跨。该建筑 1 层坍塌，2 层填充墙基本全部破坏，2 层楼梯也完全破坏(图 4*b*、*c*)；3 层填充墙虽破坏程度较重，但大多部分仍留存。从现场调查情况看，各层均有维护填充墙，内部填充墙较少，1 层因坍塌无法确认底层填充墙的布置情况，但根据该建筑的用途判断，1 层的填充墙布置与上部相似。映秀镇为震中区，地震动强度十分强烈，由于填充墙均采用空心砖，强度低、变形能力小，地震作用下 1 层受力最大，导致 1 层空心砖填充墙先发生破坏，使得 1 层的层间刚度显著降低形成薄弱层后，不能继续承受后续的地震作用而导致 1 层坍塌。

(*a*) (*b*) (*c*) (*d*)

图 4 映秀镇某 3 层框架结构震害

(*a*)东立面；(*b*)西立面；(*c*)南立面 1 层柱破坏坍塌；(*d*)西立面 1 层柱破坏坍塌

图 5 为与图 4 所示 3 层框架建筑一路相隔的另一 4 层框架结构，南北向 2 跨，东西向 9 跨。该框架结构内横墙采用实心砖填充墙，且数量较多，并嵌入框架中。外纵向

维护墙虽也采用实心砖，但未嵌入框架中，地震中外闪掉落严重(图 5*b*)。尽管如此，由于横向框架梁柱与实心砖填充墙基本形成框架约束砌体，横向填充墙有效参与结构受力，显著增强了结构横向的承载力，同时纵向跨数较多，且该建筑平面也比较简单、规则，故该建筑未发生如图 4 所示的 1 层倒塌震害。在震中近 11 度的高烈度区，其震害程度属于可接受。

(*a*)

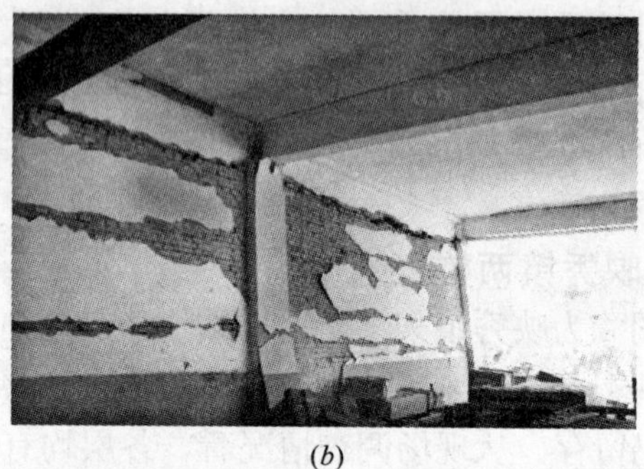

(*b*)

图 5　映秀镇某 4 层框架结构震害

(*a*)外横墙框架-填充墙；(*b*)底层门廊填充墙

2.3　北川县某教学楼和某办公楼

北川职教中心由南、北两栋教学楼，一栋学生宿舍楼和两个独立的角部连接建筑组成，平面成Ⅱ形布置(图 6*a*)，各建筑之间设置抗震缝。在此次地震中，南、北教

南角
学生宿舍
北角
南教学楼
北教学楼

(*a*)

(*b*)

(*c*)

(*d*)

图 6　北川职教中心震害

(*a*)职教中心平面图；(*b*)底层倒塌的学生宿舍；(*c*)南角部分倒塌；(*d*)北角部分倒塌

学楼均未倒塌。图 7 为南教学楼的震害情况，为单跨三层框架结构(顶层另有一层轻质附加层)，悬挑外走廊。南、北两栋教学楼虽严重破坏，但未倒塌。现场考察显示，该教学楼采用预制空心楼板，楼板未对框架梁有增强作用，框架梁端形成塑性铰(图 7*c*、7*e*)。此外，纵向填充墙少，结构自重轻。横向虽仅有 1 跨，但采用实心砖填充墙，增强了结构的横向承载力。横向实心砖填充墙和框架梁的破坏提高了结构的耗能能力。

(*a*) (*b*) (*c*) (*d*) (*e*)

图 7 北川职教中心南教学楼震害

(*a*)南立面；(*b*)北立面；(*c*)1 层入口东侧填充墙倒塌，框架梁端破坏；(*d*)入口 1 层西侧，填充墙破坏；(*e*)1 层框架梁端破坏

图 8 为北川青少年活动中心的结构震害。该建筑为 8 层钢筋混凝土框架结构，框架柱为圆柱，地震后呈整体扭转倒塌，倒塌后柱顶端折断。该建筑距北川职教中心仅 100 多米，是北川县最高的建筑，且场地条件优于北川职教中心。现场考察显示，下部楼层用粉煤灰砌块做填充墙，且数量不多，而顶部楼层因建筑造型需要，填充墙数量多，重量较大，再加上层数多，发生完全倒塌。

图 8　北川青少年活动中心的结构震害
(a)北川县城全景及北川青少年活动中心的位置；(b)倒塌后的北川青少年活动中心的北面；
(c)倒塌后的北川青少年活动中心的东面；(d)倒塌后的北川青少年活动中心顶部

3　漩口中学教学楼 A 和办公楼 H 的抗震性能分析

3.1　弹塑性时程分析

由于缺少上述各建筑的详细资料和建筑场地的实际地震动记录，因此对上述各建筑震害和倒塌无法逐一准确模拟再现。目前仅获得漩口中学教学楼 A、F 和办公楼 H 的建筑平面。为此，按《建筑抗震设计规范》GB 50011—2001[2] 和 PKPM 软件对倒塌的教学楼 A 和未倒塌的办公楼 H 进行重新设计，然后用弹塑性动力时程分析方法对其进行分析。地震动输入采用汶川地震中记录到的什邡-八角波(NS+UD)，并将地震动峰值加速度 PGA 调整为 1g(我国地震烈度表 11 度无对应峰值加速度 PGA，所以按 10 度水准取 PGA=1g。汶川地震记录到的 PGA 最大约为 1g)，分析得到的结果见图 9。分析结果表明，在相同的地震动强度输入下，教学楼 A 发生倒塌，而办公楼 H 未倒塌。同时，由图 9(a)可见，教学楼 A 的倒塌破坏起始于底层中柱柱头破坏，底层倒塌倾向于走廊一侧，上部倾向于教室一侧，与实际震害一致。由于汶川地震具有明显的方向性，教学楼 A 和办公楼 H 均采用什邡-八角波(NS+UD)，按结构横向平面框架模型计算，这对于横向为东西向的办公楼 H 较为不利。由图 9 还可见，教学楼 A 框架柱的塑性铰主要集中在底部 1～2 层，且上部楼层的梁端塑性铰数量也不多；而办公楼 H 框架柱的塑性铰则基本各层均有，且梁端也大多形成塑性铰。出现塑性铰的数量代表结构耗能能力的大小。在超过设防烈度近 3 度的强烈地震作用下，出现柱铰难以避免，但如果柱铰数量多，则可增加整个结构在倒塌前的耗能能力。

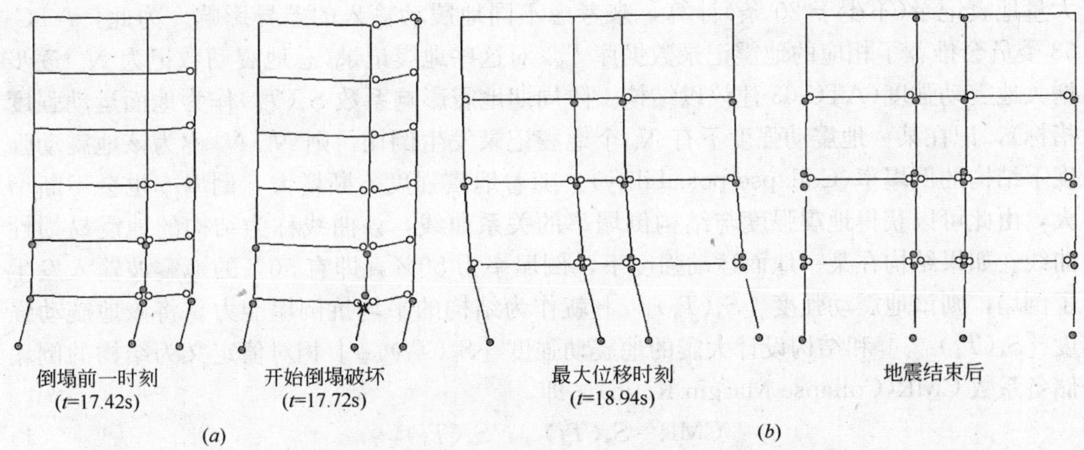

图 9　汶川地震什邡-八角波(NS+UD)输入下教学楼 A 和办公楼 H 的破坏情况对比

(○：梁铰；●：柱铰；✕：破坏点)

(a)教学楼 A；(b)办公楼 H

对两栋建筑采用倒三角分布水平荷载推覆分析得到的结构基底剪力(剪重比 V/W)与结构顶点位移的关系见图 10，可见办公楼 H 的承载能力显著大于教学楼 A，且变形能力也大于教学楼 A。若以推覆分析曲线上对应设计小震地震作用下的变形能 $E_{小震}$ 为基准，定义整个推覆曲线的变形能储备系数 $K_E = E/E_{小震}$，其中 E 为推覆曲线的变形能，则办公楼的变形能储备系数为 $K_E = 113$，而教室楼变形能储备系数为 $K_E = 24$(向左)和 $K_E = 50$(向右)，可见办公楼 H 的变形能储备系数比教学楼 A 高出 2 倍以上。

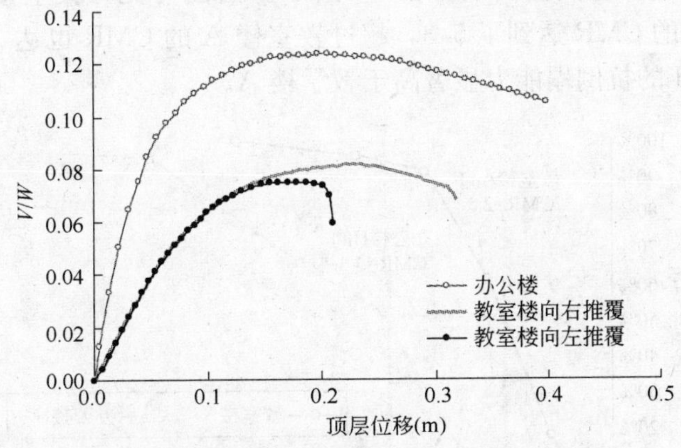

图 10　教学楼 A 和办公楼 H 的推覆曲线对比

3.2　抗地震倒塌能力分析

近年来，美国 ATC 委员会的 ATC-63[3] 计划提出采用基于增量动力分析(Incremental Dynamic Analysis，IDA)方法对建筑结构抗地震倒塌能力进行评价。该方法通过输入逐步增大地震记录强度的 IDA 分析，直至结构计算模型发生倒塌破坏，以倒塌时的地震动强度值作为结构抗倒塌能力的指标。但一次 IDA 分析只针对某一个具体地震记录进行，分析结果与所选择的地震记录有很大关系。为此，ATC-63 计划建议通过大量地震记录(不少于 20 条)计算，来考虑不同地震动输入的差异影响。为此，ATC-63 委员会推荐了相应的地震记录数据库[3]。对这些地震记录(总地震动数记为 N_t)逐步增大地震动强度(ATC-63 建议以结构 1 阶周期地震影响系数 $S_a(T_1)$作为地面运动强度指标)，记在某一地震动强度下有 N_c 个地震记录发生倒塌，则 N_c/N_t 称为该地震动强度下结构的倒塌率(Collapse possibility)。随着地震强度不断增大，倒塌率也会不断增大，由此可以获得地震强度与结构倒塌率的关系曲线，该曲线称为结构的地震易损性曲线。如果结构在某一地面运动强度下，倒塌率为 50%，即有 50%的地震波输入发生了倒塌，则该地震动强度 [$S_a(T_1)_{50\%}$] 就作为结构的平均抗倒塌能力。将该地震动强度 [$S_a(T_1)_{50\%}$] 和结构设计大震的地震动强度 [$S_a(T_1)_{大震}$] 相对值定义为结构的倒塌储备系数 CMR(Collapse Margin Ratio)，即，

$$CMR=S_a(T_1)_{50\%}/S_a(T_1)_{大震} \tag{1}$$

式中，$S_a(T_1)_{50\%}$ 为有 50%地震输入出现倒塌对应的地震动强度 $S_a(T_1)$；$S_a(T_1)_{大震}$ 为规范建议的大震地震动强度 $S_a(T_1)$。

尽管采用上述分析方法仍存在诸多问题，如地震波的选取、结构倒塌数值计算模型、多向地震动输入影响、设计与实际资料信息和场地特异性等。但就目前情况，该方法所获得的结构倒塌储备系数 CMR 是对结构抗倒塌能力评价相对合理方法。CMR 指标为判断不同结构的抗倒塌能力提供了一个比较科学的标准。

该方法需借助于模拟结构倒塌的非线性分析软件。近年来，清华大学在 MSC. MARC 软件上开发的 THUFIBER 程序，可以实现钢筋混凝土框架结构在地震下倒塌全过程的模拟[4-6]。基于 THUFIBER 程序和 CMR 分析所获得的漩口中学教学楼 A 和办公楼 H 的地震易损性曲线如图 11 所示。由图可见，教室楼 A 的 CMR 约为 2.5，而办公楼 H 的 CMR 达到了 5.3，超过教室楼 A 的 CMR 也达 2 倍以上，这进一步说明了办公楼 H 的抗倒塌能力显著高于教学楼 A。

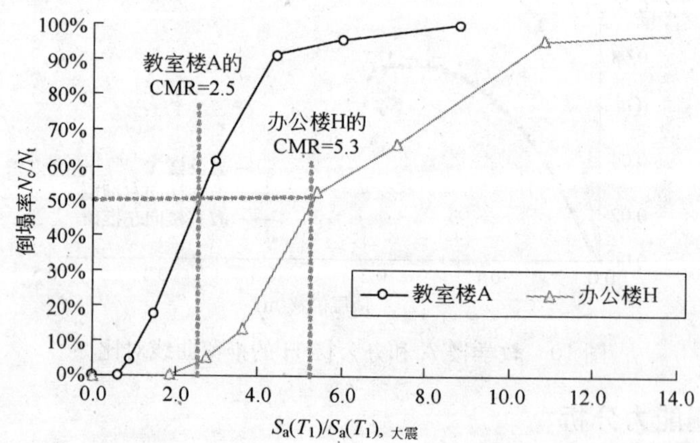

图 11 漩口中学教室楼 A 与办公楼 H 地震易损性比较

4 影响结构抗地震倒塌能力的主要因素

在超设防大震水准的地震作用下房屋建筑发生倒塌并未违反《建筑抗震设计规范》

GB 50011—2001 的设防目标，然而由以上相同场地不同框架结构的震害考察可知，框架结构有倒塌和未倒塌两种截然不同的结果。以上汶川地震极震区的几组框架结构的震害和分析结果表明，符合《建筑抗震设计规范》GB 50011—2001 设计要求的同类建筑，其抗倒塌能力存在很大差别，有必要采用 CMR 分析方法对各类建筑和不同情况同类建筑的抗地震倒塌能力进行系统研究，并对结构的抗地震倒塌能力作出必要的规定和定量计算。

文献［7］研究结果表明，结构抗地震倒塌能力主要与结构的整体承载能力、塑性变形能力、耗能能力、冗余度和整体性有关。

4.1 结构的整体承载能力与塑性变形能力

结构的整体抗震承载能力是结构抗倒塌能力的最基本要素。日本第二阶段抗震设计计算中所采用的"保有水平耐力"概念，实际上就是规定了结构在罕遇地震下的抗震承载能力需求[8]。对于规则框架结构，日本第二阶段设计时的基底剪力为第一阶段的 1.5 倍，严重不规则结构则约为 3.4 倍。而日本第一阶段设计时的基底剪力约为中国第一阶段设计的 1.43 倍[9]。

美国根据长期抗震工程实践，ASCE7-02 及以前版本中原本对延性框架结构有一个最小水平地震作用要求。然而在 ASCE7-05 规范中，将这个最小水平地震作用要求取消了。ATC 委员会通过 CMR 分析，发现取消最小水平地震作用要求会导致 8 层以上延性框架结构的倒塌概率明显增大，可见根据传统经验的最小水平地震作用要求是有其内在合理性的，因而已经准备在新版的 ASCE7 规范中重新恢复[10]。

根据汶川地震极震区倒塌与未倒塌的建筑对比，从概念角度可以判定(因无详细结构资料)未倒塌建筑结构的实际抗震承载能力储备比较大，比如漩口中学，中央楼梯间和食堂的人群活荷载较小，实际荷载远低于设计荷载，结构抗震承载力有较多的富余。而对漩口中学办公楼 H 的分析表明，其抗震承载力显著高于教学楼 A，但分析中尚未考虑办公楼有填充墙的影响，若考虑填充墙的影响，其抗震承载力会更高。

纯框架结构仅为一道抗震防线，合理设置填充墙不仅可显著增大框架结构的抗震承载力，还可以作为框架结构的第一道抗震防线，使框架结构形成具有二道抗震防线的抗震体系。图 5 映秀镇未倒塌的 4 层框架结构和图 7 北川职教中心 3 层框架结构，均由于实心砖填充墙增强了整体结构的抗震承载能力。而图 2 漩口中学教学楼、图 4 映秀镇底层倒塌的 3 层框架结构和图 8 北川青少年活动中心，则因采用了强度较低、变形能力较小的空心砖填充墙，结果在超大震作用下形成各个击破而导致结构倒塌。因此，对于框架结构，合理利用填充墙作为第一道抗震防线，如砌体结构设置圈梁和构造柱一样，会显著提高框架结构的抗地震倒塌能力。此外，北川青少年活动中心因结构高度较大，其结构配筋基本取决于设计结果，而高度较低的框架结构的配筋通常取决于构造配筋，实际抗震承载能力比计算需求值有一定富余，因此层数较多的框架结构抗倒塌能力可能存在不足。

当结构抗震承载力相同时，显然结构塑性变形能力越大，抗倒地震倒塌能力也越大。本文前述教学楼 A 和办公楼 H，用推覆分析曲线的变形能作为两者抗地震倒塌能力的比较指标，就是要同时考虑结构的抗震承载能力和塑性变形能力两者的共同影响。

4.2 结构的冗余度

除结构的承载能力和塑性变形能力外，结构冗余度和整体性也对结构抗地震倒塌能力也有很大影响。结构的抗震承载能力和变形能力可以通过力学方法计算获得，而结构冗余度和整体性目前还无明确的定量指标，但它们是保证结构预期的抗震承载能力和塑性变形能力得以充分有效发挥的必要条件。

结构的冗余度是反映其耐受意外事件的能力。当结构中单个构件失效后从结构中移除，剩余结构如不能适应由此造成的内力重分布而发生连续破坏，则该结构的冗余度就小；反之，结构的冗余度就大。对于框架结构，如果总高度、层数、层高均相同，则多跨框架的冗余度要大于少跨框架的冗余度；如果跨数也相同，则跨度越大，冗余度越小。此外，具有多道抗震防线的结构，冗余度大于单一抗震防线的结构，前述实心砖填充墙与框架结构在一定程度上就形成了二道抗震防线结构体系。

由漩口中学的几个框架结构的主要参数可知，倒塌的教学楼A明显比未倒塌的中央楼梯间G、阶梯教室D、食堂K、办公楼H的冗余度要小。角部教学楼F因南侧有阶梯教室D和北侧有教学楼C的支撑，增加了其冗余度，故也未倒塌。有一个值得讨论问题，漩口中学的教学楼群设计中采用抗震缝进行分离，使得各个独立的教学楼结构(教学楼A、B、C和角部教学楼E、F)的冗余度显著降低。如果将整个回字形教学楼群按一个整体结构来设计，则整个结构仍然可视为规则结构，这将会有效增加整体结构的冗余度，有可能避免发生目前教学楼群的倒塌后果，局部应力集中的部位难免会产生不同程度的损坏，但与结构倒塌的后果相比，则是完全不同性质的问题了。

北川职教中心的南、北教学楼的情况也相似，角部结构因自身冗余度不足，全部倒塌(图6*c*、6*d*)。如果不设防震缝，将这些结构连接起来作为一个整体结构，则结构冗余度会显著提高，则有可能会避免两个角部结构的倒塌和学生宿舍的底层倒塌。

4.3 结构的整体性

结构的整体性是指在结构产生很大程度损坏的情况下，结构的整体构成形态未发生显著变化，结构中所有的构件能够充分发挥各自的承载能力和塑性变形能力。实现结构的整体性包括3个方面：①结构整体协同受力，合理分配结构中各个构件和楼层的刚度和强度，以实现结构的整体屈服机制，这可以使得整体结构的承载能力和变形能力能够得到最大程度的发挥。对于框架结构，就是要求实现“强柱弱梁”破坏机制。汶川地震中，大量的框架结构均发生柱铰破坏机制，所有倒塌的框架结构也基本都是以层屈服机制形式出现的。而前述北川职教中心教学楼虽然仅为单跨结构，冗余度不大，但因实现“强柱弱梁”屈服机制，再加上实心砖填充墙的帮助，以及本身层数不多，重量又比较轻，避免了倒塌。因此，根据这次汶川地震中大量框架结构未实现“强柱弱梁”的问题，需要对规范在保证结构实现整体屈服机制方面的有关规定进一步完善。②构件之间的连接构造措施应能保证实现结构直至倒塌破坏仍可保持整体受力，即所有构件应发挥其预定的能力。震害调查表明，漩口中学教学楼B和教学楼E框架柱底部施工缝连接构造存在问题，框架柱的承载力未得到充分发挥，加剧了发生层屈服机制发生的可能性，因此比教学楼A和教学楼C倒塌得更彻底。③足够的构件延性抗震构造措施，保证结构实现整体屈服机制目标时的承载力和变形能力，这一要求在很多框架结构抗震设计文献和抗震规范中均有明确规定。

5 结论与展望

本文根据汶川地震极震区几组倒塌和未倒塌框架结构的对比分析，对框架结构的抗地震倒塌能力进行了研究，得到以下结论：

(1) 结构的抗地震倒塌能力主要取决于其整体承载能力储备和相应的塑性变形能力。可采用基于 IDA 分析得到的结构倒塌储备系数 CMR 作为定量评价结构抗地震倒塌能力指标，也可采用推覆分析得到结构变形能储备指标。

(2) 充分利用填充墙使框架结构形成双重抗震防线，可显著提高框架结构抗震承载能力，提高其抗地震倒塌能力。填充墙自身应具有一定承载力和变形能力。

(3) 保证结构具有足够的冗余度可显著增强结构的抗地震倒塌能力。设计中应从整体角度提高整个结构的冗余度，不必设置过多的抗震缝。

(4) 增强结构整体性，采取有效措施保证实现结构整体屈服机制，可使得整体结构的承载能力和变形能力能够得到最大程度的发挥。为此，需对保证结构实现整体屈服机制的有关规定进一步完善。

目前对房屋建筑抗地震倒塌的研究还很少，对于一般结构，规范未给出“大震不倒”的定量计算方法只是问题的一方面，还有很多问题需进一步研究，主要有以下几个方面：

① 各类建筑倒塌典型案例分析。汶川地震中，房屋建筑的倒塌类型多种多样，各类倒塌情况既与结构类型和结构形式有关，也与地震动特征有关。应从各类建筑(结构类型和结构形式)和各类场地(场地土、断层距、地形)中选出一些典型倒塌案例(包括同类建筑未倒塌的案例)进行详细深入分析，揭示造成倒塌和未倒塌的原因，如地震动强度太大、结构承载能力和变形能力存在不足、结构类型不合适、结构形式不合理、结构的不规则性影响、局部构造存在问题等。

② 目前，房屋建筑结构抗震设计主要是基于构件层次的结构设计方法，即依据设计地震力(设防地震的弹性地震力)作用下结构弹性分析，并与其他荷载作用下的内力组合所得到的设计内力，按结构构件层次的安全储备要求进行构件设计，再根据经验采取有关抗震构造措施，保证结构的延性。这种设计方法对于一般正常使用和可预期的地震强度，能够达到预期的设计目标。由于超大震作用下、特别是结构接近倒塌时结构进入显著的弹塑性受力阶段，基于构件层次的设计方法没有充分考虑结构构件间的相互作用，及其对整体结构承载能力和变形能力的影响，这是导致按相同标准设计但结构参数不同的建筑(如层数、跨数、层高、跨度、体型、是否设缝等)在超大震下震害结果有很大差别的原因。因此，需充分认识和研究结构构件之间的有利相互作用，并在设计中充分利用这种有利作用，可最大限度地提高整体结构的抗地震倒塌能力。

③ 研究结构的地震倒塌准则和评价指标。根据本文的初步研究，结构的变形能储备是反映结构抗地震倒塌能力的主要指标。而影响整体结构变形能储备的因素很多，如结构体系、结构形式、用途、结构构件屈服机制和屈服次序、结构冗余度和整体性、

非结构构件的利用等。因此，需根据实际建筑震害调查，并采用 CMR 分析方法对各类建筑的抗倒塌能力展开系统的研究，获得各类结构的倒塌准则和评价指标，为结构抗地震倒塌的定量计算提供依据。

④ 对于同类结构形式、不同冗余度结构(如同样层数和层高，但跨度和跨数不同的框架结构)的抗地震倒塌能力开展研究，提出整体结构冗余度的设计要求。

⑤ 充分利用汶川地震的震害资料，对各种抗震构造措施进行研究，充分保证结构的整体性。

⑥ 为充分掌握结构抗地震倒塌能力，还应开展结构倒塌理论方面的研究，如结构倒塌机理、倒塌过程等，为抗地震倒塌研究提供科学依据。

⑦ 基于上述研究，给出建筑结构大震抗倒塌的定量计算方法。

参考文献

[1] 清华大学土木结构组，西南交通大学土木结构组，北京交通大学土木结构组. 汶川地震建筑震害分析 [J]. 建筑结构学报，2008，29(4)：1-9.

Civil and Structural Groups of Tsinghua University，Xinan Jiaotong University and Beijing Jiaotong University. Analysis on seismic damage of buildings in the Wenchuan earthquake [J]. Journal of Building Structures，2008，29(4)：1-9.

[2] GB 50011—2001 建筑抗震设计规范 [S].

GB 50011—2001 Code for Seismic Design of Buildings [S].

[3] ATC-63 Quantification of building seismic performance factors [S]. Applied Technology Council，2008.

[4] 汪训流，陆新征，叶列平. 往复荷载下钢筋混凝土柱受力性能的数值模拟 [J]. 工程力学，2007，24(12)：76-81.

Wang XL，Lu XZ，Ye LP. Numerical simulation for the hysteresis behavior of rc columns under cyclic loads [J]. Engineering Mechanics，2007，24(12)：76-81.

[5] 叶列平，陆新征，马千里等. 混凝土结构抗震非线性分析模型、方法及算例 [J]. 工程力学，2006，23(增刊)：131-140.

Ye LP，Lu XZ，Ma QL et al. Nonlinear Analytical Models，Methods And Examples For Concrete Structures Subject To Earthquake Loading [J]. Engineering Mechanics，2006，23(Sup)：131-140.

[6] Lu XZ，Lin XC，Ma YH et al. Numerical simulation for the progressive collapse of concrete building due to earthquake [C]//Proceeding of the 14th World Conference on Earthquake Engineering，Beijing，China，CDROM，2008.

[7] 叶列平，曲哲，陆新征等. 提高建筑结构抗地震倒塌能力的设计思想与方法 [J]. 建筑结构学报，2008，29(4)：42-50.

Ye LP，Qu Z，LU XZ et al. Collapse prevention of building structures：a lesson from the Wenchuan earthquake [J]. Journal of Building Structures，2008，29(4)：42-50.

[8] 梅村魁. 新しい耐震設計建築基準法新耐震設計基準 [S]，日本建築センター，1981.

[9] 潘鹏，曹海韵，潘振华，钱稼茹. 中日建筑抗震设防标准和抗震设计方法比较. 汶川地震建筑震害调查与灾后重建分析报告 [M]. 北京：中国建筑工业出版社，2008.

[10] Haselton CB. Assessing seismic collapse safety of modern reinforced concrete moment frame buildings [D]. Doctoral Thesis，Stanford University，2006.

基于 Pushover 方法的钢筋混凝土框架结构侧向增量倒塌分析

吕大刚　崔双双　陈志恒

（哈尔滨工业大学　土木工程学院，黑龙江，哈尔滨　150090）

摘　要： 历次大地震中人类生命财产所受到的损失主要是由于建筑物的倒塌所致，建筑结构的地震倒塌主要有侧向增量倒塌和竖向连续倒塌两种失效模式，对结构整体的抗侧向倒塌能力进行合理的评估是目前最迫切需要解决的问题之一，也是结构抗地震倒塌设计的基础。本文采用 Pushover 方法，对钢筋混凝土框架结构整体的抗侧向倒塌能力进行分析，通过结构的失效模式来识别结构的破坏过程，采用结构的延性系数和超强系数来评价结构的抗倒塌能力，考虑了不同侧向力分布形式、梁柱线刚度比、柱端弯矩增大系数(COF)对结构抗倒塌能力的影响。分析结果表明，柱端弯矩增大系数(COF)对结构的侧向倒塌失效模式和整体抗倒塌能力有很大影响，COF 越大，结构发生完全梁铰式破坏的趋势越明显，当 COF 大于 2.0 时，结构基本上只发生此类倒塌失效模式。研究结果表明，通过 Pushover 方法对结构进行多种工况下的侧向增量倒塌分析，是对结构整体抗倒塌能力进行合理评估的有效方法。

关键词： 抗侧向倒塌能力；失效模式；延性系数；超强系数；柱端弯矩增大系数；Pushover 方法

1　引言

历次震害表明，建筑物在地震作用下的倒塌是造成地震灾害的主要原因，如何合理评定建筑物的抗倒塌能力是结构抗倒塌设计的前提条件，也是对现有结构进行抗震性能鉴定与加固的基础。

目前建筑物的抗震设计是以结构构件不超过最大承载能力为目标，即所谓的“承载能力极限状态”来考虑的。由于目前各种结构设计规范对于结构安全性的具体计算最终都是着落于具体的结构构件，这显然没有能够使得结构工程师更多地考虑整体结构的抗倒塌能力。虽然现行抗震设计规范第二阶段设计的抗倒塌变形验算本质上属于结构整体的变形能力评定，但是结构整体的承载能力问题在我国并未受到应有的重视。众所周知，按照规范设计的结构，其实际强度一般大于其设计强度，这种现象称为“超强(Overstrength)”，超强为结构在高于其抗震设防烈度的地震作用下保持良好的性能起到了重要的作用[1-4]，很多钢筋混凝土结构和钢结构的振动台试验也证实了结构超强的重要性[5]。虽然自 20 世纪 70 年代末期地震工程界就已经认识到结构超强的重要性，但目前结构超强的限值仍然主要依靠工程经验确定，我国的建筑抗震规范还没有纳入超强的影响。汶川地震启发我们应该加强研究按以往抗震设计规范(包括现行规范)所设计的各类建筑结构实际超强系数究竟处于一个什么样的水平，以加强对现有建筑结构整体地震安全性的总体了解。

结构的延性反映了结构在破坏阶段的变形能力，也是结构安全储备的重要组成部分。延性包括材料、截面、构件和整体四个层次。现行抗震规范虽然规定了结构薄弱层弹塑性变形验算的要求，但并没有给出结构整体的延性要求，仅按照抗震概念设计的原理提出构件的延性要求。然而构件的延性不等同于结构整体的延性，构件层次的延性要求并不能保证结构整体有可靠的延性。

建筑结构的抗震设计与加固需要通过提高结构的超强和延性两个方面来提高结构的抗倒塌能力。本文从结构整体的承载能力和变形能力两个方面进行结构抗倒塌能力的评定，将结构整体的超强系数和延性系数作为结构整体抗倒塌能力的评定指标，采用 Pushover 方法识别结构的倒塌模式，评定结构的抗侧向倒塌能力。

2　结构整体倒塌的两类失效模式

细致地识别结构在地震作用下的各种整体倒塌失效模式，是进行结构整体安全性和鲁棒性分析以及抗倒塌设计的基础性工作。本文作者认为，可以将结构整体的地震倒塌分为完好结构的侧向增量倒塌和损伤结构的竖向连续倒塌两大类失效模式，而完好结构的侧向增量倒塌失效模式又包括结构整体的倒塌失效模式和结构局部的倒塌失效模式。如何实现“强柱弱梁”目标的侧向增量倒塌失效模式对于保证结构“大震不倒”至关重要。考虑承重构件遭到地震破坏后会发生竖向连续倒塌破坏，研究损伤结构的竖向连续倒塌失效模式，对于在发生灾难性的罕遇地震时防止结构发生竖向连续倒塌破坏、保证结构“坏而不倒”至关重要。

结构的侧向增量倒塌是指结构在侧向荷载作用下，由于结构产生过大的侧向变形，使得结构丧失继续承担竖向荷载的能力，最终导致结构整体倒塌的现象。这种模式可以从以下几个方面来理解：(1)外因为侧向作用；(2)破坏程度与外作用成比例；(3)发生了整体倒塌的后果。结构的破坏程度主要随着外部作用的增大而增大，当外部作用增加量很小，而结构反应的增加量却相当大时，结构发生整体失稳而丧失了竖向承载能力，引发结构发生侧向漂移(sidesway)类的失稳破坏。

结构的竖向连续倒塌现在比较公认的定义是：结构在遭遇偶然荷载(燃气爆炸、炸弹爆炸、基础失效、车辆撞击、火灾、罕遇地震)作用下立即产生了局部破坏(可能是一个或多个承重构件失效)，由于相邻的构件无法消化原来由失效构件承担的那部分荷载，使得结构破坏发生了链锁效应、多米诺骨牌效应般的扩散，最终导致结构整体倒塌或产生过大的局部坍塌。在倒塌原因上，与侧向增量倒塌不同，此类倒塌模式并不是因为外部荷载作用过大而导致，而是由于结构的局部破坏而引发的，而导致局部破坏的外部作用往往不足以直接导致结构的整体倒塌。引起结构局部破坏的原因通常是非常规荷载，如飞机撞击、设计或施工失误、火灾、煤气爆炸、炸弹爆炸、基础失效、车辆撞击、罕遇地震等[6]。由于此类荷载出现的概率很低，因此在结构设计中并没有将其当成常规荷载一样来设计。

侧向增量倒塌与竖向连续倒塌的关系表 **表1**

倒塌模式	侧向增量倒塌	竖向连续倒塌
同义词	Proportionate	Disproportionate
初始原因	外作用过大	偶然荷载导致局部破坏
直接原因	不能继续抵抗外作用所导致	不能继续承担自身竖向荷载导致
共同点	都会使结构发生整体倒塌或过大的局部坍塌，对人类威胁极大	

3 结构整体抗侧向增量倒塌能力的评定指标

3.1 结构整体超强系数

在地震工程中，结构整体超强系数定义为结构实际的抗震能力与其设计地震力的比值[7,8]：

$$\Omega=\frac{V_u}{V_d} \tag{1}$$

式中，Ω称为超强系数，V_u是完好结构体系的极限强度，V_d是结构的设计地震力。

结构的超强原理如图1所示[8]，图中的双折线是根据等能量法原理拟合出的，V_y表示结构体系的屈服力，V_{fy}为结构产生第一个塑性铰时的基底剪力。

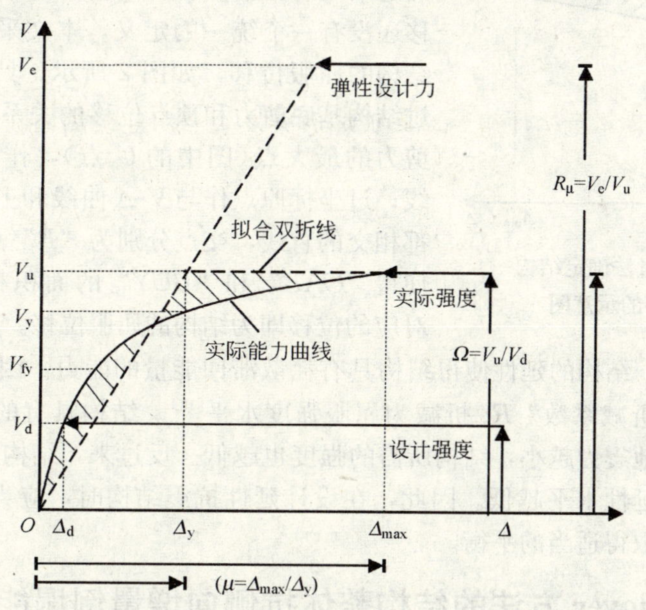

图1 结构整体超强系数和整体延性系数的示意图

在海洋工程领域，Ω也称为“储备强度系数”；而在土木工程领域，Ω其实就是“设计安全系数”。因此，利用Ω可以从完好结构体系储备强度的角度反映结构的整体地震安全性。

影响结构超强的因素有很多，主要包括：(1)内力重分布的影响；(2)材料的实际强度与设计强度之间的差异；(3)结构分析的保守简化；(4)应变硬化；(5)非结构构件的参与；(6)设计中的最小要求；(7)混凝土的约束效应；(8)混凝土的约束效应等等。

需要指出的是，并不是影响超强的所有因素都是有利的，如框架中梁的弯曲超强可能引起楼层的倒塌机制的变化及梁中的剪切破坏，必须在结构的能力设计中限制和考虑结构的超强。而且，不同结构的超强也随着结构的周期、设防烈度、结构体系以及设计中指定延性水平的变化而发生变化。所以要想精确地定量估计结构的超强是很困难的，但对严格按规范设计的某类特定结构，特别是对结构在非弹性阶段由于内力重分布引起的超强进行定量则是完全可能的[9-11]。

3.2 结构整体延性系数

延性的好坏是结构抗震能力的一个重要指标，从本质上来讲，它反映了结构的非弹性变形能力，这种能力能够保证强度和刚度不会因为结构发生非弹性变形而急剧下降[12]。延性包括材料、截面、构件和整体四个层次。结构的整体延性可以用顶点位移延性(总体延性)或层间位移延性(楼层延性)来表达，本文将结构的整体延性系数定义为结构的最大顶层位移与结构屈服位移的比值：

$$\mu=\Delta_{max}/\Delta_y \tag{2}$$

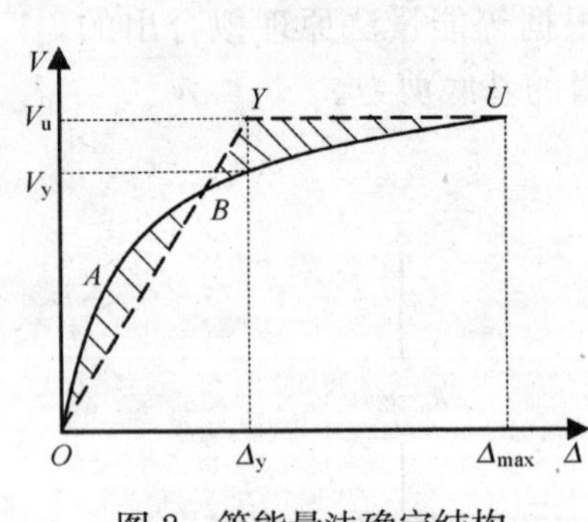

图 2 等能量法确定结构屈服位移的示意图

如图 1 所示，确定结构整体延性系数的关键是确定结构的屈服位移。到目前为止，结构的屈服位移还没有一个统一的定义，本文采用等能量法确定结构的屈服位移，如图 2 所示。具体做法如下：通过结构基底剪力和顶点位移的关系曲线 V-Δ 上基底剪力的最大点(图中的 U 点)，作平行于 Δ 轴的直线；过坐标原点作与 V-Δ 曲线和上述所作平行直线都相交的直线，交点分别为“B”点和“Y”点，并使得“OAB”和“BUY”的面积相等，则“Y”点对应的位移即为结构的屈服位移。

由图 1 可知，结构的延性使得结构具有耗散滞回能量的能力，因此弹性设计力 V_e 可以通过“延性折减系数” R_μ 折减为屈服强度水平[13]。结构具有的位移延性水平越高，相应的设计地震力越小，结构所需的强度也越低。反过来，结构具有的强度越高，所需具备的位移延性水平越低。因此，在设计延性抗震结构时，应当在设计强度和位移延性水平之间取得适当的平衡。

4 基于 Pushover 方法的结构整体抗侧向增量倒塌能力评定原理

结构整体的抗侧向倒塌能力取决于结构整体的超强、延性和冗余度等综合影响因素，为此，本文采用整体超强系数和整体延性系数作为结构抗侧向倒塌能力的综合评价指标。由于整体超强系数和整体延性系数需要确定结构的屈服位移和极限强度，因此本文采用 Pushover 分析方法对结构进行非线性分析，观察结构从弹性到逐步破坏直至倒塌的全过程，获得结构的倒塌失效模式，通过计算结构整体的超强系数和延性系数评定结构整体的抗侧向增量倒塌能力，具体的分析过程如图 3 所示。

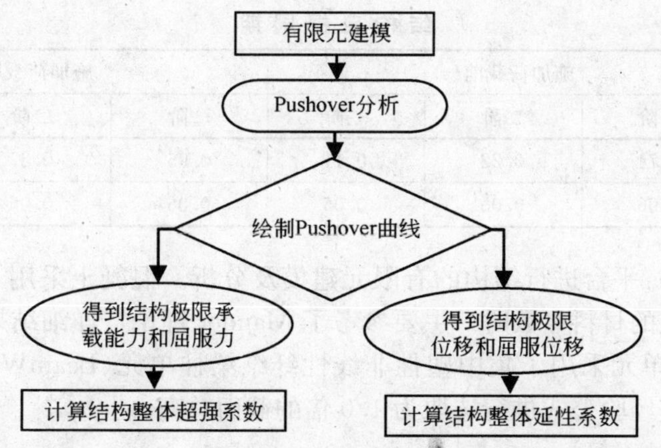

图 3　基于 Pushover 方法的结构整体抗侧向增量倒塌能力评定流程图

5　钢筋混凝土框架结构的抗侧向增量倒塌能力分析

5.1　结构的描述与建模

严格按我国规范设计了一栋五层三跨的钢筋混凝土框架结构，梁、柱的混凝土强度等级均为 C35，纵筋用 HRB335 级钢筋，箍筋用 HPB235 级钢筋。结构的立面及荷载、截面配筋图如图 4 所示，荷载值如表 2 所示。抗震设防烈度为 8 度，场地土为Ⅱ类。取其中一榀框架进行分析，结构前三阶自振周期列入表 3 中。

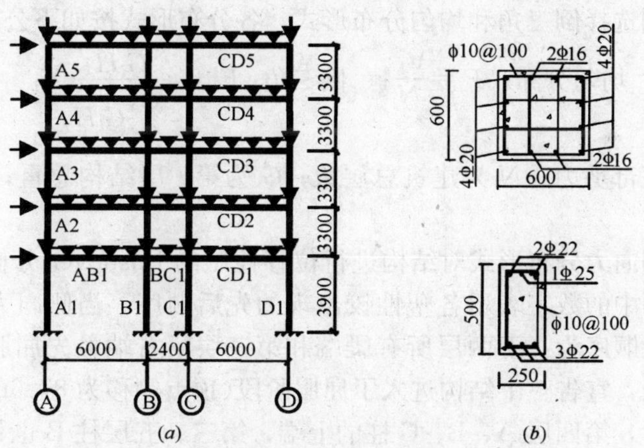

图 4　框架结构立面及荷载、截面配筋图(mm)

注：C1 代表第一层 C 轴上的柱子；AB2 代表第二层 AB 跨之间的梁。

竖 向 荷 载 总 表　　　　**表 2**

结构位置	均布荷载(kN/m)		集中荷载(kN)			
	恒载	活载	边结点		内结点	
			恒载	活载	恒载	活载
顶层	12.09	1.10	121.00	7.00	149.60	10.60
中间层	9.35	4.40	102.30	28.10	122.90	42.50
首层	9.35	4.40	105.40	28.10	126.00	42.50

结构自振周期 **表 3**

方向	施加荷载前(s)			施加荷载后(s)		
	一阶	二阶	三阶	一阶	二阶	三阶
X	0.74	0.22	0.11	0.95	0.27	0.12
Y	0.06	0.05	0.05	0.06	0.06	0.05

采用 OpenSees 平台进行结构的有限元建模及分析。混凝土采用 Concrete01 材料，在计算约束混凝土的材料参数时，主要参考了 Mander 理论，详细结果见表 4；钢筋采用 Steel02 材料；单元采用了集中塑性非线性纤维梁柱单元(BeamWithHinges 单元)，塑性铰的长度，按经验公式进行选取为 1.0 倍的截面总高。

C35 混凝土材料参数表 **表 4**

	峰值应力	峰值应变	极限应力	极限应变
无约束混凝土	−29.76	−0.0018	0.00	−0.0046
柱约束混凝土	−37.65	−0.0046	−12.50	−0.0271
梁约束混凝土	−36.20	−0.0045	−11.73	−0.0278

注：应力的单位为(MPa)。

5.2 不同侧向力分布形式对结构抗倒塌能力的影响

首先研究不同侧向力分布形式对结构倒塌失效模式和抗倒塌能力的影响。在 Pushover 分析中，分别选择倒三角和均匀分布形式，各分布形式按如下公式计算[14]：

$$\text{均匀分布：}F_i=\frac{V_b}{N};\quad \text{倒三角：}F_i=\frac{G_iH_i}{\sum_{i=1}^{n}G_iH_i}V_b \tag{3}$$

式中，V_b为结构底部剪力；N 为建筑总层数；G_i为第 i 层结构总重；H_i为第 i 层结构高度。

采用不同的侧向力分布形式对结构进行位移控制的 Pushover 分析，其塑性铰分布图如图 5 所示，图中的数字表示各塑性铰出现的先后顺序。当侧向力采用倒三角分布时，塑性铰的发展顺序为：下两层所有梁端和第三层梁右端最先屈服，随着所有底层柱下端也相继屈服，宣告整个结构进入了屈服阶段(顶点侧移为 87.6mm)；第四层所有梁端也开始屈服后，第四层 A、B、C 柱的上端，第三、五层柱 B 也相继屈服，当第四层 D 柱上端屈服时，整个结构达到了极限位移(顶点侧移值为 307.4mm)。整个结构没有形成设计预期的完全梁铰式的破坏。当侧向力采用均匀分布时，塑性铰在各层的发展时间更为集中，体现出更强的叉下往上的发展顺序；当结构第三、第四层柱上端都出现塑性铰后，结构发生整体失稳倒塌。虽然两种加载模式作用下，塑性铰发展的顺序和失效模式有所不同，但结构屈服点和极限点的位移却很相近：屈服位移分别为 87.6mm 和 85.1mm，极限位移分别为 307.4mm 和 308.4mm。

考虑不同侧向力分布形式的 Pushover 曲线如图 6 所示，图中每条曲线上的三个点分别为屈服点、极限点、0.85 倍极限点。从图中可以看出，不同的侧向力对结构的延性系数影响不大(极限位移几乎相同，屈服位移稍有不同)，但对结构的承载能力影响

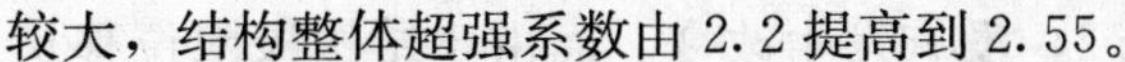
较大，结构整体超强系数由 2.2 提高到 2.55。

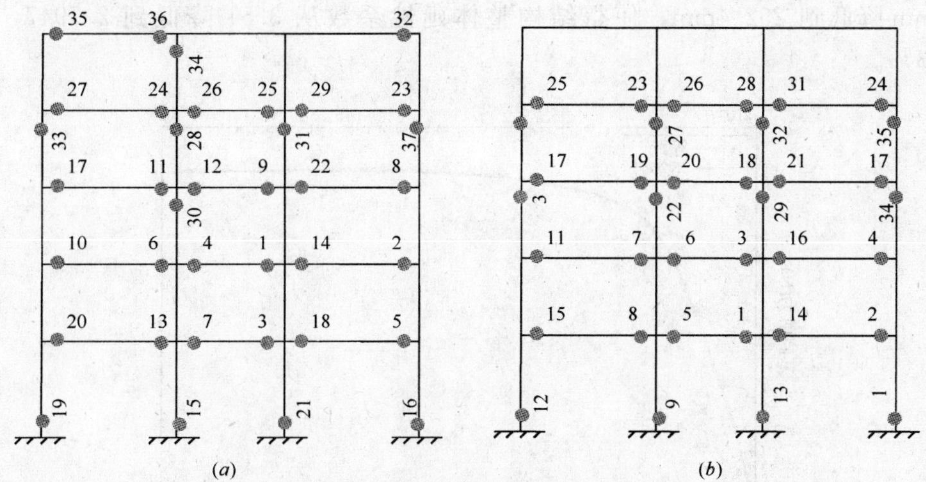

图 5 不同侧向力分布对倒塌失效模式的影响
(a)倒三角分布；(b)均匀分布

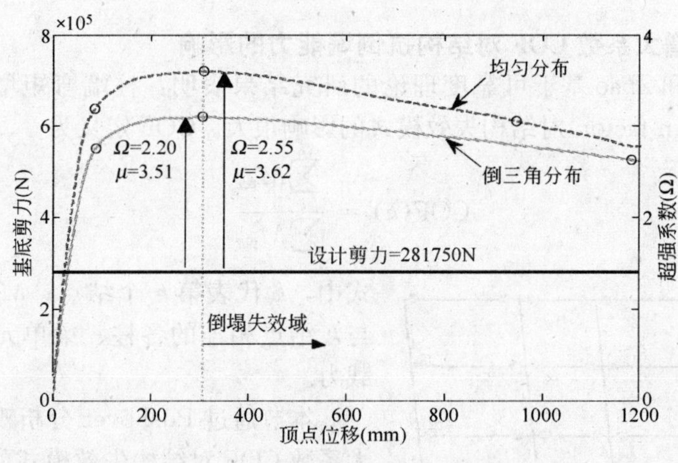

图 6 考虑不同侧向力分布形式的 POA 曲线

5.3 梁柱线刚比对结构抗倒塌能力的影响

从 5.2 节的分析可以看到，结构中间短跨 BC 上的梁端往往成为同层构件破坏的起点，可能是由于该跨梁的线刚度相对相邻跨的梁单元很大所致。因此，本节将原结构(6000mm＋2400mm＋6000mm)的三个跨度改为(6000mm＋6000mm＋6000mm)，截面配筋不变，分析构件线刚比对结构抗倒塌能力的影响。

从分析结果可以知道，修改后的结构塑性铰发展顺序跟原结构有所不同，但最终失效模式相似，这从图 7 结构的整体反应曲线图也可以得到验证：两种情况下结构的整体反应曲线基本重合，只是在极限点的位移上有所差别(等跨结构的极限位移为 252.4mm，原结构为 307.4mm)。这是因为结构在侧向力作用下，进行弯矩和剪力分配主要是根据各柱子的相对抗剪刚度，梁只是起到一个被动平衡的作用。结构极限承载能力几乎不变，结构整体超强系数为 2.2，没有发生改变。而由于结构极限位移从 307.4mm 降低到 252.4mm，使得结构整体延性系数从 3.51 降低到 2.7947，降低了 20.3%。

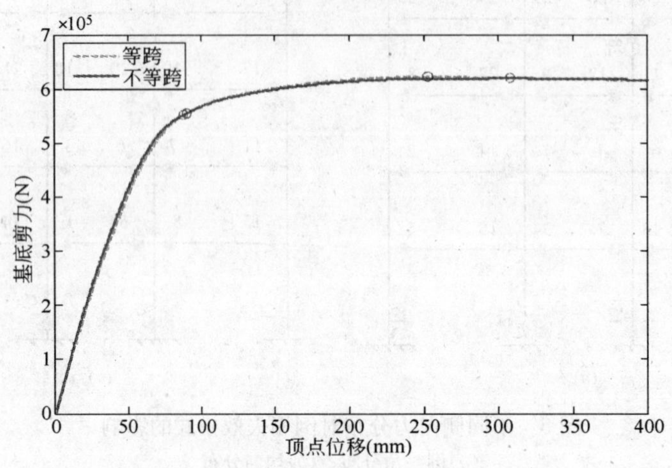

图 7　考虑梁柱线刚比的 Pushover 曲线

5.4　柱端弯矩增大系数 COF 对结构抗倒塌能力的影响

Sharfuddin 和 Zhao 基于可靠度理论的研究结果表明：柱端弯矩增大系数(COF，column overdesign factor)对结构失效模式的影响很大。COF 定义为

$$\mathrm{COF}(k)=\frac{\sum_{i}M_{\mathrm{pc}i}}{\sum_{i}M_{\mathrm{pb}i}} \tag{4}$$

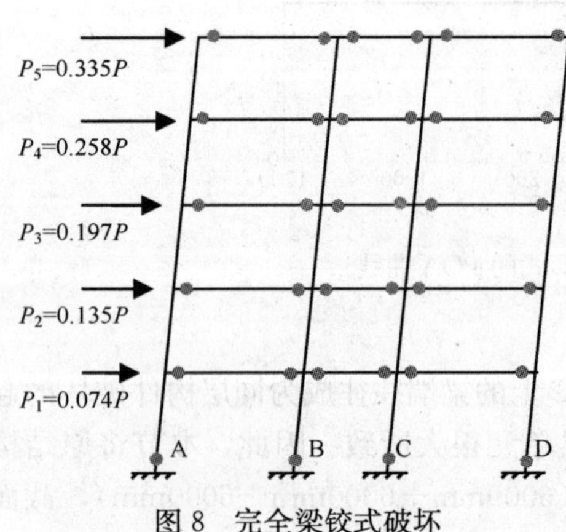

图 8　完全梁铰式破坏

式中，k 代表第 k 个结点；$M_{\mathrm{pc}i}$、$M_{\mathrm{pb}i}$ 分别为与 k 结点相连的各柱、梁单元的极限抗弯承载力。

本节通过 Pushover 分析观察柱端弯矩增大系数 COF 对结构失效模式的影响。由于本文所用结构的截面沿层高和跨度方向都不变，所以假定所有结点的柱端弯矩增大系数相同。在分析之前，我们假定完全梁铰式的失效模式(如图 8 所示)对结构的抗地震倒塌是最有利的，因为该模式能够充分发挥结构的延性，最大限度地耗散地震能量。

在实际分析中保持梁截面始终不变以保证其抗弯强度不变，通过人为提高柱截面的抗弯强度来得到不同的 COF，分析中侧向力采用倒三角分布形式。

从图 9 可以看出，对于本文所分析的结构，当 COF 超过 2.04 时，结构的倒塌失效模式基本上都表现为完全梁铰式。对于每一个确定的 COF，结构的破坏由底层梁端向高层梁端发展，且梁右端出现的时间普遍要早于左端(这是因为作用在结构上的荷载是

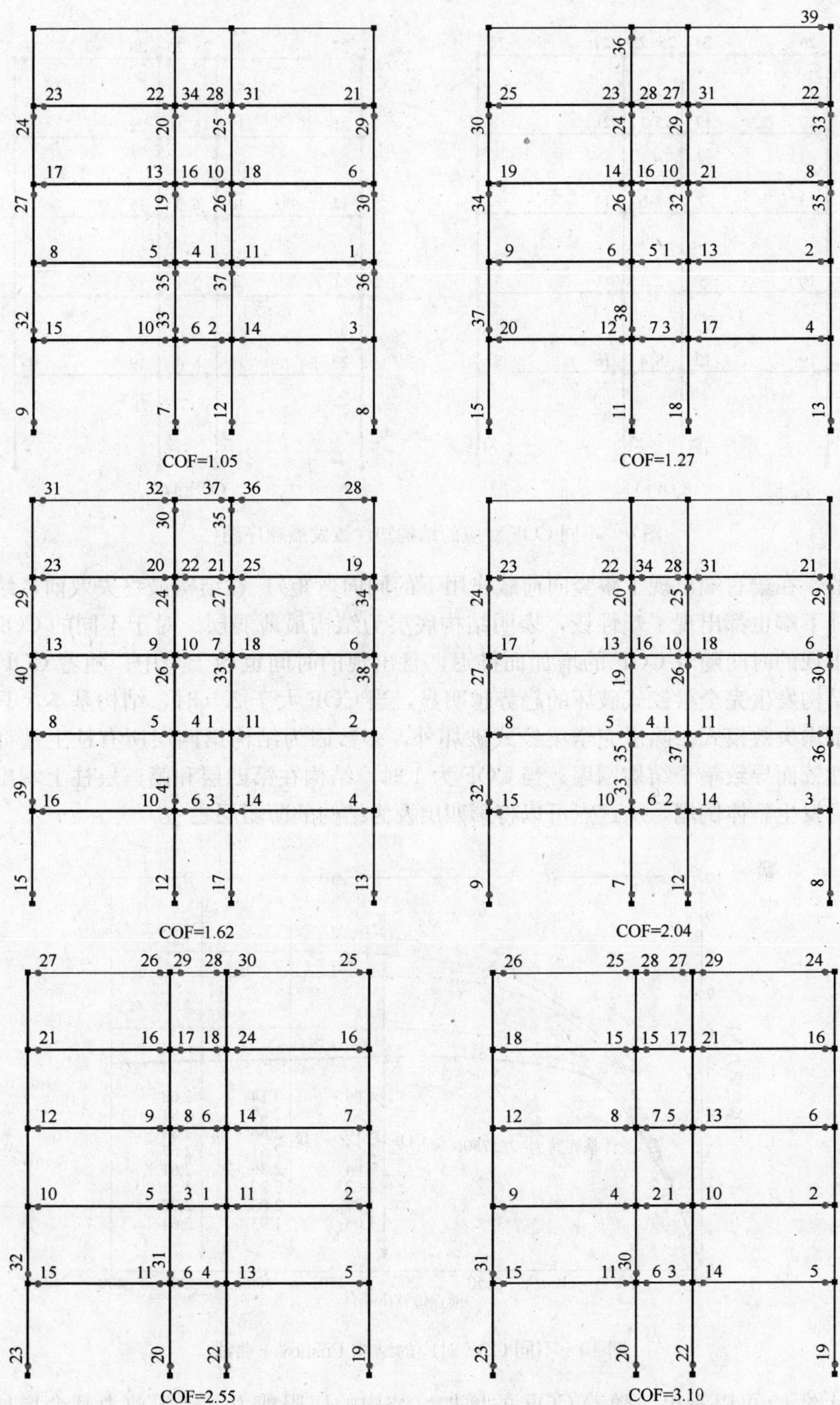

图9 不同COF对应的结构塑性铰发展顺序图(一)

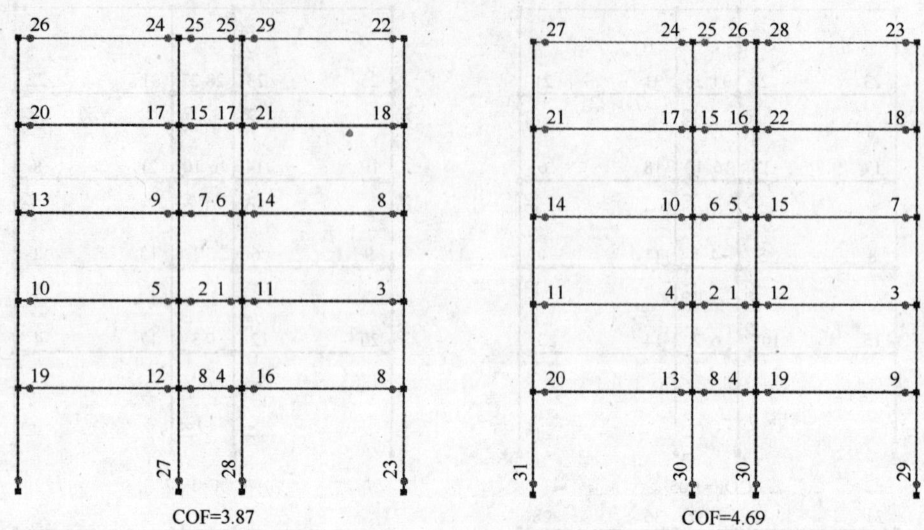

图 9　不同 COF 对应的结构塑性铰发展顺序图(二)

向右的，在梁右端出现了跟竖向荷载作用下的同向弯矩)；在结构最终失效前，结构的底层柱下端也都出现了塑性铰，表明结构底层为结构最薄弱层。对于不同的 COF，底层柱出现的时间随着 COF 的增加而推迟，且出现的时间也趋于集中；随着 COF 的增加，结构发生完全梁铰式破坏的趋势越明显，当 COF 大于 2.0 时，结构基本上只发生此类倒塌失效模式。除了完全梁铰式破坏外，多数因为结构第四层所有柱上端都出现了塑性铰而导致整个结构倒塌。当 COF 为 1 时，结构在第四层和第三层柱上端出现塑性铰后发生整体倒塌，从这点可以将第四层视为结构的薄弱层之一。

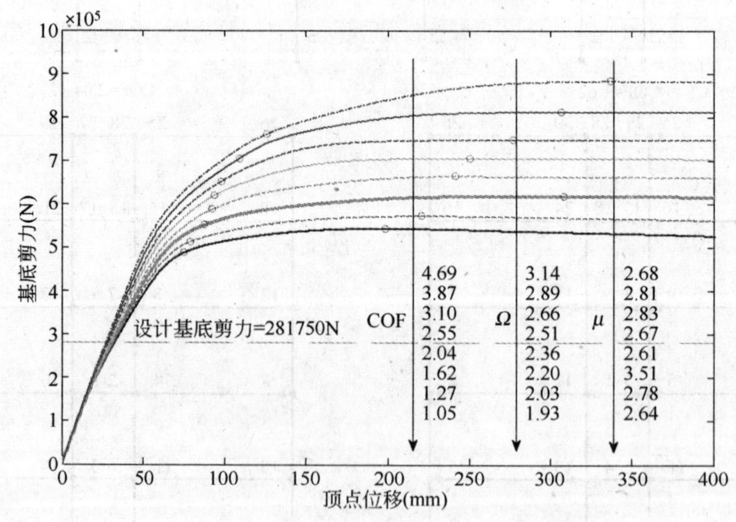

图 10　不同 COF 对应的结构 Pushover 曲线

从图 10 可以看出，随着 COF 的增加，结构的屈服剪力、极限剪力都会增加；而且，大多数情况下结构的屈服位移和极限位移也都有增加的趋势。这是因为柱子相对梁的强度越高，柱子的抗弯和抗侧刚度也就越高，使得其在相同的侧向荷载作用下，结构整体变形就小，作为其被动平衡作用的梁单元，这个小变形就直接决定了梁单元内力维持在一个较低的水平。而在前述的分析中可以看出，结构发生整体倒塌前，多数梁端都出现了塑性铰，从这点上看，梁的破坏程度决定着结构的整体剩余强度。因此，COF 越高，柱对梁的保护作用越大，使得梁的破坏得到了延缓，最终也使得整个结构的倒塌极限能力得到了有效的提高。结构整体超强系数也随 COF 的增加而逐渐增大，由 1.93 增大到 3.14，增加了 62.7%。但是结构整体延性系数除了柱端弯矩增大系数(COF=1.62，即严格按我国规范设计的钢筋混凝土框架结构)延性系数为 3.51 外，其他情况下相差不大，在 2.61～2.83 之间变化。

从上述分析可以看出，COF 对结构的倒塌失效模式和整体抗倒塌能力有很大的影响，如果在设计中随意增加梁的配筋，虽然能提高梁自身的强度，但同时也会削弱结构整体的能力。

6 结论

本文采用 Pushover 方法对钢筋混凝土框架结构进行了侧向增量倒塌失效模式分析，并采用整体超强系数和整体延性系数对结构的整体抗倒塌能力进行了评定，得到如下结论：

(1) 基于 Pushover 对结构的倒塌极限能力进行分析，得到本文所分析结构的整体超强系数为 2.20，延性系数为 3.51；给出了结构塑性铰发展的顺序和失效模式，从而可以合理评估结构的整体抗倒塌能力。

(2) 不同侧向力分布作用下，塑性铰发展的顺序和失效模式有所不同，但结构屈服点和极限点的位移却很相近，可知其对结构整体延性系数影响不大，但对结构的承载能力影响较大，结构整体超强系数由 2.2 提高到 2.55。

(3) 改变梁柱线刚度比后的结构塑性铰发展顺序跟原结构有所不同，但最终失效模式相似，两种情况下结构的整体反应曲线基本重合，只是在极限点的位移上有所差别，即结构整体超强系数没有改变，而延性系数降低了 20.4%。

(4) 柱端弯矩增大系数 COF 对结构的倒塌失效模式和整体抗倒塌能力有很大的影响，随着 COF 的增大，结构的屈服剪力、极限剪力都会增加，大多数情况下结构的屈服位移和极限位移也都有增加的趋势，结构发生完全梁铰式破坏的趋势也越明显，当 COF 大于 2.0 时，结构基本上只发生此类倒塌失效模式。结构整体超强系数也随着 COF 的增加而增大了 62.7%，但是结构整体延性系数变化不大。

参考文献

[1] Blume JA. Allowable stresses and earthquake performance. Proceeding of 6th World Conference of Earthquake Engineering, International Association of Earthquake Engineering, 1977: 165-174.

[2] Betero VV. Evaluation of response reduction factors recommended by ATC and SEAOC. Proceeding of 3rd U. S. Conference of Earthquake Engineering, EERI, 1986: 1663-1673.

[3] Kurban CO, Topkaya C. A numerical study on response modification, overstrength, and displacement amplification factors for steel plate shear wall systems. Earthquake Engineering & Structural Dynamics,

2008，38(4)：497-516.

[4] Kappos AJ. Evaluation of behaviour factors on the basis of ductility and overstrength studies. Engineering Structures，1999，21(9)：823-835.

[5] Shahrooz BM，Moehle JP. Experimental Study of Seismic Response of R. C. Setback Buildings. Report No. UCB/EERC-87/16，Earthquake Engineering Research Center，University of California，Berkeley，California，1987.

[6] Mohamed OA. Progressive collapse of structures：annotated bibliography and comparison of codes and standards. Journal of Performance of Constructed Facilities，ASCE，2006，20(4)：418-425.

[7] Uang CM. Establishing R (or R_w) and C_d factors for building seismic provisions. Journal of Structural Engineering，ASCE，1991，117(1)：19-28.

[8] Whittaker A，Hart G，Rojahn C. Seismic response modification factors. Journal of Structural Engineering，ASCE，1999，125(4)：438-444.

[9] Humar JH，Rahgozar MA. Concept of Overstrength in Seismic Design. Proceedings of 11th World Conference of Earthquake Engineering，Acapulco，Mexico，1996，No. 639.

[10] Elnashai AS，Mwafy AM. Overstrength and force reduction factors of multistory reinforced concrete buildings. The Structural Design of Tall Buildings，2002，11(5)：329-351.

[11] 翟长海，谢礼立. 钢筋混凝土框架结构超强研究. 建筑结构学报，2007，28(1)：101-106.

[12] 卓卫东. 桥梁结构延性抗震设计研究. 同济大学博士论文，2000：1-48.

[13] Whittaker A，Hart G，Rojahn C. Seismic response modification factors，Journal of Structural Engineering，ASCE，1999，125(4)：438-444.

[14] 李刚，程耿东. 基于性能的结构抗震设计：理论、方法与应用. 北京：科学出版社，2004.

基于可靠度的钢筋混凝土框架结构最可能倒塌失效模式分析

吕大刚　宋鹏彦　陈志恒

（哈尔滨工业大学土木工程学院，哈尔滨　150090）

摘　要： 在建筑结构的抗震设计中，常常希望通过合理的设计，使结构能按预期的强柱弱梁失效模式破坏。最理想的强柱弱梁失效模式是完全梁铰式的破坏，通过梁的塑性变形来耗散地震能量，保证结构在破坏前能够将其塑性潜力发挥出来，在设计中通过提高柱端弯矩增大系数(Column Overdesign Factor，COF)，实现强柱弱梁的目的。但是由于各种不确定性的存在，在实际地震中建筑结构能否发生完全梁铰式破坏是不能够准确预知的，汶川大地震中按现行抗震规范设计的建筑结构有的实现了预期的设想，也有大量的建筑物发生了强梁弱柱式破坏，就说明了这一点。本文考虑上层、下层、中间层三类层间失效模式，在三类失效模式极限状态函数的显式表达式基础上，采用结构可靠度理论，研究钢筋混凝土框架结构柱端弯矩增大系数(COF)对地震作用下结构侧向增量倒塌失效模式的影响，并寻求在每一个确定的COF下结构最可能发生的倒塌失效模式。研究了三种失效模式的发生概率与COF的变化关系，给出了三种控制失效模式出现概率与完全梁铰式出现概率的比值，即相对发生概率。算例分析结果表明，当COF较小时，整体结构的失效模式由中层失效模式控制；而当COF大于2.0时，则由上层失效模式控制。本文的研究结果可为罕遇或特大地震作用下结构的抗倒塌设计提供参考。

关键词： 倒塌失效模式；最可能失效模式；完全梁铰式破坏；柱端弯矩增大系数；结构可靠度

1　引言

在建筑结构的抗震设计中，常常希望通过合理的设计，使结构能按预期的强柱弱梁失效模式破坏。最理想的强柱弱梁失效模式是完全梁铰式的破坏，通过梁的塑性变形来耗散地震能量，保证结构在破坏前能够将其塑性潜力发挥出来，在设计中通过提高柱的柱端弯矩增大系数(Column Overdesign Factor，COF)，实现强柱弱梁的目的。但是由于各种不确定性的存在，在实际地震中建筑结构能否发生完全梁铰式破坏是不能够准确预知的，汶川大地震中按现行抗震设计规范设计的建筑结构有的实现了预期的设想，也有大量的建筑物发生了强梁弱柱式破坏，就说明了这一点。

本文将考虑上层、下层、中间层三类层间失效模式，在三类失效模式极限状态函数的显式表达式基础上，采用结构可靠度理论，研究钢筋混凝土框架结构柱端弯矩增大系数(COF)对地震作用下结构侧向增量倒塌失效模式的影响，并寻求在每一个确定的 COF 下结构最可能发生的倒塌失效模式。

2 基本定义和假设

通常人们最希望看到的失效模式是完全梁铰式的破坏：通过梁的塑性变形来耗散地震能量，保证结构在破坏前能够将其塑性潜力发挥出来，如图 1 所示。在设计中通过人为提高柱端弯矩增大系数(COF)，实现强柱弱梁的目的，COF 定义为

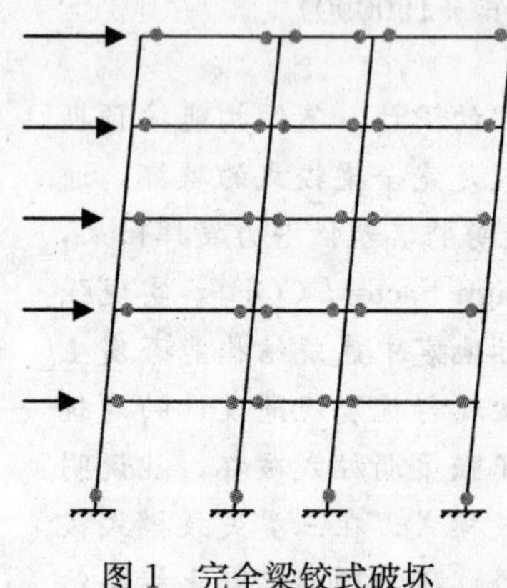

图 1 完全梁铰式破坏

$$\mathrm{COF}(k)=\frac{\sum_i M_{\mathrm{pc}i}}{\sum_i M_{\mathrm{pb}i}} \tag{1}$$

式中，k 代表第 k 个结点；$M_{\mathrm{pc}i}$、$M_{\mathrm{pb}i}$ 分别为与 k 结点相连的各柱、梁单元的极限抗弯承载力。

本文在研究钢筋混凝土框架结构时，作如下假定：

1）柱端弯矩增大系数 COF 本该由同一结点上各柱的平均弯曲强度之和比上各梁的平均弯曲强度之和得到。由于本文所用结构沿层高和跨度方向的截面及其配筋不变，所以假定所有的结点的柱端弯矩增大系数相同。

2）结构的不确定性仅考虑弯曲强度的不确定性。

3）外荷载仅考虑侧向地震作用，并按倒三角形式作用于结构上。

3 失效模式分析

3.1 层间失效模式的分类

结构的实际倒塌失效模式是千变万化的，本文参照 Sharfuddin 和 Zhao[1,2] 的建议，给出出现概率较高的三类层间失效模式，如图 2 所示。若上部失效模式中失效楼层延伸到了底层，就成为我们所希望见到的完全梁铰式破坏模式。

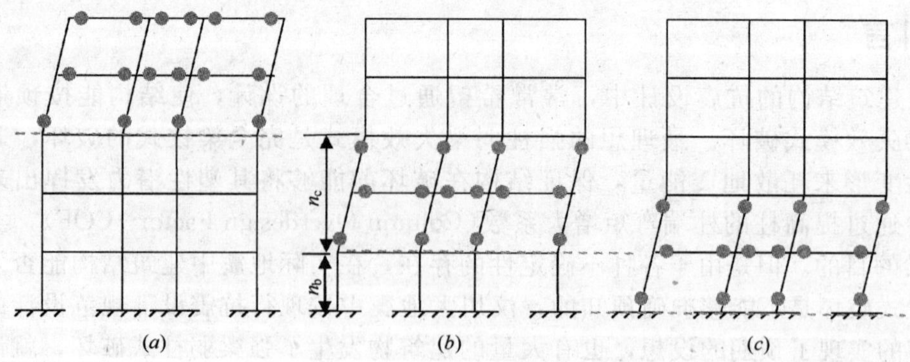

图 2 各种层间失效模式

(a)上二层失效：U2；(b)中间二层失效：M2；(c)下二层失效：L2

三类层间失效模式所对应的功能函数按定义为[1,2]：

$$G_{\mathrm{U}}(\boldsymbol{X}) = 2\sum_{i=1}^{m} M_{\mathrm{b}ni} + 2\sum_{j=n-n_{c+1}}^{n-1}\sum_{i=1}^{m} M_{\mathrm{b}ij} + \sum_{k=1}^{2} M_{\mathrm{csk}} + \sum_{k=1}^{m-1} M_{\mathrm{ck}} - \sum_{j=n-n_{\mathrm{c}}+1}^{n} (j+n_{\mathrm{c}}-n)hP_{j} \tag{2}$$

$$G_{\mathrm{M}}(\boldsymbol{X}) = 2\sum_{j=1}^{n_{\mathrm{c}}-1}\sum_{i=1}^{m} M_{\mathrm{b}ij} + \sum_{k=1}^{4} M_{\mathrm{csk}} + \sum_{k=1}^{2m-2} M_{\mathrm{ck}} - \sum_{j=1}^{n_{\mathrm{c}}} jhP_{j+n_{\mathrm{b}}} - \sum_{j=n_{\mathrm{c}}+1}^{n-n_{\mathrm{b}}} n_{\mathrm{c}}hP_{j+n_{\mathrm{b}}} \tag{3}$$

$$G_{\mathrm{L}}(\boldsymbol{X}) = 2\sum_{j=1}^{n_{\mathrm{c}}-1}\sum_{i=1}^{m} M_{\mathrm{b}ij} + \sum_{k=1}^{4} M_{\mathrm{csk}} + \sum_{k=1}^{2m-2} M_{\mathrm{ck}} - \sum_{j=1}^{n_{\mathrm{c}}} jhP_{j} - \sum_{j=n_{\mathrm{c}}+1}^{n} n_{\mathrm{c}}hP_{j} \tag{4}$$

式中 G_{U}、G_{M}、G_{L}——上层、中间层、下层失效模式所对应的功能函数；

$M_{\mathrm{b}ni}$、$M_{\mathrm{b}ij}$——顶层梁、j 层 i 跨梁的弯曲强度；

M_{csk}、M_{ck}——边柱、内柱的弯曲强度；

P_j——作用在第 j 层侧向力；

m、n、n_{c}、k——结构跨数、层数、失效楼层总数、失效柱端数。

将 $n_{\mathrm{c}}=n$ 代入式(2)，得到完全梁铰式失效模式的功能函数为：

$$G_{\mathrm{B}}(\boldsymbol{X}) = 2\sum_{i=1}^{m} M_{\mathrm{b}ni} + 2\sum_{j=n-n_{c+1}}^{n-1}\sum_{i=1}^{m} M_{\mathrm{b}ij} + \sum_{k=1}^{2} M_{\mathrm{csk}} + \sum_{k=1}^{m-1} M_{\mathrm{ck}} - \sum_{j=1}^{n} jhP_{j} \tag{5}$$

需要说明的是以上各公式假定各楼层是等高，若楼层不等高，将相应的 jh 用真正的楼层标高代替即可。式(2)～式(5)是基于虚功原理得到的。推导的基准线是最低失效楼层所在的水平线(见图 2 中的虚线)，对于失效楼层处的侧向荷载，其力臂等于该荷载到红线的距离；对于失效楼层以上的侧向荷载，它们的力臂大小统一设为 $n_{\mathrm{c}}h$，即在最高失效楼层的楼顶面处；对于失效楼层以下的侧向荷载，则不参与到功能函数的计算过程中。

3.2 最可能失效模式

虽然结构失效模式千变万化，但发生概率最高的是下层失效模式和失效层数最多的上层失效模式，而中间层失效的概率较低[4]。本文以五层三跨钢筋混凝土框架结构为例，给出了上层、中层和下层不同类型的失效模式，如图 3～图 5 所示。

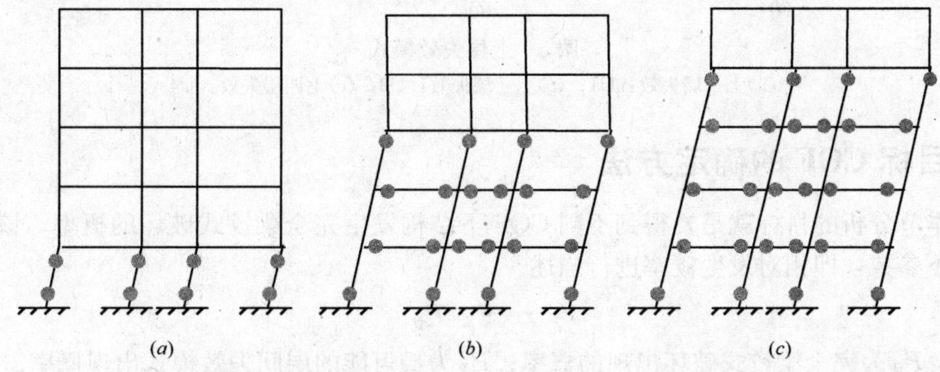

图 3 下层失效模式

(a)下一层失效：L1；(b)下三层失效：L3；(c)下四层失效：L4

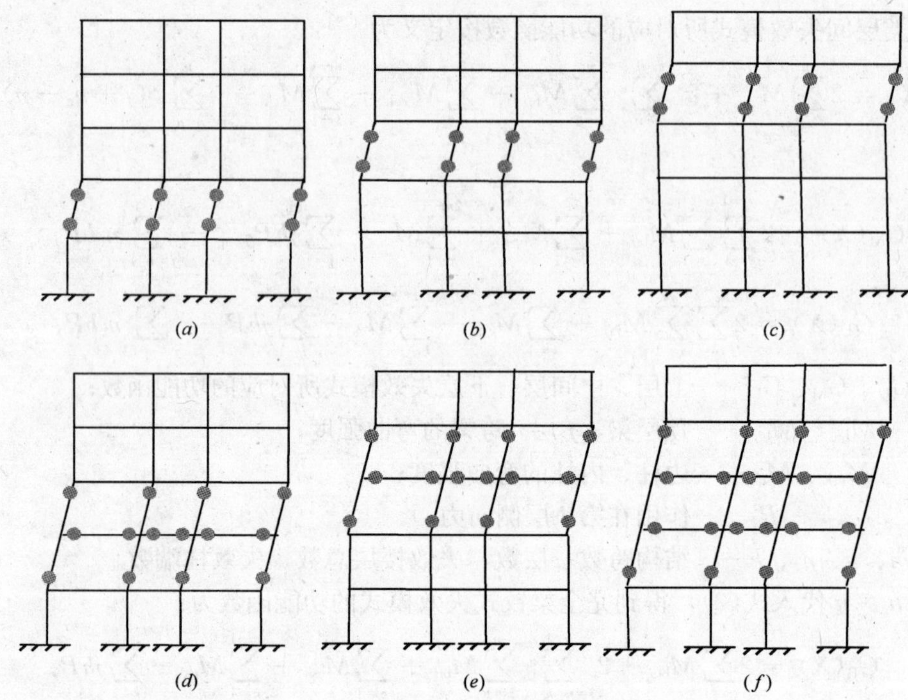

图 4　中间层失效模式

(*a*)中一层失效：M11；(*b*)中一层失效：M12；(*c*)中一层失效：M13；(*d*)中二层失效：M21；(*e*)中二层失效：M22；(*f*)中三层失效：M3

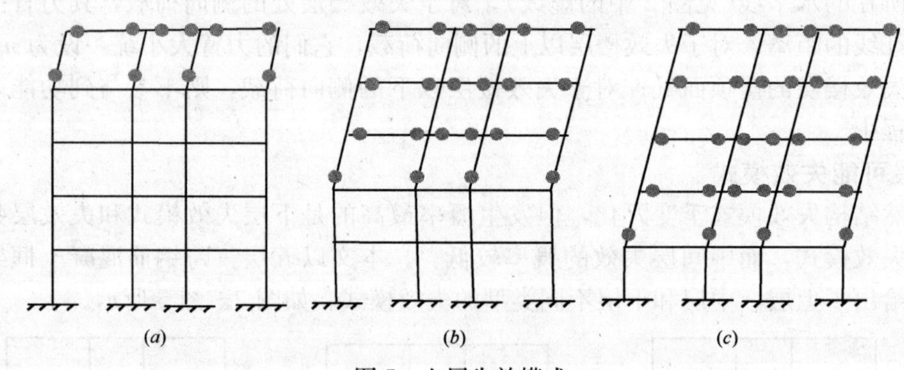

图 5　上层失效模式

(*a*)上一层失效：U1；(*b*)上三层失效：U3；(*c*)上四层失效：U4

4　目标 COF 的确定方法

本节分析的目标就是要得到不同 COF 下结构发生完全梁铰式破坏的概率，该值借助以下参数，即相对发生概率进行描述[2]：

$$\gamma = P_{f2}/P_{f1} \tag{6}$$

式中：P_{f1} 为完全梁铰式破坏出现的概率；P_{f2} 为最可能的层间失效模式出现概率。

为了保证结构在地震作用下的安全性，需要先假定梁铰式失效模式的目标可靠指标 β_T，相对应的失效概率 P_{f1} 可表示为

$$P_{f1}=\Phi(-\beta_T) \tag{7}$$

分析中，先给定梁铰式失效模式的目标可靠指标 β_T，根据已知的梁柱抗弯强度的平均值、变异系数、侧向力的变异系数，反求出该模式下的侧向荷载平均值(即逆FORM方法)；然后根据所得的荷载平均值，采用一次可靠度方法 FORM 求得其他失效模式的失效概率(或可靠度指标)。在分析中，不断地改变柱端弯矩增大系数(COF)，得到不同 COF 水平下的各个失效模式的失效概率。

为了确保所设计的结构根据最理想的破坏模式倒塌，最有可能的失效模式发生率的相对概率 γ 应控制低在一个特定的允许水平 γ_0，即：

$$\gamma=P_{f2}/P_{f1}\leqslant\gamma_0\leqslant1 \tag{8}$$

这样，通过不断地改变系数 COF 进行失效模式分析和可靠性分析，再由式(8)即可得到 γ 与 COF 的关系曲线。

5 算例分析

采用上述方法分析某五层三跨钢筋混凝土框架结构，结构的计算简图如图 6 所示[5]。顶层所受均布荷载为 20.1kN/m，其余各层为 23.3kN/m。

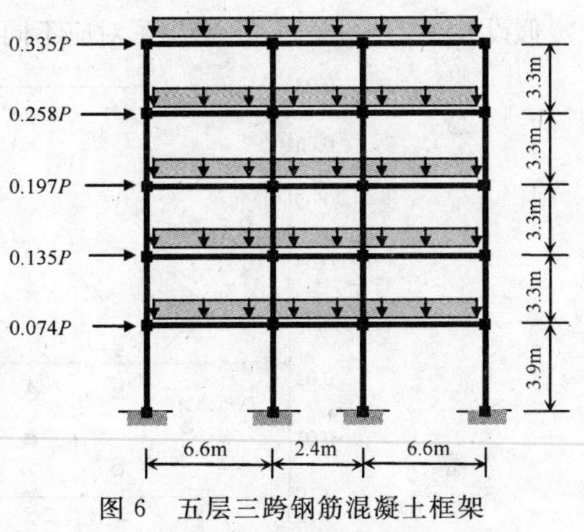

图 6　五层三跨钢筋混凝土框架结构的形式及荷载分布

因为本文只考虑构件的抗弯强度，地震作用按倒三角的形式施加到结构上，这样只需要确定基底总剪力和梁柱弯曲强度之一(本文选用梁单元的弯曲强度作为 M)就能确定各种失效模式所对应功能函数。各功能函数可以统一表示为：

$$G(X)=a\cdot M-b\cdot P \tag{9}$$

功能函数的系数　　**表 1**

失效模式	外荷载系数 b	不同 COF 下的弯曲强度 M 的系数 a							
		1.05	1.27	1.62	2.04	2.55	3.10	3.87	4.69
L1	3900.00	8.4	10.16	12.96	16.32	20.4	24.8	30.96	37.52
L2	6954.72	14.4	16.16	18.96	22.32	26.4	30.8	36.96	43.52
L3	9564.29	20.4	22.16	24.96	28.32	32.4	36.8	42.96	49.52
L4	11524.66	26.4	28.16	30.96	34.32	38.4	42.8	48.96	55.52
U1	5737.04	10.2	11.08	12.48	14.16	16.2	18.4	21.48	24.76
U2	9305.07	16.2	17.08	18.48	20.16	22.2	24.4	27.48	30.76
U3	11370.68	22.2	23.08	24.48	26.16	28.2	30.4	33.48	36.76
U4	12341.94	28.2	29.08	30.48	32.16	34.2	36.4	39.48	42.76
M11	6138.76	8.4	10.16	12.96	16.32	20.4	24.8	30.96	37.52
M12	6886.74	8.4	10.16	12.96	16.32	20.4	24.8	30.96	37.52
M13	5483.12	8.4	10.16	12.96	16.32	20.4	24.8	30.96	37.52

续表

失效模式	外荷载系数 b	不同 COF 下的弯曲强度 M 的系数 a							
		1.05	1.27	1.62	2.04	2.55	3.10	3.87	4.69
M21	7981.09	14.4	16.16	18.96	22.32	26.4	30.8	36.96	43.52
M22	6985.54	14.4	16.16	18.96	22.32	26.4	30.8	36.96	43.52
M3	8933.11	20.4	22.16	24.96	28.32	32.4	36.8	42.96	49.52
梁铰式	12631.80	34.2	35.02	36.48	38.16	40.2	42.4	45.48	48.76

本文只是为了得到各失效模式的出现概率，而不关心具体某一种失效模式的最敏感因素是什么，所以，在分析中假定结构和地震动的变异系数是确定的。假定梁单元抗弯强度 M 服从对数正态分布，平均值为 1.84×10^8 N·mm，变异系数为 0.2；总的水平地震作用 P 服从极值Ⅰ型分布，变异系数为 0.8[3]。对应于各失效模式的系数 a、b 列入表 1 中，表中的失效模式名称及形态详见图 3～图 5。各层的侧向力占总的基底剪力的比例按倒三角的分布形式进行计算，所得结果见图 6。

假设 $\beta_T=2$，图 7～图 9 给出了对应不同 COF 下的各失效模式发生的概率。

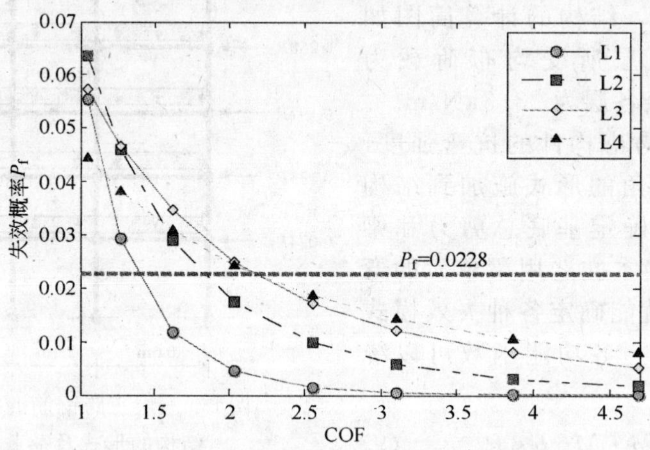

图 7　下层失效模式的发生概率与 COF 的关系

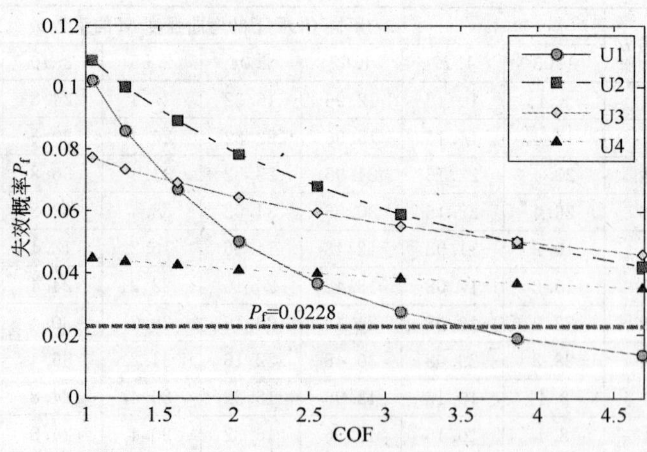

图 8　上层失效模式的发生概率与 COF 的关系

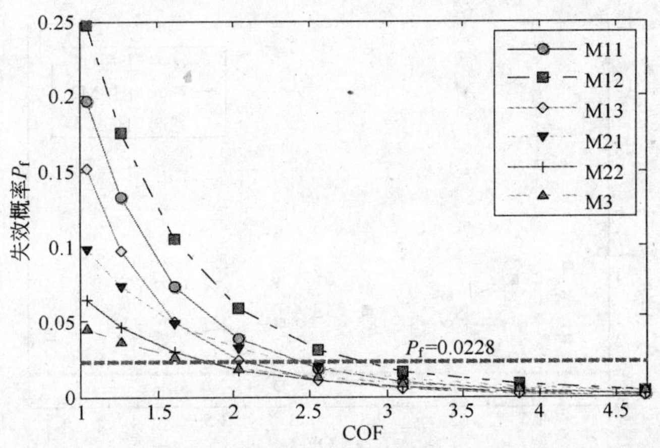

图 9　中间层失效模式的发生概率与 COF 的关系

从图 7 知道，随着 COF 的增加，各种下层倒塌失效模式的出现概率逐渐降低，当 COF 稍大于 2 后，所有的下层失效模式出现的概率都低于完全梁铰式失效模式。对于每一确定的 COF，当其值大于 2.0 之后，各失效模式的出现概率随着失效楼层数量的增加而降低；但是，当 COF 小于 2.0 时，这种变化规律就没有了，因为各曲线出现了多次交叉。COF 为 1.05 时控制失效模式为 L2；COF 为 1.27、1.62、2.04 时控制失效模式为 L3；COF 大于 2.04 时控制失效模式为 L4，因此，随着 COF 的增加，失效层数越多的失效模式成为控制失效模式的趋势越明显。

图 8 描述了各上层失效模式跟 COF 之间的关系。与下层失效模式一样，各失效模式的出现概率随着 COF 的增加而降低，但除了 U1 外，其余三种模式随 COF 的降低并不明显，看不出失效模式随失效楼层数量之间的关系，因为各曲线在不同的区均有交叉点出现。另外，与图 7 对比可知，在失效楼层数相同的前提下，上层各失效模式的出现概率几乎都是下层失效模式的出现概率的两倍，除了 U1 外，所有的失效模式的出现概率都高于完全梁铰式的出现概率。在 COF 小于 3.87 时，U2 为控制失效模式；其余由 U3 控制。

图 9 给出了各中间层失效模式跟 COF 之间的关系：各失效模式随着 COF 的增加而显著下降，虽然当 COF 较小时各失效模式的出现概率很高，但当 COF 达到 2.5 时，大都降低到比完全梁铰式破坏的出现概率水平。各失效模式的出现概率随着失效楼层总数的减少而降低；对于失效楼层总数相同的则体现为，随失效楼层所在的标高的降低而提高。在分析所采用的 COF 范围内，控制失效模式都是 M11。

图 10 给出了上、中、下三种失效模式的控制失效模式的出现概率与完全梁铰式的出现概率的比值。从图中可以看出，在 COF 较小时，整个结构的失效模式由中间层失效模式控制；当 COF 大于 2.0 时，由上层失效模式控制。对应 COF＝1.62 的情况，各失效模式的出现概率如图 11 所示。

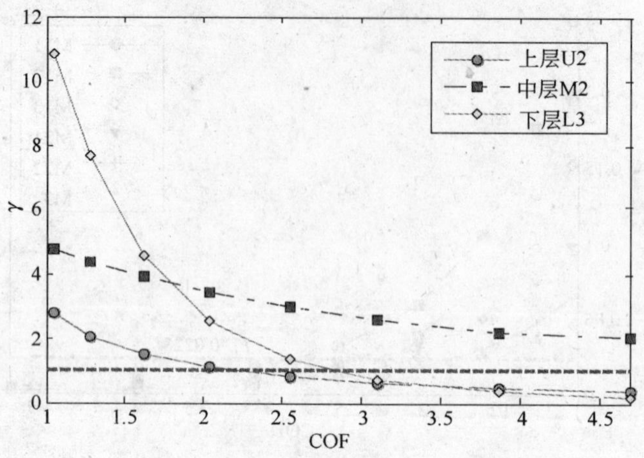

图 10　控制失效模式的相对发生概率

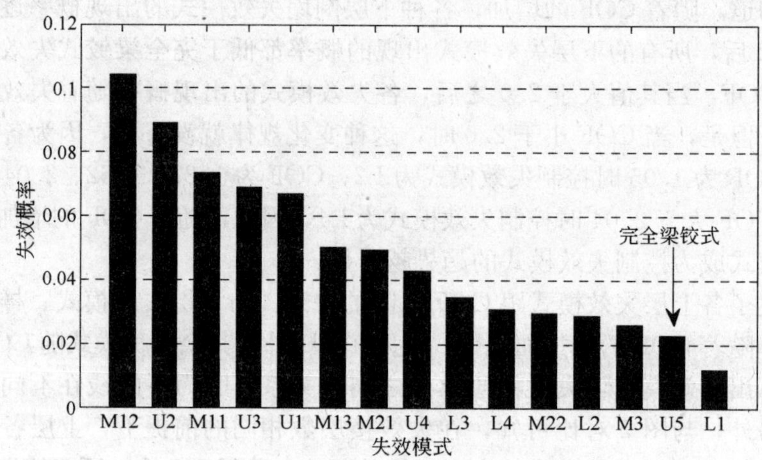

图 11　控制失效模式的相对发生概率

6　结论

本文考虑了上层、下层、中间层三类层间失效模式，在三类失效模式极限状态函数的显式表达式基础上，采用结构可靠度理论，研究钢筋混凝土框架结构柱端弯矩增大系数(COF)对地震作用下结构侧向增量倒塌失效模式的影响，并寻求在每一个确定的 COF 下结构最可能发生的倒塌失效模式。研究了三种失效模式的发生概率与 COF 的变化关系，给出了三种控制失效模式出现概率与完全梁铰式出现概率的比值，即相对发生概率。算例分析结果表明，当 COF 较小时，整体结构的失效模式由中层失效模式控制；而当 COF 大于 2.0 时，则由上层失效模式控制。本文的研究结果可为罕遇或特大地震作用下结构的抗倒塌设计提供参考。

参考文献

[1]　Ono T，Zhao YG，Ito T. Probabilistic evaluation column overdesign factors for frames [J]. Jour-

nal of Structural Engineering, ASCE, 2000. 126(5): 605-611.

[2] Sharfuddin M, Zhao YG. An investigation of COF with variation of load and strength characteristics of material [R]. Nagoya Institute of Technology, Nagoya, Japan. 2009.

[3] Bertero RD, Bertero VV. Redundancy in earthquake-resistant design [J]. Journal of Structural Engineering, ASCE, 1999, 125(1): 81-88.

[4] Zhao YG, Pu WC, Li H, Ono T. Basic and optimum column overdesign factor avoiding story mechanism for frame structure [J]. Journal of Key Engineering Materials, 2007. 340-341: 1405-1410.

[5] 陈志恒. 钢筋混凝土框架结构的倒塌失效模式、风险与鲁棒性分析 [D], 哈尔滨工业大学. 2008.

钢筋混凝土框架结构侧向倒塌的地震易损性分析

吕大刚　于晓辉　陈志恒

（哈尔滨工业大学土木工程学院，哈尔滨　150090）

摘　要：考虑地震动不确定性，利用增量动力分析方法（Incremental dynamic analysis，IDA），分别采用 FEMA 准则和结构整体动力失稳作为结构侧向倒塌能力点的确定准则，对钢筋混凝土框架结构的侧向倒塌易损性进行研究。以一栋五层三跨钢筋混凝土框架结构为例，分析得到侧向倒塌的地震易损性曲线。通过对侧向倒塌易损性曲线的研究表明：基于 FEMA 准则的地震易损性分析结果偏于保守，在我国规范的大震作用下，结构倒塌的风险较小。

关键词：地震易损性；倒塌易损性；增量动力分析；整体动力失稳；易损性曲线

1　引言

控制和预测结构在地震作用下的倒塌是结构设计和评定工作中的重中之重，因此，有必要对结构在地震作用下的倒塌这一动力失稳问题进行深入研究。由于影响结构地震倒塌的因素众多，且涉及大量不确定性因素。因此，结构倒塌的地震易损性分析成为结构倒塌预测的有效手段。

结构倒塌可以分为侧向（增量）倒塌和竖向（连续）倒塌两种。侧向倒塌则是由于结构侧向塑性变形过大而引起的侧向承载力丧失，竖向倒塌则是由于承重构件丧失承载能力而引起结构的竖向承载力丧失。结构在地震作用下的倒塌过程可视为两类倒塌模式的相继发生过程：在地震作用下，结构开始出现较大塑性变形，当某一构件的损伤过大，随即退出工作，进入结构竖向倒塌过程。

侧向倒塌作为结构地震倒塌过程的第一阶段，是预测和控制结构发生倒塌的关键，得到了研究人员的普遍关注。作为一种动力分析方法，IDA 方法可以有效地解决结构倒塌这一动力失稳问题。IDA 思想早在 1977 年就由 Bertero[1] 提出，2000 年被美国联邦紧急事务署（Federal Emergence Management Agency，FEMA）推荐条例 FEMA 350[2] 采用，并作为结构侧向倒塌能力分析的重要方法予以推荐，被广泛地应用于结构侧向倒塌易损性分析中。Zareian 和 Krawinkler[3,4] 同时考虑地震动不确定性和模型不确定性，进行了地震倒塌易损性研究。Lie 等人[5] 在地震倒塌易损性研究中，同时考虑了地震动不确定性和结构不确定性。我国学者叶列平和陆新征等人[6,7]，基于仅考虑地震动不确定性的结构侧向倒塌易损性曲线，利用倒塌储备系数作为评价指标，对结构抗倒塌能力及其影响因素进行了研究。

本文以一栋五层三跨钢筋混凝土框架结构为例进行侧向倒塌地震易损性分析。选择 60 条地震动作为输入，以记录对记录（Record-to-record，RTR）的形式考虑地震动的不确定性。基于 IDA 方法，分别采用 FEMA 倒塌能力点确定准则，和以有限元分析失稳点作为倒塌能力点的方法，分析得到结构侧向倒塌地震易损性曲线。通过对易损性曲线的研究发现：FEMA 350 和我国规范对倒塌能力点的确定原则均相对保守，可以较为有效地对结构的侧向倒塌风险进行控制。

2 结构侧向倒塌能力点的确定准则

Vamvatsikos 和 Cornell 在文献［8］中总结了三种基于 IDA 曲线的倒塌能力点定义准则：*IM* 准则、*DM* 准则以及 *IM-DM* 混合准则。其中，*IM* 为地震动强度参数，*DM* 为结构反应参数。*IM* 准则是用 C_{IM} 作为结构倒塌能力点，当 $IM \geqslant C_{IM}$ 时，结构发生倒塌，如图 1 所示。其中，C_{IM} 为结构倒塌点的 *IM* 量值。*DM* 准则是以 C_{DM} 作为结构极限状态点，当 $DM \geqslant C_{DM}$ 时，结构发生倒塌，如图 2 所示。其中，C_{DM} 为结构倒塌点的 *IM* 量值。*IM-DM* 混合准则是综合考虑 *IM* 和 *DM* 的两种测度，当 $IM \geqslant C_{IM}$ 或 $DM \geqslant C_{DM}$ 时，结构发生倒塌。

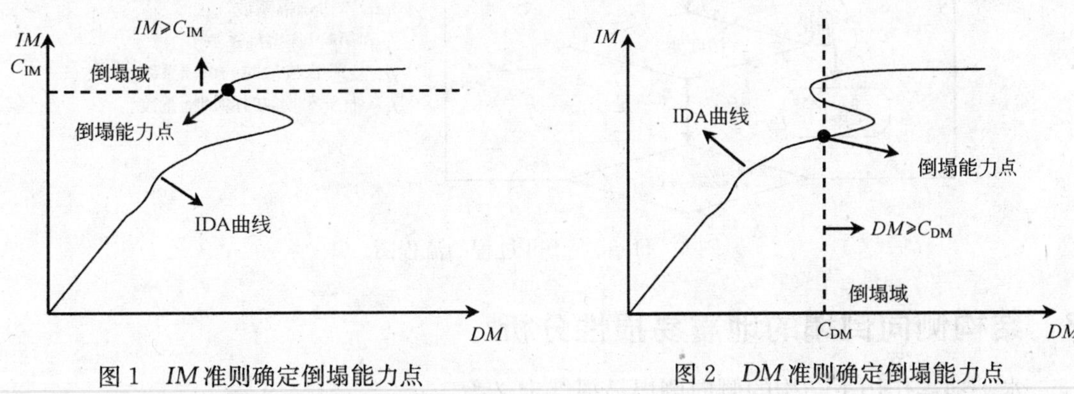

图 1 *IM* 准则确定倒塌能力点　　图 2 *DM* 准则确定倒塌能力点

FEMA 350[2] 建议基于结构的 IDA 曲线，当结构切线刚度退化成初始刚度的 20%，或结构最大层间位移角超过 10%时，定义为结构倒塌。这实际采用的是 *IM-DM* 混合原则，如图 3 所示。我国抗震规范[9] 基于"大震不倒"的思想，给出了不同结构形式在大震作用下的最大层间位移角限值。但这些限值只是控制结构在大震作用下，不发生倒塌，并非探求结构真正的侧向倒塌能力。因此我国规范的倒塌能力点偏于保守。本文采用两种原则确定结构侧向倒塌能力，包括：FEMA 350 确定倒塌能力点的 *IM-DM* 混合原则以及以有限元分析发散点作为结构侧向倒塌能力点。

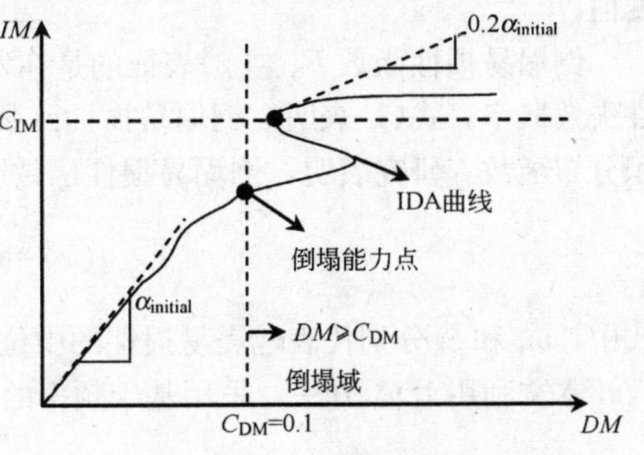

图 3 FEMA 准则确定倒塌能力点

本文作者曾基于单地震动 IDA 方法提出一种"折半取中"原则，以搜索结构有限元分析最终发散点作为结构倒塌点[10]。Vamvatsikos 和 Cornell 在文献［11］中给出了 IDA 分析中确定调幅系数的 Hunt & Fill 原则。其中，Hunt 的过程是进行倒塌点的搜索阶段，在有限元计算发散点附近反复搜索，逐步逼近倒塌点；Fill 的过程是为了保证 IDA 曲线更为可信和光滑，而进行的 IDA 曲线插值分析。本文作者基于 OpenSees[12] 平台，采用基于 Hunt & Fill 方法的 IDA 分析及倒塌点搜索，如图 4 所示。

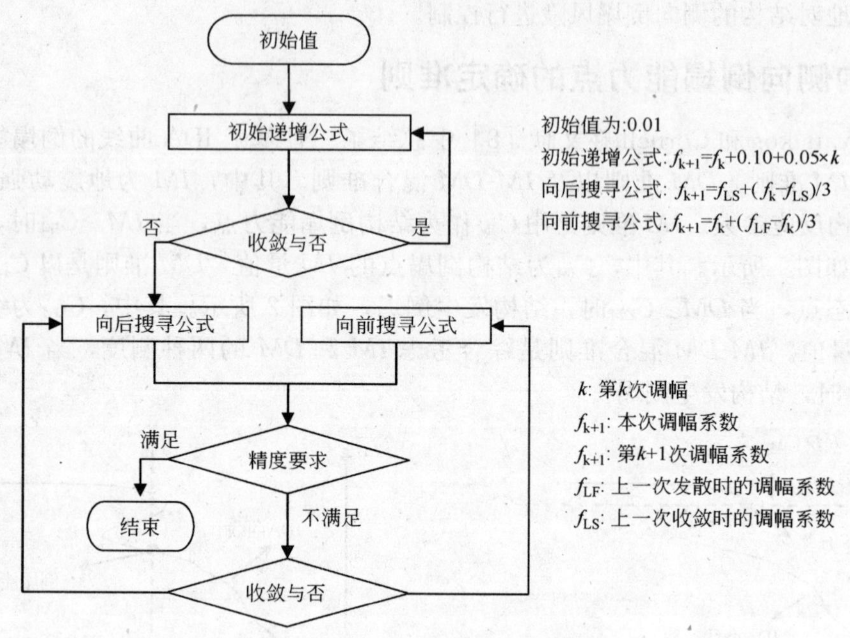

图 4 Hunt & Fill 过程的流程图

3 结构侧向倒塌的地震易损性分析

水平地震作用下结构的侧向倒塌易损性定义为：

$$F_{S_a,C}(x)=P[S_a \geqslant S_{a,C} \mid S_a=x] \tag{1}$$

式中，S_a代表谱加速度需求；$S_{a,C}$代表谱加速度能力，是导致结构动力失稳时的谱加速度值。

倒塌易损性函数 $F_{S_a,C}(x)$表征的是在发生地震动强度 $S_a=x$ 时，结构侧向倒塌的条件失效概率。式(1)表明，倒塌易损性函数 $F_{S_a,C}(x)$实际上就是谱加速度能力 $S_{a,C}$的累积分布函数。研究表明，倒塌易损性函数服从对数正态分布[3,4]：

$$F_{S_a,C}(x)=\Phi\left[\frac{\ln(x/m_R)}{\beta_R}\right] \tag{2}$$

式中，m_R和 β_R分别代表地震易损性的中位值和对数标准差。

本文利用 IDA 方法，采用基于频率的统计方法进行结构侧向倒塌地震易损性分析：

$$P[C|S_a=x]=\frac{N_{x,\mathrm{collapse}}}{N_x} \tag{3}$$

式中，$P[C|S_a=x]$ 表示当 $S_a=x$ 时的结构倒塌概率；N_x 为 $IM=x$ 时，时程分析的次数；$N_{x,\mathrm{collapse}}$为 N_x 次时程分析中，出现结构侧向倒塌的分析次数。本文仅考虑地震动的不确定性，则 $N_x=N$，其中 N 为地震动记录的条数。

结构地震倒塌的易损性分析步骤如下：

(1) 从地震动记录数据库中(例如 PEER 的数据库)选择多条实际的地震动记录(假设有 N 条)；

(2) 建立结构的非线性有限元模型；

(3) 对结构进行多地震动记录 IDA 分析(N 次)，确定相应的 N 个倒塌能力点 C_{IM}^{i}($i=1$，2，…，N)；

(4) 按式(3)确定结构的倒塌概率 $P[C|S_{\mathrm{a}}=x]$；

(5) 在合理的范围内增量式地遍取 $S_{\mathrm{a}}=x$，获取结构侧向倒塌概率的离散数据点；

(6) 利用步骤(5)中获得的离散数据点，采用最小二乘法或极大似然法对式(2)所示的分布函数进行拟合，估计倒塌易损性的参数 m_{R} 和 β_{R}。

4 算例分析

五层三跨钢筋混凝土框架结构，8 度设防，场地土为Ⅱ类。结构的计算简图、荷载分布情况及截面配筋情况，如图 5 所示。本文基于 OpenSees 分析平台，整体结构采用杆系单元的中心线模型。梁和柱采用基于位移的非线性纤维梁柱单元模拟。混凝土采用 Concrete01 材料，钢筋采用 Steel02 材料。综合考虑计算精度和效率，梁构件设置 5 个积分点，柱构件设置 10 个积分点。柱截面考虑到纵向钢筋和箍筋对核心混凝土的轴向承载能力的加强，将混凝土部分划分为外包混凝土和核心混凝土。其中，核心混凝土采用 Mander 提出的约束混凝土本构模型[13]。

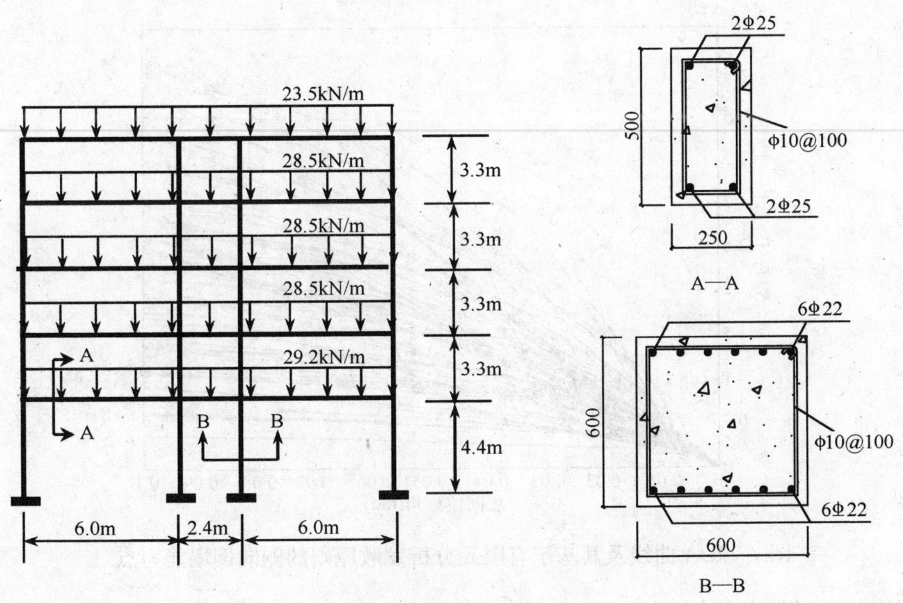

图 5 结构的基本描述

选择 60 条地震动作为输入，在选取过程中，考虑到场地类型与分组，根据地震动特征周期选取了 60 条距离震中 10km 以上的地震，详细情况参见文献［14］中的地震动列表。选取结构自振周期 T_1 和 5%阻尼比对应的谱加速度 $S_{\mathrm{a}}(T_1, 5\%)$ 作为地震动强

度参数 *IM*，得到60条IDA曲线。采用FEMA 350的 *IM-DM* 混合准则，确定60个结构倒塌能力点，如图6所示。采用结构有限元分析发散得到了结构的倒塌能力点，如图7所示。从图6可知，当钢筋混凝土结构达到这些控制点时，IDA曲线已经呈现出较为明显的水平段，说明采用FEMA原则进行结构倒塌能力点的选取，可以很好地表征结构侧向倒塌的动力失稳特点。

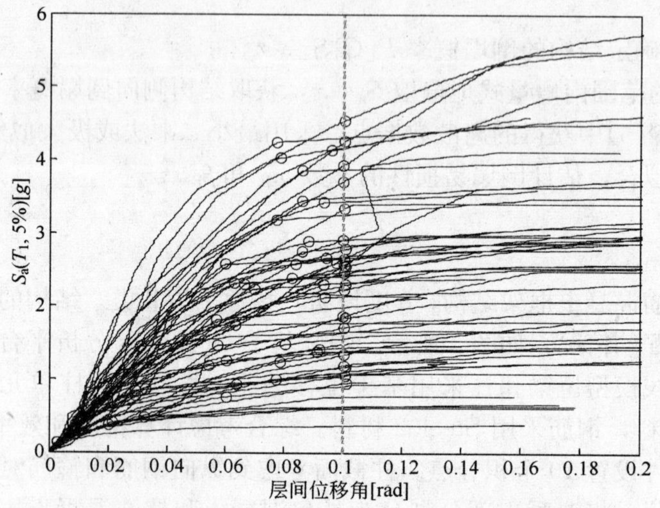

图6　IDA曲线及其基于FEMA原则的侧向倒塌能力点

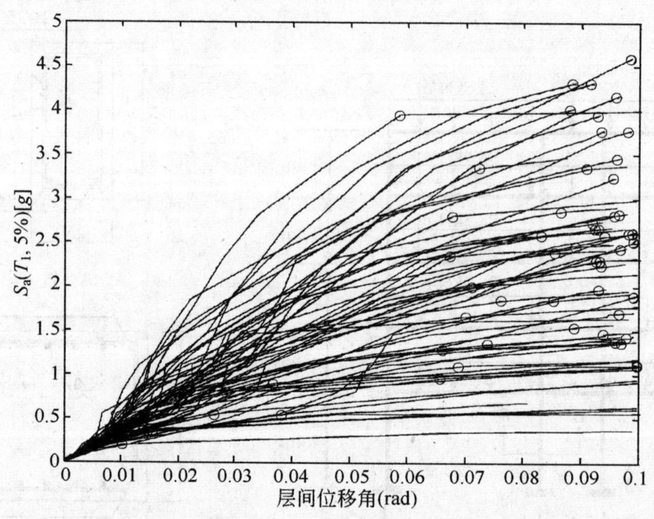

图7　IDA曲线及其基于有限元分析发散原则的侧向倒塌能力点

利用式(2)得到了结构基于不同准则的倒塌易损性数据点，进一步利用对数正态概率分布曲线式(2)对这些离散点进行分布函数拟合，得到了连续化的倒塌易损性曲线，如图8所示。由图8可知，当采用FEMA原则确定结构倒塌能力点时，结构倒塌能力的中位值 $m_R = 1.90g$，对数标准差 $\beta_R = 0.64g$，结构在罕遇地震水平下［S_a(2%，50yrs)］发生倒塌的概率为1.32%。当采用计算发散点作为控制准则时，结构倒塌能

力的中位值 $m_R = 2.32g$，对数标准差 $\beta_R = 0.60g$，罕遇地震水平下结构发生倒塌的概率为 0.35%。由此可知：

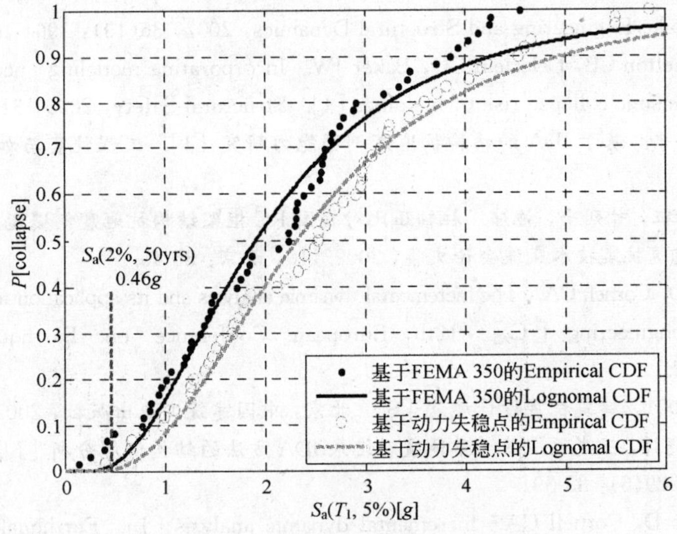

图 8　结构侧向倒塌易损性曲线

(1) 基于 FEMA 的确定结构侧向倒塌能力点的方法相对保守，可以较为有效地对结构的侧向倒塌风险进行控制；

(2) 我国规范的大震作用下，结构发生倒塌的风险较小。按其进行结构设计，可以有效地控制结构侧向倒塌风险，但不能完全发挥结构抵抗倒塌的能力，会造成结构设计的浪费。

5　结论

本文以一榀五层三跨钢筋混凝土平面框架结构为例进行侧向倒塌地震易损性分析，选择 60 条远场Ⅱ类场地的地震动作为输入，分别采用 FEMA 倒塌能力点确定原则，和基于有限元计算失稳的倒塌能力点确定原则，得到算例结构的侧向倒塌经验地震易损性离散数据点，并采用对数正态概率分布曲线进行拟合。研究结果表明：倒塌易损性曲线可以有效地刻画结构在不同强度地震动作用下，结构发生倒塌的可能性。FEMA 350 和我国规范对倒塌能力点的确定原则均相对保守，可以较为有效地对结构的侧向倒塌风险进行控制，但无法完全释放结构抵抗倒塌的能力，会造成结构设计的浪费。

参考文献

[1] Bertero VV. Stength and deformation capacities of buildings under extreme environments [C]. Structural Engineering and Structural Mechanics, Pister KS (ed.). Prentice-Hall: Englewood Cliffs, NJ, 1977: 211-255.

[2] Federal Emergency Management Agency. Recommended Seismic Design Criteria for New Steel Moment-frame Buildings [R]. Report No. FEMA-350, SAC Joint Venture, Federal Emergency Management Agency, Washington, DC, 2000.

[3] Zareian F. Simplified Performance-Based Earthquake Engineering [D]. Ph. D. Dissertation, Department of Civil and Environmental Engineering. Stanford University, 2006.

[4] Zareian F, Krawinkler H. Assessment of probability of collapse and design for collapse safety [J]. Earthquake Engineering and Structural Dynamics, 2007, 36(13): 1901-1914.

[5] Liel AB, Haselton CB, Deierlein GG, Baker JW. Incorporating modeling uncertainties in the assessment of seismic collapse risk of buildings [J]. Structural Safety, 2009, 31(2): 197-211.

[6] 陆新征，叶列平. 基于 IDA 的结构抗地震倒塌能力研究 [J]. 工程抗震与加固改造，2010，32(1)：13-18.

[7] 唐代远，陆新征，叶列平，施炜. 柱轴压比对我国 RC 框架结构抗地震倒塌能力的影响 [C]. 第十二届高层建筑抗震技术交流会论文集，2009. 10，北京：35-45.

[8] Vamvatsikos D, Cornell CA. The incremental dynamic analysis and its application to performance-based earthquake engineering [C]. 12th European Conference on Earthquake Engineering, London, 2002.

[9] GB 50011—2001，建筑抗震设计规范 [S]. 北京：中国建筑工业出版社，2001.

[10] 吕大刚，于晓辉，王光远. 基于单地震动记录 IDA 方法的结构倒塌分析 [J]. 地震工程与工程振动，2009，29(6)：33-39.

[11] Vamvatsikos D, Cornell CA. Incremental dynamic analysis [J]. Earthquake Engineering and Structural Dynamics, 2002, 31(3): 491-514.

[12] McKenna F, Fenves GL, Scott MH. Open System for Earthquake Engineering Simulation [R]. Pacific Earthquake Engineering Research Center, University of California at Berkeley, California, 2008.

[13] Mander JB, Priestley MJ, Park R. Theoretical stress-strain model for confined concrete. Journal of Structural Engineering. ASCE, 1988, 114(8): 1804-1826.

[14] 陈志恒. 钢筋混凝土框架结构的倒塌失效模式、风险与鲁棒性分析 [D]. 哈尔滨工业大学，硕士学位论文，2009.

框架结构抗倒塌体系与抗倒塌单元*

刘艳辉　赵世春　蔡宏儒　许　浒

（西南交通大学　土木学院，成都　610031）

摘　要：依据对"5·12汶川大地震"建筑结构震害的总结和分析，本文提出了"增加构件法"设计原理，即假定某个主要承载构件失效后，预先设置在结构体系中的某种构件开始启用，成为传递竖向荷载的新路径，从而防止结构倒塌；在此基础上，提出了"抗倒塌单元"的概念和特性；针对框架结构体系，提出了抗倒塌单元设计理论需要解决的问题。在不显著增加工程造价的前提下，抗倒塌单元设计理论不仅可以用于新建建筑抗倒塌设计，还可用于既有建筑提高抗倒塌能力的改造设计，具有广阔的应用前景和重要的现实意义。

关键词：框架结构；抗倒塌；增加构件法；抗倒塌单元

1　引言

所谓连续倒塌[1]，是指在正常使用条件下，由于突发事件，结构发生局部破坏，这种破坏从初始位置沿构件进行传递，最终导致整个建筑物坍塌，或与初始破坏不成比例倒塌。

国外对建筑结构连续倒塌的研究，始于1968年伦敦Ronan Point公寓因天然气爆炸而引起的倒塌；2001年美国纽约世贸中心双子大厦在"9·11恐怖袭击"中由于飞机撞击和燃烧而倒塌，使关于结构倒塌的研究达到高潮，同时也促成了"灾害源无关型"抗连续倒塌设计思路的提出[2]。到目前为止，在英国、美国、欧洲和日本，经过多年的研究和设计实践，已形成了一系列规范或指南[3-11]，用以指导建筑结构的抗连续倒塌分析和设计。相比之下，我国对该领域的研究起步较晚，主要工作始于2001年，多数集中在结构连续倒塌过程的仿真分析[12-17]等方面；2008年"5·12汶川大地震"，使在特大地震作用下结构抗连续倒塌的研究成为中国抗震研究领域的热点[18-21]，在内容上更侧重于我国结构抗连续倒塌设计方法的探讨[22,23]，并对规范提出建议。目前，我国制定抗结构连续倒塌设计条款的工作刚刚启动；在现行标准[24]与规范[25]中，仅定性规定结构因偶然事件而产生局部破坏后，应避免导致整个结构丧失抗震承载力或对重力荷载的承载能力，但未给出定量的设计方法。

总结各国规范对结构抗倒塌的规定，当前，结构抗倒塌设计主要策略是：通过加强结构系统的整体性，增加结构的延性、连续性和赘余度，使结构具有"搭桥"能力和悬索作用，当部分构件破坏后能改变传力路线，将破坏限制在允许的范围内，达到

* 基金项目：国家十一五科技支撑计划课题（2009BAJ28B01）和中国工程院重大咨询项目（编号：2010-ZD-4）

避免建筑倒塌目的。

防止结构倒塌的设计方法可分为三类：事件控制法、间接法和直接法。事件控制法即消除引起连续倒塌的原因；间接设计法，主要是通过加强结构的整体性、延性及提高结构的冗余度，从而提高结构的抗连续倒塌能力，属于概念设计范围；直接设计法主要采用拉结强度法和改变传力路径法进行分析和设计，属于计算设计范畴。

目前，改变传力路径法即指拆除构件法，这一方法是假定某个主要承载构件失效，分析结构是否会形成“搭桥”能力，继而判断结构是否会发生倒塌。

依据对“5·12汶川大地震”建筑结构震害的总结和分析，本文提出了“增加构件法”设计原理，即假定某个主要承载构件实效后，预先设置在结构体系中的某种构件开始启用，成为传递竖向荷载的新路径，从而防止结构倒塌；针对框架结构体系，本文提出了“抗倒塌单元”的概念、特点和抗倒塌单元设计理论需要解决的问题。抗倒塌单元设计理论不仅可以用于新建建筑抗倒塌设计，还可用于既有建筑提高抗倒塌能力的改造设计，具有广阔的应用前景和重要的现实意义。

2 框架结构抗倒塌体系

a）背景

工程概况及震害

框架结构抗倒塌体系的构建来源于都江堰市一个框架结构的典型震害[26]。都江堰某小区2号楼为钢筋混凝土框架结构，共3层，长93.6m，宽16.8m；总建筑面积3069m^2，一层层高为3.9m，2～3层层高为3.6m，坡屋顶；整个结构由变形缝分成结构布置几乎相同的Ⅰ、Ⅱ两个部分；依据《建筑抗震设计规范》GB 500011—2001进行抗震设计，设防烈度为7度，设计地震分组为第1组；建筑场地类别为Ⅱ类。

在“5·12汶川地震”中，结构布置几乎相同的Ⅰ、Ⅱ两个部分，震害情况截然不同(图1)：第Ⅰ段框架柱由窗下填充墙形成的短柱部位，均有不同程度的破坏，严重处纵向钢筋屈服，混凝土几乎全部剥落，整个破坏处仅剩呈灯笼状的钢筋，破坏非常严重(图3)，但没有倒塌；第Ⅱ段A轴上的一层框架柱发生错断，F轴框架柱因掩埋在废墟之中无法看见，整个框架柱发生粉碎性倒塌(从A轴向F轴方向)，造成人员伤亡。

图1　Ⅰ、Ⅱ两个部分震害情况截然不同(左为第Ⅰ部分、右为第Ⅱ部分)

填充墙与震害的关系

Ⅰ、Ⅱ两个部分在结构上的差异很小[26]，并不是震害悬殊的主要原因。同一设计单位、同一施工单位、同一建筑由变形缝分开的两个部分、非常近似的结构布置，填充墙成为震害不同的关键因素。

Ⅰ、Ⅱ两段底层填充墙布置有很大的差异：在倒塌的第Ⅱ部分，除四周维护墙体，仅在楼梯间四周设置填充墙。而未倒塌的第Ⅰ部分，由于功能需要，布置了较多的填充墙，见图2，图中填充斜线者为填充墙位置；由图2可见，在第Ⅰ部分，除四周维护结构和楼梯间周围外，在②、③、⑥轴上设置通长填充墙共3道，在④、⑤轴Ⓒ～Ⓓ轴间填充墙共2道。

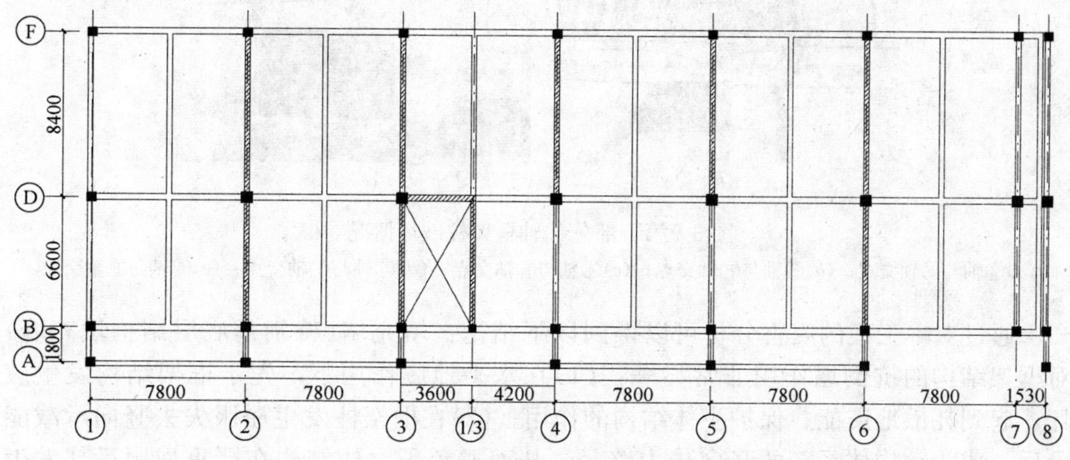

图2 第Ⅰ部分底层填充墙布置

更值得关注的是，在第Ⅰ部分，底层Ⓕ轴上窗间短柱的破坏程度与填充墙长度存在着一一对应的关系(地震时，纵墙与东西向地震波夹角约为45°)：在布置了通长填充墙的②、③、⑥轴上的窗间短柱，仅外抹灰层脱落，混凝土表面出现较小裂缝，纵向钢筋并未屈服；而仅在Ⓒ～Ⓓ轴间布置填充墙的④、⑤轴上，填充墙长度大概为②、③、⑥轴上的一半，窗间短柱的破坏情况非常严重，纵向钢筋屈服，混凝土几乎已完全剥落，仅剩下呈灯笼状的钢筋。见图3。

填充墙的抗倒塌作用

地震波与结构纵墙大概成45°左右夹角，因此，在本结构中，纵向、横向填充墙均承担了部分水平地震剪力。填充墙分担水平地震剪力，成为框架结构抗震第一道防线，这已经为许多研究成果和工程震害所证明，而本工程5根框架柱的震害程度与填充墙长度的一一对应关系，更说明了这一结论的正确性。

从本工程案例来看，填充墙的另外一个作为也非常值得关注——填充墙的竖向传力作用。在地震作用下，④、⑤轴与Ⓕ轴交点框架柱的破坏非常严重，纵向钢筋屈服呈灯笼状，混凝土几乎完全剥落，框架柱几乎完全失去竖向承载能力；据计算，④、⑤轴柱承担的永久荷载标准值约为1000kN。在框架柱完全破坏的情况下，这1000kN的重量由谁承担？据现场观察，与框架柱连接的填充墙承担了竖向力。

图3 第Ⅰ部分F轴框架柱破坏情况

(a)②轴与Ⓕ轴交点；(b)③轴与Ⓕ轴交点；(c)④轴与Ⓕ轴交点；(d)⑤轴与Ⓕ轴交点；(e)⑥轴与Ⓕ轴交点

通过对本工程的震害分析可以得到以下结论：填充墙(特别是底层结构填充墙)对框架结构的抗倒塌作用非常显著：(1)在水平地震作用下，先于框架结构发生破坏，起到耗散地震能、保护主体结构的作用；(2)在框架柱发生屈服失去竖向承载能力后，成为结构体系新的竖向传力路径，从而避免了主体结构在严重屈服后部发生倒塌。

b)“拆除构件法”和“增加构件法”力学原理比较

改变传力路径法是结构抗倒塌设计的重要方法之一。目前，改变路径法即指拆除构件法，这一方法是假定某个主要承载构件失效，分析结构是否会形成“搭桥”能力，继而判断结构是否会发生倒塌。图4为拆除构件法的原理图。

对于那些结构冗余度比较高、梁跨度比较小的结构，拆除构件法较为容易实现，增加的工程造价也在合理的范围之内；但是，对于如2.1节这一类冗余度比较低、梁跨度较大的结构、或者已经施工完成的结构体系，需要增加结构的抗倒塌能力，拆除构件法就不再合适。

改变传力路径方法，一种思路是拆除构件方法，即假定主要承载构件实效，相邻的结构形成“大桥”能力；另外一种思路也可以是“增加构件法”，即假定某个主要承载构件实效后，预先设置在结构体系中的某种构件开始启用，成为传递竖向荷载的新路径，从而防止结构倒塌。在2.1节阐述的工程案例中，填充墙成为传递竖向荷载的新构件。图5为“增加构件法”的力学原理图。

c)采用“增加构件法”设计框架结构的破坏模式

设计合理的结构体系，其预期的抗震性能应符合图6的要求，即整个结构呈现足够的延性特征，保障人的生命安全。

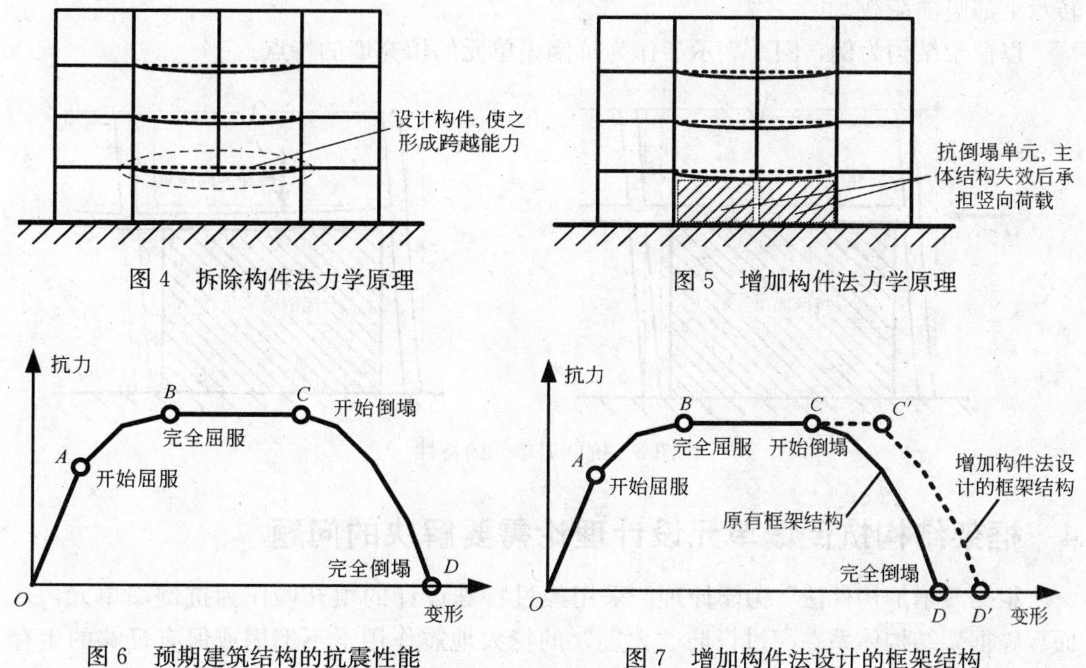

图 4　拆除构件法力学原理　　　　图 5　增加构件法力学原理

图 6　预期建筑结构的抗震性能　　　　图 7　增加构件法设计的框架结构

对于框架结构体系，特别是那些冗余度比较低、梁跨度较大的结构，或者已经施工完成的结构体系，需要增加抗倒塌能力的结构，可采用“增加构件法”设计结构的抗倒塌能力。采用“增加构架法”设计的框架结构，可增加图 6 中 *BC* 段的长度，结构的抗倒塌能力提高。

采用“增加构建法”设计的框架结构预期的破坏模式为：填充墙→框架柱→“增加构件”。

3　抗倒塌单元

3.1　抗倒塌单元

将第 2 节研究内容进行总结，得到抗倒塌单元的定义如下：在结构遭遇超过设防“大震”的特大地震作用下，主体结构严重破坏而丧失承受上部竖向荷载能力时，如果能够设置一定数量的特殊构件，作为传递竖向荷载的新路径，实现竖向荷载的内力重分析，从而使结构避免倒塌。我们将这样的特殊构件称为“抗倒塌单元”。抗倒塌单元可以有多种形式，而对于框架结构体系，需要填充墙实现建筑空间的维护与分割，因此，经过特殊方法设计的填充墙，还可以在不显著增加造价的情况下，实现其“抗倒塌单元”的功能。

3.2　抗倒塌单元的特性

作为传递竖向荷载新路径的抗倒塌单元应具有这样的特性：

在主体结构严重破坏而丧失承受上部竖向荷载能力前，抗倒塌单元不应被地震荷载所破坏；

在主体结构严重破坏而丧失承受上部竖向荷载能力后，抗倒塌单元应能够及时地转承上部竖向荷载。

以框架结构为例，图 8 表示了作为抗倒塌单元的填充墙的特点。

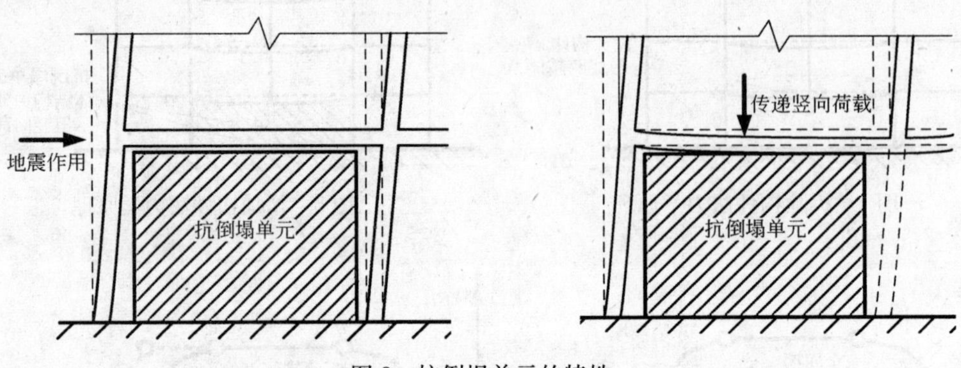

图 8　抗倒塌单元的特性

4　框架结构抗倒塌单元设计理论需要解决的问题

根据“增加构件法”力学原理，采用经过特殊设计的填充墙作为抗倒塌单元，从而保障框架结构体系在超过设防“大震”的特大地震作用下不倒塌或保有足够的生存空间；我们称之为框架结构抗倒塌单元设计理论。

采用“增加构件法”力学原理设计的抗倒塌单元，非常显著的优点是：不仅可用于新建结构的抗倒塌设计，而且，可用于既有结构的抗倒塌改造设计。这对目前地震灾区的灾后重建和改造，具有非常重要的现实意义。从这一角度出发，当前框架结构抗倒塌单元设计理论需要解决的问题有以下几点：

（1）普通填充墙改造为抗倒塌单元的增强措施：填充墙材料的选择，配筋增强延性措施，面外稳定性措施等；

（2）抗倒塌单元与主体框架结构的相互作用机理研究：主体框架结构在特大地震作用下严重破坏而丧失承载能力时，抗倒塌单元启动传递竖向荷载与地震力的作用，其与严重破坏的主体框架之间的相互作用机理是问题的关键；

（3）抗倒塌单元的竖向承载力需求研究与在结构中的布置规律研究；

（4）抗倒塌单元与主体框架结构的弱连接构造研究。

“增加构件法”是改变路径设计方法的进一步丰富与扩展，本文提出的框架结构抗倒塌单元设计理论，可以在不提高结构设防标准，不显著增加结构造价的前提下，提高结构的抗倒塌能力。它最显著的优点是：不仅可以用于新建建筑抗倒塌设计，还可用于既有建筑提高抗倒塌能力的改造设计。不可否认，由于部分填充墙已经不再仅具有传统意义上的维护和分隔作用，使得部分填充墙的存在成为必须。但是，在满足建筑功能要求的前提下，抗倒塌单元设计理论具有广阔的应用前景和重要的现实意义。

参考文献

［1］ American Society of Civil Engineers. Minimum design loads forbuildings and other structures（ASCE/SEI 7205）［S］. Reston：Virginia，2006.

[2] Smith J L, Swatzell S R, HallB. Prevention of progressive collapse-DOD guidance & application [C]. Proceedings of SAME National Symposium on Comp rehensive Force Protection. SAME Readiness Committee, Charleston, South Carolina, USA, 2001.

[3] American Society of Civil Engineers (ASCE). Minimum Design Loads for Buildings and Other Structures, ASCE 27 [S]. Reston, Va, 2005.

[4] Department of Defense (DoD). Unified Facilities Criteria (UFC): Design ofStructures to Resist Progressive Collapse [S]. Washington D. C., 2005.

[5] United States General Services Administration (GSA). Progressive Collapse Analysis and Design Guidelines for New Federal Office Buildings and Major Modernization Projects [S]. Washington D. C., 2003.

[6] Applied Technology Council (ATC). Quantification of building seismic performance factors ATC 263 and FEMA P695 project report290% Draft [R]. App lied Technology Council, Redwood, California, USA, 2008.

[7] European Committee for Standardization. EN 19912127: 2006, Eurocode Ⅰ: Actions on Structures. Part 127: General Actions2Accidental Actions [S]. Brussels, 2006.

[8] MOORE D B. The UKand European regulations for accidental actions [C]. Proceedings of Workshop on Prevention of Progressive Collapse, National Institute of Building Sciences, Washington D. C., 2002.

[9] British Standard Institute. BS 8110: Structural Use of Concrete: Part Ⅰ: Code of Practice for Design and Construction [S]. London, 1985.

[10] British Standard 2000. Structural use of concrete: Part 1: Code of practice for design and construction (BS 811021: 2000) [S]. British Standards Institution, London, UK, 2000.

[11] Japanese Society of Steel Construction & Council on TallBuildings and Urban Habitat. Guidelines for collapse control design [S]. Tokyo, Japan, 2005.

[12] 秦东，范立础. 钢筋混凝土结构倒塌全过程数值模拟 [J]. 同济大学学报，2001，29 (1)：80-83.

[13] 宣纲. 地震作用下钢筋混凝土结构的倒塌分析 [D]. 上海：同济大学土木工程学院，2002.

[14] 周健，屈俊童，贾敏才. 混凝土框架倒塌全过程的颗粒流数值模拟 [J]. 地震研究，2005，28 (3)：288-293.

[15] 黄庆华. 地震作用下钢筋混凝土框架结构空间倒塌反应分析 [D]. 上海：同济大学土木工程学院，2006.

[16] 胡晓斌，钱稼茹. 多层平面钢框架连续倒塌仿真分析 [J]. 力学与实践，2008，30(4)：54-57.

[17] 张雷明，刘西拉. 钢筋混凝土结构倒塌分析的前沿研究 [J]. 地震工程与工程振动，2003，23 (3)：47-52.

[18] 叶列平，曲哲，陆新征，冯鹏. 提高建筑结构抗地震倒塌能力的设计思想与方法 [J]. 建筑结构学报，2008，29(4)：42-50.

[19] 苏幼坡，张玉敏，王绍杰，徐建新. 从汶川地震看提高建筑结构抗倒塌能力的必要性和可行性 [J]. 土木工程学报，2009，42(5)：25-32.

[20] 何政. 强震下混凝土结构渐进倒塌性能分析与设计新进展 [J]. 南京信息工程大学学报：自然科学版，2009，1 (1)：59-66.

[21] 林旭川，潘鹏，叶列平，陆新征，赵世春. 汶川地震中典型 RC 框架结构的震害仿真与分析 [J]. 土木工程学报，土木工程学报，2009，42(5)：13-20.

[22] 陆新征，李易，叶列平，马一飞，梁益．钢筋混凝土框架结构抗连续倒塌设计方法的研究［J］．工程力学，Vol. 25 Sup. Ⅱ：150-157.

[23] 叶列平，陆新征，李易，梁益，马一飞．混凝土框架结构的抗连续性倒塌设计方法［J］．建筑结构，2010，40(2)：1-7.

[24] GB 50068—2001 建筑结构可靠度设计统一标准［S］．北京：中国建筑工业出版社，2001.

[25] GB 50011—2001 建筑抗震设计规范［S］．北京：中国建筑工业出版社，2008.

[26] 刘艳辉，赵世春．填充墙对框架结构抗震性能影响的典型案例．第十二届高层建筑抗震技术交流会暨中国建筑学会抗震防灾分会高层建筑抗震专业委员会 2009 年年会学术论文集.

不同抗震设防 RC 框架结构抗倒塌能力研究*

施　炜　叶列平　陆新征　唐代远

（清华大学　土木工程安全与耐久教育部重点实验室，土木工程系，北京　100084）

摘　要： 建筑结构的抗地震倒塌能力是抗震性能化设计的核心目标。建筑结构需要足够的抗倒塌安全储备，以避免大震或超大震的倒塌破坏。我国现行抗震设计尚缺乏大震抗倒塌定量设计方法和抗地震倒塌能力的定量评价指标。本文运用基于 IDA 的结构抗倒塌易损性分析，定量评价了按现行规范设计的不同抗震设防烈度多层 RC 框架结构的抗地震倒塌能力和抗倒塌安全储备，并讨论了轴压比和倒塌机制对结构抗地震倒塌能力的影响，提出了有关建议。

关键词： 框架结构；动力增量时程分析；抗震设防烈度；倒塌机制；抗倒塌安全储备

1　引言

建筑结构抗地震倒塌能力是结构抗震性能的核心目标[1]。我国在唐山地震后就提出了“小震不坏，中震可修，大震不倒”的三水准抗震设防目标，并采用两阶段设计的方法[2]。但目前我国现行抗震规范第二阶段抗地震倒塌验算一般仅针对少数重要建筑结构进行[2]；而对大量一般房屋建筑，则主要依赖结构抗震概念设计和抗震构造措施，缺乏抗地震倒塌的定量计算方法和抗地震倒塌能力的定量评价指标[1]。

地震是一种突发性自然灾害，具有极大的随机性和不确定性。一个国家或地区抗震设防水平的确定，是社会财富投入能力与灾害损失后果风险博弈的结果[5]。由于国家经济发展水平所限，我国的抗震设防水平普遍低于美国、欧洲、日本等发达地区的抗震设防水平[4-6]。我国发生的多次大震中，极震区及其周边区域的实际地震烈度往往比规定的设防烈度大得多[4]，例如 1978 年唐山地震，实际的地震烈度达到 9～11 度，与震前规定的当地设防烈度 6 度相比大 3～5 度。2008 年汶川地震也有类似之处，地震区规定的设防烈度大多为 6～7 度，而极震区实际达到 8～11 度。因此建筑结构不仅应当满足规定烈度下的抗震要求，还需要具备足够的抗倒塌安全储备来抵抗可能遭遇特大震的倒塌破坏，避免造成重大生命财产损失，这就要求对结构抗地震倒塌能力和抗倒塌安全储备加以定量化评估。2008 年汶川地震的震害调查结果表明[3]，按照我国现行抗震规范[2]设计的建筑结构，抗大震和特大地震倒塌的能力还有待进一步提高，为此需开展结构抗地震倒塌能力评价方法、大震抗倒塌定量设计方法以及特大地震抗倒塌能力的研究。

---

* 基金项目：国家十一五科技支撑计划课题（2009BAJ28B01）和中国工程院重大咨询项目（编号：2010-ZD-4）

本文以钢筋混凝土框架结构为例，设计了一组不同抗震设防烈度的多层 RC 框架结构，通过基于 IDA 方法的结构抗倒塌易损性分析，给出了结构抗地震倒塌能力和抗倒塌安全储备的定量表达，并对结构抗地震倒塌能力的影响因素进行了研究。

2 结构抗地震倒塌能力评价

2.1 结构抗地震倒塌易损性分析

结构抗地震倒塌易损性是指在未来可能遭遇的不同强度地震下发生倒塌的概率。近年来基于动力增量时程分析方法(Incremental Dynamic Analysis，简称 IDA 方法)的结构抗倒塌易损性分析成为目前性能化抗震研究的一个热点方向[7,8]。其主要步骤为：

① 对建筑结构建立能够模拟结构地震响应特性的数值模型；

② 选择一组地震动记录(记为 N_{total})，这些记录能够反映结构所在场地的地震动特性，且地震记录数量足够多以反映地震动随机性，并选择合适的地震动强度指标 IM (Intensity Measure)对该组地震记录进行归一化处理；

③ 在某一地震动强度下，对结构输入上述地震记录进行弹塑性动力时程分析，得到该地震动强度下结构发生倒塌的地震动数(记为 $N_{collapse}$)，由此得到该地震动强度下的倒塌概率($N_{collapse}/N_{total}$)；

④ 单调增加地震动强度水平，重复上一步骤，得到结构在不同地震动强度输入下的倒塌概率；

⑤ 以地震动强度为随机变量，按照一定的概率模型(如对数正态分布模型等)进行参数估计，获得结构在地震动强度连续变化下的倒塌概率曲线，即结构易损性曲线(Fragility Curve)。

需说明的是，上述结构抗地震倒塌易损性分析，未包括结构自身的离散性。因为与地震的随机性相比，结构自身的离散性是非常小的，也即结构地震倒塌易损性主要取决于地震动的随机性。如果引入结构自身的离散性，会使问题变得十分复杂。因此，本文分析中暂不考虑结构自身的离散性影响。

2.2 ATC-63 计划与抗倒塌储备系数 CMR

近年来，美国应用技术委员会(ATC，Applied Technology Council)开展了一项名为“建筑结构抗震性能指标评估”的研究计划(ATC-63 计划)[9,10]，其核心是建议了一个相对标准化的结构抗倒塌易损性分析流程和评价准则，包括建议了相应的地震波数据库和各种不确定性(含结构模型的不确定性)的评价方法，结构可接受大震倒塌概率指标和计算方法等等。“抗倒塌储备系数(CMR，Collapse Margin Ratio)”也是 ATC-63 计划的核心内容。所谓抗倒塌储备系数 CMR，就是利用结构倒塌易损性曲线，将对应 50%倒塌概率的地震动强度指标 $IM_{50\%Collapse}$ 作为结构抗地震倒塌能力指标，与结构设计大震对应的地震动强度指标 $IM_{设防大震}$ 之比作为结构的抗倒塌安全储备指标，即：

$$CMR = IM_{50\%Collapse} / IM_{设防大震} \tag{1}$$

2.3 地震动强度指标IM

结构抗倒塌易损性分析需要选用合适的地震动强度指标IM对地震动输入进行归一化处理。已有研究表明，用PGA作为地震动强度指标很不完善[11,12]，ATC-63建议以结构第一周期地震影响系数 $S_a(T_1)$ 作为地面运动强度指标，该指标由Bazzurro[13]提出，文献［11］［12］［14］也认为用 $S_a(T_1)$ 作为地震动强度指标较合适，与传统的PGA指标相比可以大大降低结构地震响应分析结果的离散性，且与现行抗震规范具有较好的衔接。故本文也选用 $S_a(T_1)$ 作为地震动强度指标。

2.4 地震动输入

结构抗倒塌易损性分析需要采用大量地震动输入进行IDA分析，以反映地震动的随机特性。ATC-63[9]根据以下规则选择地震动输入：

① 震级 $M_s \geqslant 6.5$；

② 震源位于走滑断层或逆冲断层；

③ 观测场地为基岩或硬土场地，场地土剪切波速 $V_s \geqslant 180$m/s；

④ 近场地震断层距 $R \leqslant 10$km，远场地震断层距 $R > 10$km；

⑤ 同一地震事件不超过两条记录；

⑥ 强震记录，PGA$>0.2g$ 且 PGV>15cm/s；

⑦ 观测对象为自由地表或者低层建筑的首层地面；

⑧ 强震仪的有效频率范围至少达到4s。

根据上述选波原则，ATC-63推荐了相应的地震记录数据库，包括远场的22条地面运动记录和近场的27条地面运动记录。本文抗倒塌易损性分析采用的地震波数据库为ATC-63报告建议的22条远场地震波，另外增加常用的El-Centro波，一共23条，如表1所示。

地震动输入　　表1

序号	震级	发生年份	名　称	地震台	分　量
1	6.7	1994	Northridge，USA	Beverly Hills-Mulhol	NORTHR/MUL279
2	6.7	1994	Northridge，USA	Canyon Country-WLC	NORTHR/LOS270
3	7.1	1999	Duzce，Turkey	Bolu	DUZCE/BOL090
4	7.1	1999	Hector Mine，USA	Hector	HECTOR/HEC090
5	6.5	1979	Imperial Valley，USA	Delta	IMPVALL/H-DLT352
6	6.5	1979	Imperial Valley，USA	EI Centro Array ＃11	IMPVALL/H-E11230
7	6.9	1995	Kobe，Japan	Nishi-Akashi	KOBE/NIS090
8	6.9	1995	Kobe，Japan	Shin-Osaka	KOBE/SHI090
9	7.5	1999	Kocaeli，Turkey	Duzce	KOCAELI/DZC270
10	7.5	1999	Kocaeli，Turkey	Arcelik	KOCAELI/ARC090
11	7.3	1992	Landers，USA	Yermo Fire Station	LANDERS/YER360
12	7.3	1992	Landers，USA	Coolwater	LANDERS/CLW-TR
13	6.9	1989	Loma Prieta，USA	Capitola	LOMAP/CAP090

续表

序号	震级	发生年份	名　称	地震台	分　量
14	6.9	1989	Loma Prieta, USA	Gilroy Array 3 号	LOMAP/GO30090
15	7.4	1990	Manjil, Iran	Abbar	MANJIL/ABBAR-T
16	6.5	1987	Superstition Hills, USA	EI Centro Imp. Co.	SUPERST/B-ICC090
17	6.5	1987	Superstition Hills, USA	Poe Road(temp)	SUPERST/B-POE360
18	7.0	1992	Cape Mendocino, USA	Rio Dell Overpass	CAPEMEND/RIO360
19	7.6	1999	Chi-Chi, Taiwan	CHY101	CHICHI/CHY101-N
20	7.6	1999	Chi-Chi, Taiwan	TCU045	CHICHI/TCU045-N
21	6.6	1971	San Fernando, USA	LA-Hollywood Stor	SRERNPEL180
22	6.5	1976	Friuli, Italy	Tolmezzo	FRIULI/A-TMZ270
23	7.0	1940	Imperial Valley, USA	EI Centro Array 9 号	IMPVALL/I-ELC180

2.5　结构数值模型

准确有效的数值模型是结构抗倒塌易损性分析的基础。本文采用清华大学土木系基于 MSC. MARC 分析软件开发的钢筋混凝土杆系结构纤维模型 ThuFiber 程序进行建模和分析。文献［15］～［17］对 ThuFiber 程序的实用性和准确性进行了验证，表明在模拟钢筋混凝土构件和整体结构行为方面都具有相当的准确度，对分析结构倒塌过程具有很好的收敛性。

2.6　结构倒塌判断准则

由于结构倒塌是一个非常复杂的非线性动力过程。以往受到计算手段的限制，一般以间接手段，如层间位移角超过 1/50 等，来作为结构倒塌的判据，然而这并不科学，不同国家(如中、美)结构极限层间位移角的规定甚至会相差几倍。随着计算手段的发展，先进的结构非线性分析工具[15-17]已经可以准确模拟直至结构倒塌的整个非线性过程，包括相应的材料非线性、几何非线性、接触非线性等。故本文直接以倒塌的真实物理定义“结构丧失竖向承载力而不能维持保障人员安全的生存空间”作为倒塌的判据。当结构进入倒塌阶段后，位移会不断增大。在计算分析中，当结构构件坠落超过 1/3 层高，视为倒塌已经充分发展。

3　结构设计

本文设计了一组抗震设防烈度不同而其他设计条件均相同的钢筋混凝土框架结构。所有结构均按照Ⅱ类场地、第 2 设计地震分组的丙类结构进行设计，抗震设防烈度分别为 6 度(0.05g)、7 度(0.10g)、7.5 度(0.15g)、8 度(0.20g)和 8.5 度(0.30g)共 5 个结构模型，编号分别为 SF1-6、SF1-7、SF1-7.5、SF1-8 和 SF1-8.5。结构平面见图 1(a)，采用具有代表性的内廊式平面布置，常见于学校和医院；结构立面见图 1(b)，共 6 层，除底层层高 4.1m 外，其他层高均 3.7m，总高 22.6m。楼面恒荷载标准值取 6kN/m^2，房间活荷载标准值取 2kN/m^2，走廊活荷载标准值取 3.5kN/m^2；屋面恒荷载标准值取 7kN/m^2，屋面活荷载取雪荷载 0.4kN/m^2；隔断墙与维护墙荷载标准值取 8kN/m。

对中间榀框架［图 1(*a*)中阴影部分］进行设计、建模和分析。弹塑性分析的竖向荷载取阴影范围内所有恒载和 50％的活载。按我国现行建筑抗震设计规范[2]进行设计，设计结果由 PKPM 软件给出，具体设计信息见表 2 及图 2。

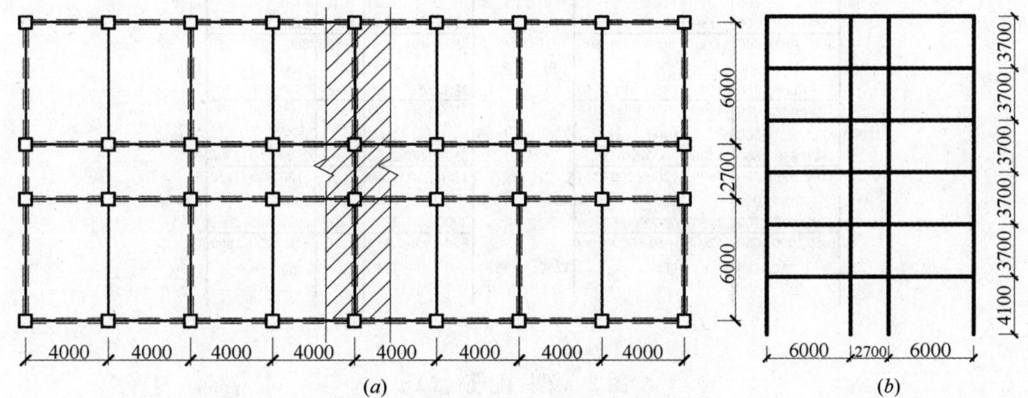

图 1　结构布置

(*a*)平面布置；(*b*)立面布置

截面尺寸与材料强度　　**表 2**

结构编号	SF1-6	SF1-7	SF1-7.5	SF1-8	SF1-8.5
边梁截面尺寸(mm)	200×450	200×450	300×500	300×500	300×500
中梁截面尺寸(mm)	200×300	200×300	300×300	300×300	300×300
1～3 层柱截面尺寸(mm)	400×400	400×400	600×600	600×600	800×800
4～6 层柱截面尺寸(mm)	300×400	300×400	400×600	400×600	600×800
梁柱混凝土等级	C30				
梁柱纵筋种类	HRB335				

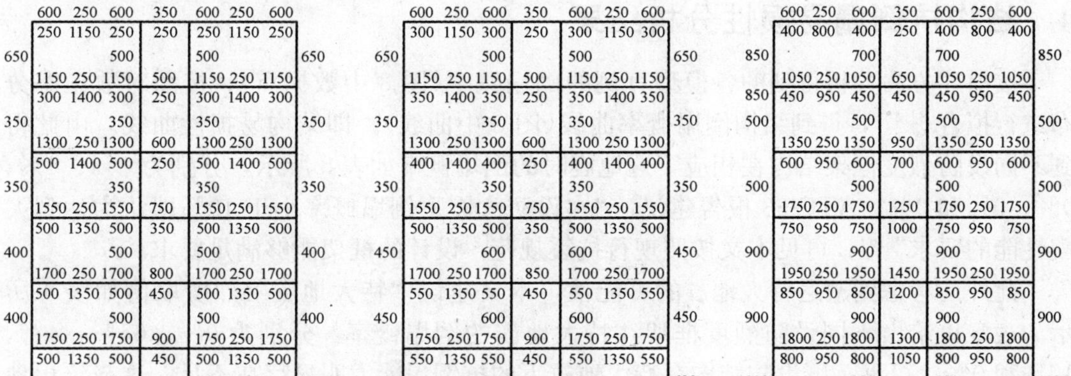

图 2　梁柱配筋(一)

(*a*)SF1-6；(*b*)SF1-7；(*c*)SF1-7.5

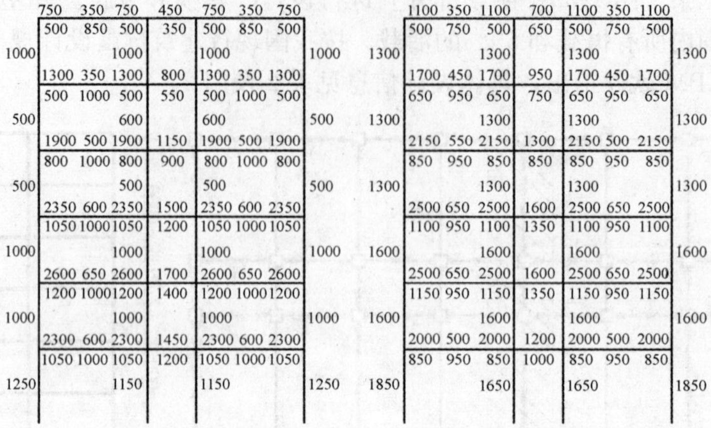

(d)　　(e)

图 2　梁柱配筋(二)

(d)SF1-8；(e)SF1-8.5

(框架梁分三段配筋，框架柱通长配筋；图中标注的数字为梁或柱单侧配筋，单位 mm^2)

本文所设计框架结构，柱截面尺寸主要由小震下最大层间位移角限值控制，随着抗震设防烈度的提高，柱截面尺寸也随之增加。由于结构自重变化不大，故最大柱轴压比逐渐减小，如表 3 所示。

结构最大柱轴压比和小震下最大层间位移角　　表 3

结构编号	SF1-6	SF1-7	SF1-7.5	SF1-8	SF1-8.5
最大柱轴压比	0.64	0.65	0.34	0.32	0.21
《规范》轴压比限值[2]	—	0.9	0.9	0.8	0.8
小震下最大层间位移角	1/1416	1/708	1/835	1/577	1/648

4　结构抗倒塌易损性分析结果

按前述方法分析得到的各模型算例的倒塌概率(图 3 中数据点)，按照对数正态分布进行拟合[8][10]，得到结构倒塌概率曲线(图 3 中曲线)，即结构易损性曲线。由此得到不同设防烈度框架结构在相应罕遇地震时的倒塌概率如表 5 所示，分别为 0%、4%、0%、0%和 0%。ATC-63 报告建议："在设防大震下倒塌概率小于 10%即认为达到大震性能的要求"[10]，可见本文按照现行抗震规范[2]设计的框架能够满足要求。

此外，考虑到遭遇特大地震的可能性，本文建议"特大地震"烈度取值如表 4 所示。表 5 也给出不同设防烈度框架在特大地震的倒塌概率，分别为 0%、65%、4%、13%和 0%，可见 7 度设防结构在特大地震下的抗倒塌能力明显存在不足，这与汶川地震中 7 度设防区框架结构震害严重和倒塌率较大的现象是一致的。

当以 $S_a(T_1)$ 作为地面运动强度指标时，式(1)结构抗倒塌储备系数 CMR 可以写作，

$$\mathrm{CMR}=S_a(T_1)_{50\%\mathrm{Collapse}}/S_a(T_1)_{大震} \tag{2}$$

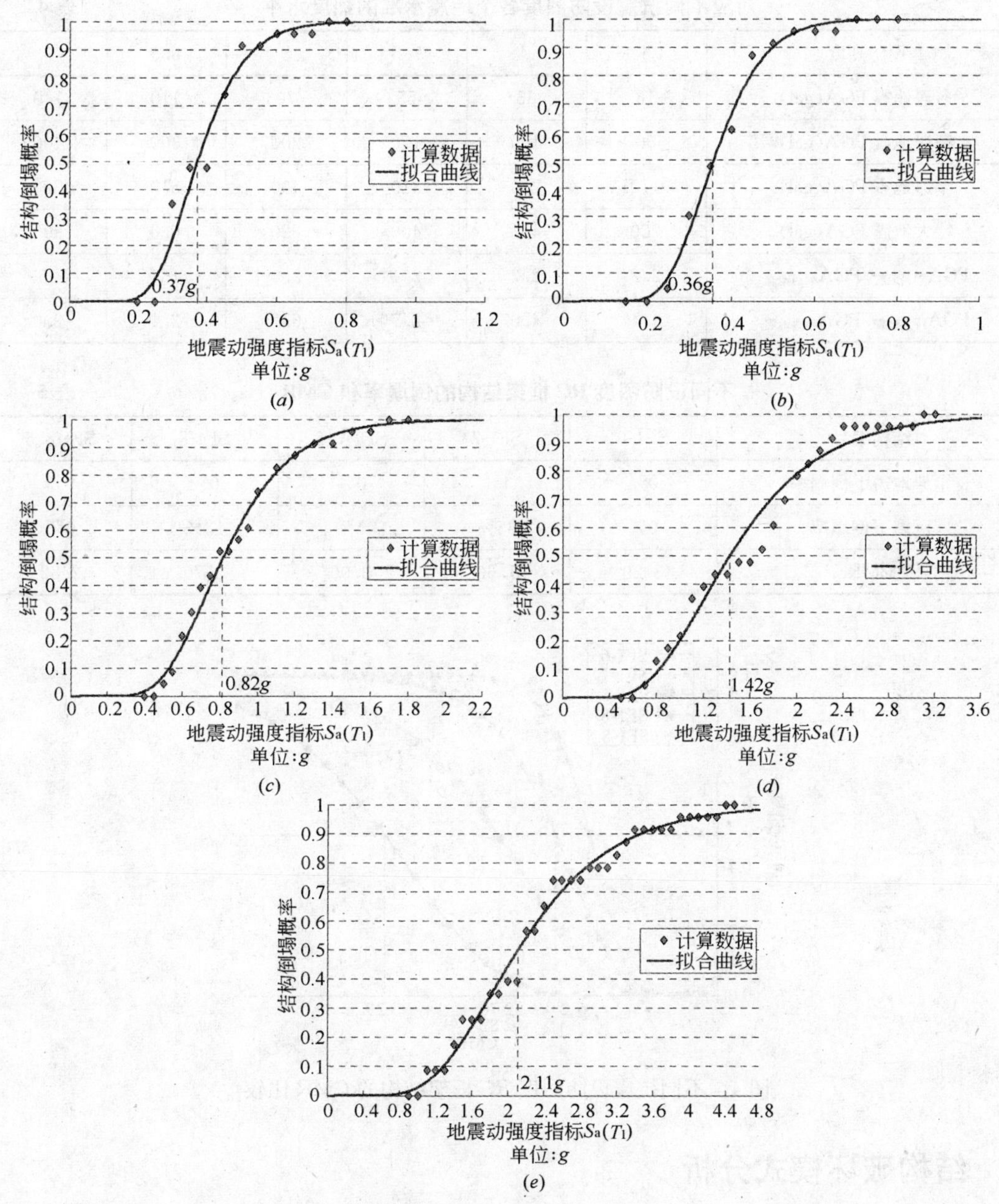

图 3 结构倒塌易损性曲线

(*a*)SF1-6；(*b*)SF1-7；(*c*)SF1-7.5；(*d*)SF1-8；(*e*)SF1-85

不同设防烈度框架结构的CMR比较见表5和图4。除6度设防的SF1-6外，其余结构的CMR指标随着抗震设防烈度的提高而增大。其中，7度(0.10*g*)设防的SF1-7结构的CMR最低，仅为1.6，在SF1-7～SF1-8.5四个结构中抗大震和特大地震的倒塌能力最低。SF1-6由于设计地震力很小，配筋主要由重力荷载或构造确定，实际抗侧承载力比设计地震力大很多，所以抗倒塌储备也较高。

对应不同抗震设防烈度各个地震水准的烈度水平　　表 4

设防烈度	6	7	7.5	8	8.5	9
多遇地震 PGA(gal)	18	35	55	70	110	140
频遇地震 PGA(gal)	50	100	150	200	300	400
罕遇地震 PGA(gal)	110	220	310	400	510	620
特大地震 PGA(gal)	220	400	400	620	620	800
$PGA_{罕遇地震}/PGA_{频遇地震}$	2.2	2.2	2.1	2.0	1.7	1.55
$PGA_{特大地震}/PGA_{频遇地震}$	4.4	4.0	2.7	3.2	2.1	2.0

不同设防烈度 RC 框架结构的倒塌率和 CMR　　表 5

结构编号	SF1-6	SF1-7	SF1-7.5	SF1-8	SF1-8.5
罕遇地震下倒塌率	0%	4%	0%	0%	0%
巨震下倒塌率	0%	65%	4%	13%	0%
CMR	3.29	1.60	2.06	2.70	2.82

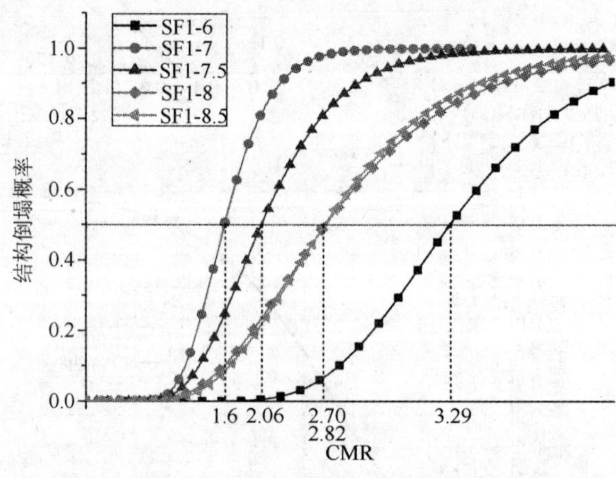

图 4　不同抗震设防烈度 RC 框架结构的 CMR 比较

5　结构破坏模式分析

通过上述结构抗倒塌易损性分析发现，同样是按照规范设计的结构，其抗倒塌安全储备和抗大震、特大地震倒塌能力存在显著差异。为了研究造成上述差异的原因，以下进一步对结构的破坏模式进行分析。

图 5 给出了不同设防烈度框架在表 1 地震波 1、2、23 输入下的临界倒塌状态，图中浅色区域为屈服塑性区。由图可见，由于地震动的随机特性，同一结构在不同地震输入下的倒塌失效模式存在差异。但基本变化规律是，随着结构设防烈度的提高，结构临界倒塌时发生屈服的塑性区越来越多，塑性变形发展程度也越来越高，即全部或大部分构件均参与抵抗地震作用，耗散地震输入能量。

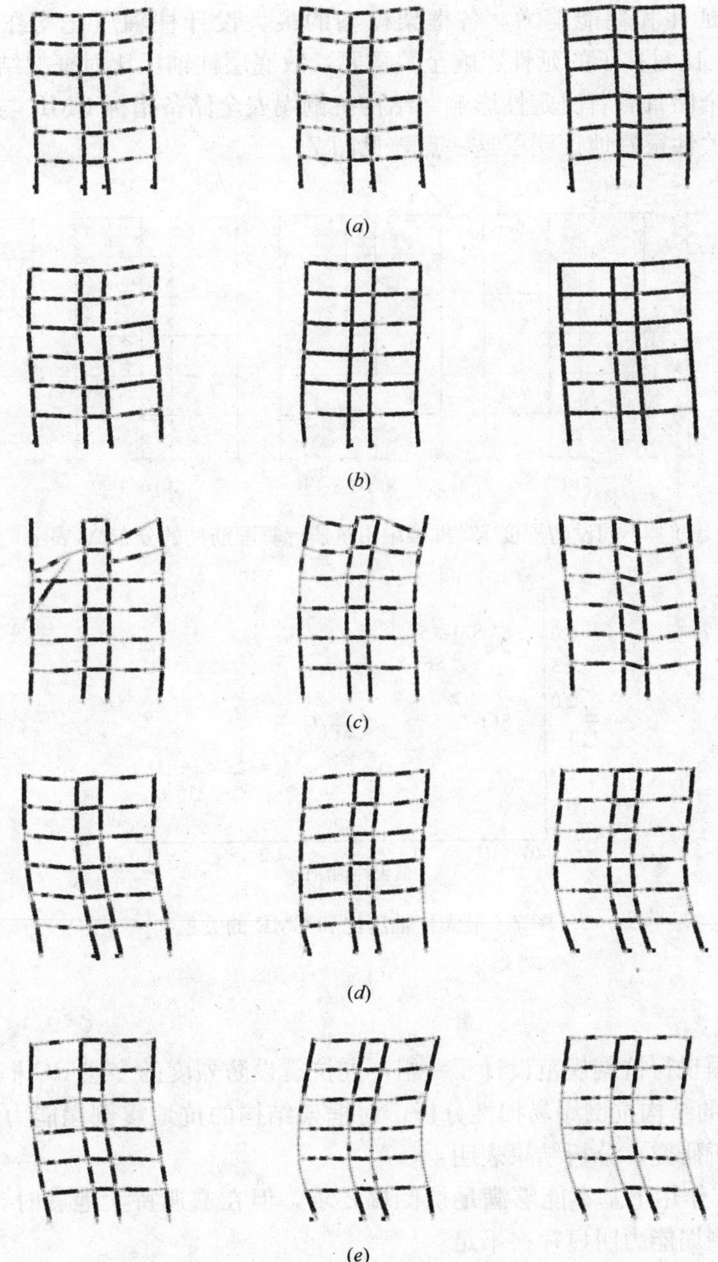

图5　不同抗震设防烈度RC框架结构临界倒塌时的典型状态
(a)SF1-6(PGA＝1.0g)；(b)SF1-7(PGA＝1.5g)；(c)SF1-7.5(PGA＝2.0g)；
(d)SF1-8(PGA＝3.0g)；(e)SF1-8.5(PGA＝4.0g)

由于结构设计受多种设计条件控制，结构中存在大量按照构造配筋的框架柱，而由抗震计算配筋的框架柱多集中于底层和顶层，如图6所示。在地震作用下，相对于底层由抗震计算配筋的框架柱，其他由构造配筋柱的承载力储备较高，屈服出现较晚，塑性程度较小。只有当结构底层框架柱具有足够的塑性变形能力时，由构造配筋柱才能充分发挥其延性和耗能能力。各框架模型的最大设计柱轴压比均在底层，其值见表3。由于轴压比对柱子的延性影响至关重要，故底层柱轴压比对框架结构的抗倒塌能力和抗倒塌安全储备有着决定性影响。结构抗倒塌安全储备指标 CMR 与最大设计柱轴压比存在负相关性很好地证明了这一点，见图7。

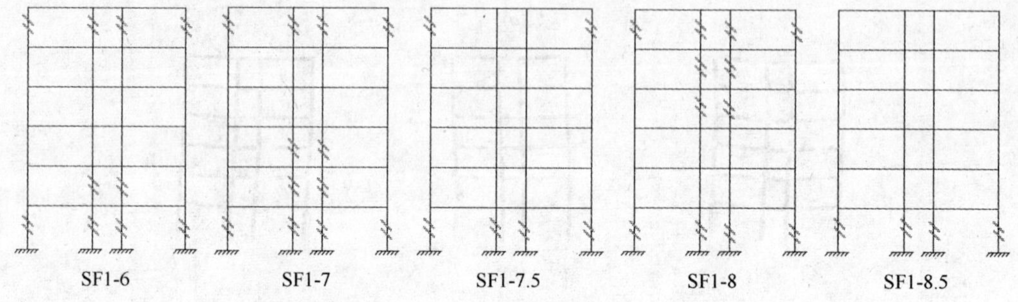

图6　不同设防烈度 RC 框架中由抗震计算配筋柱的分布(\\表示)

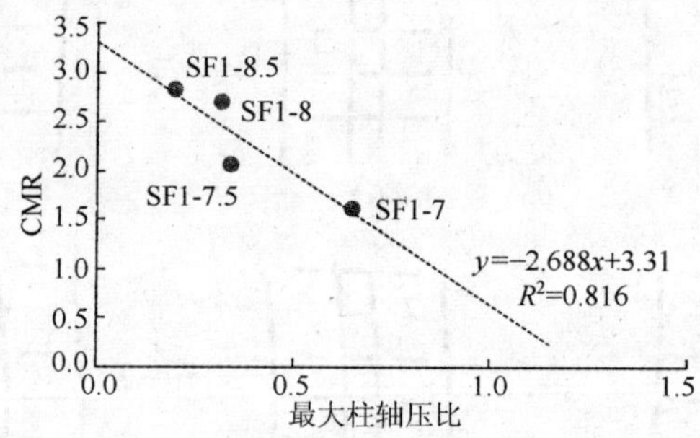

图7　最大柱轴压比和 CMR 的关系

6　结论

本文按我国现行抗震规范设计了一组不同抗震设防烈度的多层 RC 框架结构，应用基于 IDA 方法的结构抗倒塌易损性分析，对框架结构的抗地震倒塌能力和抗倒塌安全储备进行了分析研究。分析结果表明：

(1) 在大震作用下基本能够满足抗倒塌要求，但在遭遇特大地震时，7度(0.10g)设防框架的抗倒塌能力明显存在不足。

(2) 柱截面尺寸是影响结构抗地震倒塌能力的重要因素。设防烈度低(6度，7度(0.10g))的结构往往柱截面尺寸较小，柱轴压比较大，底层柱脚缺乏足够的变形能力，是导致结构倒塌的薄弱部位，抗地震倒塌能力和抗倒塌安全储备相对较低。随着设防烈度的提高，柱截面尺寸相应增大，柱轴压比减小，底层柱脚变形能力增强，遭遇强震时结构中由更多的其他楼层构件参与抵抗地震作用、耗散地震能量的能力增大，抗地震倒塌能力的抗倒塌安全储备相对较高。

(3) 建议规范可考虑更严格控制轴压比，或增加底层框架柱的箍筋约束，来提高低设防烈度(尤其是7度设防)框架结构的底层柱抗震性能，提高其抗地震倒塌能力。

参考文献

[1] 叶列平，曲哲，陆新征，冯鹏．提高建筑结构抗地震倒塌能力的设计思想与方法［J］．建筑结构学报，2008，29(4)：42-50.

[2] GB 50011—2001．建筑抗震设计规范［S］．2001.

[3] 清华大学土木结构组，西南交通大学土木结构组，北京交通大学土木结构组．汶川地震建筑震害分析［J］．建筑结构学报，2008，29(4)：1-9.

[4] 陈肇元．跋——汶川地震教训与震后建筑物重建、加固策略［R］．汶川地震——建筑震害调查与灾后重建分析报告．北京，中国建筑工业出版社，2008.

[5] 欧进萍，李惠，吴斌，郭安薪．地震工程灾害与防御(Ⅱ)——建筑抗震设防规范分析与比较［R］．汶川地震——建筑震害调查与灾后重建分析报告．北京，中国建筑工业出版社，2008.

[6] 潘鹏，曹海韵，潘振华，钱稼茹．中日建筑抗震设防标准和抗震设计方法比较［R］．汶川地震——建筑震害调查与灾后重建分析报告．北京，中国建筑工业出版社，2008.

[7] Baker JW，Cornell CA. A vector-valued ground motion intensity measure consisting of spectral acceleration and epsilon［J］. Earthquake Engng Struct. Dyn，2005，34：1193-1217.

[8] Zareian F，Krawinkler H. Assessment of probability of collapse and design for collapse safety［J］. Earthquake Engng Struct. Dyn，2007，36：1901-1914.

[9] Kircher CA，Heintz JA. The ATC-63 Project［J］. Building Safety Journal. 2008，April-May：40-43.

[10] Applied Technology Council，Federal Emergency Management Agency. Quantification of Building Seismic Performance Factors［R］. America，FEMA，2008.

[11] 马千里等．抗震分析用地震动强度指标的研究．地震工程与工程振动，已录用.

[12] 马千里．钢筋混凝土框架结构基于能量抗震设计方法研究［D］．北京，清华大学，2009.

[13] Bazzurro P，Cornell C A，Shome N，et al. Three proposals for characterizing MDOF non-linear seismic response［J］. Journal of Structural Engineering，1998，124(11)：1281-1289.

[14] Vamvatsikos D，Cornell C A. Incremental dynamic analysis［J］. Earthquake Engineering and Structure Dynamics，2002，31(3)：491-514.

[15] 汪训流，陆新征，叶列平，往复荷载下钢筋混凝土柱受力性能的数值模拟，工程力学，2007，24(12)：76-81.

[16] 叶列平，陆新征等．混凝土结构抗震非线性分析模型、方法及算例［J］．工程力学，2006，23(sup. 2)：131-140.

[17] Lu XZ，Lin XC，Ma YH，Li Y，Ye LP，Numerical simulation for the progressive collapse of concrete building due to earthquake，Proc. the 14th World Conference on Earthquake Engineering，October 12-17，2008，Beijing，China，CDROM.

某电力平台抗震与抗倒塌分析及改进*

赵作周　刘庆志　钱稼茹

（清华大学　土木工程安全与耐久教育部重点实验室，土木工程系，北京　100084）

摘　要：本文采用弹性振型分解反应谱法和线性时程分析法，对某电力平台在多遇地震及罕遇地震下的地震反应进行分析。结果表明，该结构在多遇地震下的承载力及刚度均满足规范要求。在罕遇地震下，该结构无法满足规范要求。通过设置粘滞阻尼器，该结构主要用于承受水平荷载的斜撑内力可降低25%左右。本文还提出了一种电力平台的结构新布置方案，该方案可使得结构在大震作用下的承载力和刚度易于满足规范要求，构件种类减少，施工更加方便，有一定应用前景。

关键词：电力平台；线性时程分析；黏滞阻尼器；结构布置

1　引言

电力系统是城市生命线工程，在电力设施的工程设计中，应贯彻执行地震工作"以预防为主"的方针，使电力设施经抗震设防后，减轻地震破坏，最大限度地减少人员伤亡和经济损失，并能在修复后迅速投入使用[1]。输电平台用于支承输电设备，这些设备单体自重大，高度大。由于电力设备的特殊重要性，对输电平台的设计，除进行多遇地震和设防烈度地震作用下的抗震设计外，还需检验其是否达到罕遇地震作用下的抗震性能目标。

目前，对于电力传输中的构筑物研究主要集中在输电杆塔，变电架构等，对于支承电力设备的电力平台研究工作开展得并不多。本文采用弹性振型分解反应谱法和线性时程分析法，对于结构在多遇地震下的地震反应进行分析，分析其抗震性能；由于平台支承构件均为脆性材料，在罕遇地震下，通过设置阻尼器，检验罕遇地震作用下结构是否达到抗震设防目标。并且针对常用的平台形式，建议了一种性能更加可靠的新型平台。

2　分析模型及计算参数

2.1　计算模型

某变电站电力平台平面尺寸为16.5m×20m，平台上布设的电力设备质量与平台质量之和近290t，再考虑施工活荷载和雪荷载等活荷载，平台的重力荷载代表值近3000kN。该平台由单层框架结构支承，设有12根立柱，沿纵向为三跨，沿横向为两跨。为抵抗水平地震作用及风荷载，立柱间设置对角斜撑。平台荷载由平台下的主次

* 基金项目：国家十一五科技支撑计划课题(2009BAJ28B01)和中国工程院重大咨询项目(编号：2010-ZD-4)

梁传递给立柱，最后传递到基础上。平台的立柱为脆性材料，其抗弯能力较弱；斜撑只受拉不能受压；平面内主梁及次梁经优化设计后分别选择热轧 H 钢。考虑到变电站电力平台可能建于偏远的郊区，为方便施工，将次梁直接搭接在主梁上。

本次抗震性能分析采用 SAP2000 V11 有限元分析软件[2]，根据弹性振型分解反应谱法和线性时程分析法分析该电力平台在多遇地震和罕遇地震下的结构反应。在平台结构的计算模型中，立柱、斜撑、主梁与次梁均选用框架杆单元模拟，主次梁间为刚性连接。由于绝缘子立柱属脆性材料，在模型中释放柱两端弯矩，将其设为不能承受弯矩、只能承受轴力的杆单元。此外，为防止立柱的上拔，通过设置拉压比限值，限制立柱单元在受力过程中只承受轴压力。若在外荷载作用下某立柱需承担拉力，程序计算时立柱将退出工作，不考虑该立柱的贡献，以准确模拟立柱的受力特征。斜撑单元同样采用设有拉压比限值的杆单元模拟，该单元两端铰接，且只能受拉，不能受压。对于拉索中的预加拉应力，通过给拉索降温的方法实现。立柱下支墩顶部按照固定铰支座考虑，对角斜撑的底部支座也为固定铰支座。不考虑基础的变形影响，按照嵌固处理。图 1 为该电力平台三维计算模型。

由于电力平台支承的电力设备高度较大，设计中需要考虑地震作用和风荷载作用下设备支座处附加倾覆力矩的影响。在本计算模型中，假定设备本身为刚体，利用 SAP2000 提供的节点约束功能(Joint Constrain)模拟地脚连接，将平台上的设备布设在平台梁上。假定设备的质量集中在其质心位置，设备地脚支点与质心满足刚体的要求，通过地脚支点与平台梁对应位置节点竖向位移相等的约束功能，保证平台与其上设备之间的竖向支撑功能。同时，为确保设备与平台之间保持相对位置固定，设备本身不能扭转，而且设备的自身刚度不影响平台梁的弯曲与转动，假设设备底部对角连接电点与平台梁上对应点水平位移相等。通过上述方法，可以更准确地模拟水平荷载作用下电力设备对平台结构的影响。

风荷载计算时，考虑风压高度变化，将设备上承受的水平分压折算成水平力，风的不同作用方向按照不同工况考虑，将各方向分作用下设备承受的风载按照水平力加载设备质心位置，图 2 所示为平台设备承受的一种风荷载工况下的荷载分布图。

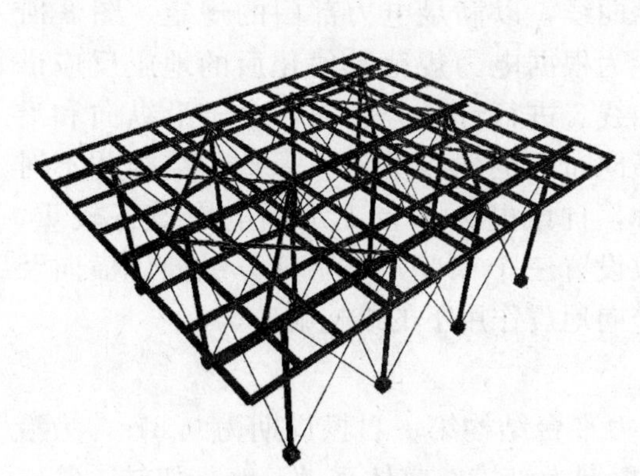

图 1　平台三维计算模型

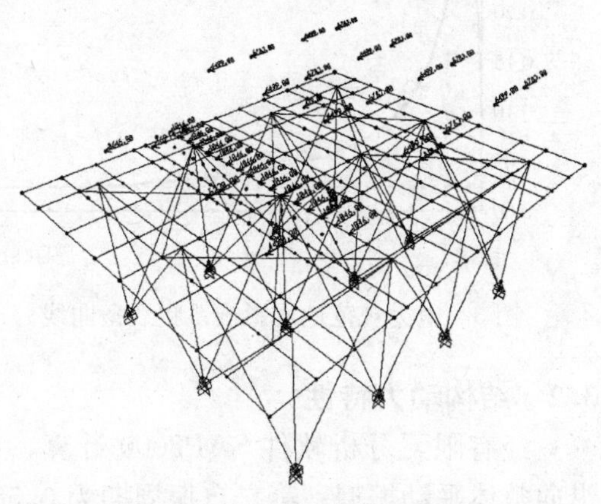

图 2　平台所受风荷载分布图

对整体平台结构考虑了施工过程的影响，施工进程分为以下四步：(1)安装平台立柱与平台梁；(2)预张拉平台斜撑；(3)安装电力设备；(4)调整张拉斜撑。采用SAP2000程序提供的模拟实际结构建造的施工过程，可考虑结构体系与刚度随施工过程的变化情况，实现不同工况的接力计算，避免一次性加载造成的分析误差。在模拟施工计算的基础上，按照弹性振型分解反应谱法和线性时程分析法分别计算了平台结构的地震影响。

2.2 场地地震动参数和抗震设防目标

在弹性振型分解反应谱法分析中，该电力平台所在地区抗震设防烈度为8度，属中软土场地条件，根据《建筑抗震设计规范》(GB 50011—2001)[3]第5.1.4条，场地类别为三类第一组的T_g=0.45s。该地区按8度区设计基本地震加速度为0.30g的情况考虑，水平地震影响系数最大值取为0.24，阻尼比按照5%考虑。在多遇地震作用下，要求立柱、斜撑、主梁与次梁均能满足承载力要求。

在线性时程分析中，根据《建筑抗震设计规范》第5.1.3条，采用时程分析法时，应按建筑场地类别和设计地震分组选用不少于两组的实际强震记录和一组人工模拟的加速度时程曲线，其平均地震影响系数曲线应与振型分解反应谱法所采用的地震影响系数曲线在统计意义上相符。弹性时程分析时，每条时程曲线计算所得结构底部剪力不应小于振型分解反应谱法计算结果的65%，多条时程曲线计算所得结构底部剪力的平均值不应小于振型分解反应谱计算结果的80%。因此，本文选取了2组强震记录和1组人工模拟地震加速度时程(即人工波)作为地震地面运动输入。阻尼采用与质量和刚度有关的瑞雷阻尼，即$[C]=\alpha[M]+\beta[K]$，α、β为两个比例系数，由模态分析得到的两个固有频率及模态阻尼比可求得。

3 弹性振型分解反应谱法分析

3.1 地震反应谱

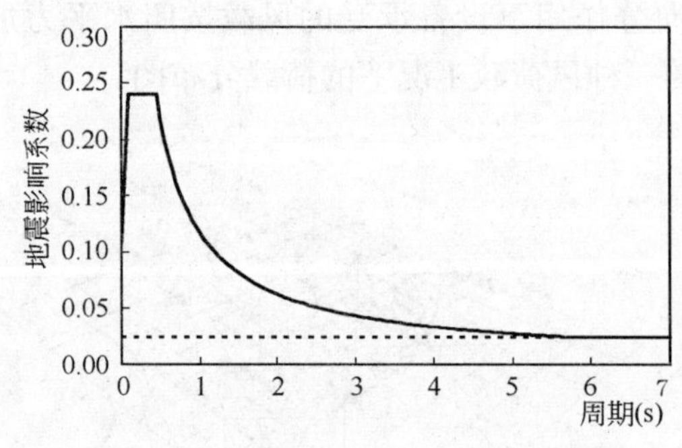

图3 电力规范地震影响系粗线条曲线

根据《电力设施抗震设计规范》第3.0.5条，将条文中的地震影响系数曲线数值化后导入SAP2000软件中作为地震反应谱曲线，以满足电力部门的规定。图3所示为根据电力规范数值化后的地震反应谱曲线。进行计算分析时，由于沿纵向和沿横向布置的斜撑数量不一致，结构并不对称，且该电力平台支承的电力设备较重，故设置三个工况，分别计算纵向、横向及竖向地震作用下的结构响应。

3.2 结构动力特性

经有限元分析软件SAP2000计算，该电力平台结构第一自振周期为0.61s，为沿纵向整体平动振型；第二自振周期为0.58s，振型为沿横向整体平动，略带扭转；第三自振周期为0.35s，为结构整体扭转振型。由于该平台为单层框架结构，故可模拟成单自由度体系进行近似校核，图 4 所示为单自由度体系计算模型及某榀框架抗侧移刚度计算模型。

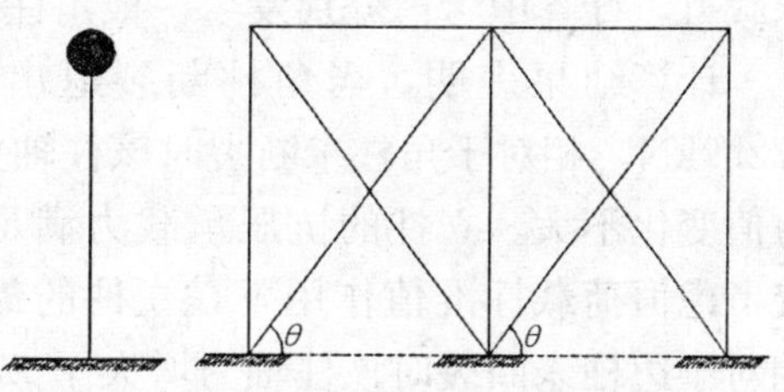

图 4 单自由度体系及抗侧移刚度计算模型

单自由度体系结构自振周期计算公式为 $T=2\pi\sqrt{\frac{m}{k}}$，其中 m 为质点集中质量，代表平台支承的电力设备质量与平台结构质量之和，k 为结构沿纵向或沿横向的抗侧移刚度。在本计算模型中，由于立柱两端设为铰接，不承受弯矩，故仅由斜撑抵抗水平荷载。单根斜撑的抗侧移刚度计算公式为 $k=\frac{EA}{l}\cos^2\theta$，其中 E 为斜撑的弹性模量，A 为斜撑的横截面面积，l 为斜撑的长度，θ 为斜撑与水平地面的夹角。根据斜撑的平面布置，计算所得的单自由度体系沿纵向自振周期为 0.56s，沿横向自振周期为 0.54s。从以上结果可知，电算结果与手算结果误差不大，建立的结构计算模型是较为精确的。

3.3 结构位移与内力计算结果

根据 SAP2000 分析计算，在考虑竖向恒荷载、活荷载及三向地震作用后，结构沿纵向、横向及竖向的最大位移及位移角如表 1 所示。此外，该电力平台立柱及斜撑的最大轴力如表 2 所示。电力平台的主梁和次梁内力、挠度均较小，在此不再罗列。

结构沿三向最大位移及位移角 **表 1**

分析工况	节点号	位移(mm)	位移角
X 向	341	18.3	1/470
Y 向	126	17	1/470
Z 向	292	7.2	1/1110

立柱及斜撑最大轴力表 **表 2**

构件	分析工况	杆件号	轴力(kN)
立杆	X 向	7	507
	Y 向	7	506
	Z 向	7	598
斜撑	X 向	28	177
	Y 向	57	189
	Z 向	91	16

4 抗倒塌分析

平台设计时，需要考虑由于车辆撞击等意外事故导致外围一根边柱或一根角柱由于发生断裂退出工作后，仅考虑恒荷载标准值作用下，平台的稳定性以及立柱的抗压承载力。计算中考虑分别发生一根角柱或一根边柱在使用期间断裂退出工作的情况。

计算结果表明，当角柱断裂退出工作后，与该角柱相邻的第一根立柱轴力达472.9kN，相对于角柱未断裂时该柱轴力增大了近一倍(原来237.7kN)，但其余各柱压力值变化不大，立柱的抗压承载力满足要求。当考虑一根边柱发生断裂退出工作时，仅考虑恒荷载标准值作用下，立柱的最大压力达405.5kN(该柱相邻于断裂的边柱)，相对于边柱未断裂时该柱轴力增大了27%(原为321.5kN)，但其余各柱压力值变化不大。承载力满足要求，不会发生倒塌。

5 线性时程分析

5.1 地震时程

根据现行《建筑抗震设计规范》(GB 50011—2001)要求，采用的地震动时程的反应谱曲线应与设计用的反应谱曲线在统计意义上相符。本文选取了2组强震记录和1组人工波作为地震地面运动输入。根据场地类别，选用的2组强震记录分别为emc-FAIRVIEW AVE波(Whittier Narrows Earthquake)和HOLLYWOOD STORAGE P. E. LOT波(San Fernando Earthquake)。每组地震地面加速度时程均由三个水平分量组成，三个方向峰值加速度值的比值为1∶0.85∶0.65。根据规范要求，按8度(0.30g)抗震设防要求调整多遇及罕遇地震加速度峰值分别为110Gal及510Gal。计算结果取三条地震波的平均值。选取的各波小震加速度时程曲线如图6所示，小震反应谱与规范反应谱的比较如图7所示。

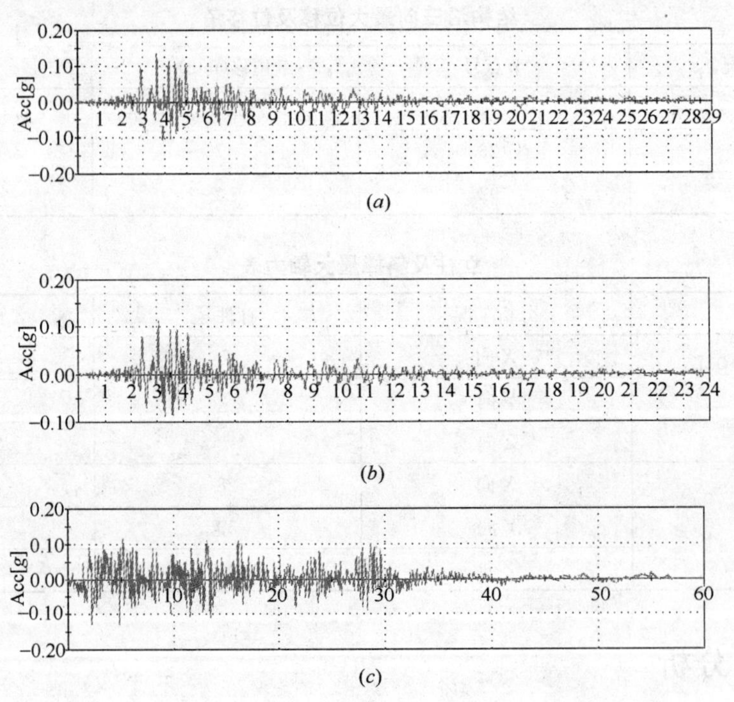

图5 各波时程曲线

(a)HOLLYWOOD STORAGE P. E. LOT波；(b)emc-FAIRVIEW AVE波；(c)人工波

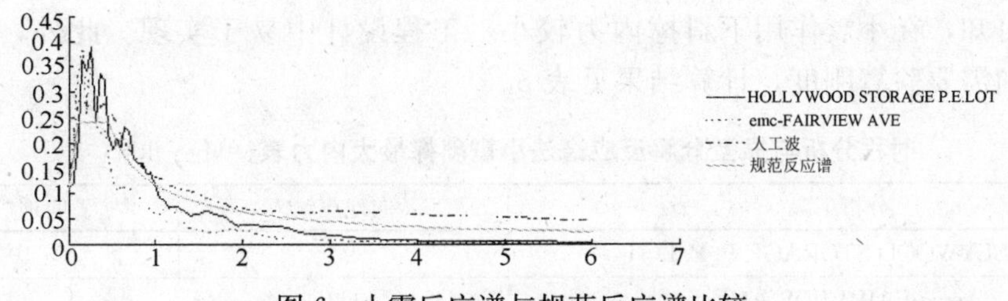

图 6　小震反应谱与规范反应谱比较

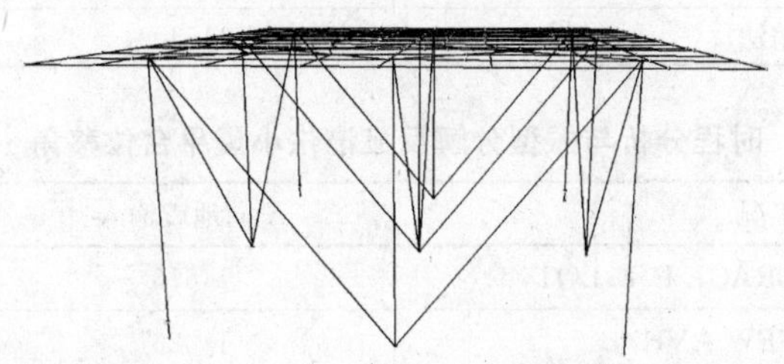

图 7　电力平台结构布置图

5.2　小震作用结构内力

由于立柱两端为铰接无法受弯，在地震作用下抵抗水平作用的结构构件为斜撑，故主要检验水平地震作用下的斜撑内力情况，竖向地震对斜撑内力影响不大。计算结果见表 3。

时程分析与振型分解反应谱法小震斜撑总内力表(单位：kN)　　**表 3**

地震波	时程分析法	反应谱法	比值
X 向地震输入			
HOLLYWOOD STORAGE P. E. LOT	824	1120	0.74
emc-FAIRVIEW AVE	789		0.71
人工波	1027		0.92
平均值	924		0.80
Y 向地震输入			
HOLLYWOOD STORAGE P. E. LOT	742	1026	0.72
emc-FAIRVIEW AVE	665		0.79
人工波	972		0.94
平均值	840		0.82

由表 3 可知：采用弹性时程分析时，每条时程曲线计算所得结构底部剪力不应小于振型分解反应谱法计算结果的 65%，多条时程曲线计算所得结构底部剪力的平均值不应小于振型分解反应谱法计算结果的 80%，满足《建筑抗震设计规范》中的要求。

X 向地震输入时，结构有 9 个斜撑受拉承担水平作用；*Y* 向地震输入时，结构有 8 个斜撑受拉承担水平作用。经计算可得各地震波作用下最大斜撑内力如表 4 所示。由

计算结果可知，在小震作用下斜撑内力较小，工程设计中易于实现。此外，平台在小震作用下尚需要验算刚度，计算结果见表5。

时程分析与振型分解反应谱法小震斜撑最大内力表(单位：kN) **表4**

分析工况	X向地震输入	Y向地震输入
HOLLYWOOD STORAGE P. E. LOT	99	101
emc-FAIRVIEW AVE	111	94
人工波	148	134
反应谱法	151	137

时程分析与振型分解反应谱法小震平台位移角 **表5**

分析工况	X向地震输入	Y向地震输入
HOLLYWOOD STORAGE P. E. LOT	1/616	1/714
emc-FAIRVIEW AVE	1/626	1/694
人工波	1/568	1/606

5.3 大震作用结构内力

由于电力平台的重要性，在大震中要求满足“结构不倒”的条件，且需要保证平台不需要大的修复可立即投入使用，以保证城市的供电安全。在大震作用下，采用时程分析法对本结构进行分析。时程分析法大震下斜撑最大内力表见表6。由计算结果可知，在大震作用下，斜撑内力较大。

时程分析法大震斜撑最大内力表(单位：kN) **表6**

分析工况	X向地震输入	Y向地震输入
HOLLYWOOD STORAGE P. E. LOT	460	466
emc-FAIRVIEW AVE	514	419
人工波	684	659

5.4 阻尼器的设置

由于在大震作用下，斜撑内力太大，设计中难以要求。因此考虑增加黏滞型阻尼器，利用阻尼器耗能的作用，降低平台的地震响应。

SAP2000中提供的黏滞阻尼器单元的阻尼属性是基于Maxwell的黏弹性模型，这种模型由一个阻尼单元器单元和弹簧的串联构成，是一个耗能且具有一定刚度的阻尼弹簧系统。在这一模型中，非线性力-变形关系如下：

$$f=kd_k=cd_c^{cexp},$$

式中：k——弹簧常数；c——阻尼系数；d_k——在阻尼器的变形；cexp——阻尼指数。

在本模型中，仅需要该阻尼器模拟纯阻尼行为，将弹簧设为足够刚性($k=1.0\times10^7$N/mm)，这样使弹簧—阻尼器的特征时间$\tau=c/k$(当cexp=1)为一个小于加载步大小的量，加载步大小为荷载在其变换的时间间隔，这时在加载步计算中就可屏蔽掉弹簧的效果，结构总变形中将不会包含弹簧的变形。根据本工程中阻尼器材料的性质，阻尼器阻尼系数取为800N·s/mm，阻尼指数为0.6。加设阻尼器后大震下斜撑最大内力表见表7。加设阻尼器前后斜撑总内力对比表见表8。

加设阻尼器后时程分析大震斜撑最大内力表(单位：kN) **表7**

分析工况	X向地震输入	Y向地震输入
HOLLYWOOD STORAGE P. E. LOT	395	282
emc-FAIRVIEW AVE	357	308
人工波	592	574

斜撑总内力表(单位：kN) **表8**

X向地震输入			
地震波	设置阻尼器	未设阻尼器	比值
HOLLYWOOD STORAGE P. E. LOT	2713	3770	0.72
emc-FAIRVIEW AVE	2595	3676	0.70
人工波	4089	5449	0.75
平均值	3132	4513	0.72
Y向地震输入			
地震波	设置阻尼器	未设阻尼器	比值
HOLLYWOOD STORAGE P. E. LOT	2499	3446	0.73
emc-FAIRVIEW AVE	2578	3062	0.84
人工波	3515	5156	0.68
平均值	2864	4130	0.75

由计算结果可知，阻尼器的设置可降低斜撑内力近25%，可有效降低罕遇地震对于电力平台的破坏，但斜撑内力仍较大，工程设计中不易实现。在各大震地震波作用下，电力平台在x向和y向的节点最大层间位移角见表9。由于阻尼器的设置对于结构刚度贡献不大，故平台侧移较大。

大震作用下平台水平位移角 **表9**

分析工况	X向地震输入	Y向地震输入
HOLLYWOOD STORAGE P. E. LOT	1/173	1/203
emc-FAIRVIEW AVE	1/179	1/158
人工波	1/100	1/125

6 改进布置的电力平台

由以上计算结果可知，在大震作用下斜撑内力较大，结构侧移也较大。考虑改进结构设计方案，取消承载力较低的斜撑，改为斜放承压的斜柱。柱头均设置为铰接，在地震作用下，所有的立柱与斜柱均只承受压力而不承受弯矩。结构新布置见图7。结构立面图见图8。采用新布置方案的另一优点在于，每一根边柱和角柱均有斜柱协同支承。当某根边柱或角柱因外力因素断裂时(例如汽车碰撞，地震作用等)，由于斜柱的

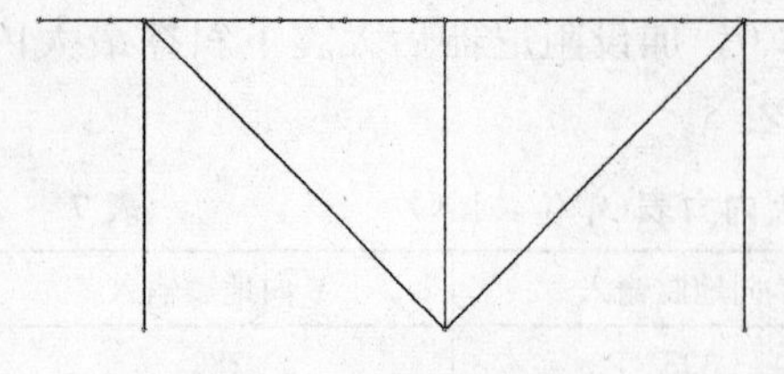

图 8　结构布置立面图

存在平台不会出现瞬间倒塌。

在该结构布置下，与原布置电力平台进行同样的承载力及刚度分析，计算结果如表 10 及表 11 所示。由计算结果可知，采用新型结构布置的电力平台，在大震作用下，其刚度和承载力均较前布置较易满足设计要求。

结构沿三向最大位移及位移角　　表 10

分析工况	节点号	位移(mm)	位移角
X 向	341	36.2	1/211
Y 向	126	28.8	1/265
Z 向	292	16.8	1/455

立柱及斜柱最大轴力表　　表 11

构件	杆件号	拉力(kN)	压力(kN)
立柱	12	4	1201
斜柱	8	1	1072

7　结论

本文采用弹性振型分解反应谱法和线性时程分析法，对某电力平台在多遇地震及罕遇地震下的地震反应进行分析，并计算了在竖向荷载作用下平台抵抗意外事故抗倒塌的能力。结果表明，该结构在多遇地震下的承载力及刚度均满足规范要求。在罕遇地震下，该结构不易满足工程设计要求。通过设置黏滞阻尼器，该结构主要用于承受水平荷载的斜撑内力可降低 25％左右。在意外事故下发生一根角柱或边柱断裂退出工作时，平台能保持稳定不会发生倒塌。本文还提出了一种电力平台的结构新布置方案，该方案可使得结构在大震作用下的承载力和刚度均易于满足工程设计要求，构件种类较少，施工方便，有一定应用前景。

参考文献

[1]　GB 50260—96 电力设施抗震设计规范 [S].

[2]　北京金土木软件技术有限公司. SAP2000 中文版使用指南. 北京：人民交通出版社，2006.

[3]　GB 50011—2001 建筑抗震设计规范 [S].

一种新型的防倒塌结构

梁兴文　邓明科　马乐为　李　艳

（西安建筑科技大学　土木工程学院　西安　710055）

摘　要： 震害经验和试验研究表明，在强震作用下，钢筋混凝土结构的关键部位首先屈服，进而引起整个结构屈服或倒塌。利用 PVA-ECC 材料准应变硬化和产生多条细密裂缝的性能，基于从根本上提高钢筋混凝土结构抗震性能的理念和目前的经济条件，提出在钢筋混凝土结构的关键部位用 ECC 材料代替钢筋混凝土，其他部位仍用普通混凝土(包括高强度混凝土)，建立了新型防倒塌结构。简述了 ECC 材料的基本性能和配筋 ECC 构件的受力特点，指出了新型防倒塌结构需要进一步研究的问题。

关键词： 防倒塌结构；ECC 材料；应变硬化；损伤容限；细密裂缝

1　引言

震害经验和试验研究表明，在强震作用下，钢筋混凝土框架结构的梁、柱端部和节点破坏较重，故我国规范[1]要求在这些部位加密箍筋来提高其抗震性能。

钢筋混凝土剪力墙是一种广泛应用于高层及超高层建筑结构的抗侧力构件。在抗震结构中，剪力墙作为主要的抗侧力构件，通常为第一道抗震防线，其抗震性能优劣对整个房屋的抗震性能影响极大。为此，我国规范[1]要求在剪力墙潜在的塑性铰区(底部加强部位)设置约束边缘构件以提高其变形能力。

钢筋混凝土核心筒和剪力墙的洞口连梁一般为小跨高比连梁，这种连梁的抗震性能较差。为了提高其抗震性能，已提出了各种配筋方式的连梁[2-4]，但其共同特点是施工复杂，且需要配置较多的钢筋来提高其变形能力。

综上所述，在钢筋混凝土结构中，为了提高其变形能力，减轻地震灾害，通常在结构的关键受力部位配置较多的横向约束钢筋。这不仅消耗了大量的钢筋，而且也造成施工困难，更为重要的是由于密集的约束箍筋，使这些部位的混凝土浇筑不密实，反而降低了其抗震性能[5]。为此，需寻求更好的解决方法。

工程纤维增强水泥基复合材料 ECC(Engineered Cementitious Composites)是一种高韧性的延性混凝土。研究表明[6]：ECC 有类似于金属材料的拉伸强化现象，其极限拉伸应变可达 5%～6%，与钢材的变形能力几乎相近。特别是 ECC 已走上了绿色化的道路，经纤维与活性掺合料有效复合，不仅节约了大量的资源和能源，保护了生态环境，而且经过界面结构的优化和强化、界面效应和界面黏结的发挥与提高，又进一步强化了混凝土材料各项关键性能，大幅度地提升了耐久性，延长了材料和结构的服役寿命。

基于上述分析，本文提出一个新型的防倒塌结构，即在钢筋混凝土结构的关键部位，用高性能 ECC 而不是用大量的横向钢筋提供抗剪强度和对混凝土形成约束，从而提高构件和结构的变形、耗能和耐损伤能力。如在强震作用下，设计良好的联肢剪力墙结构应是连梁首先屈服，而后剪力墙底部屈服。因此，联肢剪力墙结构的关键部位是连梁和墙肢的底部。为了方便施工，连梁用 R/ECC 预制构件，墙肢底部用现浇 R/ECC，其他部位用现浇 R/C，形成新型抗震联肢墙结构。

新型防倒塌结构是在结构关键部位用“更好的材料(ECC)”代替“更多的材料(密集的横向钢筋)”，从根本上提高了这种结构的抗震性能，降低了施工难度，有广泛的应用前景。但目前对这种结构体系尚缺乏研究，影响了其在实际工程中的推广应用。因此，对这种结构的地震破坏机理和设计方法进行深入研究，对于从根本上提高混凝土结构的抗震性能，减灾防灾，有重要的理论意义和实用价值。

2 ECC 材料的基本性能

ECC 最早由美国 Michigan 大学的 Victor. C. Li 教授[7]在 20 世纪 90 年代初提出来的，是基于微观力学原理对水泥基材料中纤维、基体以及二者在界面处的相互作用进行改善，以水泥浆或砂浆为基体，以纤维为增强材料的复合材料，其基本性能如表 1 所示。

ECC 材料基本性能 **表 1**

受压强度(MPa)	初裂强度(MPa)	极限抗拉强度(MPa)	极限拉应变(%)	弹性模量(GPa)	弯曲强度(MPa)	密度(g/cc)
20～95	3～7	4～12	1～8	18～34	10～30	0.95～2.3

ECC 材料最重要的性能是它具有超高的受拉应变硬化反应(图 1)和形成多条细密裂缝，其受拉应变能力可超过 5%，从而可用于以受剪为主的构件(节点、低矮剪力墙、小跨高比连梁等)和高剪应力作用下的受弯构件(如承受地震作用的混凝土框架柱等)，并使结构构件具有较大的变形和耗能能力。

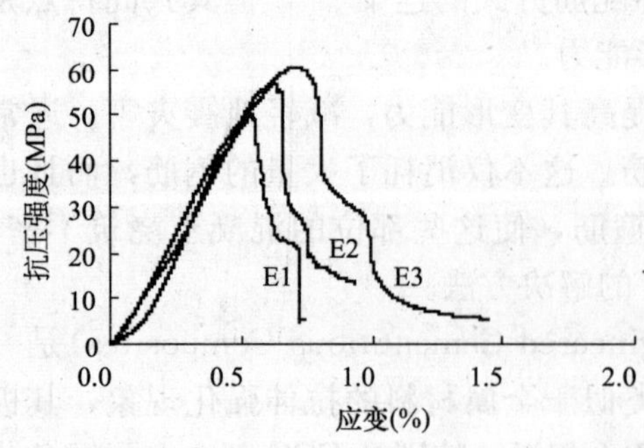

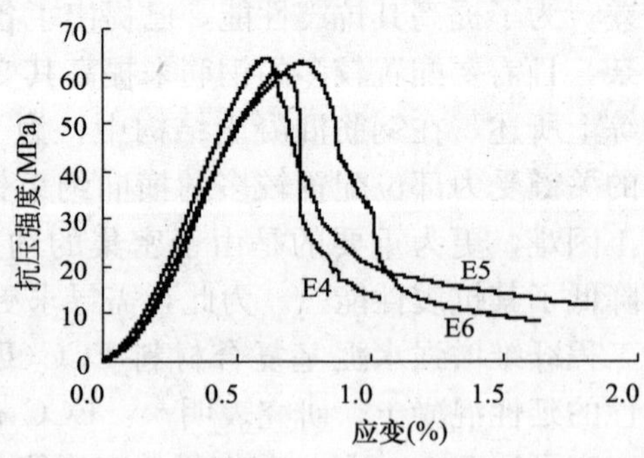

图 1 ECC 单轴拉伸应力-应变曲线

目前研制的 ECC 材料的受压强度可达到 20～95MPa。因为不使用粗骨料，所以其弹性模量低于混凝土。受压峰值应变可超过 0.5%(图 2)，约为混凝土的 1.5～2 倍，这可减少或取消抗震构件的约束钢筋数量。

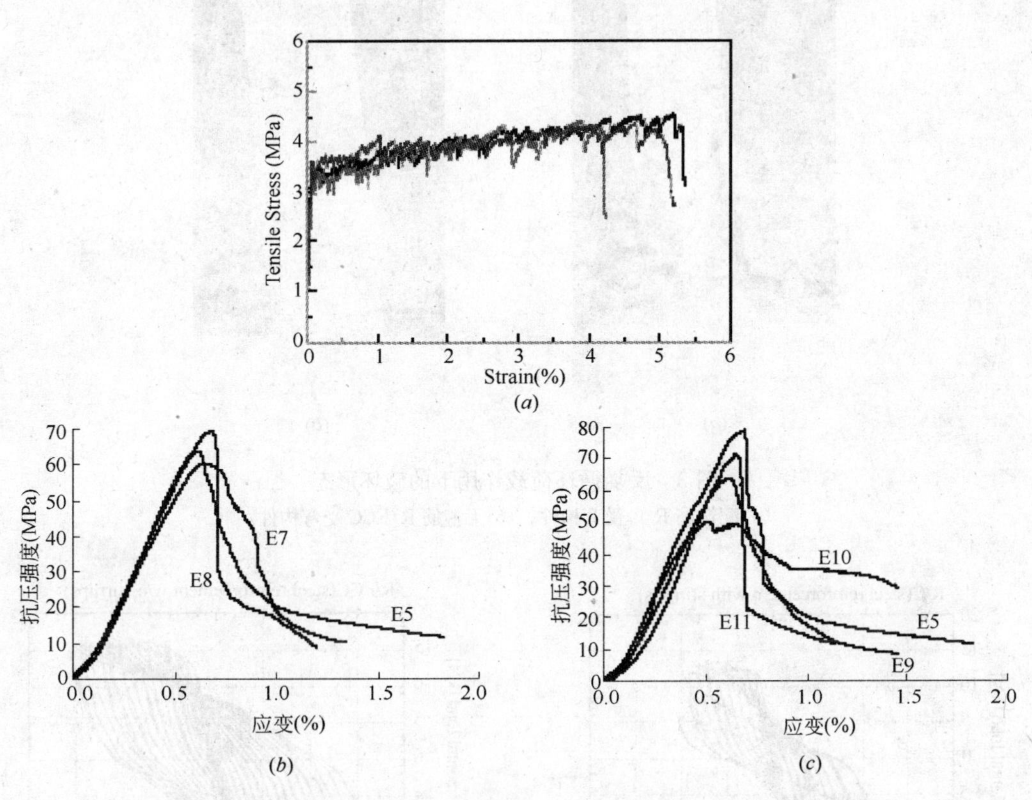

图 2　ECC 受压应力-应变曲线［8］

(a)不同 PVA 纤维掺量；(b)不同硅灰掺量；(c)不同粉煤灰掺量

ECC 材料的弯曲特性反映了它的受拉延性。在弯矩作用下，梁底部出现细密裂缝，梁产生很大的曲率而不被拉断，故称为“可弯曲混凝土”，弯曲强度可达 10～15MPa。

ECC 与钢筋之间有很好的协调变形能力。在钢筋 ECC(R/ECC)构件中，直至钢筋屈服，二者仍不会产生滑移，因而不会产生黏结滑移或劈裂破坏；由于出现多条细密微裂缝而不是几条集中宽裂缝，所以钢筋是在较大范围屈服而不是仅在主裂缝处屈服，有利于钢筋性能的充分利用和构件耗能，提高了耐久性。

3　R/ECC 构件的基本性能

与钢筋混凝土(R/C)构件相比，配筋 ECC(R/ECC)构件有以下特点：

(1) 具有减小甚至取消抗剪钢筋的潜力。由于 R/ECC 构件出现多条细密微裂缝，有或无抗剪钢筋的 R/ECC 构件均具有很高的抗剪强度和延性。Li 和 Wang 的试验表明[9]，未配置抗剪钢筋的 ECC 梁的抗剪性能明显优于配置密集箍筋的高强混凝土梁。Fischer 和 Li[10] 对配箍筋的 R/C 受弯构件与不配箍筋的 R/ECC 受弯构件进行了对比试验，试件破坏形态如图 3 所示，滞回曲线如图 4 所示。可见，不配箍筋的 R/ECC 受弯构件在侧移角为 10%时，其损伤状况比同样侧移角下的混凝土构件好得多；变形和耗能能力也很好。

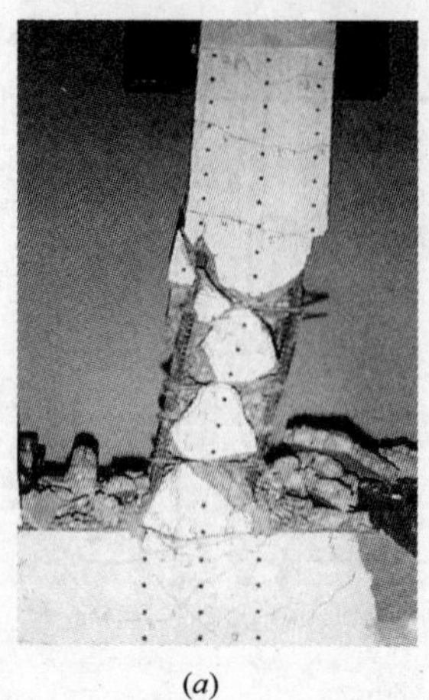

(a)

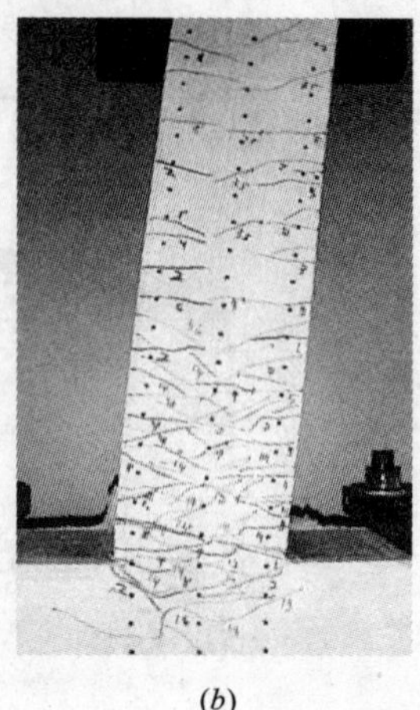

(b)

图 3 反复循环荷载作用下的破坏形态

(a)配箍筋 R/C 受弯构件；(b)无箍筋 R/ECC 受弯构件

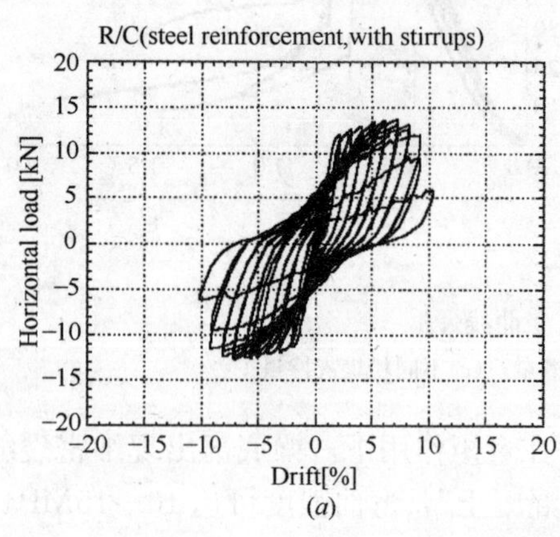

(a)

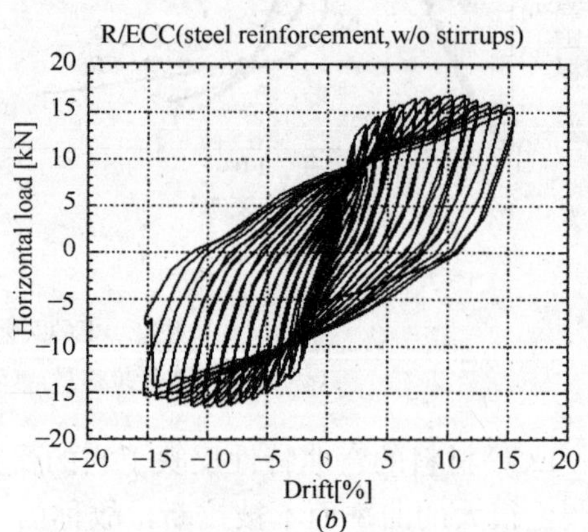

(b)

图 4 反复循环荷载作用下的滞回曲线

(a)配箍筋 R/C 受弯构件；(b)无箍筋 R/ECC 受弯构件

(2) 具有很高的损伤容限。损伤容限(damage tolerance)是材料或结构出现损伤时残余强度的度量。由于 R/ECC 构件的裂缝为多条分散的细密微裂缝，在初裂后尚可继续与钢筋共同分担荷载，而并未退出工作，所以随荷载增加，构件无软化现象，强度和刚度退化缓慢，到构件破坏时保护层也不会剥落(图 3(b))。这可减少甚至免去强震后的修复费用。

(3) 具有裂缝自控性能和省去抵抗裂缝的构造钢筋。由于 ECC 中的纤维具有高强度和高弹模，所以在开裂截面纤维的桥联作用可控制裂缝宽度，而钢筋进一步限制了裂缝宽度。可容易地设计 ECC 材料使其裂缝宽度小于 100μm 而无需配置抵抗裂缝的钢筋。裂缝宽度小有利于结构的耐久性和强震后免于修复。

(4) 具有超高延性能力，发生断裂破坏的可能性很小。因而与相同受压强度的混凝土构件相比，高延性 R/ECC 构件的承载力较高，有利于材料强度的充分利用。Fukuyama 等人[11]对 R/C 和 R/ECC 受剪构件做了对比试验，二者的混凝土受压强度分别为

58.3MPa 和 52.5MPa，而受剪承载力则分别为 120kN 和 140kN。图 5 为在反复循环荷载作用下的滞回曲线。

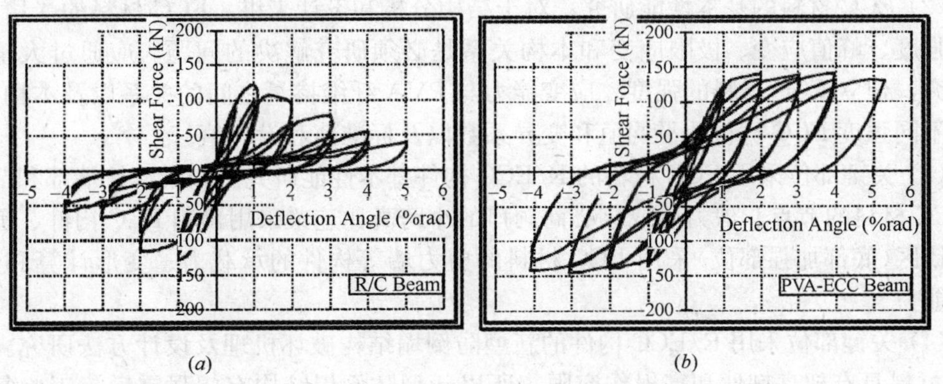

图 5 反复循环荷载作用下的滞回曲线

(a)R/C 梁；(b)R/ECC 梁

4 新型防倒塌结构的提出

由上述分析可见，ECC 材料具有受拉应变硬化性能和产生多条细密裂缝；R/ECC 构件比 R/C 构件有更好的抗震性能，因而在抗震结构中用 R/ECC 构件替换 R/C 构件有可能从根本上改善钢筋混凝土结构的抗震性能。

就单位体积材料造价而言，ECC 比普通混凝土高。但由于采用 ECC 后，抗剪钢筋和约束钢筋可减少甚至取消；构件耐损伤能力提高，减小甚至免去了震后的修复费用；ECC 的耐久性很高，延长了结构的使用年限；配置 ECC 约有 50%的水泥熟料可用工业废料粉煤灰替代。综合考虑社会、环境和经济三要素，采用 ECC 比用普通混凝土约有 37%的成本优势[12]。

由于 ECC 材料的单位体积造价比普通混凝土高，整个结构均采用 ECC 材料，就目前我国的国情而言是不现实的。所以可在 R/C 结构的关键部位，用高性能 ECC 而不是用大量的横向钢筋提供抗剪强度和对混凝土形成约束，从而提高构件和结构的变形、耗能和耐损伤能力。对 RC 框架结构，梁、柱端和节点是关键部位，可采用 ECC 材料替换混凝土。对 RC 剪力墙结构，其底部截面是潜在的塑性铰区，宜采用 ECC 材料。联肢剪力墙结构的关键部位是连梁和墙肢的底部。为了方便施工，连梁用 R/ECC 预制构件，墙肢底部用现浇 R/ECC，其他部位用现浇 R/C，形成新型抗震联肢墙结构。

综上所述，新型的防倒塌结构是在结构关键部位用“更好的材料(ECC)”代替“更多的材料(密集的横向钢筋)”，从根本上提高了这种结构的抗震性能，降低了施工难度，有广泛的应用前景。

5 需要研究的问题

就新型防倒塌结构而言，目前尚需研究下列问题：

(1) 研制并生产适合于工程应用的高性能低造价 PVA 纤维。由于 PVA 纤维的造价很高，导致单位体积的ECC材料造价比混凝土高很多，从而影响了这种高性能材料的推广应用。因此，应研制并生产高性能低造价的PVA纤维。

(2) ECC材料的基本性能研究。对于结构分析和设计来讲，ECC材料的受压强度、受拉强度、峰值应变、极限应变和本构关系是必须研究解决的问题。应通过大量的试验研究，建立ECC材料的强度、应变能力与PVA纤维掺量之间的关系以及本构关系，提出不同强度ECC材料的平均值和变异系数以及标准值和设计值。

(3) 关键部位采用ECC材料的R/ECC构件基本性能研究。如梁、柱端部和节点采用ECC材料的节点、剪力墙或核心筒洞口的小跨高比连梁采用预制ECC构件、剪力墙塑性铰区(底部加强部位)采用ECC材料的剪力墙等构件的承载力、变形计算和延性、耗能能力。

(4) 关键部位采用R/ECC构件的新型防倒塌结构破坏机理及设计方法研究。由于ECC材料具有超高韧性和高损伤容限，所以新型防倒塌结构有望强震后免于修复。应研究新型防倒塌结构的地震破坏机理以及强震后免于修复的设计方法。

参考文献

[1] 建筑抗震设计规范 [S].

[2] Paulay T, Binney R. Diagonally reinforced coupling beams of shear walls [J]. ACI Special Publication 42, Detroit, 1974, Vol. 2, pp. 579-598.

[3] 梁兴文，李方圆，张涛，邓明科. 新配筋方案小跨高比连梁抗震性能试验研究 [J]. 工程力学，2009，26(12)：119-126.

[4] 傅剑平，赵杰林，曹云峰，白绍良. 采用新配筋方案小跨高比抗震连梁的试验研究 [J]. 重庆建筑大学学报，2004，27(1)：

[5] 梁兴文，辛力等. 高性能混凝土剪力墙抗震性能及性能指标试验研究 [J]. 土木工程学报，已录用.

[6] Gustavo J Parra-Montesinos. High-Performance Fiber-Reinforced Cement Composites: An Alternative for Seismic Design of Structures [J]. ACI Structural Journal, 2005, 102(5): 668-675.

[7] Li V C, Leung C K Y. Steady state and multiple cracking of short random fiber composites [J]. Journal of Engineering Mechanics, ASCE, 1992, 188(11): 2246-2264.

[8] 李艳，梁兴文. 高性能PVA纤维水泥基复合材料单轴受压性能及本构关系 [J].

[9] Li, V. C. and Wang, S. Failure mode and structural ductility of GFRP reinforced engineered cementitious composite beams [J]. ACI Materials J. 2002, 99(1): 11-21.

[10] Fischer, G. and Li, V. C. Effect of matrix ductility on deformation behavior of steel reinforced ECC flexural members under reversed cyclic loading conditions [J]. ACI Structural J. 2002, 99 (6): 781-790.

[11] Fukuyama, H., Matsuzaki, Y., Nakano, K. and Sato, Y. Structural performance of beam elements with PVA- ECC. In Proc. of High Performance Fiber Reinforced Cement Composites 3 (HPFRCC 3), Reinhardt and A. Naaman, eds., 1999, pp. 531-542.

[12] Keoleian G A, Kendall A, Dettling J E, et al. Life cycle modeling of concrete bridge design: comparison of ECC link slabs and conventional steel expansion joints [J]. ASCE J Infrastructure Systems, 2005, 51-60.

巨型框架结构弹塑性地震反应及抗倒塌分析

鲍永健[1] 叶献国[1,2]

（1. 合肥工业大学 土木与水利工程学院，合肥 230009；
2. 安徽土木工程结构与材料省级实验室，合肥 230009）

摘 要：本文建立了钢筋混凝土巨型框架结构有限元模型，对结构进行模态分析和地震作用下弹塑性时程分析，分析地震作用下主框架梁采用不同支撑形式对结构动力特性的影响、主框架梁的作用以及结构的屈服机制，并涉及特大地震下巨型框架结构抗倒塌的分析。分析结果表明：桁架式主框架梁采取交叉撑或人字撑动力性能比较接近，与八字撑形式有较大不同；罕遇地震作用下，主框架梁层对侧移的控制较为明显，巨型框架的侧移呈弯剪型，出铰情况符合总体屈服机制，耗能能力较好；从提高结构抗地震倒塌能力的角度，得出巨型框架结构的合理倒塌破坏机制及设计参考建议。

关键词：钢筋混凝土巨型框架结构；主框架梁；支撑；模态分析；弹塑性时程分析；倒塌

钢筋混凝土巨型框架结构由主次两级结构组成，作为一种新型结构体系，相对于其他体系具有传力明确、整体性好、节省材料、空间划分自由灵活等特点，地震作用下抗震性能优越，国内外有许多已建和在建的巨型框架结构，是未来超高层建筑结构体系发展和应用的方向之一。因此，开展对超高层钢筋混凝土巨型框架结构弹塑性地震动力分析研究具有重要的理论意义和实用价值[1-5]。

本文建立了钢筋混凝土巨型框架结构有限元模型，对结构模型进行模态分析和地震作用下弹塑性时程分析，分析了地震作用下主框架梁采用不同支撑形式对结构动力特性的影响，主框架梁的作用以及结构的屈服机制，得出巨型框架结构的合理倒塌破坏机制。

1 结构分析模型

按照现行规范对巨型框架结构进行设计，采用桁架形式主框架梁相对于实腹式梁可减小结构质量集中和刚度突变，并且有利于使用功能的改善[5]；主框架柱采用实腹钢筋混凝土柱。巨型框架共三大层，主框架梁层层高 4.2m，次框架层层高均为 3.6m，总高度 120.6m。主框架柱截面为 2.6m×2.4m，主框架梁截面为 0.4m×0.8m，支撑截面为 0.6m×0.6m，次框架柱截面为 0.6m×0.6m，次框架梁截面为 0.3m×0.6m，主框架层柱、梁、支撑混凝土强度等级采用 C50，次框架柱、梁混凝土强度等级采用 C40，结构重要性系数为 1.1，7 度设防，Ⅱ类场地，设计地震分组为第一组，抗震等级按主框架一级、次框架二级考虑。为简化计算，取结构的一榀分析，桁架梁分别采用交叉撑、人字撑和八字撑，依次为模型一～模型三，立面图如图 1 所示。

采用有限元软件 SAP2000[6]进行建模计算。主框架柱、梁和次框架柱、梁等构件采用框架线单元进行模拟，单元剖分采用软件中自动框架细分的方法，考虑了剪切变形。次框架与主框架的连接以及模型底部采取刚接。由于主框架梁柱截面较大，因此在节点处考虑刚域，刚域长度的计算参考《高层建筑混凝土结构技术规程》(JGJ 3—2002)。采用塑性铰单元法进行弹塑性建模，考虑 P-△效应[6,7]。SAP2000 程序提供了五种塑性铰单元，分别是纯弯塑性铰、轴力塑性铰、剪切塑性铰、扭转塑性铰、压(拉)弯塑性铰。对每一自由度，要定义一个用来给出屈服值和屈服后塑性变形的荷载-变形曲线，这通过 FEMA356 提出的五折线骨架曲线来实现，如图 2 所示，骨架曲线上 IO(立即使用)、LS(生命安全)、CP(防止倒塌)点分别定义不同的承载状态，AB、BC、CD、DE 分别表示弹性段、强化段、卸载段和破坏段[6]。

图 1　巨型框架结构模型

(a)模型一；(b)模型二；(c)模型三

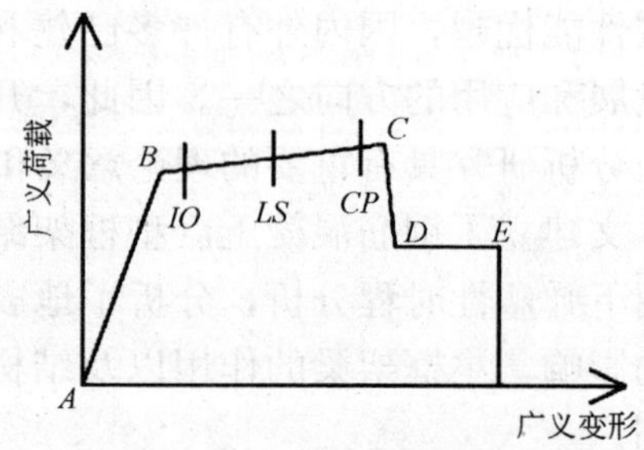

图 2　FEMA356 提出的五折线骨架曲线

2　模态分析

结构模态分析取结构前十五阶周期，采用 Ritz 向量法计算。三种模型计算结果振型参与质量均占总质量的 90%以上，满足《高层建筑混凝土结构技术规程》(JGJ 3—2002) 5.1.13 条第二款规定。对比发现，模型一和模型二各阶周期相差不大，但均小于模型三，尤其前几阶周期较为明显，说明模型三抗侧刚度相对较小。各模型前十五阶周期见表 1。

模型一～模型三前十五阶周期 表1

振型	周期(s)		
	模型一	模型二	模型三
1	2.79754	2.74018	3.241414
2	0.851701	0.841624	0.946271
3	0.467105	0.468515	0.484934
4	0.223984	0.219339	0.249003
5	0.158214	0.157013	0.168103
6	0.12789	0.12818	0.128622
7	0.116525	0.116817	0.119629
8	0.080202	0.079295	0.085257
9	0.064602	0.064333	0.076885
10	0.058786	0.052988	0.066769
11	0.052728	0.047337	0.05366
12	0.040552	0.039612	0.042736
13	0.03204	0.031424	0.033609
14	0.021797	0.021326	0.023184

3 结构弹塑性地震反应及分析

选用1940年5月的El Centro(N-S)波和1952年7月Taft(S69E)波对结构进行弹塑性时程分析，时间间隔0.02s，持时取强震部分的30s。在进行时程分析时，将加速度峰值调整为7度罕遇时的220cm/s²。取数值积分的时间步长为0.02s，采用Rayleigh型阻尼(阻尼比0.05)，选择Hiber-Huges-Taytor(HHT)法完成逐步积分求解。在两条地震波下结构反应的整体趋势相同，限于篇幅，以下只给出El Centro波作用下的结构楼层最大侧移、最大层间位移角图以及顶层位移和加速度时程曲线，分别如图3～图5所示。

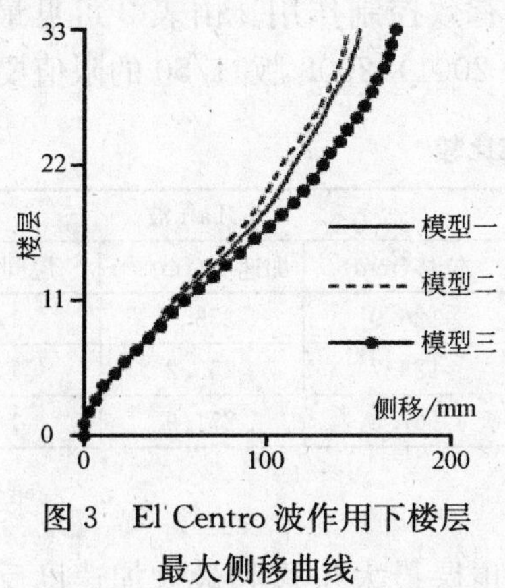

图3 El Centro波作用下楼层最大侧移曲线

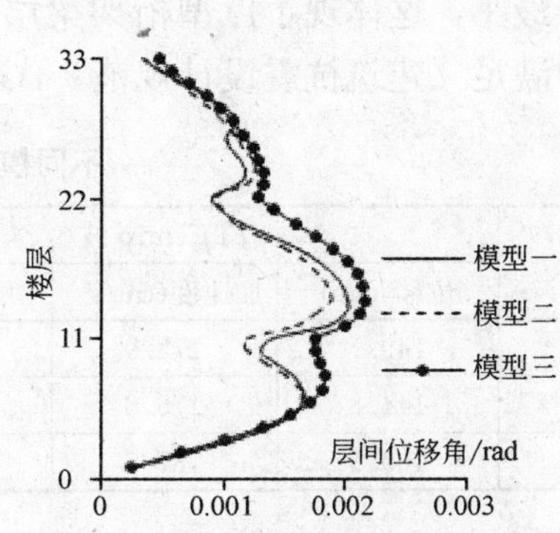

图4 El Centro波作用下最大层间位移角

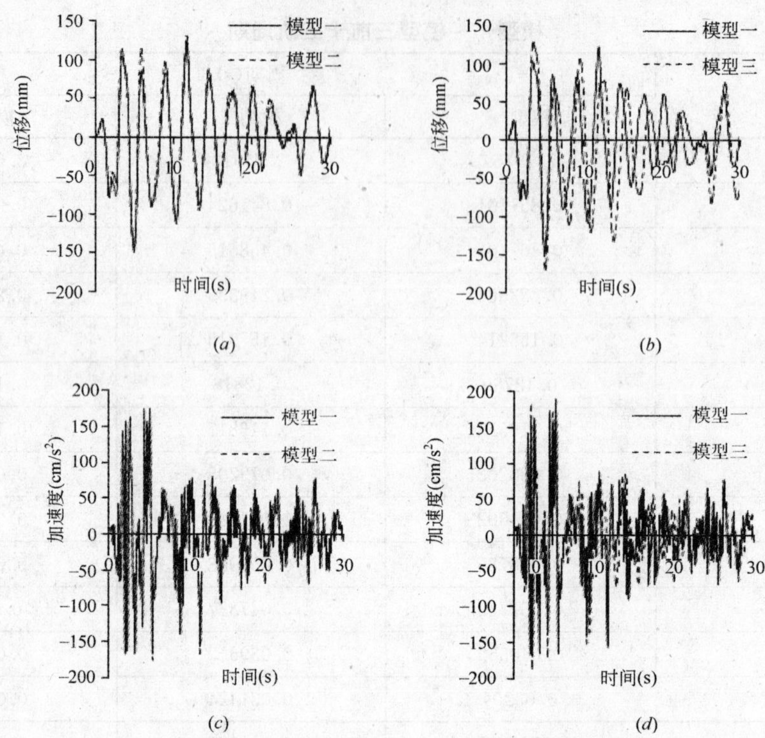

图 5 El Centro 波作用下顶层位移和加速度响应

(*a*)模型一和模型二顶层位移响应；(*b*)模型一和模型三顶层位移响应；
(*c*)模型一和模型二顶层加速度响应；(*d*)模型一和模型三顶层加速度响应

3.1 侧移曲线及层间位移角

从图 3 和图 4 可以看出，El Centro 波作用下，模型一的侧移曲线与模型二的十分接近，层间位移角差异也不大，而模型三的反应明显大于模型一和模型二。由此可见，模型一和模型二的主框架梁的抗侧能力基本一致且强于模型三。从图 3 可见，最大水平位移沿高度不断增加，三种模型的侧移均呈弯剪型。从图 4 可见，整个结构的层间位移角在底部和顶部最小，而每一大层也呈现这一规律，中部凸出，主框架梁层的层间位移角最小，这体现了巨型桁架梁层对侧移的有效控制作用。由表 2 可见最大层间位移角均满足《建筑抗震设计规范》(GB 50011—2001)(2008 版)1/50 的限值要求。

不同模型峰值响应比较 **表 2**

模型	El Centro 波			Taft 波		
	位移(mm)	加速度(cm/s^2)	层间位移角	位移(mm)	加速度(cm/s^2)	层间位移角
模型一	149.7	172.9	1/498	126.9	255.3	1/602
模型二	144.8	175.8	1/536	123.7	255.2	1/601
模型三	169.5	187.6	1/466	167.5	271.9	1/523

3.2 顶层位移和加速度响应

由表 2 可以看出，模型在不同地震波作用下顶层最大位移和最大加速度反应有较大不同，El Centro 波作用下顶层最大位移大于 Taft 波的作用，加速度则相反。但同一地震波下，三种模型响应体现的规律一致，即模型三顶层位移响应峰值明显大于模型一和模型二，加速度响应峰值也是模型三最大。由表 2 和图 5 可见，模型一和模型二的响应较为接近，说明这两种支撑的主框架梁抗侧移刚度特性在罕遇地震作用下较为接近；模型一和模型三的响应在前几秒区别不大，随着地震作用时间的增加，结构发生较多弹塑性损伤，刚度开始退化，峰值响应有明显分离，出现时刻滞后，区别明显，说明在罕遇地震作用下八字撑形式的主框架梁抗侧移刚度特性与其他两种支撑形式有较大不同。

3.3　罕遇地震下出铰情况

对主框架柱和次框架柱设置压(拉)弯塑性铰，对次框架梁设置弯曲塑性铰，对桁架式主框架梁，除在杆件两端预设弯曲塑性铰外，尚在杆件中部加设轴力塑性铰[5]。模型一～模型三在 El Centro 波作用下的最终塑性铰分布可见图 6。

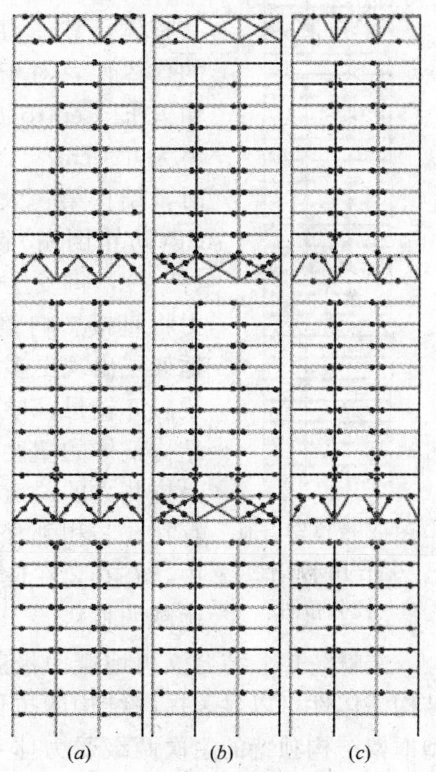

图 6　7 度罕遇地震作用下最终塑性铰分布图

(a)模型一；(b)模型二；(c)模型三

三种模型在罕遇地震作用下，次框架层梁柱及主框架梁层出现塑性铰，但主框架柱没有出现塑性铰，结构整体没有倒塌破坏，符合总体屈服机制，耗能能力较好。

三种模型第一大层和第二大层的塑性铰发展相对第三大层更为充分，由于承受轴力较大，主框架梁层弦杆与支撑出现较多轴力塑性铰。位于主框架梁上次框架柱底均出现塑性铰，第一大层上次框架柱两端都出现塑性铰。

El Centro 波作用下，总体而言，模型一与模型二次框架上塑性铰开展最充分，区别不大。模型三在第二大层的次框架梁上塑性铰开展比模型一和模型二少，次框架柱出铰较多。出铰次序：模型一和模型二第一大层主框架梁层弦杆先出现塑性铰，随即在第一大层次结构与主框架连接的梁上出铰，然后塑性铰继续发展，在第一和第二大层次框架梁上出现较多塑性铰，继而第二大层主框架梁及梁上次框架柱出铰。模型三出铰比模型一和模型二快，在第二大层与主框架相交的次框架梁上先出现塑性铰，然后再在第一大层和第二大层次框架梁上出铰，主框架梁层弦杆及支撑也先后出铰。同一结构在不同地震波作用下，El Centro 波作用下比 Taft 波作用下出铰更快，塑性铰分布更多。

从图 6 可见，本文三种模型经历强震没有倒塌，次框架梁铰分散在各层，即塑性变形分散在各层，主框架梁层构件也出现较多塑性铰，可见梁出现塑性铰不至于形成“机构”而倒塌，越多塑性铰的出现可以耗散更多的能量，而柱铰集中在某一层时，塑性变形集中在该层，该层成为软弱层或薄弱层，易形成“机构”倒塌。本文中虽然三种模型次框架柱都有出铰，但由于主框架的保护，所以子结构并不至于倒塌。

4 特大地震下抗倒塌分析及巨型框架结构合理倒塌机制的探讨

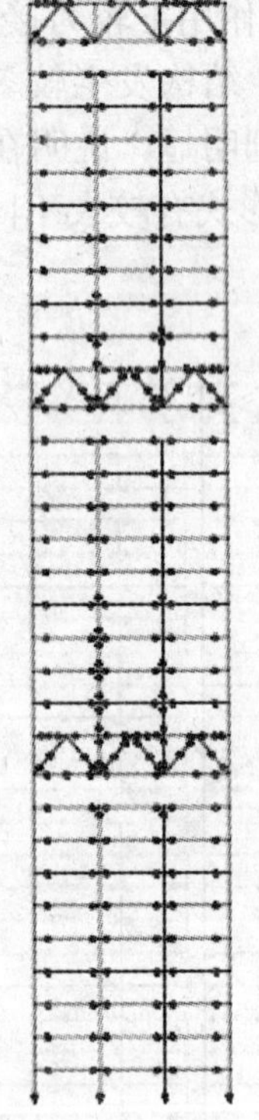

图7 9度罕遇地震作用下塑性铰分布图

汶川特大地震造成的震害还历历在目，2010年2月27日智利南部又发生8.8级特大地震，提醒我们结构遭遇高于设防大震水平的特大地震的可能性是存在的，在这种情况下结构发生倒塌并不违反现行规范的设防目标，但从提高抗震防灾能力的角度来说，进行建筑结构抗倒塌研究十分重要。

文献［8］和［9］中提出结构抗地震倒塌能力主要取决于其整体承载能力储备和相应的塑性变形能力，为增加整体结构的鲁棒性，对于关键构件，应提高承载力安全储备。对模型一输入El Centro波进行特大地震下的时程分析，将加速度峰值调整为620cm/s^2，相当于9度罕遇地震，发现计算进行到175步时，结构第一大层和第二大层主框架梁弦杆与支撑均出现大量CP(防止倒塌)铰，损坏较为严重，而后底层巨柱也出铰破坏(图7)，将发生倒塌破坏。由此可见，主框架梁构件丧失承载力将直接影响整体承载力。经历特大地震的计算结果表明，次框架层出现更多的塑性铰，即耗散了更多的能量，但由于主框架梁破坏较早，导致次框架柱没有充分出铰，因此并没有充分发挥结构整体的塑性变形能力。在巨型框架结构中，主框架梁柱无疑是抗侧力的关键构件，从本文数值模拟来看，由于主框架梁层的存在，与相邻楼层相比形成刚度突变，造成强震下塑性变形集中，有必要在设计时予以加强，可以对主框架构件采用承载能力优越的材料。

文献［10］结合汶川地震中极震区的震害案例，提出增加结构的冗余度和增强结构整体性可以显著提高结构的抗倒塌能力。本文弹塑性时程分析的结果表明，巨型框架结构独特的主次两级受力体系，在抗震性能方面是具有其优越性的，为实现多道抗震防线提供了可能，这就有效的增加了结构的冗余度，另外主次结构分别实现“强柱弱梁”的屈服机制，使结构整体都能充分发挥各自的承载能力和塑性变形能力。

结构比较理想的倒塌破坏机制应在经历强震时，其次要构件或主要构件的次要部位首先出现塑性铰，而后形成的塑性铰数目较多，有多道抗震防线，构件和结构具备优良的延性性能，也就是承载能力不降低或基本不降低、且有足够塑性变形能力，可以持续变形而不倒塌，最大限度地吸收和耗散地震能量。结合《建筑抗震设计规范》(GB 50011—2001)中“三水准”设防的要求，巨型框架结构的合理倒塌破坏机制应该是：次框架作为第一道抗震防线先于主结构屈服，而次框架柱出铰在次框架梁之后，即形成梁铰机制，且在次结构塑性发育充分前，主框架梁损坏较轻，有较高的整体承载能力和相应的塑性变形能力，最后才是主框架柱出铰，形成足够的冗余度，结构抗震鲁棒性高，直至结构倒塌。

5 结论

本文对钢筋混凝土巨型框架结构桁架式主框架梁建立三种不同支撑模型对比并研究桁架式主框架梁在地震下作用，得出巨型框架结构的合理倒塌破坏机制，完成了模态分析和弹塑性时程分析。根据上述分析，可得以下结论：

（1）钢筋混凝土巨型框架结构桁架式主框架梁采取交叉撑或人字撑，动力性能比较接近，对结构抗侧移能力影响不大。而八字撑形式的主框架梁抗侧刚度小于前两种支撑形式，使其地震反应峰值大于另外两种模型。

（2）罕遇地震作用下，主框架梁层对侧移的控制较为明显，最大层间位移角满足规范要求，巨型框架的侧移呈弯剪型，出铰情况符合总体屈服机制，耗能能力较好，证明了巨型框架结构抗震性能的优越性。

（3）主框架梁承受次框架传来的荷载，地震动力作用下又是抗侧力的关键构件，内力较大，塑性铰开展较快，一旦丧失承载力将直接影响结构整体抗倒塌能力，为提高结构整体承载能力储备和相应的塑性变形能力，增加整体结构的鲁棒性，因此巨型框架主框架梁层设计时应予以加强。

（4）结合本文模型计算结果和结构抗倒塌研究的成果[8-10]，提出巨型框架结构的合理倒塌破坏机制为：次框架作为第一道抗震防线先于主结构屈服，而次框架柱出铰在次框架梁之后，即形成梁铰机制，并在次结构塑性发育充分前，主框架梁损坏较轻，最后才是主框架柱出铰，直至结构倒塌。

参考文献

[1] 沈祖炎，陈荣毅. 巨型结构的应用与发展 [J]. 同济大学学报，2001，29(3)：258-262.

[2] 惠卓，秦卫红，吕志涛. 巨型建筑结构体系的研究与展望 [J]. 东南大学学报(自然科学版)，2000，30(4)：1-8.

[3] Tian Y，Yang Q S，Lan Z J. Megaframe structures with control devices [C]. Proceedings of the eighth international symposium on structural engineering for young experts，2004：429-433.

[4] 叶献国. 建筑结构选型概论 [M]. 武汉：武汉理工大学出版社，2008.

[5] 张宇峰. 巨型框架结构的抗震性能及抗震设计方法的研究 [D]. 南京：东南大学，2002.

[6] 北京金土木软件技术有限公司. SAP2000 中文版使用指南 [M]. 北京：人民交通出版社，2006.

[7] 叶献国. 基于非线性分析的钢筋混凝土结构地震反应与破损的数值模拟 [J]. 土木工程学报，1998，31(4)：3-12.

[8] 叶列平，曲哲，陆新征等. 提高建筑结构抗地震倒塌能力的设计思想与方法 [J]. 建筑结构学报，2008，29(4)：42-50.

[9] 叶列平，程光煜，陆新征，冯鹏. 论结构抗震的鲁棒性 [J]. 建筑结构，2008，38(6)：11-15.

[10] 叶列平，陆新征，赵世春，李易. 框架结构抗地震倒塌能力的研究——汶川地震极震区几个框架结构震害案例的分析 [J]. 建筑结构学报，2009，30(6)：67-76.

四层钢框架结构的倒塌分析*

潘　鹏[1]　严　红[1]　M. Ohsaki[2]　张景耀[2]

（1. 清华大学　土木工程安全与耐久教育部重点试验室，土木工程系，北京　100084；
2. 京都大学建筑与建筑工程系，日本）

摘　要： 对于在日本的 E-Defense 振动台上进行的四层足尺钢结构框架倒塌试验，开展实验后的数值分析。利用商业有限元分析软件 ABAQUS，对梁、柱、板都采用壳单元建模，进行了非线性动力时程分析。将数值模拟的结果与实验结果相比较，研究阻尼和刚度对结构响应的影响。分析结果表明：在大震阶段，有限元分析结果和倒塌试验结果吻合较好；非结构构件引起的刚度和阻尼的变化对数值模拟的精度有重要影响。

关键词： 有限元分析；钢框架；地震响应分析；倒塌分析

1　引言

目前已有多种数值方法来进行钢结构框架的地震时程响应分析。研究表明，弹塑性行为可以用二维的框架模型实现精确的模拟。然而，钢框架的倒塌行为则必须考虑到输入地震动以及结构响应的三维效应。

本研究的目的在于探索有限元弹塑性动力分析对于低层钢框架倒塌行为模拟的准确性。2007 年 9 月 Suita 等人在世界上最大的振动台—E-Defence 上进行了四层足尺框架模型的倒塌实验。该实验是钢框架、现存及未来建筑改进方法、保护系统、非结构构件等实验研究系列的一部分(Kasai 等，2007)。

为了考察建模方法，非结构构件的刚度和阻尼对结构地震响应的影响，负责整个实验的委员会成员在实验前后进行了大量的计算研究(Tada，2007)。本文采用精细有限元模型的分析结果进行讨论。

2　有限元模型

进行了振动台倒塌试验的四层钢框架如图 1 所示(Suita，2008)。本文采用商业软件 ABAQUS Ver. 6.5 (ABAQUS 公司，2005)建立了其三维有限元分析模型。如图 2 所示，梁，柱和楼板都是用 S4R 壳单元建立。S4R 是减缩积分的二次四边形壳单元，考虑了剪切变形，能适用于大应变大位移情况。

在一些易于出现屈曲或者进入塑性的区域(比如梁柱节点处以及柱脚)划分了较细

* 基金项目：国家十一五科技支撑计划课题(2009BAJ28B01)和中国工程院重大咨询项目(编号：2010-ZD-4)

的网格。而其他地方则划分了较粗网格，以便减短计算时间。混凝土板也同样用 S4R 单元建立。楼板通过栓钉与梁相连接，其组合是通过建立 CONN3D2 这一连接单元实现的，在柱脚处也用到这一单元。

钢材采用遵循移动硬化等方硬化法则的金属材料非线性本构。杨氏模量取 205.0kN/mm²，泊松比取 0.3，质量密度取 7800kg/m³。图 3 和图 4 分别显示了梁柱材料的应力与等效塑性应变曲线。这些数据是根据单轴材性试验结果(Suita 等人，2008)得到的。

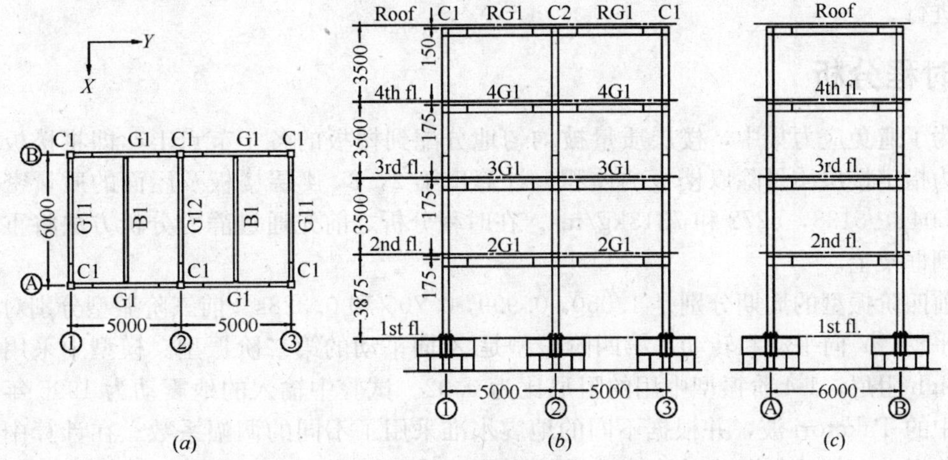

图 1　四层钢框架

(*a*)平面(首层)；(*b*)*Y*-侧立面(纵向)；(*c*)*X*-侧立面(横向)

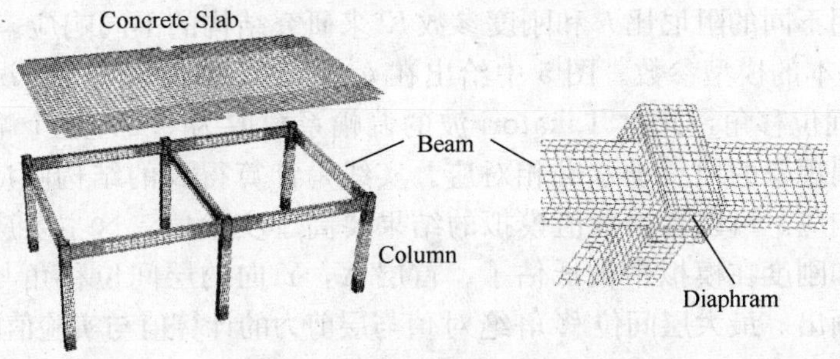

图 2　abaqus 有限元模型

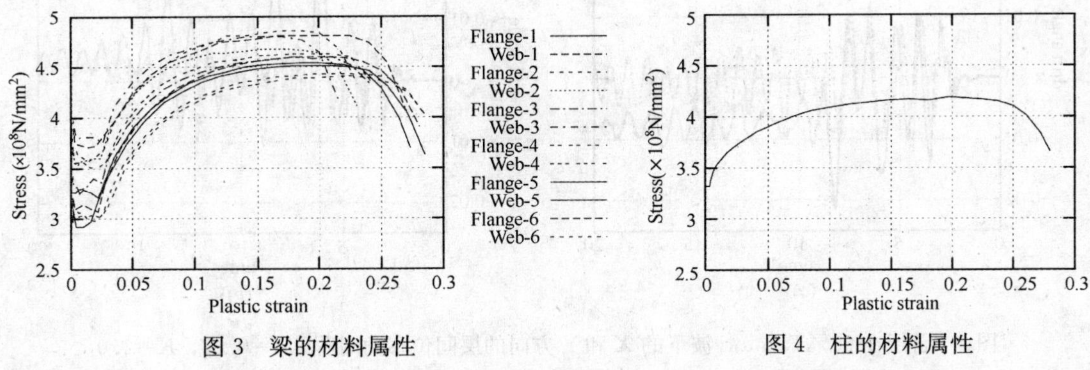

图 3　梁的材料属性　　　　图 4　柱的材料属性

混凝土采用塑性损伤模型，杨氏模量取 20.11kN/mm^2，泊松比取 0.2。抗压强度为 −18.0N/mm^2，抗拉强度为 2.3N/mm^2。柱脚的转角和弯矩遵循双线性弹塑性本构关系，此处的初始刚度为 4.891×10^4kN·m，屈服弯矩为 604.2kN·m，硬化系数为 1/100。

单元数为 75082，节点数为 79684，所有变量包括节点位移自由度数量以及连接单元约束自由度的拉格朗日乘子的总数为 456750。解决线性方程用的是稀疏矩阵直接求解法。整个计算过程在拥有主频为 2.6GHz 的双核处理器以及 2GB 内存的服务器计算机上进行。

3 时程分析

为了避免应力集中，楼层质量被均匀地分配到楼板的各个节点上，即将楼板的密度设为指定楼层质量除以楼板的体积。计算出第 2，3，4 层楼板及屋面的质量密度分别为 5041，5138，5272 和 7313kg/m^3。在时程分析之前先通过静力分析方法将重力荷载加到框架上。

前四阶振型的周期分别是 1.050，0.999，0.705 和 0.328s。前三阶振型分别对应于 X 向平动，Y 向平动和转动，第四阶振型是 X 向平动的第二阶振型。模型中采用的是 Rayleigh 阻尼，1-4 阶振型中用的阻尼比为 0.02。试验中输入的地震动为 1995 年阪神地震中的 Takatori 波，并根据不同的地震水准采用了不同的调幅系数。在计算中，为了避免振动台的控制误差对计算结果的影响，采用了实验中振动台上实测的三个方向的加速度。时间积分采用的是 Newmark-β($\beta=1/4$)法。最大时间步长为 0.02s，并采用了自适应步长技术，即：如果结构出现较大范围的塑性化或者失稳，则步长自动减小。

计算中采用不同的阻尼比 h 和刚度参数 K 来研究结构的不同响应。$h=0.02$，$K=1.0$ 被设定为基本的模型参数。图 5 中给出在 $h=0.02$，$K=1.0$ 的情况下，首层在 X 和 Y 方向的层间位移角，此时 Takatori 波的调幅系数取为 0.6，这个幅值被认为与结构接近出现倒塌现象的地震动水准相对应。实线是计算得到的结构响应，虚线为实验中测得的结构响应。可以看出数值模拟的结果要高于实验值。这主要应该是由于非结构构件的阻尼和刚度在模拟中被低估了。首层 X，Y 向的层间位移角与层剪力的关系在图 6 中已经画出。最大层间位移角绝对值与层剪力的计算值与实验值的比值在表 1 中

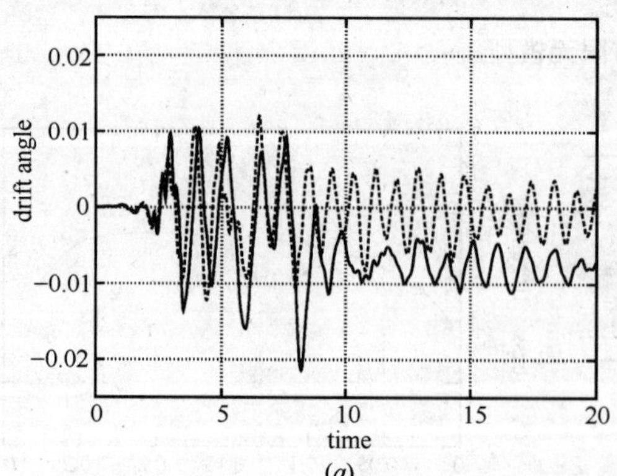

(a)

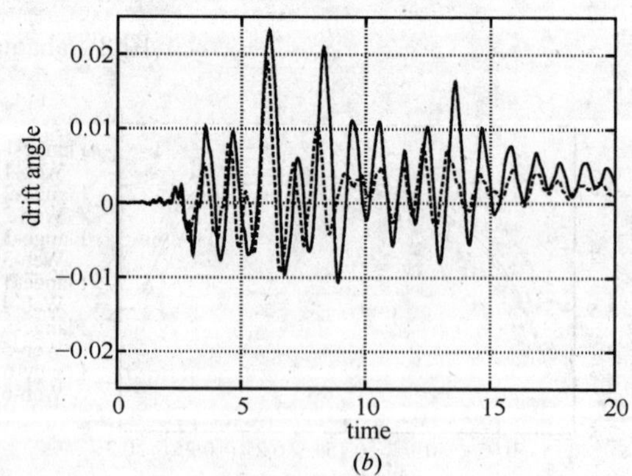

(b)

图 5 首层在 60%Takatori 波下的 X 和 Y 方向的层间位移角时程，$h=0.02$，$K=1.0$

(a)X 向；(b)Y 向

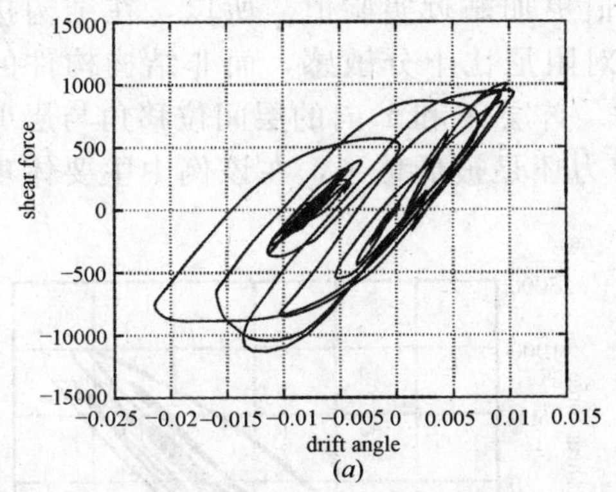

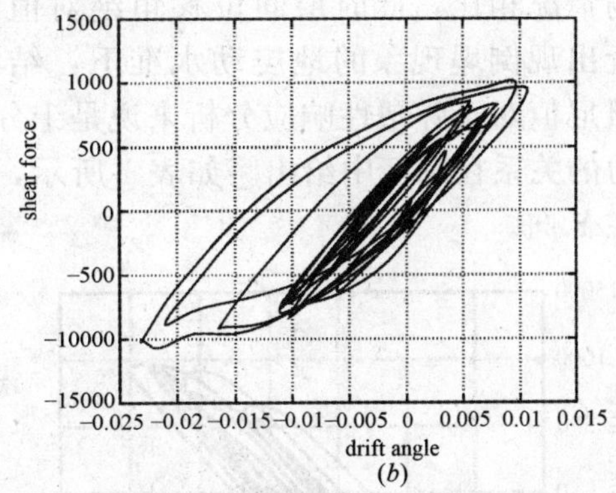

图 6　首层在 60%Takatori 波下的层间位移角和层剪力关系，$h=0.02$，$K=1.0$

(*a*)*X* 向；(*b*)*Y* 向

最大层间位移角绝对值与层剪力的计算值与实验值的比值　　**表 1**

		层间位移角		层剪力	
		X 向	*Y* 向	*X* 向	*Y* 向
40%-TAKATORI 波	$h=0.02$，$K=1.0$	1.04	0.79	0.98	0.71
60%-TAKATORI 波	$h=0.02$，$K=1.0$	1.73	1.20	0.96	0.73
	$h=0.05$，$K=1.0$	1.18	0.85	0.92	0.71
	$h=0.02$，$K=1.1$	1.17	0.81	0.91	0.73

列出。在 $h=0.02$，$K=1.0$ 行可以看到，层剪力在 *X* 方向只是轻微低估了(4%)，而在 *Y* 方向则显著低估(27%)。注意到柱脚处的弹簧在这个分析中是一直保持弹性的。静力和动力分析的 CPU 时间为 43.3h。

为了考察非结构构件的阻尼效应，同样的地震动下，增加 Rayleigh 阻尼到 0.05 后，首层在 *X* 和 *Y* 向的层间位移角于图 7 中画出。同样，实线是计算得到的响应而虚线是实验测得的响应。从图 7 和表 1 中可以看出，与图 5 中所示的具有较小阻尼

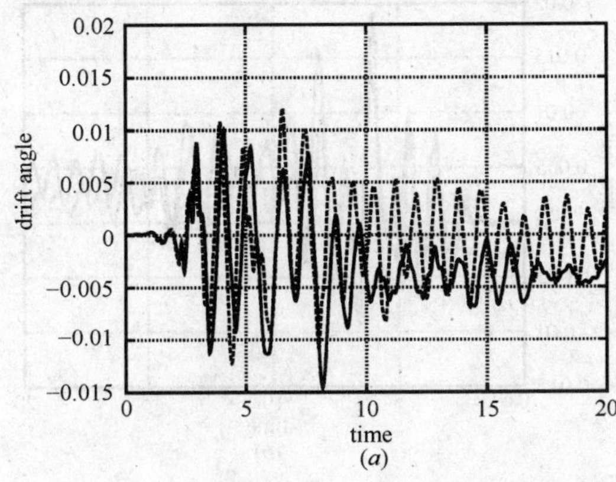

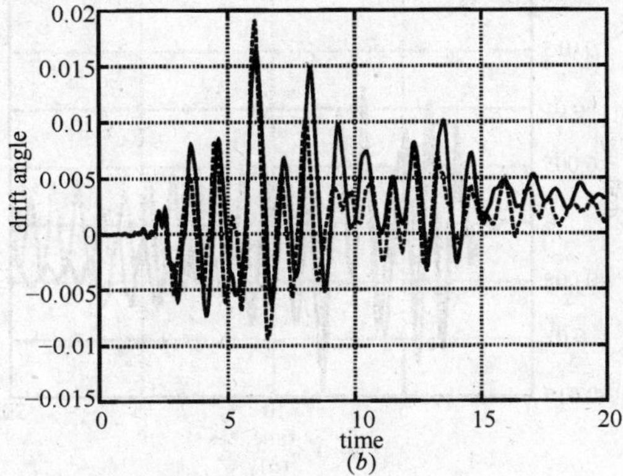

图 7　首层在 60%Takatori 波下的 *X* 和 *Y* 方向的层间位移角时程，$h=0.05$，$K=1.0$

(*a*)*X* 向；(*b*)*Y* 向

的情况相比，此时层间位移角绝对值的最大值更加贴近实验值。所以，在结构接近出现倒塌现象的地震动水准下，结构响应对阻尼比十分敏感，而非结构构件的阻尼值对于弹塑性响应分析来说是十分重要的。首层 X 和 Y 向的层间位移角与层剪力的关系在图 8 中给出。如表 1 所示，最大剪力还是被低估了，在该例中主要体现在 Y 向。

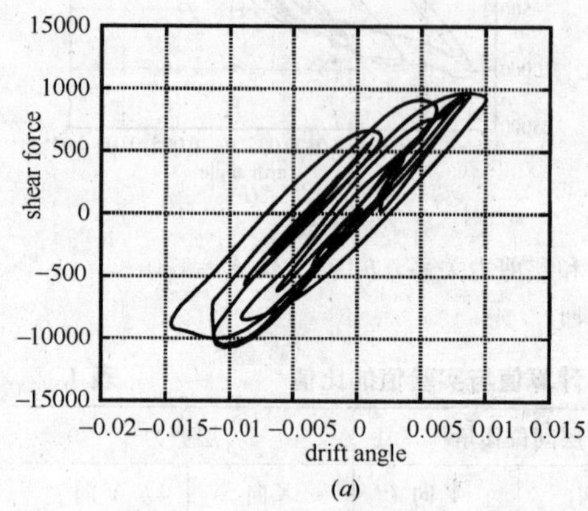

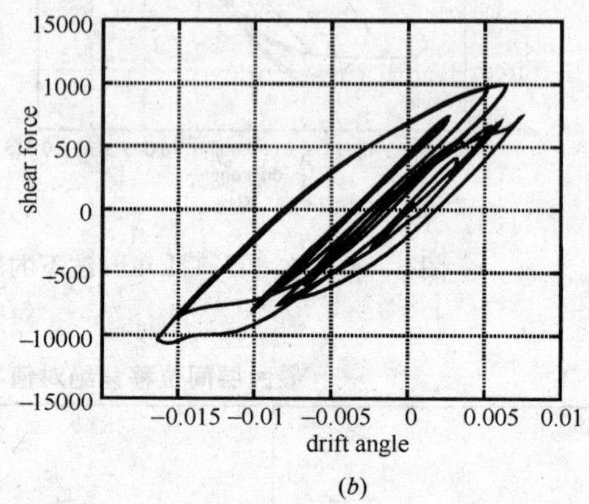

图 8　首层在 60%Takatori 波下的层间位移角和层剪力关系，h=0.05，K=1.0

(a)X 向；(b)Y 向

为了考查非结构构件刚度的影响，在不改变阻尼比的情况下，对钢材的杨氏模量进行 1.1 倍的放大，也就是 h=0.02，K=1.1。在结构接近出现倒塌现象的地震动下，首层 X 和 Y 向层间位移角的时程在图 9 中给出。从图 9 和表 1 中可以看出，跟原始模型相比，层间位移角绝对值的最大值更加贴近实验值。所以，结构接近出现倒塌现象的地震动响应是对结构刚度也是十分敏感的，而非结构构件的刚度值对于弹塑性响应分析来说也是十分重要的。首层 X 和 Y 向的层间位移角和层剪力关系在图 10 中给出。如表 1 所示，最大剪力还是被低估了，在该例中也主要体现在 Y 向。

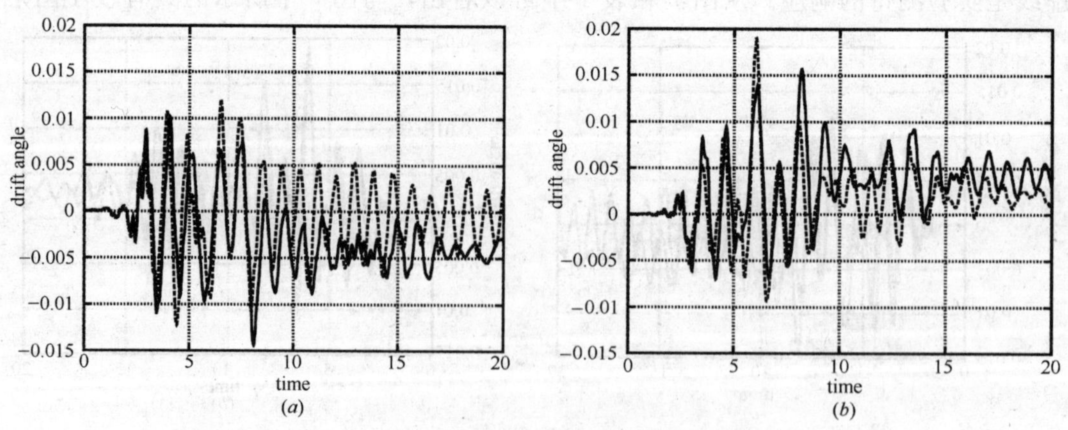

图 9　首层在 60%Takatori 波下的 X 和 Y 方向的层间位移角时程，h=0.02，K=1.1

(a)X 向；(b)Y 向

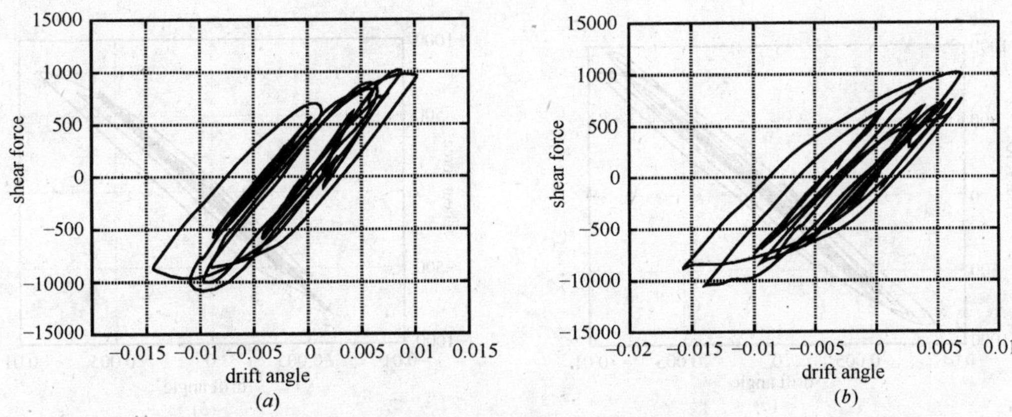

图 10　首层在 60%Takatori 波下的层间位移角和层剪力关系，$h=0.02$，$K=1.1$

(*a*)*X* 向；(*b*)*Y* 向

图 11 给出了 Takatori 波的调幅系数取为 0.4 时，基本模型首层的 X 和 Y 向层间位移角时程($h=0.02$，$K=1.0$)。首层 X，Y 向的层间位移角与层剪力的关系在图 12 中已经画出。从这些结果和表 1 中可以看出，与采用 0.6 调幅系数的地震动情况相比，本次响应的模拟变得更加精确，主要体现在 X 方向。所以本例中非结构构件的影响不是很大。

图 13 给出了基本模型首层在可使结构达到完全倒塌水平的 Takatori 波(比例系数为 1)下的 X 和 Y 向层间位移角时程($h=0.02$，$K=1.0$)。首层 X，Y 向的层间位移角与层剪力的关系在图 14 中给出。从这些结果中可以看出，实验与计算出的倒塌时间十分吻合，此时 Y 向的最大层间位移角达到 0.13rad。所以本例中非结构构件的效应也不是很显著。

图 15 给出了整个框架，二层内柱以及倒塌状态下的内柱柱脚的实际变形，其中应力云图表示的是 Von Mises 应力。可见，在有限元分析中，局部破坏和整体破坏形态都能够通过壳单元真实地被模拟出来。首层倒塌的破坏机制和倒塌方向都与实验十分相近。

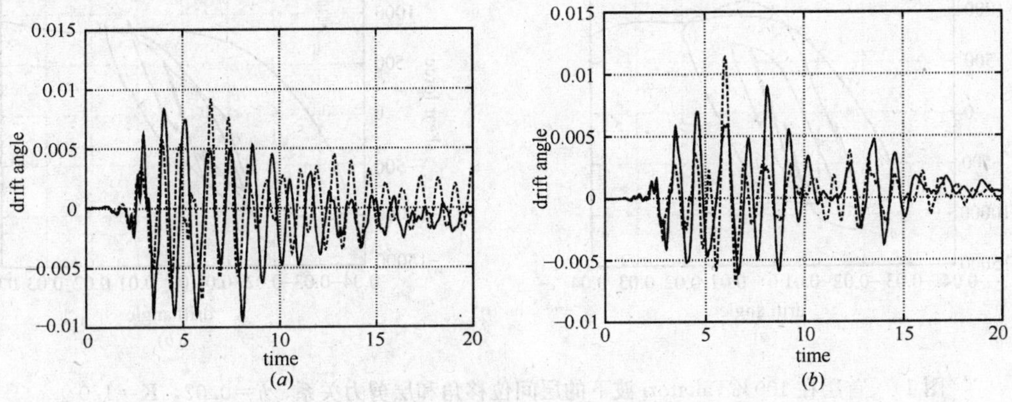

图 11　首层在 40%Takatori 波下的 X 和 Y 方向的层间位移角时程，$h=0.02$

(*a*)*X* 向；(*b*)*Y* 向

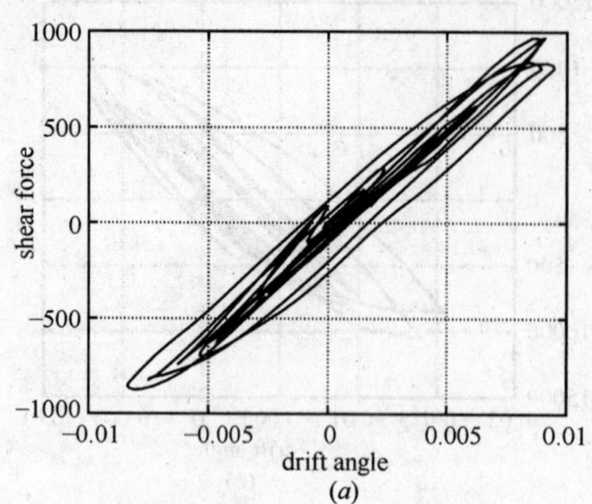

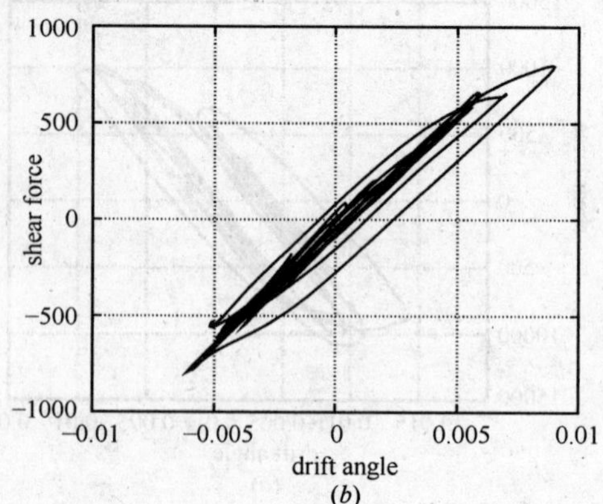

图 12　首层在 40%Takatori 波下的层间位移角和层剪力关系，$h=0.02$，$K=1.0$

(a)X 向；(b)Y 向

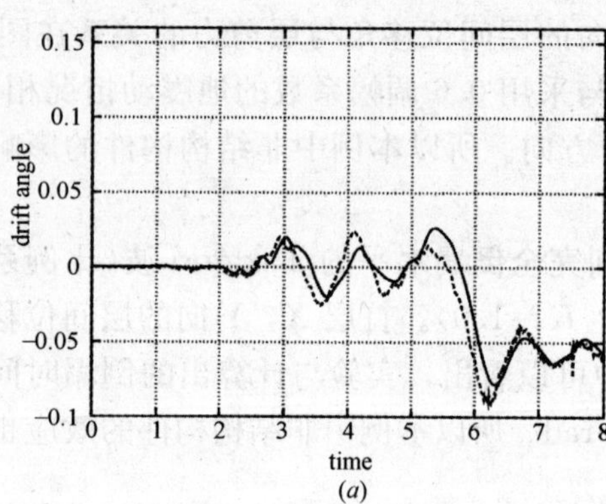

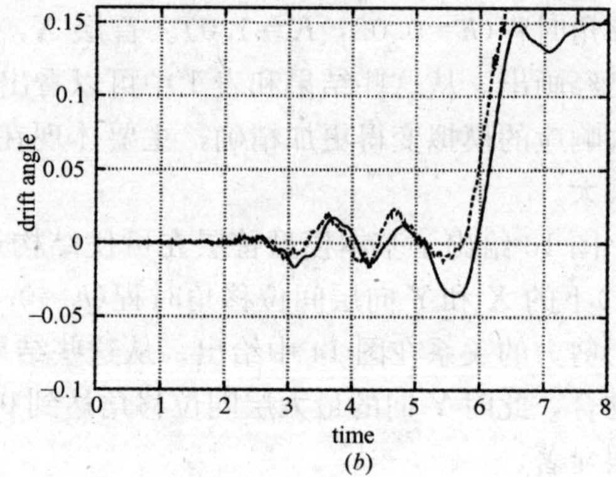

图 13　首层在 100%Takatori 波下的 X 和 Y 方向的层间位移角时程，$h=0.02$，$K=1.0$

(a)X 向；(b)Y 向

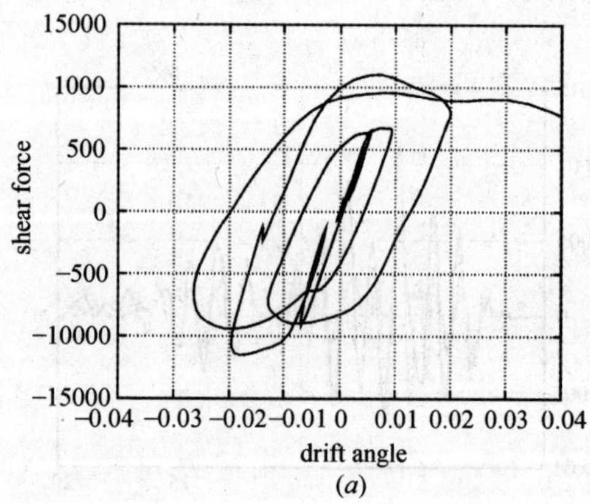

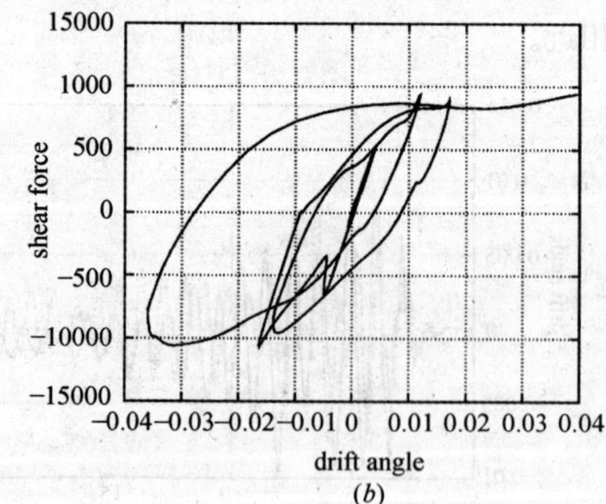

图 14　首层在 100%Takatori 波下的层间位移角和层剪力关系，$h=0.02$，$K=1.0$

(a)X 向；(b)Y 向

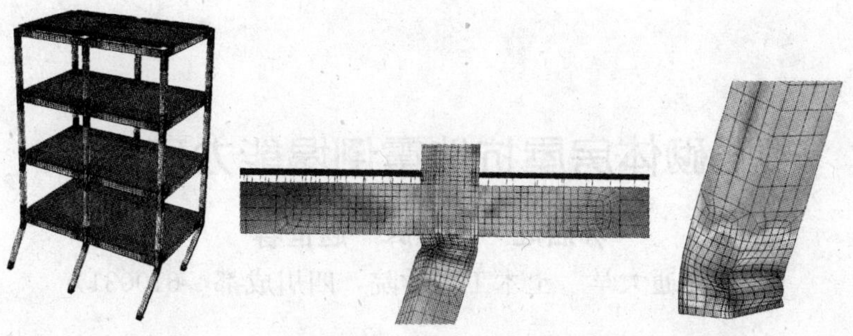

图 15　框架，二层内柱以及倒塌状态下的内柱柱脚的实际变形

4　结论

本文对在日本的 E-Defence 振动台上进行的(足尺四层)钢结构框架进行了弹塑性动力时程分析。模型中的输入加速度采用实验实测值。梁柱都采用壳单元，来模拟局部屈曲和塑性发展。结果显示，局部破坏和整体破坏形态都能够通过壳单元在有限元分析中被真实地被模拟出来。

虽然在倒塌水平的地震动下，实验结果与模拟结果十分相似，但是在结构接近出现倒塌现象水平的地震动下，响应则十分依赖于非结构构件引起的整体结构阻尼比和刚度的影响。对于楼板和柱脚处的钢筋混凝土，也需要更加精细的本构关系。

鸣谢

本研究是“钢结构 NEES/E-Defence 合作研究项目”的一部分，笔者感谢所有建筑倒塌模拟工作组的所有成员的支持。

参考文献

[1]　ABAQUS Ver. 6.5 Documentation，ABAQUS Inc.，2005.

[2]　Kasai，K.，Ooki，Y.，Motoyui，S.，Takeuchi，T. and Sato，E.（2007）. E-Defense tests on full-scale steel buildings：Part 1 - Experiments using dampers and isolators，Proc. Structural Congress 2007，ASCE，Long Beach，247-17.

[3]　Suita，K.，Yamada，S.，Tada，M.，Kasai，K.，Matsuoka，Y. and Sato，E.（2007）E-Defense tests on full-scale steel buildings：Part 2-Collapse experiments on moment frames，Proc. Structural Congress 2007，ASCE，Long Beach，247-18.

[4]　Suita，K.，Yamada，S.，Tada，M.，Kasai，K.，Matsuoka Y. and Sato，E.（2008）. E-Defense tests on full-scale steel buildings：Part 1-Analytical simulation of collapse，Proc. Structures Congress 2008，ASCE，Vancouver.

[5]　Tada，M.，Ohsaki，M.，Yamada，S.，Motoyui，S. and Kasai，K.（2007）. E-Defense tests on full-scale steel buildings：Part 3 - Analytical simulation of collapse，Proc. Structures Congress 2007，ASCE，Long Beach，247-19.

多层砌体房屋抗地震倒塌能力研究*

苏启旺　刘艳辉　赵世春

（西南交通大学　土木工程学院，四川成都　610031）

摘　要：建筑结构的抗倒塌能力抗震性能化的核心目标，建筑结构需要足够的抗倒塌的安全储备以避免大震或特大地震的倒塌破坏。对于砌体结房屋，我国现行抗震设计主要依赖结构抗震的概念设计和抗震构造措施，主要在限制房屋层数、高宽比和增设圈梁构造柱等措施。尚没有大震抗倒塌定量设计方法和抗地震倒塌能力的定量评价指标。本文首先讨论了砌体结构房屋的设计特点，从汶川地震大量破坏的房屋统计分析中，提出以墙率为指标，建立了墙率与震害的关系，讨论了按现行规范设计的不同抗震设防烈度的多层砌体房屋的抗地震倒塌能力和抗倒塌安全储备，提出了有关建议。

关键词：砌体结构；汶川地震；墙率；抗倒塌能力；抗倒塌安全储备

1　前言

建筑结构抗倒塌能力是结构抗震性能化的核心目标[1]，我国目前的建筑结构抗震设防目标为“小震不坏、中震可修、大震不倒”的三水准目标，目前规范中对抗震设防三水准的要求是通过两阶段设计来保证的，即第一阶段在多遇地震作用效应和其他荷载效应的基本组合验算构件截面抗震承载力，以及在多遇地震作用下验算结构的弹性变形；第二阶段在罕遇地震作用下进行结构弹塑变形验算。规范中对第二阶段的验算一般针对少数重要的建筑物[2,3]；而对于大量的居民住宅的多层砌体结构房屋则例外，目前缺乏大震抗倒塌定量设计方法和抗地震倒塌能力的定量评价指标。地震是危及人民生命财产的突发式自然灾害，20 世纪内，震级等于或大于 8 的强地震已发生 10 次之多，其中发生于人烟稠密之处者，损失惨重，发生的实际地震烈度往往比规定的设防烈度大得多，例如 2008 年的汶川地震和 2010 年的青海玉树地震设防烈度为 6～7 度，极震区实际达到 8～11 度，这两次地震中，大量多层砌体房遭到严重破坏，甚至倒塌[4]。

目前砌体结构是我国房屋建筑的主要结构类型之一[5]，一般作为居住、办公、学校和医院等民用与公共建筑。这种结构在今后相当长的时间内仍具有十分广泛的应用价值，其抗震性能好坏直接关系到人民群众的生命和财产安全。而在 5.12 地震后，大量的震后重建住宅仍采用砌体结构，为此，需要研究砌体结构特大地震下抗倒塌能力。

---

* 基金项目：国家十一五科技支撑计划课题（2009BAJ28B01）和中国工程院重大咨询项目（编号：2010-ZD-4）

2 砌体结构墙体布置

目前大量的多层砌体房屋的使用主要集中于多层住宅和小型办公楼，其中以居民住宅应用最广，砌体结构设计由建筑空间划分决定其结构布置[6]，从而决定了结构的墙体数量。一套住宅需求要提供不同的功能空间，满足住户的各种使用要求，主要包括睡眠、起居、工作、学习、进餐、炊事、便溺、洗浴、储藏及户外活动等空间，而且必须是独户使用的成套住宅，总体归纳划分为居住、厨卫、交通及其他辅助空间三大部分。

2.1 居住空间

居住空间是一套住宅的主体空间，包括睡眠、起居、工作、学习、进餐等功能空间，根据不同的套型和居住对象，分为卧室、起居室、工作学习室、餐室。居住空间的平面尺寸主要由人体尺度的需要和家具设备的布置决定的，在目前我国人均住房面积标准尚处在小康水平，大量住宅套型仍以中小套型为主，下表1、2为常用的家具基本尺寸[6]。

常用家具尺寸Ⅰ(mm) 表1

	单人床	双人床	中餐桌	西餐桌
大	2000×1050×450	2000×1500×450	Φ1200×780	Φ1000×750
中	2000×900×420	2000×1350×420	750×750×760	1300×700×750
小	2000×850×420	2000×1200×420	—	750×750×750

常用家具尺寸Ⅱ(mm) 表2

	长茶几	梳妆台	微机桌	床头柜
大	1400×550×500	1200×600×700	1150×600×660	700×400×700
中	1200×500×450	800×500×700	—	600×400×600
小	1000×450×450	700×400×700	—	450×350×550

根据家具的尺寸和人体活动尺寸就确定了各居住空间的平面尺寸，主卧室适宜面积在10～15m^2，次卧室适宜的居住空间在6～12m^2，单人卧室不得小于6m^2，一般卧室的短边净尺寸不宜小于3000mm；起居室的面积大约在12～25m^2，一般起居室的短边净尺寸宜在3000～4000mm之间；工作学习室的面积大约在6～12m^2，工作学习室的短边净尺寸不宜小于2100mm；餐室的面积不宜小于5m^2，餐室的短边净尺寸不宜小于2100mm[7]。

2.2 厨卫空间

厨房的平面布置主要由操作流程、人体工效学以及通风换气决定的[6]，因此应根据人体工效学原理，分析人体活动尺度，序列化地布置厨房设备和安排活动空间，以尽量减小人在操作时的行走路线，厨房的平面尺寸取决于设备布置形式和住宅的标准，我国常用的厨房面积在4～6m^2，厨房的净宽在1500～1800mm之间。

卫生间的平面布置主要考虑卫生间基本设备和人体活动尺度的需要。按小康标准，一户卫生间的总面积以 3～5m^2 为宜。

2.3 交通及其他辅助空间

一套住宅还应考虑交通联系空间、贮藏空间以及生活服务阳台等设施。交通联系空间有门斗、前室、过道、过厅及户内楼梯等，过道净宽通往卧室、起居室时不宜小于 1000mm，通往辅助空间时不应小于 900mm。阳台出挑一般控制在 1000～1800mm 范围。

而大多数墙体的厚度多数为 180mm 或 240mm，而隔墙为 120mm，多层砌体房屋由于上述空间的布置就决定了的纵横墙体的布置数量，而决定了每一层墙体的面积的大小，因此对于以住宅和办公的多层砌体房屋的每层墙体面积基本集中在一范围区间内。这与钢筋混凝土结构的设计有较大的区别，钢筋混凝土结构主要由根据设防烈度和重力荷载进行截面尺寸和配筋设计。另外从中国的建筑史，1950 年～1970 年代初，居住建筑主要是多层住宅楼，一般为小厅小卧室或居室兼卧室、居室兼厨房。1980 年代后，家用电器纳入设计考虑中，各居住、厨卫空间的面积有了提高，1990 年代初，注重大起居室、小卧室、较大厨房与卫生间，但总体来说，主要在居室与厨卫的分开，面积有相对提高[8]，但总体来说，每层的墙体面积仍基本变化不大。

2008 年汶川地震中调查的房屋统计，基本每层纵横墙体的面积占整层面积之比(不包括阳台的面积)为 13%～15%之间，承重墙体面积占整层面积之比(不包括阳台的面积)为 8%～10%之间，构造柱的面积占整层面积的 0.3%～0.4%。不同年代修建的房屋差异性不大，差异为 1%～2%，年代越新的房屋墙体面积较小，为 11%～12%，为，构造柱的面积占整层面积的 0.5%～0.7%。

3 砌体结构震害与墙率的关系

3.1 墙率指标

对于给定的建筑物，层墙体面积越大，结构层的抗震能力越大，在相同遭遇烈度情况下，震害程度越轻。对于普通烧结砖砌筑的多层砌体房屋，其抗震能力主要取决于墙体和构造柱的数量。而构造柱的数量占整层面积非常小，一般为 0.5%～0.7%。根据已有的震害及研究结果表明，单位楼层面积上墙体截面面积越大，砌体结构抗震能力也就越大，震害程度就越轻[9-11]。

(1) 假定两个参数 x、y：x 代表地震方向计算层的墙的面积与计算层及以上层的面积和之比，简称为墙率，即 $x=\dfrac{A_w}{\sum A_f}$(x 单位为 mm^2/m^2，A_w单位为 mm^2，$\sum A_f$单位为 m^2)。A_w 表示该层地震方向计算层墙体的面积(mm^2)，应扣除窗洞及门洞后的面积；$\sum A_f$ 表示建筑物计算层及以上的建筑平面面积(m^2)，阳台面积不考虑。参数 y 代表计算层墙体的平均剪应力大小，取 $y=\dfrac{w\cdot\sum A_f}{A_c+A_w}$，$w$ 表示房屋地震时每平方米重量，楼面荷载 w 值基本为 12000N/m^2，A_c 表示地震方向计算层构造柱的总面积(mm^2)。$y=\dfrac{12000\cdot\sum A_f}{A_c+A_w}$(单位为 N/mm^2)。

(2) 现场调查步骤

a. 确认房屋的震害程度(分为：倒塌，严重破坏，中等破坏，轻微破坏，完好或基本完好)，根据主要承重构件的破坏情况，参考相关标准，按照每层各方向的确定震害程度，见下表 3。

层破坏等级划分 **表 3**

破坏等级	破坏程度
轻微破坏	部分或个别墙体轻微裂缝或完好；个别墙体明显裂缝
中等破坏	个别墙体严重裂缝或倒塌，部分墙体明显裂缝
严重破坏	多数承重墙体明显裂缝，部分墙体严重裂缝，局部酥碎或倒塌
倒塌	多数墙体严重裂缝或房屋倒塌

b. 计算该房屋的墙体面积，构造柱的面积以及建筑面积。墙体和构造柱的面积按各层，各方向都计算，建筑面积按各层计算。

c. 计算各层，各方向的 x，y。

d. 根据该建筑物在各层的破坏程度，将各层震害用可区别的记号将上步计算的 x 和 y 值绘图每一栋建筑，即可画出诸多的统计点，对于纵墙降低一个破坏等级计入。

3.2 遭遇烈度为 9 度区震害与墙率的关系

根据对 2008 年汶川地震中遭遇烈度为 9 度区的都江堰地区和汉旺地区 72 幢多层砌体结构房屋的调查统计，房屋使用性质主要为住宅及办公楼，个别为较大空旷的房屋；房屋层数为 2～6 层，其中 5、6 层房屋占 82%，2～4 层房屋占 18%；房屋墙体厚度大部分为 240mm，个别房屋底层墙体为 370mm，纵墙为 180mm；大部分房屋均设有构造柱，占总数的 87.5%，未设构造柱房屋占总数 12.5%；大部分房屋楼板为预制板，约占总数的 93%，楼板为现浇板房屋约占总数的 7%；构造柱断面一般在 240mm×240mm，构造柱混凝土强度基本为 C20，房屋砂浆强度基本为 M5，承重方案主要为横墙承重，个别房间纵墙承重。

根据对 2008 年汶川地震中遭遇烈度为 9 度区的都江堰地区和汉旺地区 72 幢多层砌体结构房屋的调查统计，得到震害与墙率的关系图如下图 1。

下图 1 是基于 2008 年汶川地震中 72 幢多层砌体结构房屋的调查统计得出的，在实际震害中发现，砌体墙的数量越多，结构破坏程度越轻。大部分带构造柱的房屋楼层的严重破坏点的墙率基本均小于 $2.1\times10^4\mathrm{mm^2/m^2}$，也就是说当某层墙体的面积小于其以上建筑平面面积和的 2.1%时，则该层易发生严重及倒塌破坏。

从图 1(*b*)、(*c*)可以看出，大部分带构造柱房屋的严重破坏点在墙率位于 1.0×10^4～$2.1\times10^4\mathrm{mm^2/m^2}$，而倒塌点也位于该区间内，这是因为自唐山大地震后，大量的房屋是按《工业与民用建筑抗震设计规范》(TJ 11—78)及后续相关抗震设计规范设计修建，对房屋的高度及层数进行了限制，所以实际调查中楼层承重墙体的墙率基本在 $1.0\times10^4\mathrm{mm^2/m^2}$ 以上，尽管自从唐山地震后，多层砌体房屋在地震中倒塌量减小，但仍由于结构和地震的复杂性，仍存在个别量倒塌的房屋。

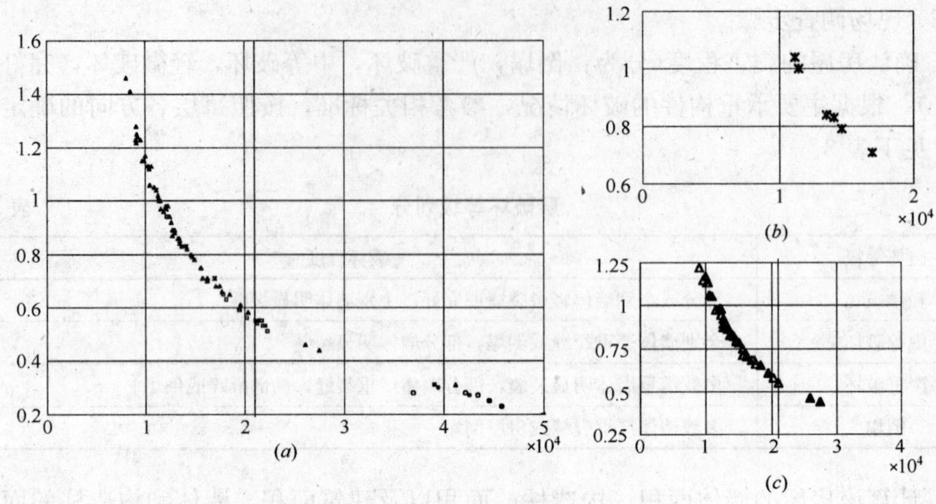

图 1　墙率与震害的关系图

(*a*)震害破坏点的分布图；(*b*)倒塌点分布；(*c*)严重破坏点分布

横坐标 $x=\dfrac{A_\mathrm{w}}{\sum A_\mathrm{f}}(\mathrm{mm^2/m^2})$，纵坐标 $y=\dfrac{12000\sum A_\mathrm{f}}{A_\mathrm{c}+A_\mathrm{w}}(\mathrm{N/mm^2})$

○轻微破坏或基本完好点(带构造柱)；□中等破坏点(带构造柱)；△严重破坏点(带构造柱)●轻微破坏或基本完好点(无构造柱)；■中等破坏点(无构造柱)；▲严重破坏点(无构造柱)

* 倒塌点(带构造柱)。

3.3　遭遇烈度为 10 度区震害与墙率的关系

根据对 2008 年汶川地震中小渔洞镇和部分龙门山镇 20 幢多层砌体结构房屋的调查统计。调查区域为小渔洞镇至龙门山镇白水河大桥之间，图 2 中虚线范围内，该区域地震作用主要以水平地震作用为主，建筑物的破坏因水平地震作用引起，过白水河大桥后，建筑物的破坏因竖向地震引起的。本次调查的房屋为水平地震引起破坏的房屋，竖向地震引起破坏的房屋不在统计之列。

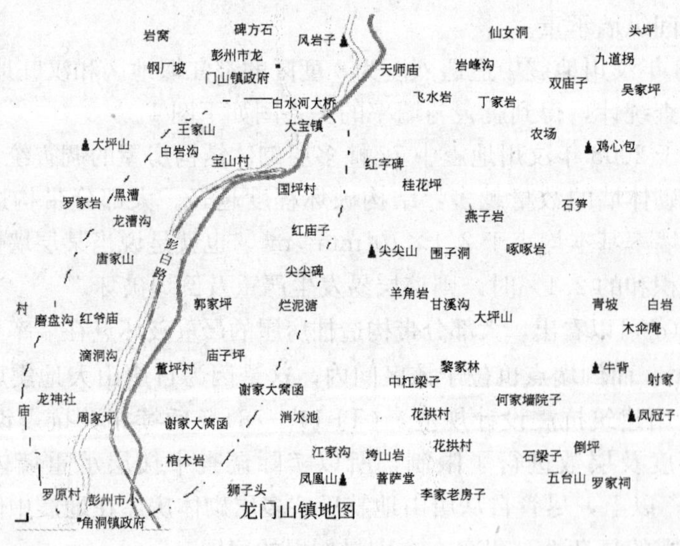

图 2　调查区域图

房屋使用性质主要为住宅及办公楼，个别为较大空旷的房屋；房屋层数为 1～4 层；房屋墙体厚度为 180mm 或 240mm，大部分房屋均设有构造柱，占总数的 90%，未设构造柱房屋占总数 10%；楼板基本上均为预制板；构造柱断面一般在 240mm×240mm，构造柱混凝土强度基本为 C20，房屋砂浆强度基本为 M7.5，承重方案主要为横墙承重，个别房间纵墙承重。

根据 2008 年汶川地震中小渔洞镇和部分龙门山镇 20 幢多层砌体结构房屋的调查统计，得到震害与墙率的关系图，见图 3。

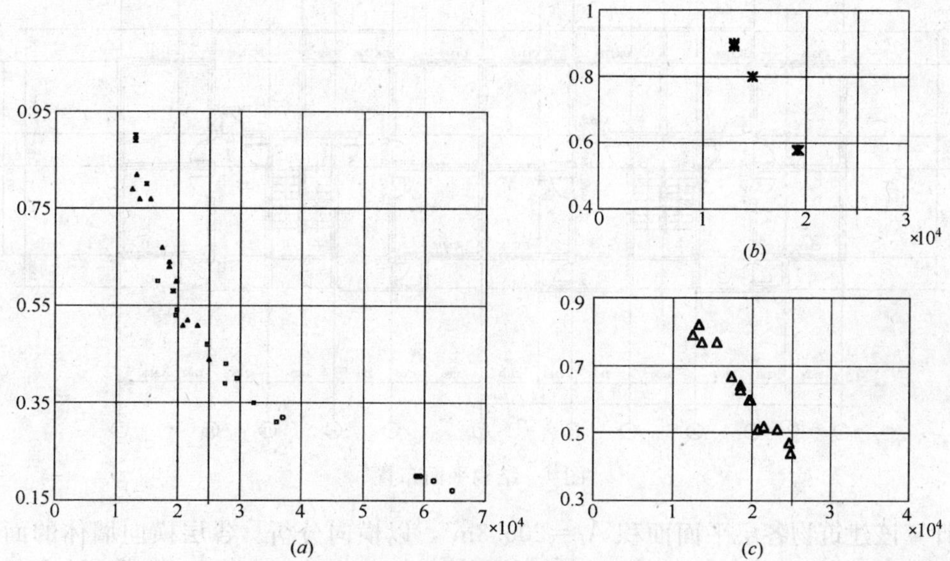

图 3　墙率与震害的关系图

(a)震害破坏点的分布图；(b)倒塌点分布；(c)严重破坏点分布

横坐标 $x=\frac{A_w}{\sum A_f}$(mm²/m²)，纵坐标 $y=\frac{12000\sum A_f}{A_c+A_w}$(N/mm²)

○轻微破坏或基本完好点(带构造柱)；□中等破坏点(带构造柱)；△严重破坏点(带构造柱)＊倒塌点(带构造柱)。

图 3 是基于汶川地震中遭遇烈度 10 度区 20 幢多层砌体结构房屋的调查统计得出的，大部分的房屋楼层的严重破坏点的墙率基本均小于 2.5×10^4 mm²/m²，也就是说当某层墙体的面积小于其以上建筑平面面积和的 2.5%时，则该层易发生严重及倒塌破坏。

由于多层砌体房屋由于上述空间的布置就决定了的纵横墙体的布置数量，而决定了每一层墙体的面积的大小，因此对于以住宅和办公的多层砌体房屋的每层墙体面积基本集中在一范围区间内，由上述分析可知，防止多层砌体房屋倒塌或严重破坏的控制指标为墙率，由于砌体房屋每层重量基本恒定不变，因此倒塌指标也可以由层数来近似控制，因此对于遭遇烈度 9 度区房屋层数为 8%～10%/2.1%＝3.8～4.8 层，遭遇烈度 10 度区房屋层数为 8%～10%/2.5%＝3.2～4 层。

4　墙率指标的有效性验证

经对较多的工程进行分析，该指标具有较好的可预见性，当房屋中构造柱数量较多时，则可以将构造柱等代墙积面积进行计算考虑，下面仅举例进行说明。

4.1 工程概况

该房屋层数6层，层高为3.0m，墙厚为240mm，预制板楼屋盖，梯间四角设有构造柱，其各层平面布置图基本相同，如图4所示。

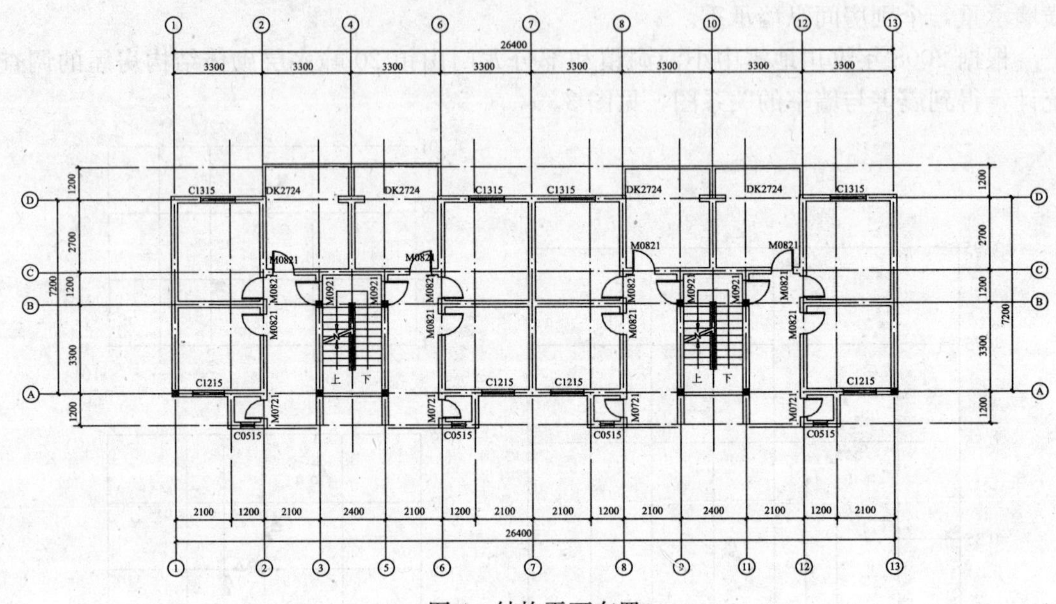

图4 结构平面布置

计算该建筑物各层平面面积 $A_f = 206.3\text{m}^2$，以横向分析。各层横向墙体的面积为 18.5m^2。经计算，从墙率来看，底部一层的墙率为 $1.49\times10^4\text{mm}^2/\text{m}^2$，小于 $2.1\times10^4\text{mm}^2/\text{m}^2$，易产生严重破坏。

4.2 震害对比

该建筑物位于都江堰市，2008年汶川地震中的遭遇烈度为9度，经现场调查，该建筑物在地震中严重破坏，震害以底层最严重，为严重破坏，层数越往上，震害越轻，顶部几乎未发生破坏，实际震害表明，该建筑物实际震害与评估结果相似，表明该评估指标可行有效。图5表示建筑物外观立面、图6～图8表示建筑底层破坏情况。

图5 建筑物外观立面

图6 建筑物底层墙体破坏

图 7　建筑物底层横墙墙体破坏Ⅰ

图 8　建筑物底层横墙墙体破坏Ⅱ

5　结构抗倒塌能力讨论

由于墙率与结构震害具有对应关系，以墙率为指标，对结构抗倒塌能力进行讨论。

现设计一幢房屋，层数为 3 层，结构按照Ⅱ类场地土，第 2 组地震分组的丙类结构进行设计，抗震设防烈度为 7 度、8 度进行设计。结构平面布置如图 3，层数为 3 层，层高为 3.0m，楼面恒载标准值取 4.2kN/m²，活载标准值为 2.0kN/m²，屋面恒载标准值为取 6kN/m²，活载标准值为 0.5kN/m²，结构建筑布置图为图 9。

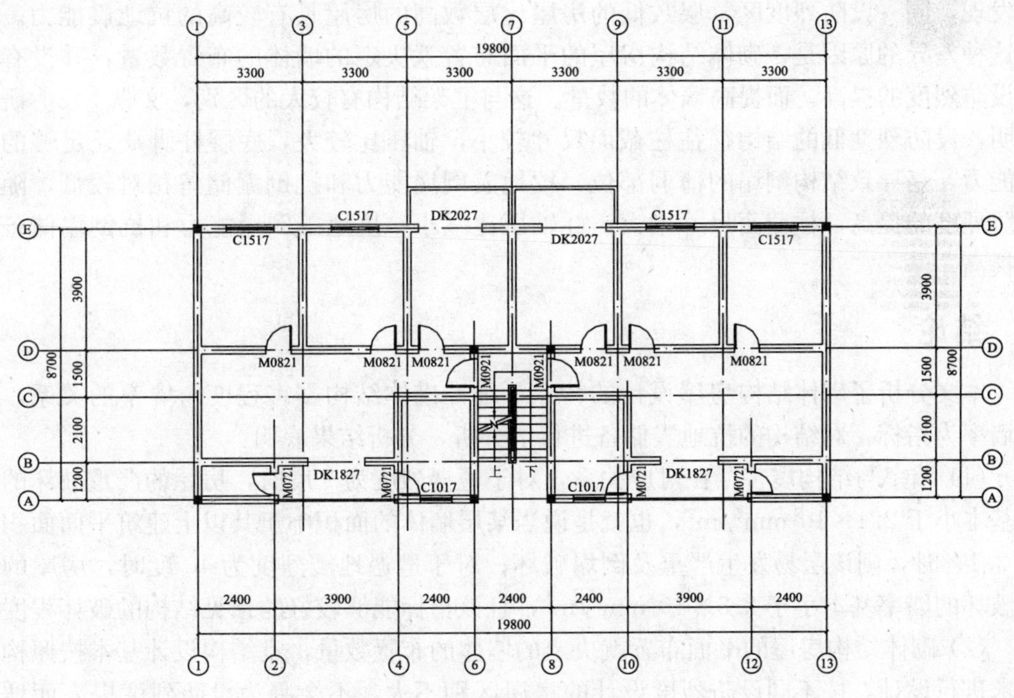

图 9　结构建筑布置图

由于建筑平面已布置完毕，结构按照建筑布置墙体，墙体厚度为 240mm，材料强度按规范采用 MU10 烧结砖，M5 砂浆砌筑，施工质量等级为 B 级，按多遇地震计算均能验算通过[12]，构造措施按照建筑抗震设计规范，7 度设防区和 8 度设防区的构造措施一样，梯间四角及外墙四角设构造柱[12][2]。

以墙率为指标，仅按横向进行计算，计算结果如表4。

计算指标 表4

层数	$A_f(m^2)$	$A_w(m^2)$	$A_c(mm^2)$	墙率$\times 10^4(mm^2/m^2)$	备注
1	170.3736	12.504	0.4608	2.45	
2	170.3736	12.504	0.4608	3.67	
3	170.3736	12.504	0.4608	7.34	

该建筑物底层墙率为$2.45\times 10^4 mm^2/m^2$，在特大地震下，则遭遇烈度为9度时，大于临界墙率$2.1\times 10^4 mm^2/m^2$，可以得出该建筑物不会发生严重破坏。该建筑物当遭遇烈度为10度时，小于临界墙率$2.5\times 10^4 mm^2/m^2$，可以得出该建筑物可能会发生严重破坏。

通过上述结构分析，同样是按照规范设计的结构，砌体结构按不同烈度设防，在进行抗震验算时主要是以多遇地震进行验算的，其按不同设防烈度设计的房屋区别不大，一般均能满足多遇地震下的抗震验算要求。然而在其抗特大地震的能力是有差异的，暂不考虑施工质量、材料强度差异，主要是遭遇烈度不同，遭遇烈度越大，其破坏越严重，基本规律为，随着设防烈度的提高，结构的抗地震储备相对较低，同样可以发现，同一设防烈度区，层数低的房屋比层数高的房屋具有较高的抗地震能力。研究这种差异的原因是，砌体结构房屋的平面布置就决定的墙体的布置数量，并没有因为设防烈度的提高，而提高墙体的数量。这与框架结构有较大的区别，文献[13]研究表明，设防烈度低的结构往往柱截面尺寸较小，轴压比较大，底层柱脚缺乏足够的变形能力，是导致结构倒塌的薄弱部位，抗地震倒塌能力和抗倒塌储备相对较低，随着设防烈度的提高，柱截面尺寸增大，柱轴压比减小，抗地震倒塌能力和抗倒塌储备相对提高。

6 结论

本文分析了砌体结构房屋设计的特点，统计砌体结构震害程度与墙率的关系，并以墙率为指标，对结构的抗地震储备进行了分析，分析结果表明：

(1) 墙率与结构震害存在对应关系，对于遭遇烈度为9度时，房屋的严重破坏的墙率基本小于$2.1\times 10^4 mm^2/m^2$，也就是说当某层墙体的面积小于其以上建筑平面面积和的2.1%时，则该层易发生严重及倒塌破坏；对于遭遇地震烈度为10度时，房屋的严重破坏的墙率基本小于$2.5\times 10^4 mm^2/m^2$，且该指标能够较好的预见结构的破坏程度。

(2) 砌体结构房屋的平面布置就决定的墙体的布置数量，且结构设计基本按照构造要求进行设计，按不同设防烈度设计的房屋区别不大，不会因为设防烈度提高而增加抵抗水平力墙体的数量，主要是遭遇烈度不同，遭遇烈度越大，其破坏越严重，且在同一遭遇烈度区，层数低的房屋比层数高的房屋具有较高的抗震性能。

(3) 建议规范可考虑更严格控制砌体结构房屋的层数，尽量减低结构的层数，来提高砌体结构房屋的抗震性能，提高其抗地震损伤的能力。

(4) 对于构造柱设置数量较多的房屋，其墙率指标可能会低估其抗震性能，对于精确计入构造柱的影响需求要进一步研究。

参考文献

[1] 叶列平，曲哲，陆新征，冯鹏. 提高建筑结构抗地震倒塌能力的设计思想与方法 [J] 建筑结构学报，2008，29(4)：42-50.

[2] GB 50011—2001 建筑抗震设计规范 [S]. 北京：中国建筑工业出版社，2001.

[3] 戴国莹，王亚勇. 房屋抗震设计 [M]. 北京：中国建筑工业出版社，2005.

[4] 清华大学土木结构组，西南交通大学土木结构组，北京交通大学土木结构组. 汶川地震建筑震害分析 [J]. 建筑结构学报，2008，29(4)：1-9.

[5] 张建勋. 砌体结构 [M]. 武汉：武汉理工大学出版，2009.

[6] 朱昌廉. 住宅建筑设计原理(第二版) [M] 北京：中国建筑工业出版社，1999.

[7] 彭一刚. 建筑空间组合论(第三版) [M] 北京：中国建筑工业出版社，2008.

[8] 潘谷西. 中国建筑史 [M] 北京：中国建筑工业出版社，2009.

[9] Tsuneo Okada，Boris Bresler "Strength and Ductility Evaluation of Existing Low-Rise Reinforced Concrete Buildings-Screening Method" [R]，EERC76-1，Earthquake Engineering Research Center College of Engineering University of California Berkeley，California.

[10] Boris Bresler "Developing Methodologies for Evaluation The Earthquake Safety of Existing Building" [R]，EERC77-6，Earthquake Engineering Research Center College of Engineering University of California Berkeley，California.

[11] Hiroyuki Aoyama. A Method for the evaluation of the seismic capacity of Existing reinforced concrete buildings in JAPAN (R). Bulletin of the New Zealand National Society for Earthquake Engineering. 1981，14(3)：105-130.

[12] GB 50003—2001 砌体结构设计规范 [S]. 北京：中国建筑工业出版社，2001.

[13] 施炜，叶列平，陆新征等. 不同抗震设防 RC 框架结构抗倒塌能力研究 [J] 第十二届高层建筑抗震技术交流会论文集，2009. 10，北京：46-57.

砌体结构的地震倒塌模拟与分析*

林旭川　陆新征　叶列平

（清华大学　土木工程安全与耐久教育部重点实验室，土木工程系，北京　100084）

摘　要：四川汶川地震中大量砌体结构倒塌，造成严重人员伤亡。为研究和预防砌体结构震害，本文通过有限元自体接触算法和生死单元控制实现了纵墙承重砌体结构的倒塌模拟。并通过6个不同算例，对影响砌体结构地震倒塌的各种关键因素，如结构形式、材料强度、构造措施和地震动形式等进行了分析，总结了不同的结构倒塌模式。仿真算例表明，纵墙强度、圈梁、构造柱、廊柱等对结构抗震性能具有重要影响，对于靠近震中的结构，竖向地震的影响不可忽略。本文的研究为深入分析砌体结构倒塌，提高其抗震性能研究提供了参考。

关键词：砌体结构；倒塌模拟；有限元；自体接触；抗震措施

1　概述

四川汶川地震达8.0级，砌体结构的震害最为严重，在各类结构形式中倒塌的比例也最大，其中有不少是学校教学楼，如聚源中学、蓥华中学、南坝镇小学等，均出现整座教学楼完全垮塌的现象，造成极为严重的人员伤亡。本研究基于有限元数值模型，采用自体接触和非线性单元的生死控制，对典型砌体结构的倒塌过程进行了模拟。通过6个不同算例，对影响砌体结构倒塌的各种关键因素，如倒塌机制、结构体系、抗震构造措施、材料强度等因素进行了讨论，为深入的分析砌体结构的倒塌，提高其抗震性能研究提供参考。

2　分析模型与仿真方法

2.1　模型参数

分析以带外走廊、大开间、纵墙承重的三层预制楼板的典型砌体结构为例。基本模型见图1，结构层高3000mm，每层3个房间，尺寸为8m×6m，外挑走廊宽1.2m。每个房间走廊一侧纵墙有两个门洞(900mm×2400mm)和一个窗洞(1800mm×1500mm)，如图1(*a*)，无走廊的一侧纵墙有三个窗洞(1800mm×1500mm)，见图1(*b*)。

结构的传力路径为：竖向楼面荷载由预制板传递给进深梁，再由梁传递给纵墙；水平地震作用由两个方向的横墙和纵墙分别抵抗。为了分别研究各因素(包括材料强度、圈梁、构造柱、廊柱、楼板拉结措施、地震波方向等)对结构倒塌模式的影响，本研究设计了多个算例分别进行计算分析，具体见表1。

* 基金项目：国家十一五科技支撑计划课题(2009BAJ28B01)和中国工程院重大咨询项目(编号：2010-ZD-4)

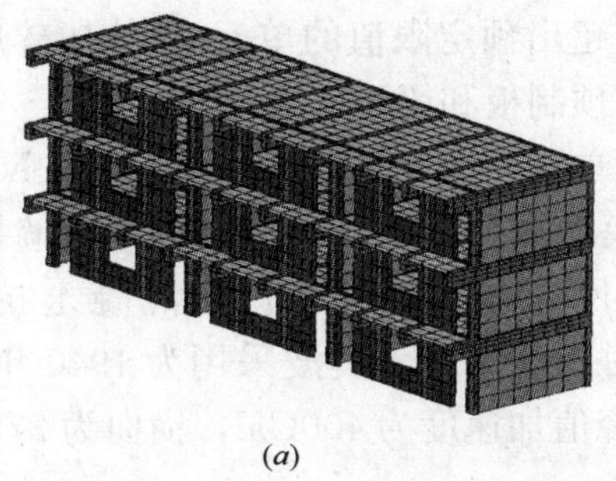

(a)

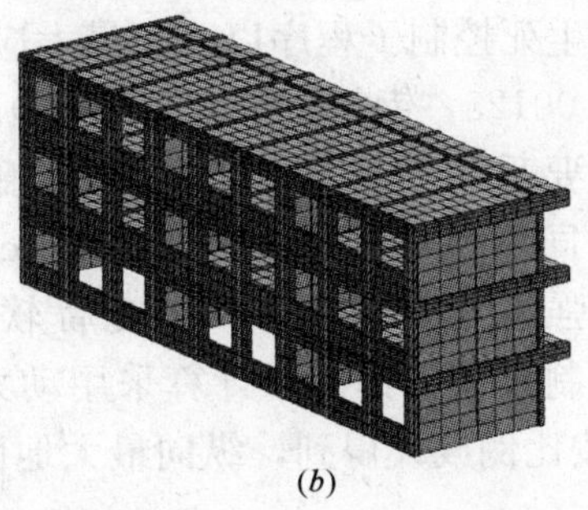

(b)

图 1 教学楼结构模型图

(a)正面；(b)背面

分析算例参数比较 表 1

参数 \ 算例	Case1	Case 2	Case 3	Case 4	Case 5	Case 6
墙体强度(MPa)	2.5	4	2.5	2.5	2.5	2.5
圈梁、构造柱	无	无	有	无	无	无
廊柱	无	无	无	有	无	无
地震波方向	纵向	纵向	纵向	纵向	纵向＋横向	纵向＋横向＋竖向
楼板拉结	无	无	无	无	无	无
算例分析因素	参照算例	墙体强度	圈梁构造柱	廊柱	地震动	

2.2 倒塌模拟原理与计算

结构倒塌模拟是一个从连续体向非连续体转变的复杂数值过程，要求数值模型既能较好的考虑发生倒塌前结构各项行为，又能反映在部分构件破坏后，结构碎片的刚体位移以及破损块体部分之间的相互接触、碰撞等行为，因此对数值模型提出了很高的要求，国内外学者已进行了大量研究[1-10]，并在非连续数值模型基础上(离散元法，DDA 法等)进行了一些倒塌的模拟[11-14]。文献［15］曾用刚体离散单元模型对砌体结构的倒塌进行了分析，取得了一定的效果，但是由于非连续数值方法在准确计算复杂三维结构进入倒塌阶段前受力行为上存在一定困难，故在模拟实际工程的倒塌前后的情况还存在一些不足。

基于有限元法并考虑单元非线性(单元生死)和接触非线性的数值模型，则可以较好模拟结构进入倒塌阶段前的受力行为，对倒塌早期阶段的模拟也可满足工程要求，且有大量的已有程序和代码支持[16]，具有更好的通用性。本研究采用非线性能力较强的通用有限元软件 MSC. MARC 进行分析，采用接触算法及非线性(生死)单元，以实现结构倒塌过程的模拟。倒塌模拟的实现方法如下：

(1) 为实现塌落构件的撞击、堆载过程，采用接触算法，将结构各个部件之间设置为接触关系，将构件内部单元设置为自体接触；

(2) 为实现构件失效、塌落过程，运用 MSC. MARC 提供的用户子程序接口，自行编制单元生死控制子程序以杀死最大应变超出预定限值的单元(墙体压碎应变和拉碎应变均取 0.00125，钢筋拉断应变取 0.01，预制板和梁不考虑单元生死)。

模型主要采用实体单元，钢筋采用杆单元。墙体和混凝土梁采用 MSC. MARC 自带的各向同性理想弹塑性的 Von Mises 模型，并考虑开裂影响。砌体墙抗压强度见表 1，开裂强度去 0.5MPa，开裂后软化刚度取－2000MPa；混凝土抗压强度为 20MPa，预制板设为弹性。计算采用动力时程分析，地震波采用为 1940 年的 El Centro 波，并按比例放大得到，纵向最大地面峰值加速度为 400Gal，横向为 275Gal，竖向为 265Gal。

3 倒塌模拟结果分析

3.1 参照算例 Case 1 震害分析

参照算例 Case 1，基本没有采取任何抗震措施，在 400gal 地面加速度作用下，快速倒塌。其倒塌过程如下：

(1) 0.70s，第二层、第三层边上一侧房间对应位置的梁下墙体先后损毁，其上部支承的混凝土梁开始下落，见图 2(*a*)；

(2) 0.90s，垮塌的梁带动周围预制板一起下落，预制板的下落导致其相邻的梁失去侧向支撑，在地震作用下向掉落预制板一侧发生偏移，见图 2(*b*)；

(3) 1.0s，发生侧移的梁又导致其上下的墙体损毁、倒塌，见图 2(*c*)；

(4) 墙体垮塌后，导致其他墙体压力增大，引发结构连续倒塌，1.5s 后已出现大面积垮塌，如图 2(*d*)。

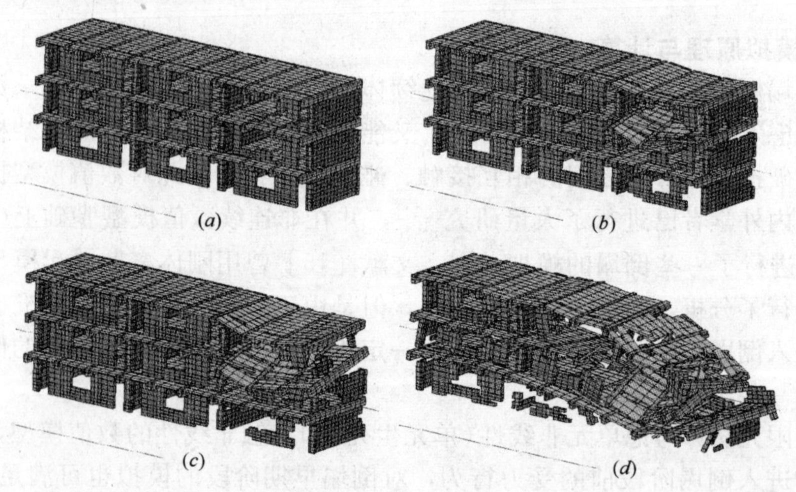

图 2 Case 1 倒塌过程

(*a*)0.7s；(*b*)0.9s；(*c*)1.0s；(*d*)1.5s

另外，倒塌前还发现，梁下部和门窗角部开裂较严重。梁下部开裂是由于梁在水平力作用下有发生转动的趋势，会导致周围砖墙开裂；而门窗角部开裂是由于角部应力集中导致。

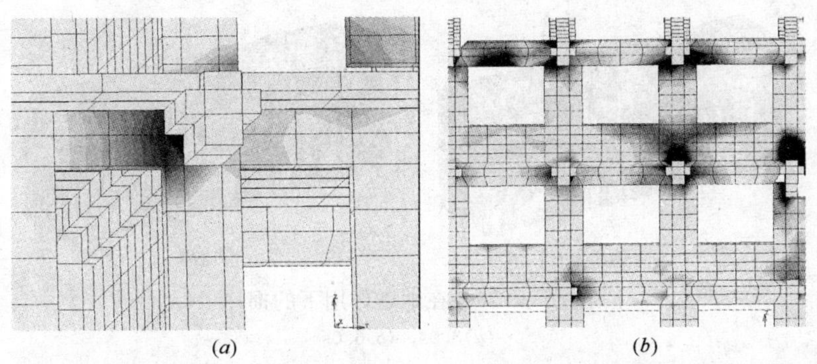

图 3　梁下部及门窗角部开裂(深色为开裂区域)

(a)结构正面；(b)结构背面

3.2　墙体强度的影响

Case 2 的墙体强度为 4.0MPa，比 Case 1 高，结构的抗倒塌效果提高非常明显。1.5s 时，Case 1 已经大面积垮塌，而 Case 2 则基本完好(图 4(a))，可见墙体强度的提高可以延缓结构倒塌开始时间。1.7s 时，首层部分墙体损坏，有预制板掉落，上部梁开始塌落(图 4(b))。2.5s 时，整个首层全部垮塌，第二层基本丧失承载力(图 4(c))。3.1s 后，结构完全垮塌(图 4(d))。

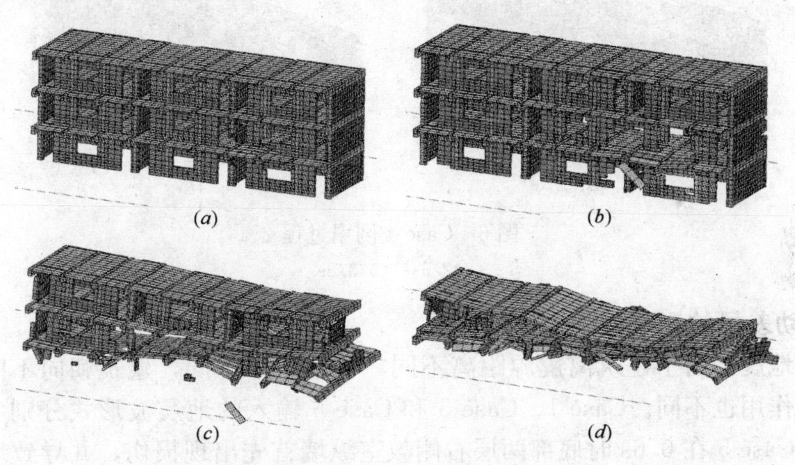

图 4　Case 2 倒塌过程

(a)1.5s；(b)1.7s；(c)2.5s；(d)3.1s

3.3　圈梁和构造柱对抗震性能的影响

Case 3 是在 Case 1 的基础上，每层楼板位置增设一道圈梁，每根梁下部设置构造柱，圈梁和构造柱单元的钢筋和混凝土分别用 MSC. MARC 提供的混凝土本构模型和分离钢筋模型加以模拟。圈梁构造柱使结构具有很好的整体性，在 3.0s 时，外侧横墙的梁坠落，搭在梁上的预制板掉到三层楼板上，如图 5(a)。之后，结构没有产生严重损伤，主要问题是预制板坠落。由此也可看出，如果不能保证预制楼板的拉结锚固，则即使保证了墙体质量，也难以完全避免楼板坠落而引起破坏和伤亡。这次在灾区观察到的雁门中心小学教学楼破坏，就存在类似现象。

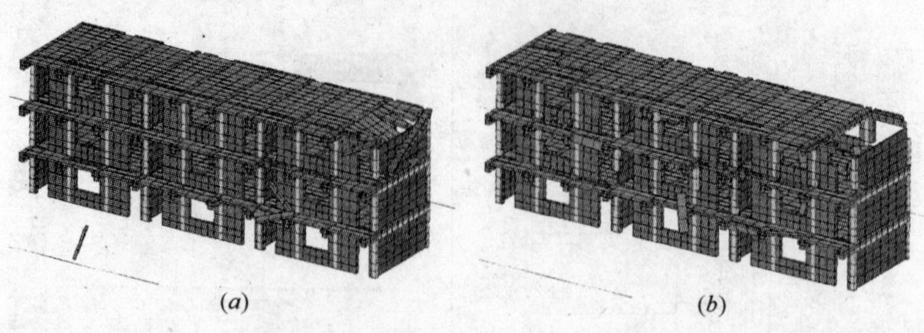

图 5　Case 3 在地震作用下的损坏

(*a*)3.0s；(*b*)6.0s

3.4　廊柱的影响

Case 4 在 Case 1 基础上，增加了砖廊柱。2.5s 时，结构一端的底部墙体丧失承载力，开始垮塌；0.7s 后出现明显大面积垮塌，如图 6。垮塌的特点是，失效的顺序是由下到上，结构沿长向梁端损伤更严重。由于砖廊柱的存在，结构大面垮塌的过程被延后。其原因是：一方面，砖廊柱可以分担少量走廊的竖向荷载，使梁下部墙体损坏的时间延后，一定程度上改善了结构的抗震性能；另一方面，廊柱对梁有一定的约束作用，可以减少因梁转动而引发的墙体开裂，但由于是砖柱，该作用有限。

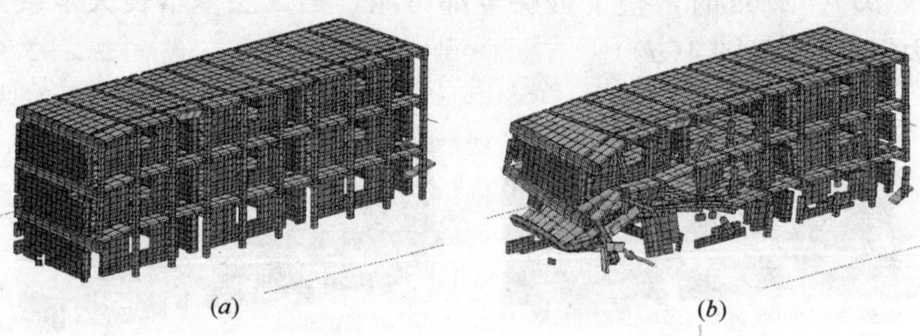

图 6　Case 4 倒塌过程

(*a*)2.5s；(*b*)3.3s

3.5　地震动差异的影响

同一次地震，由于建筑离震源距离不同，场地条件不同，建筑朝向不同，结构受到的地震动作用也不同。Case 1、Case 5 和 Case 6 输入的地震波形式分别为单向、双向和三向。Case 5 在 0.6s 时底部两层右侧教室纵墙首先出现损伤，并导致墙体上方的几根梁塌落，如图 7。Case 6 首次出现破坏的位置为底层纵墙中部，但后续破坏从三层的纵墙开始，如图 8。而 Case 1 则在 0.7s 时在二层右侧教室出现损坏。

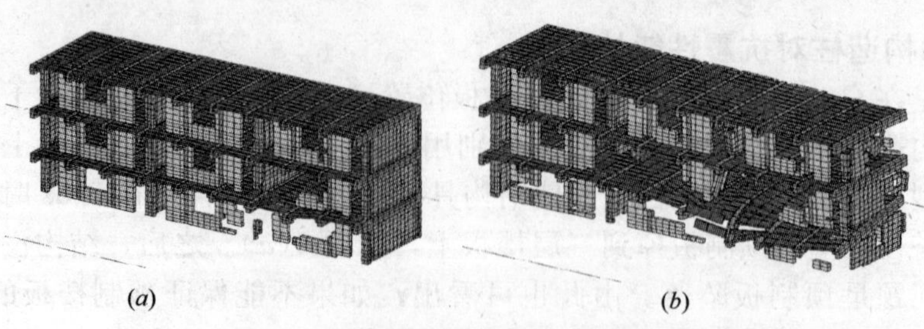

图 7　Case 5 在双向水平地震作用下的破坏形态

(*a*)0.6s(初始破坏)；(*b*)0.9s

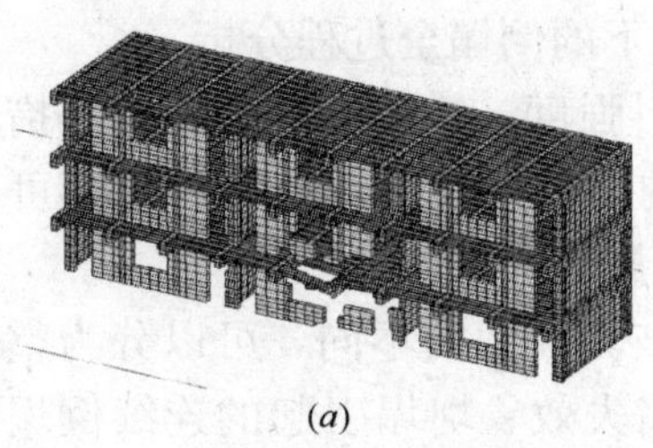

(a)

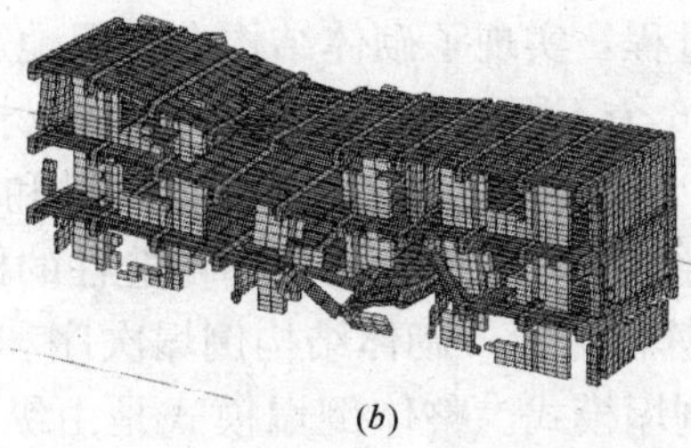

(b)

图 8　Case 6 在三向地震作用下的破坏形态
(a)0.4s(初始破坏)；(b) 0.9s

由于砌体墙体和预制楼板构成的结构，其整体性较差，在多向地震动作用下结构更容易垮塌，算例中三向地震作用下的 Case 6 出现明显局部垮塌的时间最早，而单向地震作用下的 Case 1 则最迟。可见，竖向地震动对砌体结构的影响比较明显，由于砌体强度一般较低，有时不能轻易忽略竖向地震动对结构的影响。

4　倒塌破坏模式及各措施比较

根据分析的算例，砌体结构在罕遇地震作用下主要有以下破坏模式：

1）连续垮塌模式：若未设置圈梁、构造柱，砌体结构的整体性较差，梁下部的承重纵墙首先出现损伤、垮塌，损伤的局部墙体将导致其他纵墙进一步损伤，梁失去足够的支撑而下落，预制板掉落，加上纵墙损伤的扩大，进一步导致周围的梁失去竖向或纵向支持，引发连续倒塌。尽管连续倒塌的模式沿着：承重墙→梁→预制板的方向进行，但是随着地震作用、材料强度、构造措施的不同，结构各个部分先后垮塌顺序各异，如逐层垮塌型(Case 2，4，6)，单侧垮塌型(Case 1、Case 4)等。一般情况下，结构边缘墙体破坏比中间墙体严重，底层墙体比上层严重，这与实际震害调查结果一致。

2）局部垮塌模式：结构具有较好整体性，墙体受到的作用力较均匀，仅出现预制板掉落或顶层边梁拉结失效而坠落的现象(Case 3)。一般情况下，悬挑走廊和结构两侧的预制板最易坠落。这种垮塌模式可以通过增强预制板的拉结来抵抗。

从以上算例可以看出，提高墙体的强度、设置圈梁和构造柱、设置廊柱等措施都可以提高砌体结构的抗震性能，但是各种措施的效果不同。显然，墙体的强度是一个很重要的因素，但砌体结构刚度大、变形能力小，在罕遇地震作用下，通过提高墙体强度是从提高承载力角度出发，一定程度延缓了结构倒塌，但无法提高结构整体性和变形能力。设置外廊柱，可以减小走廊一侧纵墙的压力，并对上部梁也有约束作用，从而延缓墙体局部出现损伤坍塌，但砖柱的碎散性导致这种功能有限。设置圈梁和构造柱是针对砌体结构整体性差的特点，加强结构的整体性(当然也提高承载力)，从而显著提高结构抗震性能，这一措施是最有效的，本文算例及以往震害都说明了这一点。另外预制板端部可靠拉结对防止预制板坠落有重要影响。

5　结论与建议

1）基于有限元方法，本文提出了采用自体接触算法和生死单元方法模拟结构构件碎散、堆载过程，实现了砌体结构在罕遇地震下的倒塌全过程分析。

2）通过6个不同算例的分析，考查了材料强度、构造措施、廊柱等措施对结构抗震性能影响。提高墙体的强度、设置圈梁和构造柱、设置廊柱等措施都可以提高砌体结构的抗震性能，其中设置圈梁和构造柱的措施最为有效。

3）根据算例分析，砌体结构倒塌次序和破坏程度的不同，可以分为整体连续倒塌模式和局部倒塌模式。整体倒塌模式是由纵墙失效、坍塌引起的连续倒塌；局部倒塌主要是边梁或预制板的掉落。

4）砌体结构整体性相对较差，建筑离震源距离不同，场地条件不同，建筑朝向不同，结构的倒塌过程也明显不同，竖向地震对整体性较差结构的影响不可忽略。

5）本文的仿真表明，砌体结构应保证纵墙具有足够的强度储备，并设置必要的圈梁、构造柱，楼板需采取拉结措施，梁底部及门洞、窗洞角部应加强和进行构造处理。

参考文献

[1] Lynn，KM，Isobe，D. Structural collapse analysis of framed structures under impact loads using ASI-Gauss finite element method [J]. INTERNATIONAL JOURNAL OF IMPACT ENGINEERING，34(9)：1500-1516 SEP 2007.

[2] Lynn，KMf. Finite element code for impact collapse problems of framed structures [J]. INTERNATIONAL JOURNAL FOR NUMERICAL METHODS IN ENGINEERING 69(12)：2538-2563 MAR 19 2007.

[3] Pekau，OA；Cui，Y. Progressive collapse simulation of precast panel shear walls during earthquakes [J]. COMPUTERS & STRUCTURES，84 (5-6)：400-412 JAN 2006.

[3] Khandelwal，K. and El-Tawil，S.，Multiscale Computational Simulation of Progressive Collapse of Steel Frames，Proceedings of the ASCE Structures Congress，May 2005，NY，NY.

[4] Kaewkulchai，G.，and Williamson，E. B.，Beam element formulation and solution procedure for dynamic progressive collapse analysis，Computers & Structures，Vol. 82，639-651.

[5] Isobe，D.，and Tsuda，M.. Seismic collapse analysis of reinforced concrete framed structures using the finite element method [J]，Earthquake Engineering and Structural Dynamics，Vol. 32，No. 13，2027-2046.

[6] XUAN Gang；GU Xiang-lin；LU.. Xi-lin. Numerical analysis of collapse process for RC frame structures subjected to strong earthquakes [J]. Earthquake Engineering and Engineering Vibration，2003，23(06)：24-30.（in Chinese).

[7] Lu Xinzheng Jiang Jianjing. Dynamic finite element simulation for the collapse of world trade center [J]. China Civil Engineering Journal. 2001，34(6)：8-11.（in Chinese).

[8] Dorn，M. Computer prediction of the damage to and collapse of complex masonry structures from explosions [J].. STRUCTURES UNDER SHOCK AND IMPACT，VI 8：277-286 2000.

[9] Yutaka Toi，Daigoro Isobe. TI：Adaptively shifted integration technique for finite element collapse analysis of framed structures [J]. International Journal for Numerical Methods in Engineering. 1999，Vol：36(14)：2323-2339.（in Chinese).

[10] Mattern，S.，Blankenhorn，G.，Breidt，M. Comparison of building collapse simulation results from finite element and rigid body models. IUTAM SYMPOSIUM ON MULTISCALE PROBLEMS IN MULTIBODY SYSTEM CONTACTS：257-267 2007.

[11] ZHOU Jian, QU Jun-tong, JIA Min-cai.. Numerical Simulation of Concrete Frame Collapsing Process with PFC2D Program [J]. Journal of Seismological Research. 2005, 28(3): 288-293. (in Chinese).

[12] Munjiza, A. The combined finite-discrete element method for structural failure and collapse [J]. ENGINEERING FRACTURE MECHANICS 71 (4-6): 469-483 MAR-APR 2004.

[13] JIA Jin-he YU Ya-lun. Applying FEM and DDA to Simulate the Demolition of Frame Structure [J]. Blasting, 2001, 18(01): 27-30. (in Chinese).

[14] QIN Dong; FAN Li Chu. Numerical Simulation on Collapse Process of Reinforced Concrete Structures [J]. Journal of Tongji University. 2001, 29(01): 80-83. (in Chinese).

[15] Miao Ji Jun, Gu Xiang Lin. Numerical Simulation Analysis for The Collapse Response of Masonry Structures under Earthquakes [J]. China Civil Engineering Journal. 2005, 38(9): 45-52. (in Chinese).

[16] Jiang JJ, Lu XZ, Ye LP. Finite Elelement Analysis of Concrete Structures [M]. Tsinghua University Press, Beijing, China, 2005. (in Chinese).

砖砌古塔结构地震倒塌仿真分析*

侯　杰　钱稼茹

（清华大学　土木工程安全与耐久教育部重点实验室，土木工程系，北京　100084）

摘　要： 砖砌体结构整体性差，容易发生脆性破坏，相对于整体性较好的钢筋混凝土结构，砖砌结构在地震作用下较易倒塌。首先介绍了基于 LS-DYNA 进行结构倒塌联合仿真的基本思路，然后以某砖砌古塔为研究对象，介绍了结构倒塌计算模型的建立过程，对其在多遇和罕遇地震下的地震反应进行了仿真分析。结果表明，在倒塌分析中宜适当简化几何模型，单元尺度宜综合多种因素确定；精细的本构模型不一定能得到合理的计算结果，宜通过试算确定合理的本构模型；通过缓慢施加重力荷载，可以消除其计算的冲击效应；具有刚度突变的部位（门洞和顶部）比较容易发生破坏；提高砖砌体抗拉强度可有效增强结构抗倒塌能力。

关键词： 砖砌古塔；地震倒塌；仿真；LS-DYNA

1　引言

砖砌体结构广泛用于我国古建筑，砖砌体脆性大，抗拉强度仅为普通混凝土的1/10左右，且砌体应力分布很不均匀，在地震作用下容易产生严重的累积损伤，发生开裂、压碎破坏、甚至倒塌。震害表明，在地震波高频分量丰富的震中地区，砌体结构地震破坏形式多为整体或局部倒塌，一些砖砌古建筑破坏严重，造成无法弥补的损失。我国抗震规范三水准设防目标“小震不坏、中震可修和大震不倒”中的“大震不倒”对结构安全最为关键。现行规范以小震进行结构设计，大震不倒由构造措施实现。但是砌体材料离散性较大、施工偏差以及建筑年代久远等因素，都可能导致砌体结构在地震作用下发生倒塌。而目前还很难广泛开展结构倒塌的实验研究，特别是对于具有历史价值的古建筑，更不可能作倒塌实验，而数值仿真的成本低且易于实现，是研究结构倒塌的一种比较现实、有效的手段。本文以某砖砌古塔为研究对象，介绍了计算模型建立过程中遇到的问题及解决思路，总结分析了该砖砌古塔地震破坏形态特征。

2　倒塌仿真计算模型

2.1　LS-DYNA 用于结构倒塌仿真

综合运用固体力学理论和非线性有限元及数值分析技术，对结构倒塌的全过程进

* 基金项目：国家十一五科技支撑计划课题(2009BAJ28B01)和中国工程院重大咨询项目(编号：2010-ZD-4)

行仿真，其难点主要在于对不连续位移场的描述、接触碰撞分析以及结构倒塌过程中大位移、大转动的描述[1]。目前倒塌仿真主要有四种方法：修正有限元法、散体单元法、二次开发法及直接模拟法。本文采用直接模拟法，即直接利用大变形动力有限元软件 LS-DYNA 进行地震作用下砌体结构倒塌仿真。

LS-DYNA 是功能齐全的非线性分析程序，能够考虑几何非线性、材料非线性以及接触非线性，以 Lagrange 算法为主，兼有 ALE 和 Euler 算法；以显式求解为主，兼有隐式求解功能；以结构分析为主，兼有热分析、流固耦合功能；以非线性动力分析为主，兼有静力分析功能。虽然 LS-DYNA 具有强大的计算能力，但其前处理功能较差。1997 年 ANSYS 公司购买了 LS-DYNA 的使用权，形成了 ANSYS/LS-DYNA 软件，弥补了上述不足。但是 LS-DYNA 的一些功能并不能从 ANSYS/LS-DYNA 中直接使用，如某些单元不能使用，ALE 算法以及将近 70 种材料模型都被屏蔽，错误提示以及警告信息不全等。所以通常采用联合仿真技术进行结构倒塌分析，如图 1 所示[2]：采用 ANSYS 建立砌体结构的几何、材料、荷载及接触模型，生成模型文件(K 文件)；修改模型文件并调用 LS-DYNA 程序的求解模块进行求解；最后将计算结果导入 LS-DYNA 自带的后处理软件 LS-PREPOST 进行显示和分析。

图 1　联合仿真流程图

2.2　几何模型与单元尺度

本文计算模型如图 2 所示，古塔总高 34.6m，塔体外壁为砖砌筒体，底部外径 11.12m，壁厚 2.5m；砖砌实心内柱直径 1.96m；内柱和外壁通过螺旋砖砌楼梯连接，直通塔顶。若按照螺旋楼梯的实际形状建模，虽然直观上接近实际，但由于螺旋楼梯与外壁和内柱相交成斜线，不可避免地产生大量精度较低的四面体单元，而不是标准的六面体单元，从而降低了计算准确性。因此，本文对螺旋楼梯的建模进行了简化，将其向水平面投影，简化成楼层平面，见图 2(*c*)。

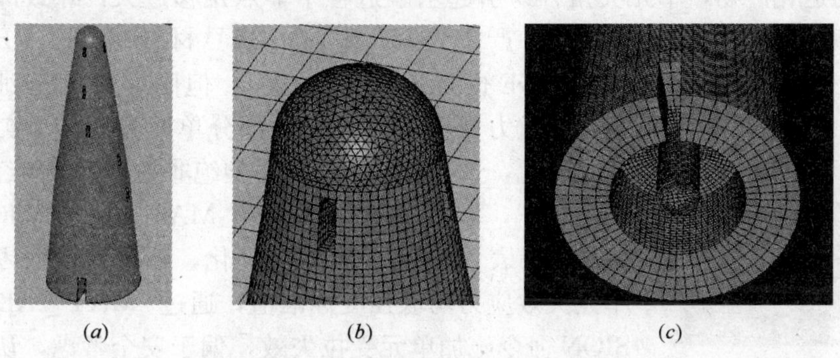

(*a*)　(*b*)　(*c*)

图 2　古塔地震倒塌分析有限元模型

(*a*)总体模型；(*b*)单元划分(顶部)；(*c*)单元划分(底部)

单元划分尺度能基本描述结构细部即可，不宜过于精细，否则容易产生负体积单元，导致单元积分出错，计算终止。在剧烈荷载特别是冲击荷载作用下，非线性求解过程中的某些节点会出现较大位移，若位移尺度超过单元划分尺度且位移向量指向单元内部，则发生大位移的节点容易穿透不包含此节点的单元表面，若穿越程度很大，会导致单元体积计算为负值，则无法在单元内积分点处进行体积积分，从而无法形成单元刚度矩阵，若此时单元没有被认为失效，程序一般会报错并停止求解。相同节点位移在大尺度和小尺度单元中的反应见图 3，当单元尺度比节点位移尺度大很多时，节点位移引起的单元体积相对变化较小，不易发生负体积现象(图 3(*a*))；反之，当单元尺度较小时，发生较大位移的节点容易穿透单元，导致负体积问题(图 3(*b*))。缩短荷载步也是解决负体积问题的有效方法，但会增加求解时间。因此，确定单元划分尺度时宜综合考虑各种影响因素，通过一定的试算确定，不能笼统地认为越细越好。

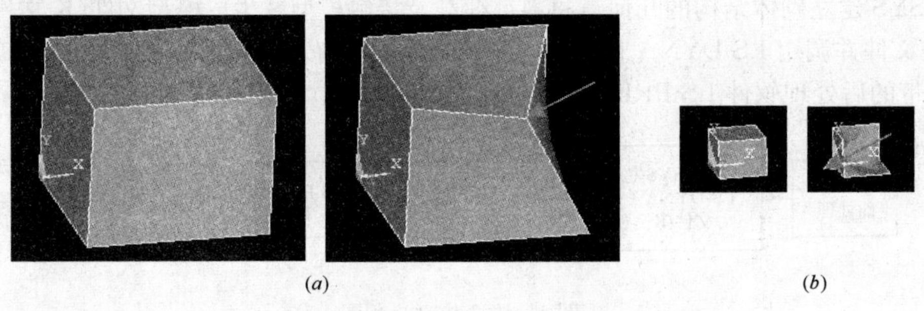

图 3　相同节点位移时不同尺度单元变形示意图

(*a*)大尺度单元；(*b*)小尺度单元

2.3　本构模型

古塔结构是用砖和砂浆砌筑而成的砌体，计算中将其用匀质材料代替。参照砌体结构设计规范[3]，砌体抗压、抗拉强度标准值分别取为 1.07 和 0.26MPa。LS-DYNA 中 111 号材料* MAT _ JOHNSON _ HOLMQUIST _ CONCRETE(JHC)[4]能够描述高应变率下脆性材料的响应，但此材料模型对单元形状比较敏感：塔顶四面体单元是六面体单元的退化产物，单元尖角容易引起求解过程中节点位移过大，导致部分单元出现负体积现象，且求解缓慢、结果严重失真(图 4)。96 号材料* MAT _ BRITLE _ DAMAGE 也可模拟脆性材料，但同样对单元划分要求严格，仅重力作用就会导致大部分单元失效，与实际情况不符。因此，选择合适的材料模型绝非易事，必须经过多次分析比较[5]，本文采用 3 号材料* MAT _ PLASTIC _ KINEMATIC(表 1)：双线形随动硬化，硬化弹模取零，拉、压单元失效应力均取强度标准值，通过* MAT _ ADD _ EROSION 命令施加单元受拉失效，偏于安全考虑，认为首次超越就发生单元失效破坏。3 号材料能够考虑应变率对屈服强度的提高(式(1))，但鉴于砌体的离散性较大，此种提高不

图 4　节点位移过大出现负体积现象(材料：JHC)

予考虑。

*MAT _ PLASTIC _ KINEMATIC 材料参数表(kg，m，s)　　表 1

RO(密度)	*E*(弹模)	*PR*(泊松比)	*SIGY*(屈服应力)	*ETAN*(硬化模量)	*BETA*(硬化系数)
1.80E+03	6.43E+08	0.20	1.07E+06	0.00	0.00

$$\sigma_y = \sigma_0 [1 + (\dot{\varepsilon}/C)^{\frac{1}{P}}] \tag{1}$$

2.4 重力荷载施加方法

地震发生时结构的重力荷载已经施加完毕，因而重力荷载相当于静载。但 LS-DYNA 中所有荷载(含重力)均与时间相关，若一开始就施加全部重力荷载，则必然形成冲击效应[6,7]，不符合实际情况。计算时，可取重力荷载随时间线性增加，时间越长则荷载增量越平缓，冲击效应越微弱，但为了节省计算机资源，加载时间不宜过长。本文通过分析比较，在 4s 内(大于 5 倍第一自振周期)完成重力荷载的线性施加，能够把冲击效应减少到可以接受的范围。

图 5 表示古塔顶点竖向位移的时程曲线。在前 4s 重力荷载线性加载阶段，竖向位移的直线分量远大于往复振动分量，说明重力荷载冲击效应已得到很好遏制；4s 后往复振动的低频成分是由顶点水平往复振动引起，高频成分(毛刺)是由残余的重力荷载冲击效应引起，两者均不是竖向位移的主要成分。取图 5 中 4s 后所有位移减去 4s 时的位移，对得到的数据进行功率谱分析。由图 6 可知，功率谱密度大部分集中在零频附近，从而验证了竖向位移的振动成分(重力冲击+地震)较小，重力静载位移是竖向位移的主要成分。从图 6 还可得到如下推论：第一峰频率坐标(1.465Hz)是塔体横向第一振动频率的近似值，第二峰频率坐标(6.592Hz)是塔体横向第二振动频率的近似值。

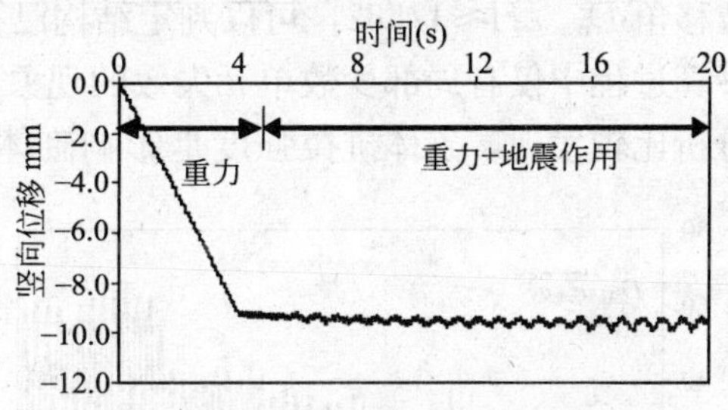

图 5　古塔顶点竖向位移反应(多遇地震作用下，砌体抗拉强度 0.26MPa)

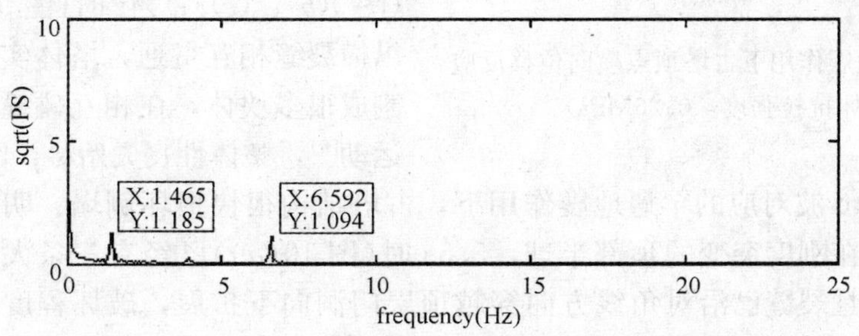

图 6　顶点竖向位移的功率谱

2.5 地震波及其他参数

南北(*Z*)和东西(*X*)方向分别同时施加 Elcentro _ NS 和 Elcentro _ EW 波(图 7)。按照规范[8]要求，对 7 度 0.1*g* 地区进行多遇地震时程分析时地震波峰值加速度取

35Gal，罕遇时取 220Gal；结构阻尼比近似取常值 0.05；砖砌体采用实体单元 SOLID164，默认取缩减积分以减少计算量；考虑到砌体单元之间及砌体单元与刚性地面之间均可能发生碰撞，选用自动通用接触(AG)，静、动摩擦系数均取 0.5；由缩减积分引起的沙漏能与总能量之比小于 10%，认为缩减积分带来的计算误差可以接受。

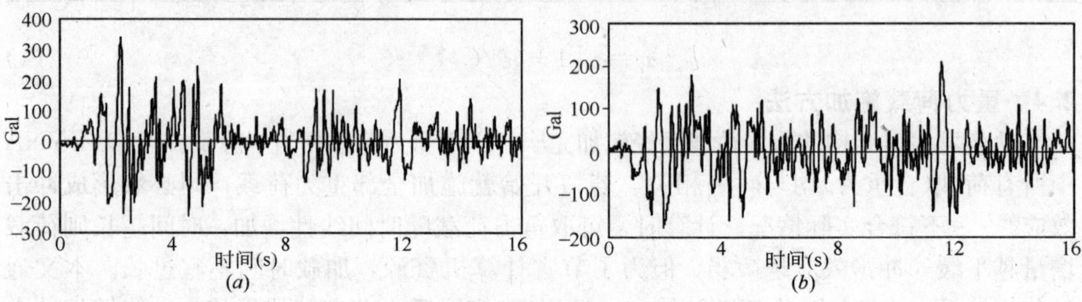

图 7 倒塌仿真采用的地震时程曲线

(a)Elcentro _ NS；(b)Elcentro _ EW

3 砖砌古塔抗地震倒塌能力

在 Elcentro 波对应的多遇地震作用下，顶点横向位移最大值 $D_{\max}=65$mm(图 8)，顶点位移角 $D_{\max}/H\approx1/532$，可以判定结构已有塑性损伤，但仍具有整体性而没有倒塌，这与计算过程中仅有局部少数单元失效的现象相一致，结构形态始终与图 2(a)无明显差别。经分析比较发现，砌体抗拉强度是影响砌体结构延性和整体倒塌的关键因素，若把砌体抗拉强度减小一半，取为 0.13MPa，则明显的结构破坏最先出现在有刚度突变的顶部半球(图 9(a))，裂缝逐渐向下扩展；由于底部应力比较集中，且底部较大的门洞加剧了这种效应，导致门洞顶部单元不断失效破坏，裂缝不断上延，最终形成通缝(图 9(b)、(c))；14s 时(图 9(d))已有很多纵横裂缝相互贯通，塔体实际上已经被分割成很多块体，在相互碰撞中做自由落体运动[6]，整体性丧失殆尽，倒塌不可避免。

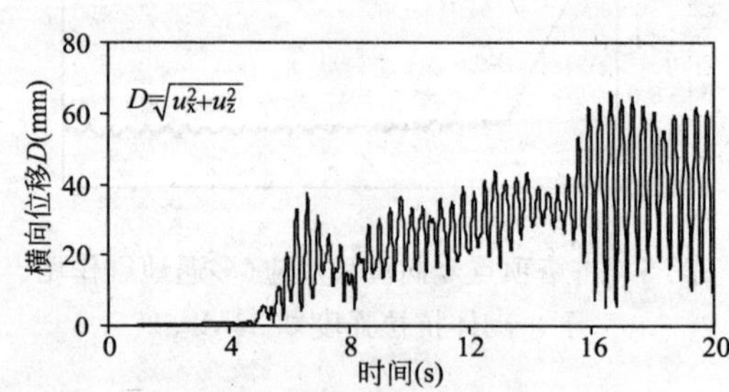

图 8 多遇地震作用下古塔顶点横向位移反应

(砌体抗拉强度：0.26MPa)

在 Elcentro 波对应的罕遇地震作用下，古塔结构很快损坏倒塌。明显的结构破坏同样最先出现在刚度突变的顶部半球，5.5s 时(图 10(a))已经有三条大裂缝把半球分成三个块体，且裂缝已沿对角线方向穿越顶层门洞向下扩展，破坏程度明显大于多遇地震(图 9(a))；5.78s(图 10(b))时顶层门洞的裂缝互相连通，塔体中上部已经出现一条穿越门洞的斜裂缝，两端分别斜向上、斜向下迅速发展；6.04s 时(图 10(c))该斜裂缝向下穿过一个门洞，贯通至底部形成通缝，此时塔顶裂缝也迅速发展，顶部半球已经坍落，导致其下部部分单元遭受冲击破坏；6.50s 时(图 10(d))多条纵横裂缝相互贯通，塔体已经被分割成很多块体，整体性丧失，倒塌形态明显。

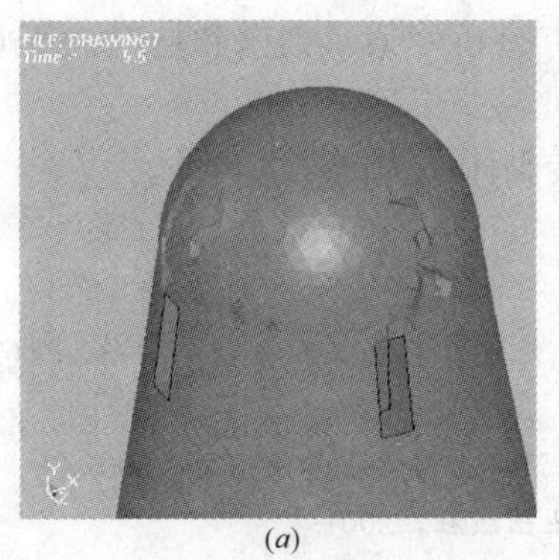

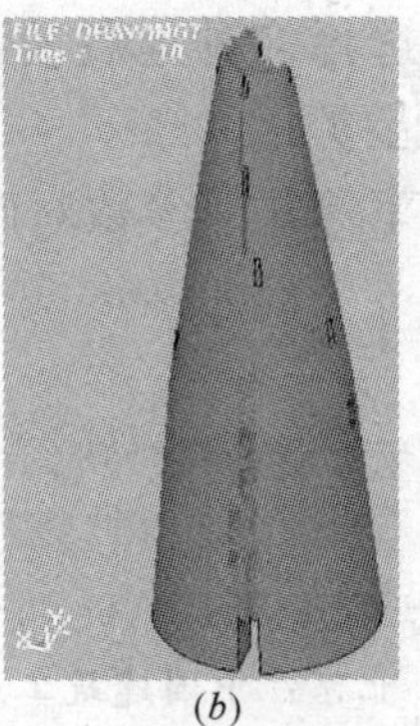

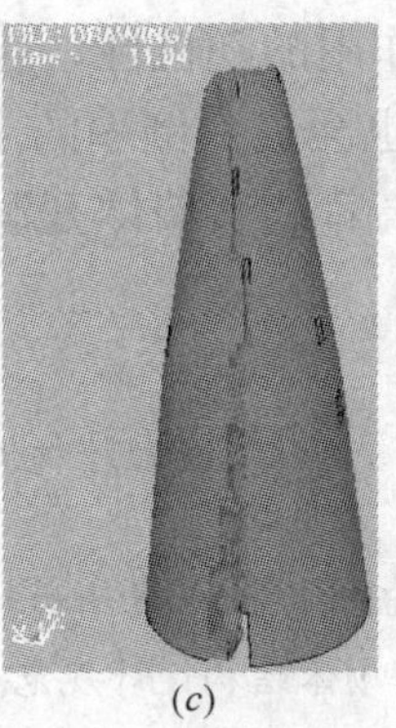

(*a*) (*b*) (*c*) (*d*)

图 9 多遇地震下古塔反应(砌体抗拉强度 0.13MPa)

(*a*)5.50s；(*b*)10.00s；(*c*)11.04s；(*d*)14.00s

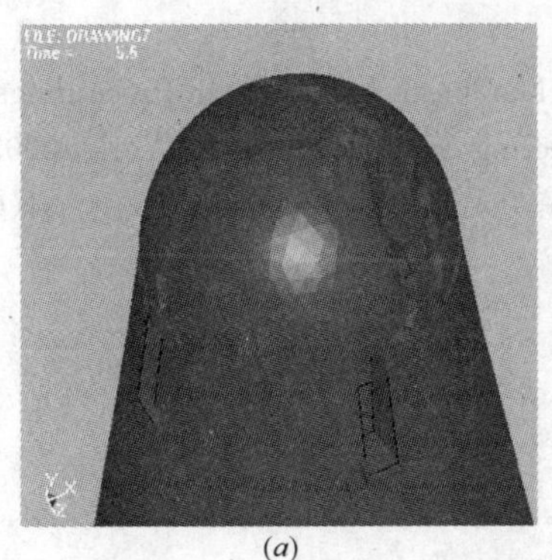

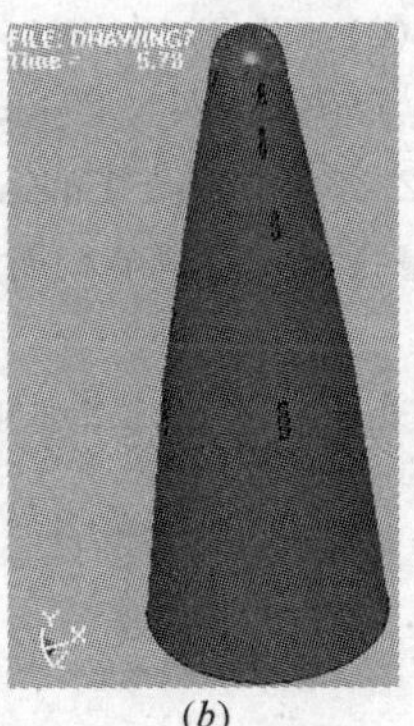

(*a*) (*b*) (*c*) (*d*)

图 10 罕遇地震下古塔反应(砌体抗拉强度 0.26MPa)

(*a*)5.50s；(*b*)5.78s；(*c*)6.04s；(*d*)6.50s

4 结论与展望

本文首先介绍了基于 LS-DYNA 进行结构倒塌联合仿真的基本思路，然后以某砖砌古塔为对象，讨论了结构倒塌仿真分析中遇到的问题，如几何模型简化、单元尺度、本构模型、重力荷载施加方法等。

对古塔进行了多遇和罕遇地震作用下反应分析。结果表明，结构倒塌分析中宜对几何模型适当简化；单元尺度宜综合多种因素确定，不能简单认为越精细越好；精细的本构模型不一定能保证合理的结果，宜根据试算结果合理确定；必须考虑重力加载方式以减小其冲击效应，实现准静态加载。

本文古塔地震破坏有以下特点：裂缝首先出现在刚度突变的顶部和门洞位置，纵向通缝形成后很快纵横裂缝互相贯通，结构被分割成很多块体，在相互碰撞中做自由落体运动。因此结构设计时应尽量做到刚度均匀、减小突变，门窗等洞口处应做加强处理，以遏制裂缝的出现和扩展；提高抗拉强度可有效增加砌体结构抗倒塌能力。

由于地震的随机性、材料离散性等不确定因素，砌体结构的地震倒塌仿真是一个非常复杂的过程，进一步研究可参考以下建议：

（1）考虑地震作用的随机性，应选择多种地震波，分析峰值、频谱和持时的影响，竖向地震作用有时也会成为倒塌的主要原因；

（2）分析结构高宽比、墙体开洞率等几何参数对砖砌体结构倒塌的影响。

参考文献

[1] 张雷明，刘西拉. 钢筋混凝土结构倒塌分析的前沿研究. 地震工程与工程振动，2003，23(3)：47-51.

[2] 胡晓斌. 新型多面体空间刚架结构抗连续倒塌性能研究. 清华大学博士学位论文，2007.

[3] GB 50003—2001 砌体结构设计规范. 北京：中国建筑工业出版社，2001.

[4] LS-DYNA Keyword User's Manual（V 970）. Livemore Software Technology Corporation，April 2003.

[5] Marjanishvili S M. Progressive Analysis Procedure for Progressive Collapse. Journal of Performance of Constructed Facilities，ASCE，2004，18(2)：79-85.

[6] Graham Powell. Progressive Collapse：Case Studies Using Nonlinear Analysis. In Proceedings of the 2005 Structures Congress and the 2005 Forensic Engineering Symposium. New York，2005.

[7] 陆新征，江见鲸. 世界贸易中心飞机撞击后倒塌过程的仿真分析. 土木工程学报，2001，34(6)：8-10.

[8] GB 50011—2001 建筑抗震设计规范. 北京：中国建筑工业出版社，2001.

基于结构形式的建筑物抗地震倒塌能力评价方法研究*

岳　立　蔡宏儒　刘艳辉　赵世春

（西南交通大学　土木工程学院，四川成都　610031）

摘　要：通过对既有建筑在高烈度地震区域倒塌情况的分类统计及震害原因分析，基于对美国、欧洲和我国有关建筑物抗倒塌规范的研究，提出了抗地震倒塌能力的两种思路：从微观层面看，结构整体承载力和延性、结构体系抗震防线数量、结构屈服机制和屈服过程的控制是单体建筑抗地震倒塌能力的关键因素；从宏观层面看，结构形式则是影响建筑物抗地震倒塌能力的首要因素。为方便普通技术人员快速对现场大量既有建筑的抗地震倒塌能力进行评估，提出了从结构形式角度用简单参数或拟合曲线手段进行抗地震倒塌能力评价的思路和方法。最后，展望了今后在这方面需进一步加强研究的方向。

关键词：抗震；倒塌；因素；结构形式；评价；方法

1　前言

近年来，环太平洋地震带和欧亚板块地震带均处于地质活跃期，期间发生了多次七级以上的大地震。自 2008 年 5 月 12 日中国四川汶川的 7.9 级大地震以来，世界两大地震带接连发生了级别较高、破坏力极强的地震(表 1)，都造成了建筑物的大量倒塌，进而产生了较大的经济损失和人员伤亡。

2008—2010 地震损毁情况表　　表 1

时间	地点	震级	破坏情况
2008.5.12.	中国四川汶川	7.9 级	砖(土)木、底框损毁严重，部分框架倒塌
2010.1.12.	海地	7.3 级	砌体、底框倒塌严重
2010.2.27.	智利	8.8 级	建筑进行过防震设计，损害较轻，部分砌体倒塌
2010.4.5.	墨西哥	6.9 级	损毁较轻
2010.4.14.	中国青海玉树	7.1 级	85%建筑倒塌，结构形式多为砖(土)木结构

这些结果正好验证了工程界流行的一句话“地震中，造成人员伤亡的主要因素不是地震本身，而是建筑物的倒塌”。因此，对罕遇地震下建筑物抗倒塌能力影响因素分析和既有建筑抗倒塌能力评价研究已成为了迫在眉睫的事情。

通过对上述地震中倒塌建筑的统计调查和分析发现，建筑物结构形式不合理、缺乏荷载传力途径转变方式、结构体系整体性不强是大量建筑物倒塌能力的主要因素。

* 基金项目：国家十一五科技支撑计划课题(2009BAJ28B01)和中国工程院重大咨询项目(编号：2010-ZD-4)

其中，砖混结构、框支结构、转换结构、装配式大板结构、板柱结构等结构体系，由于结构整体性差、体系延性较小、耗能能力有限、抗倒塌防线单一、传力途径转变方式缺乏，在地震中极易形成连续倒塌。鉴于造成结构倒塌的因素复杂性，且各影响因素之间交叉干扰大，用系统的观点进行抗震倒塌研究就成为惟一的选择。由于影响建筑抗地震倒塌能力的各种因素都属于随机变量，用数理统计的方法进行研究则显得顺理成章。

2 研究现状

国外对建筑倒塌研究处于领先的是英国和美国。英国的处理方法是根据风险系数RC(risk coefficient)确定建筑物的抗倒塌级别，根据抗倒塌级别采取不同的抗倒塌措施和进行建筑抗倒塌能力验算。抗倒塌措施包括采用有效的水平和竖向拉结使结构强度及刚度具有连续性和整体性；抗倒塌验算则是采用去掉某些关键构件(内柱、角柱、楼板)然后对建筑物进行稳定性分析。风险系数包含参数如下：

$$RC=N+E+S-C-D \tag{1}$$

式中，N 为承受风险的人数参数；E 为环境参数；S 为社会参数；C 为负担参数；D 为结构参数。

美国自 2001 年“9·11”事件后，对重要建筑抗倒塌能力研究投入了大量精力，也取得了一些成果。美国公共事务管理局(GSA)和美国国防部(DOD)分别于 2000 年和 2001 年制订了《连续倒塌的分析与设计导则》及《防连续倒塌暂行设计导则》。其中强调：结构设计时应具有多赘余度和多传力途径，具有较大的延性和受剪承载力；结构抗倒塌验算时应采用特殊荷载组合，检验结构在去掉关键构件或对稳定有重要影响的构件后的倒塌概率。计算方法包括：转变途径法(APM)和局部抗力法(SLRM)；作为局部抗力法的补充，还可用需求与能力比率(DCR)来判断机构的倒塌概率。此外，设计导则还给出了防止结构倒塌的若干构造措施。

我国现有规范抗震设计原则是“小震不坏，中震可修，大震不倒”。通过对常遇地震(小震)作用下建筑物的线弹性分析进行承载力设计，通过抗震概念设计和抗震构造措施对偶遇地震和罕见地震(中震、大震)作用下的一般建筑物损伤程度和抗倒塌能力进行控制。对重要建筑则进行弹塑性时程分析、推覆分析或基于 IDA 的结构倒塌分析。

以上方法都侧重于对具体的单体建筑抗倒塌影响因素、抗倒塌动力分析数值模型和动力分析方法的研究。这种思路计算很精确，适用于某些重要建筑物；但耗时较长、分析成本较高、需要的结构数据较详细、对分析者专业技能要求较高。面对现存大量的砖混结构和框架结构建筑物，如何用一种简单易行且适应工程人员习惯的方法进行抗地震倒塌能力初步评估？怎样将单体建筑抗地震倒塌能力的影响因素整合到统一的结构形式定义下？怎样用定量的方式科学的计算建筑倒塌概率？这些问题的解决都需要一个简化的基于结构形式的建筑物抗地震倒塌能力指标。以下，将对抗地震倒塌能力影响因素进行分析；在此基础上，提出以结构体系参数为主的抗地震倒塌能力评估指标。

3 影响因素分析

对影响建筑抗地震倒塌能力的因素分析思路有两种：一种思路(微观)是从单体建筑层面研究结构的物理机械性能影响因素，比如研究单体建筑的结构整体承载力、延性、冗余度、连接强度、构件的强度刚度分配机制、结构屈服机制和荷载情况等，并根据实际经验或相关系数大小判断其影响力大小，总结出其中的关键因素。另一种思路(宏观)则是考虑上述影响因素在结构形式、结构参数(尺寸、材料强度等)和场地条件中的分布规律，并将其综合到结构形式、结构参数、场地条件这些因素中。

通过现有震害资料，对单体建筑进行倒塌原因分析可知：结构承载力、结构塑性变形能力、结构整体性、结构体系的屈服机制和屈服过程、结构体系抗震设防防线道数是决定结构体系抗震倒塌的关键因素。其中，结构整体性是决定因素，其含义是广义的，包括结构构件的组合方式(构件刚度强度按比例分配)，结构构件的数量分配，结构整体承载力、刚度和延性按比例分配，结构构件连接的强度及变形能力。从上述情况可以看出，决定建筑物抗地震倒塌能力的因素已不局限于单一构件或单一因素，而是取决于结构体系这一整体系统。这些影响因素并不独立存在，而是相互渗透、相互干扰的。比如整体承载力和变形能力互相干扰，一起决定建筑抗震能力；结构整体性影响其他因素；结构抗震防线影响结构屈服机制和屈服过程。面对上述复杂情况，从系统论的角度去进行处理就显得合情合理了。系统论在建筑结构中的具体应用有如下含义：研究结构体系的整体协同受力，针对具体的地震作用，解决结构承载力和延性的分配比例；从整体性角度弄清结构破坏模式和倒塌控制机制，进而明确不同构件的关键系数及相应的强度、延性能力需求；从结构功能的角度明确构件层次，是用于耗能、支撑还是二者皆有；为保证结构整体性功能达到预期目的，需明确构件连接强度和变形能力。

从宏观层面(结构形式)分析，例如从汶川地震震中区北川县城处于同等条件下大量倒塌和未倒塌建筑的对比分析可知，抗地震倒塌能力按照由弱到强排列依次为：砖(土)木结构，砖混结构(图1)、底框砖混结构(图2)、纯框架结构(图3)、框剪结构、剪力墙结构和筒体结构。由于各种形式的结构体系承载能力、延性、耗能能力及结构冗余度不同，它们抗地震倒塌能力也有显著差异。特别是砖混结构和框架结构，由于数量巨大，在地震中破坏严重，占震中倒塌结构的90%以上(图4，图7，图8)，特别值得研究。

图1 青海玉树地震砌体倒塌

图2 智利地震底框损毁

图 3　汶川地震框架倒塌

图 4　青海玉树地震砖(土)木大量倒塌

图 5　汶川地震底层柱铰

图 6　汶川地震框架仅填充墙脱落

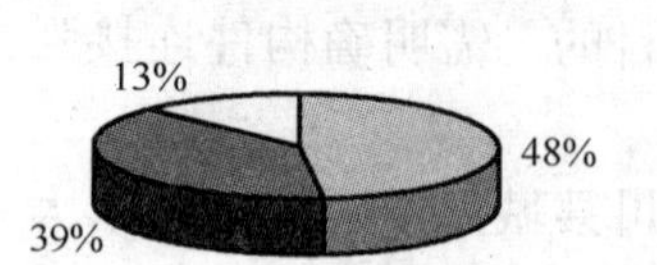

图 7　汶川地震震害统计图

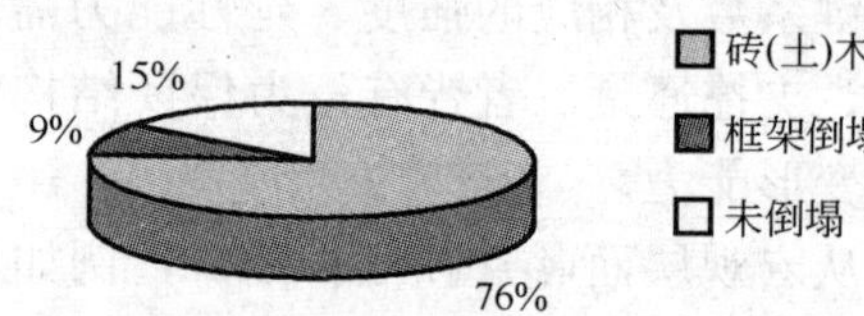

图 8　青海玉树地震震害统计图

砖(土)木结构和砖混结构多用于居民住宅、教学楼和小型厂房，其整体承载力低、结构整体性差、结构体系变形能力弱，在汶川、海地、青海玉树地震中大量倒塌或主体受到严重损害，不能继续使用，是历次地震中损毁最严重的结构形式。其具体破坏形式可分为：纵墙倒塌、横墙剪坏、预制楼板塌落、楼梯间墙体破坏、楼梯梯板拉断等。其中，底框砖混结构由于房屋刚度沿竖直方向突变，造成地震作用分配不均，容易在底层框架部分产生“柱铰”（图 5），致使底层框架倒塌。但同时发现，凡严格按 89 规范要求设置构造柱和圈梁的砖混结构，损伤程度都较低。墙体裂缝由于构造柱和圈梁的联合约束作用，大多局限在窗间墙而并未扩展，虽严重破坏，但不倒塌。反观震区大量未按要求设置构造柱，或楼面采用预制空心板且空心板未有效与圈梁或楼面大梁拉结的砌体结构，普遍造成地震中墙体剪坏或出平面倒塌、楼板脱落。此外，由于楼梯间横墙缺乏水平约束和支持，楼梯平台和楼面存在错层，造成楼梯间横墙倒塌。

汶川地震中，大量纯框架结构表现较好，除部分围护结构和填充墙破坏严重外，其主体结构基本未受损害(图6)。但由于楼板的增强作用，使得框架梁实际刚度增大，因而在实际框架结构震害中，很少看到“强柱弱梁”型破坏，大量出现由于底层柱铰的形成所造成的房屋倒塌。针对这种现象，应从控制结构体系屈服机制和屈服过程的角度，分析梁柱在保持结构整体协同受力条件下的强度、刚度分配比例，形成结构分阶段渐进有序的损害模式，真正做到框架结构倒塌机制和倒塌过程的可控制性。

在历次地震中，剪力墙与筒体结构均未受到大的损害和产生连续倒塌，一方面这与剪力墙结构(筒体)侧向刚度大、抗震能力强有关；另一方面，又因为高层建筑都处于大城市中，而这些地区地震烈度较低，因此剪力墙结构并未受到真正考验。同时，由于两种结构中存在大量非结构构件的损害消耗了地震能量，减轻了震害影响。其中主要体现在填充墙和剪力墙连梁的损害消耗部分地震能量，保护了主体结构的安全。

4 评价方法

从上述分析中可知，从微观层面进行建筑抗地震倒塌能力可以抓住各种结构形式的共性，从结构体系的物理机械性能方面作抗倒塌静力、动力分析。判断倒塌的具体指标多以非线性动力分析和建筑耗能的结果与具体地震作用结果的比率进行判定。这种方法适应面小，分析所耗成本大，分析占用时间久，且对分析者的抗震理论和分析技巧要求高。其优点则是对结构倒塌机理理解更深刻，从更深层次解决抗倒塌能力评估的问题。

结构形式这一定义包含了承载力和延性、耗能能力(变形墙及阻尼)和破坏延时(屈服机制和过程)，因此从这一角度出发来分析，可以综合各种具体的物理机械性能参数，剔除了影响建筑抗地震倒塌能力的次要因素，抓住了决定性因素。从现实角度观察和震害数据进行分析，结构形式因素对建筑物倒塌影响很大；从理论角度看，结构体系不同造成了抗地震倒塌能力(承载力、延性、耗能能力)显著不同；其次，同一结构体系采用不同构件组合方式，则结构体系的冗余度和屈服机制也不同，进而造成结构倒塌历程的差异；第三，结构体系中承载力、刚度和延性分配比例不同，造成结构动力响应的差异。鉴于上述分析，建议在结构倒塌机理研究的基础上，从结构形式这一影响因素进行抗地震倒塌研究，可以综合各物理力学指标，可以弄清各物理机械指标之间在数值上的相关性，可以简化抗倒塌能力评估过程，从理论和实践上都是有较大意义的。

基于结构形式可以提出一个综合的抗地震倒塌指标 SCC(seismic collapse coefficient)，其具体组成包括抗倒塌基本指标、结构体系系数、附属系数。抗倒塌基本指标是某结构形式基准建筑的承载力、变形能力或延性的统一，是该结构形式大量建筑的变形耗能能力的体现，可通过弹塑性动力分析取得；结构体系系数包含了结构参数(层数、跨数、层高、跨度、材料强度)，结构构件的功能层次、抗震防线的道数和屈服机制等含义；附属系数主要包含场地系数等次要因素。这样，从概率的角度形成一个对一般建筑能够进行抗倒塌检验的统一的简单方法。上述指标的取得，建议分以下几步完成：

（1）选择各种结构形式的抗地震倒塌能力评估的基准建筑。其具体过程是根据我国不同的地震区划，选择数量适宜的各种结构形式的建筑物，获得这些建筑的结构参数和场地系数。鉴于砖混结构和框架结构占地震倒塌建筑的绝大多数，可以先取高烈度地震区域的这两种结构形式的建筑参数。对取得的参数按正态分布的概型计算概率参数，按这些参数建立基准建筑模型。

（2）采用基于 IDA 的动力分析方法对基准建筑的抗地震倒塌能力进行评价。其具体过程包括在不同震级和场地条件下，基准建筑的结构倒塌率和结构抗倒塌基本指标计算。结构倒塌率即在输入多个地震记录进行动力分析时，某一地震动强度下发生倒塌的地震记录数目与总地震记录数目之比。

（3）增加基准建筑的抗震防线（如保证圈梁和构造柱、保证强柱弱梁实现、加入专用的抗震墙、耗能墙或变形墙），计算在不同地震强度和抗震防线下的结构倒塌率和结构抗倒塌基本指标，制成拟合曲线图。

（4）按照结构参数和数理统计方法对建筑进行分级，制成不同结构形式的建筑分级表格，按（1）至（3）过程计算不同分级建筑在不同场地条件下的结构倒塌率和抗地震倒塌基本指标，制成各级别抗地震倒塌能力拟合曲线直接应用。

（5）具体应用时，先根据结构形式确定抗倒塌基本指标，然后根据结构参数查建筑分级表，确定抗地震倒塌等级，最后可直接用该等级的抗地震倒塌拟合曲线图计算 SCC。

5 展望

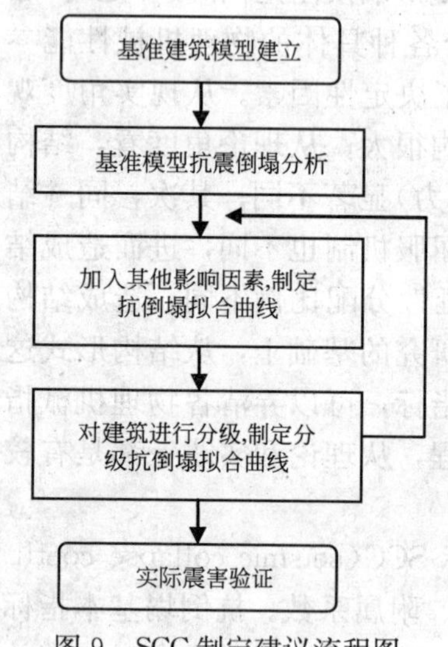

图 9 SCC 制定建议流程图

为达到从结构形式的角度计算建筑抗地震倒塌能力指标计算，还有诸多问题需要解决。

（1）用数值拟合的方法，研究结构形式与整体承载力、延性、耗能能力和倒塌延时间在数值上的相关系数，便于将拟合曲线转化为公式或表格，进一步简化计算。

（2）研究结构的地震倒塌准则，确定结构的抗倒塌基本指标形式。目前，需根据实际震害调查，采用以建筑变形能为基准的方式，确定不同结构形式的倒塌准则和抗倒塌基本指标的定量计算形式。

（3）研究对结构进行分级的准则和具体方法。保证分级指标和建筑抗地震倒塌能力协调性和科学性。

（4）还需根据实际震害，对抗倒塌指标进行验证。

参考文献

[1] 叶列平，陆新征，赵世春. 李易. 框架结构抗地震倒塌能力的研究 [J]. 建筑结构学报，2009,

30(2)：67-76.

[2] GB 50011—2001 建筑抗震设计规范 [S]. (GB 50011—2001 Code for seismic design of buildings [S]).

[3] 清华大学土木结构组，西南交通大学土木结构组，北京交通大学土木结构组. 汶川地震震害分析 [J]. 建筑结构学报，2008，29(4)：1-9.

基于IDA分析的结构抗地震倒塌能力研究*

陆新征　叶列平

（清华大学　土木工程安全与耐久教育部重点实验室，土木工程系，北京　100084）

摘　要：结构体系的合理性对提高结构在极端灾害下的抗倒塌能力具有非常关键的作用，但目前尚缺少对结构体系合理性和抗倒塌能力的定量化评价方法。本文以结构抗地震倒塌为例，首先对结构的安全储备进行了讨论，指出结构的安全储备包括构件层次的安全储备和整体结构体系安全储备，并对影响结构体系安全储备的因素进行了分析。而后，为了更好评价整体结构体系的抗地震倒塌安全水平，介绍了近年来国际上趋向采用的基于增量动力分析(IDA)的倒塌储备系数(CMR)，并以框架结构为例介绍了用倒塌储备系数衡量整体结构抗倒塌能力的具体方法。

关键词：增量动力分析；倒塌储备系数；框架结构；抗地震倒塌

1　概论

结构是作为一个由各种构件所组成的整体系统来承受各种外界荷载作用的。而长久以来，由于分析能力和历史习惯，结构工程设计往往重视构件较多，而对结构体系的重视存在不足，突出表现在现行规范大量篇幅用于对构件设计的定量化规定，而对结构体系的量化设计规定缺少明确要求，结构体系设计多依赖于设计人员的经验和水平。这一情况导致按现行规范设计的结构，其整体安全性能有较大差异，特别表现在结构在极端灾害荷载下的抗倒塌能力。尽量避免由于结构在极端灾害下的倒塌而造成的人员重大伤亡，不仅是结构工程师最重要的任务，也是体现结构安全性的最重要标志。近年来，发生的多次工程结构在灾害荷载下的倒塌教训，如512汶川地震中大量房屋建筑倒塌[1]，2003年113衡阳大火造成建筑倒塌等[2]，提醒我们要重视结构体系的研究，加强结构体系的安全性设计。本文以框架结构抗震为例，通过分析结构的安全储备，以及国内外规范的有关规定，尝试提出定量化确定结构体系安全度的方法。

2　结构的安全储备

结构是一个由各种构件通过各种节点连接组成的复杂系统。根据系统论的观点，由局部单元(或子系统)组成的系统，如果是一个“合理系统”，则其整体性能会优于局部单元(或子系统)性能之和，即所谓“整体大于局部之和”；如果是“不合理系统”，则其整体性能会劣于局部单元(或子系统)性能之和，即所谓“整体小于局部之和”[3]。

* 基金项目：国家十一五科技支撑计划课题(2009BAJ28B01)和中国工程院重大咨询项目(编号：2010-ZD-4)

在各次地震灾害中，上述情况都有明显案例。例如，林同炎设计的美洲银行大厦，由四个子筒通过连梁组成一个整体。在地震中，连梁破坏耗能，保护了核心筒剪力墙，实现大震不倒，达到了“合理系统”的“整体大于局部之和”的目标[4]。而地震中大量出现的软弱层破坏现象，则是“不合理系统”的典型代表，由于局部楼层的破坏导致整体结构丧失功能，那些未破坏楼层构件的安全储备没有得到有效利用，出现了“整体小于局部之和”的情况。

从上述分析可以看出，作为一个系统，结构的安全储备可分为“构件层次的安全储备”和“结构体系层次的安全储备”。

2.1 构件层次安全储备

构件层次的安全储备已经为各国工程人员所熟知，其一般性表达式为：

$$\gamma_L S \leqslant \varphi R\left(\frac{f_M}{\gamma_M}\right) \tag{1}$$

式中，S为作用效应；γ_L为作用效应分项系数；R为构件抗力函数；f_M为材料强度；γ_M为材料分项系数，φ为构件强度折减系数(例如稳定系数等)。

γ_L，γ_M和φ共同组成了构件层次的安全储备。根据我国规范经验，由γ_L，γ_M和φ组成构件安全储备大概在2.6～2.8之间。

经过多年工程实践，虽然对式(1)的具体表达形式(例如我国混凝土规范设计公式中一般没有直接给出φ，而美国ACI规范中没有直接给出γ_M)和具体数值(如分项系数取值大小)还存在争议，但是总体说来是可行且基本可靠的。

2.2 结构体系安全储备

结构体系是作为一个整体来抵抗各种外界作用的，安全的构件不代表安全的结构。根据以上系统整体与局部的关系，合理的结构体系，其“结构体系层次的安全储备”大于其“构件层次的安全储备”之和；而不合理的结构体系，其“结构体系层次的安全储备”取决于某些构件的安全储备，甚至取决于一些安全储备较小的构件。在极端灾害荷载下整体结构的抗倒塌能力，则是“结构体系层次安全储备”的体现，因此可以作为评价结构体系是否合理的定量化指标。

实际上，经过多年的工程实践，目前工程界所广泛采用的主要结构形式，其整体安全性要显著高于构件的安全水平。从失效概率上来说，构件的可靠指标β值大概在2.7～3.2之间，即失效概率约为3×10^{-4}，而实际经验表明整体结构的失效概率大概是10^{-5}～10^{-6}左右[5]。可见结构体系通过各个构件之间的共同工作，实现了比构件要高得多的安全性。

对于不同形式的荷载作用，结构整体安全储备也有所差别。例如，对于静载作用(如重力)，则安全储备主要取决于承载力储备；而对于动载作用(如地震、冲击)，则安全储备既包括承载力储备，也包括变形能力储备。而目前世界各国成功的抗震实践，就是在罕遇地震下承载力储备难以满足时，通过变形能力储备，利用延性来耗散地震输入的能量，避免了罕遇地震下结构的倒塌破坏。其基本概念如图1所示，图中曲线为结构的实际侧向承载力和变形曲线，其中，R为强度折减系数；Ω为超强系数；C_d为变形能力系数，其含义介绍如下：

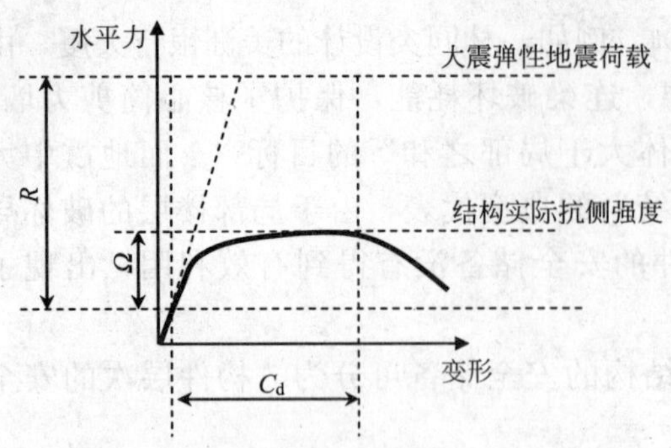

图 1　结构的承载力和变形安全储备

（1）强度折减系数 R

由于罕遇地震作用下的弹性地震力很大，结构如照此设计，经济代价太高，故需要将结构的设计承载力适当降低，例如，我国规范所采用的小震弹性设计承载力大约是大震弹性地震力的 1/5.7 左右[6]，也就是我国结构相当于设计大震的强度折减系数 R 大约等于 5.7。按 R 折减后的地震作用与其他荷载组合后，根据构件层次安全储备的要求，就得到构件设计结果。

（2）超强系数 Ω

对于设计合理的实际结构(即整体安全性较好的“合理系统”)，结构的整体抗震承载力是要高于小震弹性地震力的。这个结构实际抗侧承载力和小震弹性设计承载力之间的差别就是“超强系数 Ω”。Ω 即为结构的承载力安全储备。笔者课题组通过 Push-over 分析发现，常见结构的超强系数 Ω 一般能达到 2.0～3.0，剪力墙结构等往往还要更高[7]。

（3）变形能力系数 C_d

而当遭遇更大的地震作用时，则需要通过构件的塑性变形去耗散地震能量。结构在大震下的变形能力与小震弹性设计变形之间的差别即为“变形能力系数 C_d”，C_d 即为结构的变形安全储备。如果结构不存在超强或者强化行为，即为理想弹塑性关系，且小震设计点即为结构的实际屈服点(这个在实际工程中是不存在的，通常结构实际屈服点要高于小震设计点)，则变形能力系数 C_d 即为结构的延性系数 μ。而变形安全储备和承载力安全储备之间的转换关系也就是所熟知的 R-μ 曲线。这也是第一代性能化抗震设计规范，如美国 FEMA-273/ 274，ATC-40 等的理论基础。

由以上所述不难看出，由于目前各国抗震规范均基于承载力设计，R 一般已经规定了，进而构件层次的承载力储备已经确定。一个优秀的结构体系设计，就是在 R 相同的情况下，使结构尽可能有效率的获得更大的 Ω 和 C_d，比如关键构件中震弹性设计(增加 Ω)或提高配箍率增加构件的延性(增加 C_d)。

2.3 随机性对结构整体安全储备的影响

前面讨论的结构安全储备，是假定结构的承载力和变形能力都确定的，并未考虑结构的随机性。当考虑到结构的随机性时，结构整体安全储备又有其特点。作为一个由多个具有随机性局部组成的系统，整体和局部之间的关系对系统整体性能也有着显著的影响。

以最简单的串联系统为例，其强度是由最薄弱的环节控制，如一个简单框架结构体系，就是由各楼层形成的一个串联系统，如果局部出现薄弱层破坏，则整体结构失效。其失效机制可简单表示为：

$$P_{(\text{Gobal})}=(P_{(\text{Story1})}\cup P_{(\text{Story2})}\cdots) \tag{2}$$

所以，为了使存在薄弱层的串联结构体系具有与合理的结构体系相近的破坏概率，有必要提高结构的整体承载力或变形安全储备，如我国抗震规范 5.2.5 条，5.5.2～5.5.4 条[6]，即是遵循该原则。

与串联系统相对应的是并联系统，如果结构的延性良好且不同构件强度存在一定的随机差异，则并联系统的失效概率要小于串联系统，可以表示为：

$$P_{(\text{Gobal})}=(P_{(\text{Element1})}\bigcap P_{(\text{Element2})}\cdots) \quad (3)$$

Whittaker 等[8]经过理论分析指出，如果两个并联构件强度完全不相关，则其一起失效的概率是单个构件的 1/1.414。与此相应，如果一个结构体系中缺少这种并联系统(或称为冗余结构)，则其失效概率就会较大，因而同样有必要提高其整体承载力或变形安全储备。美国结构设计规范 UBC[9] 的地震作用计算中，采用了一个考虑结构冗余度的系数(Redundancy Factor)ρ，如果结构冗余度不足，则要通过提高承载力安全储备来减少结构的失效概率。

当不考虑竖向地震时，UBC 规范给出的地震作用表达式为，

$$E=\rho E_{\text{h}} \quad (4)$$

式中，ρ 为冗余度系数；E_{h} 为反应谱得到水平地震作用。对于地震作用计算方向，冗余度系数的表达式为，

$$\rho=2-\frac{6.1}{r_{\max}\sqrt{A}},\quad 1.0\leqslant\rho\leqslant 1.5 \quad (5)$$

式中：A 为楼层面积(m^2)；$r_{\max}$ 为计算方向的地震层剪力最大的构件与该方向总地震层剪力之比，$r_{\max}$ 取结构下部 2/3 高度范围各层的所有抗侧力构件的地震层剪力分担系数 r_i(i 为楼层编号)中的最大者。

如果结构中存在一个构件承担的地震层剪力比重越大，即 $r_{\max}$ 越大，或其从属楼面面积越大，则该结构的冗余度就越小，也即如果该构件一旦破坏失效，可能导致结构倒塌的范围越大，故此时冗余度系数 ρ 取值也要越大，相应就提高结构的地震作用，即增加了该结构的承载力储备。而对于具有多重防线的结构体系，如双重结构体系，其根据式(5)得到的冗余度系数(Redundancy Factor)可以乘以 0.8，以考虑多道防线对结构冗余度的贡献。为了避免跨数较少的框架结构的冗余度过低，UBC 还规定延性抗弯框架结构的冗余度系数 ρ 不超过 1.25(D 类场地)或 1.1(E、F 类场地)，即需要增加跨数或增加柱的数量来增加结构冗余度。这表明地震作用增加最高可达 25%(D 类场地)或 10%(E、F 类场地)。

3 结构体系抗地震倒塌能力的评价

3.1 第一代性能化抗震设计的局限和结构倒塌储备系数

第一代性能化抗震设计规范，如 FEMA-273/274[10] 和 ATC-40[11] 等，虽然在结构性能化设计方面作出了重要的开拓作用，但是它将结构的“性能点”具体到各个构件，如某个构件在某个塑性铰转角下是“安全的”(Life Safe)或者“将倒塌”(Collapse Prevention)，但是无法回答整体结构的安全水平。同样，第一代性能化设计所依赖的重要分析手段——Pushover 分析，也存在着很多理论缺陷，特别是在结构接近倒塌时，Pushover 近似的静力分析存在很多问题。因而性能化设计迫切需要一个更加可靠的

“尺子”，用于评价结构的真实抗倒塌能力。

近年来，美国 ATC 委员会组织了一系列有关倒塌储备系数(Collapse Margin Ratio, CMR)的研究[12]。所谓倒塌储备系数，就是比较结构的实际抗地震倒塌能力和设防需求之间的储备关系。这一研究是借助于近年来更强的计算机和更精确的数值模型，基于增量动力分析(Incremental Dynamic Analysis, IDA)的倒塌模拟来获得结构抗倒塌能力评价方法。其方法是，通过输入逐步增大地震记录强度的 IDA 分析，直至结构计算模型发生倒塌破坏，由此得到结构在某个地震强度输入下的倒塌模式，并用该地震强度作为结构抗地震倒塌能力的评价指标。但一次 IDA 分析只针对某一个具体地震记录进行，所以地震记录的选取对计算结果至关重要。事实上，考虑到地震和结构的随机性，用确定性的分析结果来评价结构抗地震倒塌能力也有其缺陷。考虑到现在计算机强大的分析能力，ATC-63 计划建议通过大量地震记录(不少于 20 条)计算，来考虑不同地震动输入的差异影响，用所有地震动输入下分析结果的平均值作为结构的抗倒塌能力评价标准。这样，当选择的地震记录足够多且地震波选择合理时，基于 IDA 分析得到的倒塌率就具有足够的代表性，可以充分考虑不同地震波的峰值、频谱和持时效果及其差异的影响。ATC-63 委员会推荐了相应的地震记录数据库。如果结构在某一地面运动强度下(ATC-63 建议以结构第一周期地震影响系数 $S_a(T_1)$ 作为地面运动强度指标)，有 50%的地震波输入发生了倒塌，则该地面运动强度就是结构体系的平均抗倒塌能力。将此地面运动强度和结构的设计大震强度比较，就可以得到结构的倒塌储备系数 CMR，即

$$\mathrm{CMR}=S_a(T_1)_{50\%}/S_a(T_1)_{大震} \tag{6}$$

式中，$S_a(T_1)_{50\%}$ 为有 50%地震输入出现倒塌对应的地面运动强度 $S_a(T_1)$；$S_a(T_1)_{大震}$ 为规范建议罕遇地震下的 $S_a(T_1)$，对于我国结构，可以按下式计算：

$$S_a(T_1)_{\mathrm{SED}}=\alpha(T_1)_{大震}g \tag{7}$$

式中，$\alpha(T_1)_{大震}$ 为规范规定对于周期 T_1 的罕遇地震下水平地震影响系数，可按规范表 5.1.4-1 取值；g 为重力加速度。

3.2 CMR 分析的应用举例

尽管 CMR 分析还有着诸多问题(例如地震波输入是否具有足够代表性、动力数值模型是否足够精确合理等)，但是就目前而言，该方法是获得结构抗倒塌能力评价相对最为可靠的方法。它为分析整体结构行为，判断不同结构体系的优劣，提供了一个比较可靠的“尺子”。基于 CMR 分析，美国 ATC 委员会已经对现行结构抗震设计进行了大量分析研究并获得了很多有益成果。例如，美国原本根据长期抗震工程实践，对延性框架结构有一个最小地震水平力要求(ASCE7-02 及以前版本)。然而在 ASCE7-05 规范中，将这个最小地震水平力要求取消了。ATC 委员会通过 CMR 分析，发现取消最小地震水平力要求会导致 8 层以上延性框架的倒塌概率明显增大，传统的经验是有其内在合理性的，因而已经准备在新版的 ASCE7 规范中重新恢复最小地震延性指标[12]。并且，ATC 委员会正在准备启动 ATC-76 计划，以期利用 CMR 分析，对现行美国规范各类结构的抗震安全性能进行更加系统的评价。

本文作者利用 CMR 方法，也开展了一些研究。由于结构倒塌是一个非常复杂的非

线性动力过程。以往受到计算手段的限制，一般以间接手段，如层间位移角超过 1/50 等，来作为结构倒塌的判据，这并不科学。随着计算手段的发展，先进的结构非线性分析工具已经可以准确模拟结构倒塌的整个非线性过程，包括相应的材料非线性、几何非线性、接触非线性等。清华大学在 MSC. MARC 软件上开发的 THUFIBER 系列程序，可以实现复杂钢筋混凝土结构在地震下倒塌全过程的模拟[13-15]。图 2 所示为基于 THUFIBER 程序计算得到的框架结构倒塌全过程模拟。因此，本文直接以倒塌的真实物理定义“结构丧失竖向承载力而不能维持保障人员安全的生存空间”作为倒塌的判据(图 2 中(*d*))，实现倒塌全过程的真实模拟。

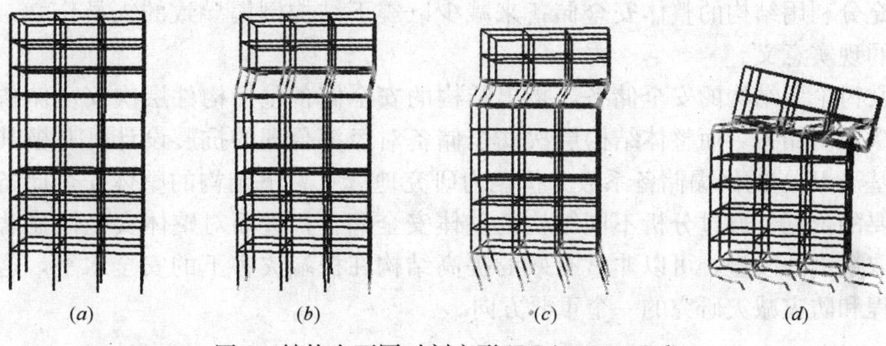

图 2　结构在不同时刻变形(PGA＝2000Gal)

(*a*)t＝2s；(*b*)t＝3s；(*c*)t＝4s；(*d*)t＝4.4s

按上述方法对图 3(*a*)按我国规范 7 度设防设计的 3 层和 8 层框架结构进行了初步分析(层高首层 4.2m，其他各层层高 3.6m，跨度 6＋2.7＋6m)，得到在不同强度地面运动下的倒塌概率见图 3(*b*)。从图中可见，8 层框架倒塌概率达到 50％时的 CMR＝1.9，而 3 层框架的 CMR＝3.8，这是由于 8 层框架的层数多于 3 层框架，其抗倒塌能力也就相对较差。由此可见，虽然同样是按照现行规范设计的结构，由于结构体系安全性的差异，其抗地震倒塌能力有显著差别。需要说明的是，这两个框架在设计大震下，倒塌概率都小于 5％，可以认为能达到“大震不倒”的安全要求，但如果遭遇类似汶川的巨震，则 8 层框架更容易倒塌。为此，本文用汶川地震中什邡—八角地震记录 NS 波也进行了分析，结果是，3 层框架的倒塌概率几乎为 0(图中竖点画线)，而 8 层框架的倒塌概率接近 50％(图中竖虚线)。由于影响结构体系抗地震倒塌能力的因素很

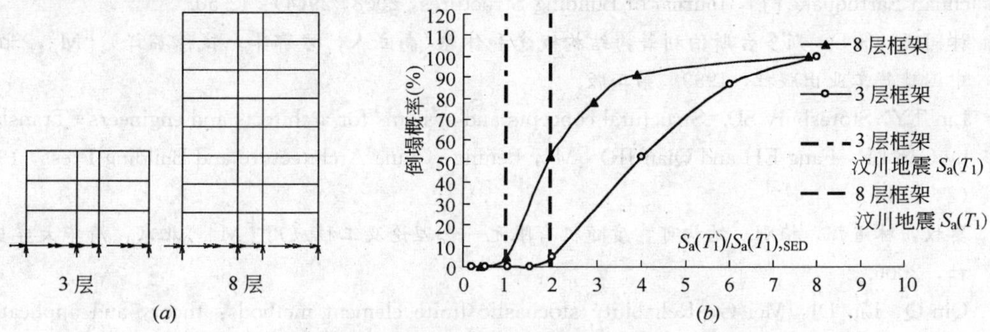

图 3　我国 7 度设防框架结构的倒塌概率

(*a*)结构模型；(*b*)倒塌概率曲线

多，如结构跨数增加，冗余度增加，其 CMR 会增大；又如，框架结构因填充墙合理设置，提高了结构体系的承载力储备，其 CMR 也会增大，这些情况在汶川地震震害中都有所体现。由于涉及的分析工作量很大，有关问题有待今后进一步研究。

4 结语

汶川地震后，工程界和研究界对超过设防水准的“巨震”日益给予重视，而无论是“大震”还是“巨震”，通过大幅度提高构件强度来提高结构安全性势必会导致造价的显著提高，对于我国这样一个发展中国家也是不适宜的。因此开展结构整体安全性研究，充分利用结构的整体安全储备来减少巨震下结构倒塌导致的人员伤亡，具有非常重要的现实意义。

本文讨论了结构的安全储备，指出结构的安全储备包括构件层次安全储备和结构体系层次安全储备。而整体结构层次安全储备对经济合理的抗震设计具有极其重要的意义。基于 IDA 的倒塌储备系数分析，为研究地震灾害下结构的整体安全储备提供了一个重要的依据。通过分析不同结构的整体安全储备，进而对整体安全性显著不足的结构采取适当的改进，可以非常有效的提高结构在极端灾害下的安全水平，这是今后结构工程和防灾减灾研究的一个重要方向。

参考文献

[1] 清华大学土木结构组，西南交通大学土木结构组，北京交通大学土木结构组，汶川地震建筑震害分析 [J]，建筑结构学报，2008，29(4)：1-9.
Civil and structural groups of Tsinghua University，Xinan Jiaotong University and Beijing Jiaotong University，Analysis on building seismic damage in Wenchuan Earthquake [J]，Journal of Building Structures，2008，29(4)：1-9.

[2] 江见鲸等编著，防灾减灾工程学 [M]，北京：机械工业出版社，2005.
Jiang JJ. *et al*. Disaster prevention and mitigation engineering [M]，Beijing：China Machine Press，2005.

[3] 叶列平，曲哲，陆新征，冯鹏，提高建筑结构抗地震倒塌能力的设计思想与方法 [J]，建筑结构学报，2008，29(4)：42-50.
Ye LP，Qu Z，Lu XZ，Feng P，Collapse prevention of building structures：a lesson from the Wenchuan Earthquake [J]，Journal of Building Structures，2008，29(4)：42-50.

[4] 林同炎，S.D. 斯多台斯伯利著，结构概念和体系(高立人，方鄂华，钱稼茹译) [M]，北京：中国建筑工业出版社，1999. 第二版.
Lin TY，Stotesbury SD. Structural concepts and systems for architects and engineers (Translated by Gao LR，Fang EH and Qian JR) [M]，Beijing：China Architecture and Building Press，1992. (2nd Edition)

[5] 秦权，林道锦，梅刚. 结构可靠度随机有限元——理论及工程应用 [M]. 北京：清华大学出版社，2006.
Qin Q，Lin DJ，Mei G，Reliability stochastic finite element methods：theory and applications [M]，Beijing：Tsinghua University Press，2006.

[6] GB 50011—2001，建筑抗震设计规范 [S]. 北京：中国建筑工业出版社，2001.

GB 50011—2001，Code for seismic design of buildings [S]，Beijing：China Architecture and Building Press，2001.

[7] 叶列平，陆新征，马千里，程光煜，宋世研，缪志伟，潘鹏，屈服后刚度对建筑结构地震响应影响的研究 [J]，建筑结构学报，2009，(2)：17-29.
Ye LP，Lu XZ，Ma QL，Cheng GY，Song SY，Miao ZW，Pan P，Influence of post-yielding stiffness to seismic response of building structures [J]，Journal of Building Structures，2009，30(2)：17-29.

[8] Whittaker A，Hart G，Rojahn C，Seismic response modification factors [J]，Journal of Structural Engineering，ASCE，1999，125(4)：438-444.

[9] UBC，International Conference of Building Officials，Uniform building code [S]，Whittier，Calif，1997.

[10] FEMA273，FEMA274，FEMA356，NEHRP Guidelines For The Seismic Rehabilitation Of Buildings [S].

[11] Washington DC：Federal Emergency Management Agency，1996. Applied Technology Council，Seismic evaluation and retrofit of concrete buildings [S]. ATC-40，1996.

[12] Quantification of building seismic performance factors，ATC-63 Project Report (90% Draft) [R]，FEMA P695/April 2008.

[13] 汪训流，陆新征，叶列平，往复荷载下钢筋混凝土柱受力性能的数值模拟 [J]，工程力学，2007，24(12)：76-81.
Wang XL，Lu XZ，Ye LP，Numerical simulation for the hysteresis behavior of RC columns under cyclic loads [J]，Engineering Mechanics，2007，24(12)：76-81.

[14] 叶列平，陆新征，马千里，汪训流，缪志伟，混凝土结构抗震非线性分析模型、方法及算例 [J]，工程力学，2006，23(sup. Ⅱ)：131-140.
Ye LP，Lu XZ，Ma QL，Wang XL，Miao ZW，Seismic nonlinear analytical models，methods and examples for concrete structures [J]，Engineering Mechanics，2006，23(sup. Ⅱ). 131-140.

[15] Lu XZ，Lin XC，Ma Yh，Li Y，Ye LP，Numerical simulation for the progressive collapse of concrete building due to earthquake [A]，Proc. the 14th World Conference on Earthquake Engineering [C]，October 12-17，2008，Beijing，China，CDROM.

主子耦合系统地震破坏机理分析

朱丽华[1]　白国良[1,2]　李晓文[1]

（1. 西安建筑科技大学土木工程学院，西安　710055；

2. 西安建筑科技大学结构工程与抗震教育部重点实验室，西安　710055）

摘　要：传统的抗震设计方法将设备系统简化为荷载，这不能准确反映结构与设备的共同作用，为此，有必要将结构系统与设备系统作为主子耦合系统来考虑。根据设备系统在地震作用下的震害现象，研究了设备系统的破坏模式和破坏准则；提出了主子耦合系统的性能水准和性能目标，分析了主子耦合系统的破坏准则；建立了直接空冷结构体系主子耦合的有限元计算模型，进行了非线性时程分析，考察了直接空冷结构体系塑性铰的发展过程，基于数值计算和试验资料提出了直接空冷结构体系主子耦合系统的性能目标，可供结构设计使用。

关键词：主子耦合系统；破坏机理；抗震

1　引言

在钢铁、化工、电力等企业中，由于生产连续性的工艺要求，采用了许多大体积、大荷重的工业设备。由于各种原因，可能导致这些生产设备没有独立的设备基础，通常采用搁置、悬挂等形式位于工业建筑的楼层之上。在地震作用下，结构与设备之间存在复杂的动力相互作用。这些设备除了要承受经过结构过滤作用的地面地震动，同时其振动对结构存在显著的动力反馈作用。这种反馈作用有时对结构的影响很大，从而改变结构在地震作用下的振动性态。为了正确进行结构和设备的抗震设计，就必须深入分析结构和设备的共同作用，为此，将结构和设备作为一个耦合系统来考虑是必要的。通常，习惯上将结构系统作为主系统，设备系统作为子系统或二阶系统，并将其复合体系称为主子耦合系统[1,2]。

目前，学术界对于结构系统与设备系统抗震性能的研究都是单独考虑的，即分别研究结构系统与设备系统的地震反应与破坏机理。结构在地震作用下的破坏机理已经较为成熟，设备系统的抗震研究则相对较少。在工程应用方面，我国对于二阶系统的抗震设计关注还不够，我国仅在《核电厂抗震设计规范》(GB 50267)中规定对相关结构设计应采用考虑结构—设备耦合动力作用的修正楼层反应谱进行抗震设计[3]。《建筑抗震设计规范》(GB 50011—2001)将设备系统作为非结构构件，仅有简单的抗震条文规定[4]。为了保证强震作用下结构系统与设备系统的安全可靠，深入分析结构系统与设备系统的动力相互作用以及强震作用下的破坏机理，尤其是倒塌机理，并提出相应的抗震设计对策，这对于减轻工业建(构)筑物以及工业设备的震害具有重要的理论意义和工程应用价值。

2 设备系统的破坏模式

2.1 设备系统的震害

设备系统在地震作用下的震害主要包括以下几类[5]：①建筑物破坏、倒塌砸坏设备；②设备支架或设备基础倒塌、不均匀沉降、下陷、隆起和开裂导致设备系统破坏。③设备系统与结构系统的连接破坏导致设备系统移位、晃动、倾覆；④设备与设备之间连接时，发生设备破坏或者连接破坏（例如柔性管道破坏）；⑤地震次生灾害造成设备破坏。

2.2 设备系统破坏模式

根据上述设备系统在地震作用下的震害形式，采用强度破坏准则和变形破坏准则，并基于首超破坏机制判断设备系统的破坏，则设备系统的破坏模式如表1所示。

设备系统破坏模式 **表1**

<table>
<tr><th>破坏模式</th><th>破坏机理描述</th><th>设计控制指标</th><th>破坏准则</th></tr>
<tr><td rowspan="3">设备自身破坏</td><td rowspan="3">设备的工作原理被干扰导致其不能正常工作</td><td rowspan="3">振动物理量</td><td>位移敏感型：$u\leqslant[u]$</td></tr>
<tr><td>速度敏感型：$v\leqslant[v]$</td></tr>
<tr><td>加速度敏感型：$a\leqslant[a]$</td></tr>
<tr><td rowspan="3">设备与结构连接破坏</td><td>浮放式设备与楼面的摩擦力被克服</td><td>摩擦力 f_I</td><td>$f_I\leqslant f_s mg$</td></tr>
<tr><td>螺栓连接的设备螺栓折算应力超限</td><td>螺栓的折算应力 σ</td><td>$\sigma\leqslant[\sigma]$</td></tr>
<tr><td>支腿、支架支撑的设备由于支撑的失稳而破坏</td><td>轴向压力设计值 N</td><td>$N\leqslant\varphi fA$</td></tr>
<tr><td rowspan="2">结构变形引起设备破坏</td><td>结构倒塌砸坏设备</td><td>主体结构弹塑性层间位移 Δu_p</td><td>$\Delta u_p\leqslant[\theta_p]h$</td></tr>
<tr><td>设备基础或支架倒塌、不均匀沉降、下陷、隆起和开裂导致设备破坏</td><td>设备基础或支架的位移 u</td><td>$u\leqslant[u]$</td></tr>
</table>

3 主子耦合系统的抗震性能水准与破坏准则

3.1 抗震性能水准

主子耦合系统可以看成是由结构系统和设备系统两个子结构组成的复合体系。采用子结构方法分析结构—设备耦合体系的破坏机理。子结构方法的原理是首先分别研究各子系统在地震作用下的破坏过程和倒塌机理，然后根据边界条件集成结构—设备耦合体系的破坏过程和倒塌机理。子结构分析方法中，各子结构的联系方式即边界条件是重点。

在持续增加的地震作用下，主子耦合系统经历从弹性工作状态到倒塌的全过程。根据其受力状态，可以划分主子耦合系统的性能水准。抗震性能水准表示抗震系统在特定的某一设防地震等级作用下预期破坏的最大程度。目前，大多数性能水准都是针对结构系统提出的，对于设备系统等非结构系统的损坏和功能的失效等所造成的损失估计不够。显然这种性能水准以及由此设定的抗震设防目标并不适合主子耦合系统。在主子耦合系统性能水准中，二阶系统的破坏程度以及与主系统的组合关系必须表述清楚。本文提出的性能水准如表 2 所示。

主子耦合系统性能水准与综合描述 **表 2**

设防水准	功能状况	破坏状态与最低限描述
结构系统正常工作，设备系统正常工作	功能完好	结构系统与设备系统均完好，无损伤，人员安全，无经济损失
结构系统可修，设备系统正常工作	功能连续	结构系统受损，但破坏较轻，经过修复可以继续使用；设备系统不受损，保持弹性工作状态；结构与设备的连接系统完好；结构系统的受损不影响设备系统的正常工作
结构系统不可修，设备系统不能正常工作	保证安全	结构系统受损较重，影响到结构功能；结构与设备的连接系统破坏，从而影响到设备系统的正常工作
结构系统倒塌，设备系统损坏	功能完全丧失	结构系统倒塌，并引起设备系统倒塌，不可修复，经济损失惨重

注意到在以上的性能水准中，并未考虑设备系统进入非线性工作阶段，其功能丧失主要是由于结构系统的破坏和连接系统的破坏造成的，这是因为设备系统通常为刚性体系，因而一般情况下均处于弹性工作状态；结构系统和结构与设备的连接件就像设备系统的缓冲装置，保证其一般不进入非线性工作状态。

结合我国抗震设计规范提出的小震、中震与大震概念，再补充极大震，定义为比本地区抗震设防烈度高一度地区对应的大震设防水平。本文提出结构—设备耦合体系抗震性能目标如表 3 所示。

结构—设备耦合体系抗震性能目标 **表 3**

地震风险水平	性能水准			
	结构正常工作 设备正常工作	结构可修 设备正常工作	结构不可修 设备不能正常工作	倒塌
小震	①	×	×	×
中震	②	①	×	×
大震	③	②	①	×
极大震	—	②	①	×

注：①为基本设防目标；②为重要设防目标；③为特别设防目标；×为不可接受目标。

3.2 破坏准则

主子耦合系统中的设备系统相对而言，如果在地震作用下破坏则造成的经济损失更大，修复更难。因而，一般情况下，设备系统并不进入非线性工作阶段，即一般不考虑设备系统的弹塑性耗能，为此，变形破坏准则和强度破坏准则以及首超破坏机制比较适用于设备系统。一般而言，设备系统的相对变形大于破坏指标限值时，即可以判断设备系统破坏；当地震作用效应大于设备系统与结构系统的连接强度时，也可以判断设备系统破坏。结构系统可以考虑其弹塑性耗能能力，因而采用变形和能量双重破坏准则，并采用首超破坏和疲劳破坏的双重机制来判断结构的破坏乃至倒塌。

4 工程应用

4.1 主子耦合计算模型

直接空冷结构体系是火力发电厂的一种新型工业建筑，其结构组成如图 1 所示。对于这类结构与设备动力耦合作用显著的体系，传统的方法是将结构顶部的空冷凝汽器设备简化为荷载进行抗震设计。这种方法不能正确反应空冷凝汽器设备刚度对于结构动力特性的影响，对于大直径风机的多点谐振激励更是无能为力。采用本文关于主子耦合系统的基本理论，可以认为直接空冷结构体系由设备系统与结构系统复合而成，如图 2 所示。

图 1　直接空冷结构体系

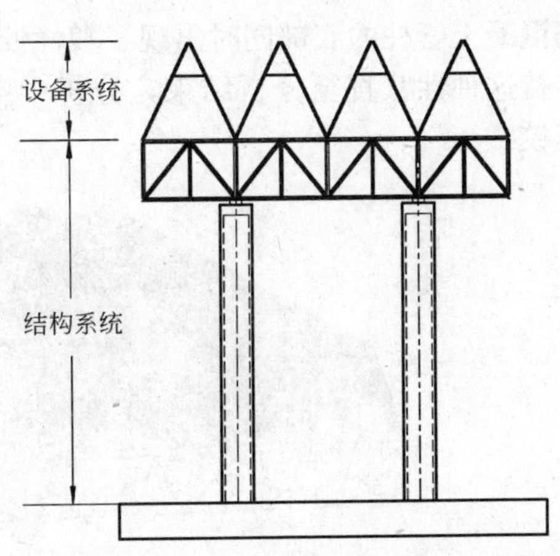

图 2　结构与设备耦合体系

我国现有的很多设计程序都并不支持考虑设备的动力特性对结构反应的影响。如何利用现有的通用程序，改善工业建筑结构设计中的不足，将二阶系统对结构的动力响应影响反应到设计中来成为结构设计师面临的一个很大问题。本文采用 SAP2000 有限元程序对直接空冷结构体系进行地震响应计算，探讨如何在通用有限元程序平台上建立包含二阶系统对主系统存在动力特性影响的计算模型。

图 1 所示的直接空冷结构体系中钢筋混凝土管柱和空间钢桁架均采用框架元。为了考虑空冷凝汽器设备的动力特性，采用框架元模拟其支撑结构 A 型架，并采用壳单元模拟管束，两种单元之间刚接。

4.2 非线性时程分析

采用快速非线性分析法(FNA 法)对该计算模型进行非线性分析，在分析过程中考虑材料非线性和几何非线性。首先给钢筋混凝土管柱定义塑性铰，该塑性铰基于 FEMA 356和 ATC-40 中关于建筑结构要求的性能水准。并指定在管柱的底部考虑 P—Δ 和大位移非线性。动力时程分析采用直接积分法，时间积分方法采用 Hiber-Hughes-Taylor 方法，Alpha 系数取 0。将 El-Centro 地震波峰值加速度调整为 $400cm/s^2$，即规范要求的 8 度罕遇地震的峰值加速度最大值。地震波在结构的 X 向输入。同时，为了进一步考察结构的非线性性能，将地震波峰值加速度调整到 $800cm/s^2$ 进行分析。

表 4 给出了地震波峰值加速度为 400cm/s^2 和 800cm/s^2 情况下的基底剪力和最大位移，可以看出，结构已经表现出明显的非线性性能，基底剪力增大很小，而位移显著增加。

弹塑性时程分析基底反力及位移 **表 4**

峰值加速度 (cm/s^2)	基底剪力(kN)		最大位移(mm)		相对位移	
	$+X$ 向	$-X$ 向	$+X$ 向	$-X$ 向	$+X$ 向	$-X$ 向
400	9304	9303	162.161	−157.152	1/341	1/352
800	9890	9892	47.202	−638.214	1/1173	1/87

在峰值加速度为 400cm/s^2 的 El-Centro 波作用下，计算表明在 T=1.36s 时，在钢筋混凝土管柱的底部同时出现了塑性铰，如图 3 所示，即铰达到了屈服点 B。此后，铰维持这种性状直至分析结束，分析中空间钢桁架及 A 型架部分均未出现轴力铰和弯矩铰。

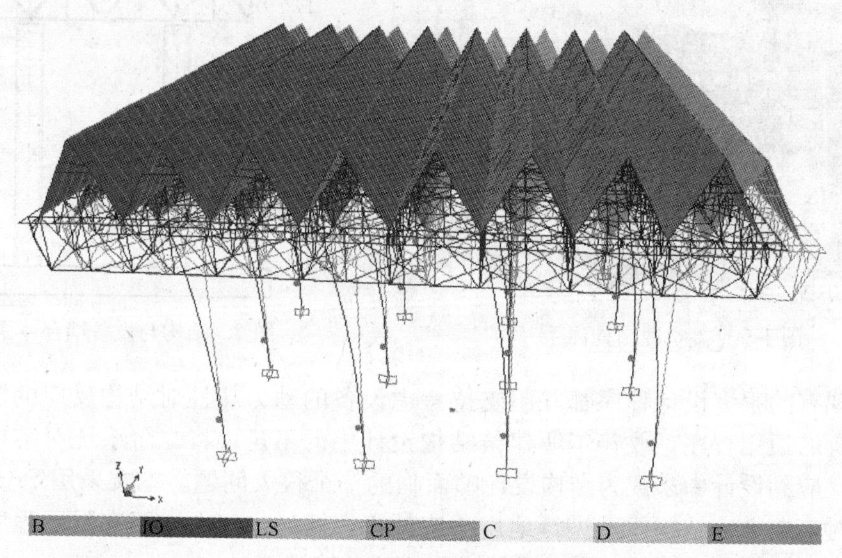

图 3　400Gal 时的结构塑性铰分布

在峰值加速度为 800cm/s^2 的 El-Centro 波作用下，塑性铰有一个明显的发展过程，并且表现出不同的性状。T=0.78s 时，首先在排气管道一侧的 8 根柱塑性铰开始屈服；在 T=0.80s 时，塑性铰发展到了第 3 排柱；在 T=1.18s 时，16 根钢筋混凝土柱上均出现了塑性铰。之所以塑性铰出现了这么一个发展过程，原因在于排气管道一侧结构分析时附加了结构质量，因而这一侧的管柱先屈服。接着，T=1.64s 时，塑性铰的能力水平达到了直接使用状态，此时结构的绝对位移为 U_X=241.592mm，相对位移为 1/229。T=4.46s 时，塑性铰的能力水平达到了生命安全状态，此时结构的绝对位移为 UX=429.023mm，相对位移为 1/129。从弹塑性时程分析的结果及塑性铰发展过程来看，结构很容易形成柱铰破坏机制，排气管一侧的管柱更危险。

根据时程分析结果以及拟动力试验结果[6]，本文建议直接空冷结构体系的性能指标如表 5 所示。

直接空冷结构体系性能指标　　表 5

相对侧移角	结构正常工作 设备正常工作	结构可修 设备正常工作	结构不可修 设备不能正常工作	倒塌
结构	1/450	1/200	1/100	1/50
设备	1/500	1/400	1/250	1/150

表 5 所示的判断结构—设备耦合体系的性能指标是仅仅基于变形的，是一种简化的方法。随着研究的深入，试验资料的丰富，应该建立更全面的指标。

5　结语

主子耦合系统动力相互作用广泛存在于工业建筑中。本文主要分析主子耦合系统在地震作用下的破坏机理。

(1) 分析了设备系统在地震作用下的震害现象，采用强度破坏准则和变形破坏准则，并基于首超破坏机制分析了设备系统的破坏模式和破坏准则。

(2) 采用子结构方法提出了主子耦合系统的性能水准和性能目标，分析了主子耦合系统的破坏准则。

(3) 在通用有限元程序平台上建立了直接空冷结构体系主子耦合的有限元计算模型，进行了非线性时程分析。

参考文献

[1] Chen, Y. Q., Soong, T. T.. State of the art review: seismic response of secondary systems [J]. Engineering Structure, 1988, 10: 218-228.

[2] 李杰，陈淮，赵晓. 结构—设备动力相互作用研究综述 [J]. 世界地震工程，1994，10(2)：5-12.

[3] GB 50267 核电厂抗震设计规范 [S]. 北京：中国计划出版社，1998.

[4] GB 50011—2001 建筑抗震设计规范 [S]. 北京：中国建筑工业出版社，2001.

[5] 卢薇，陆钦年，欧进萍. 工业设备的抗震计算模型与破坏准则 [J]. 哈尔滨建筑大学学报，1997，30(1)：1-8.

[6] 朱丽华，白国良，李晓文，赵春莲，李红星. 基于主子系统耦合效应的直接空冷结构体系抗震性能研究. 土木工程学报，2009，42(2)：11-17.

增量动力分析的 IM 函数研究*

杨　成[1,2]　赵世春[1,2]　潘　毅[1,2]　李英民[3]

（1. 西南交通大学土木工程学院，成都　610031；2. 抗震工程技术四川省重点实验室，成都　610031；3. 重庆大学土木工程学院，重庆　400045）

摘　要： 利用 SPO 得出了结构基本周期随地震作用逐渐变大而延长的基本规律，并得出了增量动力分析中结构随地震作用提高渐进的软化及损伤过程，提出了渐变的增量动力分析 IM 函数。经与弹性反应谱和 Cordova 双参数模型比较，使用该函数作为烈度指标对 IDA 曲线收敛有一定提高，研究结果可应用于基于非线性地震响应分析的结构抗震性能评估。

关键词： 非线性分析；地震响应；增量动力分析；烈度量度

1　引言

增量动力分析(increment dynamic analysis，IDA)采用将一条地震动幅值按比例逐级放大，对同一结构进行多次非线性时程分析，提取结构在各单次时程分析中的最大反应数据，然后在以烈度指标(intensity measure，IM)和损伤指标(damage measure，DM)分别为横、纵坐标的图上按地震动放大顺序描点连线，将单一的非线性时程分析结果由“点”连成“线”，甚至可通过多条地震动的 IDA 将“线”分析拓展为面分析[1]。IDA 没有丢掉静力推覆(static pushover analysis，SPO)所具备的结构破坏全过程非线性分析能力，且是多个动力非线性时程分析的结果，理论基础较 SPO 更严密。不同的 IDA 曲线是地震非平稳特征与结构非线性耦合的结果差异，针对同一结构则是地震动特性的间接体现。上述概念是单次、离散的时程分析所不能体现的。

2　IDA 曲线的离散控制

2.1　曲线的离散

IDA 曲线的离散控制问题一直影响该方法的工程应用。尽管 Mwafy 在离散动力推覆分析(Static Pushover)中用上、下包络线和 SPO 结果进行了有效对比，但承认动力推覆的数据离散很大程度上取决于地震动的样本特性，可能会影响结构的评估结论[2]。Vamvatsikos 针对 IDA 曲线的离散现象进行了基于分位值的结构抗震性能评估，同时也指出更小的离散性有助于降低地震样本数量的分析需求、增加中位估计曲线的可靠性[3]。国内在这方面讨论较少，马千里分析了有限地震动样本输入下的平均 IDA 曲线，

---

* 基金项目：国家十一五科技支撑计划课题(2009BAJ28B01)和中国工程院重大咨询项目(编号：2010-ZD-4)

利用具备统计意义的 IDA 极限位移和 SPO 的分析结果进行了对比[4]。总体上看，以地震作用—损伤关系为基础的结构抗震性能评估需要对 IDA 曲线离散程度加以控制。

2.2 热点及关键技术

由于损伤指标 DM 通常由抗震评估的目标事先决定，因此无法通过改变其函数形式来控制收敛。通过改进 IM 函数形式充分体现地震作用的灾害特性，从统计意义上把握结构的抗震性能，成为当前该问题研究的主要方法[5]。很多简单的抗震评估以地面峰值加速度(Peak Ground Acceleration，PGA)为指标来衡量地震烈度，主要是由于该参数在计算机未普及时代获取相对方便。而当前，机算求解第一振型控制下的建筑结构基本周期对应的弹性加速度反应谱值 $S_a(T_1)$ 已经相当快捷，$S_a(T_1)$ 显然比 PGA 更能体现指定地震输入下的结构受力反应。Vamvatsikos 对比了二者分别作为 IM 函数时的 IDA 曲线簇，结果显示 $S_a(T_1)$ 比 PGA 有更好的收敛效果[3]。

2.3 考虑基本振型滑移的 Cordova 双参数烈度指标

和 SPO 一样，IDA 过程中，地震作用的不断提高将导致结构材料非线性的深度发展。按照我国当前“三水准、两阶段”的抗震设防依据，基本烈度以上的结构地震响应实际上是地震动的非平稳特性与结构非线性耦合的结果。此时仍然采用弹性谱值 $S_a(T_1)$ 作 IM 将无法考虑结构软化和刚度退化导致的等效基本周期延长，Cordova 将这种现象称为周期滑移(period shift)。由于采用一般的时程分析程序不易观察结构非线性振动时周期的瞬时变化，本文以文献［6］给出的钢筋混凝土框架模型为例，计算了 SPO 加载条件下的每一个加载步长对应的结构等效基本周期(图 1)。可见随着水平作用力的增加，结构非线性程度的深入，该算例所表现出的有效基本周期延长约为结构弹性基本周期的 2 倍。图中曲线末端较长的平台段是水平加载接近结构承载力的表现，该损伤条件下，结构无法表现稳定的振动特性，因此不将其作为振型滑移的分析对象。

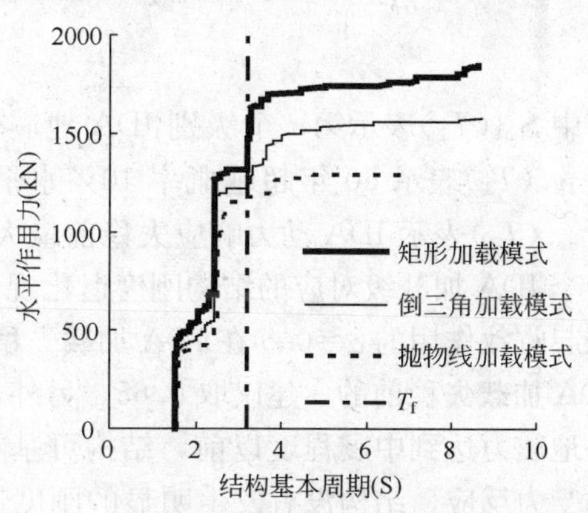

图 1 SPO 过程中的结构基本周期延长现象

基于类似观察，Cordova 将原有的弹性加速度反应谱值 $S_a(T_1)$ 替换为能够考虑基本周期滑移的烈度指标，以正确衡量 IDA 逐步增大的地震作用。改进后的 IM 函数式如下：

$$S^* = S_a(T_1)^{1-\alpha} S_a(T_f)^{\alpha} \tag{1}$$

其中 T_f 为结构软化后被延长的等效基本周期，α 为振型滑移参与系数。式(1)将考虑结构软化的反应谱值 $S_a(T_f)$ 溶入原有的烈度指标 $S_a(T_1)$，在一定程度上考虑了结构非线性发展引起的地震作用变化。Cordova 针对 4 种典型建筑结构，8 条地震记录的 IDA 统计分析显示：$T_f = 2T_1$ 以及 $\alpha = 0.5$ 时 IDA 曲线簇收敛程度最好。

2.4 渐变参数控制的烈度指标

虽然振型滑移参与系数 α 能够表达结构软化的发展深度，但 α 取 0.5 的依据仅仅来自统计结果，其计算机理上存在的问题在于：在IDA所有级别动力加载下，S^*对延长周期反应谱值的纳入程度自始至终不变。也就是说：S^*所表征的烈度度量仅仅由结构非线性发展的两个状态所决定，退化前的弹性状态和结构刚度退化至$T_f=2T_1$时的非弹性状态，而和刚度退化的具体过程无关，这是力学概念上明显的瑕疵。相关分析[5]甚至发现，在结构刚度退化的早期，采用Cordova建议的式(1)替代$S_a(T_1)$作为IM函数时，IDA曲线离散程度非但没有得到改善，还可能适得其反。因此，文献［5］建议在公式(1)的两个恒定参数基础上继续改进，考虑利用渐变参数控制的IM函数，让烈度指标能够描述IDA过程中地震作用水平的渐变过程，从机理上寻找更为合适的IM函数形式。

以此为依据，本文对双参数烈度指标的改进意见如下：

① T_f/T_1的比值由2改为由SPO分析辅助确定，因为不同的结构类型、设计规范控制下的结构在达到承载力前所体现出的延性水平出入较大，而SPO相对IDA的计算量较小，对动力非线性响应分析也有一定的参考、比较价值。

② 将α取0.5值改为渐变随IDA加载级别控制的渐变函数，表达式如下：

$$\alpha_i=\begin{cases}0.65\times\dfrac{S_{a,i}(T_1)-S_{a,475y}(T_1)}{S_{a,\max}(T_1)-S_{a,475y}(T_1)}, & S_{a,i}(T_1)>S_{a,475y}(T_1)\\ 0, & S_{a,i}(T_1)\leqslant S_{a,475y}(T_1)\end{cases} \tag{2}$$

其中$S_{a,i}(T_1)$表示第i个级别IDA地震输入下的结构基本周期对应的弹性反应谱值；$S_{a,475y}(T_1)$表示50年超越概率10%水平下对应的规范设计反应谱值(简称“中震”)；$S_{a,\max}(T_1)$表示IDA动力响应失稳前最大响应谱值。式(2)采用渐变的α是力求描述每一个IDA加载级对应的结构刚度退化现象，以此达到数据收敛的效果。而原来对全过程起收敛作用的$\alpha=0.5$在IDA加载失稳前收敛性显得不足。根据本文分析，式(2)中IDA加载失稳前的α建议取0.65。另外，根据SPO曲线等效屈服点的研究结论，在水平地震力达到中震程度以前，结构可基本等效为弹性结构[7]。此时弹性谱值是其真实的受力反应，结构没有发生明显的刚度退化和振型滑移，采用较大的振型滑移参与系数α，收敛效果可能适得其反[5]。故结构受力响应小于$S_{a,475y}(T_1)$时，将α设置为0，以反应完全的弹性谱响应特征。

3 程序编制及结构算例

自动提取多次时程分析结果中指定的响应信息并加以处理是IDA分析的难点。仅一条地震动的IDA曲线的计算可能需要将时程分析程序重复执行10次以上，若仅靠手动重复执行单次运算、提取数据并进行后处理，巨大的工作量将使IDA丧失工程应用意义。而关于该问题的程序编制技巧，国内外相关文献均未见透露。本文调用Visual Fortran 6.5中的DFPORT函数库，以system函数执行控制台命令可实现对时程分析程序的捆绑(wrap)，将IDA的数据准备、时程分析程序执行、结果数据收集整合为一组完整的代码，便于控制。这样，多条地震记录的形成IDA曲线“簇”可不停机一次计算完成。本文计算捆绑了美国太平洋地震工程中心编制的开放式结构计算软件，框架梁柱均采用纤维模型(Fiber Section)[11,12]。

选取文献［8］中使用的两个钢筋混凝土框架算例(荷载、配筋及构件尺寸详见该文献)(图2)。地震烈度8度，地面峰值加速度0.20g，场地类别为Ⅱ类，设计地震分组为第一组。结构1基本周期1.68s，总高41.5m，底层每跨12m；结构2基本周期1.08s，总高25.8m，底层每跨6m，按现行中国规范结合PK软件设计。因为美国地质勘测中心(USGS)的四类场地划分与中国规范不能直接对应，故对比范立础[9]等将中北美地震记录场地情况按我国抗震规范四类场地等效划分的结果，同时参考文献［4］的地震记录选取依据，通过USGS取11条较为典型的地震动记录，使本算例地震动PGA在0.20g～0.65g，震中距在100km以内，均选自USGS中的S2类场地，对应剪切波速和覆盖土厚度参数按中国规范均可划为Ⅱ类场地。

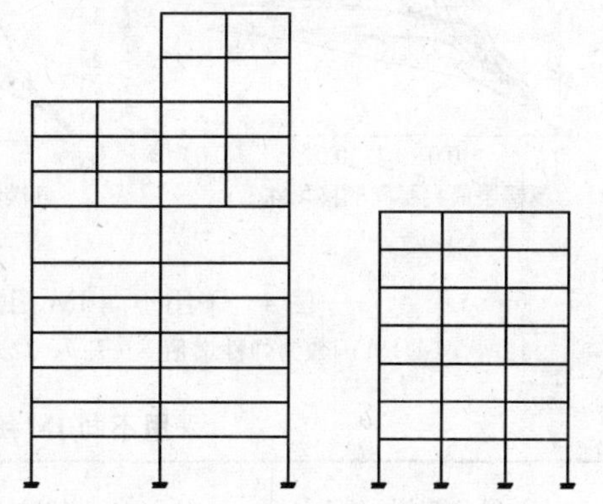

图2　12层和7层钢筋混凝土框架结构简图

4　算例分析

以同一条地震输入为前提，框架结构的每层侧移角－楼层剪力IDA曲线表现特征都不一样[3,10]。故因篇幅所限，也为体现地震作用和结构总体损伤之间关系，参考文献［3］和文献［5］，只列出每榀框架全楼层最大层间侧移角－地震烈度指标函数IDA曲线。同时采用本文1.4节两条修正IM函数建议，对取三种不同IM函数的IDA曲线进行了计算，以比较其收敛效果。收敛关系的度量参数采用IM值和DM值的对数线性回归均方差[5]。根据统计结果的图表显示(图3、图4，表1)：在Corodva提出的IM函数基础上，采用按本文1.4节建议的修正方法对提高IDA曲线收敛性有一定作用。另外，根据SPO非线性分析，在达到水平承载力极限前，本文12层钢筋混凝土框架的基本周期滑移比T_f/T_1为1.85，7层框架为1.68。

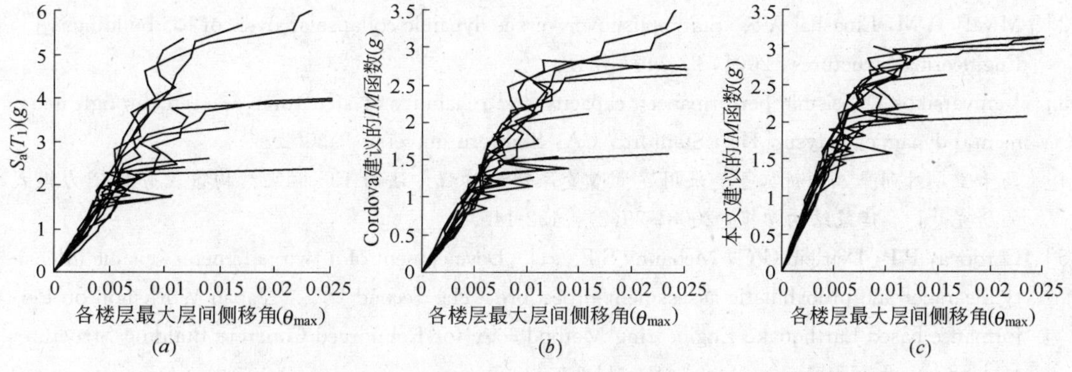

图3　采用不同IM函数的12层钢筋混凝土框架IDA曲线

(a)IM函数为弹性谱值$S_a(T_1)$；(b)IM函数为Cordova建议；(c)IM函数为本文建议

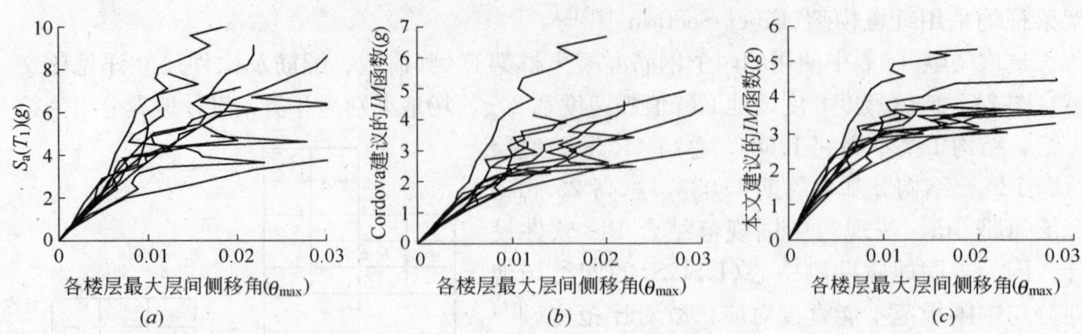

图4 采用不同IM函数的7层钢筋混凝土框架IDA曲线

(a)IM函数为弹性谱值 $S_a(T_1)$；(b)IM函数为Cordova建议；(c)IM函数为本文建议

采用不同IM函数的IDA曲线均方差比较 **表1**

结构算例	$S^*=S_a(T_1)$	Cordova建议 $S^*=S_a(T_1)^{0.5}S_a(2T_1)^{0.5}$	S^*按本文建议
12层钢筋混凝土框架	0.277	0.208	0.162
7层钢筋混凝土框架	0.269	0.254	0.182

5 结论

本文在Cordova提出的IM函数 $S^*=S_a(T_1)^{1-\alpha}S_a(T_f)^{\alpha}$ 基础上做出两点修正：①T_f/T_1 的比值由2改为由SPO分析辅助确定；②将 α 取0.5值改为渐变随IDA加载级别控制的渐变函数。以两个典型的钢筋混凝土框架为算例计算所得IDA曲线簇显示：上述两点修正对提高IDA曲线收敛性有一定的改进作用。当然，更多的算例和地震动样本有利于本文分析结果的进一步优化。

参考文献

[1] 李建中，宋晓东，范立础. 桥梁高墩位移延性能力的探讨[J]. 地震工程及工程振动，2005，(1)：43-48.

[2] Mwafy A M, Elnashai A S. Static pushover versus dynamic collapse analysis of RC buildings [J]. Engineering Structures，2001，23：407-424.

[3] Vamvatsikos D. Seismic performance，capacity and reliability of structures as seen through incremental dynamic analysis [D]. Stanford，CA：Stanford university，2002.

[4] 马千里，叶列平，陆新征等. 采用逐步增量弹塑性时程方法对RC框架结构推覆分析侧力模式的研究[J]. 建筑结构学报，2008，29(2)：132-140.

[5] Cordova，P P，Deirlein G G，Mehanny S F et al. Develepment of a two-parameter seismic intensity mearsuer and probabilistic assessment procedure：The Second U. S. -Japan Workshop on Performance-based Earthquake Engineering Methodology for Reinforced Concrete Building Structures [C]，Sapporo，Hokkaido，Japan，Sep 11-13，2000.

[6] 杨成，李英民，杨溥等. 振型耦合的适应性水平荷载模式对结构POA分析的影响[J]. 重庆大学学报，2007，30(5)：66-72.

[7] 杨溥，李英民，熊振勇等. 能力曲线简化方法对比研究 [J]. 重庆建筑大学学报，2005，27(4)：59-63.

[8] 杨成. 结构弹塑性地震反应分析的改进能力—需求曲线方法研究 [D]. 重庆：重庆大学，2003.

[9] 范立础，卓卫东. 桥梁延性抗震设计 [M]. 第一版. 北京：人民交通出版社. 2001. 265-290.

[10] 杨成，杨琼，魏明宇等. 增量动力分析中的地震作用特征差异研究 [J]. 四川建筑科学研究（已录用）.

[11] 杨红，吴晶晶. 考虑结构局部反应特征的时程分析法输入地震波研究 [J]. 土木工程学报，2007，40(11)，29-35.

[12] 叶列平，陆新征，马千里等. 混凝土结构抗震非线性分析模型、方法及算例 [J]. 工程力学，2006，23 supⅡ：131-140.

基于 ABAQUS 的钢筋混凝土结构弹塑性时程分析*

潘　鹏[1]　曲　哲[1]　肖　明[2]　周　锋[3]　叶列平[1]

（1. 清华大学　土木工程安全与耐久教育部重点试验室，土木工程系，北京　100084；
2. 中国建筑标准设计研究院，北京　100048；3. 奥雅纳工程顾问，香港）

摘　要： 弹塑性时程分析是罕遇地震作用下建筑结构抗震性能评估与设计的基础。钢与混凝土的滞回本构模型对分析结果有重大影响。通用非线性有限元分析程序ABAQUS以其强大的求解器得到广泛的认可，但ABAQUS中自带的混凝土本构均不能用于或者不适合于模拟混凝土梁单元在往复荷载下的力学行为。因此，本文利用ABAQUS提供的二次开发接口，开发了适于工程应用的钢筋与混凝土材料单轴滞回模型，并将其用于ABAQUS基于截面纤维模型的梁单元，以准确模拟钢筋混凝土梁、柱、支撑等常见杆系构件在动力作用下的滞回行为。本文首先介绍了所采用的几种混凝土与钢筋的滞回模型，然后通过对平面框架计算结果与试验结果进行比较，验证了本文模型的可靠性，最后基于ABAQUS对某高层混凝土框架剪力墙结构进行了弹塑性时程分析，分析中框架部分采用纤维梁单元结合本文提出的材料本构模型，墙和板采用壳单元结合ABAQUS自带的混凝土损伤塑性模型进行模拟。分析结果表明：该高层混凝土框架剪力墙结构在大震下的层间变形满足规范要求，大震下连梁进入屈服状态，底部剪力墙的损伤较为严重，通过在底部加强层设置钢骨可以有效改善剪力墙底部的损伤。

关键词： 钢筋混凝土结构；弹塑性时程分析；纤维模型；ABAQUS；二次开发

1　引言

弹塑性动力时程分析是把握建筑结构在地震作用下动力行为的最有效手段。一方面，在研究领域，缺乏对大型足尺结构进行地震试验的条件，同时实际震害调查对了解结构破坏行为有意义的资料也非常有限，所以，尽管弹塑性动力时程分析还存在许多不足，它仍常常被作为评价结构抗震设计与简化分析方法的依据。另一方面，在工程实践中，随着建筑结构向大型化、复杂化的发展，以及计算机能力的迅速提升，弹塑性动力时程分析已逐渐成为评估重要建筑物地震响应的常用方法，并被列入我国超限建筑审查的内容。

钢筋混凝土框架剪力墙结构是我国高层建筑结构的主要结构形式之一。随着计算机运算速度的提高与大型通用商业有限元程序的发展，采用梁单元模拟梁、柱、支撑等构件，壳单元模拟墙、板等构件逐步被工程实践所广泛采用[1-5]。通用非线性有限元

* 基金项目：国家十一五科技支撑计划课题(2009BAJ28B01)和中国工程院重大咨询项目(编号：2010-ZD-4)

分析程序 ABAQUS 以其强大的求解器得到工程界广泛的认可，但 ABAQUS 中自带的混凝土本构均不能用于或不适合于模拟钢筋混凝土梁单元在往复荷载下的力学行为[6]。因此，本文利用 ABAQUS 提供的二次开发接口，开发了适于工程应用的钢筋与混凝土材料单轴滞回模型，并将其用于 ABAQUS 纤维梁单元，以准确模拟钢筋混凝土梁、柱、支撑等常见杆系构件在动力作用下的滞回行为。

本文首先介绍了所采用的几种钢筋与混凝土的滞回模型，然后通过对平面框架的分析结果与试验结果进行比较，验证了本文模型的可靠性，最后详细介绍了利用 ABAQUS 对某高层混凝土框架剪力墙结构进行弹塑性时程分析的工程实例。

2 程序实现

杆件截面弹塑性行为的定义可以有许多种方法，最简单的是直接定义截面的弯矩-转角关系，复杂一些的如 SAP2000 中采用的非线性共轴多弹簧模型。该模型在杆端用多个共轴的非线性弹簧分别模拟杆端截面受拉压和弯曲作用下的非线性行为，但难以考虑拉压和弯曲作用间的耦合效果，纤维模型则可以更有效地解决这一问题。它将杆件截面划分为多个纤维，每条纤维可以赋予任意的单轴应力-应变关系，如图 1 所示。截面行为通过截面上对所有截面纤维进行积分得到。这种模型不仅可以考虑截面逐步进入塑性以及进入塑性以后的复杂行为，还可以方便直观的考虑轴力与弯矩作用的相互影响。更为重要的是，它不受截面形状的限制，并且可以为一个截面的不同部分赋予不同的材料本构，从而可以方便的模拟钢筋混凝土、约束混凝土、钢骨混凝土等复杂截面。虽然计算成本较高，但纤维模型具有更加广泛的适用性与更高的准确性。本文以目前被广泛采用的大型通用有限元程序 ABAQUS 为基础，开发了包括多种混凝土与钢筋单轴滞回行为的材料库，以适应实际工程中不同情况的需要，并利用 ABAQUS 提供的在梁单元中插入钢筋的功能，方便的实现基于截面纤维模型的钢筋混凝土杆件的模拟。

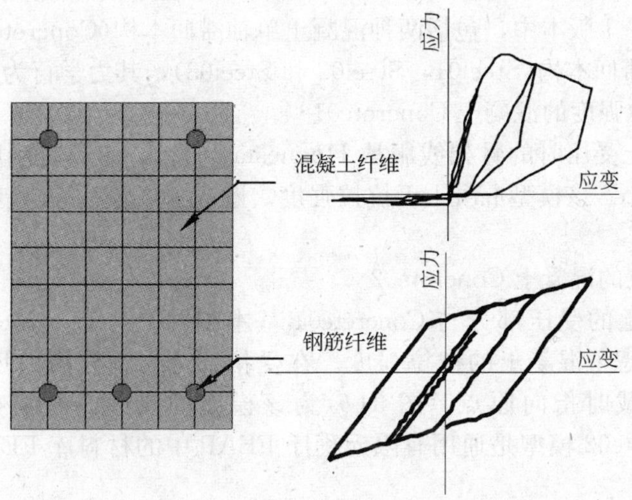

图 1　截面纤维模型示意图

ABAQUS 允许用户通过 * rebar 关键字在各种梁单元中插入“钢筋”，从而形成具有不同材料的单一截面。插入钢筋后，杆单元截面上的积分方案相应发生变化。以矩形截面为例，在程序默认情况下，ABAQUS 中的平面矩形梁单元的截面上有 5 个截面积分点(图 2(*a*))，空间矩形梁单元的截面上有 25 个截面积分点(图 2(*b*))，截面的力学行为由这些截面积分点上的单轴应力应变行为积分得到。用 * rebar 关键字在截面中插入钢筋后(图 2 中的空心圆点)，截面上便多出一些积分点，用以考虑插入钢筋对截面行为的贡献。原有截面点只能具有相同的材料属性，而新加的截面点则可以分别赋予不同的材料属性，这为截面的定义提供了较大的灵活性。

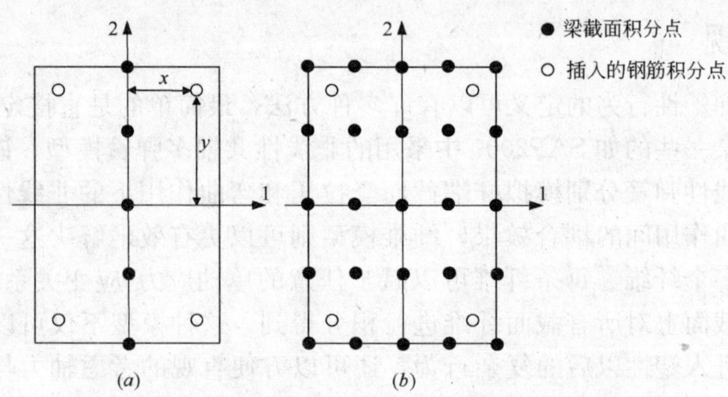

图 2　ABAQUS 中梁单元上截面积分点的布置

(*a*)二维矩形梁的截面；(*b*)三维矩形梁的截面

ABAQUS 自带的两种混凝土材料本构模型，一种是弥散裂缝模型，另外一种是损伤塑性模型。但是弥散裂缝模型不适用于往复加载的情况，损伤塑性模型不能用于纤维梁单元，因此均不能用于弹塑性时程分析中钢筋混凝土结构梁柱的模拟。为此，清华大学土木工程系开发了基于混凝土单轴应力-应变关系的混凝土本构模型，封装成 PQ-Fiber 函数库，利用 ABAQUS 提供的用户自定义程序接口嵌入到 ABAQUS 中[8]。在 PQ-Fiber 的 v1.1 版本中，包括两种混凝土单轴滞回本构(Concrete01 和 Concrete02)和三种钢筋单轴滞回本构(Steel01，Steel02 和 Steel03)，其力学行为如下：

(1) 忽略抗拉强度的混凝土 Concrete01

该模型混凝土受压时的骨架线服从 Hognestad 曲线，卸载时刚度退化，压应变越大，卸载刚度越小。该模型混凝土无抗拉强度。图 3(*a*)显示了该模型的典型应力应变关系曲线。

(2) 考虑受拉的混凝土 Concrete02

该模型混凝土的受压部分与 Concrete01 基本相同。与 Concrete01 的不同之处在于 Concrete02 考虑了混凝土的抗拉强度。在受拉部分，该模型采用了线性上升段和线性下降段，卸载时指向原点。图 3(*b*)为该模型的典型应力应变关系曲线。Concrete01 和 Concrete02 模型是通用有限元程序 FEAP 中的材料库 FEDEAS 中的最常用混凝土模型[7]。

(3) 双线形钢筋 Steel01

这是最常用的双线形随动硬化模型，如图 4(a)中的虚线所示。

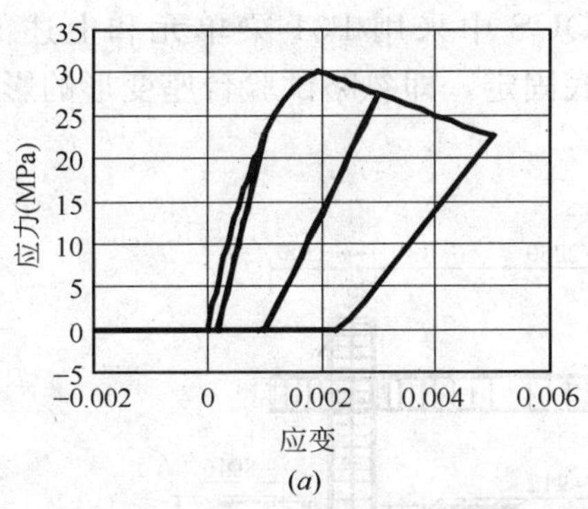

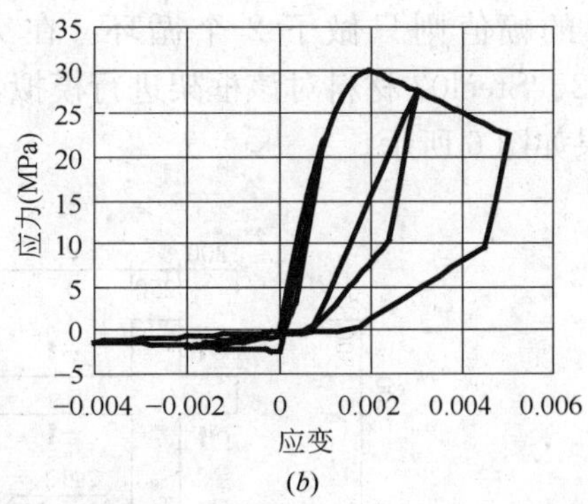

图 3 混凝土单轴滞回本构(以压为正)

(a)Concrete01；(b)Concrete02

(4) 考虑再加载刚度退化的钢筋 Steel02

该模型与 Steel01 不同指出是，Steel02 在卸载后反向再加载刚度考虑退化，应力应变曲线指向反向历史最大应变处(若反向未曾屈服，则指向反向屈服点)，如图 4(a)所示。该模型可以在一定程度上考虑钢筋混凝土构件在往复作用下的捏拢行为。

(5) 考虑屈曲的钢材 Steel03

该模型可以近似的模拟结构中钢支撑拉压不等强的行为。受拉时材料强度等于钢材的屈服强度；受压时则通过折减材料屈服强度以考虑钢支撑的屈曲，如图 4(b)所示。

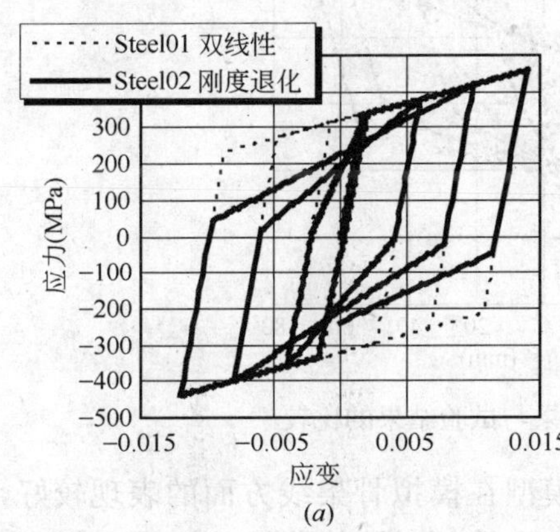

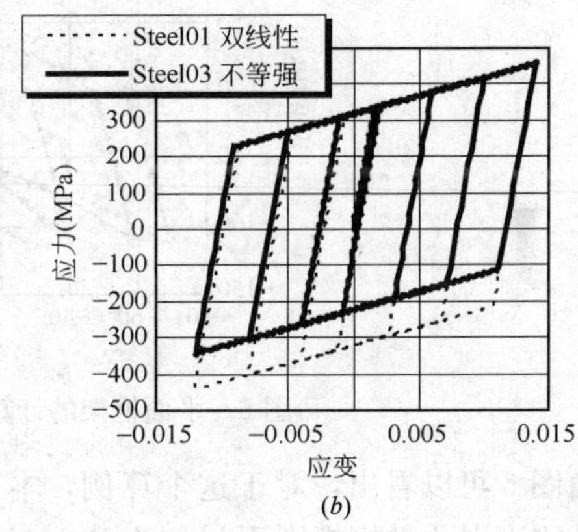

图 4 钢筋单轴滞回本构(以拉为正)

(a)Steel01 和 Steel02；(b)Steel01 和 Steel03

3 典型框架往复加载模拟

本文通过模拟典型平面框架的往复加载试验验证了 ABAQUS 截面纤维模型以及上述材料模型的准确性。典型平面框架的尺寸与配筋如图 5 所示。两柱轴线间距为 2500mm，梁轴线高 1700mm。梁左右两端分别在柱外伸出一个加载端，用以施加水平推力。梁、柱以及加载端的截面尺寸与配筋在图中画出。加载时，按 20mm，40mm，60mm，70mm 的幅值施加水平位移，其中 20～60mm 时，每个幅值下加载 3 个循环，

70mm 的幅值则只做了 2 个循环。在 ABAQUS 中采用 B31 梁单元和上述的 Concrete02、Steel02 材料对该框架进行模拟，柱底固定，即忽略试验台座变形的影响。分析结果如图 6 所示。

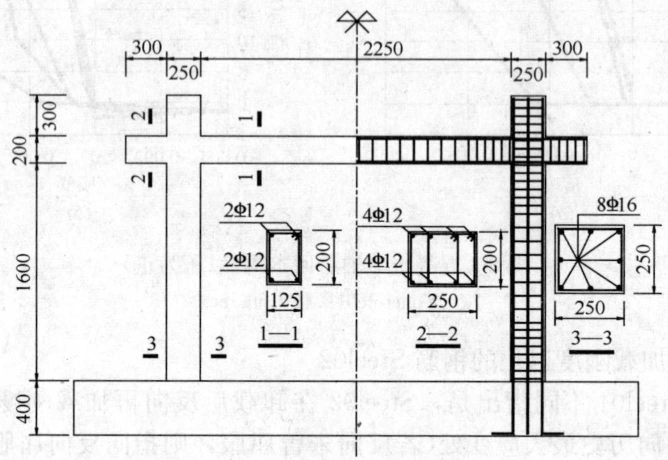

图 5 平面框架几何尺寸与配筋图

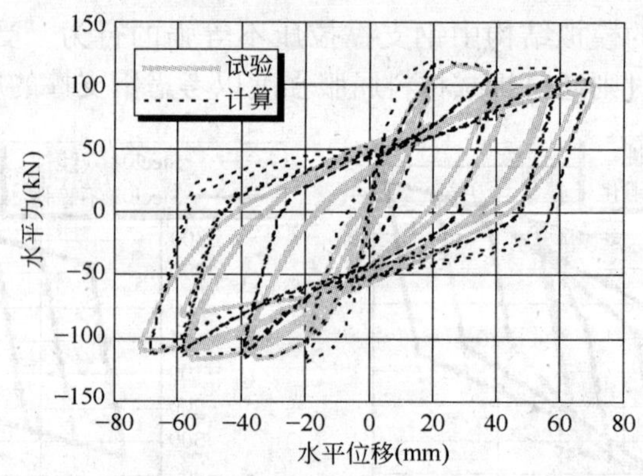

图 6 平面框架的计算结果与试验结果的比较

由图 6 可以看出，对于这个算例，本文模型在模拟骨架线方面的表现较好，然而对卸载刚度退化的模拟则不尽如人意。对于这个算例，计算曲线的捏拢不如实验曲线明显。但是，对于工程应用中的弹塑性时程分析，这样的精度已经基本能满足要求。

4 高层钢筋混凝土结构弹塑性时程分析

4.1 结构概况

基于 ABAQUS 对某高层混凝土框架剪力墙结构进行了弹塑性时程分析。该结构地上 34 层，结构高度 155.250m，有一层地下室。场地地震基本烈度为 7 度，基本地震加速度为 0.10g，设计地震分组为第一组，建筑场地类别为Ⅲ类，场地土特征周期 T_g=0.45s，多遇地震下水平地震影响系数最大值 α_{max}=0.08，罕遇地震下水平地震影响系数最大值 α_{max}=0.50，结构阻尼比在多遇地震与罕遇地震下均为 0.05，时程分析所用多遇(罕遇)地震加速度时程曲线最大值为 35cm/s^2(220cm/s^2)。

该结构框架梁、板采用 C40 混凝土，柱、剪力墙在地下 1～8 层，9～15 层，16～26 层和 27 层及以上分别采用 C60，C55，C50 和 C40 混凝土。混凝土中直径 ϕ6 时为 HPB235(Ⅰ级)钢筋，用于构造分布钢筋和墙体拉筋，直径 ϕ8 及以上采用 HRB400(Ⅲ级)钢筋。一般框架梁的上铁配筋率为 1.5%，下铁为 0.7%。框架柱纵筋配筋率为 3%，水平向配筋率为 0.4%。墙的地下一层到 15 层竖向为配筋率 1%，水平向为配筋率 0.5%，墙的 15 层以上竖向为配筋率 0.8%，水向为配筋率 0.4%。

考虑在底部加强区配置钢骨，配置方案如下：地下一层到地上六层中所有框架柱变为钢骨柱，钢骨柱中型钢为十字型钢，高 750mm，宽 750mm，翼缘宽 200mm，翼缘与腹板厚均为 30mm。

4.2 地震选波

弹塑性时程分析选取 6 组地震波：人工波 L1(30s)、人工波 S1(30s)、天然波 L2(30s)、天然波 S2(30s)、天然波 L3(30s)、天然波 S3(30s)、其中 L1，L2，L3 为罕遇地震对应的三条地震波，S1，S2，S3 为多遇地震对应的三条地震波。反应谱如图 7 所示：

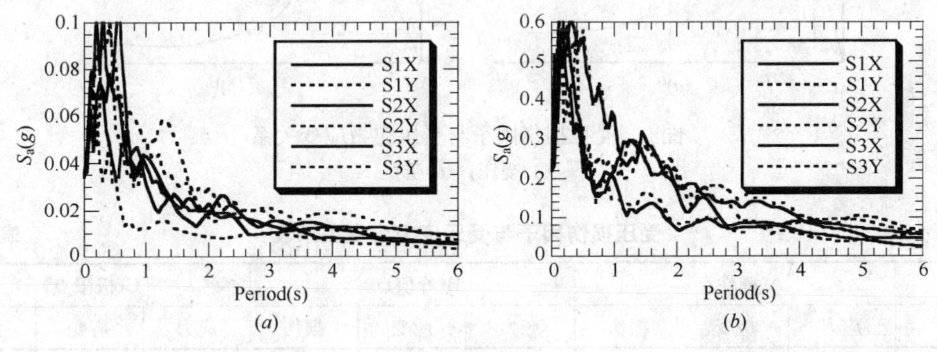

图 7 地震波反应谱

(a)多遇地震；(b)罕遇地震

4.3 分析方法

采用大型通用有限元软件 ABAQUS 进行罕遇地震作用下钢筋混凝土框架剪力墙结构的弹塑性时程分析。框架梁柱均采用纤维梁单元 B31 模拟，其中的混凝土和钢筋分别采用 PQ-Fiber 中的 Concrete02 和 Steel02 材料本构模型。墙和板采用壳单元 S4R 模拟，其中的混凝土模型采用 ABAQUS 自带的混凝土损伤塑性模型，钢筋采用 PQ-Fiber 中 Steel02 材料本构。楼板考虑成弹性。

ABAQUS 中的塑性损伤模型能够考虑混凝土材料的拉压强度差异以及在循环荷载作用下的刚度退化和恢复等性质。当混凝土的受力状态从受拉变为受压时，混凝土的裂缝闭合，抗压刚度恢复至原有的抗压刚度；当混凝土的受力状态从受压变为受拉时，混凝土的抗拉刚度无法恢复。图 8 给出了混凝土材料的拉压损伤和刚度恢复示意。参考工程经验并考虑计算收敛性的需要，本文所采用混凝土应力—应变本构关系和损伤因子见图 9、表 1 和表 2。

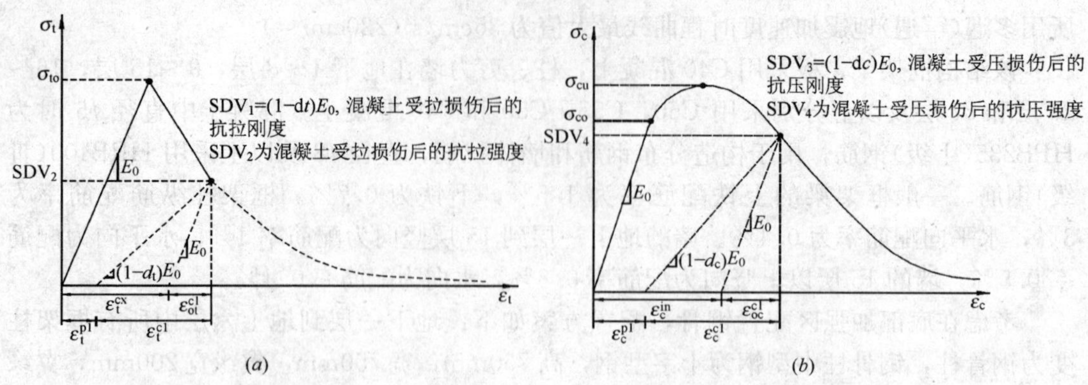

图 8　混凝土受拉应力-应变曲线及损伤示意图

(a)受拉；(b)受压

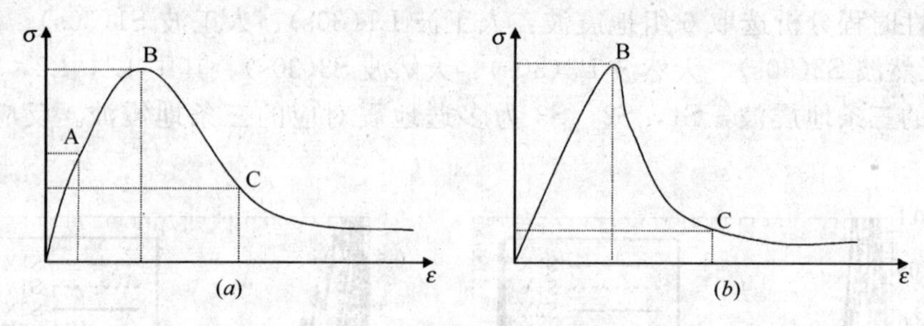

图 9　受拉损伤因子与受压应力应变关系

(a)受压；(b)受拉

受压损伤因子与受压应力应变关系表　　**表 1**

	A(弹性点)			B(峰值点)			C(极限点)		
	应力	应变	损伤	应力	应变	损伤	应力	应变	损伤
C40	13.4	0.0005	0	26.8	0.002	0.2	8.9	0.005	0.9
C50	16.2	0. 0005	0	32.4	0.002	0.2	10.8	0.005	0.9
C55	17.8	0. 0005	0	35.5	0.002	0.2	11.8	0.005	0.9
C60	19.3	0. 0005	0	38.5	0.002	0.2	12.8	0.005	0.9

受拉损伤因子与受压应力应变关系表　　**表 2**

	B(峰值点)			C(极限点)		
	应力	应变	损伤	应力	应变	损伤
C40	2.39	0.0001	0	0.24	0.002	0.9
C50	2.64	0.0001	0	0.26	0.002	0.9
C55	2.74	0.0001	0	0.27	0.002	0.9
C60	2.85	0.0001	0	0.29	0.002	0.9

为了考察结构底部加强区增设钢骨的效果，计算中建立了两个模型，分别称为无钢骨和有钢骨模型。两个模型均考虑几何非线性和材料非线性，均采用隐式数值积分

方法求解动力时程。无钢骨模型共有 36634 个单元，63680 个节点，148104 个自由度，有钢骨模型计算规模略大于无钢骨模型。采用惠普工作站(CPU 为 E5410@2.33Hz，内存为 8G)计算 30s 的地震响应时程需要约 32 个小时。

4.4 动力弹塑性分析结果

无钢骨和有钢骨模型模态分析结果基本相同，无钢骨模型的前 6 阶振型及周期如图 10 所示。

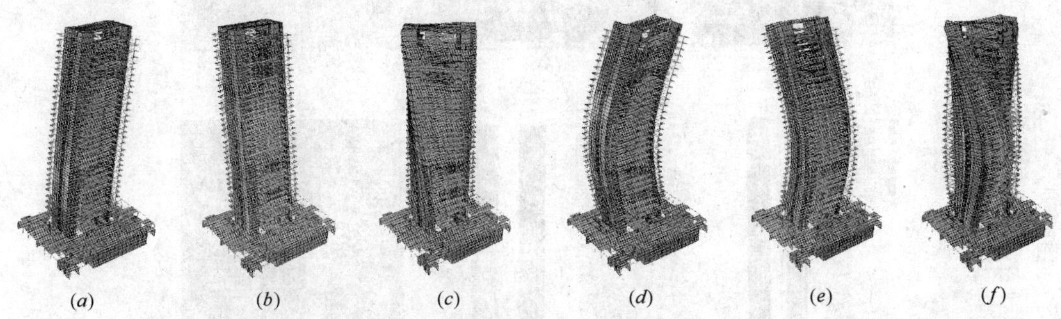

图 10 结构前 6 阶振型周期

(*a*)一阶 *Y* 向平动 4.156s；(*b*)二阶 *X* 向平动 3.413s；(*c*)三阶扭转 2.479s；(*d*)四阶 *Y* 向平动 1.023s；(*e*)五阶 *X* 向平动 0.988s；(*f*)六阶扭转 0.753s

图 11 给出了结构在罕遇地震波 L1 的作用下的层间位移角。图 11(*a*)和 11(*b*)为 *X* 向层间位移角，图 11(*c*)和 11(*d*)为 *Y* 向层间位移角。结构满足规范对大震作用下层间位移角的限值。作为比较，图 11 中分别给出了钢骨模型与无钢骨模型层间位移角。加钢骨后较为显著地减小了底层层间位移角，对于中层与顶层则影响不大。

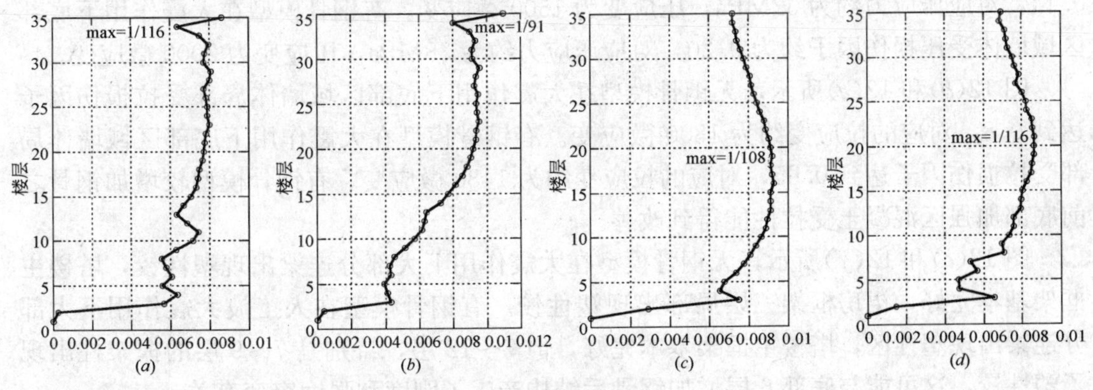

图 11 层间位移角

(*a*)*X* 向无钢骨；(*b*)*X* 向有钢骨；(*c*)*Y* 向无钢骨；(*d*)*Y* 向有钢骨

图 12 给出了结构中混凝土结构损伤情况。图 12(*a*)和 12(*d*)分别给出了无钢骨和有钢骨结构模型的剪力墙混凝土受压损伤情况；图 12(*b*)和 12(*e*)分别给出了无钢骨和有钢骨结构模型的剪力墙混凝土受拉损伤情况；图 12(*c*)和 12(*f*)分别给出了无钢骨和有钢骨结构模型的框架梁柱塑性铰的分布情况。模型中是框架梁柱是否出现塑性铰是根据梁柱中的钢筋是否到达其屈服来判断。

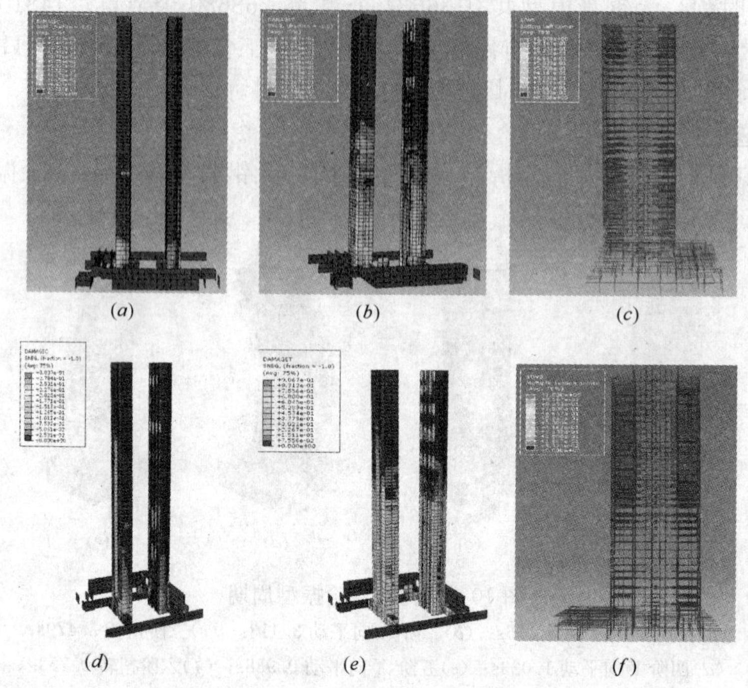

图 12 混凝土结构损伤情况对比

(*a*)无钢骨工况剪力墙受压；(*b*)无钢骨工况剪力墙受拉；(*c*)无钢骨工况框架塑性铰；
(*d*)有钢骨工况剪力墙受压；(*e*)有钢骨工况剪力墙受拉；(*f*)有钢骨工况框架塑性铰

图 12(*a*)和 12(*d*)所示，无钢骨模型在大震作用下底部区域墙体受压损伤因子约为 0.14，对应压应力约为 32MPa，压应变为 1500 微应变。有钢骨模型在大震作用下底部区域墙体受压损伤因子约为 0.20，对应压应力约为 38MPa，压应变为 2000 微应变。

图 12(*b*)和 12(*e*)所示，无钢骨模型在大震作用下底部区域墙体局部受拉损伤因子达到 0.8，对应的拉应变约为 1800 微应变。有钢骨模型在大震作用下底部区域墙体局部受拉损伤因子达到 0.65，对应的拉应变约为 1480 微应变。有钢骨模型较增加钢骨之前底部加强区混凝土受拉性能得到改善。

图 12(*c*)和 12(*f*)所示，无钢骨模型在大震作用下大部分连梁出现塑性铰，塔楼主框架基本完好，裙房框架三层局部出现塑性铰。有钢骨模型在人工波大震作用下大部分连梁出现塑性区，塔楼主框架基本完好，但 7～12 层，特别是 7～9 层的框架柱出现了塑性铰，这可能与底部 6 层增加钢骨后结构产生了刚度和强度突变有关。

考察时程分析过程，无钢骨模型在大震作用下结构构件出现损伤的顺序如下：首先是多处连梁和底部三层裙房框架梁局部出现塑性铰，然后是底层三层裙房框架的少数柱出现塑性铰，到 4S 左右底部剪力墙出现受拉损伤，并由下向上延伸。增加钢骨后，结构中首先出现塑性铰的部位仍然是连梁和底部三层裙房框架梁，由于增设了钢骨，底层三层裙房框架柱未出现塑性铰，到 4S 左右底部剪力墙也出现受拉损伤，当损伤程度比无钢骨的情况轻微。在底部剪力墙出现受拉损伤的同时，由于刚度突变的影响，7～12 层的框架柱出现了塑性铰。

5 结论

本文的主要结论如下：

(1) 本文在通用非线性有限元分析程序 ABAQUS 的基础上，开发了适于工程设计应用的钢与混凝土材料单轴滞回模型，并将其用于 ABAQUS 一维单元的截面纤维模型，以准确模拟钢筋混凝土梁、柱、钢支撑等常见工程构件在动力作用下的滞回行为。

(2) 将本文提出的滞回模型应用于钢筋混凝土柱和平面框架的典型算例，分析结果与试验结果基本吻合，能够满足工程应用的要求。

(3) 基于 ABAQUS 对某高层混凝土框架剪力墙结构进行了弹塑性时程分析。计算结果表明，该高层混凝土框架剪力墙结构在大震下的层间变形满足规范要求，大震下连梁进入屈服状态，底部剪力墙的损伤较为严重，通过在底部加强层设置钢骨可以有效改善剪力墙底部的损伤。

参考文献

[1] 汪大绥，李志山，李承铭，姜文伟，王国俭，廖云，复杂结构弹塑性时程分析在 ABAQUS 软件中的实现 [J]. 建筑结构，2007，(05).

[2] 汪大绥，周建龙，王建，李青，李侥婷. 建筑结构非线性时程分析进展 [A] 首届全国建筑结构技术交流会论文集 [C]，2006.

[3] 秦从律，张爱晖. 基于截面纤维模型的弹塑性时程分析方法 [J]. 浙江大学学报(工学版)，2005，(07).

[4] John F. Hall，and V. R. Murty Challa "Beam-Column Modeling." Journal of Engineering Mechanics，ASCE，Vol. 121，No. 12，December 1995，pp. 1284-1291.

[5] Freeman S A. Prediction of response of concrete buildings to severe earthquake motion [J]. ACI Special Publication，SP-55：589-605.

[6] ABAQUS，ABAQUS analysis user's manual. Version 6.5. ABAQUS Inc.

[7] http：//www.luxinzheng.net/download/PQFiber/Manual.htm.

[8] http：//www.ce.berkeley.edu/～filippou/Research/fedeas.htm.

基于宏观模型的剪力墙静力弹塑性分析

王晓楠[1]　苗启松[2]　李文峰[2]　吴　徽[1]

（1. 北京建筑工程学院，北京　100044；2. 北京市建筑设计研究院，北京　100045）

摘　要：针对 PERFORM—3D 软件和宏观剪力墙单元模型提出了不同种类的单片剪力墙的建模方法和取参方法。尤其是对纤维墙元模型中的非线性剪切材料的本构关系，提出了建议的取参公式。并通过对多种不同类型的单片剪力墙的 push-over 分析结果与试验结果的对比，验证该方法的可行性。

关键词：PERFORM—3D；纤维墙元模型；非线性剪切材料

1　引言

Perform—3d 是美国 CSI 公司出品的一个致力于研究地震反应分析的非线性软件工具。通过使用以变形为基础或者强度为基础的限制状态来非线性分析复杂结构。在分析剪力墙构件的非线性属性时，该软件能直接基于纤维墙元宏观模型模拟剪力墙，因此具有现今大多数有限元分析软件所不具备的宏观性和简便性。在建模过程中，需要输入剪力墙的剪切材料(shear material)的本构关系。然而对于非线性剪切材料的本构关系，各种剪力墙的剪切滞变模型之间存在着很大的差异。为了在纤维墙元模型中恰当的描述剪力墙的非线性性剪切变形，并尽可能的简化分析，作者基于 ACI 318[6] 中对极限剪应力的描述和 FEMA 356[2] 对极限剪切应变的描述，提出了一套建议的剪切材料取参方法。并通过对不同类型的剪力墙的计算机模拟结果与试验结果的拟合实现验证的目的。

2　宏观剪力墙单元模型

2.1　纤维墙元模型

纤维墙元模型[1]（图 1）又叫多垂直杆元模型，是 Vulcano1988 年提出的。该模型中上下楼板用刚性梁模拟，将剪力墙用多条垂直杆件模拟，剪力墙单元的轴向刚度和弯曲刚度由垂直杆提供，单元的剪切刚度位于 rh 高度处的剪切弹簧提供，该模型考虑了中间墙板和外侧边柱的变形协调，考虑了剪力墙弯矩和轴力的相关性，可以考虑墙体非线性变形过程中墙体中性轴的移动，但并未考虑剪切刚度和弯曲刚度的互相影响问题。在 perform—3d 程序中，垂直杆元的受拉或受压时的本构关系在用户输入钢筋和混凝土的材料属性和划分纤维单元之后由程序自动生成，剪切材料(shear material)的本构关系需由

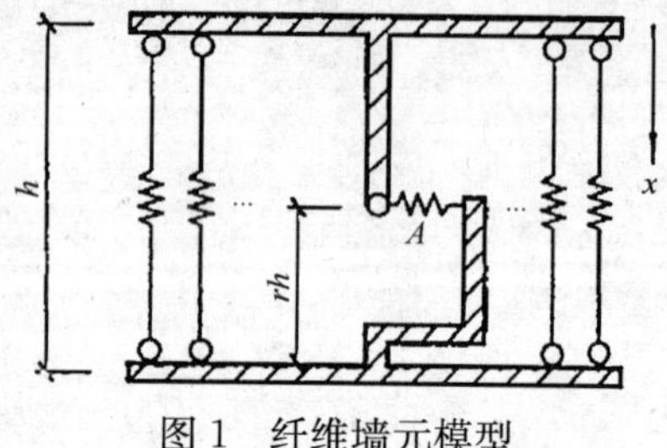

图 1　纤维墙元模型

用户自行定义。

2.2 带斜杆的纤维墙元模型

带斜杆的纤维墙元模型[10]（图 2）是在纤维墙元模型基础上建立的。该模型在纤维墙元模型基础上加设支撑斜杆，用来模拟暗支撑。斜杆布置角度及距中性轴的距离与实际剪力墙里的暗支撑布置角度及距中性轴的距离一致。该模型中上下楼板用刚性梁模拟，该模型考虑了中间墙板和外侧边柱的变形协调，考虑了剪力墙弯矩和轴力的相关性。

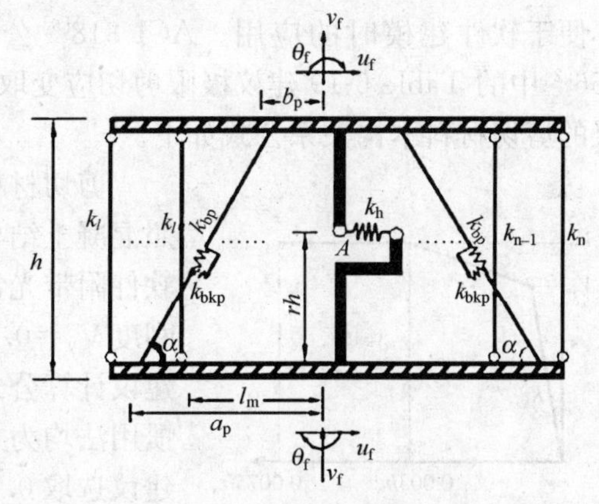

图 2 带斜杆的纤维墙元模型

3 材料参数

使用 perform—3d 软件建立剪力墙模型时，需要输入钢筋、混凝土和剪切材料（shear material）的本构关系。

3.1 钢筋和混凝土的本构关系

钢筋的屈服强度和极限强度一般试验数据中会给出，对应应变的取值见 FEMA 356[2]，如图 3 所示。Perform—3d 允许用约束混凝土模拟边缘约束构件的混凝土，用普通混凝土模拟墙体混凝土。混凝土材料受压本构关系见文[3]，约束混凝土受压本构关系见文[4]，示意图见图 4。

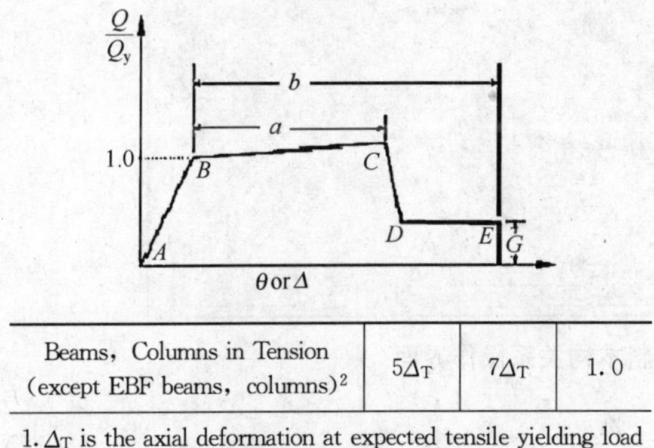

Beams, Columns in Tension (except EBF beams, columns)^2	$5\Delta_T$	$7\Delta_T$	1.0

1. Δ_T is the axial deformation at expected tensile yielding load

图 3 钢筋非线性本构关系示意图

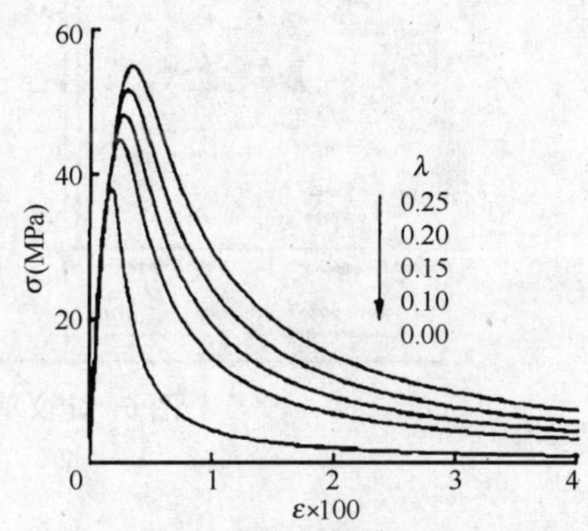

图 4 约束混凝土本构模型示意图

注：图中 λ 为配箍特征值，$\lambda=\rho f_{yh}/f_c$，其中 ρ 为体积配箍率，f_{yh} 为箍筋屈服强度，f_c 为混凝土轴心抗压强度。

3.2 非线性剪切材料的本构关系

3.2.1 一字型截面剪力墙剪切材料本构关系

目前国内外文献中建议的非线性剪力墙剪切模型较少。比较简单的有 Kabeyasawa 等提出的原点指向模型[5]，Hwang H. M.[16] 的修正 Takeda 模型等。二者各自定义了剪切材料的屈服强度、屈服前后的剪切刚度比，但未定义极限剪应力和最大剪切应变，不便于软件建模时的应用。ACI 318[6]公式(21-7)中规定了极限剪切应力，FEMA 356[2]中的 Table 6-19 建议极限剪切应变取 0.0075。作者根据以上资料，综合成一个建议的剪切材料本构关系公式如下。

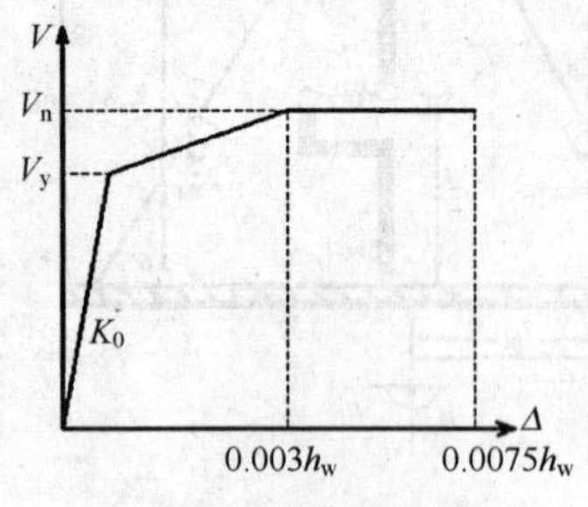

图 5　剪切材料的本构关系示意图

剪切材料本构关系示意图见图 5。初始剪切刚度按照混凝土结构设计规范取 0.4Ec；按照 PERFORM—3D 软件附带光盘中的建议(Wall Segments. pdf)，屈服剪切刚度 $V_y=0.6V_n$；参照美国规范 ACI 318[6]，极限剪力的建议计算公式见公式 1(注：公式中所有单位按照中国习惯用法均为 N 或 mm)。极限剪应力对应剪应变根据经验建议选取 0.003，极限剪应变根据 FEMA 356[2]建议选取 0.0075。定义剪切材料本构关系的软件操作界面如图 6 所示。

$$V_n=A_{cv}(\alpha_c\sqrt{f_c}+\rho_n f_y) \tag{1a}$$

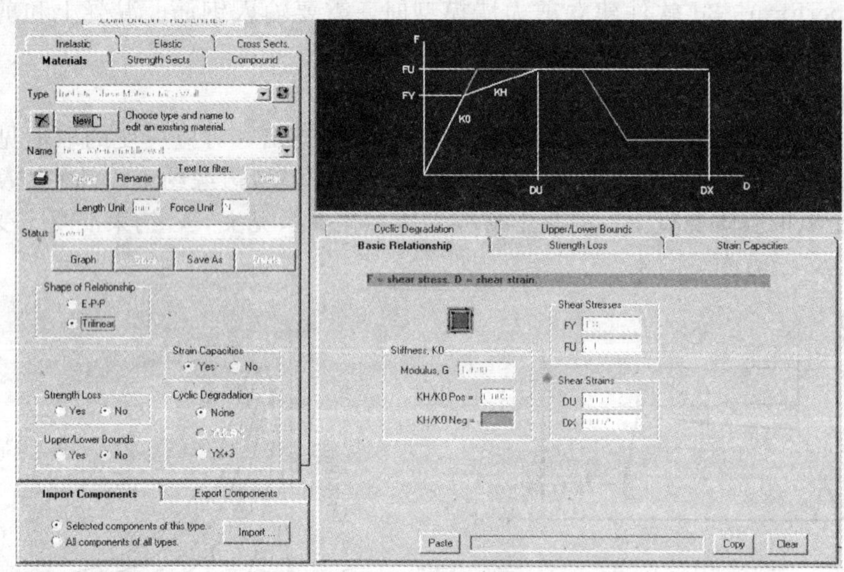

图 6　定义剪切材料本构关系操作界面

$$\rho_n=\frac{A_s}{S_2 h} \tag{1b}$$

$$\alpha_c=\begin{cases}\dfrac{1}{4}(h_w/l_w\leqslant 1.5)\\ \text{线性插值}(1.5<h_w/l_w<2)\\ \dfrac{1}{6}(h_w/l_w\geqslant 2)\end{cases} \tag{1c}$$

其中 V_n为剪力墙极限剪力，A_{cv}为剪力墙截面积，f_c为混凝土的实测抗压强度或标准抗压强度，f_y为箍筋的实测屈服强度或标准屈服强度，A_s为 S_2间距内水平筋的总截面积，S_2为箍筋间距，h 为剪力墙厚，h_w为剪力墙层高，l_w为墙肢宽度。

3.2.2　加斜暗支撑剪力墙剪切材料本构关系

加暗支撑剪力墙由于水平力传递的拱作用机制加强，斜向拉压杆对抗剪承载力有较大影响。考虑加暗支撑对抗剪承载力的加强，此时极限抗剪承载力公式建议为式 2 如下：

$$V'_{n}=V_{n}+V_{s} \tag{2a}$$

$$V_{s}=f'_{y}A'_{s}\sin\theta \tag{2b}$$

其中，V'_{n}为加暗支撑剪力墙抗剪极限承载力，V_{n}为普通一字形截面剪力墙的极限抗剪承载力，f'_{y}和A'_{s}分别为暗支撑斜向钢筋的实测或标准屈服强度和暗支撑斜向钢筋的总截面面积，θ为暗支撑与墙肢截面夹角。

3.2.3　型钢混凝土剪力墙剪切材料本构关系

参考《型钢混凝土组合结构技术规程》[19]，考虑型钢对剪切承载力的加强，此时的极限抗剪承载力建议为公式(3)如下：

$$V'_{n}=V_{n}+V_{s} \tag{3a}$$

$$V_{s}=0.4f_{a}A_{a} \tag{3b}$$

其中，V'_{n}为型钢混凝土剪力墙抗剪极限承载力，V_{n}为普通一字形截面剪力墙的极限抗剪承载力，f_{a}和A_{a}分别为型钢的实测或标准屈服强度和型钢的总截面面积。

4　算例

4.1　中高剪力墙

4.1.1　中高剪力墙试件

中高剪力墙试件在这里指剪力墙层高与剪力墙墙肢长度之比(h_{w}/l_{w})大于等于 1 的剪力墙试件。试件编号分别为 sw1[7]、sw2[8]、sw3[8]、sw4[8]，其中 sw 代表普通剪力墙。墙肢净高、轴压比、混凝土强度标号和混凝土强度见表 1。墙肢的截面示意图见图 7。

剪力墙试件高度、轴压比、混凝土型号　　　**表 1**

剪力墙编号	剪力墙层高	轴压比	混凝土强度标号	混凝土强度
sw1	2800	0.3	C40	38.68
sw2	2000	0.3	C40	40
sw3	2000	0.3	C40	40
sw4	2000	0.3	C40	40

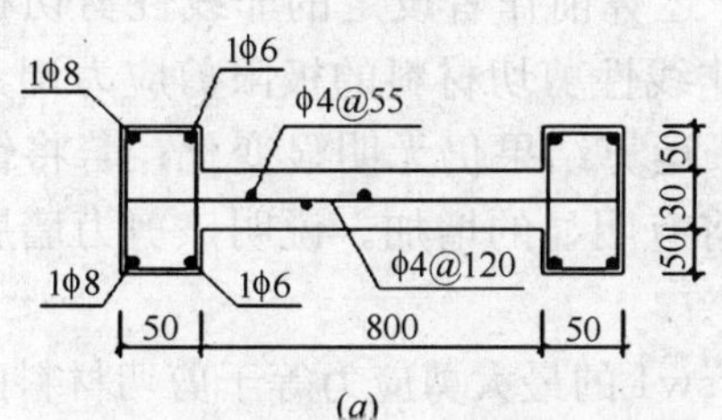

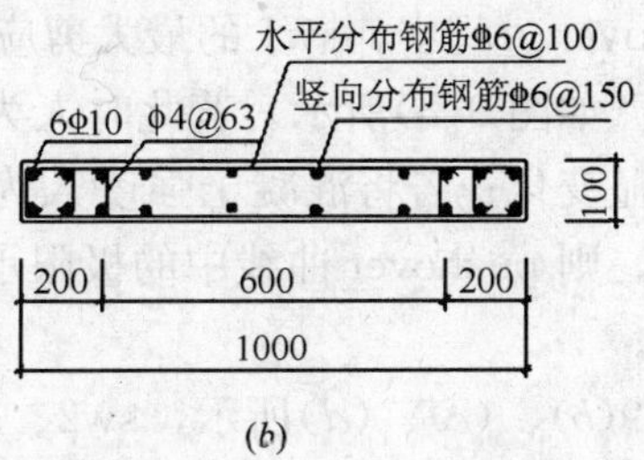

图 7　剪力墙试件截面示意图(一)

(a)sw1；(b)sw2

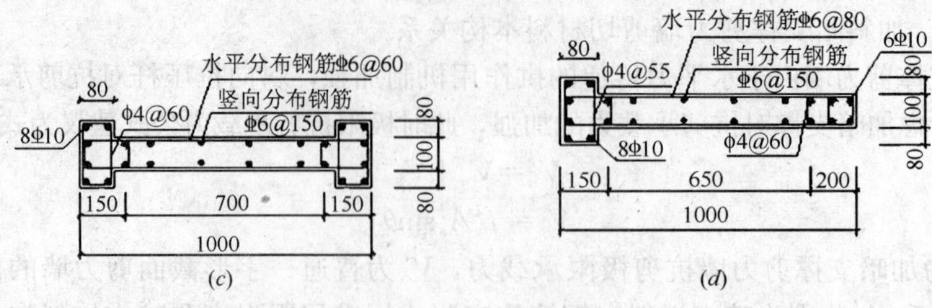

图 7 剪力墙试件截面示意图(二)

(c)sw3；(d)sw4

4.1.2 建模计算与试验结果对比

用 perform—3d 软件进行 push-over 分析，得到基底剪力——位移角曲线，并将其与试验结果拟合(见图 8)。计算结果与试验结果基本一致。运算结束后，可以通过软件的 timehistory 界面查看墙体截面在 push-over 过程中剪应力的变化。

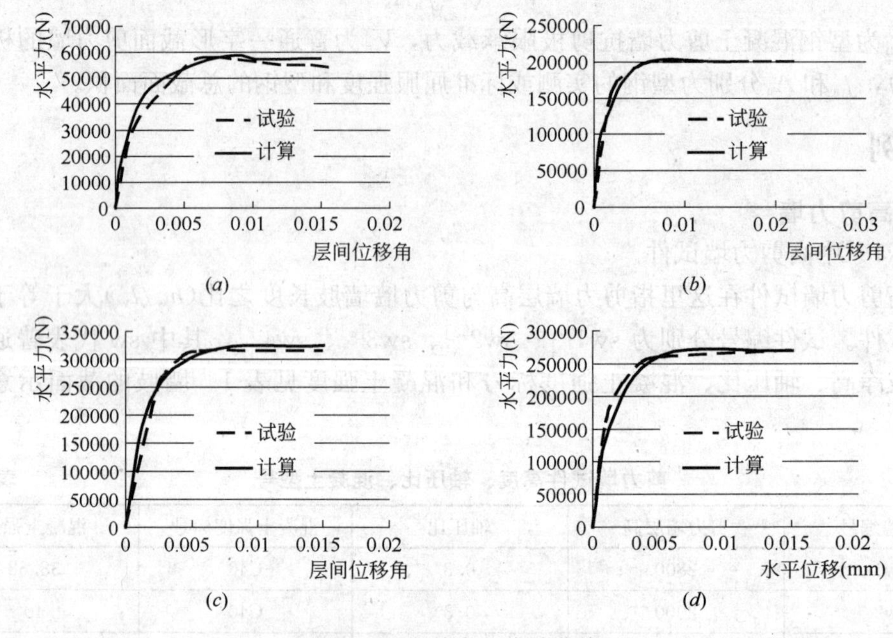

图 8 基底剪力—位移曲线

(a)sw1；(b)sw2；(c)sw3；(d)sw4

Pushover 过程中，sw1 的最大剪应力小于运算前作者设定的非线性剪切材料的极限剪应力。如图 9(a)所示。若此时人为地将非线性剪切材料的极限剪应力调大，运算结果无明显变化；若将混凝土强度人为调大，运算结果仍无明显变化；若将钢筋屈服强度增强，则 pushover 曲线中的极限承载力将有明显的增加。说明该剪力墙属于受拉弯曲破坏。

如图 9(b)、(c)、(d)所示，sw2、sw3 和 sw4 的最大剪应力等于剪切材料的极限剪切应力，该剪力墙为剪切破坏。若将剪切材料的极限剪切应力放大，则极限承载力将有明显提高。若将混凝土或钢筋的强度放大，pushover 曲线则无明显变化。

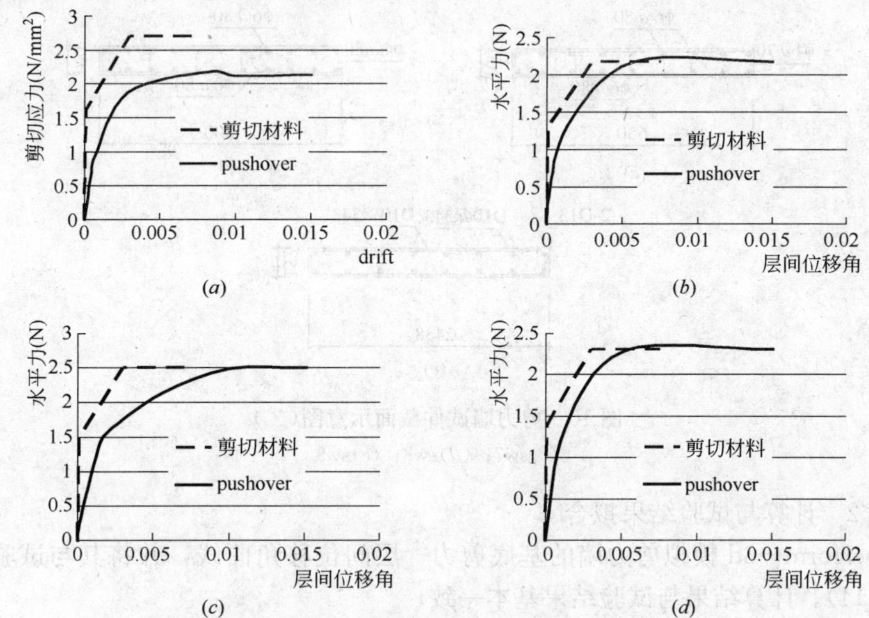

图 9 剪切材料本构关系与 pushover 过程中剪应力对比

(a)sw1；(b)sw2；(c)sw3；(d)sw4

4.2 低剪力墙

4.2.1 低剪力墙试件

低剪力墙(squat shear wall)试件在这里指剪力墙层高与剪力墙墙肢长度之比(h_w/l_w)小于 1 的剪力墙试件。试件编号分别为 sw5[9]、sw6[10]、sw7[10]、sw8[10]、sw9[11]，其中 sw 代表普通剪力墙。墙肢净高、轴压比、混凝土强度标号和混凝土强度见表 2。截面示意图见图 10。

剪力墙试件高度、轴压比、混凝土型号 表 2

剪力墙编号	剪力墙层高	轴压比	混凝土强度标号	混凝土强度
sw5	1350	0.2	C40	41.5
sw6	750	0.2	C30	30
sw7	750	0.2	C30	30
sw8	750	0.2	C30	30
sw9	1219	0.1	相当于 C30	30

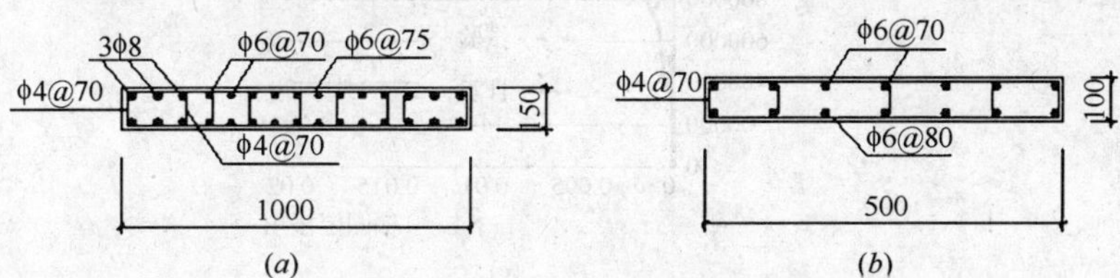

图 10 剪力墙试件截面示意图(一)

(a)sw5；(b)sw6

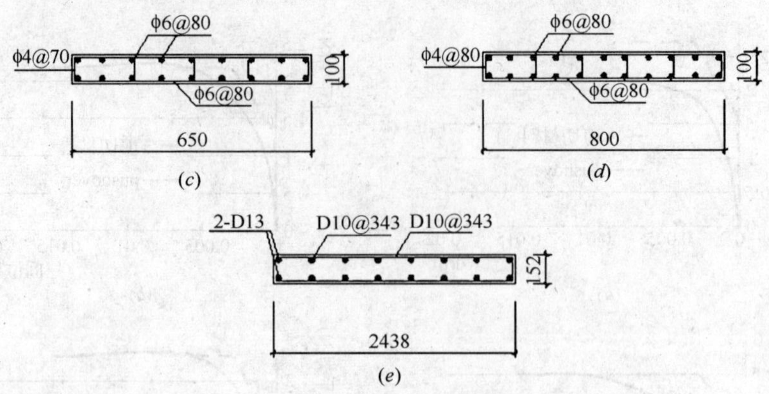

图 10　剪力墙试件截面示意图(二)

(*c*)sw7；(*d*)sw8；(*e*)sw9

4.2.2　计算与试验结果拟合

用 perform—3d 模拟剪力墙的基底剪力—层间位移角曲线，并将其与试验结果拟合(见图 11)。计算结果与试验结果基本一致。

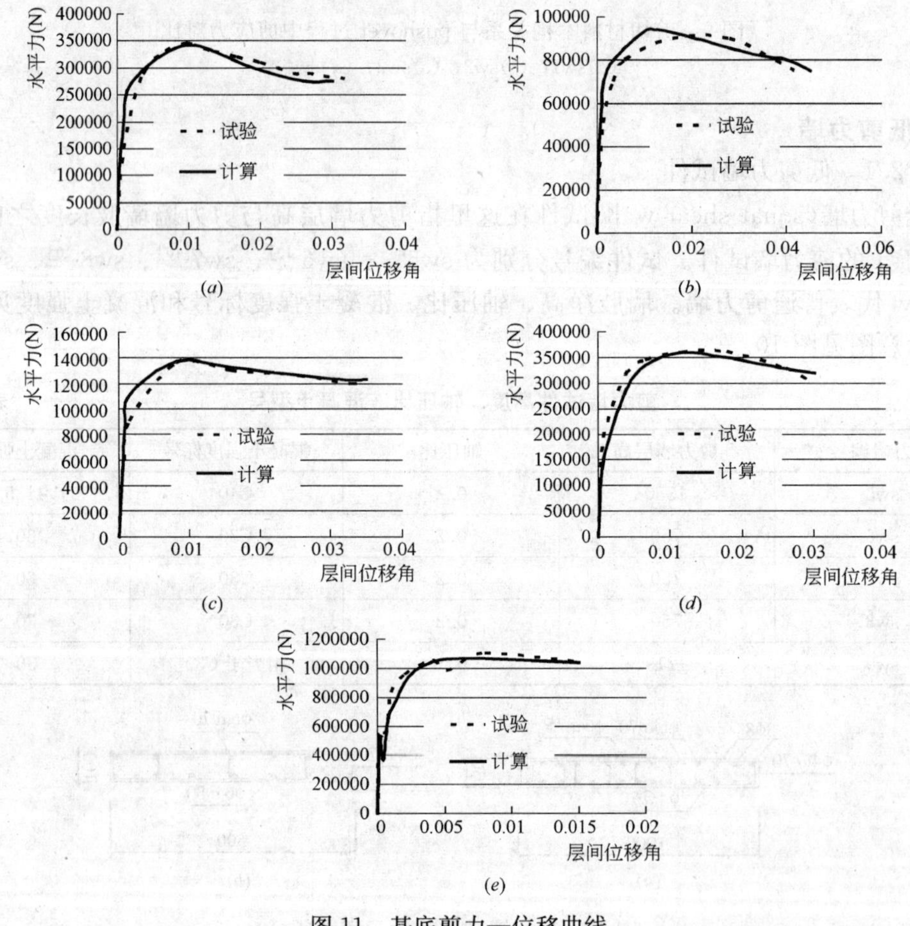

图 11　基底剪力—位移曲线

(*a*)sw5；(*b*)sw6；(*c*)sw7；(*d*)sw8；(*e*)sw9

Pushover 过程中，sw5、sw6、sw7 的最大剪应力小于运算前作者设定的非线性剪切材料的极限剪应力。如图 12(*a*)、(*b*)、(*c*)所示。若此时人为的将非线性剪切材料的极限剪应力调大，运算结果无明显变化；若将混凝土强度人为调大，构件极限承载力无明显增大，但 pushover 曲线下降段变平缓；若将钢筋屈服强度增强，则 pushover 曲线中的极限承载力将有明显的增加。说明该剪力墙属于受拉弯曲破坏。

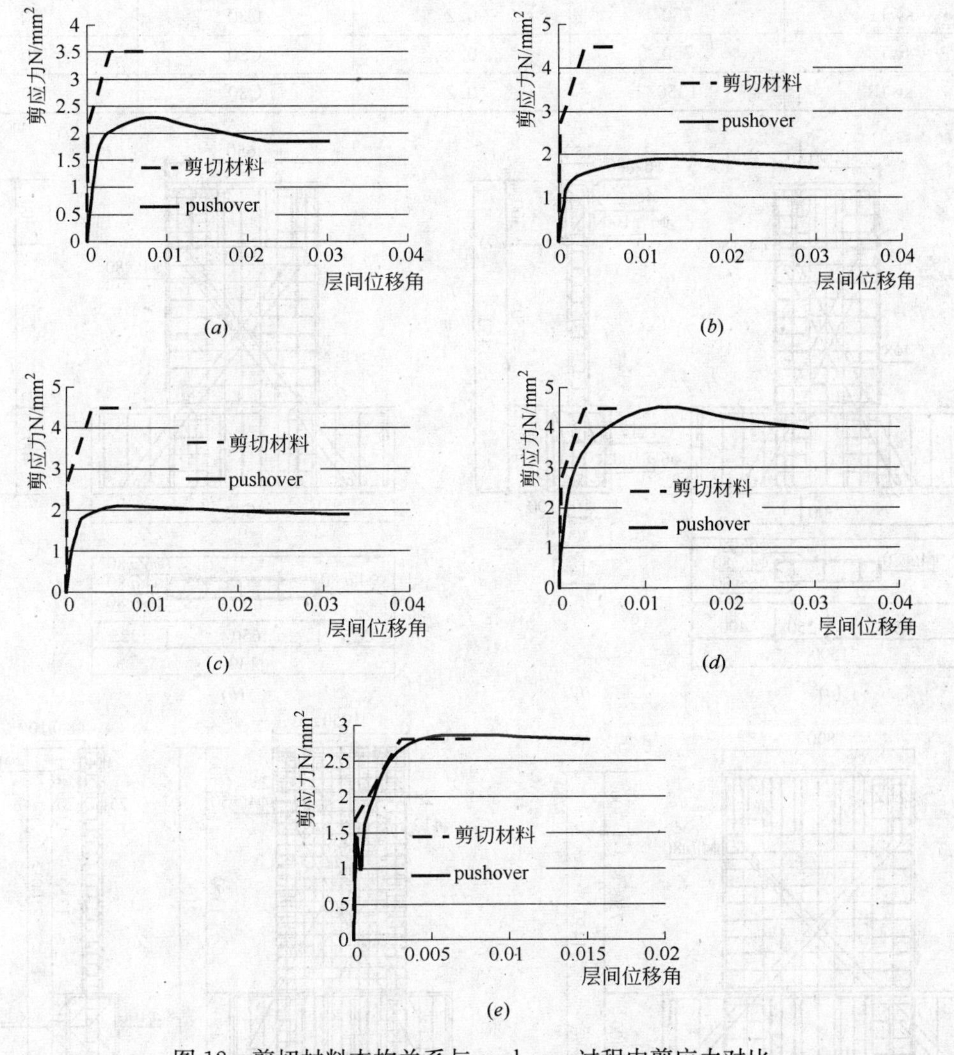

图 12 剪切材料本构关系与 pushover 过程中剪应力对比

(*a*)sw5；(*b*)sw6；(*c*)sw7；(*d*)sw8；(*e*)sw9

如图 12(*d*)、(*e*)所示，sw8、sw9 的最大剪应力等于剪切材料的极限剪切应力，该剪力墙为剪切破坏。若将剪切材料的极限剪切应力放大，则极限承载力将有明显提高。若将混凝土或钢筋的强度放大，pushover 曲线则无明显变化。

4.3 加暗支撑剪力墙

4.3.1 加暗支撑剪力墙试件

试件编号分别为 sbw10[12]、sbw11[9]、sbw12[9]、sbw13[9]，其中 sbw 代表加暗支

撑剪力墙。墙肢净高、轴压比、混凝土强度标号和混凝土强度见表 3。试件配筋详图见图 13。

剪力墙试件高度、轴压比、混凝土型号　　表 3

剪力墙编号	剪力墙层高(mm)	轴压比	混凝土强度标号	混凝土强度
sw10	750	0.2	C30	30
sw11	750	0.2	C30	30
sw12	750	0.2	C30	30
sw13	1350	0.2	C30	30

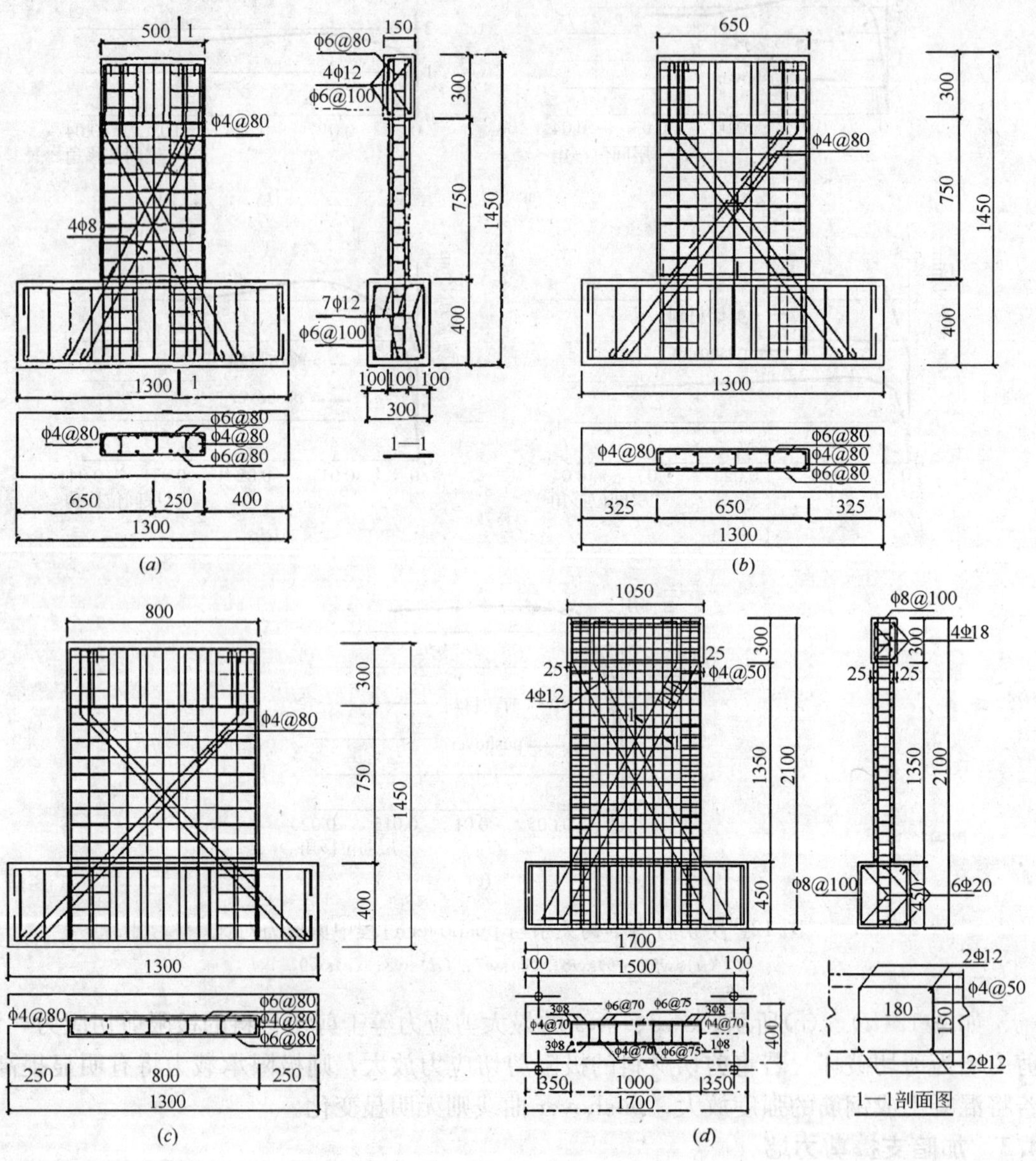

图 13　剪力墙试件截面示意图

(*a*)sw10；(*b*)sw11；(*c*)sw12；(*d*)sw13

4.3.2　计算与试验结果对比

用 perform—3d 模拟剪力墙的顶点力—层间位移角曲线，并将其与试验结果拟合(见图 14)。计算结果与试验结果基本一致。

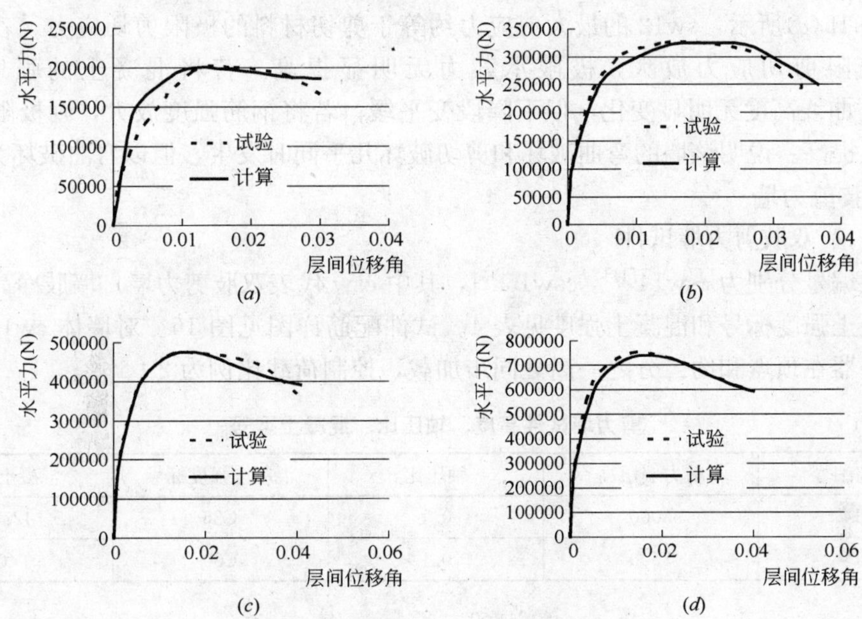

图 14　基底剪力—层间位移角曲线

(a)sbw10；(b)sbw11；(c)sbw12；(d)sbw13

Pushover 过程中，sw10、sw11、sw13 的最大剪应力小于运算前作者设定的非线性剪切材料的极限剪应力。如图 15(a)、(b)、(d)所示。若此时人为的将非线性剪切材

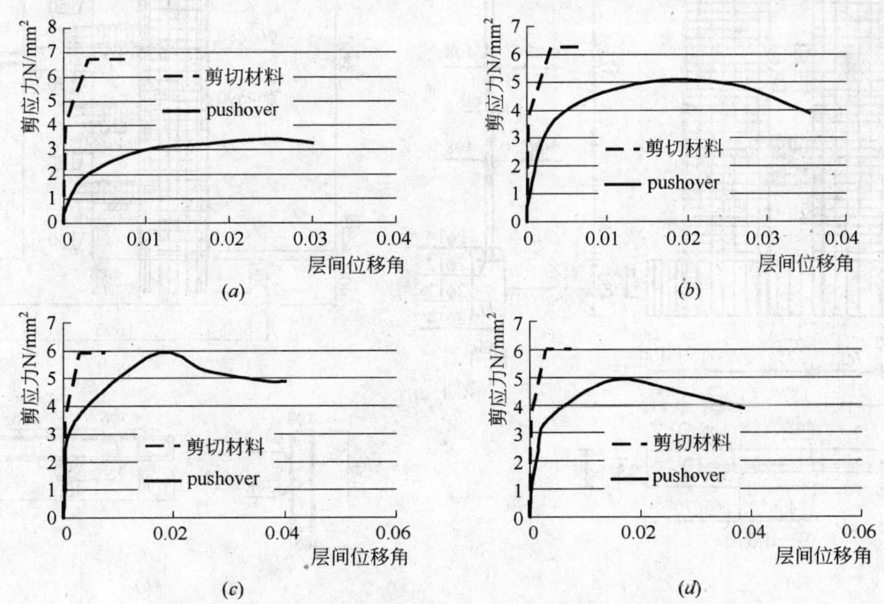

图 15　剪切材料本构关系与 pushover 过程中剪应力对比

(a)sw10；(b)sw11；(c)sw12；(d)sw13

料的极限剪应力调大，运算结果无明显变化；若将混凝土强度人为调大，构件极限承载力无明显增大，但下降段形状逐渐有上升的趋势；若将钢筋强度增大，极限承载力将明显增大，说明该剪力墙属于弯曲破坏。

如图 15(*c*)所示，sw12 的最大剪应力约等于剪切材料的极限剪切应力。若将剪切材料的极限剪切应力放大，极限承载力无明显提高。若将混凝土的强度放大，pushover 曲线高度无明显变化，但下降段变平缓；若将钢筋强度放大，则极限承载力将有明显提高。说明该墙的弯曲破坏和剪切破坏几乎同时发生，但以弯曲破坏为主。

4.4 双肢剪力墙

4.4.1 双肢剪力墙试件

试件编号分别为 csw14[14]，csw15[15]，其中 csw 代表双肢剪力墙。墙肢净高、轴压比、混凝土强度标号和混凝土强度见表 4。试件配筋详图见图 16。对墙体 cw15，使用两台加振器在顶点和约二分之一高处同步加载，控制荷载比例为 2∶1。

剪力墙试件高度、轴压比、混凝土型号 **表 4**

剪力墙编号	剪力墙层高	轴压比	混凝土强度标号	混凝土强度
sw14	3000	0.1	C35	42.36
sw15	3500	0.1	C30	40

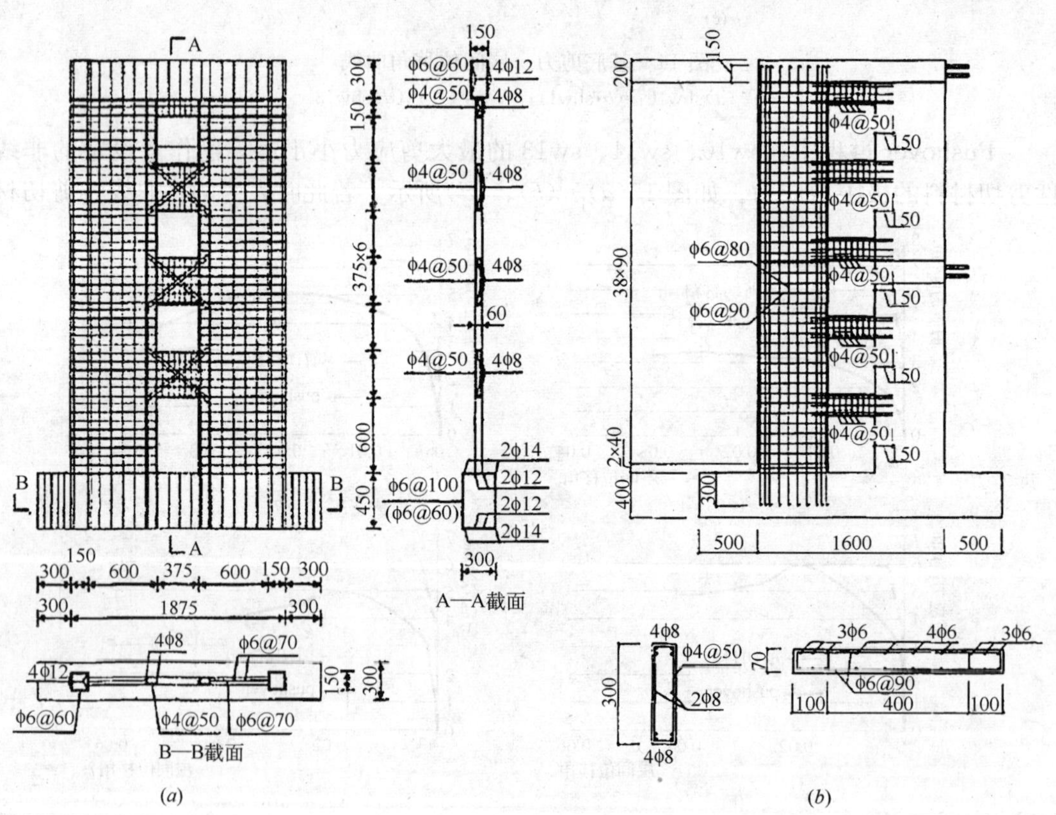

图 16 剪力墙试件截面示意图

(*a*)sw14；(*b*)sw15

4.4.2　计算与试验结果对比

用 perform—3d 模拟剪力墙的基底剪力—层间位移角曲线，并将其与试验结果拟合(见图 17)。计算结果与试验结果基本一致。

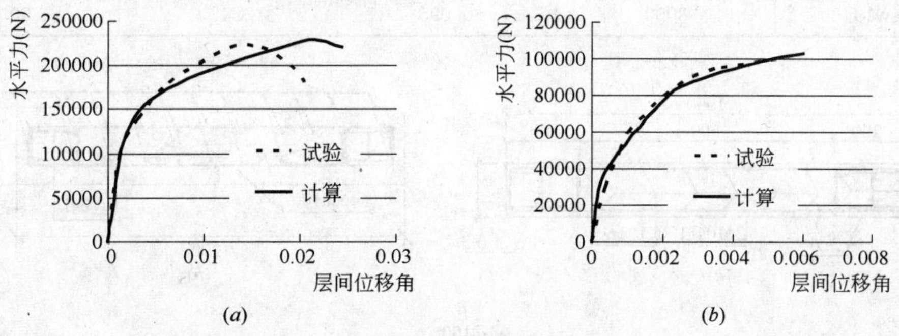

图 17　基底剪力—层间位移角曲线

(a)sbw14；(b)sbw15

在 sbw14、sbw15 推覆过程中，连梁首先剪切破坏。sbw14 剪切应力接近极限剪切应力，sbw15 剪切应力小于极限剪切应力，但将极限剪切应力调大，pushover 曲线形状均无明显变化。将钢筋和混凝土的强度分别调高，pushover 曲线形状无明显改变，说明剪力墙破坏主要由于连梁破坏引起。图 18(a)、(b)显示双肢剪力墙在推覆过程中剪切应力最大的一段墙肢的剪切应力变化过程。

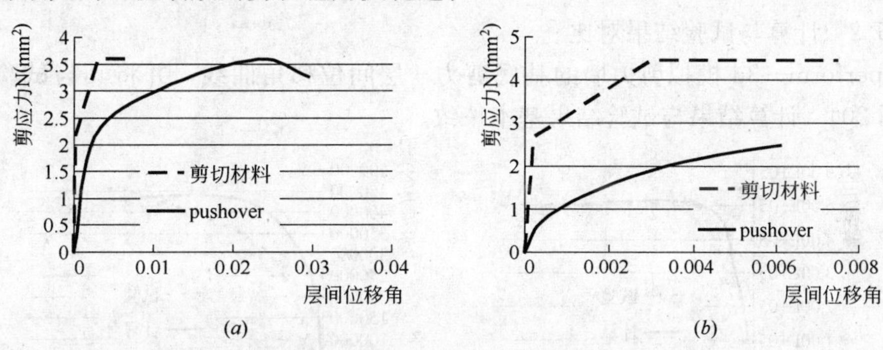

图 18　剪切材料本构关系与 pushover 过程中剪应力对比

(a)sbw14；(b)sbw15

4.5　型钢混凝土剪力墙

4.5.1　型钢混凝土剪力墙试件

试件编号分别为 xsw16[17]，xsw17[18]，xsw18[18]，xsw19[18]，其中 xsw 代表型钢混凝土剪力墙。墙肢净高、轴压比、混凝土强度标号和混凝土强度见表 5。试件配筋详图见图 19。

剪力墙试件高度、轴压比、混凝土型号　　**表 5**

剪力墙编号	剪力墙层高	轴压比	混凝土强度标号	混凝土强度
xsw16	2100	0.17	C80	80
xsw17	1800	0.193	C30	27.6

续表

剪力墙编号	剪力墙层高	轴压比	混凝土强度标号	混凝土强度
xsw18	2400	0.0182	C45	50.3
xsw19	3000	0.095	C45	50.3

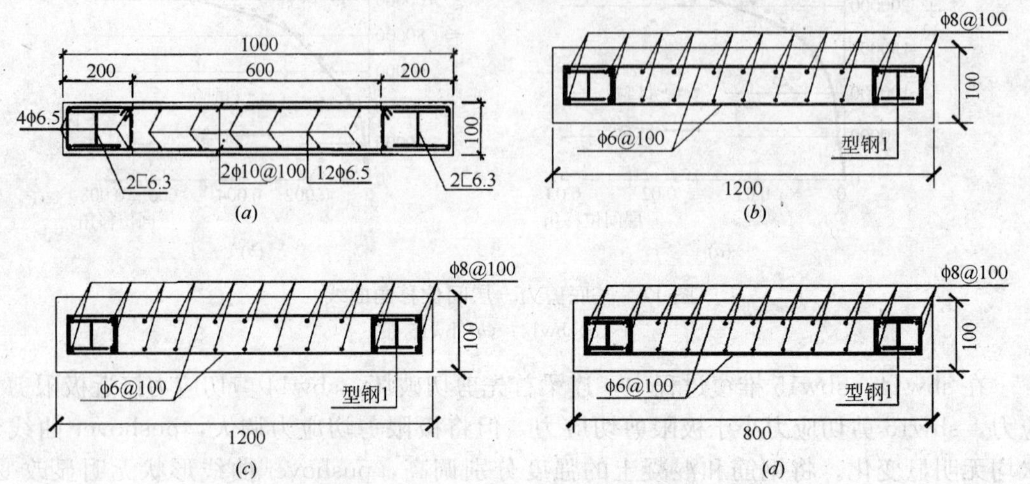

图 19 剪力墙试件截面示意图

(a)xsw16；(b)xsw17；(c)xsw18；(d)xsw19

4.5.2 计算与试验结果对比

用 perform—3d 模拟剪力墙的基底剪力—层间位移角曲线，并将其与试验结果拟合(见图 20)。计算结果与试验结果基本一致。

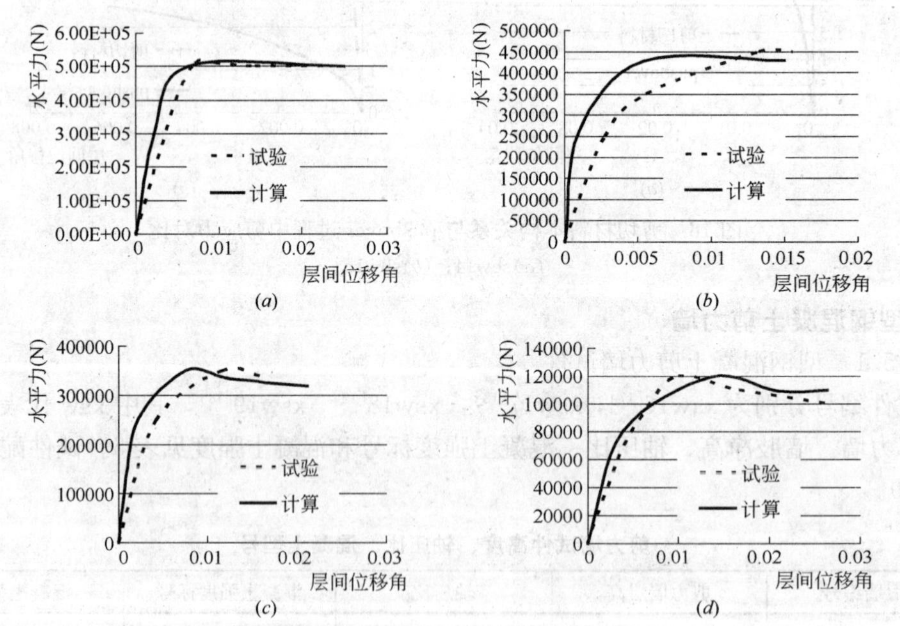

图 20 顶点力—层间位移角曲线

(a)xsw16；(b)xsw17；(c)xsw17；(d)xsw18

xsw15、xsw16 为剪切破坏，最大剪应力等于极限剪切应力，如图 21(*a*)、(*b*)所示。将钢筋、型钢和混凝土强度提高后，pushover 曲线无明显变化，当剪切强度提高后，极限承载力有明显提高。xsw17、xsw18 为弯曲破坏，最大剪应力小于极限剪切应力，如图 21(*c*)、(*d*)所示。提高钢筋和型钢强度后，极限承载力有明显提高，提高混凝土强度后，极限承载力无明显提高，但下降段变平缓。

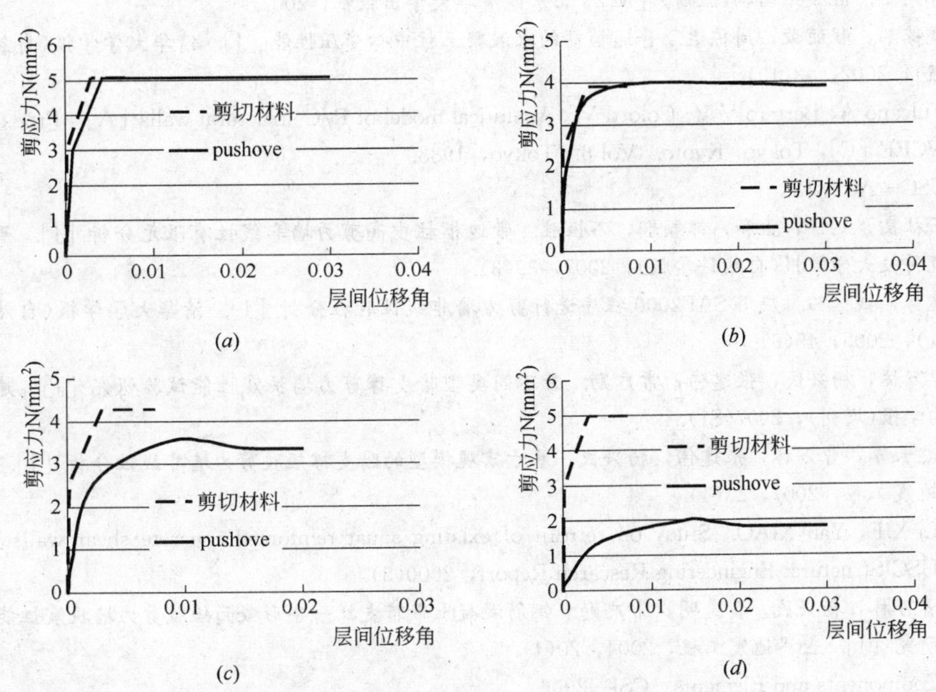

图 21　剪切材料本构关系与 pushover 过程中剪应力对比

(*a*)xsw16；(*b*)xsw17；(*c*)xsw17；(*d*)xsw18

5　结论

用 perform—3d 中的剪力墙构件模拟剪力墙的非线性行为，需要适当的定义剪切材料的参数，既满足模拟的可靠性要求，又满足软件数据输入的简便性。基于一定数量的单片剪力墙算例，本文建议，极限剪力按本文推荐的计算公式，考虑混凝土和水平钢筋的共同作用，加暗支撑剪力墙和型钢剪力墙需要考虑暗支撑钢筋和型钢对极限剪切应力的加强。极限剪应力对应的剪切应变建议取 0.003，极限剪切应变取 0.0075。分析结果表明，按照本文推荐方法选取参数建模，计算得到的结果与试验结果拟合较好。

剪切破坏的剪力墙构件，软件生成的 pushover 曲线通常无明显下降段，pushover 过程中最大剪切应力等于极限剪切应力。弯曲破坏的剪力墙构件，pushover 曲线会有明显的下降段，并且是由于边缘约束构件的混凝土的压坏而引起的，最大剪切应力通常小于极限剪切应力。加暗支撑剪力墙的极限剪切应力得到提高，因此该类型的剪力墙通常容易发生弯曲破坏。型钢剪力墙的极限剪切应力较大，抗弯能力也得到增强，因此极限承载力较大。

参考文献

[1] 汪梦甫，周锡元. 钢筋混凝土剪力墙单元非线性分析模型及其应用 [J]. 力学季刊，2002，23(1).

[2] USC—97，FEMA 356.

[3] 叶列平. 混凝土结构(上册) [M]. 北京：清华大学出版社，2002.

[4] 钱稼茹，程丽荣，周栋梁. 普通箍筋约束混凝土柱中心受压性能 [J]. 清华大学学报(自然科学报)，2002，42(10).

[5] Vulcano A，Bertero V V，Colotti V. Analutical model of R/C structural walls [A]. Proc of 9 th WCEE [C]，Tokyo，Kyoto. Vol 6. Tokyo，1988.

[6] USC—ACI 318.

[7] 王社良，赵祥，孟和，邹颖娴，石恒胜. 带边框柱中高剪力墙非线性有限元分析 [J]. 西安建筑科技大学学报(自然科学版)，2007，39(3).

[8] 魏勇，钱稼茹. 应用 SAP2000 程序进行剪力墙非线性时程分析 [J]. 清华大学学报(自然科学版)，2005，45(6).

[9] 曹万林，杨兴民，张建伟，常广勋. 带不同类型暗支撑剪力墙抗震性能试验研究 [J]. 建筑结构学报(增刊)，2007(S1).

[10] 赵长军，曹万林，张建伟，杨兴民. 基于宏观模型的暗支撑短肢剪力墙非线性分析 [J]. 世界地震工程，2007，23(4).

[11] Li XIE，Yan XIAO. Study on retrofit of existing squat reinforced concrete shear walls [R]. USC Structural Engineering Research Report，2000(5).

[12] 曹万林，杨兴民，黄选明，常广勋. 钢筋混凝土带暗支撑一字形截面短肢剪力墙抗震性能试验研究 [J]. 世界地震工程，2004，20(4).

[13] Components and Elements. CSI. 2006.

[14] 曹万林，董宏英，胡国振，张建伟，黄选明. 钢筋混凝土带暗支撑双肢剪力墙抗震性能试验研究 [J]. 建筑结构学报，2004，25(3).

[15] 陈云涛，吕西林. 联肢剪力墙抗震性能研究—试验和理论分析 [J]. 建筑结构学报，2003，24(4).

[16] Tohma J. Hwang H. Hysteric model for reinforced concrete containment [A]. Transactions of the 9th international SMIRT Conference，Lausanne，Switzerland，August 17 - 22，1987，Vol. l. pp. 25-256.

[17] 杨红楼. 型钢高性能混凝土剪力墙抗震性能试验研究.

[18] 吕西林，董宇光，丁子文. 截面中部配置型钢的混凝土剪力墙抗震性能研究 [J]. 地震工程与工程振动，2006，26(6).

[19] 型钢混凝土组合结构技术规程.

SRC 柱-钢梁节点抗震性能有限元分析

司建超[1]　吴　徽[1]　徐　斌[2]

(1. 北京建筑工程学院，北京　100044；2. 北京建筑设计研究院，北京　100045)

摘　要： 本文利用 ABAQUS 有限元分析软件，对已有 SRC 柱-钢梁节点试验进行了有限元分析，并将分析结果与试验结果进行了对比，验证了参数选取的正确性，进一步分析了 6 个配箍率不同的 SRC 柱-钢梁节点在高轴压比下的抗震性能。

关键词： SRC 柱-钢梁节点；有限元分析；塑性损伤模型；配箍率

1　引言

随着高层建筑的不断发展，抗震性能优异的组合结构在高层建筑中应用的越来越普遍，而历次震害表明，组合结构体系破坏往往发生在节点区域。所以，很多高校和研究所对组合结构节点进行了深入的研究[1]。

组合结构节点的很多种，相对来说，型钢混凝土柱(以下简称 SRC 柱)-钢梁节点研究较少，以下是国内学者所做试验研究统计：

国内学者对 SRC 柱-钢梁节点试验研究概况　　表 1

年代	单位	学者	试件	轴压比
1990	东南大学	唐九如，陈雪红	4	0.1
1993	西安建筑科技大学	赵鸿铁，黄君方，姜维山	3	0.2
2003	台湾交通大学	翁正强，陈诚直，王晖舜	2	无轴压力
2003	福州大学	房贞政，陈伟恩，郑则群	4	0.2
2006	北京工业大学	赵均，田守瑞等	6	0.32，0.16

到目前为止相关试验研究轴压比都很低，而在实际工程中，尤其是高层建筑中，低层柱很多受高轴压力作用。因此，节点在高轴压比下的抗震性能如何，需做进一步研究。另一方面，规程[2]中对节点区最小体积配箍率做了规定，而实际工程施工中配箍率越大，施工越复杂。因此，对规程中的最小体积配箍率是否就是最适配箍率提出疑问，能否找到一个低于规程但同样满足性能要求的配箍率，也需做相关研究。根据上面两点问题，设计出试验方案：不同配箍率下 SRC 柱-钢梁节点在高轴压比下的抗震性能研究，试验将在近期开始。在试验开始之前，先用软件进行有限元分析模拟。

相对于试验研究来说，对试验的数值模拟也是一件复杂的事：型钢混凝土中的存在四种组成部分，纵筋、箍筋、型钢、混凝土，每个部分用何种单元建模，网格如何划分，各部分之间如何连接，都是值得深究的问题；还含有两种材料，钢材和混凝土，钢材本构模型比较简单，容易模拟，而混凝土则不同，混凝土本构非常复杂，拉压承载力相差很大，而且本构中还存在下降段，更要考虑裂缝的出现对承载力的影响，所以混凝土的模拟是个难点。

本文用 ABAQUS 有限元分析软件，对台湾交通大学翁正强、陈诚直的 SRC 柱-钢梁节点试验进行了有限元分析[3]，采用塑性损伤模型(Concrete damaged plasticity Model，简称 CDP)模拟混凝土，对节点的抗震性能进行了对比分析，得出结论，并将有限元分析结果与既有试验结果进行了对比，验证了有限元程序计算的精确性和可靠性。

在前一步分析的基础上，进行了在轴压比为 0.6 情况下的 6 种体积配箍率的 SRC 柱-钢梁节点抗震性能研究，得出相关结论，为下一步做实验提供参考。

2 试验有限元模拟

2.1 试验概况

试验共制作了两组构件，构件的形式和尺寸如图 1、图 2 所示，两构件所用钢材、钢筋、混凝土等都相同，惟一区别在与配箍率不同，构件 1(以下简称 SRC-1)箍筋间距为 150mm，SRC-2 箍筋间距为 100mm，采用拟静力加载。

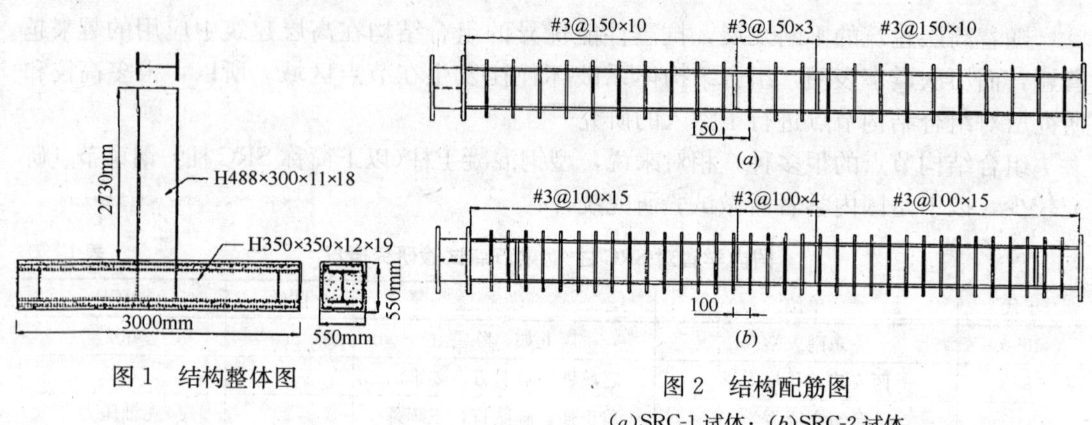

图 1　结构整体图

图 2　结构配筋图

(a)SRC-1 试体；(b)SRC-2 试体

2.2 相关参数定义

2.2.1　钢筋和型钢本构

梁柱钢材采用 Q345 级钢，钢材的弹性性质由弹性模量和泊松比定义，其中弹性模量 $E=2.06\times10^5\text{N/mm}^2$，泊松比 $\nu=0.3$；钢筋采用 Q235 级钢，屈服强度 210N/mm^2；混凝土为 C45，弹性模量 $E=3.25\times10^4\text{N/mm}^2$，泊松比 $\nu=0.2$。

钢材用了 3 种，型钢、钢筋、箍筋，本构关系采用刚度衰减三折线型，屈服后刚度减为弹性刚度的 1%，如图 3 所示。

型钢和钢筋参数　**表 2**

	型钢	纵钢	箍筋
屈服应力(MPa)	319	422	471
极限应力 (MPa)	513	579	707
屈服应变	0.001595	0.00211	0.002355
极限应变	0.03828	0.05064	0.05652

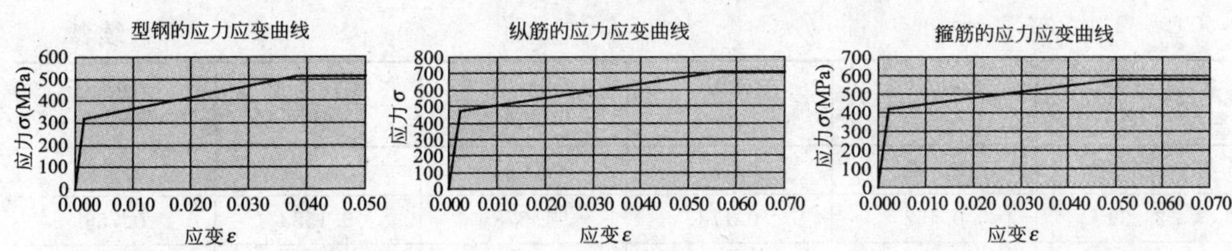

图 3　钢材应力应变关系

在 abaqus 中，以上的应力应变被称为名义应力和名义应变，需要换算为真实应力和塑性应变[4]，表 3 为在 abaqus 中 Plastic 本构中输入的应力应变数值。

输入 abaqus 中的参数　　**表 3**

	型钢	纵钢	箍筋
屈服点真实应力(MPa)	319.5	422.9	472.1
屈服点塑性应变	0	0	0
极限点真实应力(MPa)	532.6	608.3	747
极限点塑性应变	0.035	0.046	0.051

2.2.2　混凝土本构模型

混凝土采用规范[5]提供的本构关系(见图)和 abaqus 提供的塑性损伤模型进行分析[6]。塑性损伤模型通过定义损伤因子，可以很好的模拟混凝土在拟静力加载下的混凝土的性能变化。

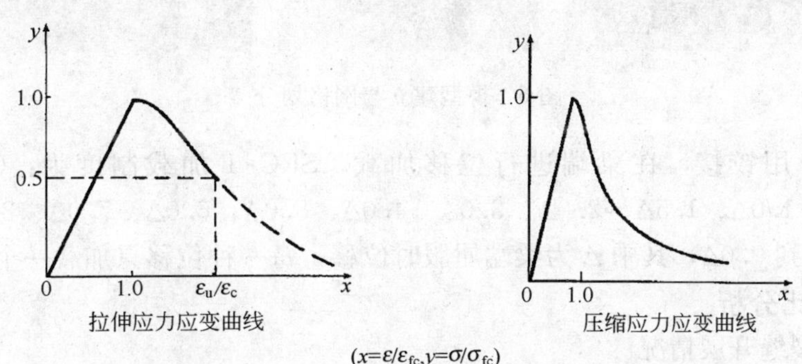

图 4　混凝土本构关系

以下是 CDP 模型参数表。

混凝土相关参数　　**表 4**

Dilation Angle	Eccentricity	Fb0/fc0	K	Viscosity parameter
36	0.1	1.16	0.667	0.0005

抗压强度 (MPa)	塑性应变 ($\times10^{-3}$)	损伤因子 d_c	抗拉强度 (MPa)	塑性应变 ($\times10^{-3}$)	损伤因子 d_t
9.95	0	0	2.510	0	0
17.84	0.067	0.065	2.395	0.0485	0.359

续表

抗压强度（MPa）	塑性应变（$\times10^{-3}$）	损伤因子 d_c	抗拉强度（MPa）	塑性应变（$\times10^{-3}$）	损伤因子 d_t
23.69	0.192	0.137	1.938	0.0921	0.620
28.39	0.452	0.178	1.378	0.1588	0.756
29.41	0.910	0.264	0.867	0.2741	0.876
28.15	1.160	0.501	0.522	0.4843	0.924
19.64	2.410	0.665	0.347	0.7893	0.949
14.86	3.320	0.767	0.250	1.1918	0.964
10.36	4.680	0.861			
4.4	9.820	0.939			

2.3 建模过程

模型中，型钢采用壳单元，网格划分采用 S4R 单元，纵筋和箍筋采用线单元，网格划分采用 T3D2 单元，混凝土采用实体单元，网格划分采用 C3D8R 单元。

关于钢筋和型钢与混凝土的连接：箍筋直接 Embeded 到混凝土里。

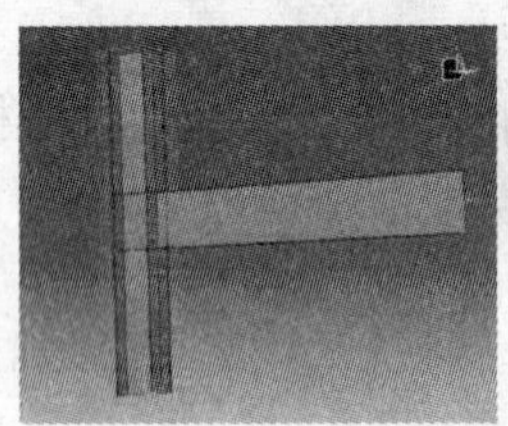
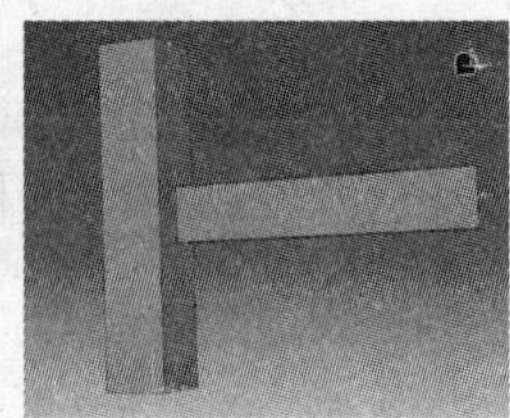
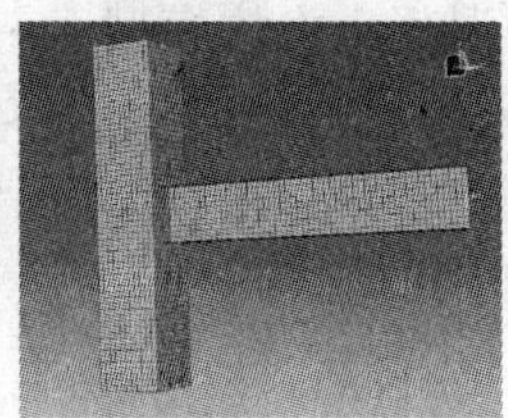

图 5　模型建立与网格划分

柱两端采用铰接，在梁端进行位移加载，SRC-1 加载制度为：0.2Δ、0.4Δ、0.6Δ、0.8Δ、1.0Δ、1.5Δ、2.0Δ、3.0Δ、4.0Δ、5.0Δ、6.0Δ、7.0Δ、8.0Δ，SRC-2 多加载一圈：到 9.0Δ，其中 Δ 为梁端屈服时位移，每一种位移只加载一个循环。

2.4 结果对比分析

2.4.1　裂缝开展情况

通过损伤因子的定义，可以看到 SRC 柱-S 梁节点的裂缝开展情况，在正向加载过程中，先在节点区先形成斜向裂缝，然后反向加载时，逐渐形成十字形裂缝，最后随着往复加载的不断进行，裂缝沿节点区向柱两端扩展，与试验情况类似。

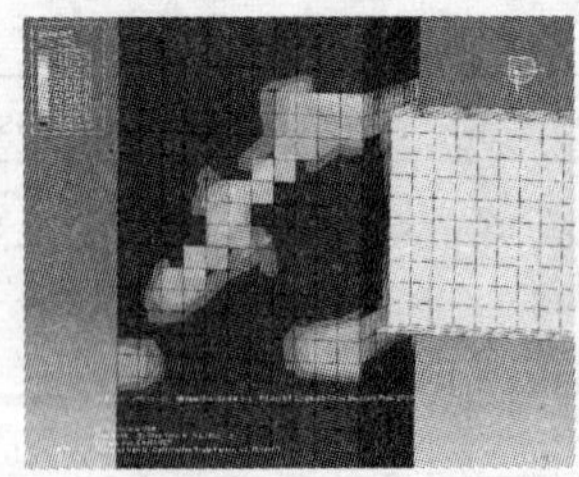
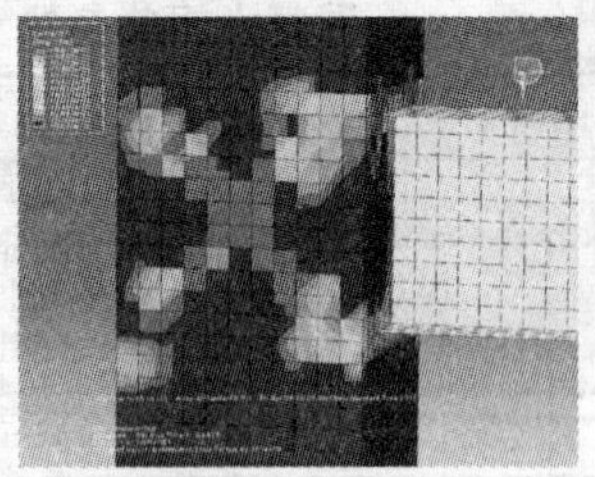

图 6　数值模拟裂缝开展情况

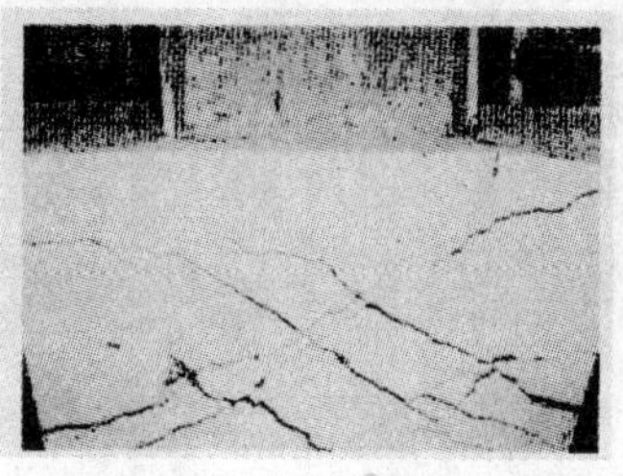

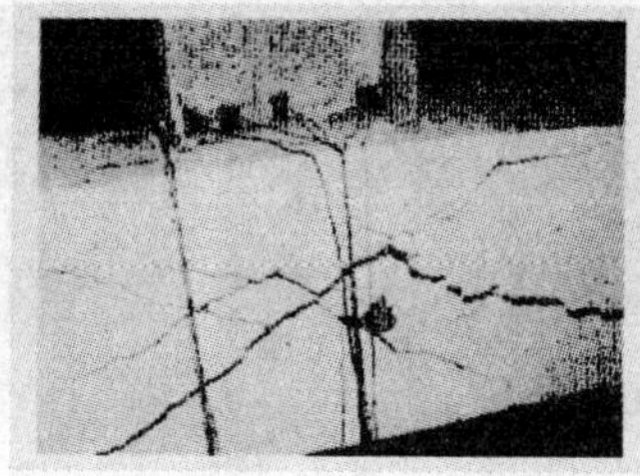

图7　试验中裂缝开展情况

2.4.2　滞回曲线

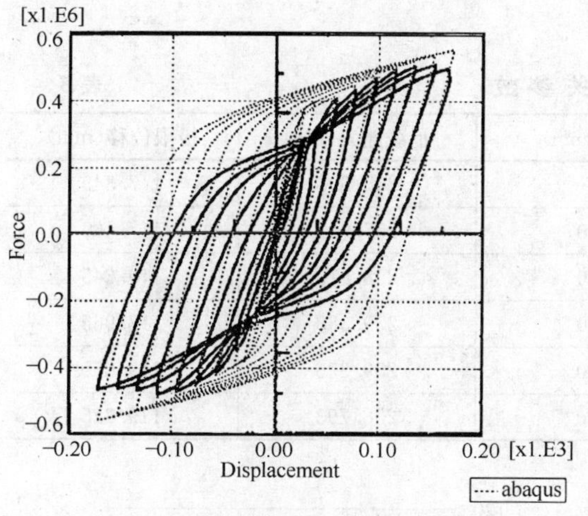

图8　SRC-1节点滞回曲线对比
（箍筋间距100mm）

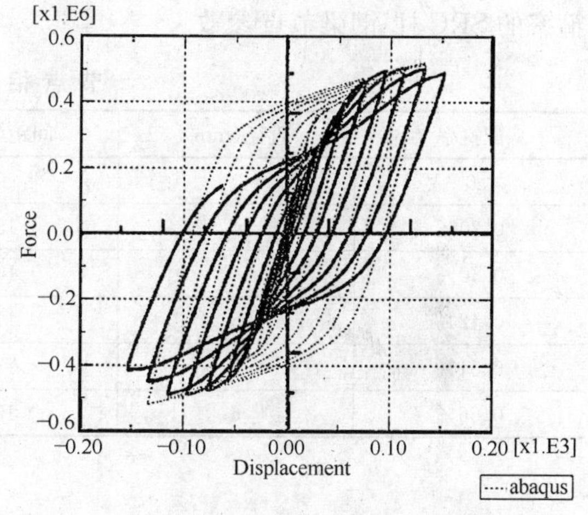

图9　SRC-2节点滞回曲线对比
（箍筋间距150mm）

通过对比分析，看到abaqus所得滞回曲线和试验曲线基本重合，屈服荷载、极限荷载相差不多。

但差异也是明显的，滞回曲线没有出现捏拢现象，原因有二：abaqus软件本身未考虑混凝土裂面效应的影响是直接原因，是“硬伤”，望以后通过版本更新解决这一问题；钢筋、型钢直接嵌到混凝土中，未考虑到粘结滑移作用，虽然通过CDP模型中定义拉伸强化(tension stiffening)近似模拟粘结滑移，但不明显，有资料说通过添加弹簧单元可以模拟粘结滑移，但经试验，效果并不显著，需进一步研究。

3　配箍率不同时节点有限元分析

3.1　试验模型建立

梁柱钢材采用Q235级钢，箍筋级别为HPB235，纵筋级别为HRB335，混凝土级别为C40。节点为十字型，柱两端铰接，柱含钢率为4.96%，配筋率为1.15%，轴压比为0.6，梁两端进行位移反复加载。加载制度为：0.2Δ、0.4Δ、0.6Δ、0.8Δ、1.0Δ、2.0Δ、3.0Δ、4.0Δ、6.0Δ、8.0Δ，每一种位移加载三个循环。

模型建立如下：

图 10 模型建立与网格划分

3.2 结果分析

改变节点体积配箍率的有两种：箍筋间距和直径的改变，以下是 6 种不同体积配箍率的 SRC 柱-钢梁节点参数。

节点相关参数 表 5

配箍率	直径(mm)	间距(mm)	承载能力(kN)	极限位移(mm)
0	0	0	258.698	117.349
0.20%	4	150	257.947	117.469
0.30%	4	100	258.813	119.245
0.42%	5	110	259.388	118.965
0.51%	6	130	259.296	119.055
0.66%	6	100	258.793	119.325

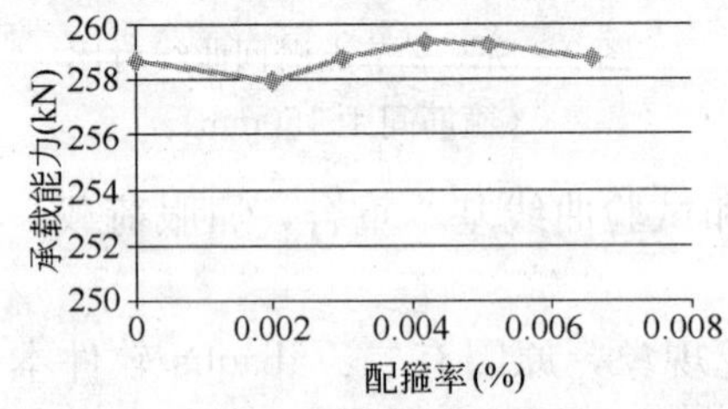

图 11 配箍率和承载能力变化关系

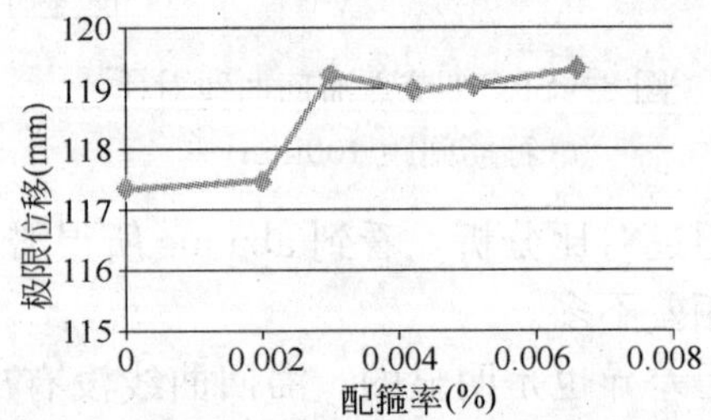

图 12 配箍率和极限位移变化关系

通过图 11，对于 SRC 柱-钢梁节点来说，由于型钢和混凝土的存在，配箍率的变化对节点承载能力的影响不太明显，说明箍筋对节点承载能力贡献不大，箍筋只起约束混凝土的作用，按构造配筋即可。而构造配箍率的如何取值，规程规定为最小体积配箍率为 0.6%，在上述分析中小于这个值节点承载力也没有问题，但混凝土具体破坏形态如何，是否允许小于 0.6%，仍需试验进一步验证。

通过图 12，看到随着配箍率的增大，梁端所能达到的极限位移呈增长走趋势，说明配箍率提高对节点的延性有所提高。

4 结论

通过有限元建模和分析过程，得出以下结论：

(1) 通过 abaqus 模拟已有试验模型，得出的滞回曲线和试验结果基本吻合。软件中的 Concrete Damaged Plasticity 模型，可以较好的模拟混凝土的本构关系，通过损伤因子的应用，可以观察节点的裂缝开展过程。

(2) 配箍率的提高可以提高节点的延性，但对承载力的贡献不大，最小体积配箍率可以取到多少，仍需试验验证。

参考文献

[1] 司建超，徐斌，吴徽等．SRC 柱-钢梁节点受力性能研究综述［J］．12 届高层建筑抗震技术交流会，2009：141-148.

[2] JGJ 138—2001．型钢混凝土组合结构技术规程［S］．北京：中国建筑工业出版社．2002.

[3] 翁正强，陈诚直，王晖舜．钢梁与 SRC 柱之梁柱接头耐震试验［J］．建筑钢结构进展，2002，4(3)：460-465.

[4] 庄茁，张帆，岑松等．ABAQUS 非线性有限元分析与实例［M］．北京：科学出版社，2005.

[5] GB 50010—2002．混凝土结构设计规范［S］．中华人民共和国建设部．2002.

[6] 陆新征，叶列平，缪志伟．建筑抗震弹塑性分析［M］．北京：中国建筑工业出版社．2009：121-126.

交叉支撑压杆计算长度合理取值及滞回曲线模拟*

赵作周　刘庆志

（清华大学　土木工程安全与耐久教育部重点实验室，土木工程系，北京　100084）

摘　要：针对国内目前交叉支撑的工程设计现状，本文根据国外相关理论分析与试验结果，进一步分析了交叉支撑中压杆计算长度的合理取值，建议当交叉点有可靠连接时，应考虑拉杆对压杆的约束作用，压杆平面内外的计算长度系数均可取0.5。基于以上分析，根据国外学者的试验结果，本文还提出了一种模拟交叉支撑滞回曲线的等代方法。

关键词：交叉支撑；计算长度系数；滞回曲线；等代方法

1　引言

钢框架结构具有质轻高强，延性大，抗冲击荷载能力强等优点，但其抗侧刚度较小，地震中易产生很大的侧向变形。美国北岭地震的经验表明：钢框架结构过度的侧向变形，导致中等地震作用下框架主体结构和非结构构件损坏严重，震后修复困难[1]。钢支撑不仅能提供额外的抗侧刚度，并且能通过往复塑性变形消耗地震输入能量，保护主体结构安全，减轻非结构构件的破坏程度。因此，钢支撑框架结构是目前抗震区中多层民用建筑、单层和多层工业厂房广泛使用的一种抗侧力体系。日本阪神地震震害调查发现，钢支撑框架结构的破坏主要集中在钢支撑及钢支撑与框架的连接节点处，框架主体结构破坏程度较轻，有效地保护了人民生命财产安全，证明了这种抗侧力体系的优越性[2]。

限于当前的制作工艺水平，钢支撑普遍存在初始缺陷及残余应力。在轴向压力作用下，钢支撑受压后易发生屈曲，受压屈曲承载力一般低于受拉屈服承载力。当钢支撑框架结构中某层支撑发生屈曲后，其刚度的降低引起结构内力重分布，如果支撑布置不当可能导致该层形成薄弱层或软弱层，严重影响结构的安全。因此，钢支撑的受压屈曲承载力计算一直是研究人员与工程设计人员关注的焦点。屈曲承载力与支撑的支撑长度和截面回转半径有关，而支撑的端部约束条件直接影响其屈曲承载力。

钢支撑框架结构中钢支撑的布置方法主要有对角式、十字交叉式(也称X型支撑)、人字式和K形式等，如图1所示。由于交叉支撑能抵抗两个方向的地震作用，建筑立面布置灵活，工程设计中经常使用。然而，目前我国规范对于交叉支撑压杆的合理计算长度未作规定，工程界也没有统一的做法。部分设计人员只考虑拉杆对压杆在平面内的约束，平面外则不起约束作用；或将交叉支撑直接视为两根独立的单杆支撑，不考

* 基金项目：国家十一五科技支撑计划课题(2009BAJ28B01)和中国工程院重大咨询项目(编号：2010-ZD-4)

虑拉压杆间的约束作用；有的设计人员则参考单层工业厂房柱间交叉支撑的设计方法，忽略压杆的贡献，将交叉支撑视为单个拉杆进行设计。多、高层钢支撑框架中的支撑长细比远小于工业厂房柱间支撑的长细比，设计中忽略拉杆对压杆平面外的约束作用或是不考虑压杆贡献的做法导致支撑截面过大，不仅提高材料用量，导致建造费用增加，而且，实际结构抗侧刚度增加导致结构周期缩短，承受的地震作用增大，可能更不利于结构安全[3]。因此，如何确定交叉支撑压杆计算长度的合理取值显得十分重要。

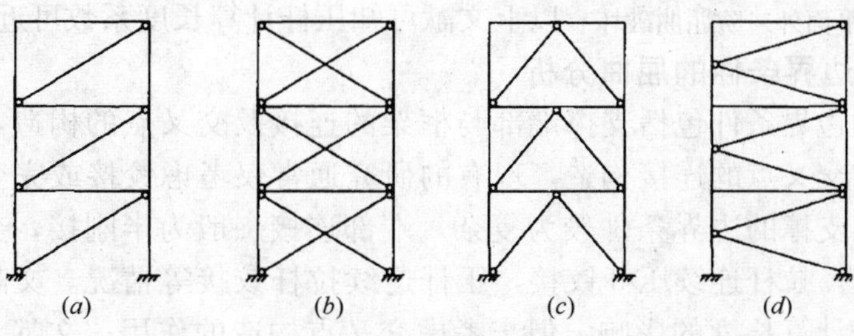

图 1　钢支撑布置形式
(a)对角式；(b)十字交叉式；(c)人字形式；(d)K 字形式

地震作用下，钢支撑框架结构中钢支撑首先屈服，通过钢支撑的塑性变形耗散地震输入能量。因此，钢支撑的滞回特性决定钢支撑框架结构的抗震性能。钢支撑在水平往复荷载作用下的滞回特性较为复杂，包括受压屈曲和受拉屈服，包辛格效应等一系列现象。国内外学者对单个钢支撑的滞回特性开展了较多研究，研究方法包括现象描述法，有限单元法，集中塑性铰法和纤维模型法等，目前已能够较准确地模拟单个钢支撑的滞回曲线[4-7]。然而对交叉支撑滞回曲线的模拟，现有的研究很少。拉压杆间的约束作用对滞回曲线有明显影响，在滞回曲线模拟中应考虑这一因素[8,9]。本文根据国外相关理论分析和试验结果，分析了交叉支撑压杆的合理计算长度，并提出模拟交叉支撑滞回曲线的等代方法。

2　压杆的合理计算长度

2.1　现有理论分析及试验结果

对于交叉支撑压杆的计算长度，日本建筑学会在《钢构造限界状态设计指针》中指出，平面内、外屈曲后计算长度均按 0.5 倍支撑长度考虑是偏于安全的[10]；Kitipornchai 对端部约束为铰接或刚接的交叉支撑进行平面外弹性屈曲分析，得到拉杆对压杆的约束作用由其抗弯刚度与轴向应力水平决定，当拉杆的应力不小于 60%压杆应力时，压杆将发生二阶屈曲，Thevendran 通过能量原理证明了这一结论[11,12]；Davaran 和 Moon 都对交叉支撑交叉点构造对压杆计算长度的影响开展了相关研究，研究表明在各种交叉点构造下，当拉压杆内力相近时，压杆的计算长度系数均可近似地取为 0.5[13,14]。

除以上理论分析，Goel 对单角钢交叉支撑框架进行拟静力试验，结果表明当交叉支撑发生二阶屈曲时，框架承载力才达到峰值，他建议压杆的计算长度系数取为 0.42～0.45[15]；Tremblay 通过 24 个足尺交叉支撑的拟静力试验，证实拉杆对压杆有足够的约束作用，即使拉杆屈服后的约束作用减弱，但压杆最终仍发生二阶屈曲，其计算长度系数取 0.5 是合理的，图 2 为该试验中交叉支撑发生平面外二阶屈曲的情况[9]。

图 2 交叉支撑平面外二阶屈曲破坏

由以上理论分析及试验结果可知，交叉支撑中拉杆对压杆的平面外屈曲有明显的约束作用。拉压杆的抗弯刚度比和轴力比，支撑与框架的端部连接及交叉点的构造，均对压杆的屈曲模态及计算长度有显著影响。多、高层钢支撑框架结构中的交叉钢支撑主要承受水平荷载，拉压杆内力在初始阶段近似相等，由以上文献可知压杆计算长度系数可近似取为 0.5。

2.2 考虑各种边界条件的屈曲分析

交叉支撑的边界条件包括支撑端部与框架的连接及交叉点的构造，图 3 是典型的交叉支撑端部与交叉点的连接构造。现有的研究通常仅考虑铰接或完全刚接的边界条件，工程中交叉支撑的边界条件较为复杂，端部连接一般为半刚接，交叉点连接则分为拉压杆半刚接，拉杆连续压杆铰接，压杆连续拉杆铰接等情况。文献［11］考虑了端部连接对压杆计算长度的影响，但未考虑交叉点构造的作用；文献［13］考虑了交叉点的连接构造对压杆计算长度的影响，但未考虑端部连接的影响。

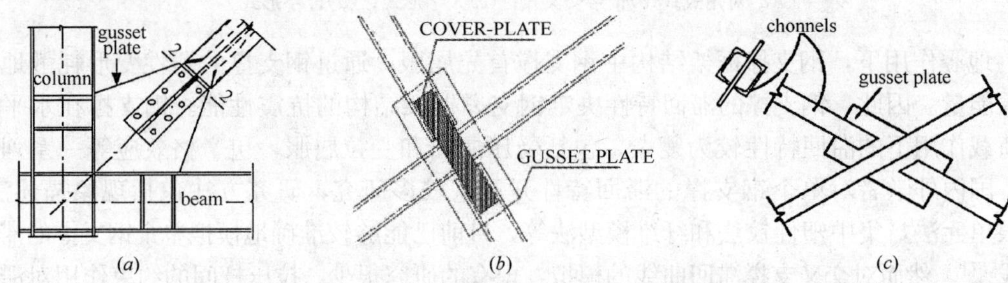

图 3 典型交叉支撑端部及交叉点构造图

(*a*)端部节点；(*b*)设置盖板的交叉点；(*c*)仅用节点板连接的交叉点

图 4 为考虑端部及交叉点均为半刚接，拉杆和压杆发生一阶屈曲时的计算简图。根据欧拉梁的弯矩平衡条件，对于拉压杆分别建立平衡微分方程、边界条件及方程解析解如表 1。M_t、M_c 为杆端弯矩，表征半刚接端部连接，γ 为等效转动刚度，表征交叉点的抗弯能力。

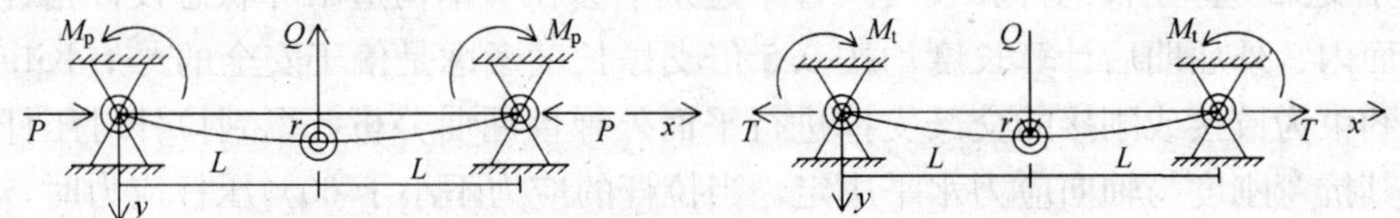

图 4 端部及交叉点均为半刚接时拉杆和压杆的计算简图

拉压杆侧移公式 **表 1**

杆件	计算公式	边界条件	参数说明
拉杆	$EIy''-Ty=-Qx/2+M_t$	$x=0$，$y=0$ $x=L$，$-EIy''=\gamma y'$ $0\leqslant x\leqslant L$	$\alpha=\sqrt{\frac{T}{EI}}$ $\zeta=\sqrt{TEI}$
	$y_t=\frac{e^{\alpha x-\alpha L}[Q\gamma\zeta+2M_tTe^{-\alpha L}(\zeta-\gamma)]-e^{-\alpha x}[Q\gamma\zeta e^{-\alpha L}+2M_tT(\zeta+\gamma)]}{2T^2[-\gamma e^{-2\alpha L}+\zeta e^{-2\alpha L}-\zeta-\gamma]}+\frac{Qx-2M_t}{2T}$ (1)		

续表

杆件	计算公式	边界条件	参数说明
压杆	$EIy''+Py=Qx/2+M_c$	$x=0$，$y=0$ $x=L$，$-EIy''=\gamma y'$ $0\leqslant x\leqslant L$	$\nu=\sqrt{\dfrac{P}{EI}}$ $\omega=\sqrt{PEI}$
	$y_c=\dfrac{\sin(\nu x)\cdot[2M_cP\gamma\sin(\nu L)+Q\gamma\omega+2M_cP\omega\cos(\nu L)]}{2P^2\cdot[-\gamma\cos(\nu L)+\omega\sin(\nu L)]}+\dfrac{Qx+M_c[2-\cos(\nu x)]}{2P}$ (2)		

备注：E—弹性模量 I—截面惯性矩 L—支撑半长 Q—交叉点内力 T，P—拉压杆轴力。

由表1可知，当支撑与框架的端部及交叉点均为半刚接时，拉压杆的侧移表达式较为复杂，不便进一步开展分析。通常情况下，连接支撑与框架的节点板抗弯刚度远小于支撑的抗弯刚度，研究及工程设计中常认为该约束为铰接[14]。

2.3 交叉点为半刚接时的屈曲分析

图2(b)所示为交叉支撑半刚接交叉点的连接构造：一根支撑连续，另一根中部断开，通过连接板或直接焊接于连续的支撑上，在交叉点上下表面均焊接盖板以增强拉压杆的连接。这时将边界条件代入表1的公式(1)与公式(2)，根据交叉点处拉压杆的侧移相等，即 $y_t(L)=y_c(\mathrm{L})$，得到拉压杆中内力比如式(3)所示：

$$\frac{T}{P}=\frac{(\alpha L)^2-\gamma_0\left[1-\dfrac{\alpha L}{\tanh(\alpha L)}\right]}{(\nu L)^2+\gamma_0\left[1-\dfrac{\nu L}{\tan(\nu L)}\right]}\cdot\frac{(\nu L)^2-\dfrac{\gamma_0\nu L}{\tan(\nu L)}}{(\alpha L)^2+\dfrac{\gamma_0\alpha L}{\tanh(\alpha L)}} \tag{3}$$

式中 $\gamma_0=\dfrac{\gamma L}{EI}$，$\dfrac{\alpha}{\nu}=\sqrt{\dfrac{T}{P}}$，$k$ 为压杆的计算长度系数，其取值介于铰接与完全刚接的范围，即 $0.5\leqslant k\leqslant 1.0$，$v=\pi/(2kL)$。假定交叉支撑发生一阶屈曲，交叉支撑抵抗两个方向的地震作用，拉杆和压杆交替承担轴向压力，设计中拉压杆常采用相同截面，即拉压杆抗弯刚度相等。结构竖向荷载主要由框架承担，在水平荷载作用下，支撑拉压杆内力大小近似相等。因此考虑以下参数情况：$T/P=0.8$，0.9，1.0，$\gamma_0=5$，10，50，求得压杆计算长度系数 k 如表2所示。

交叉点不同等效有效刚度下的压杆计算长度系数 **表2**

T/P	$\gamma_0=\gamma L/(EI)$		
	5	10	50
1.0	0.4444	0.4286	0.4074
0.9	0.4750	0.4446	0.4227
0.8	0.4883	0.4684	0.4444

从表2可知，在拉压杆内力接近时，压杆计算长度系数 k 均小于0.5，说明此时交叉支撑将不会发生一阶屈曲，而是产生二阶屈曲，屈曲形状为完整的正弦波。因此对于此类半刚接交叉点连接方式，压杆的计算长度系数可偏保守地取为0.5。

2.4 交叉点为节点板连接时的屈曲分析

图2(c)为典型交叉支撑交叉点采用节点板连接的构造形式：一根支撑连续，另一

根中断并只通过节点板与连续的支撑相连。类似于端部连接的简化，假设中断的支撑铰接于连续的支撑。交叉支撑中拉压杆交替变化，故计算模型分拉杆连续压杆铰接、压杆连续拉杆铰接两种。图 5 和图 6 分别是拉杆连续压杆铰接、压杆连续拉杆铰接的计算简图。对连续的杆件、中断的杆件分别建立平衡微分方程，边界条件及方程解析解见表 3 和表 4 所示。

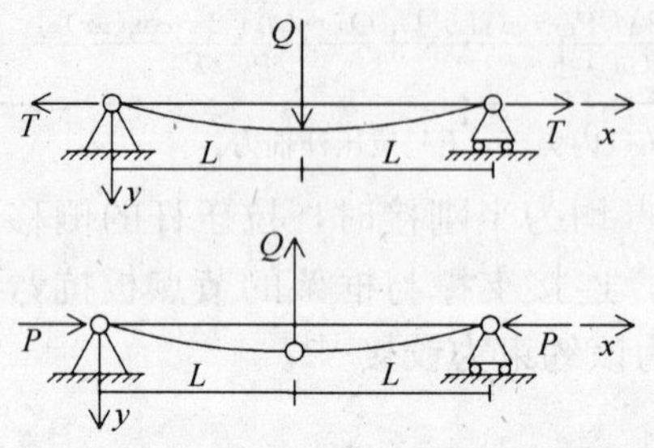

图 5　拉杆连续压杆铰接计算简图

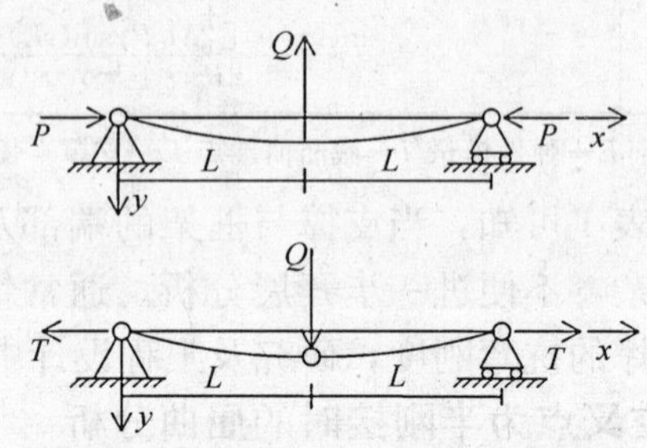

图 6　压杆连续拉杆铰接计算简图

连续拉压杆侧移公式　　**表 3**

杆件	计算公式	边界条件	侧移解析解
连续拉杆	$EIy''-Ty=-Qx/2$	$x=0$，$y=0$ $x=L$，$y'=0$ $0\leqslant x\leqslant L$	$y=\dfrac{-Q\sinh(\alpha x)}{2\alpha T\cosh(\alpha L)}+\dfrac{Qx}{2T}$　(4)；$\alpha=\sqrt{\dfrac{T}{EI}}$
连续压杆	$EIy''+Py=Qx/2$	$x=0$，$y=0$ $x=L$，$y'=0$ $0\leqslant x\leqslant L$	$y=\dfrac{-Q\sin(\nu x)}{2\nu P\cos(\nu L)}+\dfrac{Qx}{2P}$　(5)；$\nu=\sqrt{\dfrac{P}{EI}}$

中断拉压杆侧移公式　　**表 4**

杆件	计算公式	边界条件	侧移解析解
中断拉杆	$EIy''-Ty=-Qx/2$	$x=0$，$y=0$ $x=L$，$EIy''=0$ $0\leqslant x\leqslant L$	$y=\dfrac{Qx}{2T}$　(6)
中断压杆	$EIy''+Py=Qx/2$	$x=0$，$y=0$ $x=L$，$EIy''=0$ $0\leqslant x\leqslant L$	$y=\dfrac{Qx}{2P}$　(7)

拉杆连续压杆铰接时压杆的计算长度系数　　**表 5**

T/P	0.9	0.8
k	0.149	0.281

首先考虑拉杆连续压杆铰接的情况。对于连续的拉杆，在交叉点处的侧移 $y_t(L)$ 根据表 3 中式(4)可得；对于中断的压杆，交叉点处的侧移 $y_c(L)$ 由表 4 中式(7)计算。由 $y_t(L)=y_c(L)$，以 T/P，νL 为参数，整理可得：$\tanh(\sqrt{T/P}\nu L)+\sqrt{T/P}\nu L(T/P-1)=0$。假定 $T/P=0.8$，0.9，求得压杆的计算长度系数 k 如表 5 所示。

由表 5 可知，当拉压杆内力接近时，k 均小于 0.5($T=P$ 时为临界状态方程无解)。

对于拉杆连续压杆铰接的交叉点连接方式，压杆计算长度系数可偏保守地取为0.5。

对压杆连续拉杆铰接的情况。对于连续的压杆，根据表3中式(5)可知在交叉点处的侧移 $y_c(L)$，对于中断的拉杆，交叉点处的侧移 $y_t(L)$ 根据表4中式(6)计算。由 $y_c(L)=y_t(L)$，以 T/P，νL 为参数，整理可得：$\frac{T}{P}=\frac{\nu L}{\nu L-\tan(\nu L)}$。假定 $T/P=0.8$，0.9，1.0，求得压杆的计算长度系数 k 如表6所示。

压杆连续拉杆铰接时压杆的计算长度系数　　表6

T/P	1.0	0.9	0.8
k	0.5	0.554	0.611

从表6可知，当拉压杆内力相等时，k 为0.5，此时交叉支撑将发生二阶屈曲。当拉杆内力小于压杆时，压杆虽然发生一阶屈曲，但其计算长度系数也接近0.5。考虑到在假设中忽略了端部节点板的约束作用，交叉点为压杆连续拉杆铰接时，计算长度系数可近似取0.5。

2.5 压杆计算长度的合理取值

多、高层钢支撑框架中钢支撑常采用相同的截面及材料，两杆内力近似相等。基于以上分析，拉杆对压杆可起到足够的平面外约束作用，压杆的计算长度系数可近似取0.5。由于平面内的计算长度系数同样可取为0.5，在工程设计中可取支撑半长计算压杆平面内外的有效长细比，进而根据相应的稳定曲线以确定压杆的稳定系数。若设计中交叉支撑拉压杆连接未采用文中的连接构造，而仅仅将拉压杆上下交叉搁置，未在交叉点有可靠连接时，压杆的计算长度仍应取为支撑全长。

3 交叉支撑滞回曲线等代方法

交叉支撑滞回特性

国内外学者对单个支撑的滞回特性开展了很多理论及试验研究，已能较准确地模拟其滞回曲线，各种支撑模型也嵌入了有限元软件中[4-7]。然而对于交叉支撑的滞回特性，现有的研究并不多。Tremblay通过24个足尺交叉支撑的拟静力试验证实，支撑的有效长细比是影响其滞回曲线的最重要因素[9]，表7所示为其中两组试验的构件尺寸：对两个端部铰接的单杆支撑，按图7(a)进行水平往复推覆分析；对一个端部铰接、交叉点半刚接的交叉支撑按图7(b)进行加载，加载方案同7(a)，两组试验获得的滞回曲线见图8，其中各参数说明见表8。

两组对比试验的构件尺寸　　表7

	两个单杆支撑			交叉支撑		
	编号	截面(mm)	长细比	编号	截面(mm)	长细比
第一组	S1	127×76×4.8	1.31	X6C	64×64×4.8	1.27
第二组	S2	102×76×4.78	1.50	X1B	102×76×4.78	0.84

备注：支撑截面均为矩形钢管；单个支撑计算长度取全长，交叉支撑压杆取支撑半长。

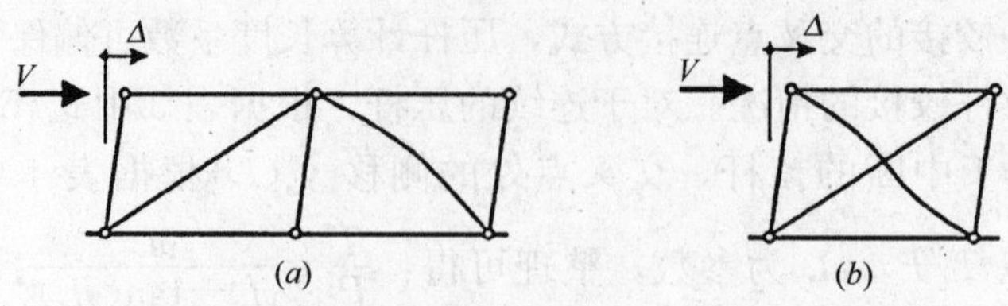

(a) (b)

图 7 Trembley 对比试验试验概况[9]

(a)两个单杆支撑试验；(b)X 型支撑试验

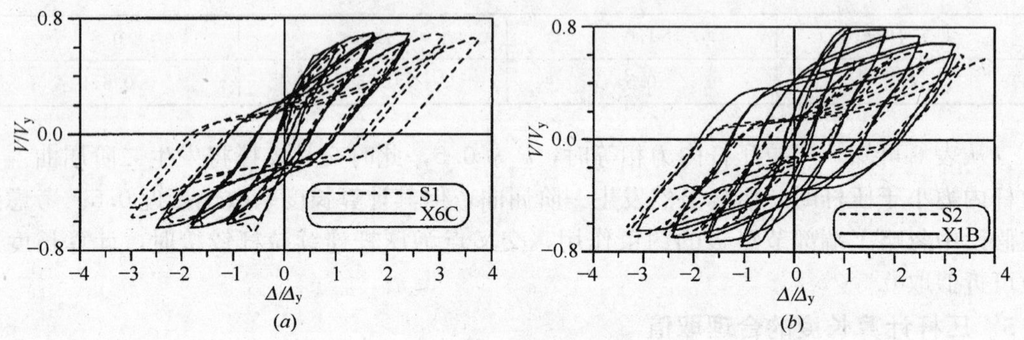

(a) (b)

图 8 对比试验试验结果

(a)第一组构件滞回曲线；(b)第二组构件滞回曲线

图 7 中各参数说明 **表 8**

项目	物理意义	计算公式
V_y	两个支撑受拉屈服的水平分量之和	$V_y=1.6Af_y$
δ_y	单个支撑的弹性变形	$\delta_y=f_yl/E$
Δ_y	当支撑达到弹性变形时的层间变形	$\Delta_y=\delta_yl/\cos\varphi$

备注：φ 是支撑与水平线的夹角。

由图 8 可知，有效长细比是支撑滞回曲线最重要的影响因素，即使交叉支撑和等代的两个单杆支撑截面尺寸不同，但只要其有效长细比相等，二者的滞回曲线近似相等。因此，交叉支撑的滞回曲线可由两个不同截面尺寸，但具有相同有效长细比的单杆支撑滞回曲线叠加等代。本文中交叉支撑用两个端部铰接的单杆支撑进行等代，等代条件包括：

(1) 二者是同一类型截面，例如均是方钢管截面或工字形截面；

(2) 弹性刚度、屈服强度相同，即 EA/l 和 f_yA 相同。因此交叉支撑与单杆支撑的材料弹性模量、屈服强度、长度及截面面积均需相等。由表 8 知此时二者 Δ_y 和 V_y 相同。

(3) 有效长细比相同。有效长细比 $l=kl/i$，由第二节的分析可知，综合考虑交叉支撑的各种边界条件后，压杆的有效计算长度系数 k 可近似取为 0.5，而单杆支撑的有效计算长度系数为 1。在二者的长度 l 及截面面积 A 均相等的条件下，当交叉支撑的截面惯性矩 I 为单杆支撑的 1/4 时，二者的有效长细比相同。

满足以上三个等代条件后，交叉支撑的滞回曲线即可用两个单杆支撑的滞回曲线之和进行等代。尽管在等代过程中，单杆支撑的截面惯性矩相较于交叉支撑增大了3倍，但由于等代选用的单杆支撑两端铰接于框架，支撑仅受轴力作用，故不会影响到结构的整体性能。

下面对工程中广泛应用的矩形钢管交叉支撑进行分析。假设交叉支撑钢管截面的高度、宽度和壁厚分别为 h，b 和 t；等代的单杆支撑其截面的高度、宽度和壁厚则为 h_1，b_1 和 t，根据上文二者截面面积和惯性矩之间的关系，可得以下等式：

$$A=bh-(b-2t)(h-2t)=b_1h_1-(b_1-2t)(h_1-2t)=A_1 \tag{8a}$$

$$4I=4[bh^3-(b-2t)(h-2t)^3]/12=[b_1h_1^3-(b_1-2t)(h_1-2t)^3]/12=I_1 \tag{8b}$$

由以上公式(8a)和(8b)可解出以下等式：

$$b_1=b+h-h_1 \tag{8c}$$

$$4[bh^3-(b-2t)(h-2t)^3]=[(b+h-h_1)h_1^3-(b+h-h_1-2t)(h_1-2t)^3] \tag{8d}$$

通过公式(8d)解出 h_1，再通过公式(8c)可解出 b_1，即可确定等代的单杆支撑截面尺寸。对于工字钢、角钢或圆钢管交叉支撑，通过以上面积和惯性矩之间的等式关系也能推导出相应的等代单杆支撑截面尺寸，在此不再赘述。得到等代的单杆支撑截面后，利用已有有限元程序中的单杆支撑滞回模型，可继续开展交叉支撑框架的整体结构分析。

4 结论

针对国内交叉支撑设计中，拉杆对压杆平面外的约束作用经常被忽略的工程现状，本文根据国外的理论分析与试验结果，对各种边界条件下交叉支撑压杆的计算长度进行深入分析，建议压杆平面外的计算长度系数可近似取为0.5。在此基础上，根据国外学者的理论及试验研究结果，本文提出将交叉支撑等代成两个不同截面尺寸，具有相同有效长细比的单杆支撑，并给出二者的等代条件。通过等代条件确定单杆支撑的截面后，利用嵌有单杆支撑滞回模型的有限元分析软件，可继续开展交叉支撑钢框架的整体分析。

参考文献

[1] Luca Martinelli，Maria Gabriella Mulas，Federico Perotti. The seismic behavior of steel moment-resisting frames with stiffening braces. Engineering Structures，1998，20(12)：1045-1062.

[2] Nakashima M，Inoue K，Tada M. Classification of damage to steel buildings observed in the 1995 Hyogoken-Nanbu earthquake. Engineering structures，1998，20：271-281.

[3] Murat Dicleli，Ertugrul Emre Calik. Physical Theory Hysteretic Model for Steel Braces. Journal of Structural Engineering，2007，Vol. 134，No. 7.

[4] Higginbotham A. B.，Hanson R. Axial hysteretic behavior of steel members. J. Struct. Div.，102(7)，1365-1381.

[5] Fujimoto M.，Aoyagi T.，Ukai W. A.. Structural characteristic of eccentric K-braced frames. Transactions AIJ，No. 195.

[6] Alexander M. Remennkov，Warren R. Walpole. Modelling the inelastic cyclic behaviour of a bracing member for work-hardening material. Int. J. Solids Structures，Vol. 34，No. 27：3491-3515.

[7] Patxi Uriz，Filip C. Filippou，Stephen A. Mahin. Model for Cyclic Inelastic Buckling of Steel Braces. Journal of Structural Engineering，2008，Vol. 134，No. 4.

[8] 沈祖炎，王革，李国强. 交叉钢支撑滞回特性分析. 上海力学，1992，13(3).

[9] R. Tremblay，M. Archambault，A. Filiatrault. Seismic Response of Concentrically Braced Steel Frames Made with Rectangular Hollow Bracing Members. Journal of Structural Engineering，2003，Vol. 129，No. 12.

[10] 日本建筑学会. 钢构造限界状态设计指针同解说. 2002.

[11] Sritawat Kitipornchai，David L. Finch. Stiffness requirements for cross bracing. Journal of Structural Engineering，1986，Vol. 112，No. 12.

[12] V. Thevendran，C. M. Wang. Stability of Nonsymmetric Cross-Bracing Systems. Journal of Structural Engineering，1993，Vol. 119，No. 1.

[13] Ali Davaran. Effective length factor for discontinuous X-bracing systems. Journal of Engineering Mechanics，1998，Vol. 127，No. 2.

[14] Jiho Moon，Ki-Yong Yoon，Tong-Seok Han，Hak-Eun Lee. Out-of-plane buckling and design of X-bracing systems with discontinuous diagonals. Journal of Constructional Steel Research，2008，Vol. 64，1993，Vol. 119，No. 1.

[15] Subhash C. Goel，Adel A. El-Tayem. Cyclic Load Behavior of Angle X-bracing. Journal of Structural Engineering，1986，Vol. 112，No. 11.

配置预应力高强钢绞线混凝土柱抗震性能试验研究*

张　鑫[1]　岳庆霞[1]　梁汝鸣[1]　叶列平[2]

（1. 山东建筑大学，济南，250101；2. 清华大学，北京　100084）

摘　要： 在高强地震作用下，框架柱端难免出现塑性铰，而且钢筋混凝土柱过大的侧移也会导致修复困难，研究发现通过在柱中配置无粘结高强钢绞线，利用高强钢绞线的高弹性恢复性能可以减小钢筋混凝土柱震后的残余变形，但对配置高强钢绞线的混凝土柱的抗震性能还缺少系统的研究。本文对5根钢筋混凝土柱试件进行了拟静力试验，包括普通混凝土框架柱、有粘结预应力及无粘结预应力混凝土框架柱，主要对比配置高强钢绞线框架柱与普通框架柱在承载能力、耗能能力、延性以及残余变形等抗震性能的方面的不同。研究结果发现，配置高强钢绞线的柱的延性及抗剪强度明显提高，残余变形减小，而由于混凝土开裂及普通钢筋的屈服耗能，构件的整体耗能能力未见太大削弱。

关键词： 高强钢绞线；混凝土柱；抗震性能；残余变形

1　引言

目前，我们国家实行的是“小震不坏，中震可修，大震不倒”的抗震设防标准。以往的地震经验表明，按照上述的设防目标基本保障了人的生命安全。但在罕遇地震作用下，传统的结构材料难免进入塑性阶段。由于塑性变形的不可恢复性，过大的塑性变形将会导致结构修复的困难甚至倒塌。在普通混凝土结构中作为竖向承重构件的混凝土柱的变形是导致结构变形的主要因素，所以要想有效控制结构变形，首先应当控制结构中混凝土柱的变形。

目前这种配置无粘结高强钢绞线的竖向构件的研究主要是针对桥梁工程中的桥柱，W. Zatar 和 H. Mutsuyoshi[1,2]对2根比例为1/5的桥柱试件进行了拟静力荷载试验，研究发现无粘结预应力筋的弹性恢复性能减小了部分预应力混凝土试件的残余位移，但同时也减小了其耗能能力，预应力筋虽然为无粘结形式，但在塑性铰部位仍然会发生屈服，导致强度显著退化。在随后对桥柱试件的伪动力荷载试验发现[3]，预应力混凝土桥柱具有较小的残余变形和较小的位移反应，随着预应力度的增加其耗能能力进一步减小。Iemura 等[4]采用了在配筋中附加无粘结高强钢筋的方式，共对5根试件分别进行了拟静力和拟动力试验。研究发现，使用无粘结钢筋可以方便有效地增加混凝土桥柱的屈服后刚度，但如果高强钢筋中不施加预应力，残余变形减小的效果有限。

* 基金项目：国家十一五科技支撑计划课题(2009BAJ28B01)和中国工程院重大咨询项目(编号：2010-ZD-4)

国内对无黏结预应力混凝土柱的研究还相对较少。张荣，苏小卒[5]曾对四根预应力混凝土悬臂柱在变轴力和变水平力作用下进行了低周反复加载试验，主要对比了柱底出现压力和拉力情况下，有黏结与无粘结预应力情况的不同。现有的对配置预应力钢绞线的研究集中在对整个框架结构抗震性能的研究。苏小卒，朱伯龙[6]进行了一榀有黏结和无黏结的预应力混凝土框架在反复荷载作用下拟静力试验分析，发现有黏结框架的耗能能力大于无黏结框架，但无黏结的残余变形比有粘结的要小。而后续的研究的发现，在静力作用下，有黏结预应力框架结构的滞回耗能大于无黏结的框架结构，而在地震激励下，有黏结框架结构的滞回耗能要小于无黏结框架结构，而且推导了无黏结预应力结构的黏滞耗能公式[7]。叶列平等[8]对柱中配置高强钢绞线的混凝土框架结构进行了弹塑性时程分析，结果表明，采用高强钢筋后，框架结构避免了出现柱铰屈服破坏，而且震后残余变形明显减小。汪训流、叶列平等[9]对框架中预应力筋采用无黏结、部分黏结以及有粘结三种形式对框架复位性能的影响进行了数值分析研究，预应力筋的黏结形式对框架柱的影响要大于框架梁，特别是复位性能影响较大，框架柱中配置无黏结预应力筋时，框架承载能力最低，滞回曲线捏拢最明显，耗能能力最差，但复位性能最好。

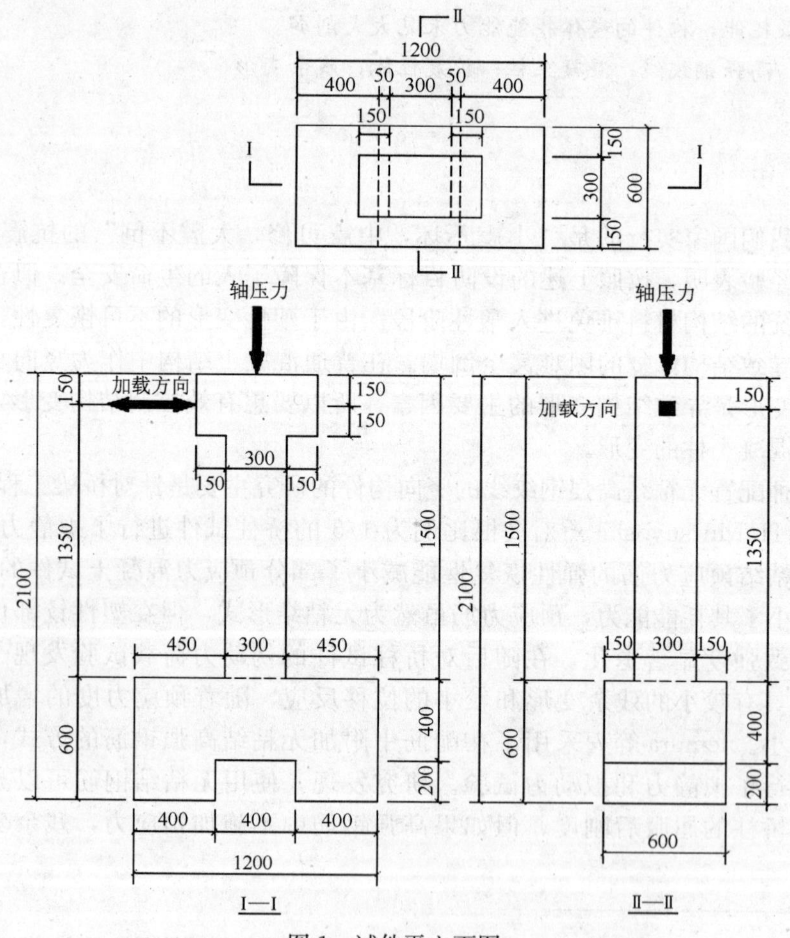

图1 试件平立面图

从上述的研究可以看出，在框架结构尤其是框架柱中配置高强钢筋可以明显减小框架结构的残余变形。但针对混凝土框架柱中配置高强钢绞线减小残余变形的相关参数的试验研究还很少。因此本文针对配置无粘结高强钢绞线混凝土柱（RC Column Reinforced with Unbonded High-Strength Strands 简称为 UHS-RCC）进行拟静力试验，主要对比研究普通配筋混凝土柱与配置高强钢绞线的预应力混凝土柱的抗震性能的不同特点。

2 试验概况

试件设计采用统一尺寸，如图 1 所示，柱身的尺寸为 300mm×300mm×1500mm，底座主要尺寸为 1200mm×600mm×600mm。为锚固预应力筋及放置压力传感器用，在底座底部掏空 400mm×600mm×200mm 空间。

试验中所用的试件配筋及相应的参数取值见表 1。柱中配箍筋为 φ10@100/50。

试件的配筋及相应参数的实际设计取值　　表 1

试件名称	配筋		参数的实际设计取值				外加轴力 N(kN)
	普通钢筋 $A_s(A'_s)$	钢绞线 $A_p(A'_p)$	轴压比 n	外加轴压比 η	预加轴压比 ζ	预应力度 λ	
RCC-030	3　16	—	0.30	0.30	0	—	515.7
RCC-045	3　16	—	0.45	0.45	0	—	773.6
UHS-RCC-030	2　16	2Φ^s12.7	0.45	0.30	0.15	0.64	515.7
UHS-RCC-045	2　16	2Φ^s12.7	0.45	0.45	0	0.64	773.6
HS-RCC-030	2　16	2Φ^s12.7	0.45	0.30	0.15	0.64	515.7

3 试验现象及讨论

为了便于对试验现象进行对比，将试验过程中主要的试验现象列表进行说明，如表 2 所示。

试　验　现　象　　表 2

试件编号	水平极限推力(kN)	最大水平位移(mm)	出现水平裂缝加载位移(mm)	出现斜裂缝加载位移(mm)	其他现象
RCC-030	135	54	6	9	纵筋压曲
RCC-045	200	66	6	6	斜裂缝发展较快
UHS-RCC-030	139	66	9	18	出现明显交叉裂缝
UHS-RCC-045	165	66	6	12	破坏较 RCC-045 严重
HS-RCC-030	135	72	6	12	延性更好

从表 2 可以看出配置高强钢绞线的柱所能承担的水平极限推力有所提高。从变形能力方面来看，在轴压比较小的情况下，柱的极限水平位移有所提高，而在轴压比较大时，水平位移基本持平。从裂缝的开展来看，配置无粘结预应力钢绞线可以延缓构

件出现受剪斜裂缝。试件均表现为典型的弯曲破坏模式，图 2 为试件破坏后的照片。

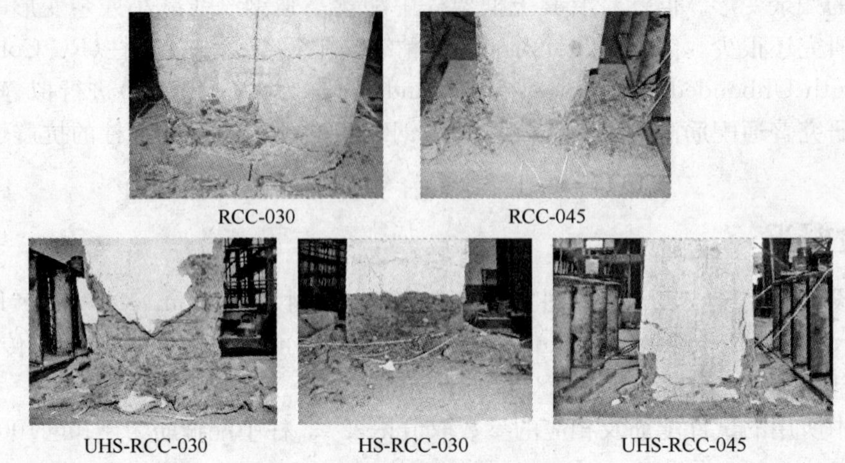

图 2　各试件破坏后照片

4　试验结果分析

4.1　滞回曲线

本试验六组试件的滞回曲线如图 3 所示。

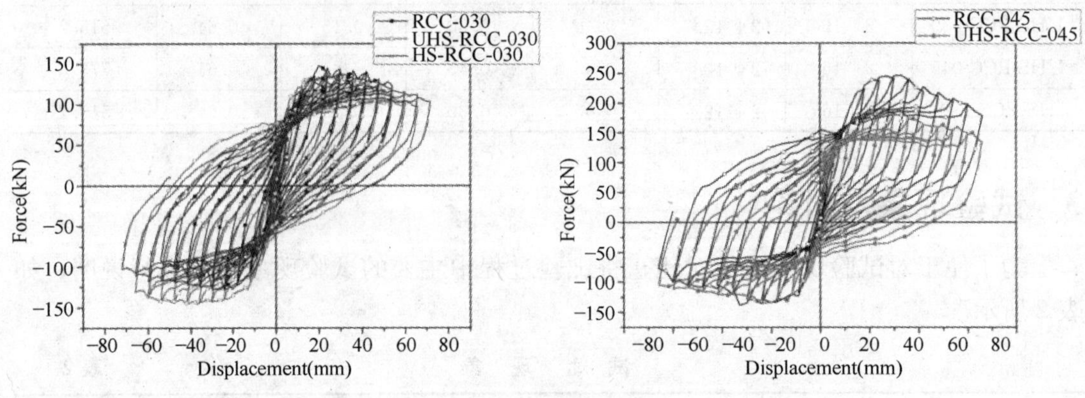

图 3　试件的滞回曲线

从图中可以看出，配有高强钢绞线的混凝土柱的强度退化不明显，刚度表现出明显的退化。对于轴压比为 0.3 的试件而言，有粘结情况下的试件滞回曲线的饱满程度不及无粘结的情况，配置高强钢绞线情况下的滞回曲线与普通柱的情况的滞回曲线基本类似，但配有高强钢绞线的滞回曲线略显饱满一些，这可能与试件浇筑使用的材料为 C40 普通混凝土有关，在试验过程中，由于混凝土的开裂严重，以及普通钢筋的屈服，导致构件的整体耗能能力提高。对于轴压比为 0.45 的时间而言，UHS-RCC-045 与 RCC-045 的滞回曲线的饱满程度大体相同，但 UHS-RCC-045 的残余变形较大，水平承载力的下降比 RCC-045 要平缓，没有表现出水平承载力急剧下降的情况。

4.2 延性

混凝土柱的延性主要用延性系数来表示，延性系数越大，说明试件的延性越好。各试件的延性系数如表 3 所示。从表中可以看出 UHS-RCC-030 相较于 RCC-030 延性明显要强，同时对试件 UHS-RCC-045 和 RCC-045 的比较中也可以看出，虽然 UHS-RCC-045 并未施加预应力，但是由于钢绞线的存在使得其延性明显好于 RCC-045。配置有粘结高强钢绞线的柱的延性位于二者之间。

各试件的延性系数 **表 3**

试件编号	RCC-030	RCC-045	UHS-RCC-030	UHS-RCC-045	HS-RCC-030
延性系数 μ	4.972	4.222	7.903	6.189	5.150

4.3 耗能性

耗能性是指构件或者结构在荷载作用下发生塑性变形，吸收能量的能力。

图 4 为五个试件耗能性的对比图，从图中可以看出，轴压比和配置高强钢绞线对试件耗能性的影响。首先，轴压比较大的试件耗能性越强，图中轴压比为 0.45 的两个试件的耗能性比另外三个轴压比为 0.3 的试件的耗能性有明显的加强。而配置了高强钢绞线的试件的耗能性则不如配置普通钢筋的试件，这是因为普通钢筋已经进入塑性变形阶段，耗能性较强，而高强钢绞线还处于弹性阶段耗能性较弱。

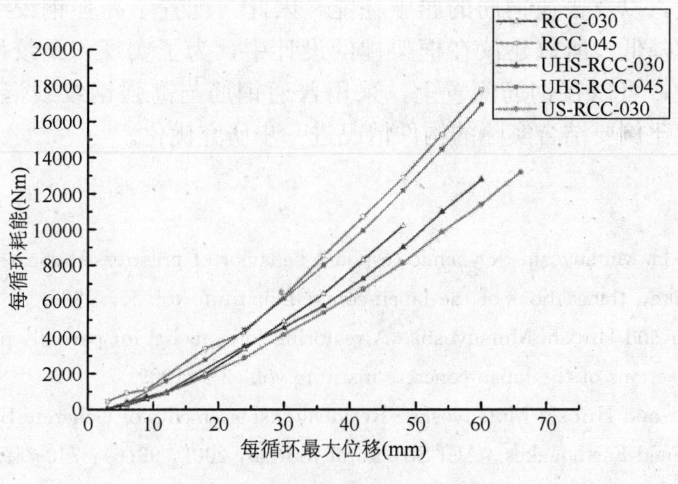

图 4 试件耗能能力曲线

4.4 残余变形

本试验所考虑的残余变形为每一加载循环结束后，水平荷载降为零时混凝土柱顶的位移。为了方便对比各试件的残余变形情况，以水平位移为横坐标，残余变形与最大位移之比为纵坐标作图如下：

从图中可以看出试件 UHS-RCC-030 的残余变形小于 RCC-030，但是其他三试件的残余变形更小。其中 RCC-045 在未配置预应力钢绞线的情况下反而残余变形最小，经过分析认为，由于轴向压力较大，放置于柱顶的以消除摩擦的小滑车有了一定程度的损坏，因此在柱顶产生了较大的摩擦力，当水平荷载降为零时，钢绞线的弹性恢复力部分被摩擦力抵消造成了恢复不足的现象。这一现象已经被汪训流等[10]用数值模拟的方法得到了验证。

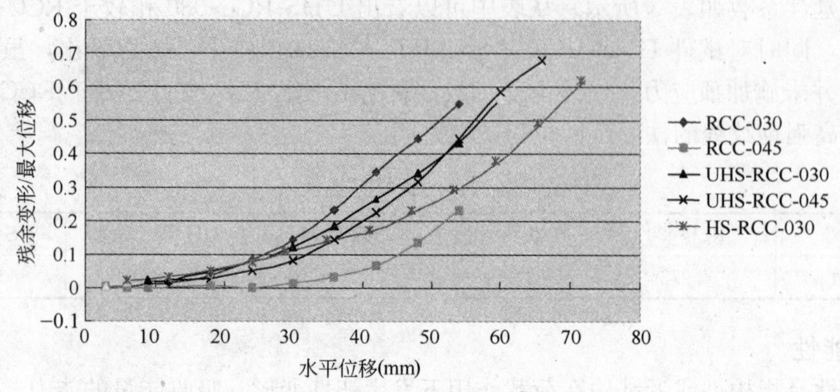

图 5 试件残余变形对比图

5 主要结论及建议

通过对试验现象及试验数据的分析与讨论，配置高强钢绞线的 UHS-RCC-030 的延性、残余变形及抗剪强度有所提高，由于在试件制作使用的为普通混凝土，导致柱底混凝土破坏严重，以及普通钢筋的屈服耗能，因此，配置了高强钢绞线柱的整体耗能能力并没有太大降低。所以建议在框架柱的设计中，为了实现“梁绞机制”以及保证结构的耗能能力，可以在钢筋配置上，采用普通钢筋与高强钢绞线混合配筋的方式，二者合理的配置比例要结合实际的构件情况进一步研究优化。

参考文献

[1] W. Zatar and H. Mutsuyoshi. Dynamic response behavior of prestressed concrete piers under servere earthquake，transactions of the Japan concrete institute vol. 20，1998.

[2] Wael A. Zater and Hiroshi Mutsuyoshi. A restoring force model for partially prestressed concrete piers. Transactions of the Japan concrete institute vol. 21，1999.

[3] Wael A. Zatar and Hiroshi Mutsuyoshi. Residual Displacements of Concrete Bridge Piers Subjected to Near Field Earthquakes. ACI Structural Journal，2002，99(6)：740-749.

[4] Iemura，H.，Takahashi，Y. and Sogabe，N. Innovation of High-Performance RC Structure with Unbonded Bars for Strong Earthquakes. J. Struct. Mech. /Earthq. Engrg.，ASCE，No. 710/I-60：283-296.

[5] 张荣，苏小卒. 竖向加预应力钢筋混凝土柱抗震性能试验研究. 同济大学学报(自然科学版) 2006，34(12)：1578-1582.

[6] 苏小卒，朱伯龙. 预应力混凝土框架的反复荷载试验及有限元全过程滞回分析. 同济大学学报，1987，15(1)：35-46.

[7] 苏小卒，朱伯龙. 框架大位移时无粘结预应力筋的耗能效应. 中国建筑学会结构委员会第七届结构理论学术交流会交流论文，1994，乌鲁木齐.

[8] 叶列平，Asad U Q，马千里等. 高强钢筋对框架结构抗震结构抗震破坏机制和性能控制的研

究. 工程抗震与加固改造，2006，28(1)：18-24，30.
[9] 汪训流，叶列平，陆新征. 预应力筋粘结形式对框架复位性能的影响. 建筑结构，2008，38(8)：57-60.
[10] 汪训流. 钢绞线无粘结筋混凝土柱复位性能的研究. [博士学位论文]. 北京：清华大学，2007.

单层砖混结构的子结构拟动力试验研究

谭晓晶　吴　斌

(哈尔滨工业大学土木工程学院，哈尔滨　150090)

摘　要：相比较多层砌体结构，单层砌体结构的抗震性能研究往往不引起人们的重视，本文设计并实现了一个单开间砌体结构足尺模型的子结构拟动力试验，模拟十个相同开间的单层砌体结构在地震作用下的反应，研究该结构在地震作用下的位移反应、破坏过程、破坏形态和极限承载力，并给出结构的位移时程曲线和滞回性能曲线。试验结果表明，增设抗震构造措施的单层砌体结构具有非常强的抗震性能，远远超过“大震不倒”的设防目标。对于村镇单层房屋建设来说，可以适当减少这些抗震构造措施，在保证结构一定抗震能力的前提下，降低建房成本。

关键词：单层砌体结构；足尺模型；子结构拟动力试验；抗震性能

1　引言

单层砌体结构是我国广大农村地区一个主要建筑结构形式，常见于住宅、学校、医院、厂房等建筑中。2008 年 5 月 12 日，四川省汶川地震导致了大量学校校舍、医院、厂房等建筑破坏，甚至倒塌[1-6]，造成大量人员伤亡和财产损失。造成砌体结构破坏的一个主要原因是这些建筑很大部分未经过抗震设计。这次地震引起了人们对砌体结构抗震性能的极大关注，而以往的研究多侧重于多层砌体结构，对单层砌体结构的研究较少。目前我国建筑抗震设计规范[7]仅针对多层砌体结构的抗震性能提出了相应的抗震构造措施，对单层砌体结构并没有作相应说明，因此，如何提高单层砌体结构的抗震性能值得深入研究。

对单层砌体结构进行抗震性能研究，最好的办法就是进行结构足尺模型抗震性能试验，但这需要较大的场地和较多的经费。传统的拟静力试验无法得到结构的地震反应，而模拟地震振动台试验由于受到台面尺寸和承载力的限制很难实现大规模的结构足尺模型试验。子结构拟动力试验技术可以弥补上述两者的缺陷，既可以再现结构地震反应全过程，又能进行足尺模型试验，而且还满足试验周期短和成本低的要求。30 多年来，国内外已进行了大量的拟动力试验，对于砌体结构，由于其刚度大、位移小、试验系统控制精度达不到要求，大多进行缩尺模型试验，已进行的足尺模型试验并不多。20 世纪 80 年代中期，美国加州大学圣地亚哥分校[8,9]首次进行了一栋足尺五层配筋砌体房屋的拟动力试验，采用橡胶垫柔性连接刚性结构与加载系统，研究了结构从初始破坏到极限位移破坏的地震反应。Jocelyn Paquette 和 Michel Bruneau[10,11]完成了一层足尺单开间无筋砌体的拟动力试验，用来模拟刚性砖墙与柔性木楼盖在地震作用下两者的相互作用以及木楼盖对结构地震反应的影响。哈尔滨工业大学的陈再现[12]完成了一栋足尺三层框支配筋砌块短肢砌体剪力墙模型子结构拟动力试验，用来模拟六层框支配筋砌块短肢砌体剪力墙结构的抗震性能。上述试验仅对多层配筋砌体和单层单开间无筋砌体的抗震性能展开了研究，对于单层多开间砌体结构还需要做进一步的试验研究。

为了更真实地得到砌体结构的受力机理、破坏形态，本文设计制作了一个单开间砖混结构足尺模型，采用子结构拟动力试验方法模拟十个开间砌体结构，假定每个开间尺寸与结构形式均相同，并且每个开间的地震反应也均相同，地震作用方向为横墙方向，对单层十个开间砌体结构进行子结构拟动力试验，分析其抗震性能，为单层多开间砌体结构的抗震性能研究和设计提供试验参考。

2 试验方案

模型设计与制作

本试验中的原型为单层十个开间砌体结构，每个开间的尺寸与结构形式均相同，模型为原型的某一个开间，3.0m×4.2m，高为 3.1m，墙体采用普通黏土烧结砖和混合砂浆砌筑，屋盖为钢筋混凝土整体现浇，并设置圈梁和构造柱，施工控制等级为 B 级，试验模型结构如图 1 所示。

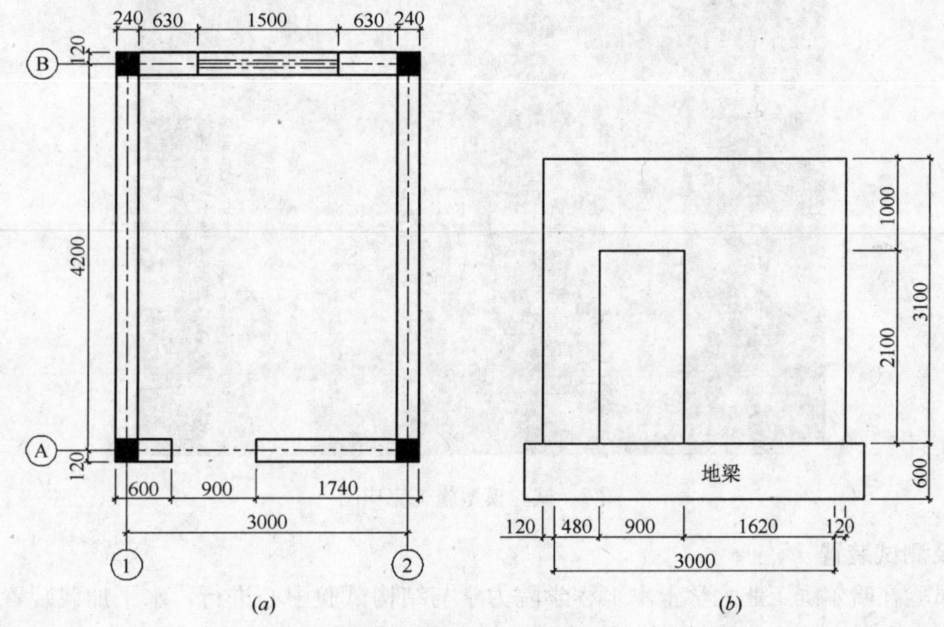

图 1 试验模型结构图

(a)模型平面图；(b)模型立面图

混合砂浆采用 P. O42. 5 硅酸盐水泥、稠度为 110mm 的石灰膏以及含水率为 2%的中砂掺水拌制，其配比为，水泥：石灰膏：砂子＝1：0. 82：13. 4，混凝土采用 C20 商品混凝土，模型各项材料的实测强度平均值见表 1 和表 2。墙体采用一顺一丁的砌筑方式，在纵横墙连接处砌成马牙槎，并沿墙高每隔 500mm 设 2φ6 拉结筋，每边伸入墙内

1m。构造柱和圈梁采用4Φ12纵向钢筋和$\phi6$箍筋，箍筋间距为200mm，在构造柱与圈梁端部箍筋间距为100mm。楼板与过梁主筋采用$\phi10$，楼板钢筋间距为200mm。模型施工完毕后采用石灰抹面，并以50mm间隔在外墙上画好网格线，以便试验时更好观察裂缝的开展，施工完毕后如图2所示。

钢筋力学性能 **表1**

性能指标	屈服强度(MPa)	极限强度(MPa)
$\phi6$	275.5	444.0
$\phi10$	344.0	524.0
$\phi12$	419.5	486.0

模型材料的实测强度平均值 **表2**

组成材料	强度平均值(MPa)	组成材料	强度平均值(MPa)
砖	15.9	砌体抗压强度	2.8
混合砂浆	4.8	砌体抗剪强度	0.27
商品混凝土	19.4		

图2 试验模型施工完毕图

加载及测试装置

试验在哈尔滨工业大学土木工程学院力学与结构试验中心进行，水平加载装置采用两个固定在反力墙上的电液伺服作动器，每个电液伺服作动器的最大出力为±630kN，最大位移行程为±250mm；试件的位移测量采用四个高精度位移传感器(LVDT)，其中两个布设在试验模型顶部的两角上，另外两个布设在地梁顶部的两角上以测量地梁的滑移，每个位移传感器行程均为±10mm，分辨率为0.01mm；A/D、D/A转换器的分辨率为12位，满量程输出电压±5V或±10V，其他技术指标完全满足试验要求。

试验过程

对于尺寸与结构形式均相同的十个开间砌体结构进行子结构拟动力试验，结构的运动方程为

$$M_{n}a+C_{n}v+R_{n}(d)+M_{e}a+C_{e}v+R_{e}(d)=F \tag{1}$$

式中，M_n、M_e 分别为计算子结构和试验子结构的质量，C_n、C_e 分别为计算子结构和试验子结构的阻尼系数，R_n、R_e 分别为计算子结构和试验子结构的恢复力，F 为外荷载。

原型结构中每个墙片的反力看作相同，总反力可由 5.5 倍试验子结构的反力来表示，则运动方程为

$$M_{n}a+C_{n}v+M_{e}a+C_{e}v+5.5R_{e}(d)=F \tag{2}$$

本试验外部激励采用汶川地震什邡八角台站东西向记录，从中截取包括峰值段的 35s 加速度时程，输入方向为横墙方向。由于试验模型的刚度大，位移反应小，为了满足试验系统的精度要求，地震动峰值加速度分别调整为 800Gal、1000Gal、1200Gal、1400Gal、1600Gal 和 1800Gal。试验前测试试验子结构的静刚度，试验参数如下，阻尼比 5%，试验子结构质量为 144550kg，积分步长取 0.005s，采用中心差分法进行计算。

3 试验结果及分析

试验时地震动峰值加速度先调为 800Gal，然后以 200Gal 增量逐级调至 1800Gal，在 1800Gal 时，由于试验硬件设置原因，只进行了地震动输入前 10s 的试验。

结构反应最大值

不同地震动峰值加速度下，试验子结构的位移反应和基底剪力反应最大值如表 3 所示。由于地震动峰值加速度为 1800Gal 时试验未完成，表 3 只给出了前五个工况的最大反应值，从表中可以看出，随着地震动峰值加速度的增大，试验子结构的位移反应和基底剪力反应也随之增大，但因为结构刚度大，位移反应最大值均小于 3mm，位移反应最大值的增量与地震动峰值加速度的增量近似呈比例，结构仍基本处于弹性状态，前五个工况的结构位移反应趋势大致相同，仅峰值发生变化，结构位移时程反应如图 5 所示。当地震动峰值加速度调为 1800Gal 时，只进行了地震动输入前 10s 的试验，但是结构的位移反应最大值已经超过 5mm，基底剪力已经超过 540kN。结构发生剪切破坏。

结构反应最大值 **表 3**

地震动峰值加速度(Gal)	位移反应(mm)	基底剪力反应(kN)
800	1.13	277.0
	−1.06	−269.8
1000	1.45	321.7
	−1.37	−356.9
1200	1.74	399.3
	−1.79	−428.9

续表

地震动峰值加速度(Gal)	位移反应(mm)	基底剪力反应(kN)
1400	2.15	465.4
	−2.09	−455.2
1600	2.68	517.8
	−2.49	−491.5

结构滞回曲线

前五个工况试验子结构的滞回曲线近似呈直线，墙体位移很小，几乎没有残余变形，结构基本处于弹性状态，耗能很少。当地震动峰值加速度调为1800Gal时，墙体出现开裂，滞回环明显弯曲，有捏拢现象，耗能增加，结构发生剪切滑移现象，刚度退化严重，残余变形加大。从试验结果可以看出砌体结构耗能能力小，结构滞回曲线如图3所示。

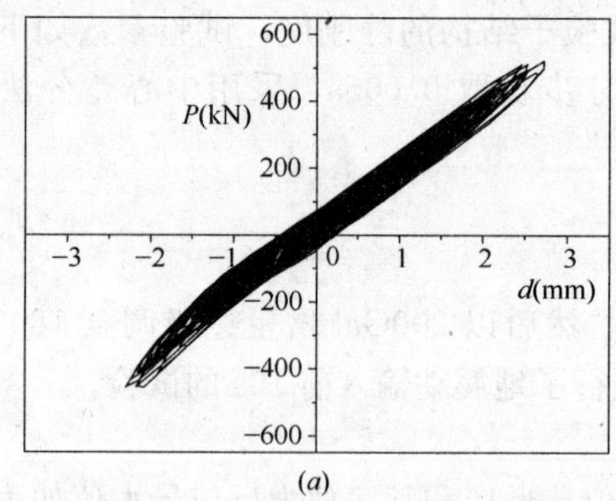

(*a*)

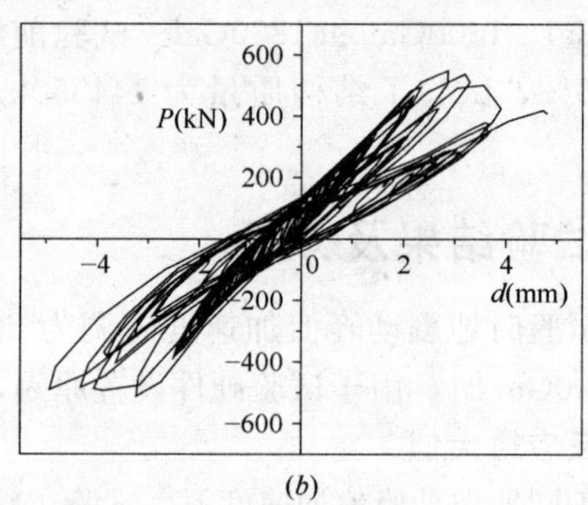

(*b*)

图3　结构在不同地震动峰值加速度下的滞回曲线

(*a*)1600Gal；(*b*)1800Gal

结构的破坏形态

地震动峰值加速度为800Gal至1400Gal时，结构均没有出现裂缝，基本处于弹性状态，当峰值加速度调为1600Gal时，结构首先在①轴横墙的A轴构造柱下部出现水平向裂缝，并向纵墙延伸，裂缝的宽度为0.1mm。当峰值加速度调为1800Gal时，原有裂缝加宽延长，结构在①轴横墙的A、B轴构造柱中部分别出现了宽度为0.2mm和0.1mm的水平裂缝，呈贯穿构造柱并向纵墙延伸的趋势，并且在①②轴横墙的A轴构造柱顶部分别出现宽度为0.2mm和0.1mm的对称角裂缝，两片横墙均出现了较长的阶梯形斜裂缝，裂缝宽度为0.2mm，破坏形态如图4所示。

开裂前，结构处于弹性状态，荷载与位移大体呈线性关系，构造柱中钢筋和墙体中的应力都很小。随着地震动峰值加速度的继续增大，构造柱发生弯剪型破坏，首先在柱底部先出现水平裂缝，然后新的水平裂缝和斜裂缝在中部和顶端不断出现。构造柱在初裂之后，墙体随之产生裂缝，钢筋应力增大，结构破坏无明显的塑性变形阶段，破坏具有突发性。

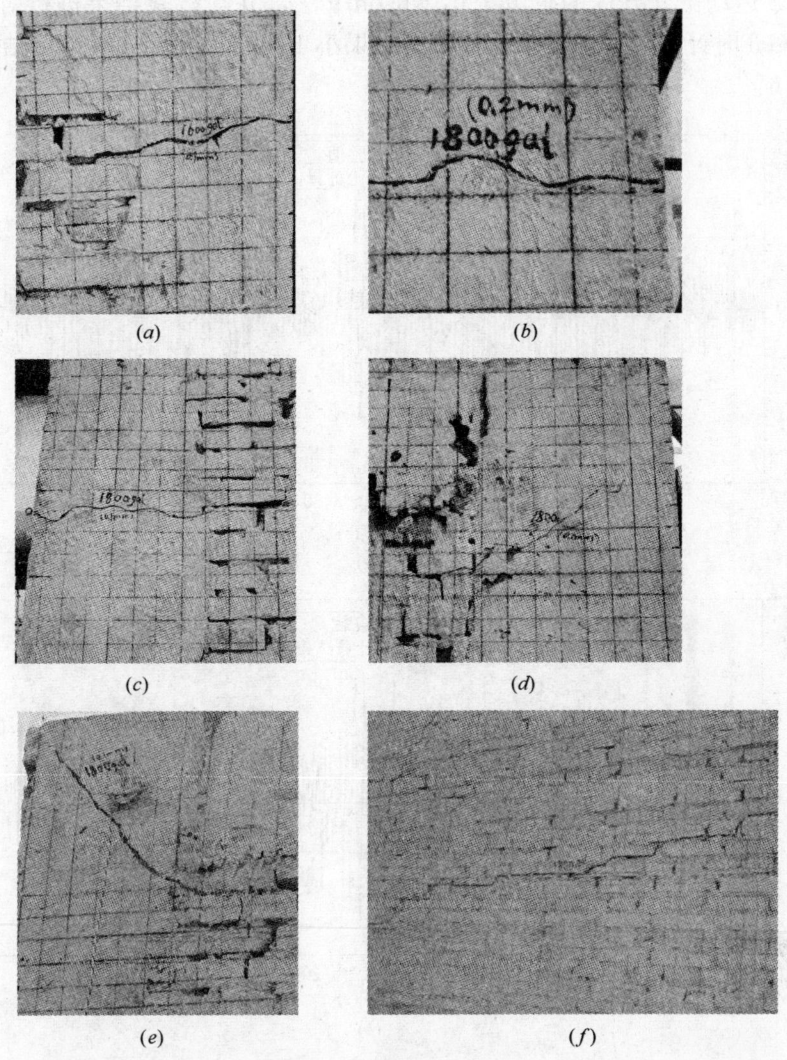

(a) (b) (c) (d) (e) (f)

图 4　结构破坏形态

(*a*)1600Gal 时构造柱下部裂缝；(*b*)1800Gal 时构造柱中部裂缝；(*c*)1800Gal 时构造柱中部裂缝；(*d*)1800Gal 时构造柱顶部角裂缝；(*e*)1800Gal 时构造柱顶部角裂缝；(*f*)1800Gal 时墙体阶梯形斜裂缝

墙体首先在中部水平面发生最大剪应力引起的开裂，然后向对角线方向出现主拉应力引起的斜裂缝，裂缝基本沿砖墙的阶梯形灰缝斜向发展，砖与砂浆粘结强度不足导致灰缝界面产生滑动。

4　结构弹塑性动力时程分析与极限承载力计算

弹塑性时程分析

本文采用层间剪切模型作为结构的振动模型。参考文献［13］中提出的三线型恢复力模型，其骨架曲线用三折线表示，滞回特性为刚度退化型，骨架曲线上的两折点分别代表墙体的开裂点和极限点，利用 matlab 编制了弹塑性动力时程分析程序进行结构位移计算，运动微分方程的求解采用 wilson-θ 法，并与试验结果进行对比，如图 5 所示。1400Gal 时计算结果值最大值比试验结果小 18%，1600Gal 时计算结果最大值比试验结果小 6%。

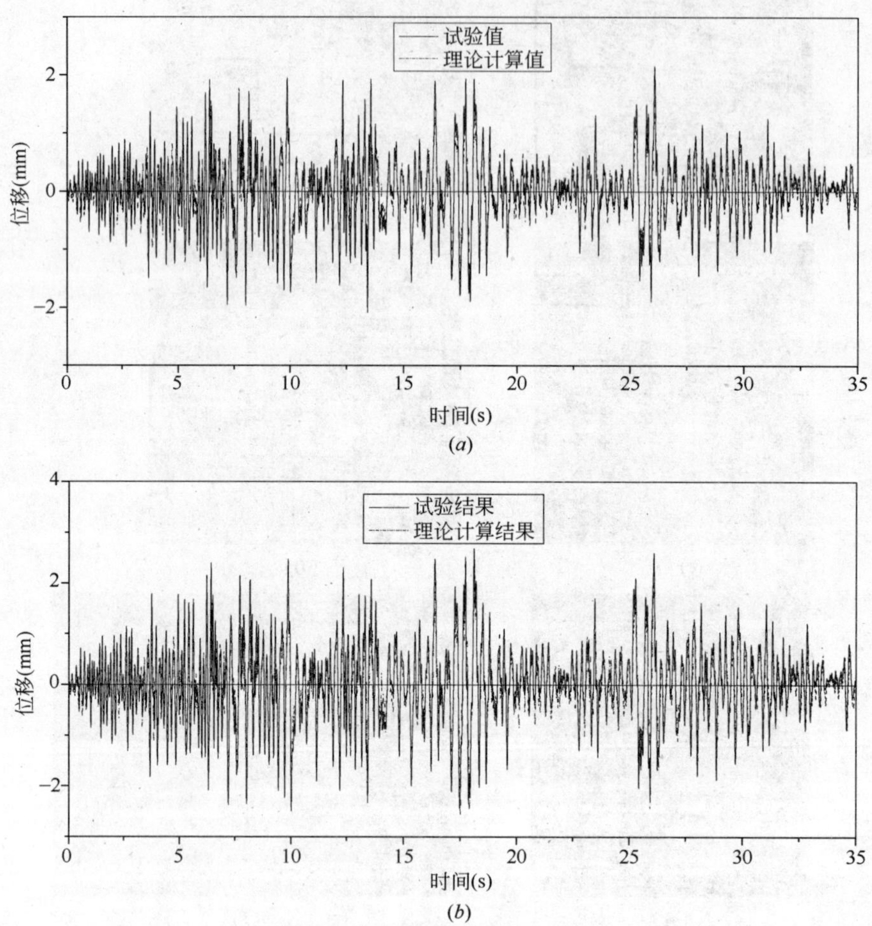

图 5　结构在不同地震动峰值加速度下的位移时程反应

(a)1400Gal；(b)1600Gal

极限承载力计算

试验结构设置了构造柱和墙体拉结钢筋，构造柱与墙体始终处于共同工作状态，对墙体有显著的约束作用，那么试验结构的极限承载力计算必须考虑构造柱和水平配筋的贡献。构造柱的贡献主要由混凝土以剪压强度所表现的抗剪能力和纵筋的销键作用及箍筋的抗剪作用组成，参考文献［14］，结构极限承载力计算公式为

$$P_u = 0.7\beta(0.5R_j + 0.45\sigma_0)A_m + KA_s f_s + \gamma(0.07A_{co}R_a + 0.3A_{cs}f_{cs}) \tag{3}$$

式中，β 为考虑高宽比影响的摩擦效应系数，高宽比 $H/B \leqslant 1.0$ 时，取 1.17，高宽比为其他值时取 0.88；R_j 为砌体抗剪强度；σ_0 为砌体截面竖向压应力；A_m 为砌体横截面面积；K 为水平钢筋强度发挥率；A_s 为砌体中水平钢筋截面积之和；f_s 为钢筋设计强度；γ 为弯曲影响系数，$H/B \leqslant 1.0$ 时取 1.0，高宽比为其他值时取 0.8；A_{co} 构造柱

有效截面面积总和；R_a 混凝土抗压设计强度；A_{cs}构造柱纵筋截面面积之和；f_{cs}构造柱纵筋设计强度。

结构极限承载力计算结果为 470.3kN，对比试验结果，地震动峰值加速度为 1800Gal 时测得结构的极限承载力为 542.7kN，计算值小于实际值而偏于保守，但这样做在设计中对结构的抗震是有利的。构造柱中混凝土的抗剪能力计算结果值为 38.7kN，小于砌体的抗剪能力而成为薄弱部分，因此，在地震动峰值加速度为 1600Gal 时构造柱首先出现开裂。

5 结论

通过单开间砌体结构足尺模型的子结构拟动力试验，模拟十个开间砌体结构的地震反应，得到如下结论：

(1) 对大刚度单层砌体结构足尺模型进行子结构拟动力试验是可行的，可以反映该结构真实的地震作用。

(2) 对单层砌体结构增设圈梁、构造柱和墙体拉结等抗震构造措施，提高了结构的空间刚度和整体性，增加了墙体的稳定性，极大地提高了结构的极限承载能力，可以经受住地震动峰值加速度为 1600Gal 的地震作用，说明这些抗震构造措施是非常有效的。

(3) 目前我国建筑抗震设计规范中规定了建筑物的设防范围为 6～9 度，即便是 9 度设防，其大震下的峰值加速度也远小于 1600Gal，试验模型远远超出“大震不倒”的设防目标，其抗震能力要远超一般村镇建筑而显得能力过剩，并且大量增加建房成本而没有必要。因此，村镇单层房屋建设可以适当减少这些构造措施以降低建房成本，如不设或少设构造柱等。

(4) 按照公式(3)计算得到的结构极限承载力要比结构实际极限承载力小，计算值偏于保守，但在设计中对结构的抗震是有利的。

6 致谢

试验中得到了哈尔滨工业大学力学与结构试验中心周大睿老师的帮助，汶川地震动记录数据由中国地震局工程力学研究所张令心研究员提供，对他们谨致谢意。感谢国家科技支撑计划课题 2006BAJ06B03 对本试验的资助。

参考文献

[1] 张东海. 张超. 邓雪松. 邹征敏. 由汶川地震学校震害反思学校建筑安全. 第四届全国防震减灾工程学术研讨会会议论文集，北京：中国建筑工业出版社，2009，5 月 1 日：71-79.

[2] 李碧雄. 谢和平. 王哲. 王旋. 汶川地震后多层砌体结构震害调查及分析. 四川大学学报，2009，41(4)：19-21.

[3] 赵攀. 黄代明. 曾涛. 汶川地震中砖混结构的震害特征与机理分析. 山西建筑，2009，35(14)：55-56.

[4] 清华大学、西南交通大学、北京交通大学土木工程结构专家组. 汶川地震建筑震害分析. 建筑结构学报，2008，29(4)：1-9.

[5] 胡晓鹏. 徐雷. 韩晓雷. 汶川 8.0 级地震单层工业厂房的震害分析. 西安建筑科技大学学报, 2008, 40(5): 662-666.

[6] 朱凤凤. 张俊贤. 曲淑赢. 侯兴民. 都江堰市多层砌体结构建筑震害分析. 烟台大学学报, 2010, 23(1): 69-73.

[7] GB 50011—2001, 建筑抗震设计规范. 北京: 中国建筑工业出版社, 2008.

[8] F. Seible. G. A. Hegemier. A. Igarashi. G. R. Kingsley. Five-story Masonry building. Journal of Structural Engineering, 1994, 120(3): 903-924.

[9] F. Seible. M. J. N. Priestley. G. R. Kingsley. et. al. Seismic response of full-scale five-story reinforced masonry building. Journal of Structural Engineering, 1994, 120(3): 925-946.

[10] J. Paquette. M. Bruneau. Seismic testing of unreinforced masonry with flexible diaphragm. In: Proc of Ottawa Carleton Earthquake Engineering Research Centre, Rep. No. OCEERC-02-25, Ottawa, 2002, 1969-2007.

[11] J. Paquette. M. Bruneau. Pseudo-Dynamic Testing of Unreinforced Masonry Building with Flexible Diaphragm. Journal of Structural Engineering, 2003, 129(6): 708-716.

[12] 陈再现. 框支配筋砌块短肢砌体结构拟动力子结构试验研究. 哈尔滨工业大学博士学位论文, 2009.

[13] 刘锡荟. 张鸿熙. 刘经纬. 刘立泉. 用钢筋混凝土构造柱加强砖房抗震性能的研究. 建筑结构学报, 1981, (06): 47-55.

赵根田. 冯建国. 带构造柱水平配筋砖砌体的极限承载力. 包头钢铁学院学报, 1990, 9(02): 62-67.

汶川地震中文化遗产建筑的震害分析与保护

潘　毅[1,2]　赵世春[1,2]　余志祥[1]　刘成清[1]

（1. 西南交通大学土木工程学院，四川　成都　610031；

2. 抗震工程技术四川省重点实验室，四川　成都　610031）

摘　要： 汶川地震不仅造成了大量的人员伤亡和财产损失，而且严重威胁着灾区内的各类文化遗产建筑的安全。在对多处文化遗产建筑震害实际调研的基础上，分析了文化遗产建筑的震害特点，提出了文化遗产建筑的震害评估方法及相应保护措施的建议，希望能为有关部门的管理决策提供参考，并引起技术人员的思考和讨论。

关键词： 汶川地震；文化遗产建筑；震害；保护

1　引言

中国文化遗产建筑作为多元文化下的历史见证，已成为中国历史文化遗产的重要内容，是中华民族传统文化的重要组成部分，同时，它在世界建筑史上独树一帜，形成了风格迥异的独特结构体系。2008 年 5 月 12 日在四川汶川发生的 8 级大地震，不仅危及震区人民的生命和财产，也严重威胁着灾区内的各类文化遗产建筑的安全，文化遗产保护事业面临着巨大挑战。其中，四川省 20 个市、州的 1060 处不可移动文物(其中全国重点文物保护单位 83 处)、1839 件可移动文物和 44 处文博机构办公、库房遭受不同程度损毁；甘肃省共有 18 处全国重点文物保护单位、17 处省级文物保护单位、19 处市县级文物保护单位出现不同程度裂缝或部分坍塌；陕西省共有 56 处文物保护单位发生灾情，其中 29 处为全国重点文物保护单位[1]。这些文化遗产急需抢救和保护，同时为应对以后可能的地震灾害影响，积极有效地开展文化遗产建筑抗震防灾工作，研究汶川地震灾区文化遗产建筑震害与保护对策已成为迫在眉睫的任务。

2　汶川地震灾区文化遗产建筑的震害

汶川地震发生后，笔者所在课题组对青城山地区的文化遗产建筑群进行了全面的评估，共对七十余处文化遗产建筑进行了震害分析。这些文化遗产建筑结构形式多种多样，其所处位置、海拔高度也各有不同，所以其震害表现差异较大。总体上而言，木结构的抗震性能较好，而石木结构、砖木结构稍次，钢筋混凝土框架仿木结构抗震性能较差，新建或扩建的不符合规范的混杂结构破坏严重。限于篇幅，下面仅对文化遗产建筑中的木结构、石木结构、砖木结构的典型震害加以分析和总结。

2.1　木结构

大多数木结构震害较轻，这得益于榫头的转动能力以及柱和基础之间的滑动能力[2,3]，是以柔克刚的典范。例如，青城山真武宫祖师殿由于其平面和竖向均不规则，地震时产生了一定的扭转，各柱脚发生了大小不同的位移，如图 1 所示。真武宫正门处的墙体也发生一定程度的空间扭转，如图 2 所示，图中较近的柱上端向右倾斜，而较远的柱上端向左倾斜。有少数梁柱节点附近有破损现象，如图 3 所示。以上这些破坏都不太严重，比较容易进行修复。再如，青城山旅游索道的上站是新建的穿斗式木构架建筑，除部分小青瓦滑落外，主体结构基本完好，未见柱与基础、柱与屋架榫头的相对滑动，如图 4 所示。

图 1　木柱的柱脚滑移

图 2　墙体倾斜

图 3　节点破损

图 4　基本完好的穿斗式木构架

2.2　石木结构

石木结构的构造方式与木结构类似，只不过将原来的木柱换为石柱，但由石材的性能与木材有很大的不同，其震害也表现出不同的特点。例如，上清宫老君阁的梁架有轻微损坏，相对于石柱而言，木梁强度较弱，故在榫卯处梁出现了裂口，如图 5 所示；东华殿石柱柱脚有一定的滑移，有轻微损坏，如图 6 所示。

图 5　梁架的破损

图 6　石柱的柱脚滑移

2.3 砖木结构

砖木结构因为屋盖一般较轻，若墙体具有一定的构造措施，一般能具备较好的抗震性能；但若墙体的厚度较薄(厚度小于 120mm)，且屋架下无壁柱，则墙体很容易破坏，产生倒塌现象。例如，青城山老君阁建筑群中的一处砖木结构就发生了局部倒塌，如图 7 所示。

图 7　砖木结构的局部倒塌

3 汶川地震灾区文化遗产建筑保护的几点建议

文化遗产建筑是一种特殊的结构形式，国内外尚无专门针对这类建筑结构抗震能力分析的具体规范、规程及定量计算方法的规定[4,5]。因此，结合已有的大量工程地震破坏资料和汶川地震动记录，分析汶川地震文化遗产建筑的震害特征，考虑不同建筑材料、不同结构形式、不同建造年代等对文化遗产建筑震害的影响，提出汶川地震文化遗产建筑的震害评估方法及相应的保护措施显得尤为重要。笔者认为可以从以下几个方面着手开展工作。

3.1 汶川地震灾区文化遗产建筑特色研讨与震害特点分析

汶川地震灾区文化遗产建筑除少数为明代建造外，绝大部分为清代中后期的作品，一般采用小式木作，檐下不施斗拱，为了防止飘雨而伸长屋檐，多采用撑弓支撑挑檐部分的水平挑梁，从而形成独特的建筑风貌。针对其建筑特色，可邀请古建筑专家对汶川地震灾区文化遗产建筑的营造特点进行研讨，并组织相关人员对典型文化遗产建筑进行测绘。

尽管汶川地震灾区文化遗产建筑表现出了较好的抗震能力，但仍有一些古建筑遭了不同程度的破坏，甚至倒塌。因此，进一步收集整理有关震害资料，并进行现场补充调研，特别要注意典型文化遗产建筑的加固改造状况，分析震前实施的加固改造对震害的影响，这对于提出相应的保护措施很重要。

3.2 汶川地震灾区文化遗产建筑结构类型与传力机理分析

汶川地震灾区文化遗产建筑多采用穿斗结构，平面布置以“间架”为标准，结构作法基本定型化，标准化。大空间的宫殿式建筑则用抬梁与穿斗的混合结构，两端墙用穿斗，中间用抬梁。小式建筑的地方特色更浓，木穿斗架，出檐单挑，又加拱撑等。因此，汶川地震灾区文化遗产建筑不同于中原地区或北方地区的官式建筑，典型的殿堂式结构较少，多为厅堂式结构与民居结构的混合，具有独特的传力机理。总结汶川地震灾区文化遗产建筑的结构特征与结构类型，并对其抗震传力机理进行分析，特别要注意震前加固改造对结构传力机理的影响。

3.3 汶川地震灾区文化遗产建筑典型结构构件抗震重要性分析

选择典型文化遗产建筑，建立相应的有限元计算模型，进行数值模拟计算；分析不同结构形式传力路径与抗震机理；对不同构件(梁、枋、柱、檩、椽、填充墙等)及节点(斗拱、柱与梁枋的榫卯连接、柱脚与柱基础的抵承情况、填充墙与柱的连接等)进行抗震敏感性分析[6,7]，找出关键受力构件及关键节点。对关键受力构件及关键节点进行参数分析，评价其对结构整体抗震性能的影响程度，进而划分其重要性等级。

3.4 重要文化遗产建筑抗震性能评估

根据遭遇地震烈度和场地类别的不同，结合关键受力构件及关键节点的重要性等级划分，从以下几个方面对重要文化遗产建筑进行抗震性能评估：

(1) 抗震构造评估，如斗拱的榫卯连接、柱与梁枋的榫卯连接、柱脚与柱基础的抵承情况等；

(2) 抗震传力机理评估，以及已有的加固改造对原结构抗震传力机理改变的评估；

(3) 对重要文化遗产建筑的关键受力构件进行长期监测，根据监测结果对重要建筑的安全性及抗震性能进行实时评估。

3.5 文化遗产建筑抗震修复与加固的保护对策

根据可靠性评估和抗震性能评估的结论，在不改变文化遗产建筑原状的前提下[8]，提出文化遗产建筑抗震修复与加固的保护对策，并需要考虑以下几个方面：

(1) 对已加固的文化遗产建筑进行普查，看是否改变了原结构的传力机理，以及关键节点与关键构件是否因此被削弱；

(2) 采用不改变原有结构传力机理的加固材料与方法；

(3) 对于新建的仿古建筑，应制定相应的设计与施工验收标准。

4 结语

文化遗产建筑作为一种不可再生的文化资源，对其保护的研究已经越来越引起人们的关注。要保护文化遗产建筑，就离不开研究如何减轻各种自然灾害对其造成的损伤或破坏。而地震居各种自然灾害之首，针对典型的文化遗产建筑，提出适用于汶川灾区文化遗产建筑的震害修复与抗震加固保护对策，对于引导灾后文化遗产建筑抢救保护工作的顺利进行，保障未来地震灾害中文化遗产建筑的抗震安全，避免破坏具有重大的现实意义。

致谢

感谢西南交通大学校科学基金资助(2008A02，2008A05)。

参考文献

[1] 赵世春等. 青城山宗教建筑结构震害调查与分析 [R]. 成都：西南交通大学土木学院，2008.
[2] 李诫(宋). 营造法式 [M]. 北京：中国书店出版社，2006：21-29.

[3] 梁思成. 梁思成全集(第6、7卷)[M]. 北京：中国建筑工业出版社，2001：36-42.

[4] 余志祥，韦韬，赵世春，李力. 青城山黄帝祠砖木古建筑震害数值仿真研究 [J]. 工程抗震与加固改造，2009，31(3)：100-106.

Yu Zhixiang，Wei Tao，Zhao Shichun，Li Li. Numerical Simulation Study on an Ancient Building of Yellow Emperor Temple Built with Brick and Wood on Qingcheng Mountain [J]. Earthquake Resistant Engineering and Retrofitting，2009，31(3)：100-106.

[5] 方东平，俞茂鋐，宫本裕，岩崎正二，彦坂熙. 木结构古建筑结构特性的计算研究 [J]. 工程力学，2001，18(1)：137-144.

FANG Dongping，YU Maohong，Y. Miyamoto，S. Iwasaki，H. Hikosaka. Numerical Analysis on Structural Characteristics of Ancient Timber Architecture [J]. Engineering Mechanics 2001，18(1)：137-144.

[6] 汪兴毅，杨智良. 殿堂型木构架古建筑的抗震构造研究 [J]. 合肥工业大学学报(自然科学版)，2007，30(10)：1349-1352.

WANG Xingyi，YANG Zhiliang. Research on aseismatic construction of ancient timber-framed halls [J]. Journal of Hefei University of Technology，2007，30(10)：1349-1352.

[7] 张鹏程，赵鸿铁，薛金阳. 斗拱结构功能试验研究 [J]. 世界地震工程. 2003. 19(1)：102-106.

ZHANG Pengcheng，ZHAO Hongtie，XUE Jinyang，GAO Dafeng. Experiment research on structural performance of Dougong [J]. World Earthquake Engineering. 2003，19(1)：102-106.

[8] 中华人民共和国建设部. GB 50165—92 古建筑木结构维护与加固技术规范 [S]. 北京：中国建筑工业出版社，1993.

竖向不规则建筑结构抗震性能研究进展及其规范应用

周　靖　赵卫锋

（湘潭大学，湘潭　411105）

摘　要：竖向不规则是导致建筑结构地震倒塌破坏的主要原因之一。为提高对竖向不规则结构抗震概念设计的理解，介绍了结构竖向不规则的主要内容及其倒塌破坏的特点、竖向不规则结构地震反应需求的研究进展以及国际上几本建筑设计规范关于结构竖向不规则条款的限定。针对竖向不规则结构目前的研究现状，提出了今后值得进一步研究的方向。

关键词：竖向不规则结构；抗震性能；地震反应需求；建筑抗震规范

1　引言

地震地面运动作用下，建筑物的损伤破坏首先会出现在结构抗侧力系统的薄弱部位，薄弱部位的损伤破坏会进一步加剧结构抗震性能的退化，从而导致结构整体的失稳或倒塌。建筑物的薄弱部位主要来源于结构配置的缺陷或不规则，如结构或构件不规则的几何尺寸、软弱的楼层、质量过分集中以及不连续的侧向抗侧力单元等。竖向不规则结构的静力和动力性能比较复杂，近三十多年来，其抗震性能的研究是结构工程以及地震工程领域热点研究的问题之一。

2　结构竖向不规则的定义和内容

2.1　结构竖向不规则的定义

结构竖向规则与不规则的区分，在世界各国设计规范中一般都给出了一些定量的界限。但实际上引起建筑结构竖向不规则的因素很多，特别是复杂的建筑体型，很难一一用若干简化的定量指标来划分不规则程度并限制范围。对于竖向不规则结构的力学特点的形成，可以从结构体系传递地震作用或内力的路径方面来做概念性的解释。建筑侧向地震作用是因地震动加速度作用在楼层处产生的，须有一个较好的连续的传递路径，才能把楼层惯性力和内力从楼层经竖向构件传至基础和地面。如图1所示，把建筑结构等效为一个竖向的链连接力学体系，当竖向传递路径链中出现间隙或缺陷，体系的内力不能有效传递，就会在传递路径中的间隙或缺陷部位产生过大的应力集中或塑性变形集中，导致链连接的破坏或断裂。竖向传递路径中的间隙或缺陷，与结构体系的薄

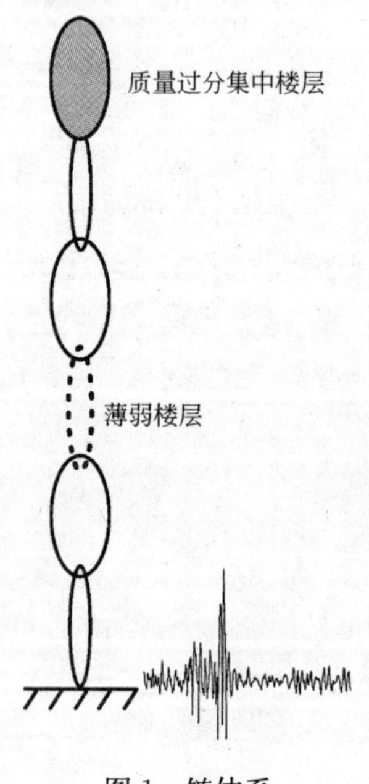

图1　链体系

弱环节类似。结构薄弱楼层来源于结构的竖向不规则布置，从力学角度来解释竖向不规则，即抵抗楼层剪力、弯矩和扭矩的结构单元以及导致产生地震作用的楼层重量等沿竖向布置不连续或突变，致使结构整体的抗震力学性能的降低。

2.2 强度不规则

结构的楼层强度(楼层屈服承载力)是指给定楼层在所考虑的水平地震作用方向上，抗侧力系统所有单元的受剪承载力总和。强度不连续楼层通常也称为“弱层”，主要由于抗侧力单元(柱或剪力墙等)偏小的截面尺寸或纵向配筋不够等因素而产生的相邻上、下楼层抗侧强度的差异。“弱层”容易引起结构的弹塑性行为集中，改变结构位移分布模式，而导致结构局部或整体的不稳定或倒塌。通常较小的楼层强度改变就可能导致较大的抗震延性需求分布的变化，Valmundsson[1]的研究表明减小结构底层强度20%，结构延性需求将增大100%～200%。

2.3 刚度不规则

结构相邻楼层高度的改变、竖向结构单元的突然中断、非结构单元的参与以及立面台阶收进等导致结构刚度竖向不连续，刚度不连续层通常称为“软层”。由于结构功能和建筑美观的需求，结构楼层高度的改变和竖向抗侧力单元的中断是很普遍的形式。非结构单元不可预见地参与抗侧力系统通常出现在砌体填充框架结构体系中，如果设计合理，填充墙的有效刚度和强度作用可能提高框架的抗震性能；如果设计不合理，即使结构其他布置连续、对称也容易出现“软层”的情况[2]。“软层”容易引起楼层应力集中，层间位移增大，柱两端过大的弹塑性变形集中(塑性铰)容易产生层侧移机制，其损伤破坏是最严重的。Fernandez[3]的研究表明减小结构底层刚度20%，则层间位移需求增大可能达到100%；Valmundsson[1]采用不同的结构模型，研究表明保持结构强度一致，减小结构底层刚度30%，则层间位移需求增大20%～40%。

2.4 质量不规则

竖向不规则的质量分布可以通过比较楼层间的有效重量(重力荷载代表值)来判断。楼层有效重量是结构每层自重荷载标准值和一定比例的可变荷载组合值之和。质量集中楼层经常出现在结构设备层、储存库房层和顶层游泳池等。竖向不规则结构的质量分布影响结构的动力反应，可能导致不可预期的高模态行为和地震反应需求集中部位，因为过大的质量可能导致侧向惯性作用力的突然增大，结构局部竖向构件的负荷增大而导致构件延性减小，P-Δ效应也可能增大结构倒塌的概率。

3 竖向不规则结构的抗震性能研究

随着社会经济的发展，建筑的功能和美观要求变得越来越高，从而使某些建筑的空间形式以及构成建筑空间的结构单元达到或突破了相关设计标准的要求，特别是建筑功能的多样化导致结构竖向布置日渐复杂，多高层建筑工程抗震设防超限审查面临新的挑战。因此，揭示地震地面运动作用下竖向布置极端不规则结构损伤破坏形成的机理与分布规律、倒塌机制，有效地控制结构的地震损伤和破坏，减少竖向不规则结构局部的地震反应，为建筑抗震概念设计的定性描述过渡到工程实际应用的定量描述提供理论依据，研究竖向质量、刚度和屈服强度等布置变化而引起的结构抗震需求的变化规律以及相应的抗震设计控制方法，是发展与经济和社会相适应的重大工程防灾减灾科学和技术、保障人民群众生命财产安全和促进经济社会全面协调可持续发展的重要问题之一。

虽然对因竖向不规则布置而导致的结构抗震需求增大的问题认识已久，但直到上世纪 80 年代才提出了竖向不规则结构相关的量化极限标准应用于建筑抗震设计之中[1]。我国在 89 版建筑抗震设计规范中开始采用相关的定量限定措施，其抗震设计措施的运用为我国建筑设计的多元化发展提供了有益的帮助。为了更好地在建筑结构在抗震设计、运营和维护等方面提供科学基础和理论指导，研究由于结构沿竖向的质量、刚度和屈服强度分布变化等而引起的结构抗震需求的变化规律和破坏特性，国内外很多专家学者采用理论分析、数值模拟、模型试验和现场实测等研究手段，开展了广泛深入地调查，得到许多有用的结论，部分研究成果已被国内外建筑抗震设计规范所采用。近三十多年来的研究工作可归纳为如下三个方面的内容：一是是评估规范中竖向布置不规则控制极限标准的有效性[1,4]；二是分析竖向分布不规则结构的地震需求反应，如结构的延性需求、变形需求、结构超强和能量耗散等[5-7]；三是提出了一些研究竖向布置不规则结构抗震性能的分析方法、抗震设计控制和应用方法[8-11]。近年来，国内学者针对特定的结构体系，也提出了一些控制竖向布置不规则结构抗震设计的思路和方法[12-16]。

有关竖向不规则结构抗震性能研究的文献较多，但由于其力学特性的复杂性和采用方法的不同以及出发点的不一致，目前缺乏对竖向不规则结构复杂特性全面、精确的分析。虽然针对竖向不规则结构抗震性能的研究已取得很大的进展，但依然有不少问题有待深入的研究。

(1) 地震作用下竖向不规则结构的破坏机理和失效模式的研究。竖向不规则结构的研究起始于上世纪中期，但过去的二三十年才是其在理论研究和工程应用两方面腾飞的时期。不过，国内外学者对其工程抗震性能的研究远多于其损伤破坏机理的研究。基于宏观、细观及其相结合的多尺度理论和方法，揭示强地震动作用下竖向不规则结构破坏特性、动力灾变破坏与倒塌机制，研究复杂受力条件下结构的复杂动力行为与理论描述，尤其是考虑材料软化、刚度退化、尺寸效应、加载速率等影响的结构非线性动力效应是开展竖向不规则结构研究的重要领域，但这些方面的研究工作并不多，因此，竖向不规则结构研究领域在未来还有较大的发展空间。

(2) 如何减少竖向布置不规则结构局部的地震反应，有效地控制结构的地震损伤破坏。目前研究竖向不规则结构的工作大多从结构体系或结构楼层入手，从整体上分析结构的抗震性能，而在结构体系中研究局部构件力学性能的工作，寥寥无几。虽然研究单个构件抗震力学性能的工作很多，但其研究大多加以限制性的假设与传统的边界条件。实际的构件在结构体系中，特别是竖向不规则结构体系中，承受的外荷载条件与试验条件差别较大，关键性单元构件的损伤和破坏是导致结构整体破坏的直径原因；另外，部分单元构件的破坏会导致另外一些结构单元构件的承载条件发生变化，非关键性构件可能成为关键性构件。因此，调查竖向不规则结构损伤累积效应及其演化规律，探讨构件破坏、局部结构破坏以及整体结构破坏之间的多种相关性及其动力加载和卸载规律，研究结构局部失效模式优化与结构整体抗震能力提高的理论与方法是开展竖向不规则结构研究的又一重要课题。

(3) 基于概率统计的最不利地震危险性分析。近十多年来，基于性能的抗震设计研究是地震工程研究领域的热点问题，基于性能的抗震设计最基本的要求是确定在给定地震危险条件下结构抗震需求超越特定界限状态的概率。竖向不规则结构本身是一种不利于结构抗震的结构形式之一，在相同的条件下，其地震危险性比规则结构的地震危险性大，而目前开展相关最不利研究的工作很少。近场地震地面运动的研究也是近年来地震工程和结构工程领域共同关注的一个热点问题，近场地面运动因其高能量的速度脉冲有不同于常规地震地面运动的加速度反应谱和速度反应谱，其脉冲效应对工程结构造成极大破坏。但在近断层强地震动作用和竖向不规则布置两种极端条件组合时，调查复杂高层结构的抗震性能，建立相关抗震设计控制方法，开展可靠性评估方面的工作，目前国内外鲜有报道。针对近断层强地震动作用下的竖向不规则高层建筑，开展近断层地震动强度表征参数研究，分析结构的概率地震需求，揭示其损伤破坏形成的机理与倒塌机制，建立相关抗震设计控制方法和结构易损性评估方法将有利于提升我国建筑抗震设计理论和技术水平，促进与社会经济相适应的重大工程防灾减灾科学和技术的提高；研究近场地震地面运动参数和竖向不规则结构参数的不确定性以及两者的相关性，具有重要的工程应用价值。

(4) 如何把侧向等效静力抗震设计方法运用于竖向不规则结构的抗震设计之中。侧向等效静力抗震设计方法确定设计地震力是目前国际上建筑抗震设计规范中运用最普遍的方法之一，方法简单，适应于沿竖向质量、刚度和强度分布均匀的结构。虽然目前的时程分析方法可以相对准确地分析竖向不规则结构动力效应的全过程、识别结构的薄弱环节，但时程分析计算复杂且耗时长，对一般的结构设计不能普遍采用，而且时程分析受地震波的影响较大，选择有代表性的地震波较困难。因此用简便的侧向等效静力抗震设计方法确定竖向不规则结构的设计地震力对抗震设计和评估有较大的实用价值。

(5) 开展多种模型的结构试验研究。目前，国内外竖向不规则结构的研究工作大多是以有限元数值分析为主，结构力学试验研究很少，而且结构试验结构规模十分有限，一般以低层或多层的平面二维框架为试验对象，空间结构试验数据缺乏。另外，分析或试验的结构模型和结构体系较少，具有代表性的类型不多，框架结构或框架-剪力墙结构的居多。随社会经济的发展，开展多种力学模型、多种结构体系和多高层竖向不规则结构的试验研究十分必要。

(6) 关于竖向不规则结构抗震性能研究的报道国内较少，而且国内开展研究的深度和广度都远远落后于国外的研究。目前，以目标延性或目标最大层间位移作为极限性能来定量调查竖向不规则结构抗震设计地震力需求方面的工作，国外的研究不多，国内没有相关文献；而针对基于我国现行建筑抗震设计规范设计的竖向不规则结构开展的评估工作尚无报道。

4 抗震设计规范中的相关规定

限定建筑抗震设计竖向不规则的极限，是保证建筑结构的安全建设和运营的有效措施。目前，虽然世界各国抗震设计规范在结构竖向不规则限定的定义上有些差别，但总体上是基本相似的。

4.1 中国规范

我国建筑抗震设计规范[17]规定建筑竖向布置宜具有合理的刚度和承载力分布，避免因局部削弱或突变形成薄弱部位而产生过大的应力集中或塑性变形集中。结构不规则且具有明显薄弱部位可能导致地震时严重破坏的建筑结构，应进行罕遇地震作用下的弹塑性变形分析，结构分析应采用空间结构计算模型。对可能出现的薄弱部位，应采取措施提高抗震能力。规范定义了三种类型的结构竖向不规则，如表1所示。另外，在高层建筑混凝土结构技术规程[18]中要求，高层建筑的竖向体型宜规则、均匀，避免有过大的外挑和内收。结构的侧向刚度宜下大上小，逐渐均匀变化，不应采用竖向布置严重不规则的结构；结构竖向抗侧力构件宜上下连续贯通。对高层建筑，A级高度高层建筑的楼层抗侧力结构的受剪承载力不宜小于其上一层受剪承载力的80%，不应小于其上一层受剪承载力的65%；B级高度高层建筑的楼层层间抗侧力结构的受剪承载力不应小于其上一层受剪承载力的75%。我国建筑抗震设计规范[17]和高层建筑混凝土结构技术规程[18]均没有对结构的楼层重量或质量比例做出明确的限定，而在高层民用建筑钢结构设计规程[19]中规定了结构楼层质量之比不超过1.5(建筑为轻屋盖时，顶层除外)。

中国抗震设计规范中结构竖向不规则的类型和定义 **表1**

	不规则类型	定义
1	侧向刚度不规则	侧向刚度小于相邻上一层的70%，或小于其上相邻三个楼层侧向刚度平均值的80%；除顶层外，局部收进的水平尺寸大于相邻下一层的25%
2	竖向抗侧力构件不连续	竖向抗侧力构件(柱、抗震墙、抗震支撑)在楼层间中断，其内力不是由竖向抗侧力构件向下传递，而是通过水平转换构件(梁、架)向下传递
3	楼层承载力突变	抗侧力结构的层间受剪承载力小于相邻上一楼层的80%

4.2 美国规范

美国设计规范NEHRP的条文解释(FEMA 369)认为在强烈地震地面运动作用下，结构配置是影响结构性能的重大因素之一，而结构竖向不规则可能导致结构的地震反应和变形完全不同于按等效静力假定程序设计的线性分布模式。由于抗侧力单元的错位或不连续使结构传力路径改变，从而引起弹塑性需求的集中，因此设计者应该充分认识不规则布置导致的结构不确定能力是否满足设计的要求，设计过程中应该消除或最小限度地避免重大的结构竖向不规则。美国规范UBC 97[20]、FEMA 368[21]和IBC 2000[22]均定义了五种类型的竖向不规则(如表2所示)，内容基本相同。在FEMA 368和IBC 2000中还定义了一类严重刚度不规则类型。

美国规范的结构竖向不规则的类型和定义 **表2**

	不规则类型	定义
1a	刚度不规则—软层	侧向刚度小于相邻上一层的70%，或小于其上相邻三个楼层侧向刚度平均值的80%
1b	严重刚度不规则—软层	侧向刚度小于相邻上一层的60%，或小于其上相邻三个楼层侧向刚度平均值的70%
2	重量(质量)不规则	任意楼层的有效质量超过相邻楼层(相对较轻的屋顶层不需考虑)有效质量的150%
3	竖向几何不规则	任意楼层抗侧力系统的水平几何尺寸超过相邻楼层的130%

续表

	不规则类型	定　义
4	竖向抗侧力单元平面内不连续	竖向抗侧力单元在平面内错位距离超过单元长度
5	楼层承载力不连续—弱层	楼层强度(楼层抗剪承载力)小于相邻上一楼层的80%

4.3　欧盟规范

欧盟规范EC 8[23]条文说明认为结构特征沿竖向的分布对抗震性能有很大的影响，竖向不规则结构地震动力反应的高阶振型敏感、有明显的应力和能量集中部位或楼层、最大层间位移增大等。欧盟规范和其他国家的设计规范不同，虽没有定义明确的竖向不规则类型，但从结构概念设计的角度提出了四点结构竖向规则布置的标准；另外规定，对竖向非规则结构性能系数取为0.8 q_0(q_0 为规则结构性能系数)。

欧盟规范EC8要求的结构竖向规则标准　　**表3**

类别	要求的标准
1	所有抗侧力系统，如核心筒、结构墙和框架，应该从基础到楼顶(或相应的台阶收进区域)没有突然地中断
2	从基础到楼顶的侧向刚度和楼层质量应保持恒定或逐渐减小，不能突然改变
3	在框架建筑中，通过分析得到的相邻楼层间实际承载力的比率不能失衡；对填充墙框架结构，需用放大系数 η 调整因填充墙的影响而有所变化的楼层地震作用；上部楼层竖向投影范围内的基底区域应设计能够抵抗至少75%的水平剪力
4	对渐变的台阶内收立面，应保持两边轴对称，任意内收尺寸不应大于相邻前面楼层平面尺寸的20%；对单一的内收，在建筑高度底部的15%以内，内收尺寸不能超过50%；如果内收是非对称的，则在任意一侧的内收总尺寸不能超过低层平面的30%，任意楼层的内收尺寸不能超过前一层平面的10%

4.4　加拿大规范

根据加拿大国家建筑规范(NBCC 2005[24])背景资料的分析，虽然新西兰建筑规范(NZBC 1992)、美国统一建筑规范(UBC 1997)、建筑抗震安全协会规范(NEHRP 1997)和国际建筑法规(IBC 2000)等定义了结构竖向不规则极限，但相关的限定并不是特别的严格，因此制定严格的限定标准十分必要。加拿大国家建筑规范定义的结构竖向不规则与IBC和UBC的定义很相似(如表4所示)，但在强度不规则类型上要求更严格，另外增加了竖向抗侧力单元平面外错位的类型。

加拿大NBCC2005定义的结构竖向不规则的类型　　**表4**

	不规则类型	定　义
1	竖向刚度不规则	侧向刚度小于相邻层的70%，或小于其上或其下相邻三个楼层侧向刚度平均值的80%
2	重量(质量)不规则	任意楼层的有效质量超过相邻楼层(相对较轻的屋顶层不需考虑)有效质量的150%
3	竖向几何不规则	任意楼层抗侧力系统的水平几何尺寸超过相邻楼层的130%
4	竖向抗侧力单元竖向平面内不连续	竖向抗侧力单元在平面内错位，或楼层以下的抗侧单元刚度减少

续表

	不规则类型	定　义
5	平面外错位	侧向传力路径不连续，如竖向抗侧力单元平面外错位
6	楼层承载能力不连续—弱层	楼层抗剪强度小于相邻上一楼层

5 结语

由于建筑美观、功能和经济的约束，建筑结构竖向布置不规则当前呈现加剧的趋势，多高层建筑工程抗震设防超限审查面临新的挑战。研究极端竖向不规则结构的抗震性能是目前新型复杂结构的地震破坏与控制技术研究方向的重要研究内容之一。本文介绍了结构竖向不规则的主要内容及其特点，全面调研了国内外竖向不规则结构地震反应需求研究现状以及国际上几本建筑设计规范中结构竖向不规则条款的限定，综合分析目前尚待进一步研究的几点问题，笔者认为在今后的工作中以下几方面应该予以重视和加强：竖向不规则结构破坏机理和失效模式的研究；如何减少局部的地震反应，有效地控制结构的地震损伤和破坏；如何把侧向等效静力抗震设计方法运用于竖向不规则结构的抗震设计之中；多种力学模型和结构形式的试验研究。

参考文献

［1］ Valmundsson E V，Nau J M. Seismic response of building frames with vertical structural irregularities［J］. *Journal of Structural Engineering*，1997，123(1)：30-41.

［2］ Negro P，Colombo A. Irregularities induced by nonstructural masonry panels in framed buildings［J］. *Engineering Structures*，1997，19(7)：576-585.

［3］ Fernandez J. Earthquake response analysis of buildings considering the effects of structural configuration［R］. In Bulletin of the International Institute of Seismology and Earthquake Engineering，Tokyo，Japan，1983，19：203-215.

［4］ Das S，Nau J M. Seismic design aspects of vertically irregular reinforced concrete buildings［J］. *Earthquake Spectra*，2003，19(3)：455-477.

［5］ Al-Ali A A K，Krawinkler H. Effects of vertical irregularities on seismic behavior of building structures［R］. Department of Civil and Environmental Engineering，Stanford University，Report No. 130，1998.

［6］ Choi B J. Hysteretic energy response of steel moment-resisting frames with vertical mass irregularities［J］. *Structural Design of Tall and Special Buildings*，2004，13(2)：123-144.

［7］ Chintanapakdee C，Chopra A K. Seismic response of vertically irregular frames：response history and modal pushover analyses［J］. *Journal of Structural Engineering*，2004，130(8)：1177-1185.

［8］ Fragiadakis M，Vamvatsikos D，Papadrakakis M，Evaluation of the influence of vertical stiffness irregularities on the seismic response of a 9-story steel frame. *Earthquake Engineering and Structural Dynamics*，2006，35(12)：1489-1509.

［9］ Lu Y. Comparative Study of Seismic Behavior of Multistory Reinforced Concrete Framed Structures

[J]. *Journal of Structural Engineering*, 2002, 128(2): 169-178.

[10] Satrajit D, Nau JM. Seismic design aspects of vertically irregular reinforced concrete buildings. *Earthquake Spectra*, 2003, 19(3): 455-477.

[11] Robert T, Sina M, Carmen I, Krasimira A. Application of the equivalent static force procedure for the seismic design of multistory buildings with vertical mass irregularity [J]. *Canadian Journal of Civil Engineering*, 2005, 32(3): 561-568.

[12] 马宏旺. 基于概念设计竖向不规则结构的抗震分析 [J]. 工程抗震, 2000, 22 (02): 3-8.

[13] 廖宇飚, 黄小坤. 高层建筑结构侧向刚度变化及其控制方法研究 [J]. 工程抗震与加固改造, 2005, 27(5): 20-25, 27(6): 17-21.

[14] 钱稼茹, 戴夫聪, 赵作周, 等. 北京金地中心不规则框架模型抗震性能试验研究 [J]. 建筑结构学报, 2005, 26(5): 46-59.

[15] 吕西林; 龚治国. 某复杂高层建筑结构弹塑性时程分析及抗震性能评估 [J]. 西安建筑科技大学学报(自然科学版), 2006, 38(5): 593-602.

[16] 王元清, 黄怡, 石永久, 等. 超高层钢结构建筑动力特性与抗震性能的有限元分析 [J]. 土木工程学报, 2006, 39(5): 65-71.

[17] GB 5001—2001, 建筑抗震设计规范 [S].

[18] JGJ 3—2002, 高层建筑混凝土结构技术规程 [S].

[19] JGJ 99—98, 高层民用建筑钢结构技术规程 [S].

[20] Uniform Building Code (UBC 1997) [S]. International Conference of Building Official, Whittier, C. A., 1997.

[21] FEMA 368, NEHRP Recommended Provisions For New Buildings And Other Structures [S]. Building Seismic safety Council, Washington D. C, 2000.

[22] International Building Code (IBC 2000) [S]. International Code Council, Virginia, USA, 2003.

[23] Euro code 8: Design of structures for earthquake resistance Part 1: General rules, seismic actions and rules for buildings [S]. Euro codes Committee, Public Enquiry Draft, 2005.

[24] National Building Code of Canada (NBCC 2005) [S]. National Research Council of Canada, 2006.

装配式大板结构整体性加固的研究*

蔡宏儒　岳　立　刘艳辉　赵世春
（西南交通大学土木工程学院，四川成都　610031）

摘　要：我国20世纪60、70年代修建了大量的装配式大板结构，该结构有许多优点，也存在着诸多缺陷，如：连接部位易破坏、缺少多道抗震破坏、易形成连续坍塌等，因此随着国家经济水平的提高，过去建设的装配式大板结构急需采取可靠措施进行处理；本文经对汶川地震中现存实际案例进行了调查，分析了该类结构实际存在的不足，提出了解决的构造措施。

关键词：装配式大板结构；接缝；延性；加固；抗震

1　前言

装配式建筑指的是构件在加工厂或施工现场预制，通过机械吊装和一定的连接手段，把零散的预制构件连接成为一个整体而建造起来的建筑物。装配式大板建筑则组成建筑的主要墙板构件通常为一个开间和一个层高尺寸，因而装配式大板建筑具有较小空间分隔的特点，常作为居住类和小型办公类建筑。由于装配式建筑具有施工速度较快、劳动力要求较少、工期较短、施工质量可靠、克服施工的季节性等优点，我国于20世纪60年代开始试点建造，20世纪70年代推广应用，并在1991年制定了行业标准《装配式大板居住建筑设计和施工规程》(JGJ 1—1991)。[1]随着装配式建筑在我国的发展至今已半个世纪，过去装配式建筑建设中的缺点也越来越受到重视，首先结构水平和竖向连接构造作法，至今仍未提出令人信服的设计准则，破坏机制难以控制。此外，该体系还缺少多道抗震防线，连接部位的破坏，有可能导致整体结构发生连续性破坏，最终丧失承载力。现在的研究表明结构的抗震能力取决于该结构吸收输入能量的能力，因此结构的整体性和连续性决定了塑性铰的数量，也确定了吸收能量的能力，及传递剪力和轴力路线的数量。在这方面预制装配式结构存在着难以解决的技术环节。

2008年的“5·12”汶川大地震是对我国自唐山大地震后修建建筑的一次全面检验，也对装配式建筑的抗震性能进行了一次考验。由于装配式建筑在四川省地区相对较少，较难找到大量实例进行分析，这里仅在峨眉山市某校因震后需对所有校舍和教学楼进行抗震鉴定和加固时，找到部分装配式建筑。该类建筑均建于70年代末80年代初，在地震时师生的直观感觉与在其他非装配式建筑中师生的直观感觉差异较大，如：建筑物的摇晃程度和发出的声音均较强烈。而在随后的鉴定中发现装配式大板建筑物构件本身未出现异常的裂缝现象，但在底层竖向连接上存在个别轻微的裂缝。由于峨眉山

* 基金项目：国家十一五科技支撑计划课题(2009BAJ28B01)和中国工程院重大咨询项目(编号：2010-ZD-4)

市较汶川地震震中较远，受地震波影响相对较小，但有相对其他建筑物较强的震感，因此从侧面说明该建筑物的抗震性能是值得关注并需加以研究。

2 该装配式大板建筑概况

本装配式大板建筑设计时间为 1979 年 3 月，设计时采用了相关图集（川宿板-7901 和川宿板-7901G），平面布局为规则的矩形，长为 68.4m，宽为 12.6m，高为 19.8m，共六层，层高均为 3.3m，有出屋面梯间，屋面为上人屋面。平面布置图见图 1。

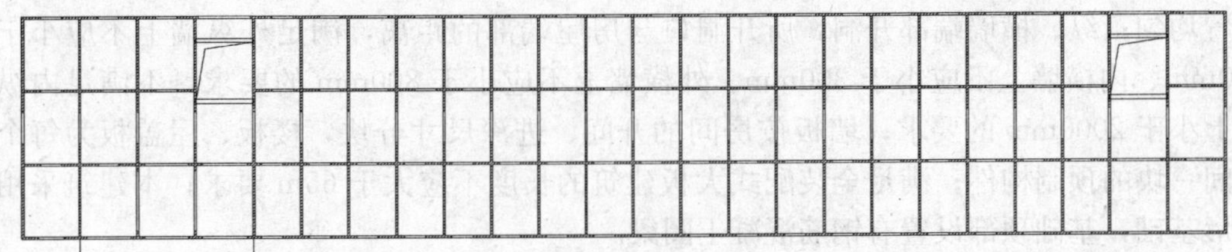

图 1 装配式大板建筑标准层平面布置图

其中梯间至山墙间的房间开间为 3.3m，两梯间之间的房间开间为 2.7m，纵向墙板的轴间尺寸为 3.3m×3.3m、2.7m×3.3m，横向墙板的轴间尺寸为 4.2m×3.3m，楼面及屋盖板的轴间尺寸为 3.3m×4.2m、2.7m×4.2m；外纵墙板为空心板，厚度为 140mm，内纵墙板厚度为 120mm，横向墙板厚度为 120mm，楼面及屋盖板厚度为 80mm。上述墙板、楼屋盖板均为普通混凝土制作，吊装而成，属少筋大板结构体系。墙板及楼板构件设计图见图 2。

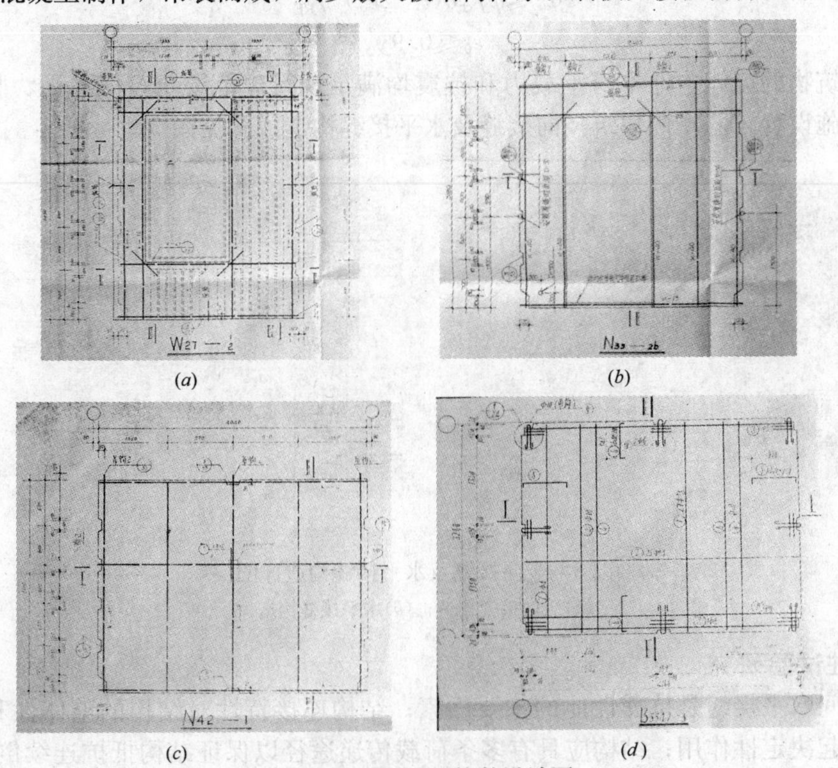

图 2 墙板及楼板构件设计图

(*a*)外纵向墙板；(*b*)内纵向墙板；(*c*)横向墙板；(*d*)楼面板

3 分析

3.1 设计概念

本建筑体形和墙体布置均匀对称，可不考虑扭转影响；建筑物的高度 H(19.8m)与建筑物计算宽度 B(12.6m)之比为 1.57，远小于 4；纵、横墙体平面布置均对正贯通，各楼层的纵、横墙均从底层直通到顶层；楼梯间的四周均设置有墙体，图纸和现场未发现楼梯构件之间以及楼梯构件与相邻墙体之间的有加强整体连接的现象；门窗洞口布置均匀；纵、横墙端部开洞，所开洞口与房屋端部的距离，满足外纵墙上不应小于500mm、内横墙上不应小于 300mm、外横墙上不应小于 800mm 的要求，不满足内纵墙上小于 2000mm 的要求；墙板按房间的开间、进深尺寸分块，楼板、屋盖板为每个房间一块的预制构件；满足全装配式大板建筑的长度不应大于 65m 要求；本建筑采用条形基础，基础顶部设置有钢筋混凝土圈梁。

3.2 计算分析

少筋大板结构墙体应进行斜截面受剪、平面内偏心受压、出平面偏心受压及局部承压等承载力计算。抗震设计中偏心受压墙体斜截面受剪承载力计算公式如下：

$$V_{\mathrm{w}} \leqslant \frac{1}{\gamma_{\mathrm{RE}}}\left(\alpha A_{\mathrm{w}} f_{\mathrm{cv}} + 0.2 N \frac{A_{\mathrm{w}}}{A}\right) \tag{1}$$

在竖向荷载和出平面水平荷载作用下，截面受压承载力计算公式如下：

$$N \leqslant \varphi f_{\mathrm{cc}} b(t - 2e_0)/\gamma_{\mathrm{RE}} \tag{2}$$

$$e_0 \leqslant 0.9 y_0' \tag{3}$$

该建筑物的墙体构件本身承载力和抗震均满足现行规范要求，但水平、竖向接缝的构造措施设置较弱，该建筑竖向接缝及水平接缝构造详图见图 3。

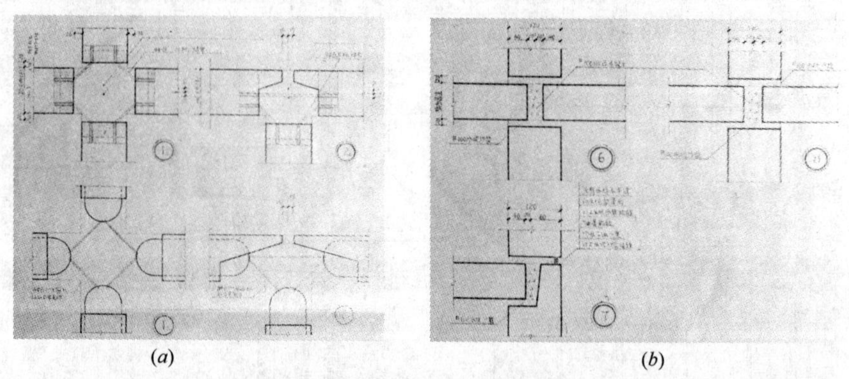

图 3 竖向接缝及水平接缝构造详图

(*a*)竖向接缝构造；(*b*)水平接缝构造

3.3 已往试验研究

墙板间水平接缝是抗震性能的主要因素；结构连接特性对结构的整体性和墙板的强度利用起决定性作用；结构应具有多条荷载传递途径以保证结构抵抗连续倒塌，如：纵向、横向、竖向和周边的联系，并能提高结构的连续性和延性。

4 加固措施

经对该装配式建筑物进行综合分析，该建筑物的水平、竖向接缝的构造措施设置存在不足，且 1979 年至今抗震规范也几经调整，现为《建筑抗震设计规范》(GB 50011—2001 2008 年版)，峨眉山市现在为 7 度区 2 组，而原设计并未考虑抗震，因此需对该建筑的整体抗整性能进行加固，并对水平及竖向接缝构造措施进行加固。

在进行整体抗震性能加固考虑时，将其视作为一个未设置有构造柱和圈梁但具有较强构件的砌体结构，对其外围增设混凝土构造柱和混凝土圈梁，并每隔四个开间设置横向混凝土圈梁；其余建筑物内的水平接缝采粘贴型钢增设锚栓的方式进行加强，竖向接缝采用混凝土构造柱加强；并将水平、竖向接缝加强与增设的构造柱、圈梁连接在一起，构成一个整体性更好的结构体系，使得构件损坏成为抗震的第一道防线，同时也可有效防止发生连续坍塌。加固的平面布置图见图 4，构造措施详图见图 5。

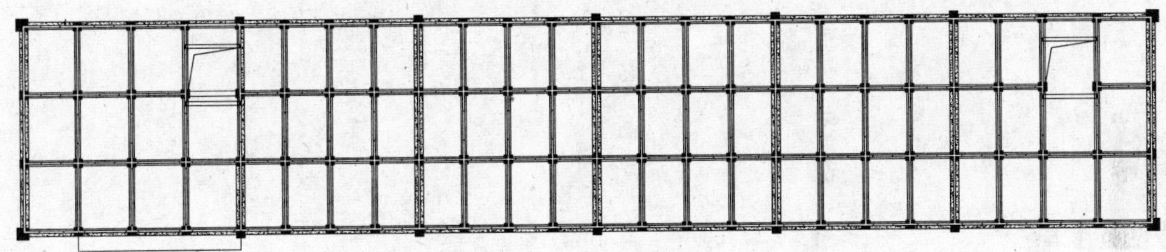

图 4　加固平面布置图

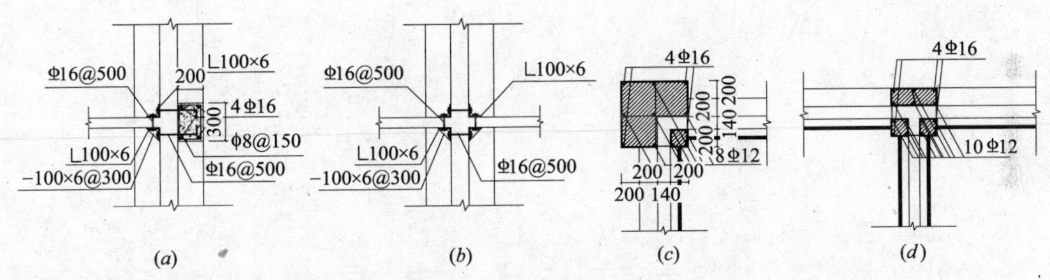

图 5　构造措施详图

(a)室外圈梁构造；(b)水平接缝黏钢构造；(c)建筑物角部构造柱；(d)外墙构造柱

5 结论

本加固设计增强了水平、竖向连接部位，增加了提高结构整体性的圈梁和构造柱；确保结构具有额外的荷载传递途径，提高了结构的连续性和延性；考虑了个别支承墙板丧失承载力后，楼板能悬挂在连接部位，而不会塌落。本加固方法对相似建筑加固具有借鉴意义，加固后建筑物整体性提高较大，但加固费用较高。

参考文献

[1] JGJ 1—91 装配式大板居住建筑设计和施工规程 [S]. 北京：中国建筑工业出版社，1991.

[2] 宋国华，柳炳康，王东炜．装配式大板结构竖缝抗震性能研究［J］．四川建筑科学研究，2004，30(2)：70-73.

[3] 许谋奎，柳炳康．装配式钢筋混凝土大板结构接合部抗震性能研究［J］．合肥工业大学学报(自然科学版)，2003，26(3)：379-383.

[4] 柳炳康，宋国华，王东炜．装配式大板结构竖缝抗剪机理研究［J］．郑州大学学报(工学版)，2002，23(2)：74-78.

中小学校舍砌体结构采用中心支撑钢框架防倒塌加固方法研究

廖子建[1]　张鹏程[1]　林树枝[1,2]　肖　伟[3]

（1. 厦门大学建筑与土木工程学院，福建　厦门　361005；2. 厦门市建设与管理局，厦门　361005；3. 厦门市合道工程设计集团有限公司，厦门　361005）

摘　要： 本文总结了现有砌体结构加固技术并给出了其适用范围。对既有中小学校舍中抗震能力严重不足的砌体结构，提出了一种利用钢桁架对砌体结构进行加固的方法，该方法通过控制钢桁架层间位移来实现控制整体结构位移的抗震目标。分析表明，钢桁架加固砌体结构方法是经济可行的砌体结构加固新方法。

关键词： 中小学校舍；钢桁架；砌体加固方法；层间位移

1　引言

2008年汶川大地震后，抗震规范对一些地区抗震设防烈度有所修改，以及中小学校舍、医院按乙类设防。大量中小学建筑物因此需要重新进行抗震鉴定、加固，包括按1978年版，1989年版及2001年版抗震规范设计并建造的建筑物。而砌体结构在城乡住宅、学校、医院建筑中占有很大比例，尤其多层砌体房屋受到的影响最大。这些建筑自重大，而且横墙间距大，纵墙开洞多，能有效承担地震剪力的墙体较少，因此这类建筑大多需要加固。在依据《建筑抗震鉴定标准》（GB 50023—2009）对A类与B类多层砌体房屋进行抗震鉴定后不满足抗震鉴定要求的，需要依据现行《建筑抗震加固技术规程》JGJ 116—2009对建筑物进行加固，并依据各建筑物的抗震鉴定报告，来选择合适的加固方案进行加固以实现加固目标。本文给出了现行技术规程的各种加固方法的适用条件与适用范围。

但中小学校舍为满足教室的采光、通风等建筑要求，对砌体房屋的纵墙进行了大量的开洞，普遍的开洞率都超过70%，甚至部分砌体房屋达到了80%，因此就造成了既有中小学校舍砌体结构纵墙抗震能力严重不足，加之砌体实际砂浆强度等级远低于设计砂浆强度等级，纵墙的抗震能力进一步被削弱。依据建筑物的抗震鉴定报告，可以得出这类砌体结构房屋的楼层综合抗震能力指数 β_{ci} 大多小于0.25，最低甚至只有0.1，通过对实际工程的大量试算，发现当采用单一构件抗震承载力加固方法来加固这类砌体结构房屋仍不能使其满足抗震能力综合指数要求。

对于这类砌体房屋，一是采用增设砌体抗震墙后再使用面层加固方法或采用厚度很大的夹板墙进行加固，使其能够达到加固目标。但限于建筑使用功能以及建筑物周边环境情况的影响，难以实施。因此只能通过改变结构体系的方法对这类结构进行加固。本文提出了采用钢桁架对这类纵墙开洞率较大的砌体结构的加固方法。

2 砌体结构中心支撑钢框架加固方法

清华大学叶列平教授提出了采用附加子结构进行结构的抗震加固，附加子结构加固方法利用附加子结构与原结构的协同工作，增强原结构的整体抗震能力，或改变原结构的结构体系，是一种结构体系层次的加固方法。而已应用于砌体结构的附加子结构加固方法主要有外加壁式框架砌体加固方法和外套框架增层加固方法，而采用中心支撑钢框架加固砌体结构属于一种全新的附加子结构加固方法。

采用中心支撑钢框架加固砌体结构不但能够以其自身的抗震承载能力提高加固后的整体结构，能够有效地提高结构的整体刚度和抗震能力；还可改善原结构的受力与变形模式，形成有利的损伤屈服机制，从而可更加充分的利用原结构的抗震能力；附加子结构加固的施工主要在原结构外部完成，可最大限度地减少对建筑内部正常使用的干扰，在加固施工期间可以不中断建筑的使用功能。

2.1 砌体结构抗侧力性能

由于砌体结构的关于砌体结构的抗震计算分析，只考虑了多遇地震时水平抗剪强度验算，并不涉及变形验算问题，更不涉及弹塑性变形的验算。而在现行抗震规范中，也没有给出在砌体房屋在弹性变形下以及弹塑性情况下的层间位移以及层间位移角的限值。因此在[1-3]文中均认为对现有砌体抗震设计能否实现砌体结构大震不倒的目的值得探讨。

目前，对不同条件下的砌体结构的剪力—竖向压力曲线关系、剪力—变形骨架曲线等方面缺少比较全面的研究。根据已有的研究结果，在文献［4］提出了砌体结构在剪压复合作用下的砌体抗剪强度设计公式并与试验结果做了对比。文献［5］［6］［7］等对砌体结构的抗震性能进行了研究。以上研究结果表明，如图 1 所示为砌体结构的骨架曲线，图中 Δ_{cr} 为初裂位移，Δ_y 为屈服位移，Δ_u 为层间位移破坏值，V_{cr}、V_y、V_u 为与之相对应的层间剪力。而初始开裂值(Δ_{cr})与层间位移破坏值 Δ_u 之比约 5～6 倍，文献［1］中并通过算例计算，表明可以通过控制结构的弹性层间位移不超过初始开裂位移来实现“大震不倒”的设防要求。

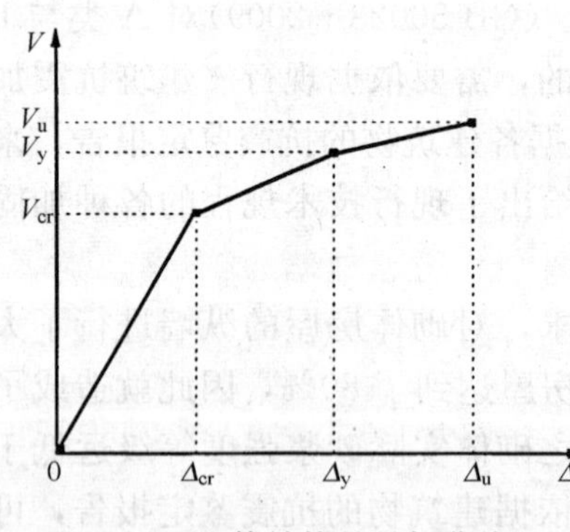

图 1 砌体结构的骨架曲线

在文献［1］中给出了砌体结构的骨架曲线的三个层间位移角控制点的建议数值 1/1200、1/500 和 1/250；而表 1 给出了目前已收集的试验数据的各统计值。其中砌体的层间位移破坏值均建议为 1/250。

相关文献墙体破坏形态与层间位移角的关系 **表 1**

破坏状态		完好	轻微破坏	中等破坏	严重破坏	接近倒塌
层间位移角	文献［8］	1/2500	—	1/900	—	1/250
	文献［9］	1/3000	1/1350	1/700	1/400	1/225
	文献［3］	1/2000	1/1600	1/700	1/350	1/200

2.2 中心支撑钢框架加固砌体结构的计算方法

采用中心支撑钢框架加固的砌体结构简化计算假定：

(1) 中心支撑钢框架平行于拟加强的纵墙方向布置，并与纵横向圈梁构件进行有效连接，承担该方向的水平地震作用。

(2) 楼盖平面内刚度无限大，楼层同标高处抗侧力构件的侧移相等；

(3) 结构整体竖向变形稳定，在验算墙体抗剪承载力时，加固时安装的中心支撑钢框架可不作为竖向荷载的传力途径；而当考虑防止砌体结构倒塌时，可考虑钢框架作为竖向构件的承载力。

(4) 当中心支撑钢框架与楼盖进行有效连接时，中心支撑钢框架在地震作用下，能与砌体墙片一起协同工作；

(5) 计算中心支撑钢框架时，需按支撑承担全部水平地震作用进行设计，并按《建筑抗震设计规范》(GB 50011—2001)中心支撑钢框架设计的相关条例进行承载力验算，且连接节点应满足《建筑抗震设计规范》(GB 50011—2001)以及钢结构设计相关规范要求。

当采用钢桁架加固开洞率大的砌体结构房屋时，可先对原砌体房屋进行构造柱-圈梁进行整体性加固使原结构具有抗倒塌能力，仍不能使其满足综合抗震能力指数要求，再采用钢桁架对砌体结构进行加固。并按新增钢桁架承担全部地震作用来计算结构在小震、大震下的层间位移角。采用新增钢桁架承担全部地震作用来计算，这样的计算方式是比较安全的。

采用钢桁架加固砌体结构，新增钢结构的自重小，可不计入其增加荷载的影响；且不破坏外纵墙墙体的装饰与面层，对原砌体结构的基础部分扰动少。加之，钢桁架构件加工方便，施工快捷，能满足中小学校舍加固工程工期短的要求。

2.3 中心支撑钢框架加固砌体结构加固性能目标

当采用中心支撑钢框架对纵墙严重不足的砌体结构进行加固时，由于中心支撑钢框架的初始刚度较大，较外套框架结构加固能较早的开始发挥作用，因此有效的限制原砌体结构裂缝的开展。在多遇地震下，可以通过中心支撑钢框架的刚度限制整个结构的变形来保证砌体结构在弹性或轻微破坏的状态下正常工作，实现“小震不坏、中震可修”的抗震设防目标。而当遭遇罕遇地震时，当作为抗震设防第一道防线的中心支撑，由于受力较大发生屈曲破坏，使整个结构的刚度退化，总地震作用减小，而由作为第二道抗震防线的钢框架梁柱承担水平地震作用，并且通过限制中心支撑钢框架的层间位移角保持在 1/250 的范围内，而此时原砌体结构还没达到倒塌状态下 1/250 的层间位移角限值，从而保证原砌体结构不因变形过大而倒塌。

因此结合砌体结构破坏特征以及砌体结构各性态阶段的层间位移角的关系，可以提出采用中心支撑钢框架加固砌体结构的在各地震作用水平下基于层间相对位移的加固性能指标，如表 2 所示。

中心支撑钢框架加固方法的加固性能目标 **表 2**

地震作用水平	多遇地震	罕遇地震
加固性能指标	1/1200	1/250

3 工程实例

厦门市某中学五层(局部六层)砖混教学楼，平面如图 2(*a*)，(*b*)所示。该建筑按 1989 年规范设计建成。按《建筑抗震鉴定标准》(GB 50023—2009)对该建筑进行鉴定，鉴定结论如下。

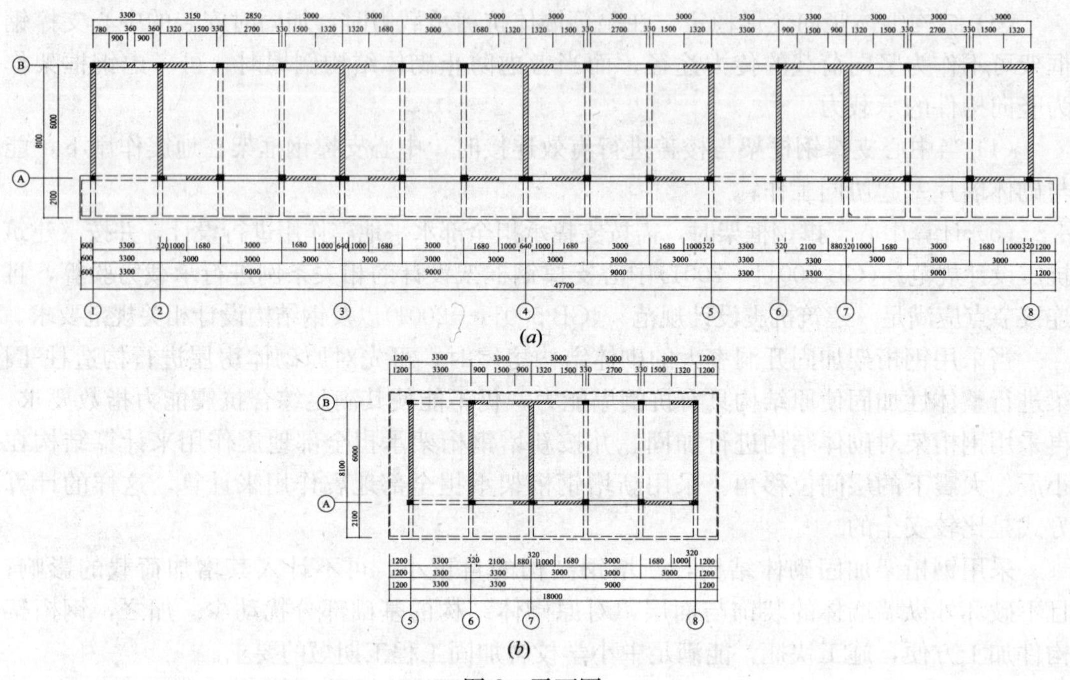

图 2 平面图

(*a*)教学楼一～五层平面布置示意图；(*b*)教学楼六层平面布置示意图

3.1 鉴定结论

本工程属于 A 类建筑，后续使用年限为 30 年，并且采用地震作用折减系数的方法进行验算，应乘以折减系数 0.75。

1. 第一级鉴定

1) 房屋层数及总高度不满足要求；

2) 房屋的高宽比不满足要求；

3) 砌筑砂浆和混凝土强度的实测最低值不满足要求；

4) 承重墙体个别部位未设置构造柱；

5) 部分房屋的局部尺寸不满足；

6) 房屋的抗震承载力的第一级简化验算不满足要求。

2. 第二级鉴定

本工程房屋的高度(H)与宽度(B)比为 $H/B=21.6/6.0=3.6>3$，依据《建筑抗震鉴定标准》第 5.2.10 条的规定，本工程可不进行第二级鉴定。

本工程经鉴定后为综合抗震能力不满足抗震鉴定要求，应采取加固或其他相应措施。该砌体结构属于高度、层数不满足抗震鉴定要求且洞口开洞率为 70％的砌体房屋。

可采用钢桁架对其进行加固。

3.2 中心支撑钢框架加固计算

采用钢桁架方法进行加固，按新增钢桁架承担全部地震作用来计算钢桁架构件。同时须验算原砌体结构竖向承载力是否满足要求。具体平面布置图、立面布置图如图 3、图 4 所示。

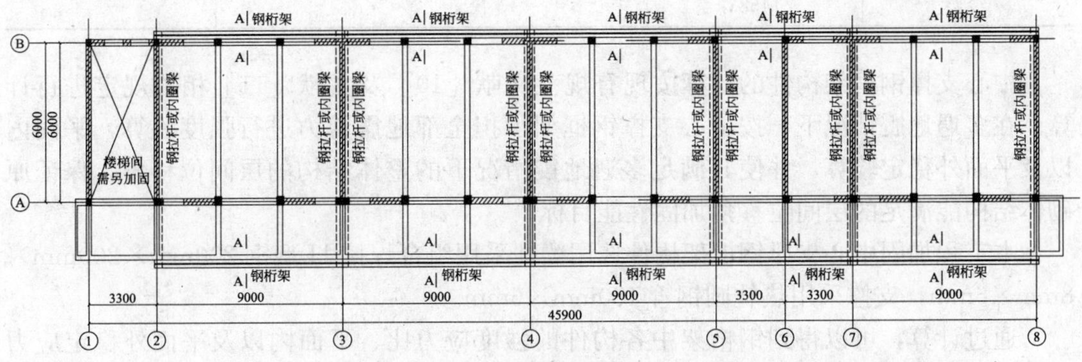

图 3　中心支撑钢框架平面布置图

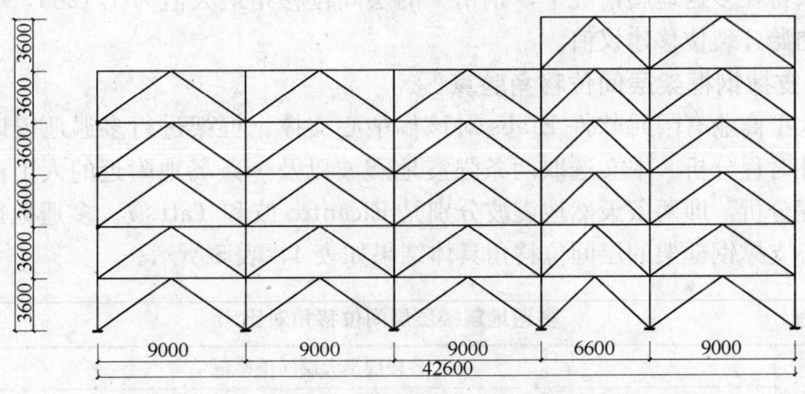

图 4　中心支撑钢框架立面布置示意图

新增钢桁架采用 PKPM 中的 STS 模块的 PK 计算，采用小震情况下来验算钢桁架构件强度以及钢桁架层间位移值，验算中震以及大震情况下的层间位移大小。

采用原砌体结构的 PKPM 计算所得重力荷载代表值，并按底部剪力法计算结构各层水平地震作用，具体结果见表 3。

单榀钢桁架承担的各层水平地震剪力　　**表 3**

楼层	G_i/(kN)	H_i/(m)	F_i/(kN)	$0.5F_i$/(kN)
6	1424.5	21.6	749	374.5
5	4322	18.0	386.8	193.4
4	4596.7	14.4	309.5	154.75
3	4596.7	10.8	232.1	116.05

续表

楼层	G_i/(kN)	H_i/(m)	F_i/(kN)	$0.5F_i$/(kN)
2	4596.7	7.2	154.7	77.35
1	4596.7	3.6	77.4	38.7
Σ	14583			

中心支撑钢框架构件的计算按现有规范文献［10］及文献［11］相关规定进行计算。在多遇地震情况下，按中心支撑钢框架承担全部地震剪力进行强度验算，平面内以及平面外稳定验算，并使其满足多遇地震情况下的整体结构的层间位移角，保证原砌体结构能满足的层间位移角加固性能目标。

本工程加固中心支撑钢框架构件选用梁柱采用组合焊接H型钢200mm×200mm×8mm×6mm，支撑采用热轧圆钢管180mm×6mm。

通过计算，可以得到钢桁架中各构件的强度应力比、平面内以及平面外稳定应力比，均小于1.0，满足小震情况下强度要求。

可以求得在多遇地震情况下，钢桁架的层间位移角最大值为1/1283，小于在小震情况下的初始开裂位移建议值。

3.3 中心支撑钢框架层间位移角验算

采用大型商业有限元软件Etabs对该榀中心支撑钢框架进行多遇地震以及罕遇地震时的弹性时程分析。本文选取两条强震地震波以及一条场地附近的人工波对结构进行弹性时程分析，即两条天然地震波分别是Elcentro波和Taft波。多遇地震以及罕遇地震时中心支撑钢框架的层间位移角具体结果如表4、表5所示。

多遇地震楼层层间位移角对比 **表4**

楼层	各楼层最大层间位移角				
	Elcentro波	Taft波	人工波	波平均	反应谱
6	1/1828	1/1976	1/2101	1/1968	1/1942
5	1/2513	1/2198	1/2532	1/2414	1/2174
4	1/2088	1/1672	1/1876	1/1879	1/1603
3	1/2415	1/1976	1/2257	1/2216	1/1835
2	1/1792	1/1490	1/1733	1/1672	1/1404
1	1/2165	1/1805	1/2141	1/2037	1/1748

罕遇地震楼层层间位移角对比 **表5**

楼层	各楼层最大层间位移角				
	Elcentro波	Taft波	人工波	波平均	反应谱
6	1/911	1/372	1/354	1/545	1/421
5	1/1280	1/411	1/422	1/704	1/471

续表

楼层	各楼层最大层间位移角				
	Elcentro 波	Taft 波	人工波	波平均	反应谱
4	1/1057	1/312	1/315	1/561	1/347
3	1/1335	1/346	1/360	1/680	1/397
2	1/896	1/261	1/277	1/478	1/304
1	1/1032	1/327	1/345	1/568	1/379

表中结果中心支撑钢框架在多遇地震下的波平均的最大层间位移角为 1/1672，在罕遇地震下的波平均的最大层间位移角为 1/478，各地震波的最大层间位移角为 1/261，均达到加固性能目标。

当钢框架的层间位移角达到 1/261 时，钢框架已达到弹性极限层间位移角，因此由于钢框架部分发生塑性变形，钢框架可能产生较大的层间位移，但仍能保证钢框架在砌体不倒塌的范围内。由于中心支撑钢框架的延性远大于砌体结构，当砌体结构达到层间位移破坏值时，中心支撑钢框架部分仍未达到其弹塑性层间位移角限值。满足采用通过控制结构的弹性层间位移不超过初始开裂位移来实现“大震不倒”的设防要求。并对本工程所用钢桁架进行用钢量统计，中心支撑钢框架主体耗钢量约 20kg/m^2。

4 结论

(1) 对于现行中小学校舍加固项目，由于对规范没有明确给定砌体结构在地震作用下的层间位移角限值，但可以通过控制结构的弹性层间位移不超过初始开裂位移来实现“大震不倒”的设防要求，通过收集已有文献的试验数据，给出了中心支撑钢框架加固砌体结构的加固性能目标。

(2) 开洞率大的中小学砌体结构校舍，可采用中心支撑钢框架进行加固。在中心支撑钢框架方案选择时，跨度越大越容易获得较大抗侧移刚度，钢框架构件用钢量越小；采用中心支撑钢框架对开洞率较大的砌体结构进行加固，并通过实际算例计算，说明中心支撑钢框架可以实现通过控制加固后结构的整体层间位移，实现砌体结构的大震不倒的抗震设防目标。同时不仅增加了结构的整体安全储备，同时也增加了结构的意外安全储备，实现了结构系统的层次性，即多重抗震体系，有效地提高了结构抗倒塌能力。

参考文献

[1] 任晓崧，李梦圆. 关于提高中小学砌体建筑抗震能力的讨论 [J]，地震研究，2009，10(4)-403-408.

[2] 任晓崧，翁大根，吕西林. 四川灾区砌体结构房屋震害与中小学建筑的抗震设计 [J]，工程抗震与加固改造，2008. 8(4)-73-76.

[3] 熊立红，组合砌体房屋抗震性能试验研究及分析，哈尔滨工业大学博士论文，2003.

[4] 吕伟荣，施楚贤，刘桂秋. 剪压复合作用下砌体的静力与抗震抗剪强度 [J]，工程力学，2008，9(5)：631-638.

[5] 朱伯龙，吴明舜，蒋志贤. 在周期荷载作用下砖砌体基本性能的试验研究 [J]. 同济大学学报，1980，8(2)：1-14.
[6] 王新平，钟岱辉，胡伟. 组合砌体房屋抗震性能试验研究及分析 [J]. 地震工程与工程振动，2005，25(1)：88-91.
[7] 杨佑发，袁政强，邹银生. 四种组合墙砌体房屋抗震性能的综合比较 [J]. 世界地震工程，2002，18(4)：149-154.
[8] 辛高伟，史庆轩. 基于 Pushover 方法的砌体结构中小学建筑抗震性能评估，西安建筑科技大学硕士学位论文，2009.
[9] 孙伟民，郭樟根，丁帅，倪天宇，沈丹. 中小学建筑 RC 框架_砌体混合结构抗震性能 [J]. 南京工业大学学报，2009，31(1)：60-65.
[10] GB 50011—2001 建筑抗震设计规范 [S]. 北京：中国建筑工业出版社，2001.
[11] GB 50017—2003 钢结构设计规范 [S]. 北京：中国建筑工业出版社，2003.
[12] GB 50003—2001 砌体结构设计规范 [S]. 北京：中国建筑工业出版社，2002.
[13] JGJ 116—2009，建筑抗震加固技术规程 [M]. 北京：中国建筑工业出版社，2009.
[14] GB 50023—2009 建筑抗震鉴定标准 [S]. 北京：中国建筑工业出版社，2009.

第三部分

抗爆炸、撞击和火灾倒塌

爆炸冲击荷载作用下防止建筑结构连续性倒塌设计方法概述

刘春霖[1,3]　李国强[2,3]　孙建运[1]　陈素文[2,3]　周　健[4]

（1. 新加坡凯斯防护科技集团，新加坡　159361；2. 同济大学　土木工程防灾国家重点实验室，上海　200092；3. 同济大学　土木工程学院，上海　200092；4. 华东建筑设计研究院有限公司，上海　200002）

摘　要：恐怖袭击的主要手段之一是背包炸弹和汽车炸弹，当爆炸源距离建筑结构较近时，会产生超压和冲量都非常大的爆炸冲击波荷载。在近距离爆炸冲击波荷载作用下，混凝土材料非常容易发生脆性断裂破坏，钢结构构件会发生非常大的局部变形，从而降低钢筋混凝土结构和钢结构构件的承载力，造成整个构件的破坏，甚至是整体结构的连续性倒塌。在爆炸冲击荷载作用下，建筑结构的连续性倒塌会造成大量人员伤亡，所以提高建筑结构抵抗恐怖袭击的主要任务是提高建筑结构抵抗爆炸冲击波荷载作用下连续性倒塌的能力。本文首先回顾了国内外在爆炸恐怖袭击作用下建筑结构连续性倒塌破坏的案例和关于建筑结构抵抗连续性倒塌破坏的设计规程及指南，然后介绍了提高建筑结构抵抗爆炸恐怖袭击作用下连续性倒塌的设计方法，最后通过结合国内外案例介绍了提高建筑结构抵抗爆炸冲击荷载作用下连续性倒塌设计方法的应用。

关键词：恐怖袭击；爆炸冲击荷载；钢结构；钢筋混凝土结构；连续性倒塌

1　引言

恐怖袭击的主要手段是背包炸弹和汽车炸弹，当爆炸源距离建筑结构较近时，会产生超压和冲量都非常大的爆炸冲击波荷载。在近距离爆炸冲击波荷载作用下，混凝土材料非常容易发生脆性断裂破坏，钢结构构件会发生非常大的局部变形，从而降低整个钢筋混凝土结构和钢结构构件的承载力，造成整个构件的破坏，甚至是整体结构的连续性倒塌。

图 1　Ronan Point 公寓的连续性倒塌

在爆炸冲击荷载或恐怖袭击情况下，破坏最严重和造成伤亡最大的情况是建筑物的连续性倒塌。大家比较熟悉的一个案例是在英国伦敦的一栋 23 层的高楼 (Ronan Point)，在 1968 年 5 月 16 日，由于第 19 楼角部的燃气爆炸，使得整个建筑物发生连续性倒塌事件（图 1）。另外比较严重的就是 Oklahoma City 汽车炸弹袭击案(图 2)，和“9·11”恐怖袭击中世贸大楼的倒塌(图 3)。

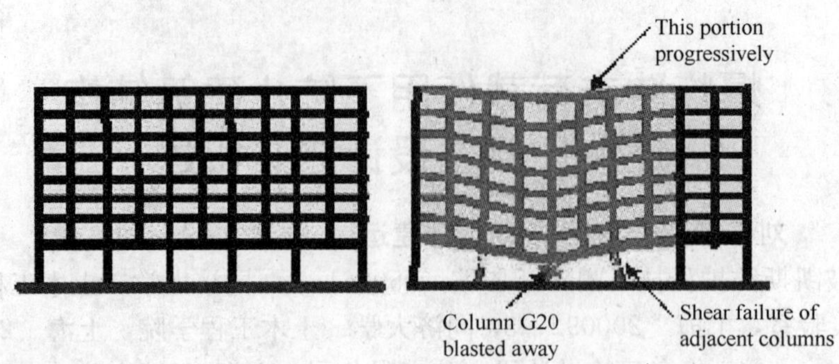

图 2　Murrah Federal 建筑在汽车炸弹袭击前后对比

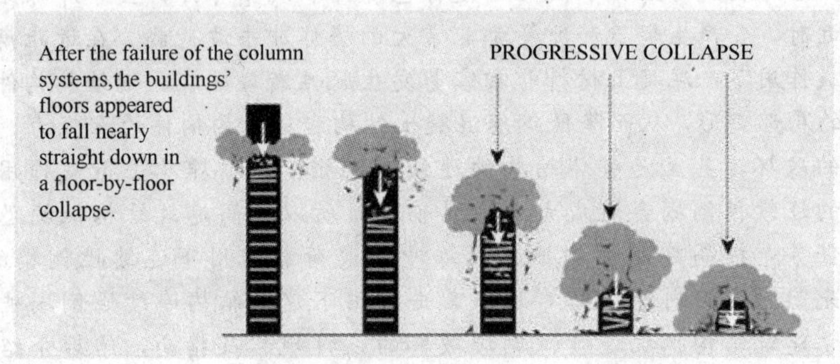

图 3　世贸中心双子塔连续性倒塌示意图

其中 Ronan Point 的连续性倒塌是由于支撑楼板的悬臂梁破坏引起的，并且连续性倒塌的只是建筑物的一个角部。而 Oklahoma City 和 World Trade 的连续性倒塌是由于建筑物的主要结构构件遭到破坏而造成的，并且是整个结构遭到严重破坏。

自从 19 世纪 80 年代以来，在全世界有越来越多的汽车炸弹恐怖袭击，有成千上万的无辜百姓因此死亡，更有许多人遭到严重伤害。其中由于建筑物的连续性倒塌造成的人员伤亡占重要原因。在许多情况下，建筑物的一根或几根重要构件(柱)会遭到破坏，该柱周围的梁板由于失去竖向承载力而发生破坏，使得周围的梁柱构件也遭到破坏，从而使得建筑物发生连续性倒塌。在 Oklahoma City 汽车炸弹袭击中，Murrah Federal Building 的一根重要钢筋混凝土柱(上有转换梁)遭到破坏，柱上的转换梁也遭到破坏，从而使得整个结构遭到严重的连续性倒塌破坏，死亡 168 人，更有许多人受伤。

在爆炸冲击荷载作用下，建筑结构的连续性倒塌会造成大量人员伤亡，所以提高建筑结构抵抗恐怖袭击的主要任务是提高建筑结构抵抗爆炸冲击波荷载作用下连续性倒塌的能力。本文首先回顾了国内外在爆炸恐怖袭击作用下建筑结构连续性倒塌破坏的案例和关于建筑结构抵抗连续性倒塌破坏的设计规程及指南，然后介绍了提高建筑结构抵抗爆炸恐怖袭击作用下连续性倒塌的设计方法，最后通过结合国内外案例介绍了提高建筑结构抵抗爆炸冲击荷载作用下连续性倒塌设计方法的应用。

2 防止建筑结构连续性倒塌分析方法概述

在爆炸恐怖袭击情况下，破坏最严重和造成伤亡最大的情况是建筑结构的连续性倒塌。防止建筑结构连续性倒塌是一个非常重要的研究方向，特别是在防止汽车炸弹袭击时，怎样设计和加强建筑物，使得建筑物在汽车炸弹袭击时不发生连续性倒塌破坏，从而减少人员伤亡。

已有的考虑防止建筑结构连续性倒塌的设计规范主要有：

① UFC 4-023-03：Unified Facilities Criteria(UFC) Design of Buildings to Resist Progressive Collapse Approved for Public Release；

② GSA Progressive Collapse Analysis and Design Guidelines for New Federal Office Buildings and Major Modernization Projects；

③ ASCE 7-02，American Society of Civil Engineers，2002：Minimum Design Loads for Buildings and Other Structures；

④ British Standard，BS 6399，loading for Buildings，Part 1：Code of Practice for Dead and Imposed Loads，1996。

归纳起来，防止建筑结构连续性倒塌的分析方法可以分为三个层次的三类方法：

① 拉接力方法(Tie Force Method)：结构在水平、竖向以及环向的传力路径上具有足够的拉接力，从而保证荷载在该路径上可以有效传递，避免发生破坏；其目的是提高整个结构的整体性、韧性和冗余度；采用拉接力把整个结构拉接在一起，假若某一部分遭到破坏，结构内部存在的拉接力可以把该部分所承担的荷载传递到没有遭到破坏的其他部分。

② 变换荷载路径方法(Alternative Path Method)：当结构在某一传力路径上不具备足够的拉接力时(通常是指垂直拉接力)，或者分析工况是该构件承受非常规荷载(例如爆炸冲击波荷载)时，假设将该构件去除，然后进一步分析结构是否能够承受其余的荷载，或者整个结构遭到破坏的范围在规定的允许值之内；其目的是为了保证当某一承受垂直荷载的柱子或墙体遭到破坏后，其周围的构件有足够的能力承担传递给它们的荷载，或者周围结构遭到破坏的程度在允许值之内。

③ 抵抗局部破坏方法(Specific Load Resistance Method)：当采用变换荷载路径方法后发现结构不能满足规范中规定的连续性倒塌要求时，对去除构件进行重新设计保证其不会发生破坏；其目的是对承受爆炸荷载作用的重要构件进行抗爆设计分析，保证其在爆炸冲击波荷载作用下不会遭到破坏。在 BS 6399 中，规定这些构件必须可以承受等效均布静力荷载 $34kN/m^2$(该荷载近似等于 Ronan Point 燃气爆炸事件中的超压值，大约是常规风载的 100 倍左右)。

在 GSA 和 UFC 规程中，变换荷载路径分析方法主要分为线弹性静力分析方法、非线性静力分析方法和非线性动力分析方法。

线弹性静力分析方法最简单，计算速度快，操作简单。但有如下缺点：①不能直接考虑动力效应，需要采用动力放大系数来近似考虑动力效应，两本规程都把动力放大系数取为 2；②不能直接考虑材料非线性，一般需要在构件或连接屈服的位置设置塑性铰，对修改后的结构重新进行分析，直到剩余的结构不再出现塑性铰为止，因此需要进行多次线弹性分析才能完成连续性倒塌评估。

非线性静力推覆分析目前广泛用于结构的地震反应分析，它能较好考查结构的塑性铰发展过程及抗震能力。采用这种方法对结构在竖向荷载作用下进行连续性倒塌风险评估，可以看成竖向推覆分析。推覆分析能考虑材料非线性和几何非线性，相对于线弹性静力分析，其分析结果更为可靠。但是该方法也不能直接考虑动力效应，需要采用动力放大系数。

非线性动力分析可以直接考虑动力效应、考虑材料非线性和几何非线性，相对于静力分析方法，非线性动力分析方法能更准确地反应结构的实际响应。

在 GSA 和 UFC 规程中，变换荷载路径分析方法对于构件失效后，荷载的重分布有不同的算法：在 GSA 规程中，构件失效后，把其承担的荷载分配到相邻跨的其他构件上；在 UFC 规程中，构件失效后，把其承担的荷载直接作用到下部构件上。

UFC 方法是在 GSA 方法基础上发展的，对于建筑结构的防止连续性倒塌分析方法有更为详细的描述。所以这里主要介绍基于 UFC 的非线性动力分析方法。

UFC 指南推荐的非线性分析流程为：

① 将包括结构自重在内的所有质量均匀分布在结构构件上；

② 在进行动力去柱分析前，在结构上施加式 1 推荐的设计工况荷载，并使结构进入静力稳定状态；

③ 在结构处于静力稳定状态后，突然去除结构的主要承重构件（去除承重构件的选择可以根据 UFC 指南推荐的方法进行），进行动力非线性分析直到结构重新达到稳定；

④ 在分析进行过程中或者结构重新达到稳定后，检查构件、节点的变形以及剪力是否满足延性和抗剪承载力要求。另外，还需要考查梁、板失效后承重构件的稳定问题。如果结构的延性、抗剪承载力以及稳定性均满足要求，则结构的破坏将停止扩展；

⑤ 当构件变形过大或抗剪承载力不足时，或者构件发生失稳破坏时，将构件从结构中去除，同时将破坏构件承担的荷载乘以动力放大系数 2，然后作用到其下部的对应构件上，在构件破坏时刻重新进行动力非线性分析，然后回到步骤③重新进行结构的延性、抗剪承载力以及稳定性验算。

在采用变换荷载路径方法（Alternative Path method）进行分析时，主要是假定承受垂直荷载的柱子和墙等构件首先遭到破坏，通常采用两种方法确定需要去除的构件：①当某些构件的垂直拉接力不满足式 3 的要求时，需采用变换荷载路径方法（Alternative Path method）进行分析；②根据不同建筑物，去除特定构件进行分析，验证当某个承受轴力的柱子或墙遭到破坏后，其他构件不会遭到破坏。

3 用 LS-DYNA 软件进行建筑结构连续性倒塌分析方法介绍

根据前面介绍，在 UFC 规程中，当采用变换荷载路径方法对建筑结构进行防连续性倒塌分析时，比较准确的分析方法是非线性动力分析方法。常用的分析软件有 SAP、ETABSE、ANSYS 和 LS-DYNA 等。

SAP 和 ETABSE 等软件采用杆单元来模拟梁柱，采用隐式分析方法进行逐级加载，可以定义梁、柱的塑性铰，人工判断构件是否失效，人工进行荷载重分配。

ANSYS 和 LS-DYNA 可以采用杆单元模拟梁柱，也可以采用实体单元对梁柱进行分析。对于杆单元，ANSYS 和 LS-DYNA 可以通过在杆单元端部增加弹簧单元的方法设定塑性铰。对于实体单元，可以通过材料塑性特性来自动进行非线性动力分析。ANSYS 和 LS-DYNA 可以通过定义构件失效判定准则进行自动判定。LS-DYNA 可以通过碰撞形式来模拟荷载重分配，也可以人工进行荷载重分配。ANSYS 采用隐式分析方法，LS-DYNA 采用显式分析方法。

LS-DYNA 可以采用实体单元对梁柱进行细致的分析，可以模拟爆炸冲击荷载；另外由于 LS-DYNA 采用显式分析方法，具有修改模型后重启动功能，可以完全与 UFC 规程中推荐的分析流程相一致，所以是进行建筑结构防止连续性倒塌分析的有力工具。

采用 LS-DYNA 软件进行连续性倒塌分析的主要流程包括：

① 利用动力松弛(或隐式分析方法)在结构上施加初始荷载，并使结构达到静力稳定，此时将材料的弹性极限以及构件的弹性极限承载力放大或采用弹性材料模型；

② 修改材料弹性极限以及构件的弹性极限承载力，保持结构荷载不变进行瞬态动力重启动分析；

③ 突然去除承重构件进行结构的瞬态动力重启动分析；

④ 查看结构构件、节点的内力以及变形峰值，判断是否有新的构件会发生破坏，在发生破坏的时刻进行模型以及荷载修正，再次进行瞬态动力重启动分析。当没有新的构件发生破坏时，分析结束。

图 4 给出了采用 LS-DYNA 进行建筑结构连续性倒塌的方法汇总，主要有三种方法：①高精度有限元分析方法(HFPB)；②杂交方法(Hybrid Model)；③简化杆系方法。

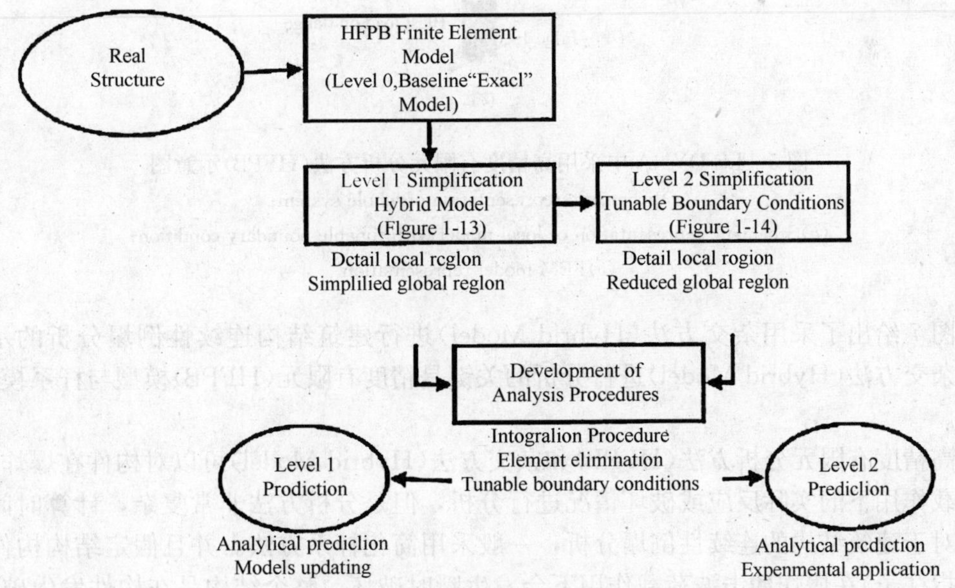

图 4　LS-DYNA 分析建筑结构连续性倒塌方法汇总

图 5 给出了采用高精度有限元分析方法(HFPB)模型图，图 6 给出了一个应用示例。当采用高精度有限元进行分析时，由于单元数量非常多，所以一般在分析模型中只模拟几根构件，关键是怎么模拟构件端部的边界条件。

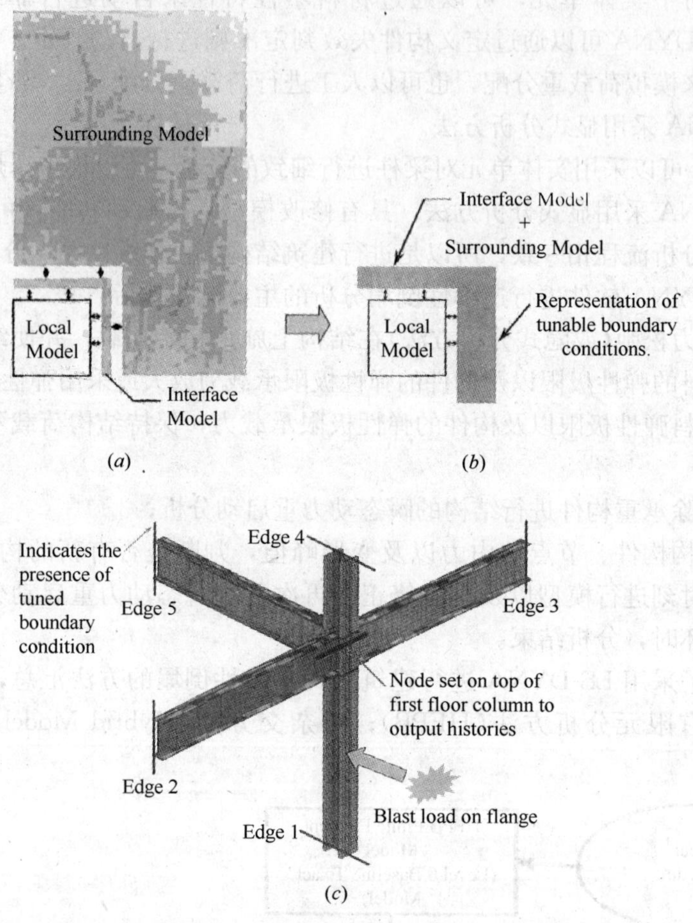

图 5　LS-DYNA 中采用高精度有限元分析方法(HFPB)示意图

(*a*)Schematic representation of whole system;
(*b*)Schematic representation of local model with tunable boundary condition;
(*c*)FEM model representation

图 7 给出了采用杂交方法(Hybrid Model)进行建筑结构连续性倒塌分析的示例。采用杂交方法(Hybrid Model)进行分析的关键是精度有限元(HFPB)模型与杆系模型的连接。

高精度有限元分析方法(HFPB)和杂交方法(Hybrid Model)可以对构件在爆炸冲击波荷载作用下的实际反应或破坏情况进行分析，但是分析方法非常复杂，计算时间长，所以对于建筑结构的连续性倒塌分析，一般采用简化杆系方法。并且假定结构构件(主要是指柱子)在爆炸冲击波荷载作用下会发生瞬时破坏，整个结构是在构件发生破坏后的基础上进行分析，不考虑爆炸冲击波荷载的直接作用。

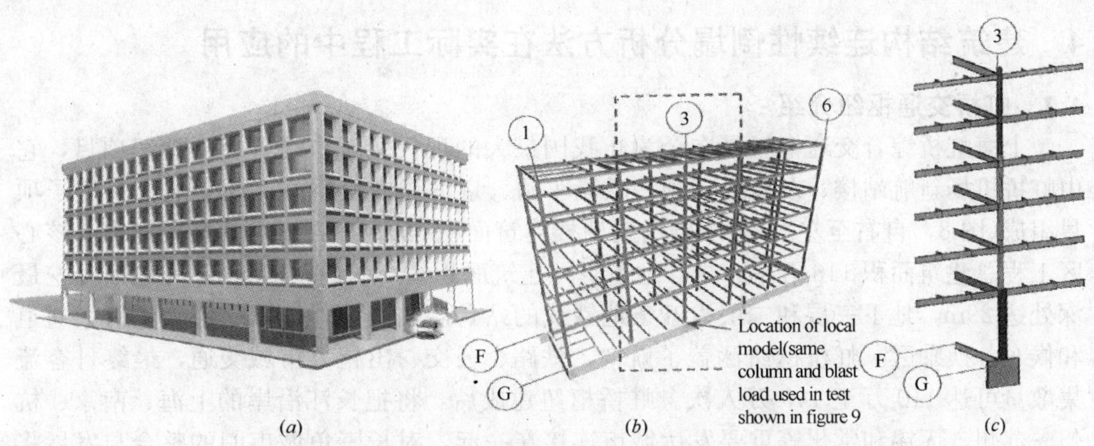

图 6　LS-DYNA 中采用高精度有限元分析方法(HFPB)示例

(*a*)Building and threat；(*b*)Column tree component：actual structure；(*c*)Local model

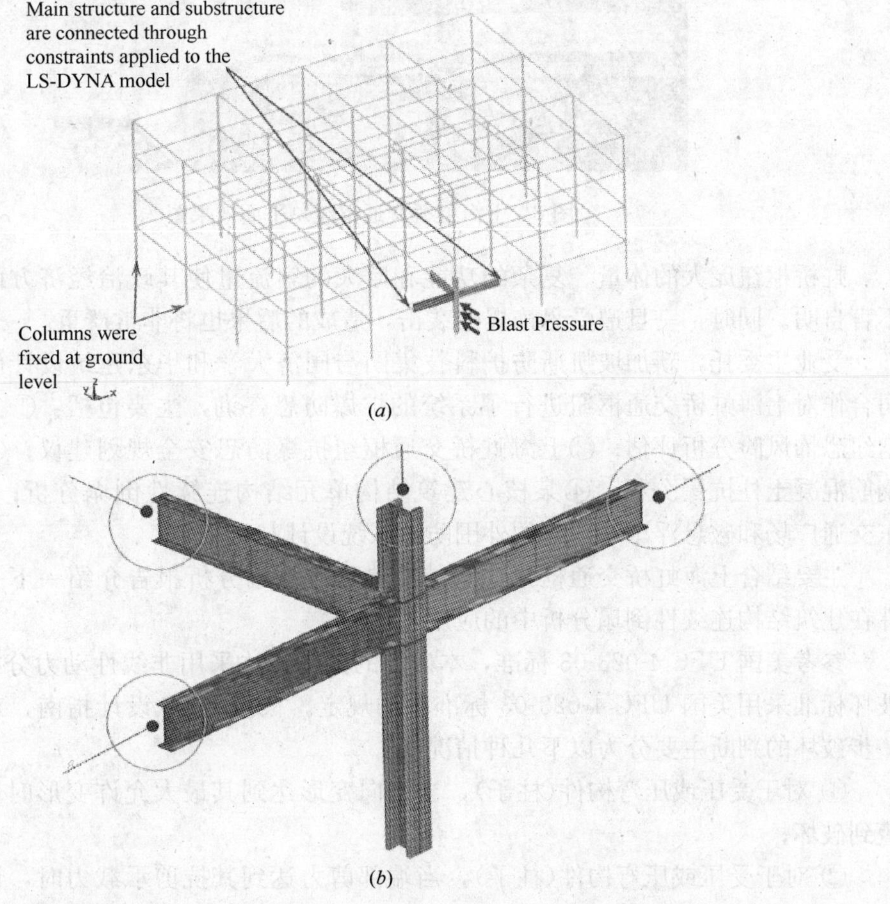

图 7　LS-DYNA 中采用杂交方法(Hybrid Model)分析示例

(*a*)Whole mode，combining the HFPB and structural models to obtain response for the whole of the structural system；

(*b*)Local model for computing response directly related to the blast load

4 建筑结构连续性倒塌分析方法在实际工程中的应用

4.1 虹桥交通枢纽介绍

上海虹桥综合交通枢纽是迄今为止我国最大的现代化城市综合交通枢纽项目，它由虹桥机场新航站楼、东交通广场、磁浮车站、京沪高铁虹桥站、西交通广场等子项目组成(图 8，自右至左)。其中机场航站楼建筑面积 36 万平方米，其余交通中心核心区工程总建筑面积 116 万平方米，地下空间建筑面积约 50 万平方米。工程地下开挖最深处达 29m，地下三层和二层为五条地铁线的站台层站厅层，地下一层为地下大通道和候车、换乘区。虹桥枢纽涵盖了航空、铁路、公交、出租等市域交通，最终日客流集散量可达 110 万至 140 万人次。虹桥枢纽建成后，将把长江沿岸的上海、南京、杭州、苏州、无锡和常州等重要发达城市连接在一起，对长三角城市圈的整合与发展将产生深远的影响。

图 8 上海虹桥交通枢纽总平面效果图

虹桥枢纽庞大的体量、复杂的功能和巨大的客流量使其政治经济方面的重要意义不言自明。同时，一旦遭受恐怖爆炸袭击，造成的后果也将非常严重。

受业主委托，新加坡凯斯防护科技集团与同济大学和华东建筑设计研究院有限公司合作对上海虹桥交通枢纽进行了系统的抗爆防恐咨询，主要包括：①上海虹桥交通枢纽恐怖风险分析评估；②上海虹桥交通枢纽抗爆防恐安全规划建议；③某核心建筑钢筋混凝土柱抗爆分析；④某核心建筑结构单元结构连续性倒塌分析；⑤西航站楼、东交通广场和磁悬浮车站建筑的外围防护系统设计与施工等。

主要结合上海虹桥交通枢纽建筑结构连续性倒塌分析报告介绍一下 LS-DYNA 软件在建筑结构连续性倒塌分析中的应用。

参考美国 UFC 4-023-03 标准，本研究的分析方法采用非线性动力分析方法。构件破坏标准采用美国 UFC 4-023-03 标准中的规定。根据 UFC 设计指南，对于去柱后进一步破坏的判断主要分为以下几种情况：

① 对于受压或压弯构件(柱子)，当轴向变形达到其最大允许变形时，认为该构件遭到破坏；

② 对于受压或压弯构件(柱子)，当端部剪力达到其抗剪承载力时，认为该构件遭到破坏；

③ 对于受压或压弯构件(柱子)，当两个端部形成塑性铰时，认为该构件遭到破坏；

④ 对于受弯构件(梁构件)，当跨中和支座处截面内力满足形成塑性铰的条件时，

杆件在该部位形成塑性铰，然后根据其端部转角或跨中最大位移判定其是否破坏；

⑤ 对于受弯构件(梁构件)，当端部剪力达到其抗剪承载力时，认为该构件遭到破坏；

⑥ 对于受压构件(受压支撑)，当柱内轴力达到其最大允许轴力时(考虑屈曲的影响)，认为该构件遭到破坏；

⑦ 对于受拉构件(受拉钢支撑)，认为其延性系数 $\mu=10$ 时，构件遭到破坏。即其轴向应变达到 $\varepsilon_{max}=(\sigma_y/E)\cdot\mu$ 时构件遭到破坏(其中 σ_y 为材料的屈服强度；E 为材料的弹性模量；ε_{max} 为轴向应变极值；μ 为延性系数)；

⑧ 当节点承载能力或者变形不能满足要求时则认为节点发生了破坏，如果某个构件两端的节点均发生破坏则认为该杆件发生了破坏。

对于构件的受弯、压弯、受剪承载力及其节点的承载力，可以参照有关设计规范来确定。

4.2 虹桥交通枢纽连续性倒塌分析-工况 1

在工况 1 中，假定图 9 所示一根柱子在爆炸冲击波荷载作用下首先遭到破坏，然后采用前面介绍的方法对整体结构进行动力分析。可以依次得到下面结论：

① 编号为 1 的支撑将由于达到屈曲压力而在 0.25s 时刻首先达到破坏(图 10)；

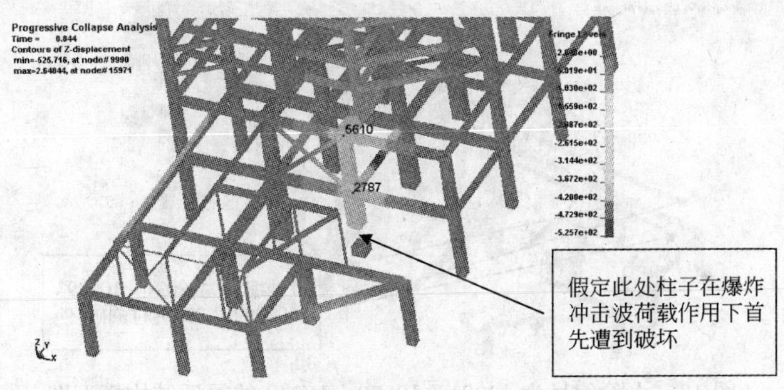

图 9 遭到破坏的柱子位置示意图

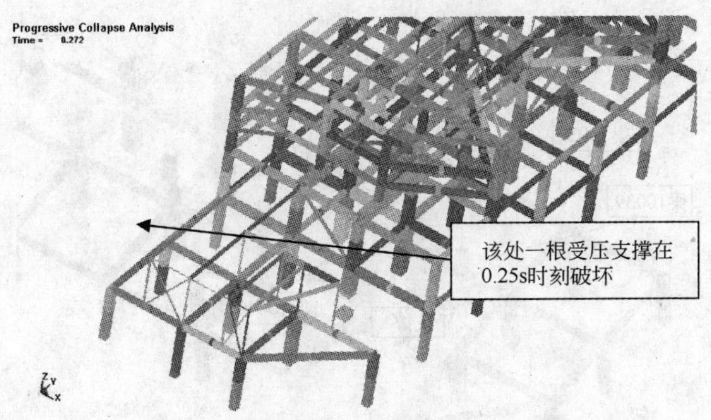

图 10 去除支撑后结构模型图

② 当编号为 1 的受压支撑去除后，在 0.68s 时刻，编号为 10049 的梁将由于端部剪力达到极值而遭到破坏(图 11)；

图 11　去除编号为 10049 的梁后结构模型图

③ 当编号为 10049 的梁去除后，在 1.0s 时刻，编号为 129、229、329、429 的柱会发生 Z 向(轴向)振颤，造成 Z 向位移突变，此时会在与之相连的梁内产生非常大的剪力，造成编号为 10040、10039 和 10021 的梁发生破坏(图 12)；

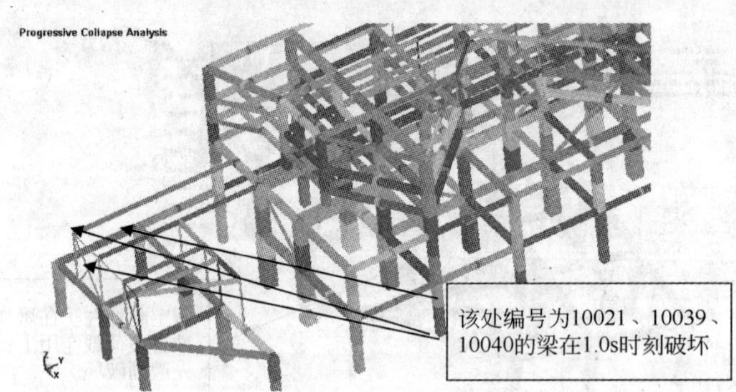

图 12　去除编号为 10021、10039、10040 的梁后结构模型图

④ 在随后的分析过程中(1.0～2.4s 之间)，剩余结构振动稳定，没有再发生构件破坏(图 13)。

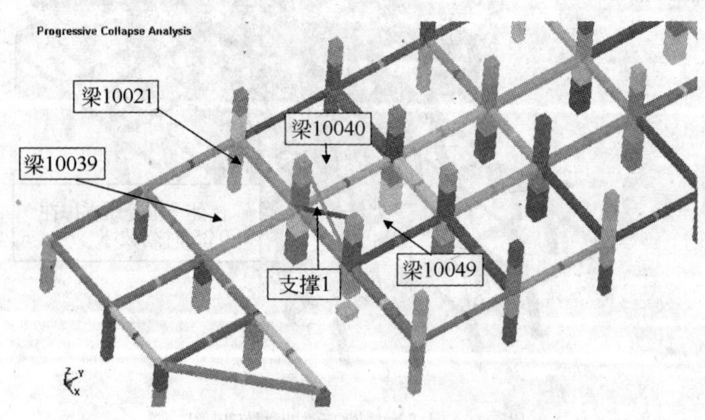

图 13　遭到破坏构件位置图

由图 13 所示的结构最终破坏示意图可以看出：在这种情况下，只有少数构件遭到破坏，结构没有发生局部倒塌。

4.3 虹桥交通枢纽连续性倒塌分析-工况 2

在工况 2 中，假定图 14 所示两根柱子在爆炸冲击波荷载作用下首先遭到破坏，然后采用前面介绍的方法对整体结构进行动力分析。图 15 给出了最终结构破坏模式示意图，可以看到与遭到破坏的两根柱子周围的大量构件遭到破坏，结构发生局部倒塌破坏。

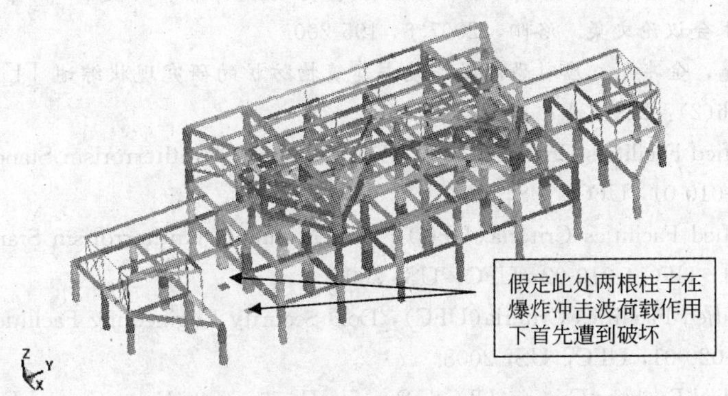

图 14　去除支撑后结构模型图

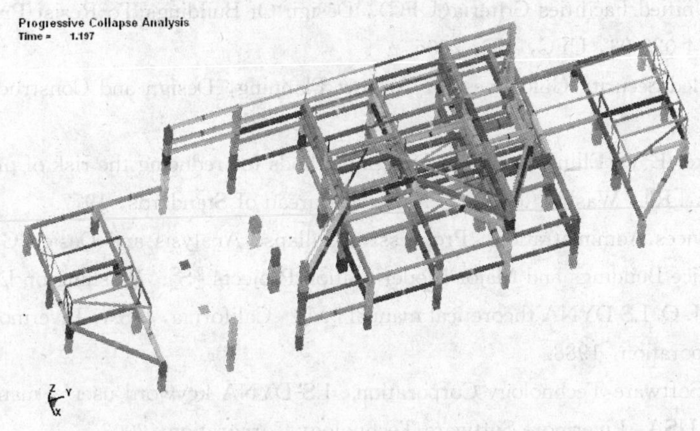

图 15　去除破坏构件后的最终结构模型图

5　结论

在爆炸冲击荷载作用下，建筑结构的连续性倒塌会造成大量人员伤亡，所以提高建筑结构抵抗恐怖袭击的主要任务是提高建筑结构抵抗爆炸冲击波荷载作用下连续性倒塌的能力。

LS-DYNA 软件具有强大的重启动功能，可以首先采用动力松弛方法或自身的显式分析系统模拟建筑结构在静力作用下的状态，然后采用其强大的重启动功能去除遭到破坏的构件，逐步模拟分析出整个结构遭到局部破坏后的动力反应，所以是进行建筑结构连续性倒塌分析的有力工具。

参考文献

[1] J. E. Crawford, C. L. Liu.,"Minimization of Blasts Effects Damage on Critical Buildings," Prepared for Global Security Asia 2007 Conference, March 2007, Singapore.

[2] Building and Construction Authority, Singapore, January 2005. Enhancing Building Security.

[3] 王冬,周健,苏骏,刘春霖,孙建运. 防恐怖爆炸设计在虹桥交通枢纽结构工程中的应用,第二届全国建筑结构技术交流会,2009.4.24-26 上海《建筑结构》增刊.

[4] 梁益,陆新征,缪志伟,叶列平. 结构的连续倒塌:规范介绍和比较 [C]//第六届全国工程结构安全防护学术会议论文集. 洛阳,2007.8,195-200.

[5] 夏志成,贯蓬,金丰年. 应对恐怖爆炸袭击建筑物防护的研究现状综述 [J]. 防灾减灾工程学报,2006,26(2):229-234.

[6] TheDoD Unified Facilities Criteria(UFC), DoD Minimum Antiterrorism Standards For Buildings [S]. UFC 4-010-01, UFC, US, 2003.

[7] TheDoD Unified Facilities Criteria(UFC), DoD Minimum Antiterrorism Standoff Distances For Buildings [S]. UFC 4-010-02, UFC, US, 2007.

[8] The DoD Unified Facilities Criteria(UFC), DoD Security Engineering Facilities Planning Manual [S]. UFC 4-020-01, UFC, US, 2008.

[9] The DoD Unified Facilities Criteria(UFC), Security Engineering: Entry Control Facilities/Access Control Points [S]. UFC 4-022-01, UFC, US, 2005.

[10] The DoD Unified Facilities Criteria(UFC), Design Of Buildings To Resist Progressive Collapse [S]. UFC 4-023-03, UFC, US, 2005.

[11] Recommended Security Guidelines for Airport Planning, Design and Construction [M]. TSA, US, 2006.

[12] Leyendechker E V, Ellingwood B R. Design methods for reducing the risk of progressive collapse in buildings [R]. Washington D C: National Bureau of Standards, 1977.

[13] GeneralServices Administration. Progressive Collapse Analysis and Design Guidelines for New Federal Office Buildings and Major Modernization Projects [S]. Washington D C: GSA, 2003.

[14] Hallquist, J. Q. LS-DYNA theoretical manual [M]. California, USA: Livermore Software Technology Corporation, 1988.

[15] Livermore Software Technology Corporation. LS-DYNA keyword user's manual(970V) [M]. California, USA: Livermore Software Technology Corporation, 2003.

燃气爆炸对结构破坏的分析

刘运林　叶献国

（合肥工业大学土木与水利工程学院，安徽建筑工业学院，安徽合肥　230009）

摘　要：随着天然气使用的越来越普及，燃气爆炸在国内外时有发生且造成人员伤亡和财产损失。经过网上收集和亲临现场收集的资料，文中列举了国内一些典型的爆炸事故。结合爆炸案例及相关文献，指出了燃气爆炸引起的结构破坏特点及一些防治对策，重点对砌体结构构造柱和圈梁提出了一些建议，希望能够形成弱框架体系，形成砌体结构的第二道防线，防止砌体结构的连续倒塌。

关键词：燃气爆炸；弱框架体系；连续倒塌

1　引言

最近，燃气爆炸事故常见于媒体报道，其发生频率已在不断地增加，文献［1］、［2］中也列举了部分典型的燃爆事故，虽然文献［1］中在上世纪 80 年代就提出了一些意见和建议，但直至现在仍没有相关的条文及规定或“委托消防部门在建审时将防止燃爆可能引起的连续倒塌列入审查项目”。类似的燃气爆炸的事故时有发生，造成了严重的损失。经过网上收集和亲临现场收集的资料，下文列举了一些典型的爆炸事故。本文是希望对破坏现象的认识来达到对结构设计的启发，重点对砌体结构构造柱和圈梁提出了一些建议，希望构造柱和圈梁能够形成弱框架体系，形成砌体结构的第二道防线，防止砌体结构的连续倒塌。

2　近期国内比较严重的燃气爆炸事故

2.1　山西大同市“1・15”爆炸案

2007 年 1 月 15 日 9 时许，大同市城区龙港苑小区 15 号楼 3 单元发生一起爆炸案，爆炸造成严重的房屋坍塌事故(图 1)，导致 5 人死亡，5 人受伤。

图 1　砌体结构发生局部连续倒塌

2.2 上海青浦区“6·20”燃气爆炸案

2009 年 6 月 20 号 18 时 20 分左右，青浦区城中东路上的章浜新村 10 号楼 404 室房间发生燃气爆炸事故，事故至少造成 8 人受伤。整栋 6 层居民楼从 3 楼到 5 楼受到严重的破坏：3 楼人家的阳台窗户半挂在半空中，空调外机也被炸飞在半空；爆炸源头的 4 楼承重墙体基本被炸飞，5 层的水泥预制板也因爆炸而塌陷，南侧阳台也悉数变形(图 2～图 6)。爆炸时发出的巨大冲击波及飞出的墙体碎片和玻璃使得周围的居民楼也受到破坏。

图 2　砌体结构局部倒塌图

图 3　破坏放大图

图 4　节点破坏图

图 5　破坏俯视图

图 6　破坏南立面图

2.3 河南省濮阳“11·20”爆炸案

2009 年 11 月 20 日 5 时 30 分左右，濮阳市华龙区黄河路东段清华苑居民小区西区 18 号楼 1 单元 2 层东户发生天然气泄漏爆炸事故，2～3 层部分楼板塌陷(图 7～图 9)，导致 9 人受伤、5 人遇难。周围数幢居民楼的玻璃被振碎，多辆汽车被砸扁，有的房门变形。

图 7　预制板断裂

图 8　层楼板垮塌

图 9　砌体结构局部倒塌

2.4　江苏宝应清华园“12·14”爆炸案

2009 年 12 月 14 日下午 2 点 50 分左右，扬州宝应清华园小区 5 号楼 408 室煤气管道突然发生爆炸，该房客厅、厨房、阳台和卧室的门窗全被炸飞，屋内的其他物品也被大火烧成灰烬。巨大的爆炸将五楼楼板炸塌，影响到相邻的数十户人家的墙壁和门窗以及空调等财物。据消防员介绍，距离该楼 20 多米处，见到了该房振飞的窗子。离该楼 40 多米处，有居民家玻璃也被振碎。爆炸产生的强烈冲击波不仅使该楼楼梯两侧的住房窗户、门等发生严重损坏，408 室的西墙南侧被炸出个大洞、北侧被炸裂与主墙体有一较大缝隙(图 10)，就连一楼下面的门市、车库的门和窗户玻璃等也遭遇不同程度损坏，楼房南北两侧地面散落一地碎玻璃和室内物品，所幸掉落物品没有伤及过往行人。

图 10　破坏现状图

2.5 大连市旅顺口区“1·2”燃气爆炸案

2010 年 1 月 2 日 14 时 18 分，位于大连市旅顺口区迎春街 83 号楼 701 室住户发生燃气爆炸事故，造成两人死亡，两层楼塌陷(图 11)，对面楼的玻璃大部分被振碎。本爆炸案与文献［2］中辽宁营口 2007 年“2·21”燃气爆炸事故中出现的情况类似，但营口的事故没有造成这样的连续坍塌现象。

图 11 屋顶两层坍塌

2.6 安徽合肥市柏景湾爆炸案

2009 年 10 月 23 日凌晨 5 时 10 分左右，安徽合肥市栢景湾小区桦景轩 4 号楼 402 室发生爆炸。爆炸产生的冲击波以 402 室为中心向四周扩散，造成百米范围内的两幢写字楼及南侧三幢居民楼的数百面玻璃碎裂，位于爆炸中心的 402 室爆炸破坏严重，楼板塑性破坏与文献中“北京市南沙滩事故”的现象类似，中心处下沉约 399mm，中心处板顶向上 160mm(楼板为双层双向配筋)，板支座破坏，可见爆炸作用很大。爆炸造成八部电梯(其中 D 单元一台完全报废)、162 樘门损坏，365 樘门、窗框需更换，约 1600m^2 玻璃破损等。省建筑工程质量第二监督检测站对此次爆炸事件受损严重的 4 号楼 D 单元的结构进行了鉴定。经检测，认为该楼 D 单元因 402 室爆炸造成结构受损区域主要分布在二层顶至五层顶部分梁板，受损构件承载力基本丧失或程度不同降低，剪力墙(除四层 8/Ⓒ～Ⓓ轴外)及其他被测楼层结构或构件未发现明显损伤。图 12～图 17 为爆炸造成建筑破坏的照片。

图 12 南立面破坏图

图 13 北立面破坏图

图 14　顶板破坏图

图 15　底板破坏图

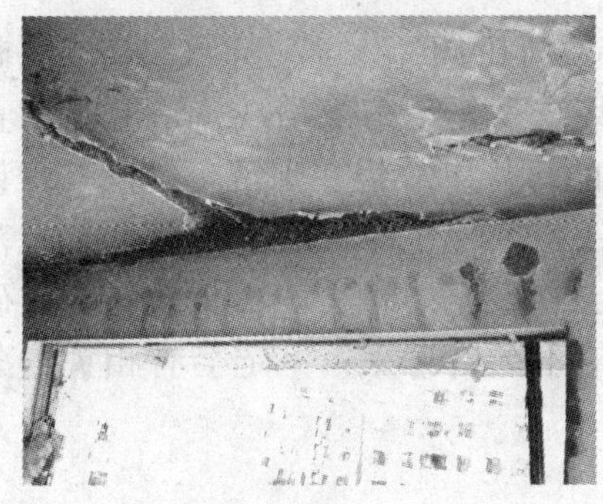

图 16　顶板根部塑性破坏图

图 17　构件破坏图(构造柱飞出)

3　爆炸事故的启示

3.1　上述事故的结构造成破坏的原因基本上与文献［1］、［2］中的描述一致

(1) 采用预制楼板的砖混结构在爆炸荷载作用下往往容易局部破坏或出现严重危及房屋整体安全的局部坍塌，当结构的某一局部成为机构，就会引起水平或竖向的连续倒塌。

(2) 现浇钢筋混凝土结构多表现在填充墙、构件及装修的破坏，主体结构未见明显结构损伤。

3.2　民用建筑燃气爆炸的防治对策

燃气爆炸是民用建筑中的意外荷载，爆炸发生时局部破坏在所难免，可以通过泄压来减小超压，即将爆炸作用限制于局部。但是要防止可能出现连续倒塌和整体破坏。预防连续倒塌和整体破坏的方法可以从三个方面进行考虑[1]：事故控制、直接设计和间接设计；同时加强结构选型，加强结构构件设计，文献［2］中也根据参考资料指出了“建筑防爆的一般措施”。本文侧重于砌体结构谈论几点意见：

(1) 加强结构构件在爆炸荷载作用下的设计。虽然抗震设计规范中对结构构件提出了抗震设计要求，但是在爆炸荷载水平作用下的破坏一般设计中未能考虑，而构件的破坏也将会造成严重的后果。

(2) 尽量少采用预制板，在没有条件的情况下应加强预制板构件的延性设计，在施工中要加强预制板的连接构造，这样若承重墙体产生局部破坏时，可以产生悬链线作用，或板拱效应，避免结构的连续倒塌。

(3) 从砌体结构的爆炸事故中可以看出，要加强构造柱和圈梁设计，抗震设计规范对砌体结构设计提出了一些构造要求，但是基于将墙体当成抗侧力构件考虑，而爆炸荷载往往是承重墙体的平面外作用，容易造成平面外破坏，所以要适当加强构造柱和圈梁的设计(尤其是在低烈度区或不设防地区，而且现在结构设计中往往都采用规范的低限，大大降低了结构的冗余度)，使之在承重墙体破坏后能够防止结构的连续倒塌。如在内外墙交接处均设置构造柱，适当加强构造柱和圈梁的配筋，这样构造柱和圈梁能够形成类似于弱框架体系，可以有效地防止连续倒塌。

4 结论

随着天然气的不断普及，燃气爆炸逐渐引起人们的重视。从上世纪 90 年文献 [1] 开始提出“建设部门应行文申明或作些规定，甚或委托消防部门在建审时将防止燃爆可能引起的连续倒塌列入审查项目”，然而类似的爆炸事故仍在出现，目前工程设计中一般都未能够考虑到燃爆可能引起的连续倒塌。不过现在即将发行的新抗震规范将抗倒塌设计包含其中，对于爆炸引起的连续倒塌也有重要的意义，不少学者也在研究燃气爆炸的机理，同时随着经济的快速发展，相信不久的将来，一定会有相关的条文或规定，燃气爆炸带来的破坏将会越来越小。

参考文献

[1] 郭文军、江见鲸、崔京浩. 民用建筑结构燃爆事故及防灾措施，灾害学，1999，18 卷第 3 期：41-43.

[2] 韩永利、陈龙珠，民用住宅燃气爆炸防护技术现状，http：//www. sciencenet. cn/m/user_content. aspx? id=30264.

[3] 陈俊岭、马人乐、何敏娟，偶然事件下框架结构抗连续倒塌分析，四川建筑科学研究，2007：33(1). 65-68.

[4] 中华人民共和国国家标准，建筑抗震设计规范(GB 50011—2001)(2008 年修订版).

[5] 叶列平、陆新征等，混凝土框架结构的抗连续性倒塌设计方法，建筑结构，2010，40(2)：1-7.

爆炸荷载作用下钢框架结构连续倒塌数值模拟分析

阎　石[1]　齐宝欣[1,2]　韩　扬[3]　李晓杰[2]

(1. 沈阳建筑大学土木工程学院，沈阳　辽宁　100168；2. 大连理工大学建设工程学部，大连　辽宁　116024；3. 中煤国际工程集团沈阳设计研究院，沈阳　辽宁　100011)

摘　要：以按照我国现行钢结构设计规范设计的某六层钢框架结构为对象，采用有限元软件 ANSYS/LS-DYNA 建立爆炸荷载作用下的有限元数值分析模型，并进行动力响应和连续倒塌数值模拟分析。分析时考虑爆炸发生在室内，并分别考虑爆炸荷载作用时间和荷载峰值两个主要参数对结构动力响应和倒塌机制的影响，得出钢框架结构在给定爆炸荷载作用下发生连续倒塌时内力、变形及其他变量的变化规律。结果表明：在爆炸荷载作用下，钢框架结构变形具有一定的局部性和传递性；爆炸区域中的柱首先出现大变形及较大塑性应变，导致连接该柱的梁产生弯曲破坏，最后在横梁和立柱端部达到材料失效应变而断裂，其他部位受到的影响则是很小；爆炸部位出现构件失效现象后，剩余的结构会在竖向荷载作用下发生连续倒塌。

关键词：钢框架结构；爆炸荷载；连续倒塌；数值模拟；应变率效应

1　引言

随着世界格局的不断变化，恐怖活动越来越多，一些重要的工业与民用建筑物可能成为恐怖袭击的主要目标。钢结构作为一种年轻而极具生命力的体系，已经广泛应用于商业建筑、民用建筑等领域。我国现行钢结构设计规范主要考虑地震作用、风作用及楼面荷载作用等，并没有考虑爆炸冲击荷载作用影响。钢结构侧向刚度相对较弱，在爆炸荷载作用下，容易引起钢结构构件失稳破坏并导致结构整体倒塌。因此，迫切需要采取科学技术手段和方法针对钢结构在爆炸荷载作用下的破坏模式、传递路径、竖向稳定性和倒塌机理进行分析。李海旺等研究了空间钢框架在爆炸荷载作用下，从开始发生直到倒塌的全过程。钱稼茹等以能力比为参数，利用瞬时加载方法对一榀多层平面框架和一个多层空间框架进行了弹塑性动力反映分析。本文考虑内部爆炸荷载作用机理，采用有限元程序 ANSYS/LS-DYNA 对平面钢框架结构在室内爆炸作用下破坏形态及连续倒塌进行了研究。

2　内部爆炸荷载计算方法

2.1　内部爆炸作用机理

当爆炸发生在结构内部时，结构一方面要承受冲击荷载，另一方面由于结构物的限制作用，爆炸产生高温、高压产物无法及时向外扩散，导致结构内温度升高，形成准静态的气体压力。结构要承受冲击波和准静态气体压力的双重荷载作用。因此，先分别计算爆炸冲击波荷载和准静态气体压力，再通过简化将其叠加在一起。

2.2 爆炸冲击波荷载计算

爆炸作用的时程曲线如图 1 所示。在近似计算中所采用的爆炸压力曲线通常被简化为三角形，三角形爆炸压力时程曲线如图 2 所示。

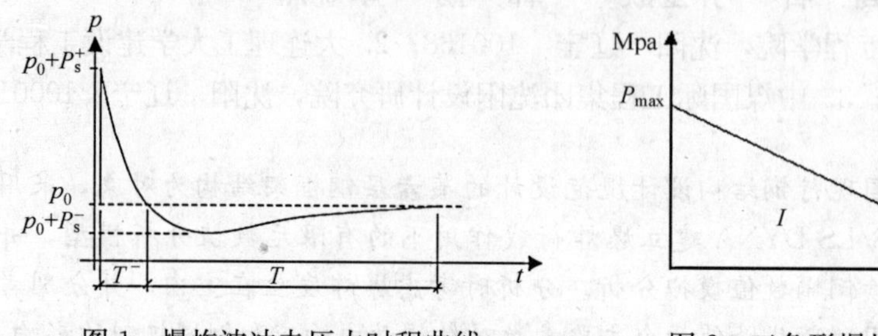

图 1 爆炸波冲击压力时程曲线　　图 2 三角形爆炸压力时程曲线

其数学表达式如式(1)所示，

$$P(t)=P_{\max}\left(1-\frac{t}{t_0}\right) \tag{1}$$

式中，$P(t)$为 t 时刻的超压值；$P_{\max}$为超压最大值；t_0 为爆炸压力正值作用时间，I 为脉冲冲量值，即为图 2 中直线与坐标轴围成的三角形面积，见式(2)，

$$I=\frac{1}{2}t_0 p_{\max} \tag{2}$$

爆炸发生在结构内部时，结构是否开敞也将成为主要影响因素，例如结构封闭时将受到严重影响，因为爆炸波会经历多次再反射的过程。由于再反射压力较难计算，所以采用线性简化方法来计算入射和反射压力。T 时刻压力如式(3)，

$$p_{\mathrm{r}}(t)=p_{\mathrm{r}}\left(1-\frac{t}{T_{\mathrm{r}}}\right),\quad i_{\mathrm{r}}=\frac{1}{2}T_{\mathrm{r}}p_{\mathrm{r}} \tag{3}$$

式中，T_{r} 为发射波的正值作用时间，i_{r} 为脉冲压力。

Baker(1983)提出了一种再反射波的简化计算方法，假设在每次反射后峰值压力减半，再经过三次反射后压力衰减为零，但每次反射后的作用时间不变。所以压力和脉冲冲量可以见式(4)和式(5)，

$$p_{\mathrm{r}}=\frac{1}{2}p_{\mathrm{r1}},\quad p_{\mathrm{r3}}=\frac{1}{2}p_{\mathrm{r2}}=\frac{1}{4}p_{\mathrm{r1}},\quad p_{\mathrm{r4}}=0 \tag{4}$$

$$i_{\mathrm{r2}}=\frac{1}{2}i_{\mathrm{r1}},\quad i_{\mathrm{r3}}=\frac{1}{2}i_{\mathrm{r2}}=\frac{1}{4}i_{\mathrm{r1}},\quad i_{\mathrm{r4}}=0 \tag{5}$$

假定 $T_{\mathrm{r}}=T_{\mathrm{r1}}=T_{\mathrm{r2}}=T_{\mathrm{r3}}$.

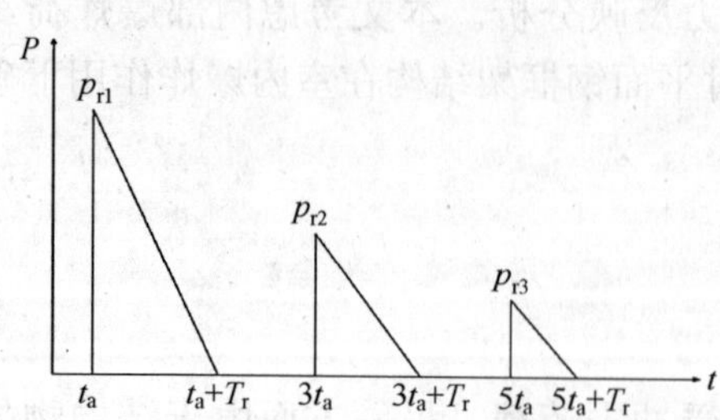

图 3 爆炸波反射压力时程曲线简化模型

如图 3 所示，假定反射时间为 t_{r}(反射时间即每个爆炸波到达结构内表面的持续时间)，且 $t_{\mathrm{r}}=2t_{\mathrm{a}}$，其中，$t_{\mathrm{a}}$ 是第一个爆炸波到达结构

内表面的反射时间。

如果反应时间比总的荷载持续时间($5t_a+T_r$)长很多，那么下一步的简化参照式(4)和式(5)，这时三个脉冲可合并成一个脉冲，总的峰值压力为 p_{rT}，总的脉冲为 i_{rT}，即

$$p_{rT}=p_{r1}+p_{r2}+p_{r3}=1.75p_{r1} \tag{6}$$

$$i_{rT}=i_{r1}+i_{r2}+i_{r3}=1.75i_{r1} \tag{7}$$

利用这个假设来评定结构的反应将导致评估结果过高，导致结构设计较为保守。

2.3 准静态气体压力的计算

爆炸发生在结构内部时，必然引起结构内部气体的急剧膨胀，此时，结构物要承受双重作用。除了冲击波作用外，还要承受准静态气体压力的作用。准静态气体压力时程曲线如图 4 所示。当 $0<t<5t_a+T_r$ 时，为反射压力，且呈线性升高。

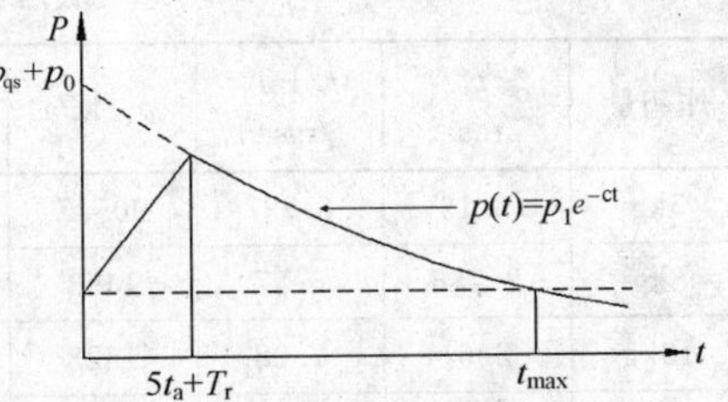

图 4 准静态气体压力时程曲线

准静态气体压力衰减段时程曲线可以采用近似公式来描述，

$$\bar{p}(t)=\bar{p}_1(t)e^{(-2.13\tau)} \tag{8}$$

其中，$\bar{p}=\dfrac{p(t)}{p_0}$，$\bar{p}_1=\dfrac{p_{qs}+p_0}{p_0}$，$\tau=\bar{A}t=\left[\dfrac{\alpha_e A_s}{V^{2/3}}\right]\left[\dfrac{ta_0}{V^{1/3}}\right]=\dfrac{\alpha_e A_s t a_0}{V}$

式中，p_{qs}准静态气体峰值压力，p_0 周围空气压力，α_e墙面上的开孔率，A_s结构总的内表面积，V 结构体积，a_0 声速。则，t_{max}对应的$\bar{\tau}_{max}$见式(9)，

$$\bar{\tau}_{max}=\frac{1}{2.13}\ln\bar{p}_1=0.4695\ln\bar{p}_1 \tag{9}$$

曲线部分为气体脉冲压力 i_g，见式(10)，

$$\begin{aligned} i_g &= \int_0^{t_{max}}(p(t)-p_0)\mathrm{d}t=\int_0^{t_{max}}(p_1e^{-ct}-p_0)\mathrm{d}t \\ &=\left(-\frac{p_1}{c}e^{-ct}-p_0t\right)\Big|_0^{t_{max}}=\frac{p_1}{c}(1-e^{-t_{max}})-p_0t_{max} \end{aligned} \tag{10}$$

其中，$c=\dfrac{2.13\alpha_e A_s a_0}{V}$。

2.4 爆炸压力曲线

由于恐怖分子在对建筑物进行炸弹袭击时主要采用手提箱或汽车携带炸药，而对于能带到建筑物内部的炸弹大多采用手提箱携带。一般手提箱最多携带的炸药量为50kg 左右，在模拟中分别选用 5kg、8kg、10kg、20kg、30kg、40kg TNT 炸药，把炸药放在一层室内中间的地面上。分别计算室内爆炸中一层边柱，中柱和横梁在爆炸冲击荷载作用下的峰值压力时程曲线。

底层边柱和中柱表面的部分反射压力值 **表 1**

炸药量	t_a /msec	t_a+T_r /msec	p_1/kPa	$3t_a$ /msec	$3t_a+T_r$ /msec	p_2/kPa	$5t_a$ /msec	$5t_a+T_r$ /msec	p_3/kPa
5kg	2.270	5.776	1571	6.810	10.316	785.5	11.35	14.856	392.75
8kg	1.979	6.297	2529	5.937	10.255	1264.5	9.895	14.213	632.25
10kg	1.855	6.609	3162	5.565	10.319	1581	9.275	14.029	790.5
20kg	1.523	7.109	6186	4.569	10.155	3093	7.615	13.201	1546.5
30kg	1.363	6.144	8947	4.089	8.87	4473.5	6.815	11.596	2236.75
40kg	1.264	5.044	11480	3.792	7.572	5740	6.32	10.1	2870

底层梁表面的部分发射压力值 **表 2**

炸药量	t_a /msec	t_a+T_r /msec	p_1/kPa	$3t_a$ /msec	$3t_a+T_r$ /msec	p_2/kPa	$5t_a$ /msec	$5t_a+T_r$ /msec	p_3/kPa
5kg	3.19	6.737	905.7	9.57	13.117	452.85	15.95	19.497	226.425
8kg	2.786	6.87	1453	8.358	12.442	726.5	13.93	18.014	363.25
10kg	2.61	7.08	1823	7.83	12.3	911.5	13.05	17.52	455.75
20kg	2.134	8.154	3655	6.402	12.422	1827.5	10.67	16.69	913.75
30kg	1.901	8.527	5414	5.703	12.329	2707	9.505	16.131	1353.5
40kg	1.755	8.374	7083	5.265	11.884	3541.5	8.775	15.394	1770.75

3 有限元模型

3.1 计算模型介绍

选取一榀六层三跨平面钢框架，跨度均为 6m，层高 3.6m，所有梁柱截面均为焊接工字形截面，梁截面采用 300mm×300mm×10mm×16mm(高×宽×腹板厚×翼缘厚)，边柱截面采用 400mm×300mm×10mm×16mm，中柱截面采用 500mm×300mm×10mm×16mm，钢材弹性模量为 2.06×10^5 MPa，密度为 7.85×10^3 kg/m^3，屈服强度为 345MPa，考虑应变率失效取值 0.01. 假定梁上均作用相同大小的均布荷载 70kN/m。计算模型中梁柱单元采用 Beam161 单元，材料采用同向随动强化模型 Plastic kinematics 模型，如图 5 所示。梁柱上分别施加计算出的爆炸冲击荷载，加载方式考虑两种工况，如图 6 所示。

3.2 计算结果分析

3.2.1 爆点位于底层边跨时钢框架结构破坏模式分析

如图 7 所示，横梁跨中位移随着炸药量的增加成非线性变化。如图 8 所示，边柱和中柱的跨中位移与炸药量的关系是非线性的。在相同炸药量时，边柱的跨中位移比中柱大，说明在爆炸荷载作用下，边柱比中柱更容易破坏。在炸药量为 5～10kg 之间有个拐点，表明横梁在上下振动，横梁处在弹塑性阶段。随着炸药量的增加横梁竖向位移越来越大。

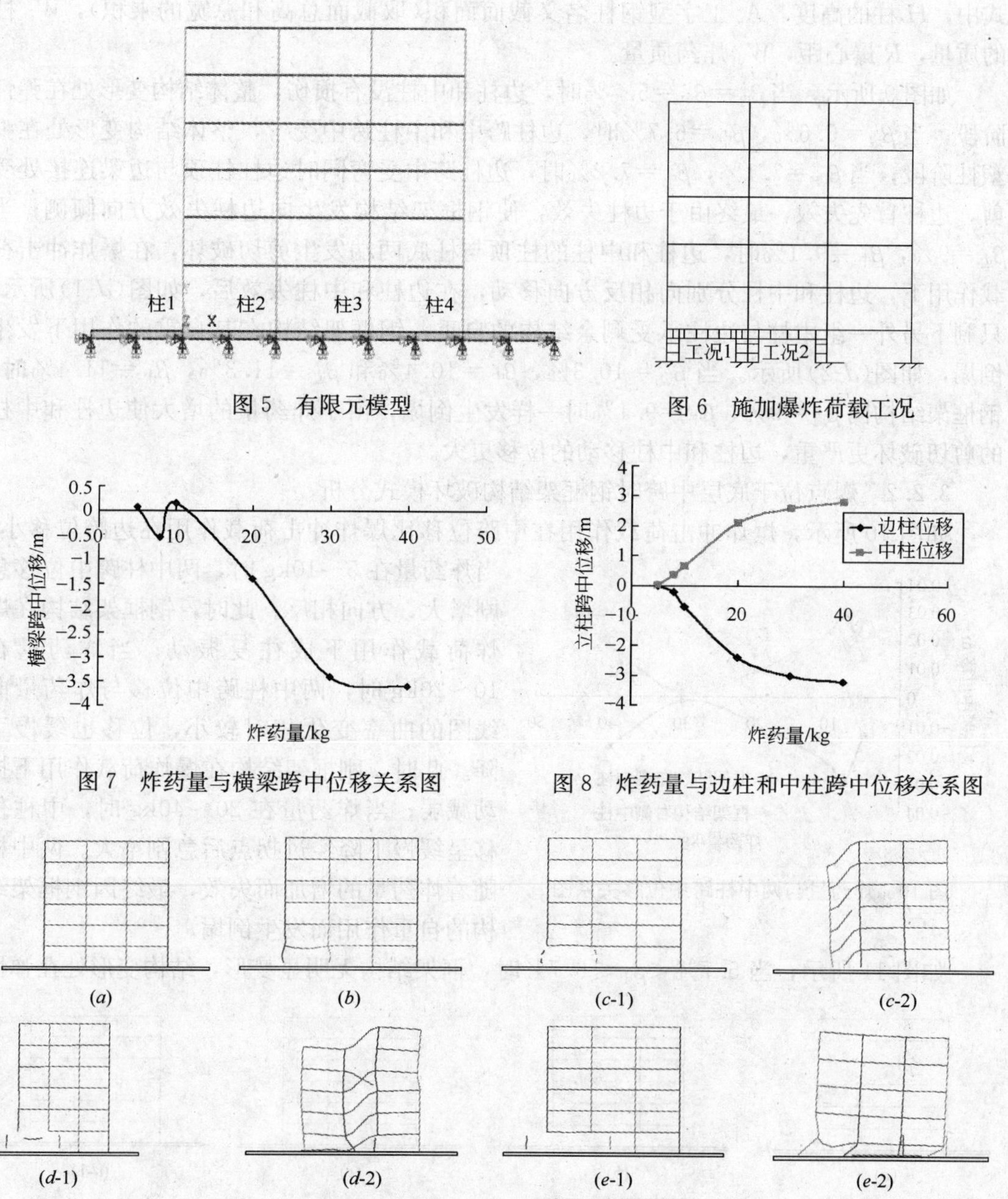

图5 有限元模型

图6 施加爆炸荷载工况

图7 炸药量与横梁跨中位移关系图

图8 炸药量与边柱和中柱跨中位移关系图

图9 工况1爆炸荷载作用下钢框架结构倒塌破坏模式

(a)炸药量5kg；(b) 炸药量8kg；(c-1) 炸药量10kg；
(c-2)炸药量10kg；(d-1)炸药量20kg；(d-2)炸药量20kg；
(e-1)炸药量30kg；(e-2)炸药量30kg

为了更好地描述爆炸荷载对钢框架倒塌破坏程度，引进无量纲参数 β，定义如(11)式

$$\beta = (HA_s/W_s)^{1/3}/(R/W_e^{1/3}) \times 100\% \tag{11}$$

式中，H 柱的高度，A_s 工字型钢柱名义截面面积(取截面总高和总宽的乘积)，W_s 柱的质量，R 爆心距，W_e 炸药质量。

如图 9 所示，当 $\beta_{边}=\beta_{中}=5.7\%$时，边柱和中柱没有损伤，整体结构变形处在弹性阶段；当 $\beta_{边}=6.6\%$，$\beta_{中}=6.7\%$时，边柱跨中和中柱跨中受弯，整体结构变形处在弹塑性阶段；当 $\beta_{边}=7.1\%$，$\beta_{中}=7.2\%$时，边柱跨中受弯同时边柱柱顶与边梁连接处受剪，边柱首先失效，最终由于边柱失效，使钢框架结构发生向边柱失效方向倾侧；当 $\beta_{边}=9\%$，$\beta_{中}=9.1\%$时，边柱和中柱的柱顶与柱底两端发生剪切破坏，在爆炸冲击荷载作用下，边柱和中柱分别向相反方向移动，在边柱和中柱失效后，如图(*d*-1)所示，只剩下另外一组中柱与边柱承受剩余结构的自重，钢框架结构在其自重的作用下发生倒塌，如图(*d*-2)所示。当 $\beta_{边}=10.3\%$，$\beta_{中}=10.4\%$和 $\beta_{边}=11.3\%$，$\beta_{中}=11.4\%$时，钢框架结构同 $\beta_{边}=9\%$，$\beta_{中}=9.1\%$时一样发生倒塌，由于炸药量的增大使边柱和中柱的剪切破坏更严重，边柱和中柱移动的位移更大。

3.2.2 爆点位于底层中跨时钢框架结构破坏模式分析

如图 10 所示，爆炸冲击荷载作用在中跨位移比爆炸冲击荷载作用在边跨位移小。当炸药量在 5～10kg 时，两中柱跨中位移急剧增大，方向相反。此时，钢框架结构在爆炸荷载作用下成往复振动；当炸药量在 10～20kg 时，两中柱跨中位移与炸药量曲线图的曲率变化相对较小，位移也缓慢下降。此时，刚框架结构在爆炸荷载作用下振动减弱；当炸药量在 20～40kg 时，中柱位移呈缓慢下降经过拐点后急剧增大。两中柱随着炸药量的增加而失效，最终因钢框架结构的自重作用而发生倒塌。

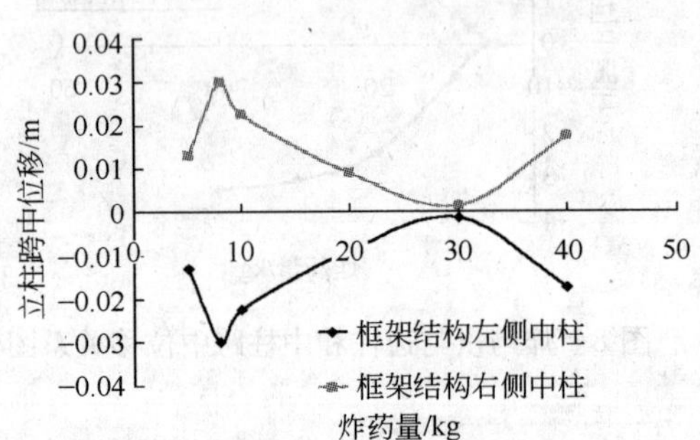

图 10 炸药量与两中柱跨中位移关系图

如图 11 所示，当 $5.7\%<\beta_{中}\leqslant6.7\%$时，框架结构无明显变形，结构变形处在弹性

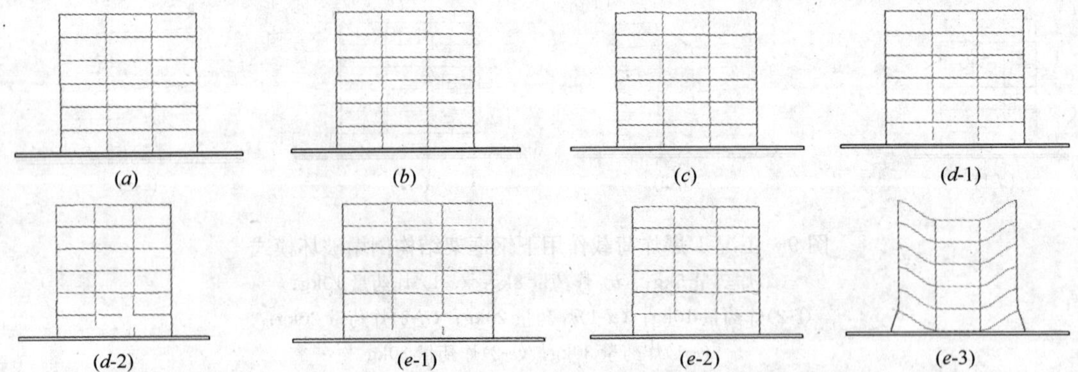

图 11 工况 2 爆炸荷载作用下钢框架结构倒塌破坏模式

(*a*)炸药量 5kg；(*b*)炸药量 8kg；(*c*)炸药量 10kg；

(*d*-1)炸药量 20kg；(*d*-2)炸药量 20kg；(*e*-1)炸药量 30kg；

(*e*-2)炸药量 30kg；(*e*-3)炸药量 30kg

阶段；当$\beta_{中}$=9.1%时，两个中柱顶端和柱底端首先发生剪切破坏，两个中柱与梁的连接点受到竖直向上的冲击力，使第二层的两个中柱底端受压破坏，导致钢框架结构倒塌；当$\beta_{中}$=10.4%时，在爆炸冲击荷载作用下，两个中柱底端受剪破坏，导致两个中柱截断，最终两个中柱失效，使钢框架结构在自重作用下产生倒塌。

4 结论

通过计算得到考虑一定炸药量和爆炸距离的爆炸冲击荷载，并考虑内部爆炸荷载作用的反射现象，实现一种简化的施加爆炸冲击荷载方法，并利用ANSYS/LS-DYNA有限元软件对爆炸冲击荷载作用下的平面钢框架结构倒塌机理进行了分析，得出了以下结论：

(1) 爆点位于钢框架底层边跨时爆炸冲击荷载作用下的破坏模式与爆点位于底层中跨时不同；

(2) 爆点位于底层边跨时：当$\beta_{边}\leqslant$5.7%，$\beta_{中}\leqslant$5.7%时，钢框架结构变形处于弹性阶段；当炸药量5.7%<$\beta_{边}\leqslant$6.6%，5.7%<$\beta_{中}\leqslant$6.7%时，钢框架结构变形处于弹塑性阶段；当6.6%<$\beta_{边}\leqslant$9%，6.7%<$\beta_{中}\leqslant$9.1%时，首先边柱失效，钢框架结构产生向边柱失效方向倾倒；当炸药量$\beta_{边}$>9%，$\beta_{中}$>9.1%时，边柱与中柱柱顶与柱底受剪切破坏，边柱与中柱失效后，钢框结构由于自重产生倒塌；

(3) 爆点位于底层中跨时：当$\beta_{中}$<7.2%时，钢框架结构变形处于弹性阶段；当炸药量7.2%$\leqslant\beta_{中}$<9.1%时，钢框架结构变形处于弹塑性阶段；当炸药量$\beta_{中}\geqslant$9.1%时，钢框架结构发生倒塌。

参考文献

[1] 李海旺，李彦君. 爆炸荷载作用下空间钢框架破坏过程分析［J］. 太原理工大学学报，2007，38(3)：259-263.

[2] 钱稼茹，胡晓斌. 多层钢框架连续倒塌动力效应分析［J］. 地震工程与工程振动，2008，28(2)：8-14.

[3] 李翼祺. 爆炸力学［M］. 北京：科学出版社，1992.

[4] 尚晓江，苏建宇，王化锋等. ANSYS/LS-DYNA动力分析方法与工程实例(第二版)［M］，北京：中国水利水电出版社，2008.

[5] 时党勇，李裕春，张胜民. 基于ANSYS/LS-DYNA8.1进行显示动力分析［M］. 北京：清华大学出版社，2005.

[6] LS-DYNA KEYWORD USER'S MANUAL(version970)US：LSTC，April，2003.

船舶撞击对长大桥梁下部结构力学性能的影响

丁泓力　宋　波　胡旭军

(北京科技大学土木与环境工程学院，北京　10083)

摘　要：本文利用 LS-DYNA 软件对船舶和桥梁碰撞作用的动力全过程进行了模拟，基于三桥地区通航船舶的吨位及速度，计算了不同船舶吨位、不同撞击速度情况下的最大撞击力，并将仿真模拟的计算结果与 AASHTO 规范、欧洲规范、我国《铁路桥涵设计基本规范》(TB 10002.1—2005)及《公路桥涵设计通用规范》(JTGD 60—2004)的计算结果进行比较研究，同时仿真模拟了常用船舶以通常速度撞击桥墩上部结构的动力响应，为以后的桥墩船撞力设计提供参考。

关键词：桥墩；船舶；撞击力；有限元分析

1　引言

船舶碰撞分析一般分为外部碰撞动力学和内部碰撞动力学，船桥碰撞的整个过程发生在很短时间内，大约为零点几秒到几秒，碰撞中存在着大量的非线性问题，如材料非线性、几何非线性、接触非线性和运动非线性等。这些特点使船桥碰撞问题的研究变得相当复杂和困难[1]。

Petersen[2]分析了二维情况下船舶相撞运动过程。McDermott 等[3]基于塑性静力学的理论和方法对油轮结构的低能碰撞问题做了研究。Chang 等[4]提出了预测船体结构碰撞响应的简化分析方法。Reckling[5]提出的方法同时考虑了撞击船和被撞船的损伤变形。朱厚勤等[6]用理论方法对刚性垂直船艏撞击舷侧结构进行了研究。

对于船桥碰撞力的计算相关规范，目前国内外主要有美国 AASHTO《船舶碰撞公路桥梁设计指南》[7]、欧洲统一规范(Eurocode)第一卷(Eurocode 1)第 2.7 分册[8]、我国《铁路桥涵设计基本规范》(TB 10002.1—2005)[9]及《公路桥涵设计通用规范》(JTGD 60—2004)[10]。

关于船舶撞击桥梁动力相互作用的研究，上述规范或指南通过各种方法将其等效为一个静力水平作用，进行基础设计。介于船舶撞击是一个动力过程，桥梁在船舶撞击下的反应也是一个动态过程。本文利用 LS-DYNA 软件对船舶撞击桥梁的过程进行了动力模拟，分析了不同的船舶吨位以及船舶的初始速度以及撞击角度对于最大撞击力的影响，并将动力分析的计算结果与上述规范和指南的计算结果进行了比较，并通过研究船舶撞击桥梁时桥梁塔架的反应，分析了船舶撞击桥梁对于桥梁塔架的影响。

2　桥墩与船舶艏部碰撞过程的有限元模型分析

2.1　非线性有限元控制方程

船桥碰撞问题的运动方程可以一般的表示为：

$$[M]\{a\}+[C]\{v\}+[K]\{d\}=\{F^{ex}\} \tag{1}$$

式中，$[M]$ 为船桥质量矩阵，$[C]$ 为阻尼矩阵，$[K]$ 为刚度矩阵，$\{a\}$ 为加速度向量，$\{v\}$ 为速度向量，$\{d\}$ 为位移向量，$\{F^{ex}\}$ 为外力向量。碰撞力通过定义船桥之间为接触面以接触力的形式输出。经有限元离散处理后形成的瞬态动力学问题，适宜采用时域显式直接时域解法。通过自动控制时间步长，可以得到稳定解并保证时间积分的精度。实用中以最小有限单元网格的特征长度除以应力波速来定义最小时间步长，即：

$$\Delta t\leqslant\Delta t_{cr}=\min(L^e/C)^{[6]} \tag{2}$$

2.2 桥墩及船舶艏部有限元模型

南京长江三桥属于大水深的大桥，通航量大，选择南京长江三桥为工程背景（整体立面图如图1所示），作为船桥碰撞数值模拟的计算原型。

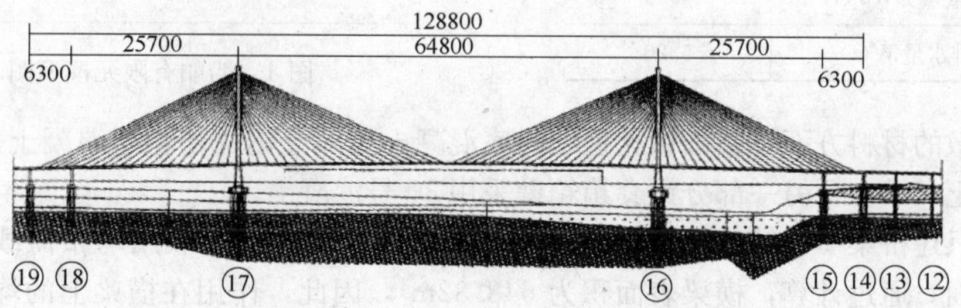

图1 南京长江三桥整体立面图

桥墩尺寸以南京长江三桥南桥桥墩为原型，承台呈哑铃型，平面尺寸为84m（横桥向）×29m（顺桥向），厚15m，承台圆形部分的直径为29m，系梁宽13.8m。基础共有30根混凝土桩，桩直径为3m，桩长为40m[11]，有限元模型如图2。为了保证计算结果精确性，应当对被撞击部位的网格进行细化，如图3所示。

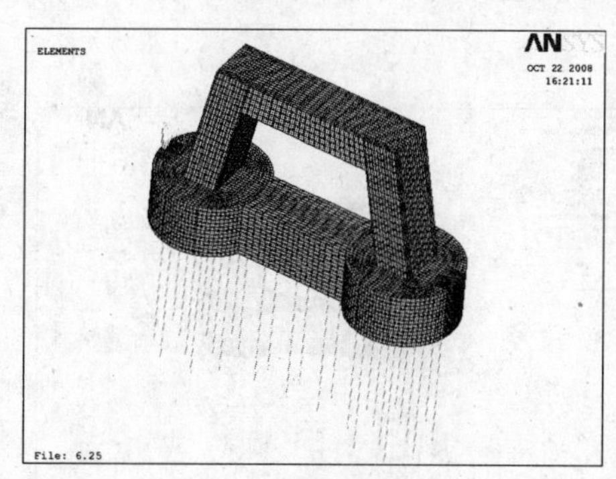

图2 桥墩有限元模型

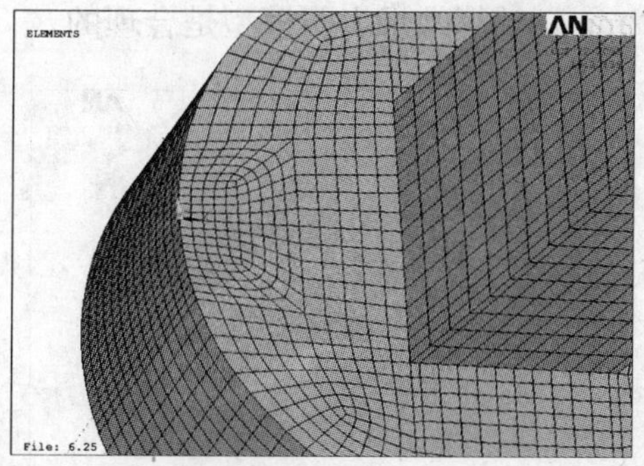

图3 承台撞击处网格划分

船舶模型以4000吨散货船为原型，具体尺寸见表1，另外3000t及5000t船舶尺寸采用4000t船舶尺寸，质量的变化用改变船舶材料密度来实现。

在撞击过程中，船舶的船艏为主要变形结构，大部分能量由船艏变形吸收，船艏以后的船体结构基本上不参与结构变形，而本文的主要研究对象为桥墩，因此，仅对船舶的船艏进行建模。采取船舶前28m结构进行建模，船舶一共分为四层，层高分别为1.5m、4m、3m、3m，甲板及内隔板的厚度为12mm，撞击船舶有限元模型如图4所示。据此，碰撞模拟的计算模型可由两部分组成：哑铃形承台(碰撞处网格细化)和撞击船艏。

4000t船舶几何尺寸　　　表1

船舶类型	散货船
船长 L(m)	120
型宽 B(m)	20
型深 D(m)	11.5
吃水 d(m)	8
载重量 DWT(t)	4000
排水量 W(t)	5320

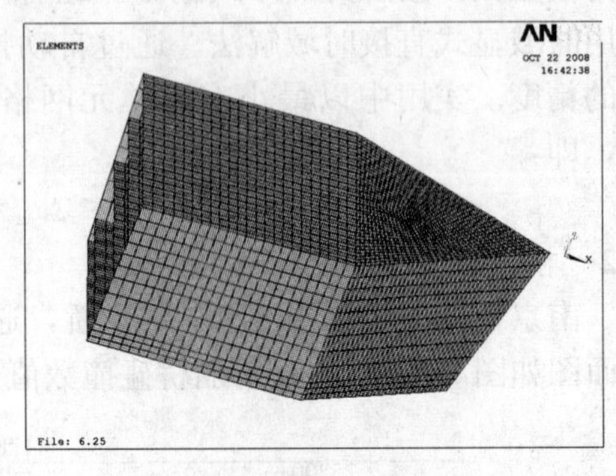

图4　船舶有限元模型图

在桥墩的材料方面，基础钻孔桩、封底混凝土和部分钢套箱箱壁混凝土采用30号水下混凝土；承台及另一部分钢套箱箱壁采用30号混凝土。

由于只建桥梁下部结构的模型，上部结构对下部结构的荷载用均布荷载的形式加于横梁顶面。通过计算，横梁表面积为648.32m^2，因此，作用在横梁上的均布面荷载为453.5N/m^2。

船舶撞击桥梁三维模型效果图如图5所示。

为了在模拟中考虑结构自重、上部结构的作用力对结构的影响，应该先用隐式求解器得到模型的初始应力，然后在显示动力分析之前将他们加到结构上。初应力经常叫做“预荷载”，当它们影响被分析结构的动力响应时被包含在显式分析中。

经过隐式动力计算(图6)，结构最大位移发生在横梁的中心位置，最大值为18.22mm，计算结果表明模型是合理的。

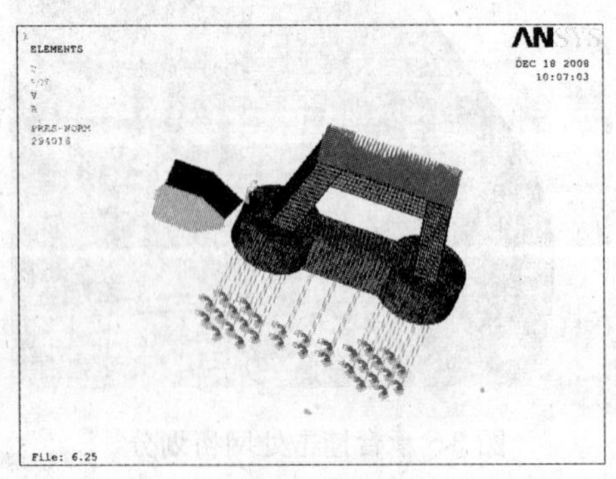

图5　船撞桥三维模型效果图

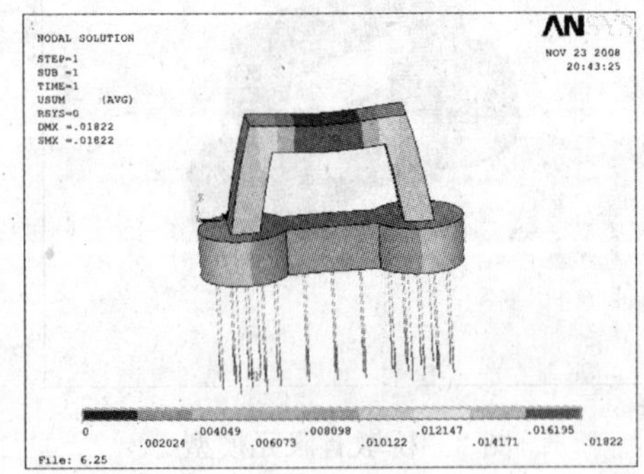

图6　隐式求解位移云图

2.3　船舶撞击桥墩模拟结果

通过对吨位为3000t、4000t、5000t船舶分别以2m/s、4m/s、6m/s、8m/s速度正撞桥墩的仿真模拟，得出各种情况下船舶撞击桥墩的最大撞击力如图7～图9所示。

图 7 为不同吨位船舶撞击力-撞击速度曲线图，从图 7 中可知，船舶的撞击力跟撞击速度近似成正比，船舶吨位越大，速度对撞击力的影响系数也越大。若把撞击力-速度曲线分成船舶吨位为 3000t 和 4000t 时，比例系数随着撞击速度的增加也有增大的趋势，当船舶吨位为 5000t 时，撞击力-速度曲线趋于平滑。

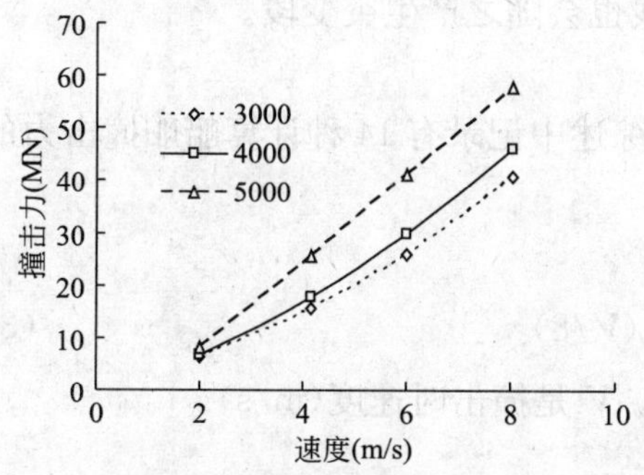

图 7　不同吨位船舶撞击力-速度曲线

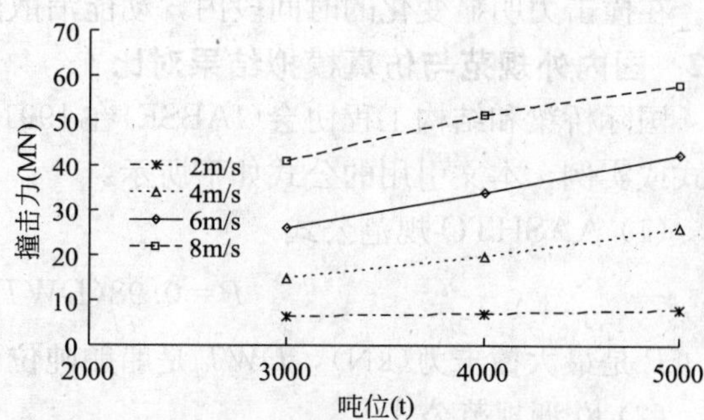

图 8　不同速度船舶撞击力-船舶吨位曲线

图 8 为不同速度船舶撞击力-船舶吨位曲线图，根据图 8 可知，当速度为 2m/s 时，吨位对撞击力基本上无影响。随着速度的增大，吨位对撞击力的影响趋于明显。对比图 7 和图 8，发现每千吨船舶增量对撞击力大小的影响小于单位速度增量对撞击力大小的影响，因此，相对来说船舶的撞击速度对撞击力的影响比较大。

3　不同撞击角度下的撞击力分析及国内外规范与仿真模拟结果对比

3.1　不同撞击角度下的船舶撞击力分析

本文通过对吨位为 4000t 船舶在 2m/s 的速度时分别以 0°，15°，30°，45°方向(图 9)撞向桥墩的撞击力进行统计比较分析，从而得出撞击角度对撞击力的影响程度。

碰撞角度的变化对桥墩的影响主要体现在以下几个方面：

(1) 随着撞击角度的变化，撞击合力的大小基本上无变化，处于 6～8MN 之间(图 10)。

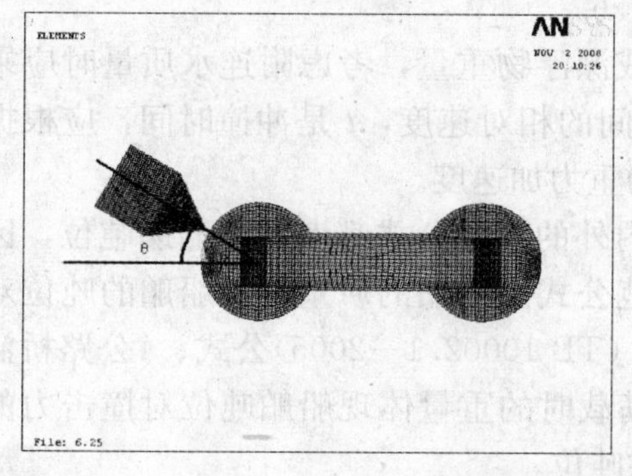

图 9　θ=0°，15°，30°，45°时船舶正撞模拟图

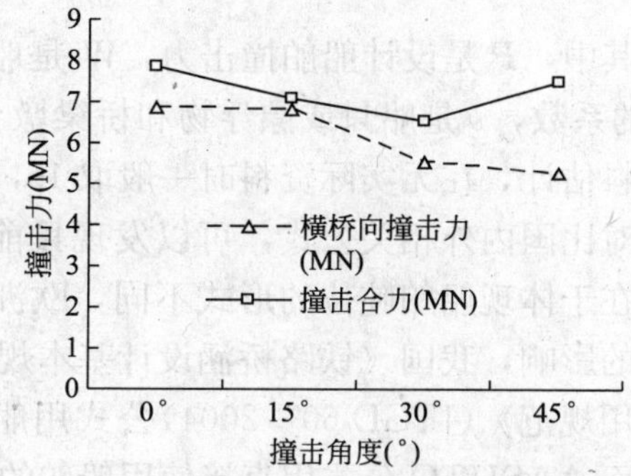

图 10　不同角度正撞的最大撞击力曲线

(2) 横桥向撞击力随着正撞角度的增大而减小，这主要是由于船舶撞击方向与桥墩横向的角度变大，而导致撞击力在横桥向的分力减小。当正撞角度不为 0 时，横桥向撞击力与撞击合力的横桥向分量吻合。

(3) 根据不同角度正撞的动能消散曲线，撞击持续时间随着撞击角度的增大而增大。在撞击力明显变化的时间段内，动能消散曲线也会随之产生突变段。

3.2 国内外规范与仿真模拟结果对比

国际桥梁和结构工程协会(IABSE)在 1991 年综述中记录有 14 种计算船舶撞击力的公式或实例，本文引用的公式如下所示：

(1) AASHTO 规范公式

$$P=0.98(DWT)^{1/2}(V/8) \tag{3}$$

P 是最大撞击力(kN)，DWT 是船舶吨位(t)，V 是撞击时速度(m/s)。

(2) 欧洲规范公式

$$P=V\sqrt{KM} \tag{4}$$

V 是碰撞速度(m/s)，K 是碰撞体的等效刚度(MN/m)，M 是碰撞体的质量(t)。

参数的取值在规范中如下规定：对于内陆航道的船舶，K 取 5MN/m，对于远洋船舶，K 取 15MN/m，这里的 K 指的是船舶的刚度。

(3) 我国《铁路桥涵设计基本规范》(TB 10002.1—2005)公式

$$P=\gamma\times V\times\sin\alpha\sqrt{\frac{W}{C_1+C_2}} \tag{5}$$

P 是撞击力(kN)；V 是船舶撞击桥墩时的速度(m/s)；W 是船舶满载时的整体重力(kN)；C_1，C_2 是船舶的弹性变形系数和墩台圬工的弹性变形系数，缺乏质料和假定 $C_1+C_2=0.0005$m/kN；α 是船只驶近方向与墩台撞击点处切线所成的夹角，应根据实际情况确定，如有困难，可采用 $\alpha=20°$；γ 是动能折剪系数，当船只斜向撞向桥墩时可采用 0.2，正撞时采用 0.3。

(4) 我国《公路桥涵设计通用规范》(JTGD 60—2004)公式

$$P=\frac{W\times v}{g\times t} \tag{6}$$

其中，P 是设计船舶撞击力，W 是船舶或漂浮物重量，考虑附连水质量时应乘以 1.1 的系数，v 是船只或漂浮物和桥梁墩台之间的相对速度，t 是冲撞时间，应根据实际资料估计，在无实际资料时一般取 1s，g 为重力加速度。

对比国内外相关公式，可以发现目前国内外的相关公式都考虑了船舶吨位，区别之处在于体现船舶吨位的形式不同，欧洲规范公式用船舶的质量体现船舶的吨位对撞击力的影响，我国《铁路桥涵设计基本规范》(TB 10002.1—2005)公式、《公路桥涵设计通用规范》(JTGD 60—2004)公式用船舶满载时的重量体现船舶吨位对撞击力的影响，而 AASHTO 公式用直接使用船舶的载重吨位。

为了研究本文模拟结果与目前国内外规范的差异，本文用仿真模拟的结果与国内外各个规范公式的计算结果做了比较，如图 11 所示。

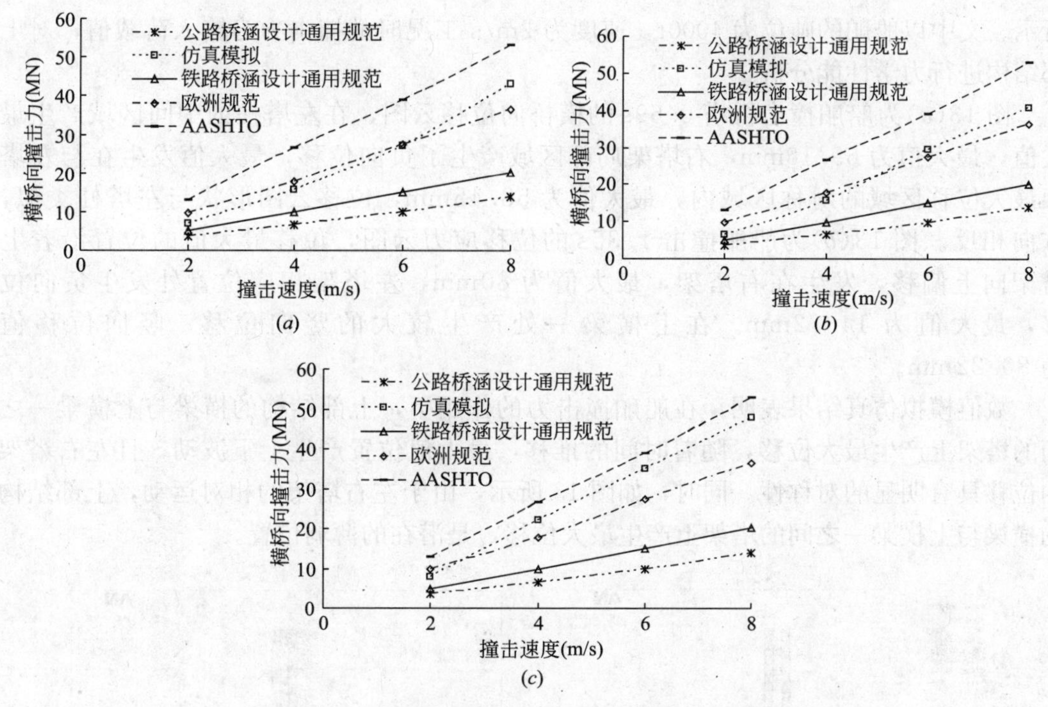

图 11　各规范撞击力与仿真模拟撞击力比较

(*a*)*DWT*=3000t；(*b*)*DWT*=4000t；(*c*)*DWT*=5000t

3000t，4000t，5000t 三个吨位船舶的有限元模拟值与欧洲规范公式的计算结果最为接近。3000t，4000t 时，AASHTO 规范公式的计算结果比模拟值大 6MN～12MN 不等，5000t 时，AASHTO 规范公式的计算结果曲线与模拟值曲线近似平行，AASHTO 规范计算结果平均比模拟值大 5MN。3000t，4000t，5000t 三个吨位船舶的有限元模拟值都大于国内的两个规范［《铁路桥涵设计基本规范》(TB 10002.1—2005)及《公路桥涵设计通用规范》(JTGD 60—2004)］公式的计算结果，且随着速度的增加，差距越来越大。由此可见，规范和经验公式的适用范围有限，在 3000t～5000t 吨位，速度为 2m/s～8m/s 的范围内，欧洲规范的计算公式比较适用。

3.3　船舶撞击下桥塔动力响应分析

建于航道上的桥梁的墩台基础易受到船舶的撞击。在承受船舶撞击作用的过程中，桥梁结构会产生较大的内力和位移反应。若结构物的响应超过结构本身所能承受的范围，结构中的某些部位就会因位移过大或承载能力不足而发生破坏。

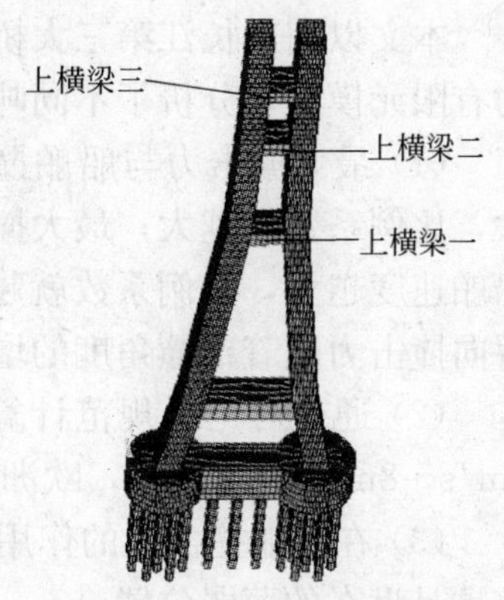

图 12　桥墩塔架整体模型图

南京长江三桥钢索塔高度从钢混结合段开始到顶部，分为四段，第一段为钢混结合段至上横梁一，为 90.908m，第二段为上横梁一至上横梁二，为 41.6m，第三段为上横梁二至上横梁三，为 28.1m，第四段为上横梁三至顶部，为 25.6m，总长 187.208m，桥塔模型如图 12

所示。文中以船舶的吨位为4000t，速度为2m/s工况时的撞击力为输入荷载值，对上部结构进行力学性能分析。

图13(*a*)为船舶撞击桥塔0.69s的横桥向位移云图，在左塔柱的中间区域产生最大值，最大值为69.16mm，右塔架局部区域产生了负向位移，最大值发生在与左塔架最大位移区域的对称区域内，最大值为58.45mm，位移云图形状与左塔柱类似，方向相反。图13(*b*)为船舶撞击1.35s的位移应力云图，位移最大值的位置沿着上塔架向上偏移，发生在右塔架，最大值为80mm，左塔架相应位置处发生负向位移，最大值为14.72mm。在上横梁一处产生较大的竖向位移，竖向位移值为80.22mm。

数值模拟仿真结果表明，在船舶撞击力的作用下，上部结构的横梁与上横梁一之间的塔架上产生最大位移，随着时间的推移，最大值位置产生上下波动，且左右塔架的位移具有明显的对称性。同时，如图13所示，由于左右塔架的相对运动，上部结构的横梁与上横梁一之间的塔架上产生最大位移，是潜在的薄弱位置。

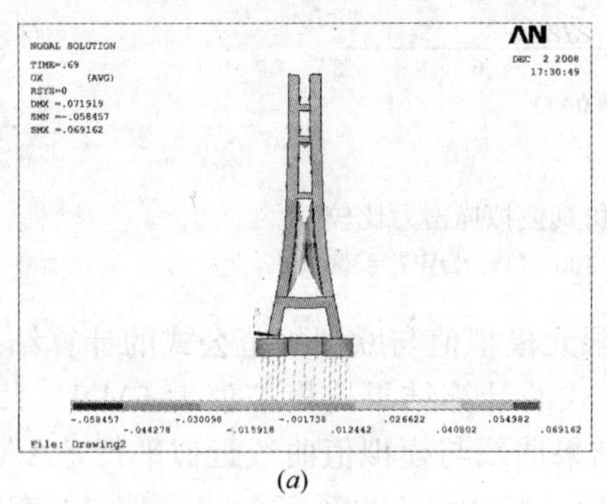

(*a*)

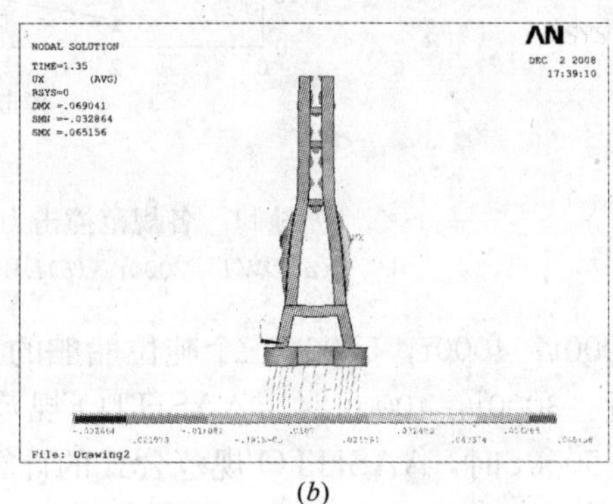

(*b*)

图13　横桥向位移云图

(*a*)t=0.69s横桥向位移云图；(*b*)t=1.35s横桥向位移云图

4　结论

本文以南京长江第三大桥为背景，利用ANSYS LS-DYNA，通过建立船舶和桥梁的有限元模型，分析了不同吨位和不同速度条件的撞击，主要结论如下：

(1) 最大撞击力与船舶撞击速度近似成正比，比例系数跟船舶吨位相关，吨位越大，比例系数就越大；最大撞击力与船舶吨位近似成正比，比例系数跟船舶速度相关，船舶速度越大，比例系数就越大；撞击合力随着撞击角度的不同受到的影响不大，横桥向撞击力随着正撞角度的增大而减小；

(2) 通过对比各规范计算公式与仿真模拟的结果，在3000～5000t吨位，速度为2m/s～8m/s的范围内，欧洲规范的计算公式比较适用；

(3) 在船舶撞击力的作用下，上部结构的横梁与上横梁一之间的塔架上产生最大位移，是潜在的薄弱位置。

参考文献

[1] 刘建成，顾永宁. 基于整船整桥模型的船桥碰撞数值仿真 [J]. 工程力学，2003，20(5)：155-162.

[2] Petersen M J. Dynamics of Ship Collisions [J]. Ocean Engineering，1982，9(4)：295-329.

[3] McDennott J F，Kling R G，Jones E L，Maniar Jr N M，Chiang W P. Tanker Structural Analysis for Minor Collisions [J]. Trans. SNAME，1974，82：382-414.

[4] Chang P. Y.，Seibold F. and Thasanatorn C. A Rational Methodology for the Prediction of Structural Response due to Collisions of Ships [J]，SNAME Transactions，1988：173-193.

[5] Reckling K. A. Mechanics of Minor Ship Collisions [J]. Impact Engineering，1983，1(3)：281-299.

[6] 朱厚勤，郑际嘉，刘士光. 单层与双层舷侧结构承碰能力比较 [J]. 华中理工大学学报，1996，24(1)，75-78.

[7] American Association of State Highway and Transportation Official. Guide Specifications and Commentary for Vessel Collision Design of Highway Bridges [S]. Washington D. C.，1991.

[8] A. C. W. M. Vrouwenvelder. Design for Ship Impact According to Eurocode 1 [C]. A. A. Balkema，Rotterdam，1998.

[9] 中华人民共和国铁道部. 铁路桥涵设计基本规范(TB 10002. 1—2005) [S]. 北京，2008.

[10] 中华人民共和国交通部. 公路桥涵设计通用规范(JTGD 60—2004) [S]. 北京，2004.

[11] 南京长江第三大桥主桥建设指挥部. 南京长江第三大桥主桥技术总结 [M]. 北京：人民交通出版社，2005.

火灾下钢框架结构四阶段损伤评定方法*

杨　帆[1]　钱稼茹[1]　张微敬[2]

(1. 清华大学　土木工程系，北京　100084；

2. 北京工业大学　建筑工程学院，北京　100124)

摘　要：为对火灾下钢框架结构的损伤及倒塌进行评估，提出了基于构件和结构承载力的四阶段损伤评定方法。应用模型计算，对不同竖向荷载下各着火房间的各阶段损伤指标进行标定。结果表明：四阶段损伤评定方法可以有效标定钢框架结构在火灾过程中的损伤情况，得到不同竖向荷载下不同房间着火时结构的损伤状态；应用此方法可对钢框架结构火灾时的损伤及倒塌进行实时评估，并对着火结构入内扑救的安全性进行评估和预测。

关键词：钢框架结构；火灾；四阶段损伤评定方法；入内扑救

1　引言

火灾是威胁钢结构安全性最主要的灾害之一。多层钢框架结构因其具有较好的抗震性能和施工优势，广泛用于商业建筑、工业厂房等房屋[1]。作为人员密集活动的建筑，多层钢框架结构的火灾性能研究尤为重要。由于条件限制，目前钢框架结构抗火性能的整体实验研究很少，大多采用数值模拟方法对钢框架结构的抗火极限温度进行预测[2]。对钢框架结构火灾全过程的损伤及其倒塌性能研究也较少。

本文根据一般钢框架结构在不同大小竖向荷载作用下的受力特点，提出基于承载力的火灾下四阶段损伤评定方法，定义了火灾下结构的构件屈服、构件破坏、结构破坏、极限承载四个阶段，用算例说明了各阶段损伤指标的标定方法。

应用四阶段损伤评定方法可以实时评估结构在火灾过程中的受力情况，对结构损伤状态进行判断，一定程度上指导火灾扑救及灾后修复工作，一定程度上保障火灾扑救时扑救人员的人身安全。

2　损伤指标与损伤阶段

对于一平面框架结构，如图 1 所示，梁上作用竖向均布荷载 Q 和柱上作用竖向集中荷载 P，竖向荷载总值 F 可按式(1)计算。当 F 增大时，结构将经历构件屈服、构件破坏、局部或整体破坏、极限承载四种状态。构件屈服状态(图 2 所示)定义为梁或柱的一端出现塑性铰；构件破坏状态(图 3 所示)定义为梁两端及中间出现三个塑性铰，或柱顶和柱脚出现两个塑性铰；局部破坏状态定义为一个房间周围的梁和柱均呈现构

* 基金项目：国家“十一五”科技支撑计划项目(批准号：2006BAJ13B03-02)

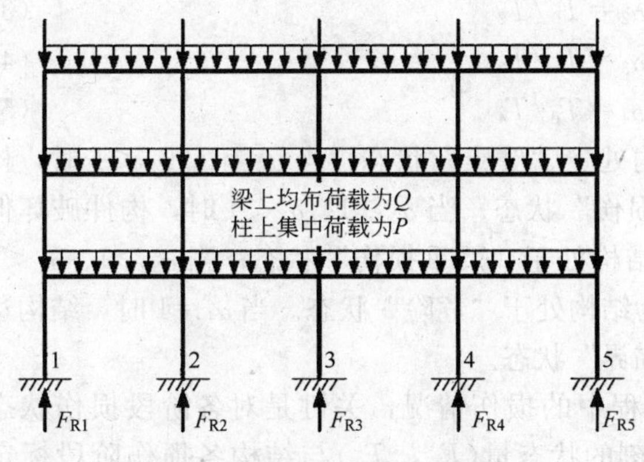

图 1　平面框架结构立面图

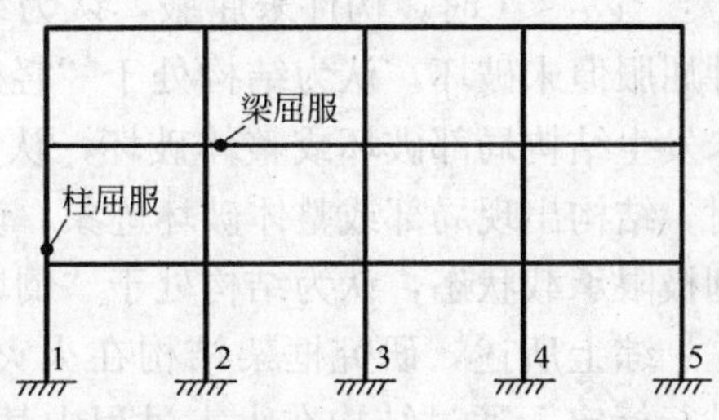

图 2　构件屈服状态(1 阶段)示意图

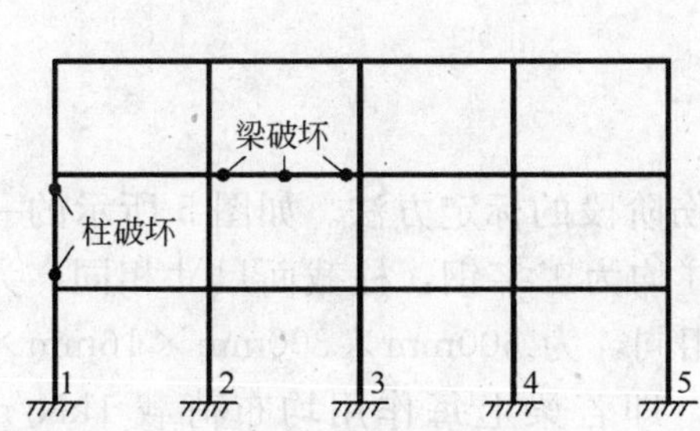

图 3　构件破坏状态(2 阶段)示意图

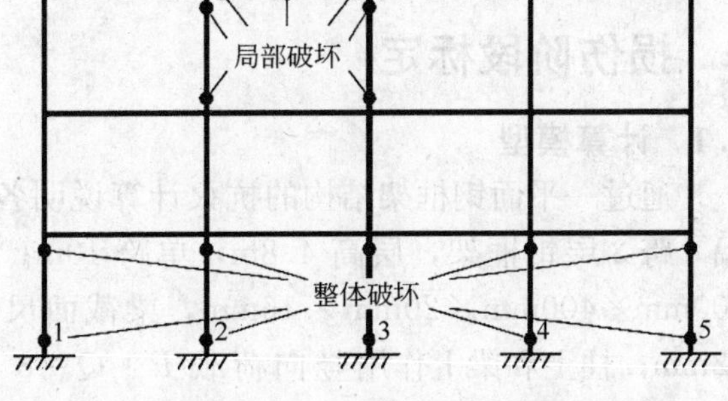

图 4　局部或整体破坏状态(3 阶段)示意图

件破坏状态，整体破坏状态定义为同层所有柱均呈现构件破坏状态(图 4 所示)；极限承载状态定义为局部或整体破坏状态继续发展，梁和柱的更多位置发生塑性变形，直至承载力不能继续增加，出现局部或整体倒塌。

$$F=\sum_{i=1}^{n_c}P_i+\sum_{i=1}^{n_b}Q_i+G=\sum_{i=1}^{n_{c1}}F_{Ri} \tag{1}$$

式中，n_c、n_b 为柱、梁数目，G 为重力荷载，F_R 为柱底竖向反力，n_{c1} 为底层柱数目。

对于火灾下的框架结构，根据上述四种破坏状态定义四个损伤阶段。

假定某平面钢框架结构梁上作用竖向均布荷载 Q_0，柱上作用集中荷载 P_0，竖向荷载总值为 F_0，竖向荷载总值在火灾发生过程中保持不变。火灾发生后，随着温度的升高，结构首先出现构件屈服状态(1 阶段)，此时结构温度为 T_1；温度继续升高，结构出现构件破坏状态(2 阶段)，此时结构温度达到 T_2；出现局部或整体破坏状态(3 阶段)时，结构温度为 T_3；当结构温度达到 T_4 后，结构呈现极限承载状态(4 阶段)，若温度继续上升，结构将整体或局部倒塌。

将 T_1、T_2、T_3、T_4 作为该结构在 F_0 荷载下各损伤阶段的损伤标定量，根据此标定量可得到与各损伤阶段对应的损伤指标。设 F_0 荷载下的结构在火灾过程中某时刻温度达到 T_0，此时各阶段损伤指标可按式 2 计算：

构件屈服(1 阶段)损伤指标　　$\alpha_1=T_0/T_1$　　(2)

构件破坏(2 阶段)损伤指标　　$\alpha_2 = T_0/T_2$　　(3)

局部或整体破坏(3 阶段)损伤指标　$\alpha_3 = T_0/T_3$　　(4)

极限承载(4 阶段)损伤指标　　$\alpha_4 = T_0/T_4$　　(5)

当 $\alpha_1 < 1$ 时，构件未屈服，认为结构处于“健康”状态；当 $\alpha_1 \geqslant 1$、$\alpha_2 < 1$ 时，构件屈服但未破坏，认为结构处于“轻微损伤”状态；当 $\alpha_2 \geqslant 1$、$\alpha_3 < 1$ 时，构件破坏但未发生结构局部破坏或整体破坏，认为结构处于“严重损伤”状态；当 $\alpha_3 \geqslant 1$、$\alpha_4 < 1$ 时，结构出现局部或整体破坏迹象，认为结构处于“危险”状态。当 $\alpha_4 = 1$ 时，结构达到极限承载状态，认为结构处于“倒塌临界”状态。

综上所述，研究框架结构在火灾过程中的损伤情况，关键是对各阶段损伤状态进行标定。通过结构在火灾过程中某时刻的状态量(F_0，T_0)与结构各损伤阶段标定量(F_0，T_1)、(F_0，T_2)、(F_0，T_3)、(F_0，T_4)的比较得到该时刻结构的损伤情况。

3　损伤阶段标定

3.1　计算模型

通过一平面钢框架结构的抗火计算说明各损伤阶段的标定方法。如图 5 所示的一榀 4 跨 3 层钢框架，层高 4.8m，单跨 10m；梁柱均为工字钢，柱截面尺寸相同，为 400mm×400mm×20mm×16mm，梁截面尺寸相同，为 600mm×300mm×16mm×12mm；柱上和梁上作用竖向荷载 $P:Q=8:1$，即若梁上每作用均布荷载 1kN/m 则，柱上作用集中荷载 8kN，以此模拟垂直于平面方向的梁传递至柱上的集中荷载与平面内作用梁上的均布荷载的比例关系。计算时，需考虑不同竖向荷载总值下结构的各级损伤情况，在竖向荷载总值 F 不同时，P 与 Q 的比例关系也为 8∶1。采用通用有限元软件 ANSYS 进行分析，为得到更合理的计算结果，梁柱截面均采用壳单元[3](图 6)。

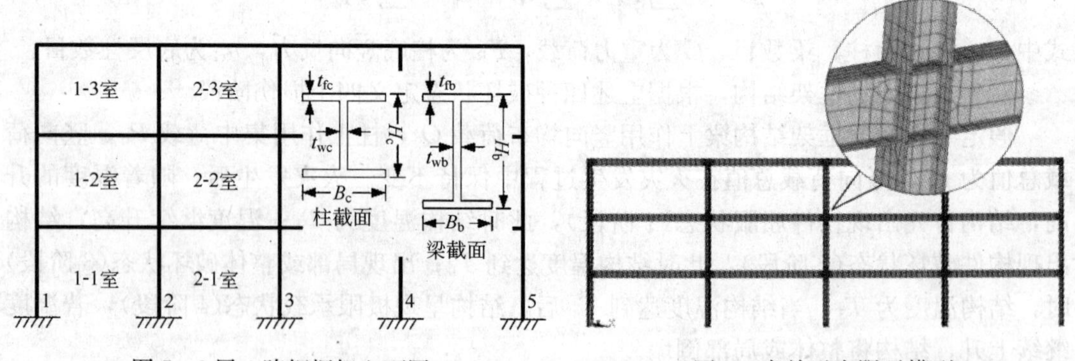

图 5　3 层 4 跨钢框架立面图　　图 6　壳单元有限元模型

结构计算时，梁上荷载与柱上荷载的基础值为 10kN/m 和 80kN。由计算可知，常温下结构承受大于 14 倍基础荷载时将达到承载极限，丧失承载力。因此，分别计算 1 倍至 14 倍基础荷载下各阶段损伤状态。分别定义 1-1 室至 1-6 室为着火房间并施加温度作用，着火房间的上梁三面受火，柱靠近房间一侧受火。对于计算结果，考察各层梁两端及中间截面的下翼缘、腹板、上翼缘的应变，柱顶及柱底截面左翼缘、腹板、右翼缘的应变，用以判定梁柱截面是否达到全截面屈服。当梁柱某截面两翼缘及腹板均出现塑性变形时，认为该梁柱发生屈服；当梁两端及中间截面均屈服时，认为该梁破坏；当柱顶及柱底截面均屈服时，认为该柱破坏；偏安全考虑，图 4 中的局部破坏模式中出现 5 个铰以上即认为达到局部破坏，整体破坏模式中同层出现 3 根以上柱破坏即认为达到整体破坏。对于结构的极限状态，根据《建筑结构可靠度设计统一标准》中关于极限状态的定义，可按下列条件进行判别[4]：(1)结构总体刚度矩阵主对角元素小于或等于零，(2)结构任一特征变形(层间位移、梁中挠度)增量改变符号，(3)结构达到不适于继续承载的变形。

3.2 计算结果

图 5 所示计算模型各房间在各竖向荷载总值下，达到各级损伤状态时的温度如图 7～图 12 所示，温度控制点为着火房间上梁中截面下翼缘。为使计算结果更具参考价值，计算结果的荷载值和温度值均进行归一化处理，荷载值单位 1 定义为此结构在常温下的极限承载力，计算得到为 33706kN；当温度达到 800℃时，钢材的弹性模量、屈服强度均低于常温下的 10%，不适于承载，因而将温度单位 1 定义为 800℃。

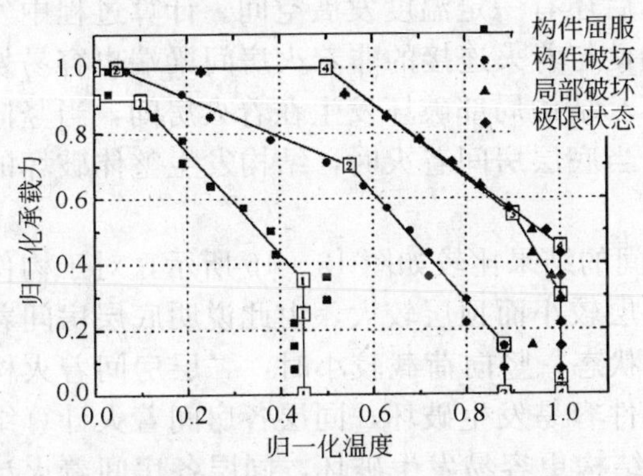

图 7　1-1 室各级荷载下各损伤状态

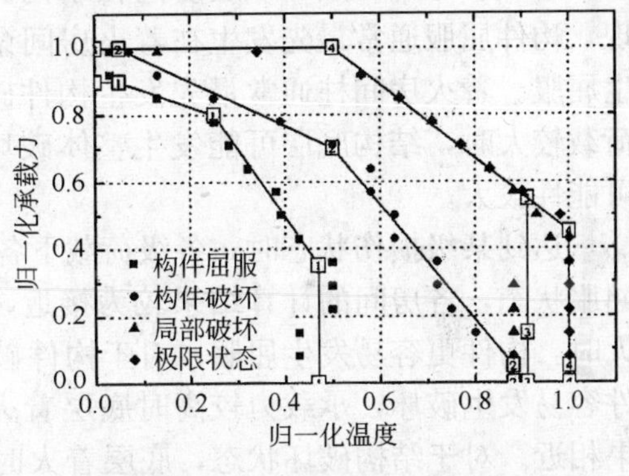

图 8　2-1 室各级荷载下各损伤状态

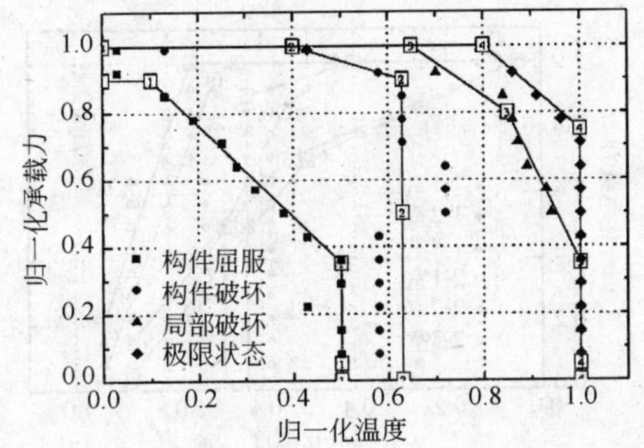

图 9　1-2 室各级荷载下各损伤状态

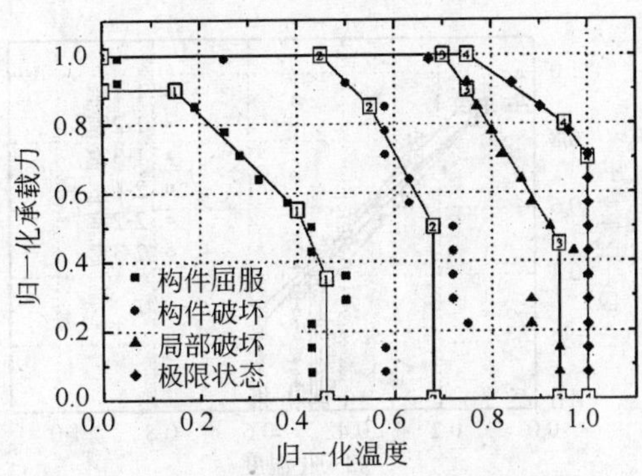

图 10　2-2 室各级荷载下各损伤状态

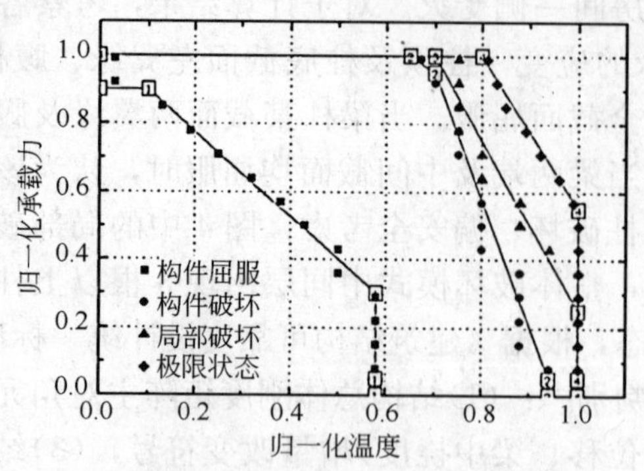

图 11　1-3 室各级荷载下各损伤状态

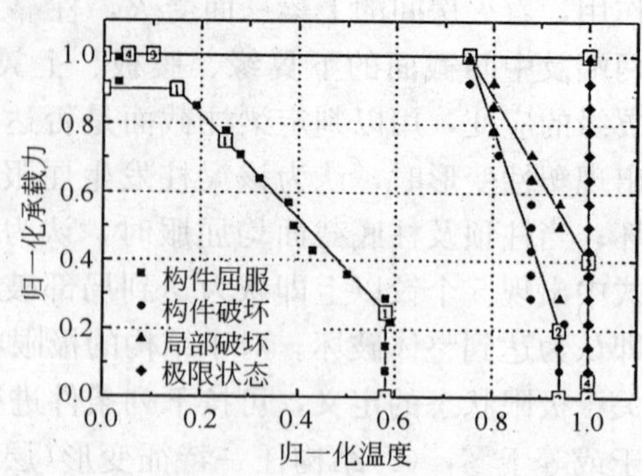

图 12　2-3 室各级荷载下各损伤状态

图 7～图 12 中的折线为数据点四折线最小二乘拟合结果。具体方法为，根据数据点的分布情况，确定四折线中与横轴平行段和与纵轴平行段，之后确定转折点，当数据点分布近似直线时，则四折线退化为三折线。用四折线拟合值确定所有竖向荷载下各级损伤状态。图 7～12 表明，各个房间着火时，从构件屈服状态到构件破坏状态都将经历较长的温度发展过程；顶层房间着火时，从构件破坏状态到结构破坏状态经历的温度发展过程与一、二层房间相比较短；一层房间在经历结构破坏状态后迅速达到极限承载状态，二层、顶层房间在结构破坏后还有一定温度发展空间。计算过程中发现，构件屈服通常最先发生在着火房间梁端，与着火连接的非着火房间梁端也容易发生屈服。着火房间柱通常最先发生构件破坏。结构局部破坏发生在着火房间，当竖向荷载较大时，结构底层可能发生整体破坏；当底层房间着火时，结构发生整体破坏的可能性较大。

达到某级损伤状态时，各级荷载下各房间的结果比较如图 13～16 所示，对于构件屈服状态，各房间的计算结果较为接近，底层较小而顶层较大，由此说明底层房间着火时，构件更容易发生屈服；对于构件破坏状态，竖向荷载较小时，二层房间着火构件容易发生破坏，承载力较高时底层着火构件容易发生破坏，同层各房间着火计算结果相近。对于结构破坏状态，底层着火时，结构更容易发生破坏，同层各房间着火计算结果相近。对于极限承载状态，底层着火时，结构更容易达到极限温度，顶层外侧房间着火时，由于外侧柱上端的约束少，因此极限温度比顶层其他房间低。

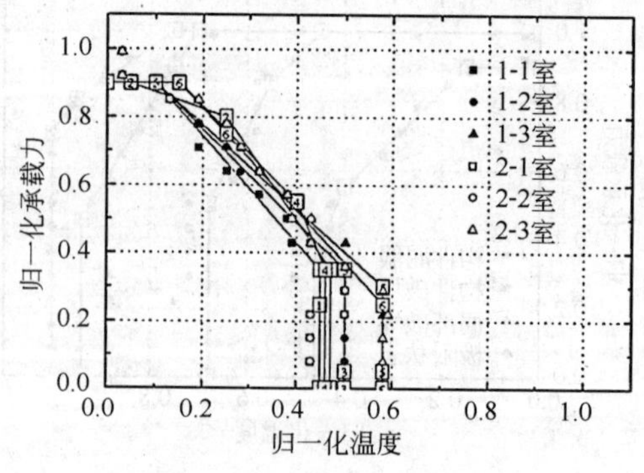

图 13　各房间各级荷载下构件屈服状态

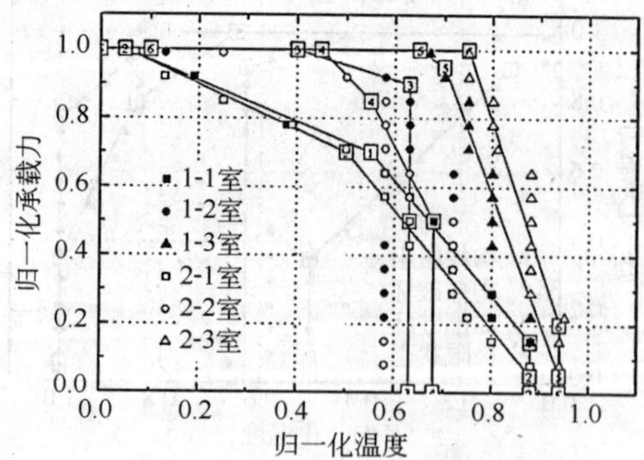

图 14　各房间各级荷载下构件破坏状态

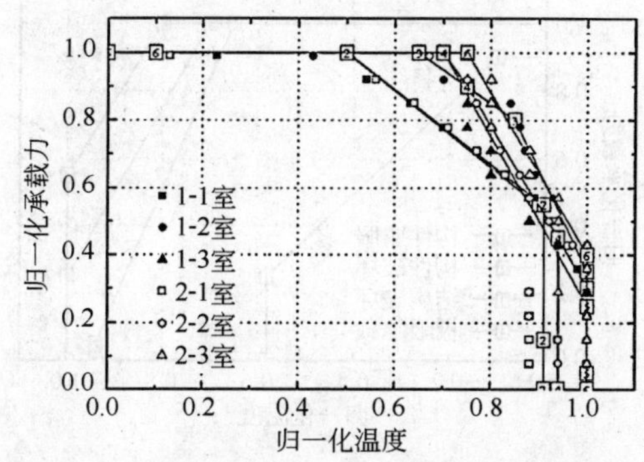

图 15　各房间各级荷载下结构破坏状态

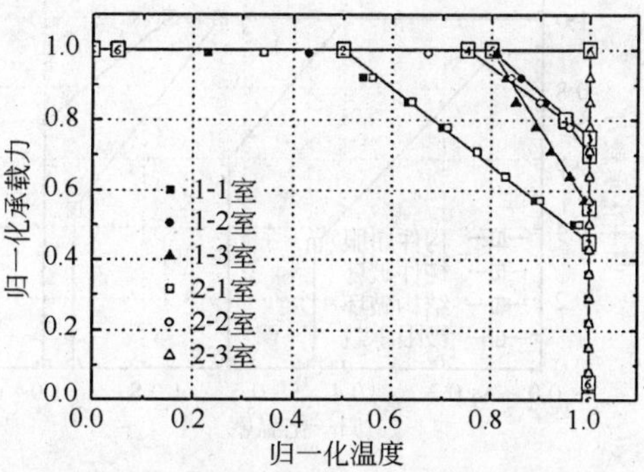

图 16　各房间各级荷载下极限承载状态

3.3　损伤标定

为方便应用，将各层不同房间的计算结果按保守值进行标定。各层各阶段标定结果见表 1，同样以四折线表示。表 1 中 A、B、C 分别为四折线的三个折点的坐标值(x，y)，与图 17 中各折点相对应，若 B 点坐标为空值，则四折线退化为三折线。各层各阶段标定结果可表达为图 18～图 20。

各层着火房间各阶段损伤标定值　　表 1

位置	点	构件屈服		构件破坏		结构破坏		极限承载	
		x	y	x	y	x	y	x	y
底层	A	0.10	0.90	0.05	1.00	0.50	1.00	0.50	1.00
	B	—	—	0.50	0.70	—	—	—	—
	C	0.45	0.35	0.88	0.05	0.91	0.55	1.00	0.45
二层	A	0.10	0.90	0.40	1.00	0.65	1.00	0.75	1.00
	B	—	—	—	—	—	—	—	—
	C	0.46	0.35	0.63	0.60	0.94	0.45	1.00	0.70
顶层	A	0.10	0.90	0.65	1.00	0.70	1.00	0.80	1.00
	B	—	—	—	—	—	—	—	—
	C	0.58	0.25	0.94	0.05	1.00	0.25	1.00	0.55

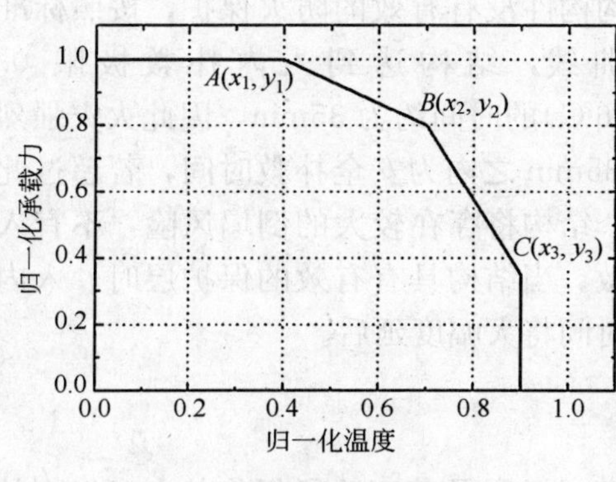

图 17　四折线标定关键点

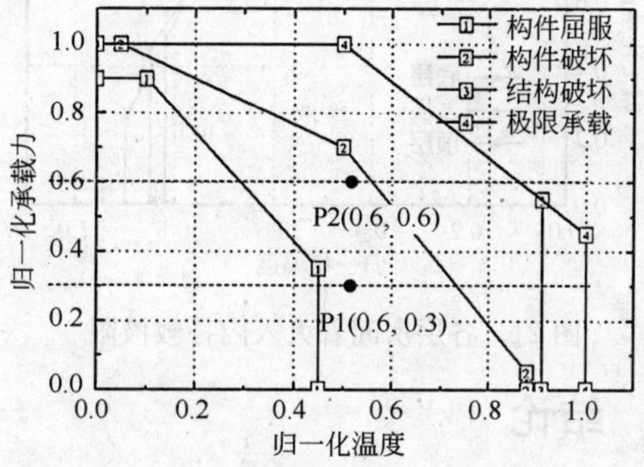

图 18　底层各级损伤指标标定

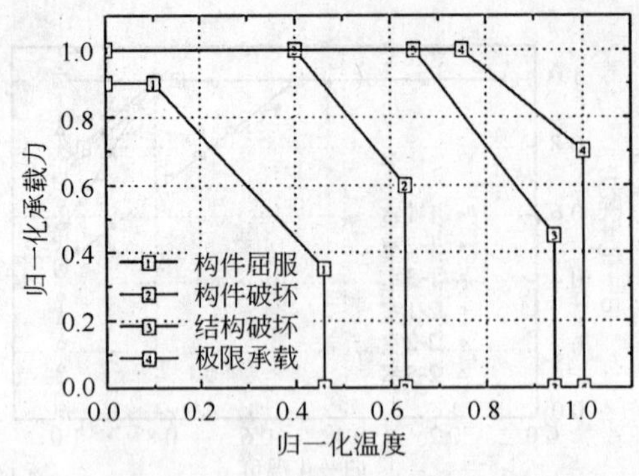

图 19　二层各级损伤指标标定

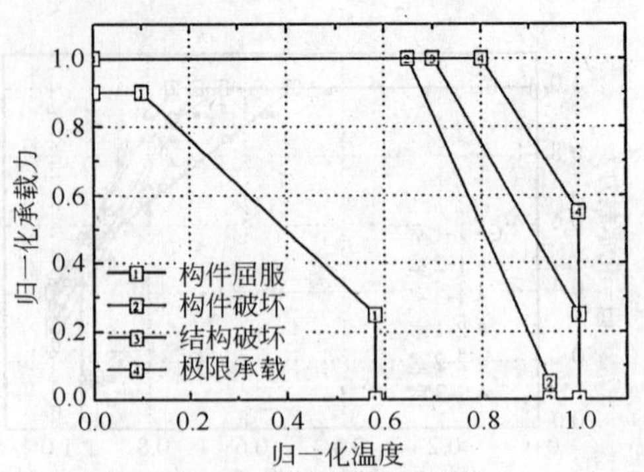

图 20　顶层各级损伤指标标定

4　损伤指标应用

损伤指标可应用于火灾中实时判定结构的性能状态，对火灾后结构的修复起到一定指导作用；也可用于判定结构的危险程度，确定结构是否适合继续入内扑救。

举例说明火灾中结构性能状态的判定。对于图 5 所示结构，为普通商业建筑，竖向荷载的归一值通常为 0.2～0.4，假定为 0.3。若底层某房间着火，结构温度达到 480℃，如图 18 中 P1 位置，计算此时各阶段损伤指标可得，$\alpha_1=1.33$、$\alpha_2=0.82$、$\alpha_3=0.53$、$\alpha_1=0.48$，说明此结构出现构件屈服但未达到构件破坏程度。此结论也能从 P1 与图 18 中各曲线的位置关系得出。根据计算经验，屈服构件为着火房间梁，火灾后的修复工作主要在着火房间的梁端及与其连接的非着火房间的梁端。若此建筑为工业厂房，竖向荷载归一值为 0.6，底层某房间着火，结构温度达到 480℃，如图 18 中 P2 位置，各阶段损伤指标为 $\alpha_1=2.06$、$\alpha_2=1.07$、$\alpha_3=0.69$、$\alpha_1=0.69$，说明结构出现构件破坏但未达到结构破坏，构件破坏位置为着火房间柱，火灾后需对着火房间梁柱进行大范围整修，着火房间的相邻房间也受到较大影响。

对于结构是否适合继续入内扑救的确定，可根据计算结果，将结构破坏阶段标定值乘以 0.9 的系数，认为是入内扑救的极限，如图 21 所示。同样以图 5 所示结构为例，竖向荷载归一值为 0.3，底层发生火灾，假设结构构件没有有效的防火保护，按照标准升温曲线，结构达到入内扑救极限 0.82 (656℃)的时间约为 35min，因此火灾强烈燃烧 35min 之内为安全扑救时间，若超过此时间，结构将存在较大的倒塌风险，不宜入内扑救。当结构具有有效的保护层时，入内扑救时间将大幅度延后。

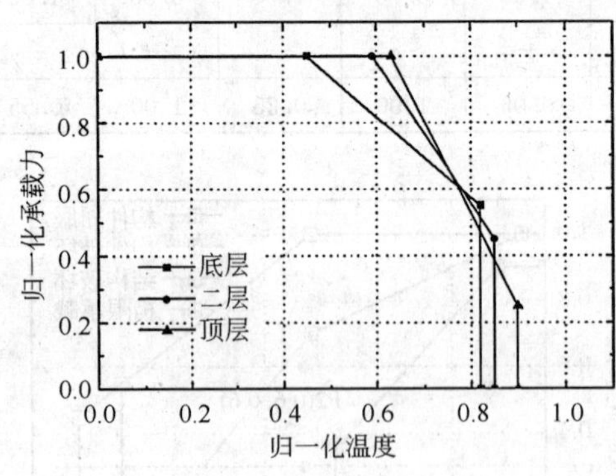

图 21　各层房间着火入内扑救极限

5　结论

1) 提出的构件屈服、构件破坏、结构破坏、极限承载四阶段损伤状态可以有效描述火灾过程中钢框架结构的受力发展情况，通过研究达到这四个阶段时的结构温度，可以对这四个阶段的损伤状态进行标定。

2）通过对一榀 3 层 4 跨钢框架火灾过程的有限元模拟，实现了其各个房间火灾下结构的四阶段损伤标定。钢框架结构在火灾下的受力性能与其竖向荷载大小及着火房间位置有关。底层房间着火最容易达到各阶段损伤极限，最有可能发生结构倒塌破坏。

3）对钢框架结构各阶段损伤标定后，可根据作用在结构上的竖向荷载和在火灾中的实时温度确定结构的损伤状态，指导火灾后结构修复；通过确定结构的入内扑救极限指标，给出进入结构的有效扑救时间，保证入内扑救人员的安全。

参考文献

[1] 贾宝荣，董毓利，范明瑞，李晓东. 钢框架足尺结构火灾试验方案研究. 防灾减灾工程学报 [J]，2006，26(1)：42-47.

[2] 赵金城，沈祖炎，沈为平. 钢框架结构抗火性能的试验研究. 土木工程学报 [J]，1997，30(2)：49-55.

[3] 杨秀萍，郝淑英，张敬宇，张卓. 火灾下整体钢框架结构性能的模拟方法 [J]. 工业建筑，2006，36(8)：71-73.

[4] 王岚，韩庆华. 钢框架结构整体抗火性能的数值分析. 低温建筑技术 [J]，2006，5：79-80.

基于纤维梁模型的火灾下多层混凝土框架非线性分析*

陈适才 陆新征 任爱珠 江见鲸

(清华大学土木工程系，北京 100084)

摘 要：为分析和模拟多层混凝土框架结构在火灾下的反应及其破坏过程，本文基于建筑结构分析中常用的纤维梁单元，建立了钢筋混凝土梁、柱构件的火灾破坏数值模型。此单元模型将构件截面划分成多个纤维，可以考虑构件截面的不均匀温度场分布及其材料非线性和几何非线性问题。为验证模型的准确性，对单层混凝土框架进行了火灾反应分析，并与具体的试验结果进行了比较。最后，对一多层框架进行了火灾反应分析，并比较了不同火灾场景的结果，分析了其反应规律以及破坏过程。

关键词：火灾反应；纤维模型；梁单元；倒塌；多层框架

1 引言

火灾可以导致结构发生局部破坏甚至整体倒塌，故结构在火灾下的安全问题日益受到重视[1,2]。一般结构发生火灾时，只有部分结构受热，并且受热的构件之间以及受热构件与非受热构件之间都存在相互作用，所以采用基于单根构件标准火灾试验的方法来分析实际结构在实际火灾下的性能是不够精确的。为达到安全经济的设计目标，火灾下的结构需要进行整体分析。

目前，整体结构的火灾试验非常少见，Cardington 一足尺框架结构的火灾试验表明火灾试验的昂贵并且其试验结果只能适用于特定的结构[3]。因此，通过建立分析模型进行数值模拟成为当前研究结构火灾反应的重要手段。对于钢框架的火灾反应分析，通过考虑温度影响的塑性铰的分析方法被广泛采用[4,5]，文献［6］还采用塑性铰方法进一步提出了多层钢框架火灾反应的简化计算模型。对于混凝土结构的火灾反应，研究者们也采用了塑性铰的方法来分析和验证单层单跨混凝土框架的火灾反应[7-8]，但目前对于多层混凝土框架的火灾反应规律及其破坏机制的研究还很少。

为分析多层混凝土框架的需要，本文基于建筑结构分析中常用的纤维梁单元，建立了钢筋混凝土梁、柱构件的火灾破坏模拟模型。模型采用了分布塑性方法，考虑了火灾下构件的材料非线性与几何非线性问题，可以准确模拟高温下混凝土的压碎、开裂以及钢筋的屈服行为，并采用单层框架的具体试验结果进行了验证。最后，运用本文模型对一多层混凝土框架结构进行了火灾反应分析，并研究了不同的火灾场景(包括

---

* 基金项目：国家“十一五”科技支撑计划项目(2006BAJ03A02-01)

发生不同位置的火灾以及火灾的蔓延)下结构构件的相互作用以及破坏过程。

2 纤维梁单元计算模型

本文的空间纤维梁单元具有两个结点，每个结点有六个自由度(图1)。根据纤维模型理论把梁柱截面划分成多个小四边形纤维(包括混凝土纤维和钢筋纤维)，这样截面上每个纤维可以赋予不同的温度和材料模型，并假设：1)梁可以发生大位移但仍然符合小应变假设；2)垂直中心轴的横截面变形后仍然保持平面并且垂直于中心轴；3)每个纤维只考虑纵向应力；4)每纤维可以有不同的材料模型，并且采用三点高斯积分；5)不同的纤维可以有不同的温度，但是同一个纤维温度相同，如果构件沿着长度方向温差显著，可以通过细分单元来解决。

2.1 应变位移关系

梁的变形采用全拉格朗日描述方法，即所有变量总是参考初始位形，参考轴1-2上任意点的位移可表示为[9]：

$$\{u_0\}=[N]\{q\} \tag{1}$$

式中：$\{u_0\}=[u_0, v_0, w_0, \theta_0]$ 为参考轴上任意点的位移，$[N]$ 为梁纤维的形状函数，$\{q\}$ 为梁单元节点的位移向量，则截面上任意纤维点 A 的位移可以表示为(图2)：

$$u=u_0-y\sin\theta_y+x\sin\theta_x \tag{2a}$$

$$v=v_0-y+y\cos\theta_y\cos\theta_z+x\cos\theta_x\sin\theta_z \tag{2b}$$

$$w=w_0-x+x\cos\theta_x\cos\theta_z-y\cos\theta_y\sin\theta_z \tag{2c}$$

式中：x，y 为 A 点的坐标。

由图3和图4可知梁变形后中心轴的角度为：

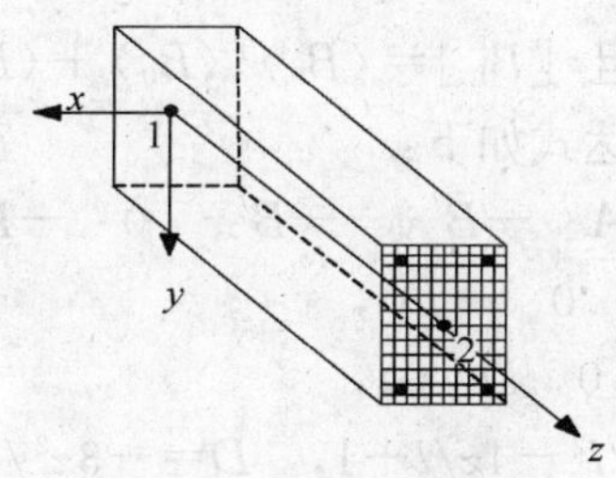

图1 纤维梁单元

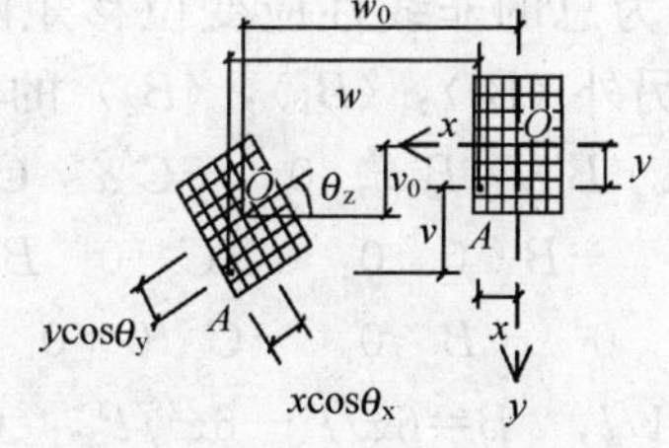

图2 单元截面划分

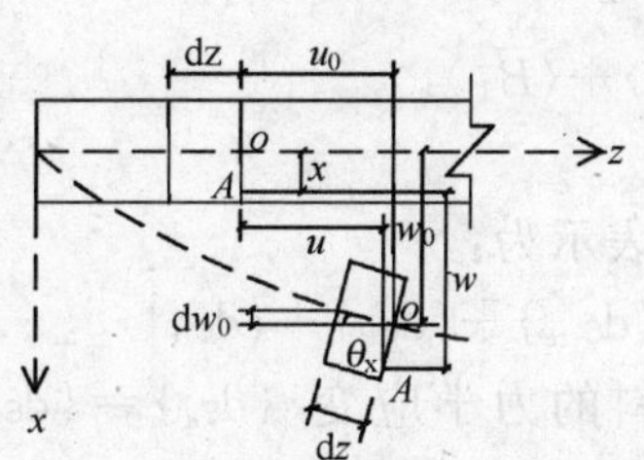

图3 xz 平面内变形图

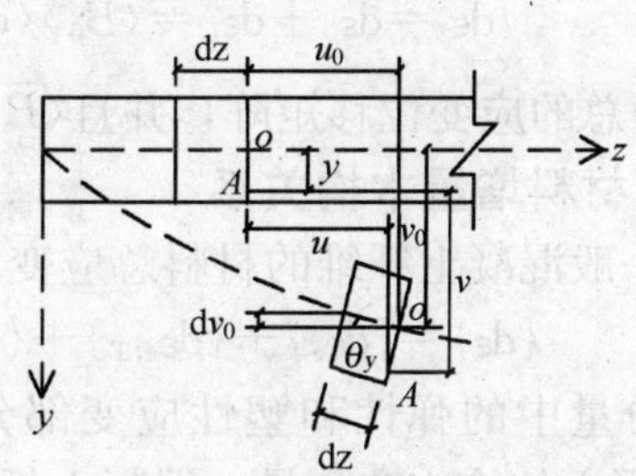

图4 yz 平面内变形图

$$\sin\theta_x=\frac{dw_0}{dz}=w_0', \quad \sin\theta_y=\frac{dv_0}{dz}=v_0' \tag{3a}$$

则

$$\cos\theta_x=\sqrt{1-(w_0')^2}, \quad \cos\theta_y=\sqrt{1-(v_0')^2} \tag{3b}$$

并且假设：$\sin\theta_z=\theta_z, \quad \cos\theta_z=1$ (3c)

将公式(3)代入式(2)最终纤维点 A 的位移可表示为：

$$u=u_0-yv_0'+xw_0' \tag{4a}$$

$$v=v_0-y+y\sqrt{1-(v_0')^2}+x\theta_z\sqrt{1-(w_0')^2} \tag{4b}$$

$$w=w_0-x+x\sqrt{1-(w_0')^2}-y\theta_z\sqrt{1-(v_0')^2} \tag{4c}$$

$$\theta=\theta_0 \tag{4d}$$

由于每个纤维只考虑轴向应力，则纤维上任意点 A 的轴向应变根据应变位移方程可表示为[9]：

$$\varepsilon_z=\frac{\partial u}{\partial z}+\frac{1}{2}\left[\left(\frac{\partial u}{\partial z}\right)^2+\left(\frac{\partial v}{\partial z}\right)^2+\left(\frac{\partial w}{\partial z}\right)^2\right]=\varepsilon_0+\varepsilon_L \tag{5}$$

其中 ε_0 为线性应变和 ε_L 为非线性应变，并且

$$\varepsilon_0=\frac{\partial u}{\partial z}=\langle B_0\rangle\langle q\rangle \tag{6a}$$

$$\varepsilon_L=\frac{1}{2}\left[\left(\frac{\partial u}{\partial z}\right)^2+\left(\frac{\partial v}{\partial z}\right)^2+\left(\frac{\partial w}{\partial z}\right)^2\right] \tag{6b}$$

对方程(6)进行变分可得：

$$d\varepsilon_0=\langle B_0\rangle\langle dq\rangle \tag{7}$$

$$\begin{aligned}d\varepsilon_L&=\langle q\rangle[\langle B_0\rangle^T\langle B_0\rangle+\langle B_1\rangle^T\langle B_1\rangle+\langle B_2\rangle^T\langle B_2\rangle]\langle dq\rangle\\&=\langle q\rangle[B_L]\langle dq\rangle=\langle\overline{B}_L\rangle\langle dq\rangle\end{aligned} \tag{8}$$

式中：$[B_L]$ 为总的非线性应变位移矩阵，并且 $[B_L]=\langle B_0\rangle^T\langle B_0\rangle+\langle B_1\rangle^T\langle B_1\rangle+\langle B_2\rangle^T\langle B_2\rangle$，另外 $\langle B_0\rangle$，$\langle B_1\rangle$，$\langle B_2\rangle$ 的具体表达式如下：

$\langle B_0\rangle=\langle A \quad B'y \quad B'x \quad 0 \quad -C'x \quad C'y \quad -A \quad -B'y \quad -B'x \quad 0 \quad -D'x \quad D'y\rangle$，

$\langle B_1\rangle=\langle 0 \quad -B \quad 0 \quad 0 \quad 0 \quad C \quad 0 \quad B \quad 0 \quad 0 \quad 0 \quad -D\rangle$，

$\langle B_2\rangle=\langle 0 \quad 0 \quad -B \quad 0 \quad -C \quad 0 \quad 0 \quad 0 \quad B \quad 0 \quad D \quad 0\rangle$，

$A=-1/l, \quad B=6z/l^2-6z^2/l^3, \quad C=3z^2/l^2-4z/l+1, \quad D=-3z^2/l^2+2z/l$

由公式(7)和公式(8)则任意纤维点 A 的应变位移方程增量关系可表示为：

$$d\varepsilon_z=d\varepsilon_0+d\varepsilon_L=\langle B_0\rangle\langle dq\rangle+\langle\overline{B}_L\rangle\langle dq\rangle=\langle\overline{B}\rangle\langle dq\rangle \tag{9}$$

式中 $\langle\overline{B}\rangle$ 为总的应变位移矩阵，并且 $\langle\overline{B}\rangle=\langle B_0\rangle+\langle\overline{B}_L\rangle$。

2.2 高温下材料增量本构关系

高温下一般混凝土纤维的材料总应变增量可表示为：

$$\{d\varepsilon\}=\{d\varepsilon_e\}+\{d\varepsilon_{e,T}\}+\{d\varepsilon_T\}+\{d\varepsilon_{cre}\}+\{d\varepsilon_P\}+\{d\varepsilon_{tr}\} \tag{10}$$

总应变分量中的弹性和塑性应变部分是材料的力学应变 $\{d\varepsilon_\sigma\}=\{d\varepsilon_e\}+\{d\varepsilon_P\}$。$\{d\varepsilon_{cre}\}$ 为混凝土的徐应变分量。混凝土纤维应变分量 $\{d\varepsilon_T\}$ 为一个温度增量过程中的热膨胀应变 $\{d\varepsilon_T\}=\alpha dT$。温度增量过程中在应力作用下由于混凝土材料弹性模量以及

屈服面的变化会产生应变，这种由于材料力学特性变化引起的应变增量为｛$d\varepsilon_{e,T}$｝，采用等向强化模型，Hsu[10]推导了其增量表达式：

$$\{d\varepsilon_{e,T}\}=-\frac{1}{E_0^2}\frac{\partial E_0}{\partial T}\sigma_z dT+\frac{2E_0\sigma_z}{3\overline{E}S}\frac{\partial F}{\partial T}dT \tag{11}$$

式中：E_0 为当前温度 T 下混凝土的初始抗压弹性模量，σ_z 为混凝土纤维当前轴向应力，$\overline{E}_z$ 为当前混凝土纤维的弹塑性模量。

｛$d\varepsilon_{tr}$｝是混凝土材料在高温下会产生的瞬态热应变，许多研究结果表明瞬态热应变在混凝土结构热反应中起着重要的影响，其大小与温度以及混凝土的应力水平有关，这里采用文献［8］的计算公式：

$$\{d\varepsilon_{tr}\}=\sigma/f_c[0.144\times T-1]\times 10^{-6}\times dT \tag{12}$$

采用等向强化模型，最终每个纤维的增量应力应变关系可表示为：

$$d\sigma_z=\overline{E}(d\varepsilon-d\varepsilon_z^T-d\varepsilon_{cre}-d\varepsilon_{tr})=\overline{E}\{d\varepsilon_\sigma\} \tag{13}$$

式中 $d\varepsilon_z^T=\alpha dT-\frac{1}{E_0^2}\frac{\partial E_0}{\partial T}\sigma_z dT+\frac{2E_0\sigma_z}{3\overline{E}S}\frac{\partial F}{\partial T}dT$ 称为增量步中的总的热应变。

分析计算过程中，根据确定的荷载应变增量｛$d\varepsilon_\sigma$｝采用公式(13)确定应力增量，并通过 Newton-Raphson 迭代方法使其最后的应力及应变满足具体的本构关系。这里采用了欧洲规范 Eurcode2[11]提供的混凝土高温下的本构关系如图 5。由于混凝土在受压状态下的瞬态热应变主要在第一次升温过程中产生，在程序计算中当混凝土处于受拉状态时，就不考虑｛$d\varepsilon_{tr}$｝的影响。另外混凝土处在受拉状态下需满足的应力应变关系采用双线性模型如图 6，Hinton[12]采用此模型进行了混凝土板的破坏分析并取得了良好的结果，其中的开裂影响系数 α＝0.5～0.7，本文分析过程中一律取为固定值 0.5。另外对于钢筋(图 7)仍然采用公式(10)进行分析但忽略瞬态热应变｛$d\varepsilon_{tr}$｝的影响。

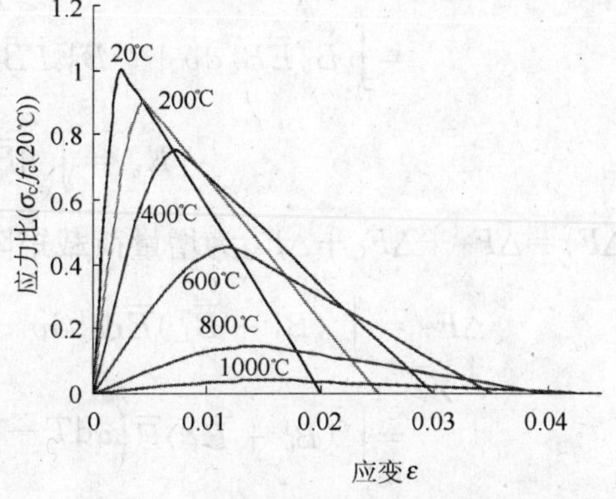

图 5　高温下混凝土的本构关系

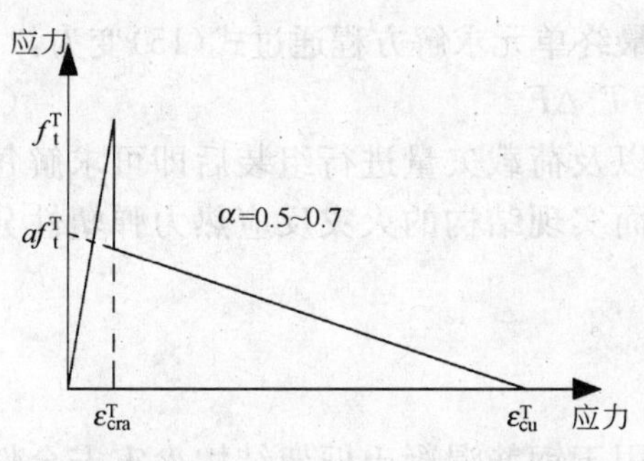

图 6　混凝土受拉应力应变关系

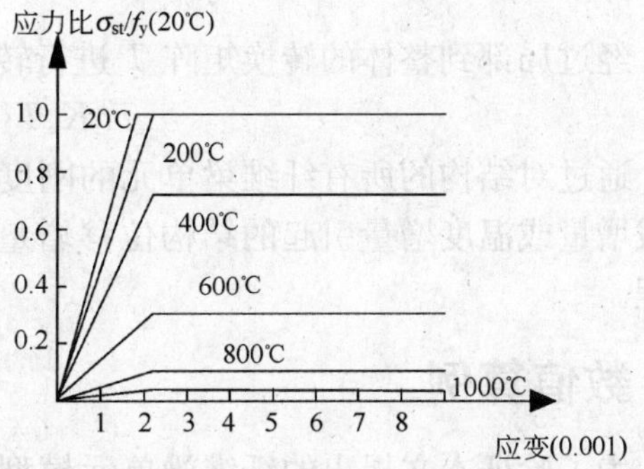

图 7　高温下钢筋的本构关系

2.3 建立单元求解方程

根据以上应变位移关系以及增量应力应变关系，采用一般有限元格式可以建立此纤维梁的求解公式。梁单元应变能增量为：

$$\Delta U = 1/2\int_v \{\mathrm{d}\varepsilon_\sigma\}^{\mathrm{T}}\mathrm{d}\sigma_z \mathrm{d}v$$

$$=1/2\{\Delta q\}^{\mathrm{T}}\int_v \overline{B}^{\mathrm{T}}\,\overline{EB}\,\mathrm{d}v\{\Delta q\}B+\int_v \mathrm{d}\overline{B}^{\mathrm{T}}\sigma \mathrm{d}v-\{\Delta q\}^{\mathrm{T}}\int_v \overline{B}^{\mathrm{T}}\overline{E}\{\mathrm{d}\varepsilon^{\mathrm{T}}\}\mathrm{d}v$$

$$-\{\Delta q\}^{\mathrm{T}}\int_v \overline{B}^{\mathrm{T}}\overline{E}\{\mathrm{d}\varepsilon_{\mathrm{cre}}\}\mathrm{d}v-\{\Delta q\}^{\mathrm{T}}\int_v \overline{B}^{\mathrm{T}}\overline{E}\{\mathrm{d}\varepsilon_{\mathrm{tr}}\}\mathrm{d}v+1/2\int_v \{\mathrm{d}\varepsilon^{\mathrm{T}}\}^{\mathrm{T}}\overline{E}\{\mathrm{d}\varepsilon^{\mathrm{T}}\}\mathrm{d}v$$

外力做功 $\Delta V=-\langle \mathrm{d}q\rangle^{\mathrm{T}}\{\mathrm{d}Q\}$，则系统总位能为：

$$\prod_p=\Delta U+\Delta V \tag{14}$$

由系统最小位能原理对式(14)进行变分：

$$\frac{\partial \prod_{\mathrm{p}}}{\partial\{\mathrm{d}q\}}=\int_v \overline{B}^{\mathrm{T}}\,\overline{EB}\,\mathrm{d}v\{\Delta q\}-\int_v \overline{B}^{\mathrm{T}}\overline{E}\{\mathrm{d}\varepsilon^{\mathrm{T}}\}\mathrm{d}v-\int_v \overline{B}^{\mathrm{T}}\overline{E}\{\mathrm{d}\varepsilon_{\mathrm{cre}}\}\mathrm{d}v$$

$$-\int_v \overline{B}^{\mathrm{T}}\overline{E}\{\mathrm{d}\varepsilon_{\mathrm{tr}}\}\mathrm{d}v-\{\mathrm{d}Q\}=0$$

即：

$$K_{\mathrm{e}}\{\Delta u\}=\{\Delta F\} \tag{15}$$

式中：$K_{\mathrm{e}}=K_0+K_\sigma$ 为单元弹塑性刚度矩阵，K_σ 几何刚度矩阵，并且

$$K_0=\int_v \overline{B}^{\mathrm{T}}\,\overline{EB}\,\mathrm{d}v=\int_v (B_0^{\mathrm{T}}+\overline{B}_{\mathrm{L}}^{\mathrm{T}})\overline{E}(B_0+\overline{B}_{\mathrm{L}})\mathrm{d}v$$

$$=\int_v B_0^{\mathrm{T}}\overline{E}B_0\mathrm{d}v+\int_v B_0^{\mathrm{T}}\,\overline{EB}_{\mathrm{L}}\mathrm{d}v+\int_v \overline{B}_{\mathrm{L}}^{\mathrm{T}}\overline{E}B_0\mathrm{d}v+\int_v \overline{B}_{\mathrm{L}}^{\mathrm{T}}\,\overline{EB}_{\mathrm{L}}\mathrm{d}v$$

$$K_\sigma=\int_v \mathrm{d}\overline{B}^{\mathrm{T}}\sigma \mathrm{d}v=\int_v B_{\mathrm{L}}^{\mathrm{T}}\sigma_z \mathrm{d}v$$

$\{\Delta F\}=\Delta F_{\mathrm{T}}+\Delta F_{\mathrm{C}}+\Delta F_{\mathrm{M}}$ 为增量荷载矩阵，并且

$$\Delta F_{\mathrm{T}}=\int_v (B_0^{\mathrm{T}}+\overline{B}_{\mathrm{L}}^{\mathrm{T}})\overline{E}\mathrm{d}\varepsilon_z^{\mathrm{T}}\mathrm{d}v$$

$$=\int_v (B_0^{\mathrm{T}}+\overline{B}_{\mathrm{L}}^{\mathrm{T}})\overline{E}\left(\alpha \mathrm{d}T-\frac{1}{E_0^2}\frac{\partial E_0}{\partial T}\sigma_z \mathrm{d}T+\frac{2}{3}\frac{E_0\sigma_z}{\overline{ES}}\frac{\partial F}{\partial T}\mathrm{d}T\right)\mathrm{d}v$$

$$\Delta F_{\mathrm{c}}=\int_v (B_0^{\mathrm{T}}+\overline{B}_{\mathrm{L}}^{\mathrm{T}})\overline{E}\mathrm{d}\varepsilon_{\mathrm{c}}\mathrm{d}v,\quad \Delta F_{\mathrm{M}}=\{\mathrm{d}Q\}$$

经过局部到整体的转换矩阵 T 进行转换，最终单元求解方程通过式(15)变为：

$$T^{\mathrm{T}}K_{\mathrm{e}}T\{\Delta q\}=T^{\mathrm{T}}\Delta F \tag{16}$$

通过对结构的所有纤维梁单元的刚度矩阵以及荷载矢量进行组装后即可求解每一荷载增量或温度增量引起的结构位移增量，从而实现结构的火灾反应热力弹塑性分析过程。

3 数值算例

为了验证本文提出的纤维梁单元模型可以用于钢筋混凝土框架结构火灾安全性分析，首先对文献［8］进行的单层缩尺混凝土框架进行了分析并和试验结果进行了比

较。在充分论证模型精度的基础上，对一多层混凝土框架结构的火灾反应进行了分析，并对不同的火灾发展过程的影响进行了讨论。

3.1 单层框架试验

文献［8］进行了单层混凝土框架缩尺模型的火灾试验，其具体几何尺寸以及配筋情况如图8所示，钢筋的屈服强度为270MPa，混凝土常温下的棱柱体抗压强度为29.94MPa。试验中，横梁上预先施加的两个对称集中荷载为13.67kN，然后通过试验炉进行三面加热。分析时采用试验实测的升温曲线[8]模拟火灾环境进行热传导分析。

其中的瞬态热传导分析过程采用作者编写的程序进行求解，此程序已根据多个具体的火灾试验进行了验证[13]。这里分析时，所需要的混凝土热工参数包括热传导系数以及比热容都根据文献［8］提供的相应公式考虑，另外传热系数 h_c 取为25W/MK、热辐射率 ε_r 取0.1，质量密度取为常值2400kg/m^3。具体分析过程不再赘述。根据以上热传导分析结果，再利用本文模型进行框架的热力反应分析。分析时，为了更方便分析横梁中点的竖向挠度和柱子中点的侧移，整个横梁沿中点以及荷载作用点划分成4个纤维梁单元进行分析，每个柱子划分为2个纤维梁单元。所有单元截面都划分成50个混凝土纤维和4个钢筋纤维，这样每个纤维梁单元共162个高斯积分点。

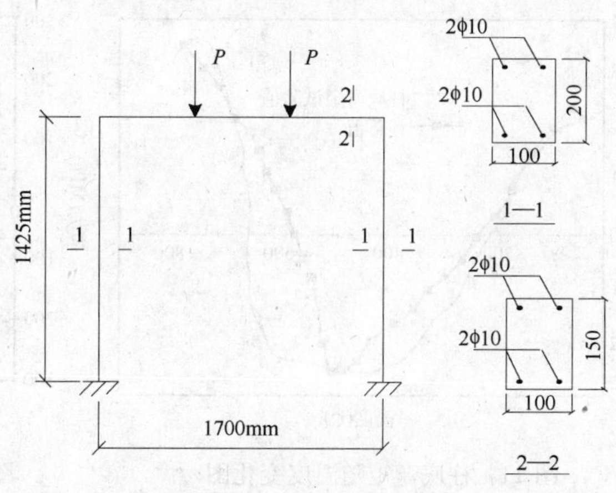

图8　受火混凝土框架[8]

图9表示了梁跨中相对挠度的试验值以及计算值，由计算值可看出在火灾温度较低时，挠度变化较小，在600℃后，挠度变化加快，在到700℃时，挠度加剧发展一直到破坏。由试验现象表明，柱子的侧向变形随着温度的升高由凸向内侧之后又转为凸向外侧，其内力也将随之发生变化，图10和图11分别表示了柱底剪力和柱底弯矩随温度的变化情况，由图可知，柱底剪力和弯矩都经历了一个减小又增大的变化过程，弯

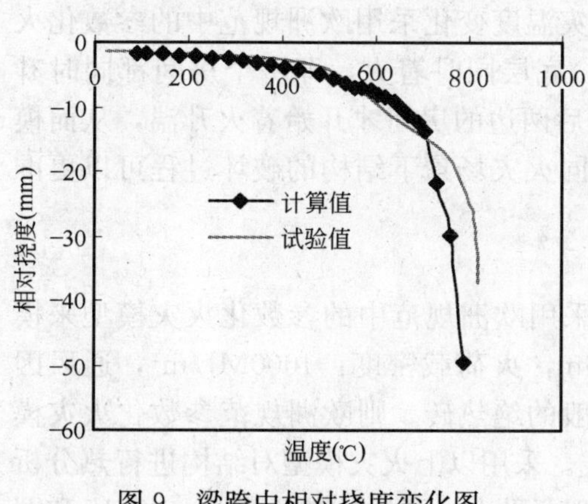

图9　梁跨中相对挠度变化图

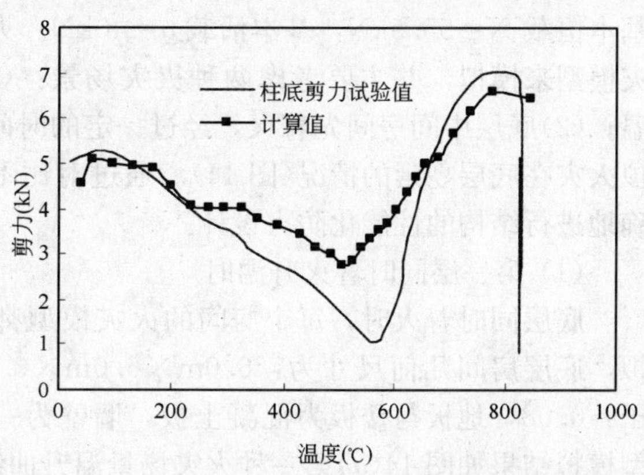

图10　柱底剪力随温度变化图

矩甚至发生方向的改变，总体上符合试验现象[8]。为了更好得看出结构的破坏过程规律，图 12 表示了梁跨中和梁端底部钢筋的应力变化情况，梁端负弯矩区底部钢筋开始受压应力，随着温度的升高，其压应力增大，而由于截面不均匀受热，梁截面存在较大的温度梯度，导致梁跨中底部钢筋的受拉应力逐渐减小，甚至由拉变成压应力。随着温度的进一步升高，挠度也进一步增大，梁跨中底部钢筋的应力又由受压变成受拉，并且急速增大，到约 135min 时，外界温度升到 700℃左右，内部受拉钢筋温度达到 600℃，钢筋的拉应力达到此时钢筋的屈服强度 120MPa，此时可以看出跨中首先开始发生屈服破坏，由于内力重分布，几乎同时梁端部钢筋的压应力也达到钢筋的抗压屈服强度，表示梁端也开始破坏。这与试验中梁跨中出现塑性铰后很快两端也出现塑性铰[8]的破坏现象一致。可见本文模型与试验结果比较符合。

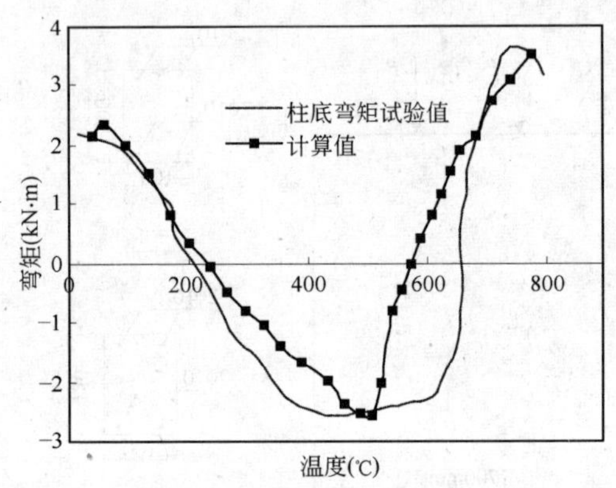

图 11　柱底弯矩随温度变化图

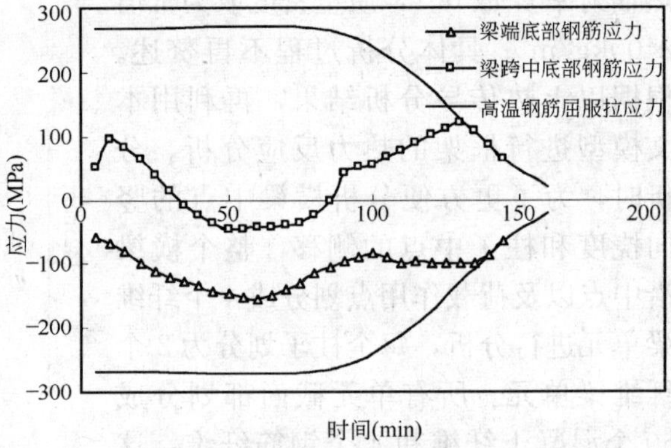

图 12　梁跨中和梁端底部钢筋的应力变化

3.2　多层框架

目前多层混凝土框架在火灾下的足尺试验非常少见，与简单框架不同，火灾在多层结构中会有一个逐步蔓延发展的过程。伴随着火灾的发展，结构内部温度场、应力场分布会不断变化，且破坏模式也受到火灾发展历程的影响。为了分析其在火灾下的行为以及倒塌破坏过程，本节根据混凝土结构设计规范设计了一典型多层框架进行讨论。图 13 表示了其几何尺寸、所受荷载以及相应的配筋情况，根据我国荷载规范，其基本恒载 N=55.5kN，基本活载 q=40kN。火灾温度变化采用欧洲规范中的参数化火灾模型来模拟，并主要考虑两种火灾场景：(1)底层同时着火，即每个房间都同时升温；(2)底层中间房间先着火，经过一定的时间后两边的房间才开始着火升温，从而模拟火灾在底层蔓延的情况(图 14)。通过对比不同火灾场景下结构的破坏过程可以更准确地进行结构的性能化防火设计。

(1) 第一层同时着火升温时

底层同时着火时，每个房间的火灾模型都采用欧洲规范中的参数化火灾模型来模拟，底层房间几何尺寸为：6.0m×6.0m×3.9m，火荷载密度：1000MJ/m²，通风因子：0.08，地板与楼板为混凝土板，墙壁为一般的绝热砖。则欧洲规范参数化火灾模型模拟结果如图 14(a)第一种火灾场景温升曲线。采用以上火灾模型对结构进行热分析时，假设火灾上方的梁三面受火，中间的两柱两面受火，两边柱单面受火。图 15 和图

16 表示了两不同时刻(升温阶段 30min 时和降温阶段 90min 时)部分受火梁和受火柱截面的热分析结果。

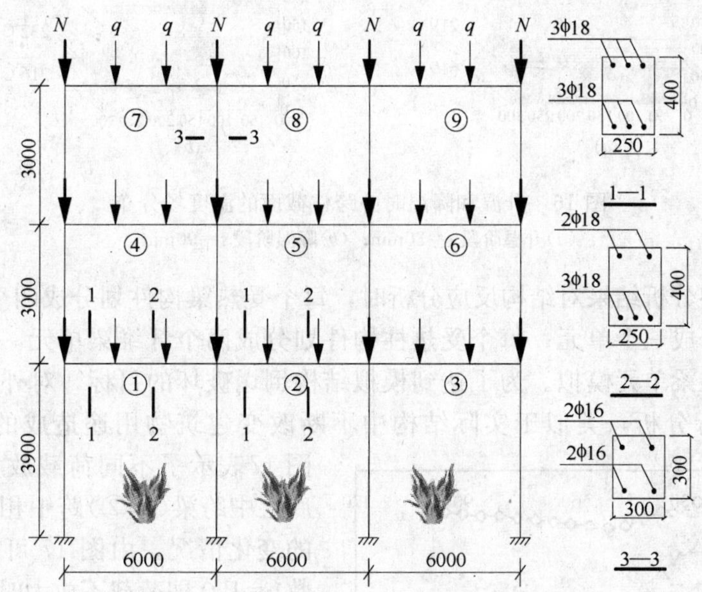

图 13　火灾下多层框架几何尺寸与配筋图

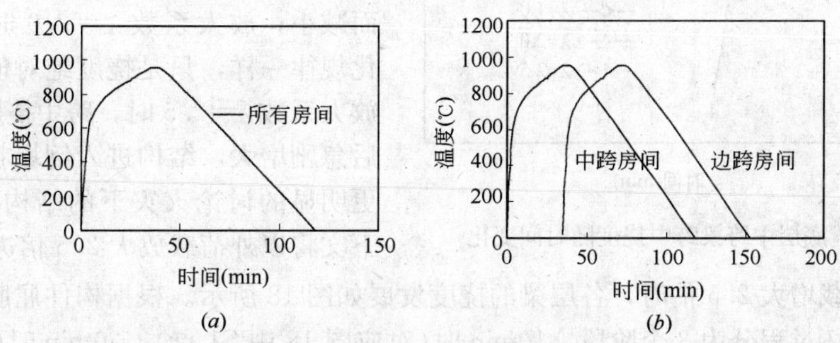

图 14　两种火灾场景温升曲线

(a)不考虑火灾蔓延过程；(b) 考虑火灾蔓延过程

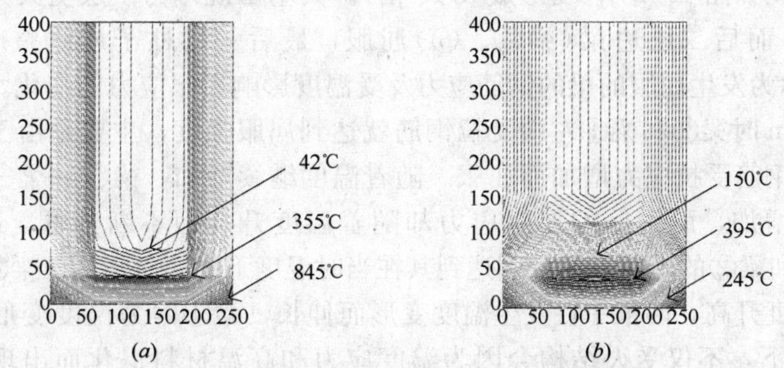

图 15　升温和降温时中跨梁截面的温度场分布

(a)升温阶段 $t=30$min；(b)降温阶段 $t=90$min

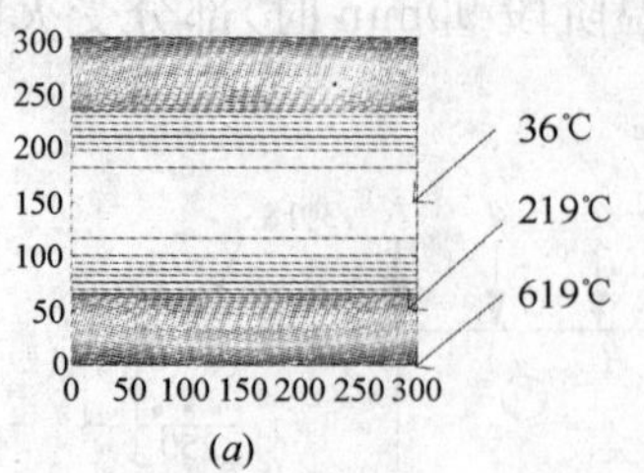

(a)

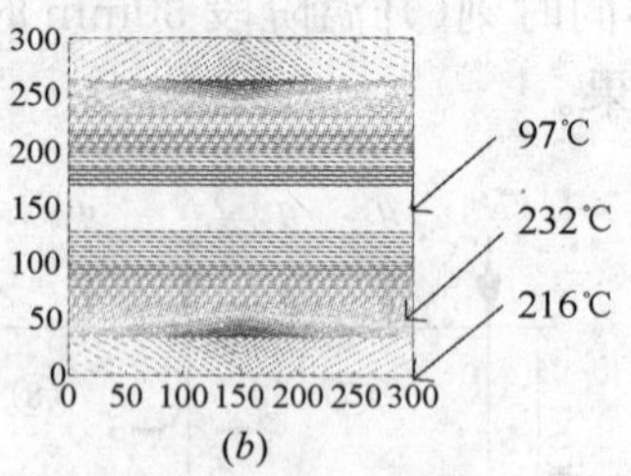

(b)

图 16 升温和降温时中跨柱截面的温度场分布
(a)升温阶段 t=30min；(b)降温阶段 t=90min

基于热传导分析结果对结构反应分析时，每个受热梁构件划分成四个纤维梁单元，其他梁构件划分成三个单元；每个受热柱构件划分成两个纤维梁单元，其他每个柱子都采用一个纤维梁单元模拟。为了达到模拟结构倒塌破坏的目标，对外部荷载进行成比例放大来进行分析，类似于实际结构中不断改变建筑物用途造成的外荷载增加。

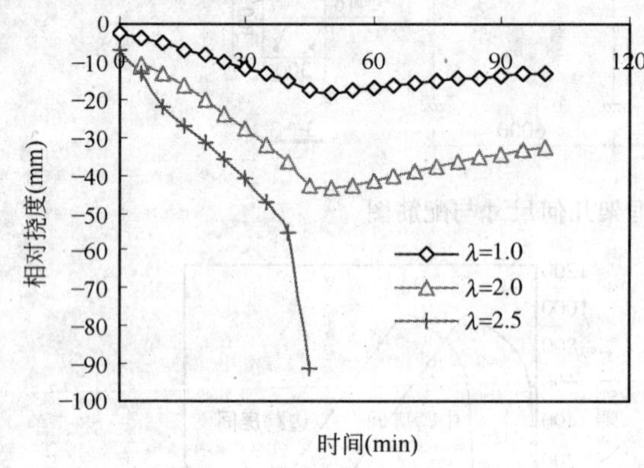

图 17 底层中跨梁跨中挠度随时间变化

图 17 表示了不同荷载放大系数时框架底层中跨梁(梁②)跨中相对挠度随时间的变化情况，由图 17 可知，当放大系数λ=1.0 即荷载不放大时，中间跨的梁跨中挠度先增大，后来随着火灾的衰退而减小；放大系数 λ=2.0 时，挠度变化规律一样，只是挠度绝对值变大；当放大系数λ=2.5 时，跨中挠度在 40min 后急剧增大，结构进入倒塌状态。为了更明显的讨论火灾下的结构破坏过程，下文将以外荷载放大 2.5 倍进行分析。

当外荷载增大 2.5 倍时，各层梁的挠度发展如图 18 所示。根据构件屈服顺序，可以将整个破坏过程分为 3 个阶段，10min 时(对应图 18 中 S1 点)，20min 时(对应图 18 中 S2 点)和 40min 时(对应图 18 中 S3 点)。各个时间点的塑性铰发展规律和结构最后破坏时的位移图如图 19 所示(变形放大 10 倍)。其基本规律为一层受火梁(梁①、②、③)率先屈服，而后二层边梁(梁④、⑥)屈服，最后一层柱子屈服整个结构破坏。图 20、21 所示为发生屈服的梁的钢筋应力及受温度影响屈服应力的变化。从图中可以看出，在 10min 时梁②和梁①左端受拉钢筋就达到屈服强度，主要是由于温度引起结构变形，导致钢筋受拉应力增加而屈服。随着温度继续增加，梁①和梁②的受压钢筋应力也在不断增加，而钢筋的屈服应力却随着温度升高而不断降低，最后在 20 和 35min 时梁①和梁②的受压钢筋分别达到其在当时温度下的屈服强度。梁④的屈服主要是因为随着温度升高，两根中柱发生温度变形而伸长，梁④因为温度变形而屈服。可见在火灾作用下，不仅受火结构会因为温度应力和高温材料退化而出现破坏，非受火构件也为因为结构的变形而出现破坏，体现出进行结构整体抗火性能分析的必要性。

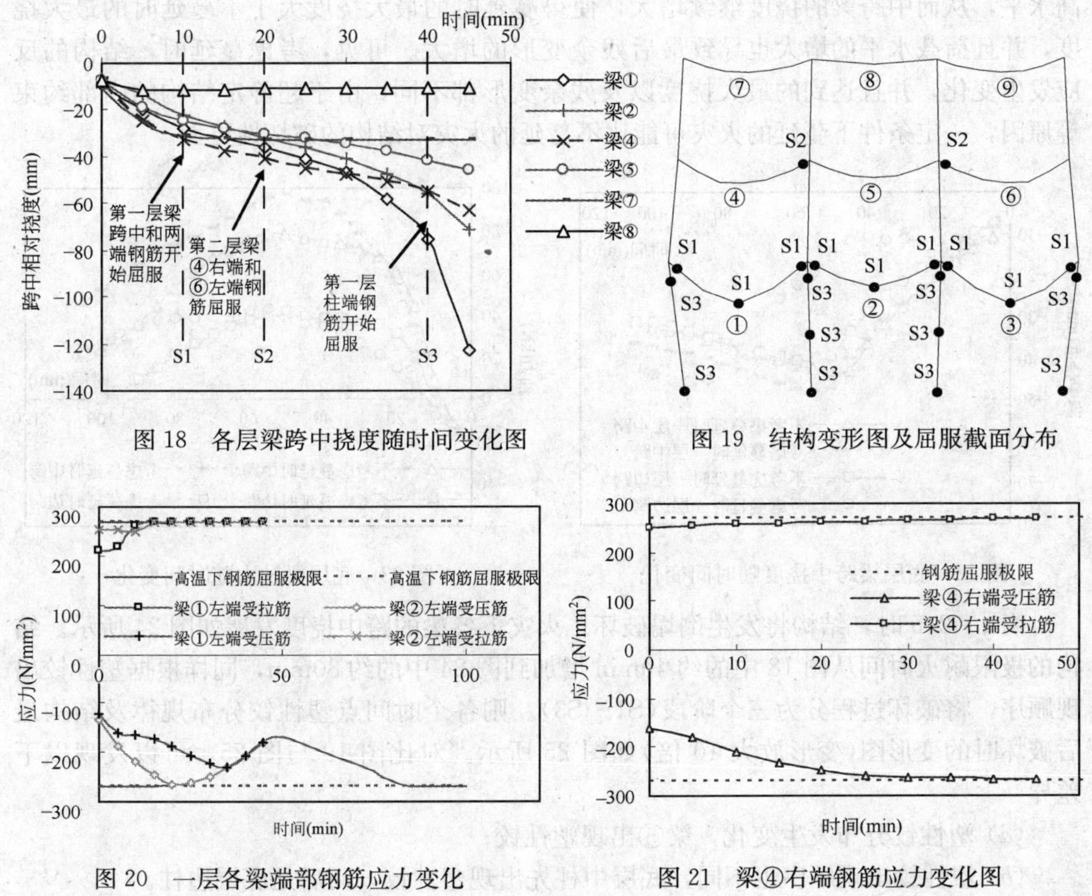

图 18　各层梁跨中挠度随时间变化图

图 19　结构变形图及屈服截面分布

图 20　一层各梁端部钢筋应力变化

图 21　梁④右端钢筋应力变化图

(2) 考虑火灾蔓延时

为了更真实模拟火灾对结构物的破坏，假设底层中间房间先着火，30min 后两边的房间才开始着火升温。火灾模型仍然采用欧洲规范中的参数化火灾模型，具体房间的升温曲线如图 14(*b*)所示。热分析结果与不考虑火灾蔓延时一样，只是对应的时间发生改变。进行结构反应分析时，仍然采用以上有限元模型。考虑火灾蔓延时，结构火灾反应采用两种荷载比例来分析并分别与不蔓延的情况进行比较，两种荷载放大比例系数分别为 $\lambda=2.0$ 和 $\lambda=2.5$。

当 $\lambda=2.0$ 时，底层梁跨中挠度随时间变化如图 22 所示，由图可知，不蔓延时，中跨梁跨中挠度先快速增大，45min 后，由于火灾的衰退挠度慢慢减小；而考虑火灾蔓延时，在 40min 之前，中跨房间开始迅速升温，跨中挠度先快速增大，但由于两边梁没有升温，所以边跨梁的挠度增长非常缓慢，之后，中间房间火灾开始衰退，但梁的挠度没有减小而是继续增长到 50min 的时刻，此时的挠度接近 50mm，较不蔓延时的最大挠度要大，随后挠度才缓慢减小，并且最后的残余变形也比不蔓延时的稍大。图 23 进一步表示了中跨以及边跨梁的轴力变化情况，不蔓延时，在约 40min 之前梁所受的轴力不断增大，之后随着火灾的衰退也快速减小，而考虑火灾蔓延时，在 40min 之后，虽然中跨房间火灾衰退，但是两边房间的火灾在迅速发展，导致中跨梁的轴力处于较高水平，从而中跨梁的挠度继续增大，使得蔓延时的最大挠度大于不蔓延时的最大挠度，并且荷载水平的增大也导致最后残余变形的增大。可见，考虑蔓延时，结构的反应发生变化，并且达到的最大挠度以及残余变形都不同，由于超静定结构的内部约束等原因，一定条件下蔓延的火灾可能比不蔓延的火灾对结构的破坏性更大。

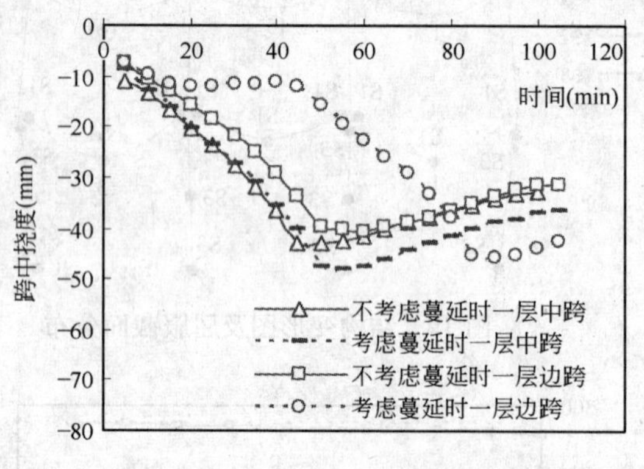

图 22　底层梁跨中挠度随时间变化

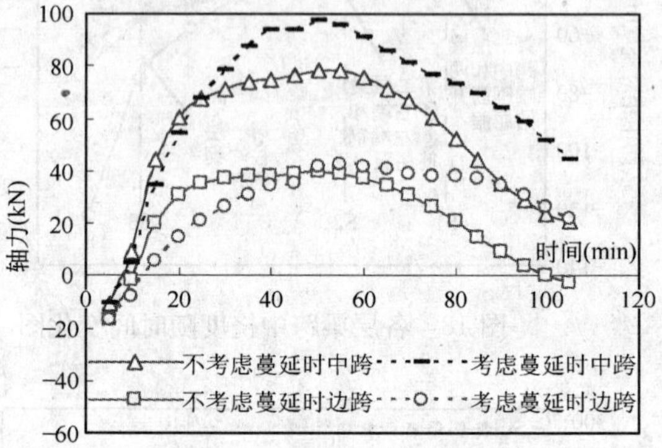

图 23　底层梁轴力随时间变化

当 $\lambda=2.5$ 时，结构将发生倒塌破坏。火灾下各梁的跨中挠度发展如图 24 所示。结构的极限耐火时间从图 18 中的约 40min 增加到图 24 中的约 80min，同样根据塑性铰出现顺序，将破坏过程分为三个阶段(S1～S3)。则各个时间点塑性铰分布规律及结构最后破坏时的变形图(变形放大 10 倍)如图 25 所示。对比图 19 与图 25，可以发现以下差异：

(*a*) 塑性铰分布发生变化，梁⑤出现塑性铰；

(*b*) 塑性铰出现顺序也不同，底层中柱先出现塑性铰，而后是底层边柱。

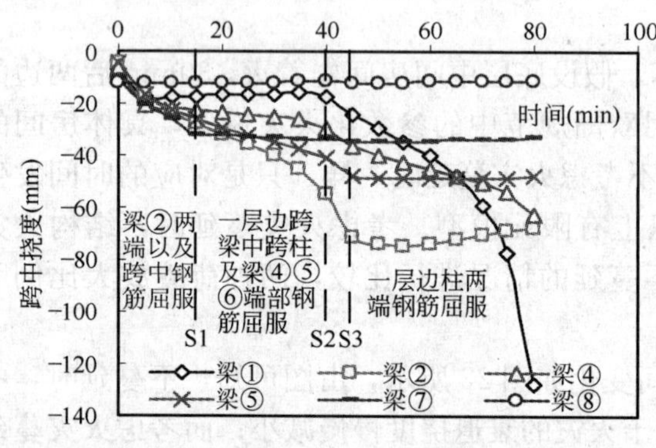

图 24　梁跨中挠度时间变化图

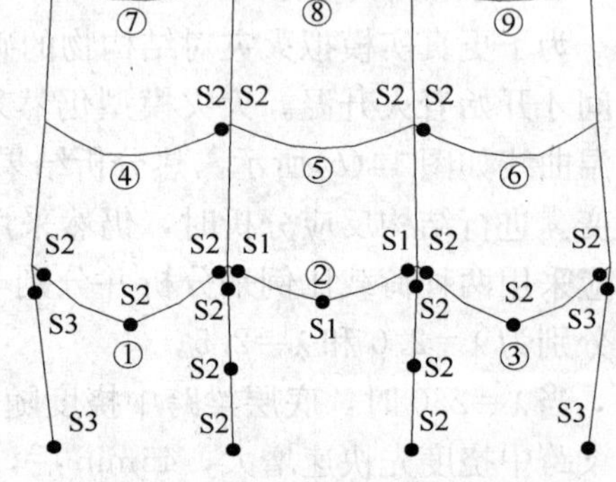

图 25　结构的变形图及屈服截面分布

导致上述变化的原因是考虑了火灾蔓延后，结构内部温度应力的分布和重分布规律更加复杂。底层中间房间着火后，底层中梁(梁②)温度升高，长度变长。而两边跨此时没有升温变形，故对中跨约束比底层同时着火时要小。梁②伸长产生的结构内力更多的是由二层中梁(梁⑤)来承担，导致其发生了屈服。类似的，由于边跨着火时间推迟，所以边柱升温时间也推迟，所以边柱的屈服出现得也比较晚，结构耐火时间也相应增加。

由本算例可见，在超静定结构中，考虑火灾蔓延过程和结构内部相互的约束应力，对结构的耐火极限时间、破坏过程，以及破坏部位都有明显影响。进行精细的性能化防火设计，有必要进行整体结构的考虑火灾蔓延的全过程分析。

4 结论

本文首先根据纤维模型理论，建立了纤维梁单元模型，分析了钢筋混凝土单层框架在火灾下的破坏过程，与试验结果对比表明，本文提出的纤维梁单元模型可以较好地模拟钢筋混凝土结构的受火破坏过程，且可以较少的单元数完成分析，具有较高的计算效率。

运用本文模型对多层框架进行了火灾反应分析，考虑了不同的荷载条件或不同的火灾模型以及火灾蔓延等情况，分析了构件间内力重分布规律以及破坏过程。由多层框架的火灾反应分析表明，火灾发生的位置不同，结构的破坏形式也不同。一定条件下蔓延的火灾可能比不蔓延的火灾对多层混凝土框架结构的破坏性更大。因为考虑火灾蔓延时，如果局部结构开始降温，而周围构件却可能在迅速升温，由于内力的重分布，降温部分构件内力继续增大而发生破坏，并且其最大变形以及残余变形比不考虑火灾蔓延的时候大，最后结构的破坏形式也将不同。

参考文献

[1] Monahan B, World trade center collapse-civil engineering considerations [J]. Practice Periodical on Structural Design and Construction. 2002. 7(3), 134-135.

[2] 陆新征，江见鲸. 世界贸易中心飞机撞击后倒塌过程的仿真分析. 土木工程学报 [J], 2001, 34 (6), 8-10. Lu XZ., Jiang JJ. Dynamic finite element simulation for the collapse of world trade center, China Civil Engineering Journal, 2001, 34(6), 8-10.

[3] Bailey CG. Holistic behavior of concrete buildings in fire [J]. The Proceedings of the Institution of Civil Engineers, Structures and Buildings, 2002, 152(3), 199-212.

[4] Najjar SR, Burgess IW, A nonlinear analysis for three-dimensional steel frames in fire conditions [J]. Engineering Structures, 1996, 18(1), 77-89.

[5] Ma KY, Richard LJY. Nonlinear plastic hinge analysis of three-dimensional steel frames in fire [J]. Journal of Structural Engineering, 2004, 130(7), 981-990.

[6] Souza V, Creus GJ, Simplified elastoplastic analysis of general frames on fire [J]. Engineering Structures, 2007, 29(4), 511-518.

[7] 陆洲导，朱伯龙，姚亚雄. 钢筋混凝土框架火灾反应分析 [J]. 土木工程学报，1995, 28(6): 18-27. Lu ZD, Zhu BL, Yao YX, Fire response analysis of reinforced concrete frames, China Civil Engineering Journal, 1995, 28(6): 18-27.

[8] 过镇海，时旭东. 钢筋混凝土的高温性能及其计算 [M]. 北京：清华大学出版社. 2003. Guo ZH, Shi XD, Behaviour of reinforced concrete at elevated temperature and its calculation, Beijing: Tsinghua University Press, 2003.

[9] Bathe KJ. Finite Element Procedures [M]. New Jersey: Prentice-Hall, 1996.

[10] Hsu TR. The Finite Element Method in Thermomechanics [M]. New York: Allen&Unwin, 1986.

[11] Eurocode2：Design of Composite Steel and Concrete Structures [S]. Part 1. 2：Structural Fire Design，Commission of the European Communities，Brussels，2002.

[12] Hinton. E，Owen DRJ. Finite Element Software for Plates and Shells [M]，Swansea：Pineridge Press. 1984.

[13] Chen SC，Ren AZ. A Fire simulation of reinforced concrete frame structures for the thermal and structural analysis. Proc. INCITE/ITCSED，New Delhi，India，125-137，2006.

火灾下空间混凝土框架结构的反应分析与模拟*

陈适才　任爱珠　陆新征
（清华大学　土木工程系，北京　100084）

摘　要：本文根据作者开发的并经过试验验证的纤维梁单元模型以及分层壳单元模型，通过考虑他们之间的协调关系，建立考虑楼板的空间混凝土框架结构火灾反应数值模型，并通过作者开发的火灾反应分析系统 RCFire，实现了火灾下整体结构火灾反应的分析过程。纤维梁单元模型以及分层壳单元模型都通过在截面上进行细分，从而考虑了不均匀温度场以及材料非线性的影响。论文还对一具体框架的火灾反应进行了分析，探讨了整体结构火灾反应规律，从而为结构设计人员提高建筑结构的火灾安全提供了参考依据。

关键词：火灾反应；空间混凝土框架；单元模型；数值模拟

火灾可以导致结构发生局部破坏甚至整体倒塌，虽然一般结构在火灾下发生倒塌的几率较小，但由于缺乏具体的整体结构的火灾试验研究和理论分析，所以其倒塌破坏规律难以让人们了解。正因为一般的结构在火灾中倒塌的可能性比较小，所以一旦结构尤其是混凝土结构在火灾中发生倒塌，那么倒塌的原因就认为是结构中钢筋布置连续性不好，或者是结构的施工质量没有得到保证，而没有去分析整体结构的火灾反应规律。而只有了解了结构火灾反应中对整体结构稳定的有利与不利因素之后，才有利于工程师从根本上提高结构的耐火性能。

目前，整体结构的火灾试验非常少见，Cardington 一足尺框架结构的火灾试验表明了火灾试验的昂贵并且其试验结果只能适用于特定的结构[1]。因此，通过建立分析模型进行数值模拟成为当前研究结构火灾反应的重要手段。对于钢框架的火灾反应分析，通过考虑温度影响的塑性铰的分析方法被广泛采用[2,3]，文献［4］还采用塑性铰方法进一步提出了多层钢框架火灾反应的简化计算模型。对于混凝土结构的火灾反应，研究者们也采用了塑性铰的方法来分析和验证单层单跨混凝土框架的火灾反应[5]，但目前对于多层混凝土框架的火灾反应规律及其破坏机制的研究还很少，对于实际考虑楼板的三维框架结构的火灾反应分析更为少见。

为了实现火灾下整体结构的耐火性能分析，作者首先以热传导的基本微分方程和有限元-差分混合分析法建立了热分析模型[6]，开发了热分析模块程序，解决了整体结构内部温度场的分析问题。开发了纤维梁单元模型[7]，考虑了梁、柱构件截面的不均匀温度场分布以及材料与几何非线性问题。开发了分层壳单元模型，在每一层上考虑了火灾温度以及材料非线性影响，可以用于结构中混凝土楼板的火灾反应分析。采用

* 基金项目：国家“十一五”科技支撑计划项目(2006BAJ03A02-01)

以上开发并经过试验验证的纤维梁与分层壳单元模型以及结构瞬态热传导分析模块，作者进一步以 MSC/PATRAN 为平台[8]，利用其提供的开发语言 PCL(Patran Command Language)，结合 Fortran 语言，通过客户化以及窗体增设等技术开发了建筑结构火灾反应分析系统 RCFire。

本文主要基于以上纤维梁单元和分层壳单元模型，并通过考虑他们之间的位移协调连接，建立了钢筋混凝土结构火灾下的数值模拟模型。并利用作者开发的分析系统 RCFire，对考虑楼板的空间混凝土框架结构进行火灾反应分析，同时还探讨了火灾下结构构件的相互作用规律，从而可以进一步了解结构的火灾反应规律，为结构的性能化防火分析与设计提供科学依据。

1 RCFire 系统框架与功能模块

RCFire 系统采用了有限元软件开发设计方法，进行结构化模块设计，是一个主要用于建筑结构热分析与结构热力反应分析的系统工具。其主要功能模块有：模型建立模块；常规荷载与火灾荷载施加模块；热分析模块；热力分析模块；结果处理模块。

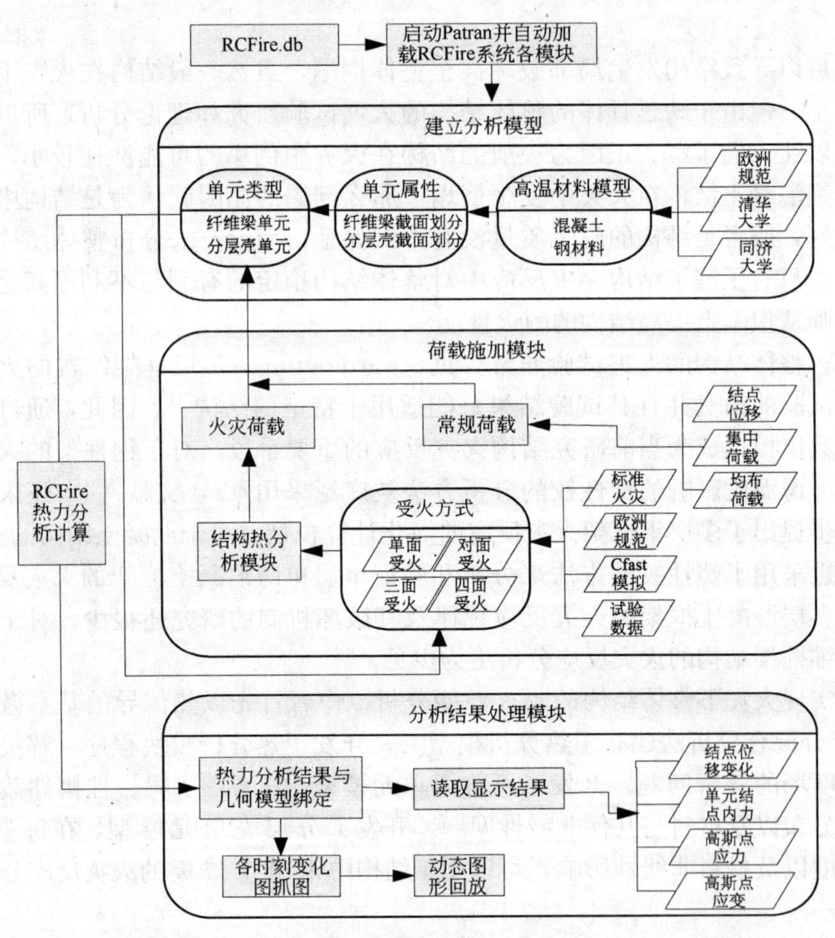

图 1　RCFire 系统框架图

模型建立模块主要采用纤维梁单元和分层壳单元来建立建筑结构的数值计算模型，常规荷载与火灾荷载施加模块可以施加一般荷载和火灾荷载。其中的热分析模块可以直接连接区域火场模拟软件的火场模拟结果，根据构件在房间区域中的位置，进行瞬态热传导分析。其热分析结果，分别对应着结构中的纤维梁单元与分层壳单元，再通过热力分析模块 RCFire 实现热力分析过程。结果处理模块可以显示整个结构的火灾反应过程，以及提取各结点的计算结果并生成相应的变化曲线。该系统的设计框架图如图 1 所示。

2 数值模型

两结点纤维梁单元如图 2(*a*)，八结点四边形分层壳单元如图 2(*b*)，如果壳单元结点处有梁单元则如图 2(*c*)所示。当梁对板的转动约束比较小时，可以认为梁单元与壳单元在共同结点处铰接，即梁、壳单元共同结点的线位移相同而转角位移可以不同；当梁对板的转动约束比较大时，可以认为梁单元与壳单元在共同结点处刚接，即梁、壳单元共同结点的线位移和转角位移都相同。

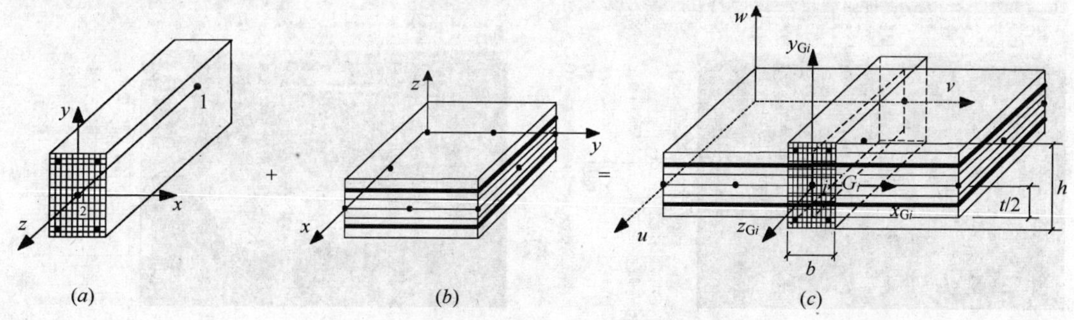

图 2　纤维梁与分层壳单元及其连接模型

3 考虑楼板的混凝土框架结构火灾反应分析

由于考虑楼板影响的实际结构的火灾试验与理论分析十分少见，为了分析其在火灾下的耐火性能及其火灾反应规律，本文根据混凝土结构设计规范设计了一典型多层框架进行分析。该框架的主要参数为：首层层高 3.6m，其余层高 3m。框架柱截面尺寸 300mm×300mm，梁截面都设计为 250mm×400mm，楼板厚度取为 120mm。混凝土强度均按 $f_c=30\text{N/mm}^2$ 计算。楼面与屋面恒载均取为 8.5kN/m^2，活载为 1.5kN/m^2。结构梁柱的平面、立面布置以及受火房间情况见图 3，结构配筋计算按照 PKPM 软件进行计算。

在分析结构在火灾下的性能时，假设 ISO 标准火灾发生在底层 A、B 轴与 2、3 轴之间的房间。在考虑局部火灾下结构的反应时，由于远离受火部位的楼板对结构影响较小，为了简化有限元模型，此处不考虑非受火楼层的楼板，而荷载通过等效方法直接加载到周围的梁柱上面。单元模型仍然采用前面的纤维梁与分层壳单元，它们之间的连接采用本文第 2 节的方法考虑，采用本文作者开发的分析系统 RCFire 建立的有限元模型见图 4(*a*)。图 4(*b*)表示了常温下结构的位移，中间跨板的中心点挠度为

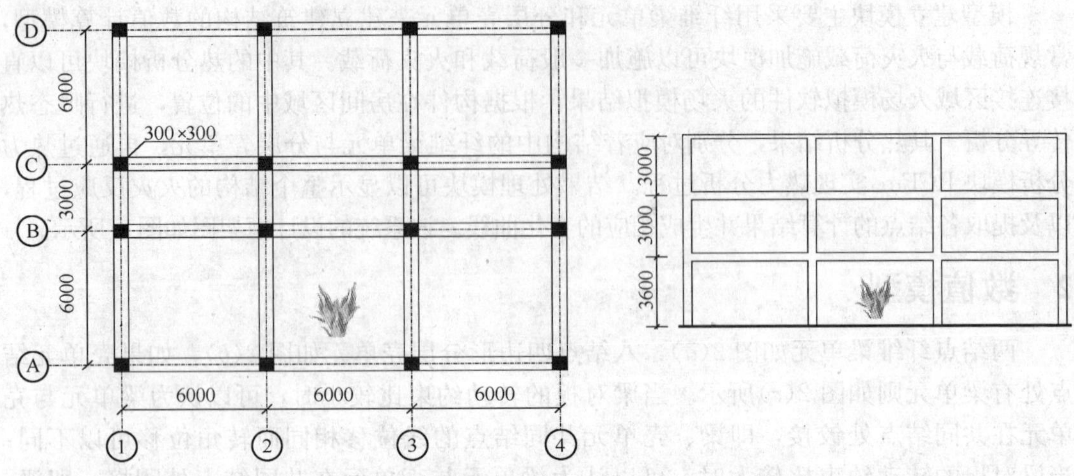

图 3　结构梁柱布置以及受火房间情况

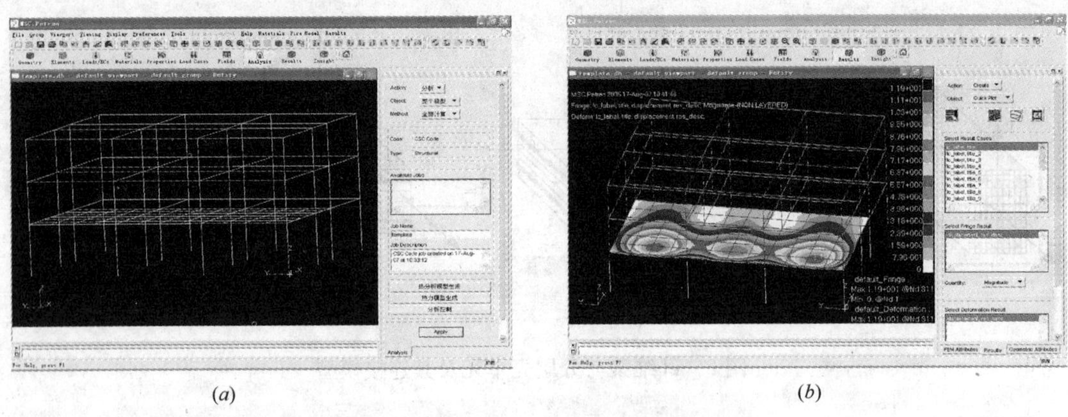

(*a*)　　(*b*)

图 4　RCFire 中的结构有限元模型以及常温下的计算结果

8.7mm，而边跨房间的楼板受到周围的约束较中跨的要小，所以其中心点的挠度为 11.9mm，比中间跨的稍大。

对着火房间相应部位的构件进行热传导分析时，认为四周的柱子都是靠近房间里面的两个面受火，四周的梁都三面受火。采用热分析模型分析时，材料的热工性能随温度变化关系按照欧洲规范取值。热分析过程与结果此处不再详述。

升温前中跨板的挠度比边跨的稍小，随着温度的升高，中跨的板截面开始产生不均匀温度场，其挠度也开始增大，10min 时其挠度达到 27.6mm，超过了边跨的挠度(如图 5(*c*)所示)。随着温度的继续升高，板的挠度进一步增大［如图 5(*a*)所示］，由于受火梁的挠度也在增大，所以边跨板的挠度也有增大的趋势。与此同时，受火房间两边柱(A 轴线上的中间两柱)的侧向位移也开始产生［如图 5(*b*)所示］，这是由于中跨楼板的受热导致的横向变形而产生。图 5(*b*)还比较了不考虑楼板情况下的侧向位移，由图 5(*b*)可见，考虑楼板时的侧向位移比不考虑时大很多，所以楼板对整体结构的火灾反应起着重要影响。而单独的构件或平面的火灾反应试验与理论分析都难以考虑到这种整体结构中表现出来的行为。图 5(c)表示了第 21 步后也就是 100min 时，结构的变形图，此时的中跨楼板最大挠度达到 94.9mm，而此时受火房间两边柱的侧向挠度达到 16.1mm，图 5(d)表示了其明显的侧向位移。

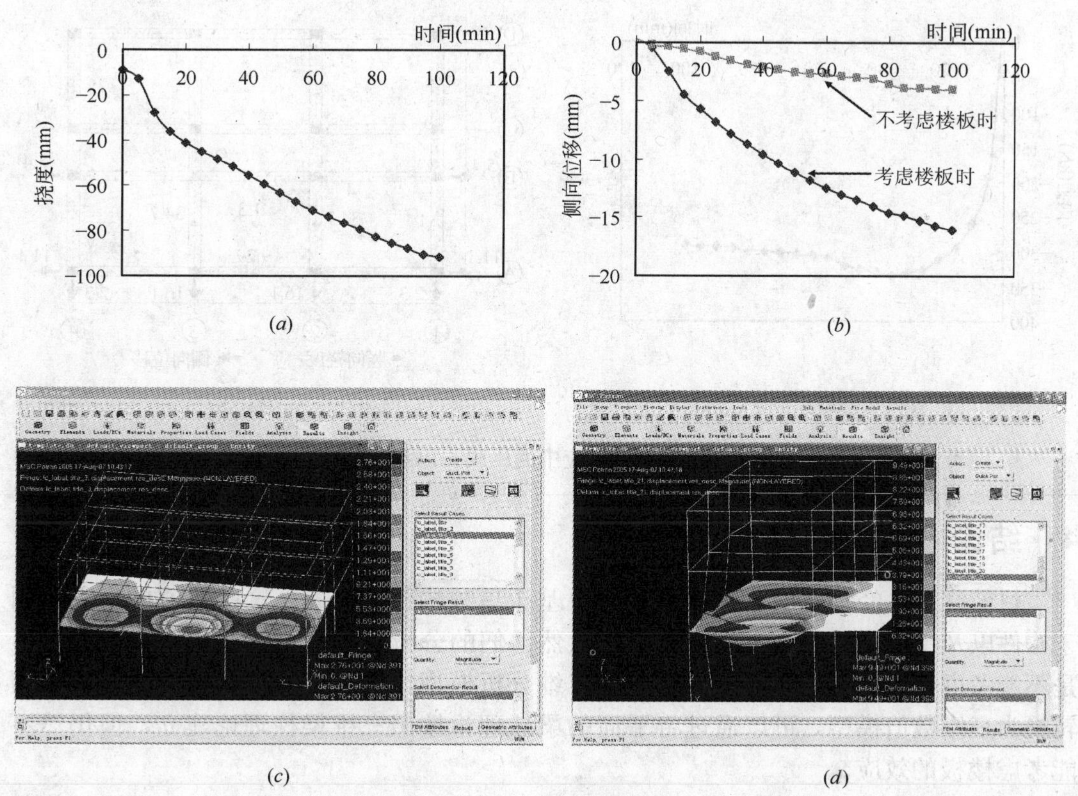

图 5 火灾下结构的反应

一般结构发生火灾时，只有部分结构受热，并且受热的构件之间以及受热构件与非受热构件之间都存在相互作用。对于上面的多层框架结构，在温度的升高过程中，楼板受热而膨胀，由于受到周围非受热结构的约束作用，使得边柱产生部分侧移的同时，其自身受到的内力也增大［见图 6(a)］。楼板受到的这种压应力属于自身平面内的压应力，从一般有限元方法中，我们知道，如果采用一般的平面板单元来分析的话，由于板单元不考虑平面内的应力而只考虑平面外的弯曲效应，那么将不能很好地模拟火灾下楼板的这种压膜内力。与一般简支双向板不同的是，此处的连续楼板在开始挠度较小时，整个受火区域部分都存在这种薄膜压力，而通过周围非受热结构来平衡这种压膜内力。单独的构件或平面的火灾反应试验与理论分析也都难以考虑到这种整体结构中表现出来的行为。另外，这种压应力可以提高楼板抵抗外部荷载的能力，所以火灾引起的这种内力变化对楼板的稳定是有益的。

虽然火灾引起的楼板内力的增加对楼板的稳定是有益的，但也导致了周围结构的侧移，并且，在整体分析中考虑楼板时的边柱侧向位移比不考虑楼板时的要大［见图 5(b)］，图 6(b)表示了在 100min 时整体结构的侧向位移与受火区域楼板的挠度值，楼板的存在又对周围结构的稳定产生了不利影响，尤其是对柱子这样的竖向承载构件影响甚大，因为柱子的侧向位移过大会导致结构的提前倒塌。这种因素导致的结构倒塌将不再是结构的施工质量问题所致。

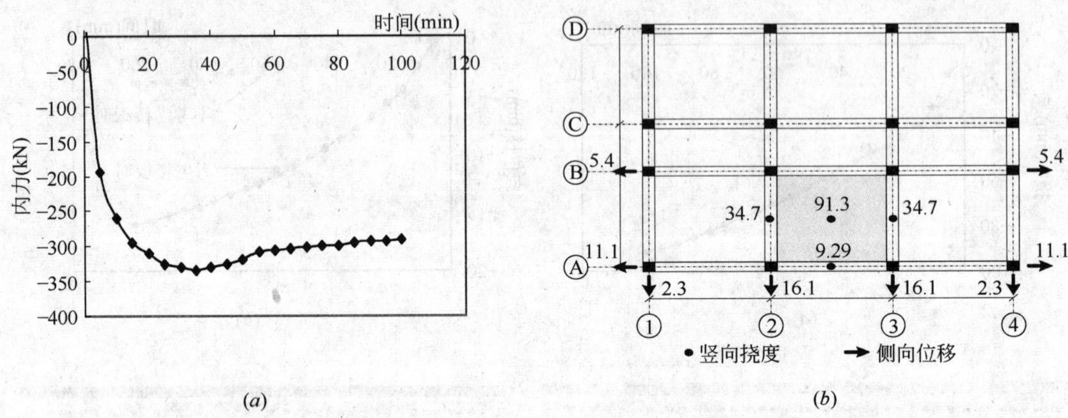

图 6 结构火灾反应中的压膜力以及变形图

4 结论

目前许多已经建立的数值模型，主要基于单独构件，因此，这些数值模型主要用于构件以及平面结构的火灾反应分析，虽然他们的分析结果与试验结果吻合较好，但是不能考虑楼板的作用，所以需要建立三维分析模型。将已有的针对平面的分析模型转换为三维数值模型，可以通过将平面的梁柱理论按照三维梁柱理论建立，但仍然不能考虑楼板的效应。

本文根据作者建立的纤维模型和分层壳单元模型，介绍了考虑楼板的实际结构的三维数值分析模型以及根据此模型开发的结构火灾反应分析系统 RCFire。运用本文建立的考虑楼板的实际结构的三维数值分析模型分析了一带楼板的三层混凝土框架结构在局部火灾下的耐火性能与反应规律。结果表明：火灾下，考虑楼板时的结构反应与不考虑楼板时构件的反应不一样，楼板的存在对整体结构的火灾性能有有利的影响也有不利的影响，在实际结构设计中需要考虑这些影响，才有利于从根本上提高结构的耐火性能。

参考文献

[1] Bailey C. Holistic Behavior of Concrete Buildings in Fire [C]. The Proceedings of the Institution of Civil Engineers, Structures and Buildings, August 2002, Issue 3, 199-212.

[2] Najjar SR, Burgess IW, A nonlinear analysis for three-dimensional steel frames in fire conditions [J]. Engineering Structures, 1996, 18(1), 77-89.

[3] Ma KY, Richard LJY. Nonlinear plastic hinge analysis of three-dimensional steel frames in fire [J]. Journal of Structural Engineering, 2004, 130(7), 981-990.

[4] Souza V, Creus GJ, Simplified elastoplastic analysis of general frames on fire [J]. Engineering Structures, 2007, 29(4), 511-518.

[5] 过镇海，时旭东. 钢筋混凝土的高温性能及其计算 [M]. 北京：清华大学出版社. 2003.

[6] Chen SC，Ren AZ. A Fire simulation of reinforced concrete frame structures for the thermal and structural analysis [C]. Proc. INCITE/ITCSED，New Delhi，India，2006，125-137.

[7] ChenSC，Lu XZ，Ren A. Z. Fiber Beam Element Model for the Collapse Simulation of Concrete Structures under Fire [C]. COMPUTATIONAL MECHANIC，ISCM 2007，Beijing，China，2007，288-298.

[8] MacNeal S. MSC/PATRAN version 8.0，us2er's guide volume 4 [M]. USA：MSC Corporation，1998.

尊敬的读者：

感谢您选购我社图书！建工版图书按图书销售分类在卖场上架，共设22个一级分类及43个二级分类，根据图书销售分类选购建筑类图书会节省您的大量时间。现将建工版图书销售分类及与我社联系方式介绍给您，欢迎随时与我们联系。

★建工版图书销售分类表（见下表）。

★欢迎登陆中国建筑工业出版社网站www.cabp.com.cn，本网站为您提供建工版图书信息查询，网上留言、购书服务，并邀请您加入网上读者俱乐部。

★中国建筑工业出版社总编室　　电　话：010—58337016　　传　真：010—68321361

★中国建筑工业出版社发行部　　电　话：010—58337346　　传　真：010—68325420

E-mail：hbw@cabp.com.cn

建工版图书销售分类表

一级分类名称（代码）	二级分类名称（代码）	一级分类名称（代码）	二级分类名称（代码）
建筑学（A）	建筑历史与理论（A10）	园林景观（G）	园林史与园林景观理论（G10）
	建筑设计（A20）		园林景观规划与设计（G20）
	建筑技术（A30）		环境艺术设计（G30）
	建筑表现・建筑制图（A40）		园林景观施工（G40）
	建筑艺术（A50）		园林植物与应用（G50）
建筑设备・建筑材料（F）	暖通空调（F10）	城乡建设・市政工程・环境工程（B）	城镇与乡（村）建设（B10）
	建筑给水排水（F20）		道路桥梁工程（B20）
	建筑电气与建筑智能化技术（F30）		市政给水排水工程（B30）
	建筑节能・建筑防火（F40）		市政供热、供燃气工程（B40）
	建筑材料（F50）		环境工程（B50）
城市规划・城市设计（P）	城市史与城市规划理论（P10）	建筑结构与岩土工程（S）	建筑结构（S10）
	城市规划与城市设计（P20）		岩土工程（S20）
室内设计・装饰装修（D）	室内设计与表现（D10）	建筑施工・设备安装技术（C）	施工技术（C10）
	家具与装饰（D20）		设备安装技术（C20）
	装修材料与施工（D30）		工程质量与安全（C30）
建筑工程经济与管理（M）	施工管理（M10）	房地产开发管理（E）	房地产开发与经营（E10）
	工程管理（M20）		物业管理（E20）
	工程监理（M30）	辞典・连续出版物（Z）	辞典（Z10）
	工程经济与造价（M40）		连续出版物（Z20）
艺术・设计（K）	艺术（K10）	旅游・其他（Q）	旅游（Q10）
	工业设计（K20）		其他（Q20）
	平面设计（K30）	土木建筑计算机应用系列（J）	
执业资格考试用书（R）		法律法规与标准规范单行本（T）	
高校教材（V）		法律法规与标准规范汇编/大全（U）	
高职高专教材（X）		培训教材（Y）	
中职中专教材（W）		电子出版物（H）	

注：建工版图书销售分类已标注于图书封底。